제2판
국유재산법

제2판
국유재산법

김백진 지음

제2판을 발간하며

2008년 국유재산법을 출간하면서, 국유재산의 이론과 판례, 유권해석을 종합적으로 정리하면서 국유재산관리의 개선 필요성을 지적하였습니다. 이후 2009. 1. 30. 국유재산법이 전면 개정되었고, 4차례에 걸쳐 일부개정이 있었습니다. 개정내용을 보면, 총괄청의 행정재산통합관리, 국유재산분류체계 변경을 내용으로 하였는데, 이는 국유재산의 개혁이라 부를 만 할 정도입니다. 앞으로 총괄청 중심으로 국유재산 통합관리가 더욱 강화될 것이고, 국유재산 개발이 더 활발해질 것으로 예상됩니다.

이러한 제도 변화에 따라 2판에서는 개정된 국유재산법을 반영하였고, 특히 각국의 국유재산제도, 공공시설 무상귀속, 국유재산 개발 등을 재정리하였고, 이와 더불어 최신 유권해석과 판례를 추가하였습니다. 앞으로도 독자여러분의 고견을 듣고 부족한 부분을 계속 개선해 나가겠습니다.

다시 발간하도록 독려해주신 정종휴, 신창선, 이경운, 홍기문, 송오식, 조만형, 이영남, 문현철 교수님과 임천영 국방부 법무관리관님, 고등군사법원장 이은수 장군님, 육군 법무실장 김흥석 장군님, 조동양 변호사님(법무법인 대륙, 前 국방부 법무관리관), 고석 변호사님(법무법인 화우, 前 고등군사법원장), 박경귀 한국정책평가연구원장님께 깊은 감사를 드립니다.

2판 집필에는 다음과 같은 분들의 많은 조언이 있었는데, 감사의 뜻을 전합니다.

곽형섭·진현섭 판사님, 양동훈·이금규·오진세 검사님, 유형대(국세청) 님, 하혜정(도봉구청) 님, 유재원 국회 법제관(변호사), 김성수 국회 입법조사관, 국방부 감사관실 임익상 서기관님, 국방부 국유재산과 이영효 사무관님과 송선향 주무관님, 국방부 시설본부 장준홍 법무실장님과 이우경 법무관님, 주한미군이전사업단 법무실장 서재덕(변호사) 님, 육군본부 임영국 부이사관님, 김혁중 방위사업청 규제개혁법제담당관(변호사)님, 한국자산관리공사의 임정훈 변호사, 정원 변호사(법무법인 율촌, 『공공조달계약법』 저자), 박정준 독일변호사(김앤장)님, 박승배·이호민 미국변호사님, 김양홍 변호사(법무법인 서호)님, 김태운 변호사(법무법인 행복)님, 김방호 변호사(『인사소청법』 저자), 강상만 변호사(前

국방부 시설본부 법무관)님, 저자모임 회원님들(박용석·이익원·이재영·김종대·송가준·정유림·김소례·이철환·소재필·정해송·임택준 법무관과 박혁·신종범 변호사), 그리고 격무에도 친절하게 가르침을 주신 기획재정부 국유재산담당 직원님들

또한 2판을 발간할 수 있는 기회를 주신 한국학술정보(주) 채종준 대표이사님과 권성용 님, 남미화 님께 깊은 사의를 표합니다.
끝으로 지난 2010년 8월 국유재산 제도 개혁을 위해 노력하시다가 지병으로 별세하신 故 김진선 기획재정부 국유재산과장님의 명복을 빕니다.
감사합니다.

2013년
저자 씀

머리말

2005년 국유재산 평가에 의하면, 도로, 항만, 하천 등 공공용 재산을 제외한 국유재산은 총 246조 1,000억 원에 이르고 있습니다. 국유재산법을 기본으로 이러한 막대한 규모의 재산이 관리되고 있으나, 과거에는 단순히 국유재산 보호업무에 중점을 두어 이에 대한 많은 연구와 관심이 부족했던 것이 사실입니다.

그러나 국유재산관리정책이 1994년부터 보호 위주의 정책에서 국민의 다양한 수요에 부흥하기 위해 효율적인 활용정책으로 전환되었고, 1995년 지방자치제가 시행됨에 따라 자치단체들은 국유재산을 이용하여 지방재정수입을 확대시키고, 주민들의 다양한 요구에 국유재산을 활용, 관리할 필요가 증대되었습니다. 최근의 이런 변화에 따라 국가 및 지방자치단체의 실무자들도 국유재산법을 이해하지 않고서는 행정업무를 수행할 수 없게 되었습니다.

또한 국유재산법 관련 기본서가 오랜 시간 절판된 상태이고, 국유재산이론이 공물법이라는 주제로 한정되어 있어 체계적인 국유재산이론이 정리되지 못한 실정입니다.

본서는 이러한 필요에 따라 국유재산법을 좀 더 쉽고 체계적으로 이해할 수 있도록 다음 세 가지 점에 방향을 두고 집필되었습니다.

첫째, 국유재산을 연구하고자 하는 사람과 실무자들이 단기간 내에 국유재산법을 체계적으로 이해할 수 있도록 하였습니다. 이를 위해 산재되어 있는 국유재산 관련 이론, 재정경제부 유권해석, 판례를 요약·정리하였습니다. 본서의 유권해석은 국유재산의 총괄청인 재정경제부의 유권해석을 주로 소개하였고, 국방부·육본의 유권해석도 소개하였는데, 이는 현직 군법무관들의 깊은 연구성과들로 국유재산법을 이해하는 데 많은 도움이 될 것입니다.

둘째, 국유재산법에 대한 폭넓은 이해가 가능하도록 중요 쟁점에 대해서는 다양한 학설과 판례를 상세하게 고찰하였습니다. 특히 국유재산 관련 주요 소송인 환매소송과 취득시효소송에 대해서 제7장 국유재산의 보호에서 집중적으로 정리하였습니다. 또한 국유재산 관련 행정법과 사법이론, 감사원의 감사사항, 일본국유재산법을 참고박스에 제시하여 중요 쟁점에 대한 심도 있는 이해가 가능하도록 구성하였습니다.

셋째, 현재 국유재산법에 대한 문제점을 검토하고, 현재 학계와 실무에서 논의되고 있는 비판과 개선안들을 소개하였습니다. 우리 국유재산관리가 주로 실무편람을 위주로 무비판적으로 적용하고 있는 것에 대해 현재 학계와 감사원에서는 많은 문제점을 논문과 보고서를 통해서 지적하고 있습니다. 또한 현재 국회에 계류 중인 2007년 국유재산법개정안을 소개하여 기존 국유재산법 해석과 개정될 국유재산법을 상호 비교할 수 있게 하였습니다.

이 점에서 본서가 국유재산법의 입문서로서뿐만 아니라 국유재산 관련 실무가들을 위한 실무서, 각종 부동산 관련 국가시험을 준비하는 수험생들의 기본서 역할을 할 수 있을 것으로 생각합니다. 저의 부족한 능력으로 인해 생긴 미진한 부분에 대해서 독자 여러분의 조언과 비판을 받아 계속 수정·보완해 나가겠습니다.

오늘날까지 필자를 있게 해준 恩師이신 정종휴 교수님과 임시규 부산고등법원 부장판사님께 깊은 감사를 드립니다. 필자에게 본서를 집필할 수 있도록 독려해 주신 이철휘 중장님, 장용구 소장님, 최명규 주식회사VATECH 부사장(변호사)님, 임진석 변호사님께 감사를 드리며, 그동안 필자를 성원해 주신 박동석 국방부 법무관리관님, 조동양 국방부 고등군사법원장님, 최재석 육군 법무실장님을 비롯한 군법무관 선배님, 이경운·안동준·홍기문·송오식 교수님, 구회근·곽형섭·허정룡·김용중·진현섭 판사님, 양동훈·이동언·조희영 검사님, 윤현하·최정익·김정완·손계룡 변호사님께 감사를 드립니다.

끝으로 바쁘신 와중에도 이 책 집필과정에서 아낌없는 충고와 지적을 해 주신 김영민 판사님(인천지방법원), 한승혁 변호사님(법무법인 율촌), 김진남 법원사무관님(법원행정처 공보관실)의 노고에 감사를 드리며, 교정을 도와준 제 아내 하혜정과 이 책을 출판할 수 있는 기회를 주신 한국학술정보(주) 채종준 대표이사님과 강태우 팀장님, 김수영 님께 깊은 사의를 표합니다.

2008년 3월
저자 씀

CONTENTS

CONTENTS

CONTENTS

CONTENTS

CONTENTS

제1장 총칙

제1절 서론

광의의 국유재산법은 국가가 국가의 목적을 수행하기 위하여 사용하거나 보유하는 일체의 재산, 즉 광의의 국유재산인 현금, 부동산, 물품, 채권 등을 각 규제하는 국가재정법, 국유재산법, 물품관리법, 공유재산 및 물품 관리법, 국가채권관리법 등을 총괄하는 법률 등을 말한다. 이들 법률들은 직접·간접으로 관련을 맺으면서 국가재산의 효율적인 관리를 그 목적으로 하고 있다.

이에 반해 협의의 국유재산법은 1956.11.28. 법률 제405호로 제정·공포된 이후 수차 개정된 실정법인 「국유재산법」을 의미한다. 국유재산법은 국유재산의 재정관리작용에 대한 일반법에 해당하지만, 국유재산이 갖는 성격에 따라 특별법들이 적용되고 있다. 이러한 국유재산법이 강행규정의 성격을 가지고 있는지, 공법인지에 대해서 견해의 대립이 있다.

제2절 국유재산법의 법적 성질

Ⅰ. 공법적 성격

1. 의의

국유재산법상 법률관계를 공법관계로 볼 것인지, 아니면 사법관계로 볼 것인지에 따라 소송절차, 행정강제, 강행규정 여부 등 차이가 난다. 공법관계로 본다면 항고소송·당사자 소송을 하게 되고, 사법관계로 본다면 민사소송을 하게 될 것이다. 일반적으로 국유재산법상 행정재산은 공물로서 이에 대한 규율은 공법관계로 보고 있다.

그러나 일반재산의 법률관계에 대해서는 견해의 대립이 있다.

2. 견해의 대립

(1) 사법상 계약설

일반재산에 대한 법률관계는 사법관계로 보는 게 통설이다. 이에 대한 근거로 일반재산에 대한 법률관계는 국가가 사경제적 주체로서 상대방과 대등한 입장에서 하는 사법상의 법률행위일 뿐, 행정청이 공권력의 주체로서 행하는 공법상의 행위는 아니고, 국유재산법에 특별규정을 두고 있다고 하더라도 이 규정들은 국유재산관리상의 공정과 편의를 위한 규정들에 불과하므로, 이로써 일반재산 대부행위의 본질이 공법상의 행위로 변화되었다고 볼 수 없다고 한다.[1]

(2) 공법상 계약설

일반재산도 국유재산으로서 국유재산법이 적용되는 것이고 국유재산법상 국가의 공적인 지위를 강조하고 공법적 원리가 적용된다는 점에서 공법상 계약[2]으로 보는 설이다. 일반재산의 처분에 있어서 일방당사자는 국가일 뿐 아니라, 계약의 방식과 계약의 핵심내용인 가격결정을 엄격히 제한하는 등 사적자치를 제한하는 규정을 두고 있다. 또한 일반재산의 대부도 일반재산의 사용수익허가규정을 대부분 준용하고 있는 것으로 볼 때, 법률관계의 대상이 일반재산인지 일반재산인지만 다를 뿐 공법적 제약, 국가의 공적 지위 등 당해 법률관계의 내용이 거의 같다는 면에서, 이는 공법상 계약에 해당한다고 한다.[3]

(3) 판례

대법원은 "국유재산 제31조, 제32조 제3항, 산림법 제75조 제1항의 규정 등에 의하여 국유잡종재산에 관한 관리 처분의 권한을 위임받은 기관이 국유잡종재산(현 일반재산)을 대부하는 행위는 국가가 사경제 주체로서 상대방과 대등한 위치에서 행하는 사법상의 계약이고, 행정청이 공권력의 주체로서 상대방의 의사 여하에 불구하고 일방적으로 행하는 행정처분이라고 볼 수 없으며, 국유잡종재산에 관한 대부료의 납부고지 역시 사법상의

---

1) 곽종훈, "국유재산의 대부", 「사법논집」제26집, 대법원법원행정처, 1995년 12월, 351면.
2) 공법상의 계약은 학문상의 개념으로서, 공법적 효과의 발생을 목적으로 하는 복수당사자 사이에서 반대방향의 의사표시의 합치로써 성립되는 공법행위이다(김동희, 행정법 Ⅰ. 2001년).
3) 이원우, 「주석 국유재산법」, 법제처, 2006년, 5면, 182면.

이행청구에 해당하고, 이를 행정처분이라고 할 수 없다"라고 하여 일반재산의 대부행위는 사법상 계약이라고 판시하고 있다.[4]

헌법재판소는 "잡종재산(현 일반재산)에 대해서까지 시효취득의 대상이 되지 아니한다고 규정한 것은 사권을 규율하는 법률관계에 있어서는 그가 누구냐에 따라 차별대우가 있어서는 아니 되며 비록 국가라 할지라도 국고작용으로 인한 민사관계에 있어서는 사경제적 주체로서 대등하게 다루어져야 한다는 헌법의 기본원리에 반한다"고 위헌결정을 한 바 있다.[5]

3. 검토

일반재산은 국가기능수행을 위하여 예비적으로 비축해 놓은 재산으로서 공공사업을 위하여 활용하거나 처분하여 국가재원마련을 할 수 있다. 일반재산은 잠재적 행정재산으로 될 성격을 가지고 있는 것으로 행정재산과 구별도 상대적이라 할 것이다. 국유재산법도 이러한 공익적 성격을 가진 일반재산을 위해서 여러 공법적 규율을 하고 있는 것이다. 이런 면에서 일반재산에 대한 법률관계는 공법상 계약으로 보는 게 타당한 면이 있다.

그러나 공법상 계약, 당사자소송의 법리가 미흡한 우리나라에서는 이를 공법상 계약으로 판단하기에 이른 면이 있고[6] 사법상 계약으로 본다고 하여도 법률상 제한을 통해 국유재산으로 보호할 필요성은 부정할 수 없다. 따라서 본서에서는 통설과 판례에 따라 사법계약설에 따라 서술하겠다.[7]

---

4) 대법원 2000.2.11. 99다61675; 대법원 1993.12.7. 91누11612; 대법원 1971.2.23. 70다2563; 대법원 1988.5.10. 87누441.

5) 헌법재판소 1991.5.13. 89헌가97.

6) 공법상 계약으로 인정하고 있는 법률관계는 공공단체상호 간의 사무위탁(지방자치법 제141조), 계약공무원 채용계약(대판 2001.12.11. 2001두7794), 행정사무의 위탁계약(행정권한의위임 및 위탁에 관한 규정) 등이고, 정부조달계약, 토지수용 협의(대법원 1992.10.27. 선고 91누3871)는 사법상 계약으로 보는 게 일반적이다.

7) 헌법재판소의 위헌결정에 대한 자세한 비판은 국유재산의 보호 중 '국유재산의 취득시효'에서 후술한다.

Ⅱ. 강행규정성

1. 강행규정성

국유재산법의 규정이 강행규정성을 가지는가에 대해서 이를 부정하는 게 종래의 입장이었다. 국유재산법은 국유재산의 관리처분에 있어 행정기관에 대하여 그의 준칙을 명시하는 것을 직접 목적으로 하는 것으로 그 대부분이 훈령적(訓令的) 규정이라는 것이다. 훈령적 규정이므로 이를 위반하여도 그 특정법률행위의 효력 자체에는 영향을 미치지 않으나 위반자인 국가기관의 공무원은 행정상 책임을 지게 될 뿐이라고 한다.[8]

그러나 이를 일괄적으로 강행규정성을 부정하는 것은 타당하지 않다. 종래의 입장은 국유재산법이 국유재산의 행정기관, 특히 그 공무원을 규율하는 것으로 보고 있으나, 국유재산법 제5조 제1항은 국민에게도 적용됨을 명시하고 있고, 이에 위반한 자에 대한 벌칙규정도 두고 있다(동법 제58조). 예를 들어 국유재산 사무종사직원에 대한 행위 행위제한 규정(국유재산법 제20조 제1항)은 강행규정임은 법률상 명백하다. 또한 국유재산 매각의 요건에서 일반재산이어야 함은 중요한 사안으로 강행규정의 성격을 가진다. 이에 반해 국유재산의 관리·처분의 기본원칙(동법 제3조)는 대표적인 훈시규정이다. 그리고 국유재산을 처분할 경우에 시가를 고려해야 한다는 것(동법 제44조)도 훈시규정에 해당한다.

따라서 강행규정인지 훈시규정(임의규정)인지는 개별조문의 문언, 입법취지, 사적거래 관계의 안정성 등을 고려하여 개별적으로 판단할 수밖에 없다.[9]

2. 강행규정 위반의 효력

만약 훈시규정(임의규정)을 위반하여도 해당 법률행위에 영향을 주지 않으므로 문제가 되지 않는다.

그러나, 강행규정을 위반한 경우 해당 법률관계의 효력이 문제가 된다. 행정재산과 일반재산을 나누어서 살펴보아야 한다. 행정재산에 관한 법률관계(행정행위)에서 행정청이 강행규정을 위반하면, 이는 하자 있는 행정행위가 되는 것이다. 그 하자가 중대명백하다

---

8) 「국유재산업무편람」, 대한민국정부, 1987년, 17면; 「국유재산관리업무편람」, 법원행정처, 1996년, 4면.
9) 이원우, 「주석 국유재산법」, 법제처, 2006년, 3면.

면 무효사유가 되는 것이고, 그렇지 않으면 취소사유(직권취소, 취소소송)에 해당한다. 예를 들어 다른 법률에 의해 행정재산을 사용할 자격이 있는 사람에게 변상금을 부과하는 처분은 변상금 부과규정(국유재산법 제72조)을 위반한 것이고, 그 하자는 중대명백하여 무효에 해당한다.[10]

일반재산에 대한 법률관계는 사법행위(私法行爲)이고, 그 사법행위가 강행규정을 위반할 경우 그 법률행위는 사법상 무효가 된다.[11] 예를 들어 국유재산법 제20조는 국유재산에 관한 사무종사직원이 허가없이 국유재산을 취득하거나 교환하는 행위를 금지하고 있고, 이를 위반하면 무효라고 명시하고 있다. 또한 국유재산 매각의 대상은 일반재산에 한정하고 있는데(국유재산법 제27조, 제48조), 이를 위반하여 행정재산을 매각하면 그 매각행위는 사법상 무효에 해당한다.[12]

<판례>

남성대 골프장 명예회원자격 부여행위(행정재산 사용허가)가 공물의 특허사용에 해당한다고 확인하기 전까지는 그 법률관계가 공법관계인지 사법관계인지 반드시 명백하지 아니하였던 점 등을 종합하여 보면, 이 사건 명예회원자격 부여행위 당시에 그 회원 기간을 3년을 초과하도록 정한 것이 위법하다는 것이 다툼의 여지가 없을 정도로 객관적으로 명백하였다고 할 수 없고, 따라서 그 하자를 당연무효 사유라고 단정할 수 없다. 그럼에도 불구하고, 원심은 피고가 원고들에 대하여 명예회원의 자격을 부여하면서 그 기간을 종신 등으로 정한 것이 구「국유재산법」 제27조 제1항에서 정한 기간을 초과함으로써 강행법규를 위반한 것이라는 이유만으로 무효라고 판단하고 말았으니 이러한 원심판결에는 행정행위의 무효에 관한 법리를 오해하여 판결결과에 영향을 미친 위법이 있다(대법원 2009.10.15. 2009두9383).

※ 공물의 법적 체계

국유재산은 공물의 성격을 가지므로 공물의 법적 체계가 문제가 된다.

1. 공물을 규율하는 공물법의 체계적인 위치에 대해서는 세 가지 견해로 구분할 수 있다. 첫 번째 견해로는 공물법을 공무원법과 나란히 넓은 의미에서 행정조직법의 위치로 파악하는 견해이고, 두 번째 견해는 공물의 이용관계라는 점에서 착안하여 공물법을 행정작용법의 차원에서 접근하는 견해도 있고,

---

10) 대법원 2007. 12. 13. 2007다51536
11) 김형배, 민법학강의, 95면
12) 대법원 1992. 7. 14. 92다12971

세 번째로는 공물이 이용자의 문제에 한정하지 않고 환경에 미치는 영향을 고려하여 환경법 영역의 문제로 보는 견해 등이 있다.

공물법은 공물을 통한 행정목적 달성의 측면이 주된 이해관계이고, 이러한 행정목적 달성은 정적인 고찰이 아니라 정적인 고찰이 대상이 되어야 하므로, 단순한 행정조직법 차원으로만 이해하기는 어려울 것이다. 따라서 공물을 통한 행정목적달성을 동적으로 고려하여, 이용자와의 관계도 배려하는 행정작용법의 측면으로 이해하는 게 타당하다. 또한 공물의 환경적 영향문제는 개개의 공물이 갖는 특유한 현상이므로, 이를 일반화하여 고려하는 공물법의 문제가 아니라, 환경법의 영역으로 고찰하는 것이 타당하다.[13]

2. 공물법의 체계를 행정작용법의 체계로 본다면, 이에는 공물관리법과 재산관리법으로 구분할 수 있다. 공물관리법은 공물관리작용에 관한 규율을 그 내용으로 하는 법체계이다. 공물관리행위는 공물 자체의 목적을 증진하고 목적저해행위를 방어하기 위한 목적을 갖는 일련의 행위를 말한다. 실정법상 개개의 공물의 경우 도로법, 도시공원법, 하천법 등에 규율되고 있다. 재산관리법은 공물이 갖는 재산적 측면에 착안하여 규율하는 법체계이다. 실정법상으로는 국유재산에 대해서는 국유재산이, 공유재산에 대해서는 공유재산 및 물품 관리법에 규정을 두고 있다. 현실적으로 국유재산법과 공유재산 및 물품 관리법은 국유나 공유의 공물에 대한 일반법으로서의 지위를 갖고 있다. 국유재산법 제4조에 의하면, 국유재산의 취득, 유지, 보존 및 운용(이를 관리라 한다)에 관해서는 다른 법률에 특별한 규정이 없는 한 이 법에 의한다고 하고 있다.

그러나 개별 공물관리법과 재산관리법과의 관계는 통상적인 일반법·특별법과의 관계와는 다른 점이 있다고 평가되고 있다. 즉 공물관리권의 근거는 국유재산법과는 별개의 근거에서 찾아지고 있으며, 국유재산법은 행정재산의 재산적 측면에 착안하여 규율하는 것이어서, 서로 다른 규율체계를 갖는 것처럼 보이기 때문이다. 그러나 개개의 공물 자체의 관리를 직접적인 규율대상으로 하든, 재산적인 측면에서 규율하든지 간에, 모두 당해 국유재산의 행정목적과 관련을 갖는 것이므로, 양자의 관계는 상대적인 것으로 보아야 할 것이다.[14]

---

13) 류지태, "현행 국유재산관리의 법적 문제", 「토지연구」12권 제1호, 2001년 4월, 47면.
14) 류지태, 전게논문, 48면.

제3절 국유재산법의 적용 범위

현재 국유재산관리에 대한 일반법은 「국유재산법」이다. 국유재산법 제4조에서는 국유재산의 관리 및 처분에 대하여 다른 법률에서 특별히 정하고 있는 사항을 제외하고는 국유재산법에 의하도록 함으로써 이를 명시하고 있다. 그리고 공유재산에 대해서는 「공유재산 및 물품 관리법」이 적용된다.

국유재산법은 넓은 의미의 국유재산의 관리·처분에 관한 기본법인 국가재정법 아래에서 주로 토지, 건물 등의 부동산 분야를 다루고 있는 법률이다. 현금에 대해서는 국가재정법과 물품관리법이, 국가채권에 대해서는 국가채권관리법이, 군수품에 대해서는 군수품관리법이 각각 제정되어 있다. 기타 개별법은 하천법, 도로법, 문화재보호법 등이 있다.

공물에 관하여 개개의 실정법에 특별한 규정이 있는 경우에는 그에 따라야 함은 물론이나, 특별한 규정이 없는 경우에는 공물의 물건으로서의 일반적인 성격에 비추어 *私法*의 적용을 인정하여야 할 것이다. 왜냐하면 공물에 가하여지는 구속이나 제한은 공물의 공용목적을 달성을 위한 직접적인 필요에 따라 그 물건에 대한 법률상·사실상의 지배를 억제시킨 것으로 보아야 하기 때문이다.[15]

<유권해석>

전쟁기념사업회 및 국방과학연구소에 대하여 5년 이상 국유재산을 무상대부할 수 있는지

국유재산법 시행령 제29조 제2항에서는 무상대부기간은 5년을 초과하지 못한다고 규정하고 있는 반면 전쟁기념사업회법, 국방과학연구소법 및 각 시행령에서는 무상대부기간에 관하여 아무런 제한 규정을 두고 있지 아니한바, 국유재산의 무상대부에 관해서는 전쟁기념사업회법 및 국방과학연구소법이 국유재산법의 특별법이라고 볼 수 있고, 또한 전쟁기념사업회법과 국방과학연구소법 및 각 시행령에서 국유재산법의 적용을 배제하고 독자적인 절차·조건 등을 규정하고 있으므로 국유재산법 제29조 제2항의 무상대부기간의 제한 사항은 전쟁기념사업회 및 국방과학연구소에는 적용되지 아니하고 5년을 초과하여 무상대부계약기간을 갱신할 수 있다고 판단됨.[16]

---

15) 박윤흔, 「행정법강의(하)」, 430면; 석종현, 「일반행정법(하)」, 404면.

16) 국방부 회신일자 1991.09.24. http://ahalaw.moleg.go.kr/information/example/exampleView.do?piMa 2007.11. 27.

제2장 국유재산

제1절 국유재산의 개념

Ⅰ. 의의

국유재산(State Property: 國有財産)은 이론상으로 광의의 국유재산과 협의의 국유재산으로 구분할 수 있다. '광의의 국유재산'이란 국가가 국가의 목적을 수행하기 위하여 사용하거나 보유하는 일체의 재산을 말한다. 현행법에서 보통 국유재산 또는 국가재산이라는 용어는 넓은 의미의 국유재산에 해당한다. 예를 들어, 정부조직법 제23조 제1항은 "기획재정부장관은 중장기 국가발전전략수립, 경제·재정정책의 수립·총괄·조정, 예산·기금의 편성·집행·성과관리, 화폐·외환·국고·정부회계·내국세제·관세·국제금융, 공공기관 관리, 경제협력·국유재산·민간투자 및 국가채무에 관한 사무를 관장한다"라고 규정하는데, 여기서 국유재산은 광의의 국유재산을 의미한다.[1]

이에 반해 '협의의 국유재산'은 광의의 국유재산 중에서 실정법인 국유재산법의 적용을 받는 재산을 말한다. 협의의 국유재산은 국유재산법 제2조 제1호에서 국가의 부담이나 기부의 채납 또는 법령이나 조약의 규정에 의하여 국유로 된 재산을 말한다. 1950.4.8. 제정된 국유재산법이 수차에 걸쳐 개정되면서 국유재산의 범위가 확대되고 있는 추세이다.

협의의 국유재산은 국유재산법 제5조에서 국유재산의 범위를 규정하고 있는바, 이를 살펴보면 다음과 같다.

Ⅱ. 국유재산의 범위

1. 부동산과 그 종물

(1) 부동산

부동산은 '土地 및 그 定着物'을 말한다(민법 제99조 제1항). 여기서 '토지'란 일정한

---

[1] 구 예산회계법 제13조 제1항은 "국가의 재산은 법률에 의하지 아니하고는 교환·양여·대부·출자 또는 지급의 수단으로 사용할 수 없다"라고 규정한 바 있는데, 여기서 국가의 재산은 광의의 국유재산을 의미한다.

범위의 지면에 '정당한 이익'이 있는 범위 내에서 그 상하(공중과 지하)를 포함시킨 것을 말한다(민법 제212조). 따라서 토지에는 지중의 암석, 토사, 적토 등과 같은 토지의 구성부분을 이루는 것은 토지와 별개로 보지 않는다.[2]

토지는 지표면상 연속하고 있으나, 인위적으로 지표에 선을 그어서 경계로 삼고 구획되며 지적공부에 등록된다. 등록된 각 구역은 독립성이 인정되며, 지심(地番)으로 표시되고, 그 개수는 필(筆)[3]로서 계산하여 거래단위로 하고 있다(지적법 제2조 제4호, 부동산등기법 제15조).[4] 일필(一筆)의 토지를 수필(數筆)로 분할하거나, 수필의 토지를 일필(一筆)로 합병하려면 분할 또는 합병하여야 한다(지적법 제17조, 제18조). 다만 분필되지 않은 일필(一筆) 토지의 일부 부분이 다른 부분과 구분되어 시효취득자의 점유에 속한다는 것을 인식하기에 족한 객관적인 징표가 계속하여 존재하는 경우에는 그 일부 부분에 대한 시효취득을 인정할 수 있다.[5]

토지의 '정착물'이란 토지에 고정적으로 부착되어 용이하게 이동될 수 없는 물건으로서, 그러한 상태로 사용되는 것이 통상적으로 용인되는 것을 말한다.[6] 건물, 수목, 교량,

---

2) ① **온천**에 대해서 과거 판례는 "온천에 관한 권리를 관습법상의 물권이라고 볼 수 없고 또한 온천수는 민법 제235조, 제236조 소정의 공용수 또는 생활상 필요한 용수에 해당하지 아니한다"라고 판시한 바 있다(대법원 1970.5.26. 69다1239). 그 후 온천에 대해서는 1981년 온천법을 제정하여 보호하고 있다.

② **지하수**에 대해서는 1993년 12월에 지하수법이 제정되어 보호하고 있다. "구 지하수법(1999.3.31. 법률 제5955호로 개정되기 전의 것) 제3조, 제5조, 제6조, 제7조 제1항, 제10조 제1항, 제12조, 제13조, 제16조, 제17조, 구 제주도개발특별법(2000.1.28. 법률 제6249호로 전문 개정되기 전의 것) 제25조 등 관련 규정을 종합하면, 자연히 용출하는 지하수나 동력장치를 사용하지 아니한 가정용 우물 또는 공동우물 및 기타 경미한 개발·이용 등 공공의 이해에 직접 영향을 미치지 아니하는 범위에 속하는 지하수의 이용은 토지소유권에 기한 것으로서 토지소유권에 부수(附隨)하여 인정되는 권리로 보아야 할 것이지만, 그 범위를 넘어선 지하수 개발·이용은 토지소유권에 부수되는 것이 아니라 지하수의 공적 수자원으로서의 성질과 기능 등을 고려하여 행정청의 허가·감시·감독·이용제한·공동이용 명령·허가취소 등 공적관리방법에 의한 규제를 받게 하고 있다고 할 것이고, 따라서 이러한 규제의 범위에 속하는 지하수 개발·이용권은 토지소유권의 범위에 속하지 않는 것이므로 지하수의 개발·이용허가를 받은 후 그 토지소유권이 이전된다고 하여 허가에 의한 지하수 개발·이용권이 새로운 토지소유자에게 당연히 이전되는 것은 아니다."(대법원 2001.10.23. 99두7470)

3) 토지의 등록단위를 필지(筆地)라고 하고 이를 줄여서 필(筆)이라고 한다. 즉 필지는 한 개의 지번에 붙이는 토지의 등록단위를 칭하는 것이다. 토지의 등록단위를 필지라고 하게 된 것은 필기도구와 제도용구가 없던 시절에는 수필(手筆)인 붓밖에 없었으므로 토지에 대한 등록이 필요할 때에는 수필(手筆)로 선을 그어 토지의 경계를 표시한 데서 비롯되었다고 한다(이영준, 「부동산학원론」, 2002년, 박영사, 116면).

4) 어떤 특정토지가 지적공부(토지대장 및 지적도)에 1필의 토지로 등록이 되었다면, 그 토지의 주소, 지번, 지목, 지적에 대한 소유권의 범위는 지적공부상의 경계선에 의하여 확정되어져야 할 것이요 토지거래의 보통의 경우에는 토지의 실제의 경계에 관계없이 위와 같이 지적공부의 기재에 따라 확정되는 지번, 지목, 지적 및 경계에 의하여 특정되는 토지를 미래의 대상으로 하는 것이라 할 수 있다. 토지거래의 보통의 경우는 지적공부에 의하여 확정된 지번, 지목, 지적, 경계선대로의 토지를 거래대상으로 하였다고 볼 것이다(대법원 1969.10.28. 69다889, 890).

5) 대법원 1996.1.26. 95다24654.

도로의 포장, 담장, 수도시설과 하수도, 터널, 등대, 석탑, 육교, 지하도, 철도,[7] 지하철 등이 해당한다.[8]

모두 부동산이지만 건물과 같은 정착물은 토지와 독립하여 거래될 수 있는 것이 있고, 도로의 포장, 돌담과 같은 정착물은 토지의 일부에 지나지 않는다. '建物'이 독립된 부동산이 되기 위해서는 최소한의 기둥과 지붕 그리고 주벽이 이루어져야 한다.[9] '樹木'은 토지의 정착물로서 토지와 독립되지 않으나 「입목에 관한 법률」에 의하여 입목등기부에 소유권보존등기를 하거나, '명인방법'에 의하여 공시가 되었을 경우에는 토지와 독립하여 거래할 수 있다.

농작물은 토지의 일부로서 정당한 권원에 의하여 타인의 토지에서 경작·재배한 농작물은 토지에 부합하지 않고 토지와는 독립된 부동산으로 다루어진다(민법 제256조 단서). 따라서 정당한 권원 없이 타인의 토지에서 경작한 농작물은 그 토지에 부합되어야 할 것이지만, 판례는 권원 없이 재배하였다 하더라도 농작물이 성숙하여 독립한 물건으로서의 존재를 갖추게 된다면 농작물의 소유권은 실제경작자에게 있다고 한다.[10]

토지에는 그 지목이 田, 畓, 垈, 林野 등에 상관없이 국유재산의 대상이 되며, 건물도 용도에 상관없이 모두 포함된다.

---

6) 김준호, 「민법강의」, 법문사, 1997년, 136면.

7) 시설부지에 정착된 '레일'은 사회통념상 그 부지에 계속적으로 고착되어 있는 상태에서 사용되는 시설의 일부에 해당하는 물건이라고 봄이 상당하다(대법원 1972.7.7. 72마741).

8) 자연석에 대해서는 "임야에 있는 자연석을 조각하여 제작한 석불이라도 그 임야의 일부분을 구성하는 것이라고는 할 수 없고 임야와 독립된 소유권의 대상이 된다"라고 한 바 있다(대법원 1977.9.22. 70다1494).

9) 독립된 부동산으로서의 건물이라고 하기 위해서는 최소한의 기둥과 지붕 그리고 주벽이 이루어지면 된다. 신축 건물이 경락대금 납부 당시 이미 지하 1층부터 지하 3층까지 기둥, 주벽 및 천장 슬라브 공사가 완료된 상태이었을 뿐만 아니라 지하 1층의 일부 점포가 일반에 분양되기까지 하였다면, 비록 토지가 경락될 당시 신축 건물의 지상층 부분이 골조공사만 이루어진 채 벽이나 지붕 등이 설치된 바가 없다 하더라도, 지하층 부분만으로도 구분소유권의 대상이 될 수 있는 구조라는 점에서 신축 건물은 경락 당시 미완성 상태이기는 하지만 독립된 건물로서의 요건을 갖추었다(대법원 2003.5.30. 2002다21592, 21608).

10) 대법원 1968.6.4. 68다613, 68다614; 대법원 1979.8.28. 79다784; 타인의 농지를 임차한 것이 농지개혁법상 무효라 하더라도 그 농지에 식재된 채소의 소유권은 심은 사람에게 있으므로 이를 멸실시켰다면 그 채소의 소유자에게 손해배상의 책임이 있다(대법원 1978.1.17. 77다1745).

(2) 그 종물

민법 제100조 제1항은 "물건의 소유자가 그 물건의 사용에 공하기 위하여 자기 소유인 다른 물건을 이에 부속하게 한 때에는 그 부속물은 종물이다"라고 규정하고 있다. 예를 들어 종물은 건물에 부착된 선반, 형광등, 주택에서의 우물 등이 해당한다.

종물이 되기 위해서는 종물은 사회 관념상 계속해서 주물의 그 자체의 효용을 다하게 하는 것이고, 장소적으로 밀접한 위치에 있어야 한다. 따라서 주물의 소유자나 이용자의 상용에 공여되고 있더라도 주물 그 자체의 효용과 직접 관계가 없는 물건은 종물이 아니다.[11]

종물은 주물로부터 독립된 별개의 물건이어야 하고, 동산 부동산 모두 종물이 될 수 있다. 별개의 물건이 아니라면 이는 부합된 것으로 종물이 아닌 것이다.[12] 또한 종물은

---

11) ① 신구 폐수처리시설이 그 기능 면에서는 전체적으로 결합하여 유기적으로 작용함으로써 하나의 폐수처리장을 형성하고 있지만, 신 폐수처리시설이 구 폐수처리시설 그 자체의 경제적 효용을 하게 하는 시설이라고 할 수 없으므로 종물이 아니다(대법원 1997.10.10. 97다3750).
    ② 다 횟집으로 사용할 점포 건물에 거의 붙여서 횟감용 생선을 보관하기 위하여, 즉 위 점포 건물의 상용에 공하기 위하여 신축한 수족관 건물은 위 점포 건물의 종물이라고 해석할 것이다(대법원 1993.2.12. 92도3234).
12) 주유소의 지하에 매설된 유류저장탱크를 토지로부터 분리하는 데 과다한 비용이 들고 이를 분리하여 발

주물과 동일한 소유자에 속하여야 한다. 이는 주물과 종물은 동일한 법률적 운명에 따르므로, 타인의 권리를 침해하는 일이 없도록 하기 위해서이다.

이러한 종물은 주물의 처분에 따르도록 되어 있다(민법 동조 제2항). 따라서 주물의 소유권의 양도가 있으면 종물도 이전된다. 국유재산법은 독립된 공작물대장을 마련하여 별도로 관리하고 있다는 점에서 종물이 주물의 처분에 독립된 물품으로 성격을 가지고 있다는 견해가 있다.[13] 그러나 종물은 원칙적으로 주물의 처분에 따른다고 보아야 하지만, 동조 제2항이 강행규정이 아니므로 당사자는 특약으로 종물만을 따로 처분할 수 있는 것이다.[14]

주의할 점은 종물이 동산(動産)인 경우에는 주물에 부착되어 있으면 종물로서 취급하여 국유재산법에 의해서 관리되지만, 국유재산(주물)에서 개별적으로 분리된 경우에는 분리된 때로부터 물품으로 관리되어 물품관리법의 적용을 받는다(물품관리법 제2조 제1항).

<물건의 구분에 따른 적용법규>

구분	물건의 구분	적용법규
부동산	− 토지와 건물 등의 부동산 − 토지의 정착물과 그 종물	국유재산법
동산	− 선박, 부표, 부잔교, 부선거 및 항공기와 그 종물	국유재산법
	− 정부기업 또는 시설의 기계와 기구 (기관차, 전차, 객, 화차 등 궤도차량의 국유재산)	
	− 현금 및 유가증권	국가재정법
	− 상기 이외의 동산	물품관리법

〈유권해석〉

산림이 아닌 국유지(군용지)에서 채취되는 토석을 처분하는 경우 「군수품관리법」에 적용받는지, 아니면 「국유재산법」에 적용받는지

국유지에서 채취되는 토석이 이미 토지로부터 분리되어 토지의 구성물로서의 성질을 상실한 상태라면 동산에 해당된다 할 것이지만, 아직 토지로부터 분리되지 아니한 상

굴할 경우 그 경제적 가치가 현저히 감소할 것이 분명하다는 이유로, 그 유류저장탱크는 토지에 부합되었다. 그러나 주유소의 주유기는 비록 독립된 물건이기는 하나 유류저장탱크에 연결되어 유류를 수요자에게 공급하는 기구로서 주유소 영업을 위한 건물이 있는 토지의 지상에 설치되었고 그 주유기가 설치된 건물은 당초부터 주유소 영업을 위한 건물로 건축되었다는 점 등을 종합하여 볼 때, 그 주유기는 계속해서 주유소 건물 자체의 경제적 효용을 다하게 하는 작용을 하고 있으므로 주유소건물의 상용에 공하기 위하여 부속시킨 종물이다(대법원 1995.6.29. 94다6345).

13) 최성우, 「국유재산관리」, 한국부동산연구소, 1974년, 14면.
14) 김정연·손규동, 「국유재산법해설」, 남문각, 1967년, 37면.

태라면 토지의 구성물에 해당된다 할 것이고, 이와 같이 토지의 구성물에 해당하는 토석을 토지로부터 분리하여 처분하기 위해서는 국유부동산의 관리에 관한 법률, 즉 「국유재산법」에 의하여야 할 것임(법제처 경법 - 11070 - 557 회신일자 1995.7.28).

2. 선박·부표·부잔교·부선거 및 항공기와 그들의 종물

선박은 일체의 배를 칭하는 것이나, 선박등기법에 따라 등기를 해야 한다(선박등기법 제2조). 선박의 종물은 선박 자체의 구성물이 아니고, 선박의 운행에 필요한 독립물로서, 구명선 또는 수심측기(水深側器)와 같은 것을 말하며, 선박의 속구목록(屬具目錄)에 기재된 것은 종물로 추정한다(상법 제742조).

부표(浮漂)는 물 위에 띄워 어떤 표적을 삼는 물건을 말한다. 부잔교(浮棧橋)는 해저에 교각을 교착시키지 아니하고 평소에 뜰 수 있도록 만들어진 것을 말한다. 부선거(浮船渠)는 선박 수선용으로 부침(浮沈)자재인 함선으로서 선박과 함께 부상시켜 선체를 물 위에 올려놓고 작업을 할 수 있게 된 물건(부양식 독)을 말한다.

항공기는 어떠한 형태의 것이든지 또 그 사용목적이 무엇이든지 불문하나, 항공법에 따라 등록을 하여야 한다(항공법 제3조).

3. 정부기업 또는 정부시설에서 사용하는 중요한 기계와 기구

정부기업은 우편사업·우체국예금사업·양곡관리사업·조달사업을 말하고(정부기업예산법 제2조), '기계와 기구'라 함은 기관차·전차·객차·화차·기동차 등 궤도차량을 말한다(동법 제3조 제2항, 동법 시행령 제1조 제1항). 중요한 기계와 기구들의 경우에 국유재산법과 물품관리법의 적용 여부에 있어서 모호한 점이 있다. 일반적으로 이들이 부동산에 부착되어 있으면 국유재산으로 관리하지만, 개별적으로 분리되면 물품관리법의 적용을 받게 된다 할 것이다.

<유권해석>
국유재산 중 기계·기구의 경우 용도폐지 즉시 물품으로 전환되는지
행정재산인 중요한 기계·기구를 용도폐지한 경우에는 물품으로 전환되는 것이 아니라 국유잡종재산으로 전환되는 것임. 잡종재산인 중요한 기계·기구를 폐기·해체 또는 철거하는 경우에 있어서도 그 결정만으로 국유재산이 물품으로 전환되는 것이 아

니라 실제 폐기·해체 또는 철거행위가 이루어진 이후에 발생하는 폐기물·해체물 또는 철거물이 물품으로 신규취득되는 것임(국재 1281 - 1777 회신일자 1982.05.24).

4. 지상권·지역권·광업권 기타 이에 준하는 권리

(1) 지상권

지상권(地上權)은 타인소유의 토지에서 건물 기타의 공작물이나 수목을 소유하기 위하여 그 토지를 사용할 수 있는 물권이다(민법 제279조). 지상권은 지상권설정계약과 그 등기에 의하여 성립한다(부동산등기법 제69조).

지상권은 설정계약에서 정한 목적의 범위 내에서 타인의 토지를 사용할 수 있는 권리이므로 당연히 토지를 점유할 권리를 가진다. 따라서 사용의 원만한 상태가 침해되는 경우에는 지상권에 기한 물권적 청구권을 가진다(민법 제290조, 제213조, 제214조). 지상권은 지상권설정자의 동의 없이 타인에게 그 권리를 양도하거나 그 권리의 존속기간 내에서 그 토지를 임대할 수 있다(민법 제282조).

민법은 대지와 건물이 동일한 소유자에 속한 경우에, 건물에 전세권이 설정한 때에는, 그 대지소유자의 특별승계인은 전세권설정자(건물소유자)에 대하여 지상권을 설정한 것으로 보고 있다(민법 제305조). 이를 법정지상권이라 하는데, 여기의 지상권에 포함된다.

(2) 지역권

지역권(地役權)은 일정한 목적을 위하여 타인의 토지를 자기의 토지의 편익에 이용하는 권리를 말한다(민법 제291조). 예컨대, 타인의 토지를 통행하거나, 그 토지를 거쳐 물을 끌어오거나, 그 토지에 일정한 높이 이상의 건물을 건축하지 않는 등 두 개의 토지 사이의 이용을 조절하는 것을 목적으로 한다. 이때 편익을 받는 토지를 요역지(要役地)라 하고, 편익을 제공하는 토지를 승역지(承役地)라고 한다. 지역권은 지역권설정계약과 승역지의 등기용지에 등기를 함으로써 성립된다(부동산등기법 제70조).

지역권은 요역지 위에 종된 권리로서 요역지의 소유권이 이전되면 지역권도 이전된다(민법 제292조 제1항). 지역권은 승역지에서 편익을 얻는 권리이므로 편익을 얻는 것이 방해가 되면 방해제거청구권 또는 방해예방청구권의 물권적 청구권을 사용할 수 있다(민법 제301조, 제214조).

(3) 광업권

광업권(鑛業權)은 등록을 한 일정한 토지의 구역(광구)에서 등록을 한 광물과 이와 같은 광상(鑛床)에 묻혀 있는 다른 광물을 탐사하는 권리(탐사권)와 광구에서 등록을 한 광물과 이와 같은 광상에 묻혀 있는 다른 광물을 채굴하고 취득하는 권리(탐사권)를 말한다(광업법 제3조 제3호, 제3의2, 제3의3). 이 광업권은 물권의 성질을 가진다(광업법 제10조). 국영광업은 지식경제부장관이 주관하고, 국영광업은 법률에 따라 설립된 법인에게 경영하게 할 수 있다(광업법 제62조, 제63조).

(4) 이에 준하는 권리

이에 준하는 권리는 물권이 해당할 것이다. 따라서 전세권도 이에 해당한다(민법 제303조). 그 외에 등기된 임차권은 제3자에게 대항할 수 있으므로 물권에 준하므로 이에 포함되고(민법 제621조), 어업권도 물권의 성질을 가지고 있으므로 이에 해당한다(수산업법 제16조 제2항).[15]

<유권해석>

전세권이 국유재산에 포함되는지

등기된 전세권은 국유재산법 제3조 제1항 제4호의 '기타 이에 준하는 권리'에 해당되어 국유재산으로 분류하고 있으나, 미등기된 전세권은 채권으로 분류함(국재45501 – 647 회신일자 1995.08.01).

<유권해석>

미준공 콘도의 콘도이용권이 국유재산에 포함되는지

콘도회원권은 콘도를 이용할 수 있는 권리를 말하는 것으로서 국유재산 중 '무체재산'으로 분류하며, 콘도회원권이 당해 건설 중인 콘도에만 이용할 수 있는 권리인 경우에는 콘도회원권의 구입비는 선급금의 성격을 가지므로 콘도를 이용할 수 없는 준공 전까지는 '국가채권'으로 관리하고 준공 후에는 '국유재산'으로 관리하여야 한다. 다만, 콘도회원권이 당해 건설 중인 콘도 이외의 기존에 건설된 콘도를 이용할 수 있는 경우에는 콘도회원권의 구입 즉시 '국유재산'으로 관리한다(국재41322 – 702 회신일자 2002.09.01).

---

15) 최성우, 전게서, 17면; 김정연·손규동, 전게서, 45면.

5. 「자본시장과 금융투자업에 관한 법률(이하 자금법)」 제4조에 따른 증권

"증권"이란 내국인 또는 외국인이 발행한 금융투자상품으로서 투자자가 취득과 동시에 지급한 금전등 외에 어떠한 명목으로든지 추가로 지급의무(투자자가 기초자산에 대한 매매를 성립시킬 수 있는 권리를 행사하게 됨으로써 부담하게 되는 지급의무를 제외한다)를 부담하지 아니하는 것을 말한다(자금법 제4조). 증권은 채무증권, 지분증권, 수익증권, 투자계약증권, 파생결합증권, 증권예탁증권이 있다(동법 4조 제2항).

"채무증권"이란 국채증권, 지방채증권, 특수채증권(법률에 의하여 직접 설립된 법인이 발행한 채권을 말한다. 이하 같다), 사채권, 기업어음증권, 그 밖에 이와 유사(類似)한 것으로서 지급청구권이 표시된 것을 말한다(자금법 제4조 제3항).

국채증권(國債證券)은 국채를 표상하는 증권을 말한다. 국채는 공공자금관리기금의 부담, 특별회계, 기금 또는 특별계정의 부담으로 기획재정부장관이 발행한다(국채법 제3조).[16]

지방채증권(地方債證券)은 지방채를 표상하는 증권을 말한다. 지방채는 지방자치단체의 장이나 지방자치단체조합이 그 지방자치단체의 항구적 이익이 되거나 긴급한 재난복구 등의 필요가 있을 때 지방의회의 의결을 얻어 발행하는 것으로서 유가증권의 형태를 가진 채무를 말한다(지방자치법 제124조 제1항, 지방재정법 제11조).[17]

---

16) 우리나라에서 국채는 경제계획의 추진과정에서 사회간접자본 시설의 확충, 기술개발, 산업구조조정과 국민 복지의 증진 등을 위한 재정수요가 급속히 증대하고 금융개혁의 추진에 따른 정책금융의 재정이관으로 재정규모가 대폭적으로 확대되면서 이에 소요되는 재원 중 조세수입의 확대를 통한 세입증가로 완전히 충당하지 못하여 생기는 재정적 자분을 보전하여 주는 것을 주된 기능으로 하고 있으며 나아가 국채의 발행과 회수를 통하여 공개시장을 조작함으로써 총통화를 관리하고 경기를 조절하여 나가는 경제정책의 수단으로서의 역할도 담당하고 있다(헌법재판소 1995.10.26. 93헌마246).

17) 지방자치법 제124조(지방채무 및 지방채권의 관리)
① 지방자치단체의 장이나 지방자치단체조합은 따로 법률로 정하는 바에 따라 지방채를 발행할 수 있다.
지방재정법 제11조(지방채의 발행)
① 지방자치단체의 장은 그 지방자치단체에 항구적 이익이 되거나 긴급한 재난복구 등의 필요가 있을 때에는 지방채를 발행할 수 있다.
② 지방자치단체의 장은 제1항에 따라 지방채를 발행하려면 재정 상황 및 채무 규모 등을 고려하여 대통령령으로 정하는 지방채 발행 한도액의 범위에서 지방의회의 의결을 얻어야 한다. 다만, 지방채 발행 한도액 범위더라도 외채를 발행하는 경우에는 지방의회의 의결을 거치기 전에 행정안전부장관의 승인을 받아야 한다.
③ 지방자치단체의 장은 제2항에도 불구하고 해당 지방자치단체의 발전과 관계있는 사업을 위한 경우 등 대통령령으로 정하는 사유가 발생하는 경우에는 행정안전부장관의 승인을 받은 범위에서 지방의회의 의결을 얻어 제2항에 따른 지방채 발행 한도액의 범위를 초과하여 지방채를 발행할 수 있다.
④ 「지방자치법」 제159조에 따른 지방자치단체조합(이하 "조합"이라 한다)의 장은 그 조합에 항구적 이익이 되거나 긴급한 재난복구 등의 필요가 있을 때 또는 지방자치단체에 대부할 필요가 있을 때에는 지방채를 발행할 수 있다. 이 경우 행정안전부장관의 승인을 받은 범위에서 조합의 구성원인 각 지방자치단체 지방의회의 의결을 얻어야 한다.

"채무증권"이란 주권, 신주인수권이 표시된 것, 법률에 의하여 직접 설립된 법인이 발행한 출자증권, 「상법」에 따른 합자회사·유한회사·익명조합의 출자지분, 「민법」에 따른 조합의 출자지분, 그 밖에 이와 유사한 것으로서 출자지분이 표시된 것을 말한다(자금법 제4조 제4항). 상법상 주식(株式)을 표창하는 유가증권을 주권(株券)이라고 한다. 주권(株券)의 취득에 의하여 주식회사의 사원(주주)의 지위를 취득한다. 신주인수권(新株引受權)은 회사의 성립 후 신주발행시에 주주가 종래 가직 있던 주식의 수에 비례하여 우선적으로 신주를 배정받을 권리를 말한다(상법 제418조). 이러한 주주의 신주인수권은 주주의 자격에 기하여 법률상 당연히 주주에게 인정된 권리이지, 정관이나 이사회의 결의에 의하여 비로소 발생하는 권리가 아니다. 그런데 주주에게 신주의 발행가액에 해당하는 자금이 없어 주주가 청약을 하지 못하는 경우에는 주주는 신주의 시가와 발행가액과의 차액을 상실하게 되는 데, 이러한 주주의 손실을 방지하기 위하여 신주인수권의 양도가 인정되고 신주인수권의 양도의 수단으로 인정되는 것이 신주인수권증서이다.

출자(出資)로 인한 권리는 법인의 자본이나 기금을 구성하는 출자에 따라 발생하는 권리를 말한다. 출자로 인한 권리가 유가증권으로 표상되는 경우가 있다. 예를 들어 주식회사에 대한 출자가 주권(株券)으로 표시된 경우가 있다. 자본을 구성하는 출자는 현금출자가 대부분이나 현물출자도 가능하다. 정부가 정부출자기업체에 대하여 일반재산을 현물출자할 수 있으나(국유재산법 제60조), 이를 위해서는 국무회의의 심의를 거쳐 대통령의 승인을 거쳐야 한다(동법 제61조 제3항).

"수익증권"이란 금전신탁계약의 수익증권, 투자신탁에 의한 수익증권, 그 밖에 이와 유사한 것으로서 신탁의 수익권이 표시된 것을 말한다(자금법 제4조 제5항, 제110조, 제189조). "투자계약증권"이란 특정 투자자가 그 투자자와 타인간의 공동사업에 금전등을 투자하고 주로 타인이 수행한 공동사업의 결과에 따른 손익을 귀속받는 계약상의 권리가 표시된 것을 말한다(동법 제4조 제6항). "파생결합증권"이란 기초자산의 가격·이자율·지표·단위 또는 이를 기초로 하는 지수 등의 변동과 연계하여 미리 정하여진 방법에 따라 지급금액 또는 회수금액이 결정되는 권리가 표시된 것을 말한다(동조 제7항). "증권예탁증권"이란 채무·지분·수익·투자계약·파생결합·증권예탁증권을 예탁받은 자가 그 증권이 발행된 국가 외의 국가에서 발행한 것으로서 그 예탁받은 증권에 관련된 권리가 표시된 것을 말한다(제8항).

---

⑤ 제4항에 따라 발행한 지방채에 대하여는 조합과 그 구성원인 지방자치단체가 그 상환과 이자의 지급에 관하여 연대책임을 진다.

6. 지식재산[18]

(1) 특허권, 실용신안권, 디자인권 및 상표권

① 특허권

특허권(特許權)은 기술적 사상적 창작(발명)을 일정기간 독점적·배타적으로 소유 또는 이용할 수 있는 권리를 말한다(특허법 제94조). 발명은 산업상 이용가능성, 신규성, 진보성 등 몇 가지 요건을 갖추어야 비로소 권리로서 등록될 수 있으며, 그 등록을 위한 출원절차는 행정청인 특허청을 통하여 이루어진다.

특허권의 존속기간은 특허권의 설정등록이 있는 날로부터 특허출원일 후 20년이 되는 날까지이다(특허법 제88조 제1항). 특허권의 존속기간중에는 특허권자를 제외한 다른 사람은 특허권자의 동의 없이 業으로서 그 특허발명을 생산·사용·양도·대여·수입·양도 및 대여의 청약행위를 하는 것이 금지되며, 만약 그와 같은 행위가 있을 때에는 특허권자는 그 행위자를 상대로 특허권 침해를 원인으로 한 민·형사상 소송을 제기할 수 있다(특허법 제126조, 제225조).

공무원의 직무발명에 대한 권리는 국가나 지방자치단체가 승계하며, 국가나 지방자치단체가 승계한 공무원의 직무발명에 대한 특허권등은 국유나 공유가 된다(발명진흥법 제10조 제2항 본문). 따라서 공무원이 한 직무발명은 공무원 개인이 소유할 수 없다 할 것이다. 이와는 달리 「고등교육법」 제3조에 따른 국·공립학교 교직원의 직무발명에 대한 권리는 「기술의 이전 및 사업화 촉진에 관한 법률」 제11조제1항 후단에 따른 전담조직이 승계하며, 전담조직이 승계한 국·공립학교 교직원의 직무발명에 대한 특허권등은 그 전담조직의 소유로 한다(동법 제10조 제2항 단서). 이는 국공립대학 교직원의 직무발명 창출의욕을 고취시켜 특허권의 민간이전을 통해 산업경쟁력을 제고하기 위해서 국공립대학 교직원의 직무발명에 대한 특허권을 국가가 아닌 당해 전담조직이 승계하도록 하고 있다[19].

국유로 된 특허권의 처분 및 관리는 국유재산법 제8조에 불구하고 특허청장이 관장하며, 그 처분과 필요한 사항은 『공무원 직무발명의 처분·관리 및 보상 등에 관한 규정』에 따르도록 하고 있다. 이에 따르면 공무원은 자기와 직무와 관련된 발명을 한 경우에

---

18) 2012. 12. 18. 개정 국유재산법(법률 제11548호)에서는 지식재산기본법(법률 제10629호, 제정 2011.5. 제정에 따라 "특허권, 저작권, 상표권, 디자인권, 실용신안권, 그 밖에 이에 준하는 권리"라는 것 대신에 지식재산이라는 용어를 도입하고 있다. 지식재산으로 보호해야할 것으로 특허권, 실용실안권, 디자인권, 상표권, 저작권, 품종보호권 및 그 밖의 지식재산권으로 세분화하였다.

19) 임병웅, 이지 특허법, ㈜한빛지적소유권센터, 2011년, 272면

는 지체없이 그 내용을 발명기관의 장에게 신고하고(동규정 제5조), 발명기관의 장은 국가승계여부를 결정해야 한다(동규정 제6조). 국가승계가 결정되면 발명기관의 자는 당해 공무원에게 서면으로 통지하며, 발명자는 지체없이 특허를 받을 수 있는 권리 또는 특허권을 국가에 양도해야 한다(동규정 제6조). 이후 발명기관의 장은 발명기관의 장을 부기하여 국가명의로 특허출원을 해야 한다(동규정 제7조). 특허청은 발명기관의 장으로부터 국유특허등록요청을 받아 국유특허권 등록을 한다(동규정 제9조). 이에 따라 공무원의 직무발명을 국유특허로 등록된 경우 공무원에게 정당한 보상금을 지급해야 한다(동규정 제16조~18조).[20]

② 실용신안권

실용신안(實用新案)은 산업상 이용할 수 있는 물품의 형상·구조 또는 조합에 관한 고안으로서, 여기서 고안이라 함은 자연법칙을 이용한 기술적 사상의 창작을 말한다(실용신안법 제2조, 제4조). 특허와 실용신안은 다 같이 자연법칙을 이용한 기술적 사상의 창작이지만 그 창작의 정도가 고도한 것이냐 아니면 그보다 낮은 정도의 것이냐에 따라서 구별된다 할 것이다.[21] 물론 실용신안은 물품의 고안만을 그 대상으로 하고 있으므로 방법이나 물질에 대한 기술적 방법은 특허의 대상이지 실용신안의 대상이 아니다. 실용신안의 존속기간은 실용신안권의 설정등록이 있는 날로부터 실용신안 등록출원일 후 10년이 되는 날까지이다(실용신안법 제36조 제1항).

③ 디자인권

"디자인"이라 함은 물품의 형상·모양·색채 또는 이들을 결합한 것으로서 시각을 통하여 미감을 일으키게 하는 것을 말한다(디자인보호법 제2조). 여기의 물품은 물품의 부분과 글씨체도 포함한다. 디자인권은 설정등록에 의해 발생하며(동법 제39조), 설정등록이 있는 날로부터 15년간 존속한다(동법 제40조 제1항).

④ 상표권

상표(商標)라 함은 상품을 생산·가공 또는 판매하는 것을 업으로 영위하는 자가 자기의 업무와 관련된 상품을 타인의 상품과 식별되도록 하기 위하여 사용하는 것을 말하며

---

20) 국유특허의 경우 등록보상금은 50만원이고, 처분보상금은 처분수입금의 50%이다.
21) 「특허법」, 사법연수원, 2003년, 6면

(상표법 제2조 제1항 제1호), 상표권(商標權)은 이와 같은 상표로서 등록된 것을 독점적으로 사용할 수 있는 권리를 말한다. 법이 상표를 보호하는 것은 상표를 구성하는 기호, 문자, 도형 또는 이들의 결합 자체를 보호하기 위한 것이 아니라, 상표가 가지고 있는 자타상품 식별기능, 출처표시기능, 품질보증기능, 광고선전기능을 인식하고 이를 보호하기 위한 것이다. 따라서 상표권자는 상표권의 존속기간 동안 다른 사람이 관련 상품의 출처에 대하여 혼동을 일으킬 우려가 있는 동일 또는 유사한 상표를 사용하는 것을 금할 수 있다. 상표의 존속기간은 설정등록이 있는 날로부터 10년간이며, 그 기간은 갱신등록출원에 의하여 10년간씩 갱신이 가능하다(상표법 제42조).

(2) 저작권, 저작인접권 및 데이터베이스제작자의 권리 및 그 밖에 저작권법에서 보호되는 권리로서 한국저작권위원회에 등록된 권리

저작권(著作權)은 문학·학술 또는 예술의 범위에 속하는 창작물에 대하여 법이 그 창작자에 대하여 일정기간 동안 그 창작물을 독점적으로 사용케 하고 다른 사람이 무단으로 복제·공연·방송·전시·배포 및 2차적 저작물 등의 작성 등 행위를 하거나, 그 창작물에 대한 창작자의 인격권을 침해하는 행위를 금지하는 권리이다. 저작인접권은 실연자, 음반제작자, 방송사업자가 녹음, 복제, 배포, 전송을 할 수 있는 권리를 말한다(저작권법 제64조).

"데이터베이스(Database)"는 소재를 체계적으로 배열 또는 구성한 편집물로서 개별적으로 그 소재에 접근하거나 그 소재를 검색할 수 있도록 한 것을 말한다(저작권법 제2조 제19조). 이러한 데이터베이스의 제작자는 전부 또는 상당한 부분을 복제·배포·방송 또는 전송할 권리를 가진다(동법 제93조 제1항).

(3) 품종보호권

품종보호권(Breeders Right)은 식물학에서 통용되는 최저분류 단위의 식물군으로서 유전적으로 나타나는 특성 중 한 가지 이상의 특성이 다른 식물군과 구별되고 변함없이 증식되는 품종을 보호받을 수 있는 권리를 가진 자에게 주는 권리를 말한다(식물신품종보호법 제2조 제2호, 제4호). 이러한 품종보호권의 존속기간은 품종보호권이 설정 등록된 날부터 20년으로 하고, 과수 및 임목의 경우에는 25년이다(동법 제55조).

(4) 기타 지식재산권

그 외 지식재산기본법 제3조 제3호에 따른 지식재산권도 국유재산의 범위에 포함된다. 다만, 저작권법에 따라 등록되지 아니한 권리는 제외하고 있다.

Ⅲ. 국가의 소유

上記의 재산을 국가의 부담이나 기부채납 또는 관련법령이나 조약의 규정에 따라 국가가 소유하고 있는 재산이 국유재산에 해당한다(국유재산법 제2조 제1호).

1. 국가의 부담으로 국유화된 재산

국가의 부담으로 된 국유재산이라 함은 재산을 일정한 대가를 지불하고 취득한 재산을 의미하고(유상계약), 이는 매매나 교환 등의 형태에 의하여 이루어지는 것이 일반적이다.

2. 기부채납으로 국유화된 재산

기부채납은 국가 외의 자가 재산의 소유권을 무상으로 국가에 이전하여 국가가 이를 취득하는 것을 말한다(국유재산법 제2조 제2호).[22] 이러한 기부채납에 의하여 국가가 무상으로 취득한 재산을 말한다.

3. 법령이나 조약에 따라 국가 소유로 된 재산

여기서 법령에 의해 국유화된 재산은 민법, 공공용지의 취득 및 손실보상에 관한 특례법, 국방·군사시설사업에 관한 법률 등의 법령에 의하여 국가가 소유한 재산을 말한다. 또한 조약에 의하여 국유화된 재산은 국가와 국가 간에 체결된 조약의 내용에 의하여 국유화된 재산이다. 국가 간에 체결된 조약이나 일반적으로 승인된 국제법규는 국내법과

---

22) 대법원 1996.11.8. 96다20581.

같은 효력을 가지는 것이므로 공포된 조약의 내용에 따라 국가의 재산으로 귀속하게 되는 것이다.

<관련법령>

민법	해산된 법인재산의 국가귀속(제80조 제3항)
	시효취득(제245조)
	무주물의 귀속(제252조)
	상속인 불분명재산의 귀속(제1058조)
형법	몰수형(제41조)
공공용지의 취득 및 손실보상에 관한 특례법	공용수용
공유수면매립법	정부사업으로 실시한 매립(제29조 제3항)
친일반민족행위자 재산의 국가귀속에 관한 특별법	친일재산의 국가의 소유(제2조)
하천법	하천의 국유(제4조)
귀속재산처리법	공공성 및 영구보존을 요하는 부동산과 동산의 국유화(제5조 제1항)
상속세법	물납(제29조 제1항)
포획심판법	포획 물건의 국고소득(제27조)

〈판례〉

철도법 제2조, 제5조, 제6조, 사설철도 및 전용철도면허규정이 사설철도와 전용철도만을 규정하고 있고 철도의 건설에 관한 교통부령에 국유철도건설규칙만이 존재한다고 하여, 사유가 허용되는 철도에는 위 사설철도와 전용철도 두 가지만이 있을 뿐 이에 해당하지 않는 청원시설규칙(철도청 고시 제32호)과 청원시설사무취급절차(철도청 훈령 제4563호)에 의해 시설된 청원측선이 국유에 속한다고 할 수는 없고, 청원시설의 공사비용 부담을 청원자가 하는 점, 청원시설의 보수를 청원자가 하는 점, 청원시설물의 보수비용 및 보수에 소요되는 재료 일체는 청원자가 부담하는 점, 청원자가 청원시설에 관한 권리, 의무를 제3자에게 양도하려면 철도청의 사전 승인을 받아야 하는 점 등 청원시설규칙과 청원시설사무취급절차의 제 규정을 종합하여 보면 청원시설의 하나인 청원측선은 철도청에 기부채납되지 않은 이상 청원자의 소유라 할 것이다(대법원 1992.3.10. 91다27099).

Ⅳ. 공물과 국유재산

공물은 강학상의 개념으로 종래 공물(公物)은 "행정 주체에 의하여 직접 공적 목적에 제공된 개개의 유체물"이라고 정의하고 있다.[23] 여기에 유수·전류·공간 같은 무체물과 유체물의 집합체인 공공시설도 공물에 포함될 수 있다는 견해가 있다.[24]

이러한 공물의 개념은 어떠한 물건이 공적 목적에 제공됨으로써 공법적 규율을 받게 되는 점에 착안하여 수립된 것이며, 그 물건의 소유권 귀속과는 직접 관계가 없다. 이 점에서 「국유재산법」 및 「공유재산 및 물품 관리법」에서 말하는 국유재산 및 공유재산과는 다르다. 예를 들면, 사유재산이라도 행정 주체에 의해 공적 목적에 제공되면 공물인 데 반하여, 국유재산이라도 공적목적에 제공되고 있지 않으면 공물이 아니다. 국유재산 중 행정재산은 공법적 규율이 적용되는 데 반하여 일반재산은 원칙적으로 사법적 규율을 받는다. 이러한 일반재산은 공물의 개념에는 포함되지 않는다.[25]

공물은 소유권의 귀속에 관계가 없는 개념으로서, 소유권자에 의해 국유공물·공유공물·사유공물로 구분된다. 이 중 국유공물이 국유재산법상의 행정재산을 의미한다.[26]

국유재산법은 행정재산에 대하여 공용재산, 공공용 재산, 기업용 재산, 보존용 재산으로 분류를 하고 있다. 이 중 공공용 재산은 학문상 '공공용물'에 해당하고, 공용재산, 기업용 재산은 학문상 '공용물'에 해당하고, 보존용 재산은 학문상의 '보존공물'에 해당하게 된다.[27]

따라서 공물과 국유재산은 소유권의 귀속 주체와 공적목적 제공 여부에 있어서 구분이 된다는 것을 알 수 있다. 일반적으로 행정재산은 공물로 보고, 일반재산은 공물에 해당하지 않는다 할 것이다.

---

23) 김동희, 행정법Ⅱ, 2001년, 220면; 김향기, 행정법개론, 2005년, 712면.
24) 류지태, 행정법신론, 2006년, 856면; 김남진·김연태, 행정법Ⅱ, 2006년, 358면.
25) 김남진·김연태, 행정법Ⅱ, 2006년, 360면; 김향기, 행정법개론, 2005년, 712면.
26) 김동희, 행정법Ⅱ, 224면.
27) 석종현, 일반행정법(하), 388면.

제2절 국유재산의 구분

I. 의의

日本은 국유재산을 '행정재산'과 '보통재산'으로 분류하고 있다. 행정재산은 공용재산, 공공용 재산, 왕실용 재산, 기업용 재산을 말하고, 보통재산은 행정재산 이외의 일체의 국유재산을 말한다(일본국유재산법 제3조). 우리나라도 1950년에 처음 제정된 국유재산법에서는 행정재산과 보통재산으로 구분하고 있었다. 이후 1956년 11월 28일 국유재산법의 전면개정에 의해 국유재산을 그 용도와 성질에 따라 행정재산·보존재산·잡종재산으로 구분하였다.

그러나 이러한 분류에 대해 행정재산과 보존재산을 특별히 구별할 실익이 없는 문제점이 있으므로, 보존재산을 행정재산의 한 유형으로 파악하여 행정재산과 잡종재산으로 재분류하는 것이 적절하다는 비판이 제기되어 왔다.[28] 또한 잡종재산의 명칭이 쓸모없는 재산이라는 부정적 이미지라는 문제가 제기되어 왔다.

이에 2009.1.30. 국유재산법 전면개정(법률 제9401호)에 의해, 보존재산을 행정재산으로 통합하고, 잡종재산을 일반재산으로 명칭을 변경하였다. 따라서 국유재산 분류체계가 '행정재산'과 '일반재산'으로 단순화되었다.

'행정재산'은 국가의 행정목적에 직접 공여한다는 점에서 사권의 설정이 허용되지 않으며, '일반재산'은 대부 및 처분이 가능한 국가의 수익재산이다. 따라서 일반재산은 국유의 사물(私物)로서의 성질을 가진다.

---

28) 류지태, "현행국유재산관리의 법적 문제", 『토지연구』 12권 제1호, 50면.

<국유재산 구분>

구분		내용
행정재산	공용재산	국가가 직접 그 사무용·사업용 또는 공무용의 주거용으로 사용하거나 앞으로 5년 이내에 사용하기로 결정한 재산(예: 청사, 관사, 학교, 교도소 등)
	공공용재산	국가가 직접 공공용으로 사용하거나 앞으로 5년 이내에 사용하기로 결정한 재산(예: 도로, 하천, 제방, 교량, 광장, 국립공원)
	기업용재산	정부기업이 직접 그 사무용·사업용 또는 당해 기업에 종사하는 직원의 주거용으로 사용하거나 앞으로 5년 이내에 사용하기로 결정한 재산
	보존용재산	법령이나 그 밖의 필요에 따라 국가가 보존하는 재산(예: 문화재 등)
일반재산		행정재산 외 모든 국유재산

Ⅱ. 행정재산

'행정재산(Administrative Property: 行政財産)'은 국가의 행정목적을 수행하는 데에 있어서 직접적으로 필요한 재산이다. 어떤 재산이 행정재산인지는 관련 법령에 의해 지정되거나, 행정처분으로써 사용하기로 결정한 경우 또는 실제로 사용하는 재산에 해당해야 한다. 따라서 국유재산대장과 지목만을 가지고 행정재산인지를 판단할 수 없다.[29]

행정재산은 행정목적을 수행하기 위한 재산이므로 국유재산 고유의 목적이나 용도에 장애가 되는 행위를 하는 것은 성질상 허용되지 아니한다. 국유재산법에서는 행정재산에 대하여 처분 또는 사권의 설정을 허용하지 않고 있다. 이 행정재산은 그 성격에 따라 다음과 같이 분류된다.

1. 공용재산

공용재산(Property for official use: 公用財産)은 "국가가 직접 그 사무용·사업용 또는 공무원의 주거용으로 사용하거나 사용하기로 결정한 재산"을 말한다(동법 제6조 제2항 제1호). 사용하기로 결정한 재산은 앞으로 5년 내에 사용하기로 결정한 재산으로서 이른

---

29) 도로와 같은 인공적 공공용 재산은 법령에 의하여 지정되거나 행정처분으로써 공공용으로 사용하기로 결정한 경우 또는 행정재산으로 실제로 사용하는 경우의 어느 하나에 해당하여야 행정재산으로 되는 것이므로, 토지의 지목이 도로이고 국유재산대장에 등재되어 있다는 사정만으로는 바로 그 토지가 도로로서 행정재산에 해당한다고 판단할 수는 없다(대법원 1996.1.26. 95다24654; 대법원 1995.4.28. 94다60882).

바 예정공물에 해당한다(동법 시행령 제4조 제1항). 2012.12.18 개정 국유재산법(법률 제11548호)에서는 공무원의 주거용을 "직무 수행을 위하여 필요한 경우로서 대통령령으로 정하는 경우"로 한정하고 있다.[30] 이러한 개정법에 따르면 직무 관련 없는 공무원 주거용 재산은 행정재산이 아니므로, 공무원이 사용하는 경우에도 사용료를 부과할 수 있게 된다.

학설은 이러한 공용재산(공용물)이 성립하기 위해서는 공용물로서의 형체를 갖추어 행정 주체가 사실상 사용을 개시하는 것으로 족하며, 별도의 공용지정을 필요로 하지 않는다고 한다.[31]

판례는 군사시설보호법 소정의 군사시설에 대해 반드시 견고한 재료에 의하여 축조될 건축물 등만을 의미하는 것이 아니고, 그 사용목적이 임시적이든 영구적이든 것에 상관없이 진지·장애물 등 기타 군사목적에 직접 공용되는 시설을 말한다[32]고 보고 있다. 즉 국방·군사시설은 공적인 목적에 공용되는 것으로 공물로서 공용물에 해당한다 할 것이므로 공용물이 성립하기 위해서는 공용물로서의 형체를 갖추어 행정 주체가 사실상 사용을 개시하면 족하며, 별도의 공용지정을 요하지 않는다는 것이다. 또한 군사시설이 반드시 국가 소유이어야 하는가에 대하여서도 공물의 성격이 국가소유 여부를 묻는 것은 아니고, 군사시설에 대한 개념정의에서도 국가소유를 요건으로 하지 않으므로 군사시설이 반드시 국가소유일 필요는 없다고 할 것이다. 따라서 수용 전 단계에서 사용료를 지급하고 해당 부지를 사실상 이용하고 있다면 군사시설에 해당한다 할 것이다.

---

30) 직무 관련성이 인정되는 공무원 주거용 재산 유형으로 다음과 같은 것이 대통령령에 반영될 것으로 예상된다(국유재산법 일부개정법률안 검토보고, 기획재정위원회 수석전문위원 국경복, 2012.9, 26면).
   ① 대통령 관저
   ② 국무총리·국가재정법 제6조에 따른 독립기관 및 중앙관서의 장이 사용하는 공관
   ③ 「국방·군사시설 사업에 관한 법률」 제2조 제1항에 따라 취득한 주거용 재산
   ④ 원래의 근무지와 다른 지역에 소재한 관청에서 근무하게 되는 자에게 제공되는 숙소
   ⑤ 비상근무에 종사하는 자에게 제공되는 당해 관서의 구내 또는 이와 인접한 장소에 설치된 숙소
   ⑥ 기타 당해 재산의 위치, 사용용도 등에 비추어 직무상 관련성이 있다고 인정되는 재산
31) 김남진·김연태, 행정법Ⅱ, 368면; 석종현, 일반행정법(하), 397면; 김동희, 행정법Ⅱ, 227면; 박윤흔, 행정법강의(하), 467면.
32) 서울행정법원 2006.12.5. 2006구합17383.

2. 공공용 재산

(1) 개념

공공용 재산(Property for public use: 公共用財産)은 "국가가 직접 공공용으로 사용하거나 사용하기로 결정한 재산"을 말한다(동법 제6조 제2항 제2호). 예를 들어 도로, 하천, 공원, 항만, 제방, 교량, 광장 등이 이에 해당한다. 사용하기로 결정한 재산은 앞으로 5년 내에 사용하기로 결정한 재산으로서 이른바 예정공물에 해당한다(동법 시행령 제4조 제1항).

(2) 인공공물

공공용물 중 인공공물(예를 들어 도로, 교량)의 성립에는 일반공중의 이용에 제공될 수 있는 구조(형체적 요건)와 공용개시행위(의사적 요건)를 요한다.

공공용물의 성립을 위해서는 공물의 형체적 요소를 갖추어야 할 뿐만 아니라, 그것을 일반공중의 사용에 제공하자고 하는 의사적 행위가 있어야 하는데, 이것을 '공용개시(公用開始)', 공용지정, 공물의 설정이라고 한다.[33] 예를 들어 행정 주체가 도로를 건설하고 공용개시행위가 있기 이전에 일반인들이 그것을 사용한다고 하더라도, 아직 공물인 도로가 아니다.

통설[34]과 판례[35]는 이러한 공용개시는 특정한 물건을 공물로 설정하고, 공물로서 공법적 제한에 따르게 하여 일반공중의 사용에 제공하려는 법적 행위이므로 행정행위라고 한다. 이에 대해서 공용지정은 행정행위뿐만 아니라 법률·법규명령·조례·관습법과 같은 법규의 형식에 의해서도 행할 수 있다는 점에서 행정행위로 보는 것은 문제가 있다는 비판이 있다.[36]

공용개시에 대해서 구체적으로 살펴보면, 도로[37]와 같은 인공적 공공용 재산은 법령에 의하여 지정되거나 행정처분으로써 공공용으로 사용하기로 결정한 경우, 또는 행정재산으로 실제로 사용하는 경우의 어느 하나에 해당하여야 비로소 행정재산이 되는 것인데,

---

33) 김동희, 행정법Ⅱ, 226면; 석종현, 일반행정법(하), 392면; 박윤흔, 행정법강의(하), 462면.
34) 김동희, 행정법Ⅱ, 226면; 박윤흔, 행정법강의(하), 462면.
35) 대법원 1966.4.19. 65누5; 대법원 1976.3.9. 75다1049.
36) 김남진·김연태, 행정법Ⅱ, 364면.
37) 도로법상 도로에 관한 법적 행위에는 ① 고속도로, 일반도로의 노선지정(제9조, 제10조) 또는 특별시·광역시도, 지방도, 시도, 군도의 노선인정(제11~16조)과 그 공고(제17조), ② 도로구역의 결정고시(제25조), ③ 도로사용·개시공고(제27조) 등이 있다.

특히 도로는 도로로서의 형태를 갖추고, 도로법에 따른 노선의 지정 또는 인정의 공고 및 도로구역 결정·고시를 한 때 또는 도시계획법 또는 도시재개발법 소정의 절차를 거쳐 도로를 설치하였을 때에 공공용물로서 공용개시행위가 있다고 할 것이므로, 토지의 지목이 도로이고 국유재산대장에 등재되어 있다는 사정만으로 바로 그 토지가 도로로서 행정재산에 해당한다고 할 수는 없다.[38]

언제 행정재산인 국립공원이 되는가에 관하여 대법원은 "국립공원에 관하여 건설부장관이 행한 화랑공원지정처분은 그 결정 및 첨부된 도면의 공고로서 그 경계가 확정되는 것이고, 위와 같은 경위로 경주시장이 행한 경계측량 및 표지의 설치 등은 공원관리청이 공원구역의 효율적인 보호, 관리를 위하여 이미 확정된 경계를 인식, 파악하는 사실상의 행위로 봄이 상당하며, 위와 같은 사실상의 행위를 가리켜 공권력행사로서의 행정처분의 일부라고 볼 수 없고, 이로 인하여 건설부장관이 행한 공원지정처분이나 그 경계에 변동을 가져온다고 할 수 없다"고 판시하였다.[39]

도시공원에 관해서는 대법원은 "도시계획법상 공원으로 결정·고시된 국유토지라도 적어도 도시공원법 제4조에 의하여 조성계획이 결정되어 그 위치, 범위 등이 확정되어야만 국유재산법 제4조 제2항 제2호, 그 시행령 제2조 제1항에서 규정하고 있는 '공원용으로 사용하기로 결정한 재산'으로서 행정재산이 된다"고 판시하였다.[40]

<판례>

행정재산은 그 자체로서 직접 행정 주체 내지는 공공의 사용목적에 제공되는 재산이므로, 주택개량재개발사업구역 내에 위치하는 토지라고 하더라도 그 자체로서 직접 위와 같은 행정목적을 위하여 제공되는 토지라고 볼 아무런 증거가 없고 구 주택개량촉진에 관한 임시조치법(1973.3.5. 법률 제2581호 1986.12.31 실효) 제2조 또는 도시계획법 제82조의 규정은 이미 주택개량재개발사업구역 내의 국공유지에 대한 매각 등의 처분을 전제로 하는 규정으로서 그 토지에 대하여 위 각 규정이 적용된다는 사정만으로는 그 토지를 행정재산이라고 볼 수 없다(대법원 1995.9.15. 95다18956).

---

38) 대법원 2009.10.15. 2009다41533; 도로의 경우 도시계획결정 및 지적승인의 고시만으로 시효취득의 대상이 되지 아니하는 행정재산이 되었다고 할 수 없다(대법원 1996.12.20. 96다34559; 대법원 1996.3.12. 95다7369).
이상의 판례의 태도에 대해서, 「도로법에 따른 노선의 지정 또는 인정의 공고」는 공익에의 제공행위로서 공용지정행위로 볼 수 있으나, 「도로구역의 결정·고시」는 공물의 경계획정행위로서 공물의 범위에 관한 문제이지, 공용지정행위가 아니라는 비판이 있다(이광윤, "도로가 행정재산이 되기 위한 요건 및 잡종재산에 대한 취득시효", 행정판례연구 Ⅵ, 서울대학교 출판부, 2001년, 233면).

39) 대법원 1992.10.13. 선고 92누2325.

40) 대법원 1997.11.14. 96다10782.

<判례>

농로와 구거와 같은 이른바 인공적 공공용 재산은 법령에 의하여 지정되거나 행정처분으로 공공용으로 사용하기로 결정한 경우 또는 행정재산으로 실제 사용하는 어느 하나에 해당하면 행정재산이 된다(대법원 2007.6.1. 2005도7523).

(3) 자연공물(自然公物)

하천·호소(湖沼)·해빈(海濱)과 같은 자연공물은 자연적 상태에 의하여 공물로서의 성질을 취득하는 것이므로 행정 주체의 별도의 의사표시, 이른바 '공용개시행위'가 필요하지 않다는 게 통설[41]과 판례[42]이다. 예를 들어, 국유 하천부지는 자연의 상태 그대로 공공용에 제공될 수 있는 실체를 갖추고 있는 이른바 자연공물로서 별도의 공용개시행위가 없더라도 행정재산이 된다.[43]

<判例>

구 조선하천령(1927.1.22. 제령 제2호, 폐지) 제11조 및 같은 영시행규칙(1927.5.7. 조선총독부령 제46호) 제21조, 구 하천법(1961.12.30. 법률 제892호) 제2조, 제12조, 제13조 및 현행 하천법(1971.1.19. 법률 제2292호로 전면 개정된 것) 제2조 제1항 제2호 등 관련 규정의 취지에 비추어 볼 때, 하천이 통상 자연적 상태에 의하여 공물로서의 성질을 가진다고 하더라도, 그 종적 구간과 횡적 구역에 관하여 행정행위나 법규에 의한 공용지정이 이루어져야 비로소 국가가 공공성의 목적과 기능을 수행하기 위하여 필요한 행정재산이 된다고 할 것이고, 이것은 이러한 법 규정들이 준용되는 준용하천의 경우에도 마찬가지이다(대법원 1999.5.25. 98다62046).
[평석] 이 판례는 종래 자연공물에 대해 공용개시가 필요하지 않다는 판례들과 상호배척된다는 견해도 있다.[44] 종래의 통설은 하천이 공용지정 없이 자연공물로서 공공용물이 성립하는 예로 보고 있으나, 이에 대해서 하천법은 제2조 제1항 제2호에서 하천구역을 법정화하고 있고, 이는 어떤 물건이 법률이 정한 사실상의 요건을 충족함으로써 공법상의 특별한 지위를 획득하게 되는 법률에 의한 공용지정에 해당한다고 보며, 본 판례도 '법률에 의한 공용지정'을 인정하고 있는 예로 이해하는 견해가 있다.[45]
그러나 상기판례는 1955년도에 지목이 하천으로 등록되었을 뿐 현행 하천법 시행 당시에는 이미 성토되어 답으로 바뀐 사안이다. 따라서 문제된 토지는 사실상 공공의

---

41) 박윤흔, 행정법강의(하), 464면; 김동희, 행정법Ⅱ, 225면; 김향기, 행정법개론, 714면.
42) 대법원 1971.3.9. 70다2756; 대법원 1965.3.30. 64다1951.
43) 대법원 2007.6.1. 2005도7523.
44) 김중권, "공물의 성립폐지 문제점에 대한 소고", 법률신문, 2008년 8월 28일.
45) 김남진·김연태, 행정법Ⅱ, 364면.

이용에 제공되고 있지 아니한 토지로서 그것이 국유재산법상 행정재산이 되려면 당해 토지를 공공용으로 제공하려는 국가의 결정행위(조선하천령에 의한 하천구역 인정행위, 하천법에 의한 하천구역의 결정·고시 등)가 있어야 한다는 것이다. 즉 하천으로 자연적 상태로 없으므로, 공용개시 여부를 따지는 것으로 기존 판례와 배척되지 않는 다 할 것이다.[46]

그러나 하천법규정은 하천 및 하천구역의 정의에 관한 것인바, 어느 하천이 이 정의에 해당하면 공물로서의 하천의 성격을 가지게 되는 것으로서, 그에 있어 관리청의 특별한 행위가 필요한 것이 아니라는 점에는 다툼이 없다. 그러한 점에서 자연공물의 경우에는 인공공물로서의 공공용물의 경우와는 달리 관리청 등의 특별한 의사표시가 필요하지 않다는 통설의 입장이 타당하다고 본다.[47]

(4) 하자 있는 공용개시행위

공용개시도 행정행위이므로 적법요건을 갖추어야 한다. 공용개시행위를 하기 위해서는 행정 주체가 일정한 權原을 가지고 있어야 한다. 예를 들어 타인이 소유하고 있는 토지에 대하여 공용개시를 하기 위해서는 미리 그것에 대하여 매매계약 또는 토지수용을 통해서 소유권을 취득해야 한다.

만약 권원 없이 행한 공용개시로 인하여 권리를 침해당한 자는 행정 주체에 대하여 인도청구(철거 및 원상회복)·손해배상·부당이득반환을 청구할 수 있다. 그러나 법률상 사권이 제한되는 경우에는 인도청구를 할 수 없는 경우가 있다. 예를 들어 도로를 구성하는 부지, 옹벽 기타의 물건에 대해서 사권을 설정할 수 없으나, 소유권이전과 저당권을 설정하는 것은 가능하다(도로법 제3조). 이 경우에는 하자 있는 공용개시가 있어도 인도청구(철거 및 원상회복)를 할 수 없다.

<판례>

대지소유자가 그 소유권에 기하여 그 대지의 불법점유자인 시에 대하여 권원 없이 그 대지의 지하에 매설한 상수도관의 철거를 구하는 경우에 공익사업으로서 공중의 편의를 위하여 매설한 상수도관을 철거할 수 없다거나 이를 이설할 만한 마땅한 다른 장소가 없다는 이유만으로써는 대지소유자의 위 철거청구가 오로지 타인을 해하기 위한 것으로서 권리남용에 해당한다고 할 수는 없다(대법원 1987.7.7. 85다카1383).

---

46) 이현수, "국유재산법상 행정재산의 성립요건", 행정법연구(통권 23호, 2009년 4월), 한국행정법연구소, 241면.
47) 김동희, 행정법Ⅱ, 226면.

<판례>

국가나 지방자치단체가 도로법 또는 도시계획법에 의한 수용절차 등 적법한 보상절차를 취하지 아니하고 타인의 토지를 도로로 점유하고 있다면 그 토지소유자와의 사이에서는 법률상 원인 없이 이를 점유 사용하고 있는 것이므로 도로법 등의 적용을 받는 도로인 여부에 관계없이 국가나 지방자치단체는 그 점유로 인한 부당이득반환의무를 면치 못한다(대법원 1991.3.12. 90다5795; 대법원 1975.5.13. 73다1772; 대법원 1977.2.8. 76다2692; 대법원 1979.10.10. 77다508; 대법원 1982.12.14. 82다카846).

<판례>

도로를 구성하는 부지에 대해서는 사권을 행사할 수 없으므로 그 부지의 소유자는 불법행위를 원인으로 하여 손해배상을 청구함은 별론으로 하고 그 부지에 관하여 그 소유권을 행사하여 인도를 청구할 수 없다(대법원 1968.10.22. 68다1317; 대법원 1999.11.26. 선고 99다40807).

3. 기업용 재산

기업용 재산(Property for government enterprise)은 "정부기업(우편사업·우체국예금사업·양곡관리사업·조달사업)[48]이 직접 그 사무용·사업용 또는 당해 기업에 종사하는 직원의 주거용으로 사용하거나 사용하기로 결정한 재산"을 말한다(동법 제6조 제2항 제2호). 사용하기로 결정한 재산은 앞으로 5년 내에 사용하기로 결정한 재산을 말한다(동법 시행령 제4조 제1항).

4. 보존용 재산

보존용 재산(Property for conservation)은 "법령의 규정이나 그 밖의 필요에 의하여 국가가 보존하는 재산"을 말한다(동법 제6조 제1항 제4호). "그 밖의 필요에 따라 국가가 보존하는 재산"은 국가가 보존할 필요가 있다고 총괄청이 결정한 재산을 말한다(동법 시행령 제4조 제2항). 문화재보호법에 의하여 문화재청장이 관리·보호하는 문화재 등이 포함된다.

---

48) 정부기업예산법 제2조(정부기업).

Ⅲ. 일반재산

일반재산(General Property: 一般財産)은 행정재산 외의 모든 국유재산을 말한다. 국유재산법상 일반재산은 법령 등에 의해서 국가가 앞으로 5년 내에 사용할 계획이 없는 재산 및 국가에서 사용할 필요가 없어 총괄청이 보존하지 않기로 한 재산을 말한다(국유재산법 제6조, 동법 시행령 제4조 참조).

일반재산은 행정목적 수행에 직접 사용되는 재산이 아니기 때문에 필요에 따라 이를 대부·매각·교환·양여하거나 사권을 설정할 수 있으며 법령에 따라 현물출자를 할 수 있는 재산이다.

이러한 일반재산은 경제성의 추구를 목적으로 하는 것뿐만 아니라 여러 가지 목적과 성질을 가진 재산으로 구성되어 있다. 이에 대하여 실무에서 세 가지 형태로 구분하고 있다.[49]

첫째, 국가가 현재 행정을 수행하는 과정에서는 직접 보유할 필요가 없는 재산이기 때문에 주로 수익재산으로 활용되는 일반재산이 있다. 이는 일반재산 중에서 전형적인 것으로 국가·지방자치단체 이외의 자에게 적정한 금액으로 대부 등을 하는 재산들이다. 이러한 일반재산은 교환·매각 등을 통해서 처분의 가능성이 높지만, 장래의 이용가능성을 판단하여 계속 소유할지 아니면 처분할지에 대하여 신중한 판단이 필요하다.

둘째, 준행정재산적 성질을 가지는 것으로서 출자재산과 준공용재산이 있다. 준공용재산은 국가 또는 다른 지방자치단체가 공공용으로 제공해야 할 필요에 입각하여 무상대부 등에 의해 대부하고 있는 일반재산이다. 이 재산을 대부해 주는 국가·지방자치단체 측에서 보면 일반재산이지만, 대부를 받는 국가·지방자치단체 측에서 보면 타유공물이므로 공물로서 관리를 해야 한다. 이때 대부를 하여 주는 국가·지방자치단체가 행하는 관리행위는 당해 일반재산이 대부의 목적에 따라 유지·사용·보존되는지를 감독하는 데 그친다.

셋째, 현재 공부상으로는 일반재산으로 분류하고 있으나 특정한 행정목적에 제공되고 있거나 장래에 국가·지방자치단체가 공용·공공용으로 사용할 것으로 예상되는 재산으로서 보유해 두는 일반재산이다. 아직 예정공물의 단계에까지 이르지 못한 재산으로 이른바 준예정공물 정도로 볼 수 있다. 따라서 이러한 일반재산은 그 성질상 자유로이 처

---

49) 「국·공유재산관리제도」, 국가전문행정연수원 기획지원부, 2001년, 16~17면.

분하거나 장기 대부할 수 없다. 그러나 장래의 이용을 해치지 않는 한도 내에서 제3자에게 사용하는 것은 지장이 없다.

Ⅳ. 일반재산으로 편입

1. 의의

행정재산이 공적 목적 및 보존 목적이 상실되었을 경우에 이는 일반재산으로 편입된다. 실무에서는 취득시효의 대상이 되는지에 관련하여 문제가 된다. 학계에서는 공물의 소멸과 관련하여 논의가 되고 있다.

2. 공공용물의 경우

(1) 인공공물

인공공물은 공용폐지행위가 있는 경우에 공물성이 소멸한다. '공용폐지'는 공물관리 주체가 당해 공물을 공공목적에 제공하는 것을 폐지하는 행위를 말한다.[50] 국유재산법은 행정재산에 대하여 '용도폐지'를 하여 일반재산으로 편입시키도록 규정하고 있다(동법 제40조). 이는 이른바 '명시적 공용폐지'에 해당한다.

통설은 공용폐지는 원칙적으로 명시적 의사표시를 요하지만, 다만 주위의 사정을 보아 객관적으로 공용폐지 의사의 존재를 추측할 수 있을 경우에는 묵시적 의사표시로도 할 수 있다고 하여, 묵시적 공용폐지를 인정하고 있다.[51]

판례도 묵시적 의사표시에 의한 공용폐지를 인정하고 있으나, 행정재산이 사실상 본래의 용도에 사용되고 있지 않다거나,[52] 행정 주체의 처분행위가 무효인 경우,[53] 사인의 불법적인 행동에 의하여 현상이 변경된 경우[54]에는 묵시적 공용폐지를 인정하지 않고 있다.

---

50) 김동희, 행정법Ⅱ, 228면.

51) 김동희, 행정법Ⅱ, 228면; 박윤흔, 행정법강의(하), 470면; 김향기, 행정법개론, 717면; 김남진·김연태, 행정법Ⅱ, 371면.

52) 대법원 1995.12.22. 95다19478; 대법원 1995.11.14. 94다42877; 대법원 1994.3.22. 93다56220.

53) 대법원 1996.3.22. 96다3890; 대법원 1994.2.8. 93다54040; 대법원 1992.7.14. 92다12971.

<판례>

학교 교장이 학교 밖에 위치한 관사를 용도폐지한 후 재무부로 귀속시키라는 국가의 지시를 어기고 사친회 이사회의 의결을 거쳐 개인에게 매각한 경우, 이와 같이 교장이 국가의 지시대로 위 부동산을 용도폐지한 다음 비록 재무부에 귀속시키지 않고 바로 매각하였다고 하더라도 위 용도폐지 자체는 국가의 지시에 의한 것으로 유효하다고 아니할 수 없고, 그 후 오랫동안 국가가 위 매각절차상의 문제를 제기하지도 않고, 위 부동산이 관사 등 공공의 용도에 전혀 사용된 바가 없다면, 이로써 위 부동산은 적어도 묵시적으로 공용폐지되어 시효취득의 대상이 되었다(대법원 1999.7.23. 99다15924).

<판례>

행정재산에 대한 공용폐지의 의사표시는 명시적이든 묵시적이든 상관이 없으나 적법한 의사표시가 있어야 하고, 행정재산이 사실상 본래의 용도에 사용되지 않고 있다는 사실만으로 용도폐지의 의사표시가 있었다고 볼 수는 없으므로 행정청이 행정재산에 속하는 1필지 토지 중 일부를 그 필지에 속하는 토지인 줄 모르고 본래의 용도에 사용하지 않는다는 사실만으로 묵시적으로나마 그 부분에 대한 용도폐지의 의사표시가 있었다고 할 수 없다(대법원 1997.3.14. 96다43508; 대법원 1994.3.22. 93다56220).

(2) 자연공물

다수설은, 하천과 같은 자연공물은 그 자연적 상태의 영구확정적으로 멸실에 의하여 당연히 공물로서의 성질을 상실하며, 공물 주체에 의한 특별한 의사표시를 요하지 않는다.[55] 이에 대하여 법률·조례·관습법에 의한 공용폐지에 의하여 자연공물이 소멸하는 경우도 있을 수 있다는 비판견해가 있다.[56] 판례는 자연공물도 인공공물과 같이 공용폐지가 필요하다는 견해이다.[57]

<판례>

빈지(濱地, 바닷가)[58]는 만조수위선으로부터 지적공부에 등록된 지역까지의 사이를 말하는 것으로서 자연의 상태 그대로 공공용에 제공될 수 있는 실체를 갖추고 있는 이

---

54) 대법원 1995.12.5. 95누10327; 대법원 1994.9.13. 94다12579.

55) 김동희, 행정법Ⅱ, 228면; 박윤흔, 행정법강의(하), 499면.

56) 김남진·김연태, 행정법Ⅱ, 371면.

57) 공유수면인 갯벌은 자연의 상태 그대로 공공용에 제공될 수 있는 실체를 갖추고 있는 이른바 자연공물로서 간척에 의하여 사실상 갯벌로서의 성질을 상실하였더라도 당시 시행되던 국유재산법령에 의한 용도폐지를 하지 않은 이상 당연히 잡종재산으로 된다고는 할 수 없다(대법원 1995.11.14. 94다42877).

58) 현재 빈지라는 용어 대신 '바닷가'라는 용어가 사용되고 있다(공유수면법 제2조 제2호).

른바 자연공물이고, 성토 등을 통하여 사실상 빈지로서의 성질을 상실하였더라도 국유재산법령에 의한 용도폐지를 하지 않은 이상 당연히 시효취득의 대상인 잡종재산으로 된다고 할 수 없다(대법원 1999.4.9. 98다34003).

3. 공용물의 경우

학설은, 공용물의 경우에는 사실상 그 사용을 폐지함으로써 공물로서의 성질을 상실하며, 공용폐지라는 특별한 의사표시를 요하지 않는다고 한다.[59]

〈공용물에 대한 묵시적 공용폐지를 인정한 사안〉

사실관계: 이 사건 대지와 건물은 미군정청 소유로서 그 산하 토목부 대구국유사업소의 소장 관할로 사용되던 것인바, 위 대구국도사무소는 대한민국정부 수립 후인 1948.11.4. 미군정청 토목부의 사무가 내무부에 인계되고, 1949.6.4. 내무부에 부산지방건설국이 설치되어 경상남북도의 건설사업을 관장하게 됨에 따라 폐지되었는데, 원고는 1949.12.19. 위 대구국도사무소 소장으로 그 관사에 거주하고 있던 소외 송재택으로부터 이 사건 대지건물을 매수하여 그 이래 이 사건 변론결과 시까지 재산세 등 제세공과금을 납부하면서 점유, 사용하여 온 사안

판결 요지: 대한민국정부 수립 후 1948.11.4. 미군정청토목부 사무가 내무부에 인계되고, 1949.6.4. 내무부에 부산지방건설국이 설치되어 경상남북도의 건설사업을 관장하게 되면서, 그 산하 대구국도사무소가 폐지되고, 그 이래 위 국도사무소 소장관사로 사용되던 위 부동산이 달리 공용으로 사용된 바 없다면, 그 부동산은 이로 인하여 묵시적으로 공용이 폐지되어 시효취득의 대상이 되었다(대법원 1990.11.27. 90다5948).

평석: 이 사건 부동산은 이를 관사로 사용하던 소외인이 이를 처분한 것은 그 부동산을 임의로 처분할 권한이 없었다고 보아야 하고, 따라서 소외인의 이 사건 부동산 처분행위는 부적법하다 할 것이다. 따라서 소외인의 처분행위를 묵시의 공용폐지의 의사표시로 본다고 하더라도, 그 처분이 부적법한 이상, 이를 들어 그 부동산에 대한 적법한 공용폐지가 있었다고 보기 어렵다. 그러나 소외인이 이를 처분하기에 앞서 국가가 이미 그 부동산을 관사로 사용하던 국가기관을 폐지하여 그 대체기관을 설치하고도, 그 관사를 그 대체기관이나 타공용에 제공한 바 없이 방치하여 두었다면, 이는 그 재산을 더 이상 행정용 재산으로 한다는 의사가 없었고, 따라서 묵시적으로 공용을 폐지하기로 하는 의사가 있었다고 추정할 수 있으므로, 이 판결은 타당하다 할 것이다.[60]

---

59) 김동희, 행정법Ⅱ, 229면; 박윤흔, 행정법강의(하), 470면; 석종현, 일반행정법(하), 400면.
60) 민형기, "공물의 시효취득", 「대법원판례해설」90년 하반기 14호, 대법원 법원행정처, 1991년, 131면.

4. 일반재산 편입의 효과

공용폐지의 효과는 그 물건이 공물로서의 성격을 상실하고 이에 대한 공법상의 제한이 해제되어 사법의 적용의 대상이 된다는 것이다. 이 경우 공용폐지가 되었다고 하여 국유 재산의 소유권의 이전이 있는 것은 아니다. 행정재산이 공용폐지 이후에 일반재산으로 편입될 뿐이다.

일반재산으로 편입되면 사법의 영역에 적용을 받게 되므로 시효취득의 대상이 된다. 그러나 일반재산도 국유재산으로서 다시 행정목적을 위해 사용될 수 있는 재산으로서 보호할 필요성이 있으므로 사법과 다른 국유재산법의 제한을 받게 된다.

※ 포락61)

■ 포락이란?

포락(浦落)은 특정인의 소유 토지가 바닷물이나 하천법상의 적용하천의 물에 개먹어('개먹다'의 사전적 의미는 "물건에 닿아 끊어지게 되다"의 의미이다) 무너져 바다나 적용하천에 떨어짐으로써 그 원상복구가 사회통념상 불가능한 상태에 이른 것을 말한다.62) 예를 들어 하천이나 해면에 인접한 토지가 홍수로 인하여 침수되어 토지가 황폐화되거나 물밑에 잠기거나 항시 물이 흐르고 있는 상태가 계속되고 그 원상복구가 사회통념상 불가능하게 된 상태를 말한다.63)

■ 포락의 요건

① 바닷물이나 적용하천의 물에 의하여 개먹을 것
바다, 즉 해면과 인접토지와의 경계는 최고 만조 시에 있어서의 분계선을 그 표준으로 한다.64) 포락이 인정되는 것은 바닷물이나 하천법상의 적용하천(동법 제2조 제1항 제1호)의 물에 개먹어야지 적용하천의 유수가 아닌 사실상의 하천(보통하천)이나 준용하천의 물에 무너져 내린 경우에는 인정되지 않는다.65)

---

61) 배병일, "토지의 포락", 「사법행정」33권 6호, 한국사법행정학회, 1992년 2월; 구욱서, "토지의 해면성(해몰, 포락)으로 인한 소유권상실 판단기준", 「대법원판례해설」92년 상반기 제17호, 대법원 법원행정처, 1992년 12월.

62) 대법원 1989.2.28. 88다1295; 대법원 1976.7.13. 75다2282.

63) 대법원 1985.6.25. 84다카178.

64) 대법원 1972.9.26. 71다2488; 대법원 1978.3.26. 78다1296; 지적법 시행령 제26조 제1항은 "경계를 새로이 정하기 위하여 토지의 구획이 되는 지형, 지물 또는 지상구조물을 경계로 설정할 때에는 다음 각 호의 기준에 따라야 한다"고 규정하고, 그 제3호에서 "토지가 해면에 접하는 경우에는 최대만조위가 되는 선"을 규정하고 있으므로, 토지와 해면의 경계선은 그 토지 일대의 최고만조위(해면이 가장 많이 올라간 상태)를 기준으로 삼아야 하고, 소조평균만조위(소조 때의 평균조수 높이)를 토지와 해면의 경계선으로 삼아야 한다거나, 토지가 항상 해면 아래에 있어야만 포락을 인정할 수 있다고는 할 수 없다(대법

② 원상복구가 사회통념상 불가능할 것

그 원상회복의 불가능 여부는 포락 당시를 기준으로 결정되어야 한다. 어떤 토지에 대하여 포락되었는지를 판단하기 위해서는 현장을 검증하거나 증인 또는 기타 여러 가지 증거방법으로 그 토지가 하천에 무너져 내린 정도, 포락지점의 위치(제방 가까운 갓부분인지 또는 강 한가운데인지), 수심의 정도, 유속 등을 밝혀 우선 그것이 물리적으로 회복이 가능한지를 밝혀야 함은 물론, 원상회복에 소요될 비용, 그 토지의 회복으로 인한 경제적 가치 등을 충분히 비교 검토하여 사회통념상 회복이 불가능한지를 조사 판단해야 한다.[66]

③ 하천법 적용 여부

하천에 포락된 토지가 하천관리청에서 하천법 소정의 하천대장을 작성하거나 하천구간과 구역을 고시하는 등 이를 국유화시키는 절차를 밟아야 비로소 그 토지소유자의 권리가 소멸하는 것이 아니다.[67]

■ 포락의 효과

토지가 포락된 경우 포락한 토지에 대한 종전소유자의 소유권은 영구히 소멸된다. 포락된 토지는 무주물이 됨으로써 국가 소유로 된다 할 것이다. 포락된 토지가 그 후 성토화되어도 종전 토지의 소유권자가 다시 소유권을 취득할 수는 없다.[68] 이에 대해서 성토화된 부분은 부동산에 부합된 것으로 볼 수 있다는 견해가 있다.[69]

제3절 국유재산의 기능

국유재산은 국가자산의 근간이며 국민경제의 핵심적 기능 요소로서 국가경제활동의 주요 원천이다. 그 외에 다양한 역할들이 증대되고 있으며, 국민복지수준 향상을 위한 위치도 가지고 있다. 이에 따라 국유재산의 확충과 보존이 요구되고 있다. 이에 대한 필요성은 국유재산의 기능에 의해서 설명될 수 있다.

원 1992.9.25. 92다24677).

65) 대법원 1992.4.28. 92다3793; 대법원 1983.3.27. 83다카1561; 대법원 1989.2.28. 88다1295.

66) 대법원 1994.12.13. 94다25209.

67) 대법원 1981.6.23. 80다2523; 대법원 1992.9.25. 92다24677.

68) 대법원 1965.3.30. 64다1951; 대법원 1973.1.16. 72다2015; 대법원 1983.12.27. 83다카1561.

69) 배병일, 전게논문, 49면.

첫째, 국유재산은 공공재 또는 공공목적의 재화로서의 기능을 가지고 있다. 이는 국유재산 중 특히 국유부동산이 공공·공공용에 제공되어 국민에 대한 서비스제공에 이바지해 왔다. 많은 국유부동산이 도로·하천·항만 등 공공재로서 기능하고 있다. 최근 국민들의 문화적·경제적 수준이 향상됨에 따라 행정서비스와 문화생활공간의 수요가 증대되고 있어 국유부동산의 보유를 증대시키고자 하는 원인으로 작용하고 있다.

둘째, 국유재산은 국가 재산 또는 재정수입원으로서 기능을 가지고 있다. 국유재산은 대부, 매각, 교환 또는 양여 등을 통하여 직접적으로 중앙정부와 지방자치단체의 재정 수입을 증대시키는 기능을 한다. 과거에는 국가의 재정이 취약하여 국유재산의 매각을 통해 국가재정을 확보하였으나, 최근에는 국유재산의 매각 이외의 대부 등으로 국가의 재정수입에 기여하고 있다.

셋째, 미래의 비축자원으로서의 기능이다. 국유부동산 가운데 토지는 상당부분 미래의 이용·개발을 위하여 현재 개발이 유보된 비축자원으로서의 성격을 지닌다. 최근 도로·공항·학교·철도 등 사회간접자본시설의 설치나 도시환경 내지는 자연환경의 보존을 위해 국가나 지방자치단체가 공공용지를 원활하게 취득할 필요가 높아지고 있다. 이에 따라 국유부동산을 충분히 확보하고 있다면 각종 공공사업의 재정부담을 완화하는 데 이바지할 수 있을 것이다. 이러한 국유부동산의 비축기능은 재정부담의 완화기능도 아울러 가진다. 지상상승으로 인한 공공사업의 비용부담이 증가하는 것을 피하기 위해서도 선행적·계획적으로 토지비축을 확대해 나갈 필요가 있다. 국유재산 취득을 원활히 하기 위해서 개정된 2011년도 국유재산법에서는 대부료, 변상금, 매각, 교환에 따른 수입금을 재원으로 '국유재산관리기금'을 신설하였다.[70]

넷째, 국유부동산의 국토환경 보전기능이 있다. 토지는 개발용도와 보전용도로 구분하고 있으나, 개발압력으로 인해 전 국토의 난개발문제와 환경문제가 대두되고 있다. 국유지는 사소유지에 비하여 상대적으로 보존용도가 많아 환경재로서의 기능을 발휘하고 있다.

---

70) 2007년 국유재산법개정안(정부)에서는 "국유재산의 사용료·대부료·매각대금 및 변상금은 국유재산의 비축 필요성 등을 감안하여 국유재산의 취득·관리를 위한 재원으로 우선하여 사용할 수 있다"라는 조항을 신설하고 있다(개정안 제5조의2). 이는 2007년 국유재산관리특별회계의 폐지로 미래 행정수요에 대비한 비축토지의 안정적인 업무가 곤란한 점을 감안하여, 국유재산 관리·처분 수입은 국유재산의 취득·관리에 우선 사용해야 한다는 선언적 규정 신설을 추진했으나, 17대 국회 회기만료로 폐지되었다.

제4절 국유재산의 법률적 특색

국유재산 중 행정재산은 국가의 행정목적에만 공용되는 공법적인 특색을 갖고 있다. 이것은 융통성의 제한(처분의 제한), 강제집행의 제한, 취득시효의 적용제한, 수용의 제한 등이 있다. 이에 반하여 일반재산은 국가의 수익재산으로서 그 성질상 국가의 사유재산에 불과하므로 원칙적으로 사법의 적용을 받는다. 그러나 행정재산에 있어서도 그 사용목적에 장애가 없는 한도에서는 사용 또는 수익을 할 수 있으며, 일반재산에 있어서도 공적 성격이 부여되어 있으므로 관리와 처분에 많은 제한이 있다.

I. 융통성의 제한 - 사권설정금지

공물은 공공목적에 제공된 물건이므로, 그 목적 수행에 필요한 한도 안에서 사법상의 거래, 즉 매매·증여·양도·지상권의 설정 등의 대상에서 제외되는 경우가 많다.

국유재산은 사권을 설정하지 못한다(법 제11조). 다만, 일반재산의 경우에는 ① 다른 법률 또는 확정판결에 따라 일반재산에 사권을 설정하는 경우, ② 일반재산의 사용 및 이용에 지장이 없고 재산의 활용가치를 높일 수 있는 경우로서 중앙관서의 장 등이 필요하다고 인정하는 경우에는 사권설정을 허용하고 있다(동법 시행령 제6조).

하천과 도로도 원칙적으로 사권설정이 금지되고 있다. 2007년 개정된 하천법 이전에는 하천을 국유로 하여 점용허가 외에 사권설정을 금지하였다. 그러나 2007년 하천법 개정으로 하천 국유제를 폐지하고, 일부 사권(소유권이전·저당권설정) 설정을 허용하고 있다(하천법 제4조 제2항).[71] 도로도 하천과 같이 소유권이전·저당권설정 외에는 사권을 행사할 수 없다(도로법 제5조).[72]

사권설정 제한에 따라 손해를 입은 자에게는 손실보상문제가 발생한다. 도로법 제92조 제1항은 "이 법에 따른 처분이나 제한으로 손실을 입은 자가 있으면 국토해양부장관이 한 처분이나 제한으로 인한 손실은 국고에서 보상하고, 그 밖의 행정청이 한 처분이나 제한으로 인한 손실은 그 행정청이 속하여 있는 지방자치단체에서 보상하여야 한다"라고 규정하고 있다. 하천법 제76조도 하천예정지 지정 등의 경우에 손실보상을 규정하고 있다.

사권이 설정하거나, 처분이 금지된 국유재산을 처분한 경우에는 그 처분행위가 유효한지에 대해 유효설과 무효설이 있으나, 통설[73]과 판례[74]는 무효로 보고 있다.

---

71) 2007년 하천법 전면개정(법률 제8338호, 2007.4.6.)을 통해서 하천 국유제를 폐지하였다. 이는 하천으로 편입되는 토지의 국유화에 따라 발생하는 사유재산권 침해의 논란을 해소하고 국가의 재정부담을 완화하기 위해서 폐지한 것이다.

72) 도로를 구성하는 부지에 대해서는 사권을 행사할 수 없으므로 그 부지의 소유자는 불법행위를 원인으로 하여 손해배상을 청구함은 별론으로 하고 그 부지에 관하여 그 소유권을 행사하여 인도를 청구할 수 없다(대법원 1968.10.22. 68다1317; 대법원 1999.11.26. 99다40807).

73) 김관수·김창근, 「국유재산관리의 이론과 실무」, 서울신문사출판국, 1974년, 109면.

Ⅱ. 강제집행의 제한

공물에 대하여 강제집행이 가능한가의 문제는 공물에 대한 사권설정(융통성)이 인정되는지에 따라 판단해야 한다. 따라서 그 융통성이 인정되는 한도 안에서는 국유 또는 공유공물이든지 사유공물이든지를 막론하고 강제집행은 가능하다.

그러나 국유재산은 사권설정이 인정되지 않으므로(법 제11조) 강제집행의 대상이 될 수 없다 할 것이다. 다만 사유공물[75])의 경우에는 강제집행이 가능하지만 강제집행에 의한 소유권 취득 이후에도 공물로서의 제한은 여전히 존속한다고 한다.[76])

현실적으로 국가에 대한 강제집행은 국고금을 압류함으로써 하므로(민사집행법 제192조 참조) 국유재산에 대한 강제집행은 불필요하다 할 것이다. 이러한 논의는 지방자치단체에 대한 강제집행의 경우에 규정이 없으므로 공유공물에 대해서는 이러한 논의가 적용될 여지가 있다.[77])

〈국고금의 압류〉

■ 국고금(國庫金)이란?

민사집행법 제192조는 "국가에 대한 강제집행은 국고금을 압류함으로써 한다"라고 규정하고 있다. 여기서 국고금은 국가에 속하는 현금을 말한다. 세입금, 세출금, 세입세출외현금이 이에 속한다. 세입세출외현금은 세입세출예산에 계상할 확정된 수입이 아니고 국가가 일시적으로 받았다가 후에 반환할 의무를 지는 현금으로서 우편송금, 보관금, 공탁금, 일시차입금 등이 있다.

---

74) 대법원 1995.11.14. 94다50922; 대법원 1967.6.27. 67다80.

75) 공물을 소유권자에 의해 국유공물(국유재산법상의 행정재산과 보존재산), 공유공물(지방자치단체의 행정재산과 보존재산), 사유공물(사유지상의 도로, 사유문화재 등)로 구분할 수 있다.

76) 김동희, 전게서, 232면; 류지태, 행정법신론, 863면; 박윤흔, 행정법강의(하), 2004년, 482면; 김철용, 행정법Ⅱ, 2006년, 352면; 석종현, 일반행정법(하), 2005년, 407면.
또한 대법원은 "내무부장관이 가로변경을 고시 결정하여 도로부지로 사용하였다면 그것은 관리청이 적법한 절차를 거쳐 도로부지로 한 것으로 추정되며 그 부지는 사권의 행사가 금지되는 것이므로 그와 같이 도로의 부지가 된 후에 이를 매수한 자는 그러한 부담이 붙은 소유권을 취득한 것이므로 그에 따른 손실보상청구권은 있을지언정 그 인도나 임료 상당 손해금을 청구할 수는 없다"고 하여 소유권이 이전되더라도 공물로서의 제한이 유지된다고 하고 있다(대법원 1966.7.26. 65다2105).

77) 공유공물의 경우에도 민사집행법 제192조를 유추하여 지방자치단체의 公庫金의 압류를 통해서 할 수 있다는 견해가 있다(김남진·김연태, 행정법Ⅱ, 377면).

■ 적용범위

본 조는 국가에 대한 금전채권(금전지급청구권)에 관한 집행의 경우에만 적용된다. 따라서 국가에 대한 유체물인도청구·작위·부작위청구나 의사표시의무의 집행에 있어서는 본 조는 적용되지 않는다. 또한 국가 이외의 공법인, 즉 지방자치단체, 공공조합, 영조물법인에 대한 강제집행에는 적용되지 않는다.

■ 압류방법

국가에 대한 집행권원으로 집행하는 이상 정부의 어느 부서에서 보관하는 국고금이든 이를 압류할 수 있다. 그러나 한국은행의 국고금계정에 입금되어 있는 금전은 예금의 일종이므로, 본조에 의한 국고금 압류의 방법에 의하여 집행할 수 없고, 한국은행을 제3채무자로 하는 채권압류, 전부명령에 의하여 집행하여야 한다.

Ⅲ. 공용수용의 제한

1. 의의

공물에 대해서 공용수용을 할 수 있는지 문제가 있다. 이에 대한 법률의 규정은 없으나 공익사업에 수용되거나 사용되고 있는 토지에 대해서는 규정이 존재하고 있다. 「공익사업을 위한 토지 등의 취득 및 보상에 관한 법률」 제19조 제2항(이하 '공토법'이라 한다)에는 "공익사업에 수용되거나 사용되고 있는 토지 등은 특별히 필요한 경우가 아니면 다른 공익사업을 위하여 수용하거나 사용할 수 없다"라고 규정되어 있다.[78]

2. 행정재산의 공용수용 가능성

국·공유재산 중 일반재산은 수용취득의 대상이 된다. 그러나 공용재산, 공공용 재산, 기업용 재산 등과 같은 행정재산을 수용할 수 있는가에 대해서는 부정설이 다수설이다.

---

78) 이는 종전 토지수용법 제5조에서 "토지를 수용 또는 사용할 수 있는 토지는 특별한 필요가 있는 경우가 아니면 이를 수용 또는 사용할 수 없다"고 한 것과는 다소 차이가 있다. 즉 현행법은 '적법'한 절차로서 수용 또는 사용되어 공익사업에 이용되고 있는 '토지 등'을 공용수용의 제한 대상으로 하는 반면, 종전 토지수용법은 수용 또는 사용할 수 있는 공익사업에 이용되고 있는 토지이면 적법·불법과는 관계없이 제한 대상이 되는 것으로 해석하고 있다(이선영, 신토지수용과 보상법론, 2005년, 132면).

그러한 근거로 공토법 제19조 제2항의 조항을 근거로 하고 있다.

부정설은 공물은 행정목적에 제공되어 있는 것으로서, 공물을 수용에 의하여 다른 행정목적에 제공하는 것은 공물 본래의 행정목적에 배치되는 것이므로 그 자체를 바로 수용할 수는 없고, 이를 위해서는 공용폐지를 한 다음에 가능하다고 한다. 공토법 제19조 제2항은 바로 그러한 이치를 성문화한 것이라고 한다.[79]

그러나 긍정설은 부정설에 따르게 되면 공물의 주체가 달라 공용폐지의 의사합치를 이룰 수 없는 경우에는 공물에 대한 공용수용이 불가능하게 된다는 문제점이 있으므로, 공토법 제19조 제2항을 공물에 대한 공용수용은 원칙적으로 허용되지 아니하지만 특별한 필요, 즉 현재의 용도보다 공익상 한층 중요한 용도를 위해서는 예외적으로 공용폐지의 선행 없이 이를 허용된다는 것으로 해석하고 있다.[80]

판례 또한 공물도 일정한 경우에는 그 공용폐지가 선행되지 않고도 공용수용의 목적물이 될 수 있다는 것으로 보인다.

<판례>

토지수용법은 제5조의 규정에 의한 제한 이외에는 수용의 대상이 되는 토지에 관하여 아무런 제한을 하지 아니하고 있을 뿐만 아니라, 토지수용법 제5조, 문화재보호법 제20조 제4호, 제58조 제1항, 부칙 제3조 제2항 등의 규정을 종합하면 구문화재보호법(1982.12.31. 법률 제3644호로 전문 개정되기 전의 것) 제54조의2 제1항에 의하여 지방문화재로 지정된 토지가 수용의 대상이 될 수 없다고 볼 수는 없다(대법원 1996.4.26. 95누13241).

<판례>

토지수용법에 의하여 수용의 대상이 되는 토지에 대해서는 토지를 수용 또는 사용할 수 있는 사업에 이용되고 있는 토지에 관한 토지수용법 제5조의 규정에 의한 제한 외에는 아무런 제한이 없으므로, 국가소유의 토지도 기업자인 공공단체가 공익사업을 위하여 필요한 경우에는 이를 수용할 수 있다고 봄이 상당하다. 토지수용법 제1조의 규정이 국유의 토지를 수용의 대상에서 제외하는 취지의 규정이라고는 보기 어렵다. 이러한 의미에서 국유인 본건 토지가 기업자인 피고 광○시에 의하여 적법하게 수용되었다고 본 원심의 판단도 정당하고, 여기에는 법리오해의 잘못이 없다(대법원 1981.6.9. 80다316).

---

79) 류지태, 행정법신론, 865면; 김남진·김연태, 행정법Ⅱ, 378면; 석종현, 일반행정법(하), 409면; 김향기, 행정법개론, 722면.
80) 김철용, 행정법개론, 365면; 박윤흔, 행정법강의(하), 485면.

Ⅳ. 공물의 범위결정 및 경계사정

1. 공물의 범위결정

(1) 의의

사유토지에 대한 경계의 확정은 민사소송의 절차(경계확정의 소)에 의하여 한다. 그러나 공물에 있어서는 공물의 관리자인 행정청이 일방적으로 공물의 범위를 결정하는 처분을 할 수 있게 하고 있다. 예컨대 도로구역의 결정·고시(도로법 제24조), 하천구역의 지정(하천법 제10조 제1항), 공원구역의 지정·고시(자연공원법 제4조 내지 제6조) 등이 그것이다.

(2) 법적 성질

행정청의 공물의 범위를 결정하는 것은 공물의 소유권의 범위를 결정하는 것이 아니라, 공공목적에 제공될 공물의 범위를 구체적으로 확정하는 행위로서 공물관리권의 발동인 '확인적 행정행위'이다.[81] 예를 들어 사유지가 도로구역에 편입되면 소유권을 이전하고 저당권을 설정하는 이외에는 사권을 행사하지 못하게 되어 제한을 받는다.

이에 대한 반대 견해는 법률·명령 등 법규에 의한 공용지정도 있다는 점에서 이들 행위가 모두 행정행위에 해당하는 것은 아니라는 견해도 있다.[82]

(3) 쟁송방법

공물의 범위결정에 있어서는 사유토지 기타 물건 등이 그 대상이 되는 경우에는 권원 없이 공물의 범위 결정을 할 수 있다는 특별한 규정이 있는 경우를 제외하고는 공물관리 주체는 그 범위결정 전에 당해 사유재산에 관하여 소유권이나 사용권 등 권원을 취득하여야 한다. 따라서 사유재산에 관하여 권원 없이 행한 공물관리 주체의 처분은 위법하게 된다.

따라서 이에 불복하는 자는 행정쟁송의 방법에 의하여 다투어야 한다. 공물의 범위확정은 소유권의 범위를 결정하는 것은 아니지만, 사권을 침해하는 결과가 되므로 해당토지를 이용하지 못함에 따라 손실을 받은 자는 법에 따른 손실보상을 청구할 수 있다(하

---

81) 김동희, 행정법Ⅱ, 235면; 김철용, 행정법Ⅱ, 355면; 김향기, 행정법개론, 722면.
82) 김남진·김연태, 행정법Ⅱ, 379면.

천법 제76조, 도로법 92조, 자연공원법 제73조). 이 경우 판례는 손실보상을 청구하는 외에 부당이득청구나 손해배상청구는 할 수 없다고 한다.

<판례>

토지가 하천관리청의 제방신축공사로 인하여 하천구역으로 편입된 이상, 소유자로서는 사용, 수익에 관한 사권의 행사에 제한을 받아 손해를 받고 있다고 하여도 같은 법 제74조의 규정에 의한 손실보상을 받음은 별론으로 하고, 하천관리청인 지방자치단체의 점유를 권원 없는 점유와 같이 보아 부당이득의 반환을 청구할 수는 없다(대법원 1994.6.28. 선고 93다46827).

<판례>

구 하천법(1999.2.8. 법률 제5893호로 개정되기 전의 것) 제74조에 의하면 하천예정지 지정 또는 하천공사로 인한 손실보상을 받으려면 먼저 위 조문에 정해진 바에 따라 하천관리청과 협의를 하고, 그 협의가 성립되지 아니하거나 협의를 할 수 없을 때에는 관할 토지수용위원회에 재결을 신청하며, 그 재결에 대해서도 불복일 때에는 바로 관할 토지수용위원회를 상대로 재결 자체에 대한 행정소송을 제기하여 그 결과에 따라 손실보상을 받을 수 있을 뿐이고, 직접 하천관리청 또는 국가를 상대로 민사소송으로 손실보상을 청구할 수는 없다(대법원 2002.2.5. 2000다69361).

(4) 공물의 경계사정

과거에는 관리자인 행정청이 모든 국유재산일반에 대하여 소유권의 범위를 결정하는 경계사정처분을 인정하였지만,[83] 현행 국유재산법은 그와 같은 제도를 인정하지 않고 있다. 따라서 공물에 관한 토지의 경계에 대하여 다툼이 있는 경우에는 '민사소송(소유권확인의 소, 경계확정의 소)'에 의하여 해결해야 한다.

<판례>

원고가 자신의 임야가 임야도 작성 당시 기점을 잘못 선택하여 진실한 경계선과 다르게 자신의 임야가 등록되지 못했다고 주장하면서 소유권을 주장한 사건(**소유권확인의 소**)에서 법원은 문제의 임야가 '빈지'라고 판단하면서 "공유수면관리법상의 빈지(濱地: 1999.2.8. 법률 제5914호로 개정되면서 '바닷가'라는 용어로 바뀌었다)는 만조수위선으로부터 지적공부에 등록된 지역까지의 사이를 말하는 것으로 자연의 상태 그대로 공공용에 제공될 수 있는 실체를 갖추고 있는 이른바 자연공물로서 국유재산법상의 행정재산에 속하는 것으로 사법상 거래의 대상이 되지 아니한다. 지적법에 의하여 어떤

---

83) 구 국유재산법(1950.4.8. 법률 제122호) 제12조 내지 제17조에 국유재산 경계사정제도가 있었다.

토지가 지적공부에 1필의 토지로 등록되면 그 토지의 경계는 다른 특별한 사정이 없는 한 이 등록으로써 특정되고, 지적공부를 작성함에 있어 기점을 잘못 선택하는 등의 기술적인 착오로 말미암아 지적공부상의 경계가 진실한 경계선과 다르게 잘못 작성되었다는 등의 특별한 사정이 있는 경우에는 그 토지의 경계는 지적공부에 의하지 않고 실제의 경계에 의하여 확정하여야 한다"라고 판시하였다(대법원 2000.5.26. 98다15446).

V. 공물의 시효취득

사유재산의 경우 부동산 또는 동산을 일정한 기간(부동산은 20년, 동산은 10년) 소유의 의사로 평온·공연하게 점유하는 자는 그 소유권을 취득할 수 있다(민법 제245조, 제246조). 공물의 경우에도 민법에 의한 시효취득의 대상이 되는지 문제가 된다(이에 대해서는 '국유재산의 시효취득'에서 후술하기로 한다).

제3장 국유재산관리 체계

제1절 서론

일반적으로 국유재산의 관리는 관리행위와 처분행위를 포함하는 넓은 의미로 이해되고 있다.[1] 현 국유재산법은 관리행위와 처분행위를 구분하여 규율하고 있다. 국유재산의 처분행위는 관리행위와 대립되는 개념으로 재산의 현상 또는 그 성질을 변하게 하는 사실상 처분행위와 재산의 권리변동을 일으키는 법률적 처분행위를 포함한다.[2] 여기서 사실적 처분행위는 건물 또는 공작물을 철거(법 제41조 제2항)행위를 말하고, 법률적 처분행위는 매각, 교환, 양여, 개발, 출자행위, 물권설정 등을 말한다.

국유재산관리행위는 국유재산 유지 및 보존, 운용행위 등으로 국유재산 처분행위를 제외한 일체의 행위를 말한다고 할 수 있다. 국유재산 유지 및 보존은 재산의 파악, 재산의 등기·등록, 은닉재산의 색출 등을 말한다. 국유재산 운용은 소유자 자신이 사용하거나 수익하고, 타인에게 사용시켜 재산을 활용하는 행위를 의미한다. 이에는 사용허가, 대부, 관리전환, 용도폐지, 개발(위탁, 민간투자) 등이 있다.

구 국유재산법[2009.1.30. 개정 국유재산법(법률 제9401호) 이전]에는 제1조(목적)에서 "이 법은 국유재산을 보호하고 그 취득·유지·보존 및 운용(이하 '관리'라 한다)과 처분의 적정을 기함을 목적으로 한다"라고 규정하고 있었다. 동조에서 관리와 처분을 구분하고, 국유재산의 관리는 국유재산의 취득·유지·보존 및 운용을 의미하고 있었다. 국유재산 처분에 대해서는 별도의 개념정의가 되어 있지 아니하였다. 또한 당시에는 국유재산법의 관리가 처분을 포함하는 넓은 의미로 사용되기도 하였다.[3] 그러나 2009.1.30. 개정 국유재산법(법률 제9401호)에서 국유재산 관리와 처분에 대한 법률적 개념정의를 하기 시작했다. 이에 따르면, 국유재산 관리(Administration)는 국유재산의 취득·운용과 유지·보존을 위한 모든 행위를 말하고(동법 제2조 제3호), 처분(Disposal)은 매각, 교환, 양여, 신탁, 현물출자 등의 방법으로 국유재산의 소유권이 국가외의 자에게 이전되는 것을 말한다(동조 제4호). 그리고 이에 근거하여 법령에서 관리와 처분을 구분하여 사용하고 있다.[4]

---

1) 이원준, 국유재산관리이론, 1992년, 기공사, 44면 참조.

2) 이원준, 전게서, 84면 인용.

3) 2009년 이전 국유재산법에서는 '넓은 의미의 관리'가 사용되기도 했다. 구 국유재산법 제6조는 "재정경제부장관(이하 '총괄청'이라 한다)은 국유재산에 관한 사무를 총괄하고 각 중앙관서의 장(예산회계법 제14조의 규정에 의한 중앙관서의 장을 말하며, 이하 '관리청'이라 한다)은 그 소관에 속하는 국유재산을 관리한다"라고 하였다.

하지만 실무와 학계에서는 국유재산관리는 처분을 포함하는 넓은 의미로 사용되는 실정이다. 이하에서는 이러한 개념에 근거하여, 각국의 국유재산관리를 살펴보고, 우리나라 국유재산관리기관 및 정책의 변화, 국유재산정책심의위원회, 국유재산종합계획, 국유재산관리의 원칙에 대해서 살펴보겠다.

제2절 각국의 국유재산관리

Ⅰ. 미국

1. 국유재산 현황

미국은 우리나라에 해당하는 국유재산에 해당하는 법적 개념은 없고, 각 개별법에 의해 국유재산을 관리하는 체제이다. 일반적으로 미연방정부 소유 국유재산은 연방자산(Federal Property)으로 지칭하고, 이는 동산(personal property)과 부동산(real property)을 포함하는 개념이다.[5] 연방부동산은 연방 토지(Federal Land)와 연방청사(Federal Building)로 구분된다.[6] 연방정부가 소유하는 국유지는 총 628백만 에이커로 전체 미국토지의 27.7%에 해당한다.[7]

2. 국유재산 관리

재무부 산하 미연방조달청[8](General Services Administration; GSA) 청사관리국이 국유재산을 총괄관리하고 있다. GSA는 주로 '연방재산 및 행정서비스법(Federal Services and

---

4) 현 국유재산법은 다음과 같이 관리와 처분을 구분하고 있다.
　국유재산법 제8조 ① 총괄청은 국유재산에 관한 사무를 총괄하고 그 국유재산을 관리·처분한다.
　동법 제27조(처분의 제한) ① 행정재산은 처분하지 못한다.
　동법 41조(처분 등) ① 일반재산은 대부 또는 처분할 수 있다

5) 미국의 국유재산 관리정책 및 현황, 조달청, 2008.8.20. 1면. (www.korea.kr/expdoc/viewDocument.req?id=16209)

6) 황혜신, 효율적인 국유재산관리를 위한 연구(KIPA 연구보고서 2011-33), 한국행정연구원, 2011년, 141면.

7) CRS Report for Congress: Federal Land Ownership: Overview and Data, Ross W. Gorte. 2012.8.2.(www.fas.org/sgp/crs/misc/R42346.pdf)

Administrative Services Act of 1949)'에 의해 연방정부용 부동산을 관리한다. 연방재산 및 행정서비스법은 적용대상에서 국유지, 국유림, 국립공원 등을 제외하고 있다.[9] GSA는 처분권한을 위임한 것을 제외하고는 모든 연방부동산에 대한 처분권한을 가지고 있다.

그 외 4개의 행정기관이 소관 연방토지의 다양한 목적에 따라 관리를 하고 있다. 이들 기관으로는 농림부 산하 산림청(The Fores Service; USFS), 내무부 산하 국립공원관리청 (National Park Serviec; NPS), 토지관리국(Bureau of Land Management; BLM), 어류야생 동물보호국(Fish and Wildlife Service; FWS)이 해당한다.[10] 특히 토지관리국(BLM)은 특별한 행정목적 용도로 사용되지 않는 국유지를 관리하고 있다.[11]

따라서 미국은 미 연방조달청(GSA)과 내무부 산하 토지관리국(BLM)을 중심으로 국유재산관리를 하고 있고, 기타 기관들이 소관 연방토지를 관리하고 있는 것이다.

3. 국유재산 정책 방향

미국의 관리정책이 시대요구에 따라 변했으나, 보존(Conservation)과 자원의 적절한 활용(Use)이라는 기본적인 정책기조가 유지되는 것으로 평가된다.[12] 미국의 국유재산관리정책은 3단계로 구분할 수 있다. 1단계는 처분위주 정책시기이다. 초기 1976년 이전에는 연방정부는 연방토지를 개인이나 주정부에 이관하는 처분위주의 정책을 시행하였다. 서부지역 정착을 지원하기 위해서 연방토지를 처분하는 입법도 있었고, 한편으로는 국립공원, 하천, 산림 보호를 위해 처분을 제한하기도 하였다.

2단계는 보전단계로서, 1976년 의회는 연방토지정책 및 관리법(Federal Land Policy and Management Act of 1976; FLPMA)을 제정하면서, 남아 있는 연방토지를 보전해야 하고, 공공용지(Public lands)는 연방정부의 소유가 되어야 한다고 선언하였다.[13]

---

8) GSA는 연방정부의 행정조직을 간소화하기 위해 1949년 7월경 트루먼대통령에 의해 설립되었다. GSA는 National Archives Establishment, the federal Works Agency, Public Builings Administration, the Bureau of Federal Supply, the office of conratct Stettlement, War assets Administration을 한 개의 조직으로 통합시킨 것이다. GSA를 총무청이라고 번역하는 견해도 있으나, 다수 문서에서는 연방조달청으로 번역하고 있다.

9) Federal Service and administrative act of 1949 sec 3 Definition.

10) CRS Report for Congress: Federal Land Ownership: Overview and Data, Ross W. Gorte. 2012.8.2.(www.fas.org/sgp/crs/misc/R42346.pdf)

11) 김세진, "해외법제뉴스: 미국의 연방토지 정책 및 관리법", 법제, 2009.2. 63면.

12) 이귀택·민규식, "국유재산관리제도의 개선방안에 관한 연구", 한국전자통신학회논문지 제6권 제5호, 2011.10.2. 742면; 황혜신, 전게보고서, 142면.

13) Federal Land Policy and Management Act of 1976, Title I sec 102.
   CRS Report for Congress: Federal Land Ownership:Overview and Data, Ross W. Gorte. 2012.8.2. 2~3

3단계는 국유지의 활용 및 확대위주의 정책으로 1994년부터 시행되었다. 1994년 공화당이 상·하원에서 다수당이 되면서 연방토지가 주정부와 개인에게 관리 및 소유권 양여를 통해 광범위한 처분이 추진되었다.[14]

2004년에 부시 대통령은 연방부동산자산의 효율적·경제적 활용 촉진을 위해서 "연방부동산자산 관리에 관한 대통령령(Executive Order 13327 of February 4, 2004 ; Federal Real Property Asset Management)"을 제정하여 시행하였다. 대통령령은 책임 있는 연방부동산 관리를 위해서 선임부동산관리(Senior Real Property Officer; SRPO)라는 직책을 기관별로 신설하도록 하고, SRPO의 업무를 지원하고 지침(Guidance)을 개발할 수 있도록 연방부동산이사회(Federal Real Property Council; FRPC)를 설치하도록 하였다.[15]

Ⅱ. 영국

1. 국유재산 현황

영국은 국유재산을 법률상 구분하지 않고, 실무적으로 일반재산(Civil Estates)과 군용재산(Military Estates), 의료시설(Health – care Estates)로 구분하고 있다. 일반재산은 정부 각 부처에서 소유하고 있는 건물과 토지를 말하고, 군용재산은 국방부 소유의 군사용도로 재산 관리하는 재산이고, 의료시설은 영국 보건사회부에서 관리하는 의료시설을 말한다.[16]

2. 국유재산의 관리

영국은 우리나라와 같이 국유재산을 관리하는 별도 기관은 없으나,[17] 영국 재무성 산하의 조달청(Office of Government Commerce; OGC)이 영국 국유재산에 대한 주요 부서에 해

면(www.fas.org/sgp/crs/misc/R42346.pdf).

14) 미국의 국유재산 관리정책 및 현황, 조달청, 2008.8.20. 14면; 김세진, 전게논문, 67면.

15) Federal Real Property Council: Guidance for Improved Asset Management, 2004.11.22.(www.whitehouse.-gov/../frpc_guidance_final.pdf)

16) 황혜신, 효율적인 국유재산관리를 위한 연구(KIPA 연구보고서 2011 – 33), 한국행정연구원, 2011년, 182면.

17) 영국 등 유럽의 국유재산 관리 현황, 조달청, 2009년, 1면.(http://www.exprortecnter.go.kr/bid/bid_board/-trend/trend_board_read.jsp?curPage = 1)

당한다.[18]

영국의 국유재산에 관한 법은 Landlord & Tenant Act와 Town & Country Planning Act를 들 수 있다. Landlord & Tenant Act는 건물소유권자와 거주자와 법률관계를 규율하는 법이고, Town & Country Planning Act는 건물 등 재산의 이용과 용도변경에 관한 허가사항을 정하고 있다. 또한 중앙정부의 재산관리는 재무부(HM Treasury)의 정부회계규정(Government Accounting 2000)에 따르고 있다. 이에 따르면 각 부처 소관 자산에 대해서는 각 부처가 관리책임을 가지고, 각 부처는 소관 자산에 대한 등록부를 유지해야 한다. 원칙적으로 부동산에 대한 관리책임은 각 정부부처와 기관에 있으나 OGC는 효율적인 재산 활용을 위해서 정부 내의 거래조정 및 자문 역할을 담당하고 있다.[19]

3. 국유재산 정책 방향

영국은 국유재산에 대한 효율적인 관리를 위해서 국유재산의 매각과 보유재산의 활용도를 제고하려 하고 있다.[20] 2006년 영국 OGC은 2007년부터 5년간 추진할 '효율적인 국유재산관리를 위한 추진전략(Route-map to Property Asset Management Excellence)'을 수립하고, 4개 주제(국유재산관리에 있어서 강력한 리더십과 통합, 각종 기준 및 표준의 정비, 기술과 능력 함양, 사후 검토 및 요구)에 걸쳐 33개의 세부 실행계획을 2년 단위로 추진하였다.[21]

---

18) 1972년 환경부(Department of Environment) 산하에 영국의 국유재산을 관리하는 기구로써 재산관리청(Property Services Agency; PSA)을 설립하였다. 재산관리청(PSA)은 1990년 재산관리청으로부터 분리되어, 한경부 소속 자문기구인 Property Holding(HP)로 개편되었다. 이후 Property Holding(HP)는 영국 내 각의 재산자문청(Advisors to the civil Estates; PACE)으로 행정기관으로 승격시켰다. 2000.4.1. 재산자문청(PACE)은 영국 재무성 산하에 창설된 조달청(Office of Government Commerce; OGC)에 소속되어 정부의 일반재산관리에 대한 지원·중재·자문업무를 맡았고, 이후 2001년 4월 PACE는 OGC에 편입되어 PACE조직이 없어졌다[황혜신, 효율적인 국유재산관리를 위한 연구(KIPA 연구보고서 2011－33), 한국행정연구원, 2011년, 187면; 영국 등 유럽의 국유재산 관리 현황, 조달청, 2009년, 2면].

19) 영국 등 유럽의 국유재산 관리 현황, 조달청, 2009년, 5면. (http://www.exprortecnter.go.kr/bid/bid_board/-trend/trend_board_read.jsp?curPage=1)

20) 황혜신, 효율적인 국유재산관리를 위한 연구(KIPA 연구보고서 2011－33), 한국행정연구원, 2011년, 189면.

21) 영국 등 유럽의 국유재산관리현황, 조달청, 2009년, 8면; 한국법제연구원, 국유재산관리체계 개선에 관한 연구, 2009년 2월, 기획재정부, 68면.

Ⅲ. 일본

1. 국유재산 현황

일본 국유재산법은 국유재산을 행정재산과 보통재산으로 구분하고 있다. 행정재산은 공용재산, 공공용 재산, 황실용 재산(皇室用財産), 기업용 재산이 있다. 보통재산은 행정재산 이외의 것으로 매각대상 재산과 특정 행정 목적에 직접 사용되지 않는 재산으로 구분되며, 후자는 매각처분이 가능하다.

일본국토는 총 3,779만ha이고, 국유지는 877만ha(23%)이고, 공유지(지방공공단체소유)는 306만ha(8%)이다.[22]

2. 국유재산 관리

국유재산에 대한 기본법으로 국유재산법이 규정하고 있다. 이 국유재산법은 우리나라 국유재산법과 상당 부분 유사한 체계[23]를 가지고 있다.

국유재산의 총괄관리기관으로 재무성(財務省)소속 이재국(理財局)이 중앙조직 역할을 담당하고 있고, 국유재산기획과·국유재산조정과·국유재산업무과·국유재산획득처분과 등 4개과가 있다.[24] 이재국은 국유재산 관련 법령과 제도 정비, 국유재산 관리 및 처분을 총괄하고 있다. 지방조직은 재무성 직속 재무국에서 담당하는데, 재무국은 각 성·청의 국유재산 관리실태를 감사 및 현지조사를 하고, 보통재산의 관리와 처분을 담당하고 있다. 행정재산의 관리기관은 각 성, 청의 장이 담당하고 있다.[25]

---

22) 일본국 국유재산관리정책, 동경 구매관, 조달청, 2007.4.10. 3면.

23) 제1장 총칙, 제2장 관리 및 처분의 기관, 제3장 관리 및 처분 제4장 대장, 보고서 및 계산서 제5장 잡칙 부칙.

24) http://www.mof.go.jp

25) 기획재정부, 주요 선진국 국유재산 관리체계, 2010.6.22. 3면.

3. 국유재산정책 방향

일본은 효율적 관리와 활용을 위해서 국유지의 유지·보존이나 확대보다는 기존 국유지의 관리효율성이나 국유지의 고도이용을 통해 활용확대에 집중하고 있다.[26]

일본은 2006년 이전에는 국유재산의 관리이념으로 공용, 공공용 우선 및 효율적 이용에 두고, 2차 세계대전 이후 정부소유재산을 확보하는 데 중점을 두었다. 그리고 토지의 유용한 활용을 위하여 평면적으로 산재하고 있는 정부청사의 집중화, 입체화 및 재배치를 시행하고, 행정재산 사용의 효율화와 배치의 적정화가 추진되어 왔으며, 행정의 능률화, 도시계획, 도시교통문제 등과 관련시켜 종합적인 계획하에 정비작업을 추진하여 왔다. 국유재산관리의 실무 면에서는 ① 국유재산 장부의 정비, ② 국유재산에 대한 보고서식 및 협의서식의 체계화, ③ 국유재산 취득·처분·관리운용에 있어서 각종 기준을 정리하는 등 전반적인 제도를 정비하여 왔다.[27]

2006년 4월 20일 일본은 「간소하고 효율적인 정부를 실현하기 위한 행정개혁의 추진에 관한 법률(이하 행정개혁추진법)」을 제정하였다. 일본은 고령화사회에 따른 국고 재정수입이 줄어들어 일본의 공공행정분야의 공적채무가 증가함에 따라 공적부담이나 행정경비를 줄이기 위해 동법을 제정하였다. 동법에서 국가의 자산·채무 개혁을 위해 국유재산을 매각하고, 잉여금을 재검토하기로 하였다(제58조).[28] 이후 2006년 7월 각료회의 결정에 의해, 경제재정운영과 구조개혁에 관한 기본방침을 정하면서, 국유재산 매각 등을 통해 재정건전화 자금으로 활용하기로 하였다.[29]

2010년 6월 18일 일본정부는 '신성장전략'[30]을 발표하였고, 이에 따라 재무성은 국유재산 전체의 최적화전략을 추진하고 있다. 이를 통해 국유재산을 체계적으로 파악하고 전체의 최적화를 목표로 한 행정을 계획적·단계적으로 전개해 나간다는 것이다.[31]

---

26) 한국법제연구원, 국유재산관리체계 개선에 관한 연구, 2009년 2월, 기획재정부, 78면.

27) 이준우, "국공유지 신탁법 제 개선방안 연구", 한국법제연구원 연구보고서, 2006년, 49~52면.

28) 세계입법동향: 일본의 행정개혁추진법 입법동향, 2007.1.22.(http://world.moleg.go.kr/CommonGate?mode = view&menucode = NE002&nationCode = JP&code)

29) 일본국 국유재산관리정책, 동경 구매관, 조달청, 2007.4.10. 1면.

30) 일본정부는 2010년 6월 18일 향후 일본 경제정책의 방향을 제시한 '신성장전략'을 각료회의에서 채택하였다. 여기에는 7개의 전략분야, 21개의 국가전략프로젝트를 제시하였고 이를 실시하여 2020년까지 120조엔의 신규수요, 500만 명의 신규고용을 창출한다는 목표를 제시하였다. 7대 전략분야는 ① 환경·에너지, ② 건강(의료, 간병), ③ 아시아 경제의 활력 활용, ④ 관광입국·지역활성화, ⑤ 과학·기술, ⑥ 고용·인재, ⑦ 금융분야이다(정성춘, 일본 신성장전략의 주요 내용과 평가, 대외경제정책연구원, 2010년 7월 7일, 2면).

Ⅳ. 프랑스

1. 국유재산 현황

프랑스의 국유재산은 국가와 그 산화기관에 속하는 부동산과 동산의 모든 재산(biens)과 권리(droits)를 의미한다. 부동산국유재산에는 해양국유재산, 하천국유재산, 도로국유재산, 철도국유재산, 항공국유재산, 주파수국유재산이 있다. 동산국유재산은 헌법문서, 공공고문서, 박물관 수집품, 도서관의 고전 등을 말한다.[32]

2005년 기준으로 프랑스의 도로·하천·해안·영해를 제외한 국유지 면적이 2만 2,064㎢으로 전국토의 4.5%에 해당하고 국유지 중 국유림(1만 8,000㎢)이 약 70%에 달한다.[33]

2. 국유재산 관리

프랑스에서 국유재산관련법은 공공법인재산총법전(TITRE Ⅱ: UTILISATION DU DOMAINE PUBLIC), 국유지법전, 문화재법전(code du patrimoine)이다. 이 중 일반적으로 국유재산에 적용할 수 있는 법률은 공공법인재산총법전에 해당한다.

프랑스에서 국유재산에 대한 관리는 경제재정산업부(Ministèere de l'ÉEconomie, des finances et de l'industrie; MINEFI) 산하 공공회계청 소속의 프랑스재산과(Service France Domaine)가 담당하고 있다.[34] 프랑스재산과는 ① 국유재산의 취득·관리·처분, ② 국유재산 수수료 과세표준 작성 및 통제, ③ 모든 종류의 재산 수익물 징수 등의 업무를 수행한다.[35]

3. 국유재산 정책 방향

프랑스는 기본적으로 국유재산을 보호하고 경제적으로 그 가치를 높이는 방향으로 국유재산을 관리하고 있다.[36] 프랑스는 2003년 이후 재정적자를 해결하기 위해 국유재산

---

31) 황혜신, 효율적인 국유재산관리를 위한 연구(KIPA 연구보고서 2011-33), 한국행정연구원, 2011년, 263면.

32) 황혜신, 효율적인 국유재산관리를 위한 연구(KIPA 연구보고서 2011-33), 한국행정연구원, 2011년, 221면.

33) 한국법제연구원, 국유재산관리체계 개선에 관한 연구, 2009년 2월, 기획재정부, 82면.

34) 과거에는 MINEFI 산하 국세청 소속의 Le Domaine이었으나, 2006년 2월부터 Service France Domaine로 명칭을 개칭하고 2007년부터는 국세청 소속의 국립자산사업청을 통합하여 공공회계청 소속으로 변경되었다(한국법제연구원, 국유재산관리체계 개선에 관한 연구, 2009년 2월, 기획재정부, 82면).

35) 황혜신, 효율적인 국유재산관리를 위한 연구(KIPA 연구보고서 2011-33), 한국행정연구원, 2011년, 229면.

매각 목표를 설정하기로 결정하고, 2004년에는 국유 사무용 건물의 공물 해제를 추진하여 건물을 매각하거나, 최초로 자산평가를 민간 회계컨설팅업체에 위탁하였다.[37]

2005년부터 국유부동산에 대한 현황 조사와 불필요한 재산의 매각과 필요한 재산의 취득 등 국유재산 가치제고를 위한 국유부동산정책개혁을 추진하고 있다. 국유부동산정책개혁은 국유재산조직체계 명확화, 조사 및 통제관련 기구 신설, 체계적인 국유재산 계획수립과 집행을 내용으로 하고 있다.[38]

2006년 2월 1일부터 국가 건물의 소유권이 프랑스재산과에 이전되었고, 사용되지 않거나 행정목적에 부합하지 않는 건물은 확인하여 매각하고 있다. 또한 국유재산관리의 현대화를 위해 모든 정부부처의 국유재산 현황을 DB화하였다.[39]

제3절 국유재산관리정책의 변천[40]

Ⅰ. 의의

우리나라는 일제 침략과 광복, 6·25전쟁을 겪는 과정에서 등기부등본·토지대장 등 재산 관련 공부가 멸실되는 등의 사회적 혼란으로 인하여 많은 재산이 무단 점유되는 등 재산관리가 어려운 역사적 배경을 지니고 있다. 이에 따라 해방 이후 정부는 수차에 걸

---

36) 황혜신, 효율적인 국유재산관리를 위한 연구(KIPA 연구보고서 2011-33), 한국행정연구원, 2011년, 221면.

37) 한국법제연구원, 국유재산관리체계 개선에 관한 연구, 2009년 2월, 기획재정부, 83면.

38) 국유부동산정책의 내용은 다음과 같다. 첫째, 국유재산조직체계 명확화이다. 이는 소유권업무는 중앙차원에서는 프랑스재산과의 지원을 받는 국유재산관련 부가 담당하고 지방에서는 국유부동산정책 상위책임자의 도움을 받는 관선도지사가 담당한다. 둘째, 조사 및 통제관련 기구의 신설이다. 국유부동산위원회는 국유부동산의 기본발전과 전략을 위한 국유재산관련 부에 자문하기 위해 의회의원과 보동산전문가로 구성한다. 또한 국유부동산 투명성과 처분의 질 제고를 위한 위원회를 신설한다. 셋째, 체계적인 계획수립과 집행이다. 국유부동산전략 다년계획을 수립하는데 이 계획의 목적은 중앙차원이나 지방차원 하에서 국유부동산 성과를 확장시키기 위해 공공재정을 합리화, 공평한 분배화, 절약화하는 것이다[황혜신, 효율적인 국유재산관리를 위한 연구(KIPA 연구보고서 2011-33), 한국행정연구원, 2011년, 243~245면].

39) 한국법제연구원, 국유재산관리체계 개선에 관한 연구, 2009년 2월, 기획재정부, 83면.

40) 「국공유재산관리체계의 효율화 방안 연구」, 국토연구원 용역보고서, 감사원·재정경제부, 2004년 12월, 13~15면
(http://www.mofe.go.kr/lib/lib_07.php?action=view&field=&keyword=&page=&t_code=152&no=62712)

쳐 재산공부 정비와 무단점유 해소에 노력해 왔으나, 아직까지도 등기되지 않은 재산과 무단점유된 재산이 존재하고 있다.

해방 이후부터 현재까지의 국유부동산 관리정책의 변화를 개관하면 크게 3기로 나눌 수 있다.[41] 해방 이후 1970년대 중반까지는 국가재원 확보를 목적으로 국공유부동산을 처분하는 데 중점을 두었다. 이어 1970년대 후반부터 1990년대 초까지는 국유부동산의 보존 필요성을 강조하는 차원에서 관련 제도를 도입하고 국유부동산에 대한 실태조사 및 권리보전조치를 취하여 왔다. 1980년대 이후부터는 각종 개발사업과 지가상승으로 토지에 대한 관심이 제고되면서 국유부동산의 이용에 대한 수요가 증대하였다. 이에 대응하여 1994년부터는 국유부동산을 확대·활용하기 위한 재산관리제도의 개선이 전개되어 오고 있다.[42]

Ⅱ. 시기별 국유재산관리정책 변천

1. 재원조달을 위한 처분 위주의 정책(1945~1976)

이 기간 중에는 많은 국유지가 처분되었던바, 조세의 징수보다는 국유지의 매각에 역점을 두어 국가가 필요로 하는 재원을 조달하였다.

특히 정부수립 초기에는 대부분의 재정수입을 원조자금에 의존해 왔기 때문에 국유재산을 매각하여 재정수입 부족을 충당하였으며, 5·16 이후에는 경제개발계획의 추진에 필요한 막대한 투자재원을 조달하기 위해 국유재산의 매각을 확대하였다.

이와 같이 1970년대 전반기까지는 당장에 필요한 재정수요를 충족하기 위하여 국유부동산을 매각처분 위주로 관리함으로써 국유부동산이 많이 감소되었다.

---

41) 「국유재산관리」. 재정경제부, 1998년 6월, 8~10면.

42) 공유재산의 경우에도 이와 유사하다. 해방 이후 1970년대 중반까지는 공유지를 매각처분하고 그 대금은 국가나 지방자치단체가 필요로 하는 재원을 조달하는 데 사용하였다. 그 후 공유지 관리정책은 처분보다는 유지·보존을 위주로 하는 방향으로 전환되었고, 1994년 이후에는 공유지보다 적극적으로 운용·활용하고 매각 시에는 대체토지를 매입하도록 의무화하였다(남창우, "지방정부 공유재산관리의 효율화 방안", 「도시행정학보」14권 1호, 도시행정학회, www. kuma.org).

2. 유지·보존 위주의 정책(1977~1993)

1962년 이후 3차에 걸친 경제개발계획의 추진에 의한 급속한 경제발전으로 조세로써 재정충당이 가능해지기 시작하면서, 그동안 처분 위주의 관리로 국유재산이 계속해서 감소하는 문제가 제기되었다.[43]

이에 따라 1976년 말 국유재산 관리정책을 처분 위주에서 유지·보존 위주로 전환하게 되었다. 즉, 국유재산법을 전면 개정하여 1977년부터 국유재산관리계획을 도입·시행함으로써 국유지 매각을 가능한 한 제한하고 보존에 치중하는 정책기조를 유지할 수 있게 되었다. 또한 당시에는 이와 함께 잡종재산의 관리업무를 국세청에서 지자체로 이관하는 조치가 이루어졌다.

이 기간 중에는 1985년부터 1996년까지 두 차례에 걸쳐 국유재산 실태조사 및 권리보전조치가 추진[44]되었는데, 이를 통해 총 237만 필지(1차 116만 필지, 2차 121만 필지)에 달하는 국유재산에 대해 등기를 완료하는 등의 실적을 거두었다.

요컨대, 이 시기의 성과로는 국유재산관리계획의 도입에 의한 무분별한 매각처분의 제한과 실태조사를 통한 권리보전조치를 들 수 있으나, 이러한 관리정책은 기존재산을 유지·보존하는 소극적인 관리에 머물렀다는 한계를 지니고 있다.

3. 확대·활용 촉진정책(1994년~)

(1) 확대·활용 촉진 정책 시도

종전의 유지·보존 위주의 국유지 관리정책은 한정된 국토자원을 효율적으로 이용하고 국민의 다양한 행정서비스에 대한 요구를 충족하는 데 한계가 있었다. 이에 따라 1994년에 소극적 유지·관리로부터 확대·활용 위주의 적극적 관리로 전환하였다.

이를 위해 1993년 12월 국유재산관리특별회계법을 제정하였다. 동법 제정 전에는 국

---

43) 또한 경제개발과정에서 급격히 늘어난 토지수요로 인해 1970년대에 들어서면서부터 부동산가격이 급등하고 투기가 발생하기 시작하였기 때문에, 매각처분 위주의 국유재산 관리정책에 대한 비판적 시각이 나타날 수밖에 없었다.

44) 제1차 국유재산실태조사 및 권리보전조치(1985~1991년)는 수작업으로 대상재산을 선정하였으므로 누락된 재산이 상당히 많았던바, 이에 지적전산자료의 활용이 가능해진 1992년부터 제2차 조치(1992~1996년)가 추진되었다. 특히 당시에는 국유재산 중 잡종재산에 대하여 시효취득을 배제하는 것은 위헌이라는 헌법재판소의 결정(1991.5.13.)에 따라 국유재산에 대한 권리보전조치 및 시효취득의 방지가 시급하였다(「국공유재산관리체계의 효율화 방안 연구」, 국토연구원 용역보고서, 감사원·재정경제부, 2004년 12월, 14면).

유재산 매각대금이 일반회계 세외수입에 편입됨에 따라, 국유재산 확보에 어려움이 있었다. 이를 해소하기 위해서 국유재산관리특별회계를 신설하여 국유재산 매각대금을 특별회계에 편입시키고 그 특별회계를 통해서 장래 행정소요에 필요한 토지 공급을 원활히 할 수 있었다. 그러나 2007년 국유재산관리특별회계법은 폐지되었다.[45]

또한 국유재산법에 국유지개발신탁제도를 도입하였다. 신탁제도는 그동안 유휴지로 방치되어 도시미관을 저해하거나, 무단점유되는 국유지를 활용하여 재정수입의 증대 및 국민편익에 증진을 도모하기 위한 것이다. 그러나 국유지개발신탁제도의 활용이 미비하였다.

(2) 적극적 관리를 위한 관리체계 再정비

과거 국유재산 확대 활용 정책의 성과가 미흡하다는 지적이 계속되었다. 이에 2009년에는 국유재산 분류를 정비하고, 국유재산 관리체계에 대한 대대적인 제도개혁을 실시하게 되었다. 또한 국유재산 확대를 위해 국유재산관리기금을 설치하고, 다른 행정부처가 특별법을 통해 국유재산 사용료 감면하는 것을 제한하는 등 국유재산 재정 통제를 강화하기 시작했다.

이를 자세히 살펴보면, 2009년 국유재산법 전면개정(법률 제9401호)을 통해 국유재산 분류체계를 행정재산·보존재산·잡종재산에서 행정재산과 일반재산으로 분류하였다. 또한 국유재산관리의 기본원칙을 명시하여, '투명하고 효율적인 절차를 따를 것' 등을 명시하였다. 이러한 2009년 개정 국유재산법은 2007년 국회에 제출된 개정안(정부)에 기초하고 있었다. 당시 2007 개정안은 17대 국회회기 만료로 폐기되었는데, 당시 개정안에서는 국유재산 관리처분의 기본원칙으로 "국유재산의 효율적인 관리체계를 구축·운영할 것"이라는 안이 포함되었으나, 2009년 개정된 국유재산법에서는 반영되지 못하였다.

효율적인 관리체계 구축은 이후 2011년 국유재산법 전면개정을 통해 실현되었다. 2011년 국유재산법 개정은 지난 60년간 지속된 총괄청-관리청 체계를 폐지하였다. 지속적으로 문제가 되어 온 관리청 간의 부처 이기주의와 관리전문성 부족이라는 문제로 인하여, 총괄청이 행정재산을 통합 관리하도록 하여 관리청 개념을 사용하지 않고 있다. 또한 국유재산종합계획 제도를 도입하여, 국유재산 중장기 정책방향을 수립하도록 하였다.

2011년 전면개정된 국유재산법은 국유재산 취득재원 확보를 위해서 '국유재산관리기금'을 설치하도록 하였다. 2007년 국유재산관리특별회계 폐지 이후 불과 4년 만에 기금

---

45) 국유재산관리특별회계법 폐지안(법률 제7724호, 2005.12.14. 폐지, 2007.1.1. 시행)에 대한 제개정 이유: 유사하거나 중복되는 특별회계 및 기금을 통합 또는 정비함으로써 한정된 재원을 국가 전체적인 우선순위에 맞게 활용하고 재정구조의 단순화 및 재정운영의 투명성을 제고할 수 있도록 국유재산관리특별회계를 폐지하고 그 재산 등을 일반회계로 통합운영하려는 것임.

의 형식으로 국유재산관리 재원을 부활한 것이다.

또한 국유재산특례제한법을 제정하여, 국유재산의 사용료 감면 등 국유재산특례가 과다하게 개별법에 규정되는 문제점을 해소하기 위해서 앞으로, 이법 또는 국유재산법에 따라서만 국유재산특례 신설이 가능하도록 하였다.

따라서 2009년 이후부터 국유재산의 분류체계 및 국유재산 관리체계 정비, 국유재산특례제한법 제정 등은 '국유재산 적극적 관리를 위한 체계 재정비'에 해당한다 하겠다. 향후에는 정비된 조직체계와 확보된 국유재산을 통해 국유재산 효율성을 증진시키는 방향으로 정책이 집중될 것으로 예상된다.[46]

<국유재산관리정책의 변화>

관리정책		시기	총괄청	주요 추진제도
재원조달을 위한 처분		1945.12.~1977.5.	관재청, 재무부(관재국), 국세청	− 정부수립초기 부족 재정수입 보충 및 경제개발 소요재원 확보
유지・보존		1977.6.~1993.12.	재무부	− 관리기관 변경(지방국세청→지방자치단체, 1977년) − 국유재산관리계획 도입(1977년)
확대・활용	확대・활용 정책시도	1994.1.~2009	재무부 → 기획재정부	− 국유재산관리특별회계 신설(1994년) − 국유지 신탁개발제도 도입(1994년) − 전문기관에 위탁관리 개시(1997년)
	적극적 관리를 위한 관리체계 재정비	2009~현재		− 잡종재산을 일반재산으로 변경(2009년) − 국유재산종합계획제도 도입(2011년) − 총괄청의 행정재산통합관리(2011년) − 국유재산관리기금 신설(2011년) − 국유재산특례제한법 제정(2011년)

---

46) 2010년 11월 12일, 국유재산특례제한입법에 관한 공청회에서 지대식 국토연구원 연구위원은 "선진외국의 공공부문 관리개혁을 단계별로 분석한 여러 가지 제안들이 있습니다. 그래서 1단계에서는 맨 처음 착수할 때는 외부통제가 필요하다, 그리고 투입 비용을 최소화하는 초보적인 단계에서의 관리개혁이 필요하고, 두 번째 단계에서는 산출을 통제하면서 효율성을 증진시키는 방법을 강구해야 합니다. 세 번째 단계에서는 성과를 통제하고 경제적 효과성까지도 승화시키는 단계에서 개혁의 초점이 맞추어져야 된다는 사항을 갖고서 국유재산 관리의 초점이랄까 선진국의 대표적인 사례를 적시해 봤습니다. 이런 하나의 컨티넘(Continuum)에서 보았을 때 우리나라의 국유재산 관리 체계를 효율화하고 총괄청, 관리청의 역할을 재정립하는 이런 입법조치는 우선 그 기준선이 1~2단계에 해당하는 사항이라 하겠습니다. 장기적으로는 2~3단계를 지향해 나갈 수 있을 것으로 판단을 하고, 이번에 국유재산법 개정안의 핵심사항으로서 행정재산 통합관리를 비롯한 3법안에 대한 개정요망은 한마디로 1~2단계에 입각해서 총괄청의 총괄조정 기능을 강화하고 관리청의 책임성을 제고할 수 있는 방안으로 제시된 것으로 평가를 하고 있습니다"라고 말한 바 있다(제294회 - 기획재정위원회 회의록, 3~4면).

제4절 국유재산관리기관의 변천

Ⅰ. 의의

우리나라 국유재산 관리기관은 해방 이후 미군정청 관재처, 임시관재총국, 관재청, 재무부관재국 및 국고국, 국세청, 지방자치단체로 자주 변경되어 왔다. 그 결과 국유재산 관리의 통일성과 일관성을 유지하기 힘들었다.

Ⅱ. 시기별 국유재산관리기관의 변천47)

<국유재산 관리기관 변천>

관리방향	시기	중앙관리조직	비고
재원조달을 위한 처분위주 정책	1945~1948.9.	미군정청 관재처	귀속재산 관리
	1948.9.~1950.4.	국무총리실 임시관재총국	
		재무부 사세국(司稅局)	그 외 국유재산 관리
	1950.4.~1955.2.	관재청	지방관재국 설치
	1955~1966	재무부 관재국	사세국에서 맡은 일반 국유재산관리업무를 관재국으로 이관
	1966~1976	국세청	지방세무서 설치
유지·보존	1977~1933	재무부 재산관리국	지방자치단체 위임
확대·활용	1994~	재무부(재정경제부, 기획재정부) 국유재산과	정부출자기업(한국자산관리공사 등)에 위탁

---

47) 「국유재산관리실무」, 서울특별시, 1994.10. 6면; 「국유재산업무편람」, 대한민국정부, 1987, 13면; 김영균·권태형, "국공유지 관리 및 효율화 활용방안", 국토연구원 연구보고서(95 - 21), 1995.12.31. 26면; 박수근, "한국의 국유재산제도", 「토지공법연구」 제12집, www.toji.or.kr 참조.

1. 미군정청 관재처(管財處, 1945.12.6.)

해방 이후 미군정청은 1945년 12월 6일 군정법령 제33호 「조선 내 소재 일본인 재산권 취득에 관한 건」을 공포하여 일본정부나 기관, 일본인 법인으로부터 취득한 재산을 관리할 기관으로 미군정청 내에 '관재처'를 설치하였다.

2. 임시관재총국(臨時管財總局)

정부수립과 동시에 국무총리 소속하에 임시관재총국이 설치되어 귀속재산의 관리·처분에 관한 사무를 담당하였다.

3. 관재청(管財廳, 1950.4.24.~1955.2.17.)

임시관재총국이 폐지되고 관재청이 신설되어 귀속재산의 관리와 매각에 관한 사항을 담당하였다. 지방관재관서로는 관재국과 출장소가 중요도시에 설치되어 귀속재산의 관리·처분업무를 담당하였다.

4. 재무부 관재국(管財局, 1955.2.)

재무부직제가 개정(1955.2.27. 대통령령 제997호)됨에 따라 관재청이 폐지되고 재무부장관 소속하에 관제국이 설치되었다. 따라서 재무부장관은 국유재산업무와 귀속재산업무를 직접 담당하게 되었고 지방관재관서 관재청의 관서를 그대로 유지하였다.

1959년 7월 16일 재무부 직제개편으로 사세국의 국유재산과가 관재국으로 이관되었고 이와 동시에 지방관재관서의 담당업무도 귀속재산에 관한 업무에 국유재산에 관한 업무가 추가되었다.

1963년 12월 16일 재무부 직제개편으로 관재국이 폐지되고 국고국으로 귀속재산업무와 국유재산업무가 이관되었다.

5. 국세청(1966.2.28.~1977.5.)

1966.2.28. 국세청이 신설됨에 따라 귀속재산 및 보통재산(보존재산, 잡종재산)에 관한 관리처분 업무가 국세청에 이관되었고,[48] 지방관재관서도 지방세무관서에 통합되었다. 국세청은 각급 국유재산 심의회를 설치하는 등 국유재산관리업무의 체계화를 위한 많은 기구개편을 시행하였다.

6. 재무부 재산관리국 및 지방자치단체(시·도)

1976.12.31. 국유재산법의 전면개정에 따라 국유재산관리업무가 국세청에서 지방자치단체에 이관되어 재무부 내에 재산관리국이 설치되어 국유재산의 총괄업무를 담당하게 되었다. 1987.11. 재산관리국은 국고국으로 변경되었다. 1977년부터는 지방관리조직이 지방자치단체로 위임되기 시작하여, 재무부와 지방자치단체로 국유재산관리조직을 이루게 된다.

7. 기획재정부 국유재산 통합관리 체제

2011.3.30. 국유재산법(법률 제10485호) 개정을 통해, 기획재정부가 행정재산을 통합관리하도록 하였다. 이는 지난 60여 년간 유지된 행정재산에 대한 관리청 개념을 폐기하고, 중앙관서의 장은 국유재산을 행정재산으로 사용하려는 경우 기획재정부의 승인을 받도록 하였다.

개정법은 특별회계 및 기금에 속한 국유재산은 종전과 같이 각 중앙관서의 장이 이를 관리·처분하도록 하였으나, 일반회계에 속한 국유재산에 있어서는 일반재산뿐 아니라 행정재산(청사 등)도 총괄청인 기획재정부장관이 관리·처분하도록 변경하였다. 따라서 총괄청이 국유재산을 취득하여 개별부처가 사용하도록 승인하는 게 원칙이 되었다. 또한 각 부처가 미활용하거나 과다보유한 행정재산은 총괄청이 회수하여, 필요한 부처에 제공하도록 하였다.

---

48) 구 국유재산법(시행 1966.3.8. 법률 제1756호, 1966.3.8. 일부개정) 제10조 보통재산(주식을 제외한다)은 국세청장이 관리 또는 처분한다.

<국유재산 관리체계 개편내용>

[2011년 이전]

	일반재산	행정재산
일반회계	기획재정부 관리·처분	
기금·특별회계	각 부처 관리·처분	
도로 등 개별법 적용재산		

[2011년 4월 이후]

	일반재산	행정재산
일반회계	기획재정부	관리·처분 (각 부처 총괄청 승인 후 사용)
기금·특별회계	각 부처 관리·처분 (일정규모 이상 취득·처분 시 총괄청 협의)	
도로 등 개별법 적용재산	각 부처 관리·처분	

참고: 국회 기획재정위원회 검토보고(2010.11.), 12면.

제5절 국유재산관리기관

I. 의의

국유재산관리기관은 국유재산을 그 구분과 종류에 따라 처리하는 기관을 말한다. 2011년 개정 국유재산법(법률 제10485호) 이전에는 국유재산관리기관을 '총괄청'과 '관리청'으로 구분하였다. 관리청은 소관 행정재산을 취득, 처분을 직접 할 수 있는 기관으로 중앙기관의 장을 말한다. 그러나 2011년 개정 국유재산법(법률 제10485호) 이후부터는 60여 년간 유지되어 온 관리청 개념을 폐기하고, 기획재정부가 행정재산을 통합관리하도록 하였다.[49]

총괄청은 기획재정부장관이 되고, 국유재산에 관한 관리와 처분에 관한 사무를 총괄한다.

중앙관서의 장은 특별회계와 기금에 속한 국유재산을 관리·처분할 수 있으나, 국유재산을 행정재산으로 사용하려는 경우 기획재정부의 승인을 받아야 한다. 국가재정법 제6조 제2항은 "이 법에서 중앙관서라 함은 헌법 또는 정부조직법 그 밖의 법률에 따라 설치된 중앙행정기관을 말한다"라고 규정하고 있고 동조 제3항은 "국회의 사무총장, 법원행정처장, 헌법재판소의 사무처장 및 중앙선거관리위원회의 사무총장은 이 법의 적용에 있어 중앙관서의 장으로 본다"라고 하고 있다. 정부조직법 제2조 제2항은 "중앙행정기관은 이 법과 다른 법률에 특별한 규정이 있는 경우를 제외하고는 부·처 및 청으로 한다"라고 규정하고 있다. 따라서 중앙관서의 장은 국회사무총장, 법원행정처장, 헌법재판소 사무처장 및 중앙선거관리위원회 사무총장, 헌법 또는 정부조직법 기타 법률에 의하여 설치된 중앙행정기관의 장을 말한다.

총괄청은 총괄사무 중 일부를 조달청장에게 위임하고 있고, 일반재산의 관리·처분에 관한 사무 일부를 시·도지사 위임하고, 한국자산관리공사(KAMCO)에는 위탁할 수 있다.

---

49) 관리청은 국유재산의 관리·처분사무를 직접 담당하는 기관으로 각 중앙기관의 장을 말하였다(구 국유재산법 제6조).

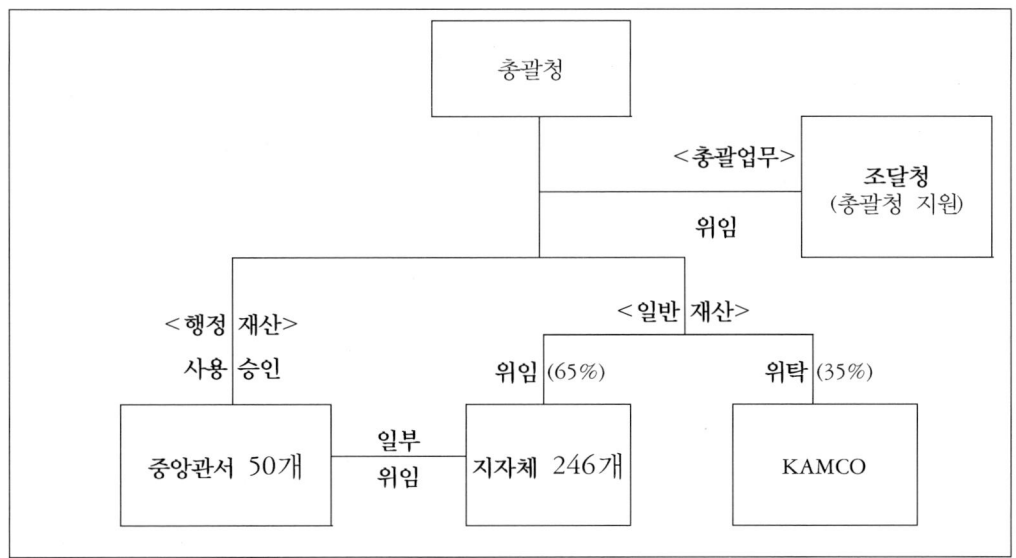

<국유재산 관리기관>

참고: 2010.6.22. 기획재정부 보도자료.

〈유권해석〉

방위사업청은 육군과 같은 국방부 산하기관인데 국방부와 방위사업청 간 '관리환 협의'로 방위사업청에 국유재산을 관리환할 수 있는지

국유재산법 제22조 제1항은 "관리청이 다른 관리청의 소관에 속하는 국유재산의 관리환을 받고자 할 때에는 당해 관리청과 협의하여야 한다"라고 규정하고 있고, 같은 법 제6조 후문은 "각 중앙관서의 장은 그 소관에 속하는 국유재산을 관리한다"라고 규정하고 있으며, 국가재정법 제6조 제2항은 "이법에서 중앙관서의 장은 헌법 또는 정부조직법 그 밖의 법률에 따라 설치된 중앙행정기관을 말한다"라고 규정하고 있고, 정부조직법 제2조 제2항은 "중앙행정기관은 이 법과 다른 법률에 특별한 규정이 있는 경우를 제외하고는 부·처 및 청으로 한다"라고 규정하고 있으며, 같은 법 제33조 제5항은 "방위력 개선사업, 군수물자 조달 및 방위산업육성에 관한 사무를 관장하기 위하여 국방부장관 소속하에 방위사업청을 둔다"라고 규정하고 있음. 이상의 규정을 종합하면 방위사업청은 국방부장관 소속하에 있더라도 국유재산법을 적용함에 있어서는 국방부와는 다른 관리청이라 할 것이므로 국방부와 방위사업청관 간 '관리환 협의'로 방위사업청에 국유재산을 이전할 수 있다고 할 것임(육군본부 법제과 - 188 회신일자 2007.03.02. 육군IETM 표준 SW의 방사청 이전관련 질의).

Ⅱ. 총괄청의 권한

1. 일반적인 권한

총괄청은 국유재산에 관한 제도의 정비, 국유재산에 관한 관리·처분의 통일과 조정, 국유재산의 현황 파악 등의 업무를 주관하고 있다. 2011년 국유재산법(법률 제10485호) 개정 이후에는 총괄청의 국유재산에 관리·처분의 통일과 조정을 강화하여, 총괄청이 행정재산을 통합관리하고, 중앙관서의 장은 행정재산을 사용하려 할 경우 총괄청의 승인을 받도록 하고 있다(동법 제8조).

<총괄청의 권한>

구분	내용
국유재산 제도 정비	국유재산관리·처분제도의 조사·연구와 개선
	국유재산관련 법안의 협의(동법 제19조)
국유재산관리의 통일과 조정	중앙관서의 장의 행정재산사용의 승인 및 철회권한(동법 제8조, 제8조의2)
	국유재산종합계획 작성(동법 제9조)
	중앙관서의 장 지정권한(동법 제16조, 제24조)
	국유재산취득관련 협의권한(동법 제10조)
	신탁·위탁개발에 대한 중앙관서장과 협의(동법 제58조 제2항)
	일반재산 양여 협의(동법 제55조 제3항)
	도시관리계획의 협의(동법 제73조의2)
	보고 또는 자료의 제출요구(동법 제21조 제1항, 시행령 제53조)
	관리상황의 감사(동법 제21조 제2항)
	용도폐지 또는 변경 요구권한(동법 제22조)
	용도폐지된 재산의 처리(동법 제23조)
	일반재산 교환 승인권한(시행령 제57조 제6항)
	신탁·위탁개발에 대한 중앙관서장과 협의(동법 제58조 제2항)
국유재산 현황파악	국유재산관리운용총보고서 작성(동법 제69조)
	유휴행정재산 현황파악(시행령 제14조)
기타	자금의 차입(동법 제26조의4)
	국유재산기금의 관리·운용(동법 제26조의6)
	민간참여개발 권한(동법 제59조의2~4)

2. 일부 총괄사무에 대한 조달청 위임

총괄청의 국유재산관리의 실무적인 업무를 조달청장과 시·도지사가 위임받을 수 있도록 2007.12.28. 국유재산법 시행령이 개정되었다. 그동안 총괄청의 위임을 받아 조달청이 수행해 오던 행정재산, 실태점검, 비축토지 매입 등 집행사무 수행에 대하여 명시적인 근거를 두기 위해 마련된 것이다. 이후 조달청 위임은 도시관리계획의 협의, 소관관서 지정, 무상귀속 협의 업무까지 확대되었다.

총괄사무의 시·도지사 위임을 살펴보면, 시·도지사 위임은 2007년에는 관리청 지정 사무, 용도폐지한 행정재산의 인계·인수 사무 등이었으나, 2011년에는 은닉재산 및 무주부동산 국가귀속 및 환수사무로 변경되었다. 그러나 은닉재산 및 무주부동산 국가귀속 및 환수사무도 2012.6.19. 개정 국유재산법 시행령(대통령령 제23865호) 이후부터는 조달청장으로 변경되어, 현재는 조달청장으로 일원화되었다.

총괄청이 국유재산의 효율적인 관리를 위하여 다음의 각 사무를 조달청장에게 위임한 사무는 다음과 같다(국유재산법 제25조, 동법 시행령 제16조 제1항).

(1) 법 제21조 제1항 및 제2항[50]에 따른 총괄사무를 지원하기 위한 국유재산 현황의 조사 등에 관한 사무

(2) 법 제21조 제3항[51]에 따른 감사(監査) 및 그 밖에 필요한 조치를 지원하기 위한 국유재산 관리 실태의 확인·점검에 관한 사무

(3) 법 제24조[52]에 따른 소관 중앙관서의 장의 지정에 관한 사무

(4) 법 제73조의2 제1항에 따른 총괄청 소관 일반재산에 대한 도시·군관리계획의 협의에 관한 사무

(5) 은닉된 국유재산 및 소유자 없는 부동산의 사실조사와 국가 환수 및 귀속에 관한 사무

(6) 장래의 행정수요에 대비하기 위한 비축용 토지의 취득에 관한 사무

(7) 「국토의 계획 및 이용에 관한 법률」, 그 밖의 법률에 따른 총괄청 소관 일반재산

---

50) 국유재산법 제21조(총괄청의 감사 등) ① 총괄청은 중앙관서의 장 등에 해당 국유재산의 관리상황에 관하여 보고하게 하거나 자료를 제출하게 할 수 있다.
② 중앙관서의 장은 소관 행정재산 중 대통령령으로 정하는 유휴 행정재산 현황을 매년 1월 31일까지 총괄청에 보고하여야 한다.

51) 국유재산법 ③ 총괄청은 중앙관서의 장 등의 재산 관리상황과 유휴 행정재산 현황을 감사(監査)하거나 그 밖에 필요한 조치를 할 수 있다.

52) 국유재산법 제24조(중앙관서의 장의 지정) 총괄청은 국유재산의 관리·처분에 관한 소관 중앙관서의 장이 없거나 분명하지 아니한 국유재산에 대하여 그 소관 중앙관서의 장을 지정한다.

의 무상귀속 협의에 관한 사무

(8) 청사, 관사 등의 신축에 필요한 토지·건물의 조사에 관한 사무

3. 일반재산 관리·처분 사무 위탁

총괄청은 대통령령으로 정하는 바에 따라 소관 일반재산의 관리·처분에 관한 사무의 일부를 정부출자기업체, 금융기관, 투자매매업자·투자중개업자 또는 특별법에 따라 설립된 법인으로서 대통령령으로 정하는 자에게 위탁할 수 있다(동법 제42조 제1항). 총괄청이 지방자치단체가 아닌 법인·단체 또는 그 기관이나 개인에게 맡겨 그의 명의로 그의 책임 아래 행사하도록 하는 것으로 이른바, 민간위탁(民間委託)에 해당한다(행정권한의 위임 및 위탁에 관한 규정 제2조 제3항).[53]

위 위탁규정은 1994년도에 신설된 조항으로, 1994년 이전에는 지방자치단체에 대한 위임만을 가능하도록 하였으나 전문성 부족으로 제대로 관리가 이루어지지 않음에 따라 특별법에 의해 설립된 법인에게 위탁할 수 있도록 도입되었다. 1996년에는 국유재산법 시행령을 개정하여, 한국자산관리공사[54]에 위탁할 수 있도록 하였고, 2000년에는 한국토지공사도 추가되었다. 그러나 2011년 국유재산법 시행령이 개정되어 한국토지공사는 제외되고, 한국자산관리공사로 위탁대상이 일원화되었다.

총괄청은 다음의 일반재산의 관리·처분에 관한 사무를 한국자산관리공사에 위탁한다. ① 국세물납에 따라 취득한 일반재산, ② 용도폐지되어 총괄청에 인계된 재산, ③ 법 제59조에 따라 개발하려는 재산(법 제42조 제3항에 따라 중앙관서의 장이 소관 일반재산을 개발하기 위하여 위탁하는 경우를 포함한다), ④ 법 제59조의2 제2항 전단에 따른 출자로 인하여 취득한 증권, ⑤ 제47조에 따라 대여의 방법으로 운용하기 위하여 총괄청이 지정하는 증권, ⑥ 제79조에 따른 청산법인의 청산이 종결됨에 따라 국가에 현물증여되는 재산, ⑦ 그 밖에 일반재산의 효율적 관리·처분을 위하여 총괄청이 지정하는 재산이 이에 해당한다(동법 시행령 제38조 제3항). 그 외 한국자산관리공사에 대한 위탁 절차와 내용은 「국유 일반재산의 위탁에 관한 규칙」(기획재정부령 제93호)에서 정하고 있다.

총괄청은 증권[55]의 처분을 중앙관서의 장, 해당 증권을 발행한 법인, 은행, 투자매매업

---

53) 사인(私人)에게 일정한 행정권한이 위임된 경우 그러한 자를 공무수탁사인이라 하는데, 이 경우 사인은 수임권한의 한도 내에서 행정청의 지위에서 공권력을 행사하게 되어, 공무수탁사인의 행위는 행정처분의 법적 성격을 가진다(김동희, 행정법Ⅱ, 23면).

54) 1962.4.6. 설립된 성업공사는 1999.12.31. '한국자산관리공사'로 명칭이 변경되었다(www.kamco.or.kr 참조).

자, 투자중개업자, 집합투자업자, 예금보험공사, 중소기업은행, 한국산업은행, 한국수출입은행, 한국은행, 한국정책금융공사에 위탁할 수 있다(동법 시행령 제38조 제1항).

┌ 위임과 위탁 ┐

위임과 위탁은 사법관계와 공법관계에서 사용되는 용어이다. 국유재산법에서 말하는 위임과 위탁은 공법관계에서 행정사무의 위임과 위탁을 말하는 것으로 「행정권한의 위임 및 위탁에 관한 규정」에 근거한 용어이다. '**위임**'이란 법률에 규정된 행정기관의 장의 권한 중 일부를 그 보조기관 또는 하급행정기관의 장이나 지방자치단체의 장에게 맡겨 그의 권한과 책임 아래 행사하도록 하는 것을 말하고 (동규정 제2조 제1호), '**위탁**'은 법률에 규정된 행정기관의 장의 권한 중 일부를 다른 행정기관의 장에게 맡겨 그의 권한과 책임 아래 행사하도록 하는 것을 말한다(동규정 제2조 제2호). '**민간위탁**'은 법률에 규정된 행정기관의 사무 중 일부를 지방자치단체가 아닌 법인·단체 또는 그 기관이나 개인에게 맡겨 그의 명의로 그의 책임 아래 행사하도록 하는 것을 말한다(동규정 제2조 제3호).

---

4. 중앙관서의 장 지정

총괄청은 국유재산의 관리·처분에 관한 소관 중앙관서의 장이 없거나 분명하지 아니한 국유재산에 대하여 그 소관 중앙관서의 장을 지정한다(동법 제24조). 중앙관서의 장을 지정하는 데는 세 가지 목적이 있다.

첫째, 중앙관서의 장이 불명하여 중앙관서의 장을 지정함으로써 중앙관서의 장을 확실히 하며, 둘째, 한 재산에 두 개 이상의 중앙관서의 장이 경합되어 있는 경우에 중앙관서의 장을 지정함으로써 경합재산을 재정하여 재산관리의 효율화를 기하며, 셋째 중앙관서의 장을 지정하여 관리청 지정서를 법원등기소에 제출하게 함으로써 첨기등기할 수 있는 절차상의 통일을 기하여 사법부와 행정부 간에 업무능률을 향상시킨다.

중앙관서의 장의 지정이 필요한가는 이러한 목적에 근거하여 판단할 수 있다. 따라서 하천의 경우에는 국토해양부장관(구 건설교통부장관)이 하천의 관리청으로 되어 있더라도 다른 관리청이 명시된 재산(산림, 도로, 문화재 등)과 마찬가지로 첨기등기 절차상의 통일을 기하기 위해서 관리청 지정을 받아 첨기등기를 하여야 한다.[56] 그러나 중앙관서의

---

55) 내국인 또는 외국인이 발행한 금융투자상품으로서 투자자가 취득과 동시에 지급한 금전 등 외에 어떠한 명목으로든지 추가로 지급의무(투자자가 기초자산에 대한 매매를 성립시킬 수 있는 권리를 행사하게 됨으로써 부담하게 되는 지급의무를 제외한다)를 부담하지 아니하는 것을 말하며, 증권은 채무증권, 지분증권, 수익증권, 투자계약증권, 파생결합증권, 증권예탁증권으로 구별할 수 있다(자본시장과 금융투자업에 관한 법률 제4조 제1항, 제2항).

장이 사유지를 매입하여 이전등기를 하는 경우에는 소관청의 취득근거가 명백하므로 매도증서 등 증거서류를 구비하여 직접 이전등기(첨기등기 포함)하여야 하고 중앙관서의 장의 지정을 받을 필요는 없다.[57]

5. 행정재산 사용 승인권한 및 일반재산 전환권한

2011년 개정 국유재산법은 행정재산에 대하여 총괄청이 통합 관리하도록 개정되었다. 중앙관서의 장은 국유재산을 행정재산으로 사용하려는 경우에는 총괄청의 승인을 받아야 한다(법 제8조 제4항). 중앙관서의 장은 행정재산의 사용 승인을 받으려면 신청서[58]를 총괄청에 제출하여야 한다(동법 시행령 제4조의2).

6. 일반재산의 보존용 재산 전환권한

총괄청은 일반재산을 보존용 재산으로 전환하여 관리할 수 있다(동법 제8조 제2항). 총괄청이 일반재산을 보존용 재산으로 전환한 경우, 해당 중앙관서의 장은 그 보존용 재산의 용도에 관하여 의견을 제시할 수 있고, 총괄청에 그 용도의 폐지를 요청할 수 있다(동법 시행규칙 제4조).

7. 국유재산관련 법령개정 협의

(1) 협의취지

국유재산법 제19조에 의하면, "각 중앙관서의 장은 국유재산의 관리·처분에 관련된 법령을 제정·개정하거나 폐지하려면 그 내용에 관하여 총괄청 및 감사원[59]과 협의하여

---

56) "하천도 관리청지정을 받아 첨기등기하여야 하는가"에 대해서, 구 하천법 제3조에 "하천은 국유로 한다", 구 하천법 제11조(현재 하천법 제8조)에 "하천은 건설부장관(현재는 국토해양부장관)이 관리한다"라고 규정되어 있어 당연히 하천의 관리청은 건설부장관(현재는 국토해양부장관)이므로 관리청 지정이 필요한가에 대한 질의에 대해서, 하천이라 할지라도 관리청지정을 받아 관리청 지정서를 첨부하여 첨기등기를 하여야 한다고 해석한 바 있다(재관 1261 – 1602, 회신일자 1977.12.02).

57) 재관 1261 – 3217, 회신일자 1978.12.29. "관리청이 사유지를 매입하는 경우에도 관리청지정서로서 등기하여야 하는가."

58) 신청서는 다음의 사항을 포함해야 한다. 1. 재산의 표시, 2. 사용 목적, 3. 사용 계획, 4. 그 밖에 총괄청이 필요하다고 인정하는 사항(동법 시행령 제4조의2).

야 한다"라고 규정하고 있다.

여기서 협의의 의미가 무엇인지 문제가 있다. 이러한 '협의'는 ① 관계기관이 자문 또는 의견을 구하는 협의, ② 관계기관의 협의 또는 동의를 구하는 협의, ③ 인·허가의제 규정에서의 협의, ④ 면허·허가 등에 상당하는 협의, ⑤ 법령 제·개정과정에서의 협의가 있다. 동조에서의 협의는 '법령 제·개정과정에서의 협의'를 의미한다. 이와 같은 협의는 독점규제 및 공정거래에 관한 법률 제63조, 국고금관리법 제39조 등에도 규정되어 있다. 이러한 협의는 입법화될 내용에 대한 사전조정의 기회를 부여함으로써 정책의 집행가능성과 실효성을 높이기 위하는 데 의의가 있다.

(2) 구체적 문제

① 협의 누락 시 법령의 효력

원칙적으로 국유재산의 관리 또는 처분에 관계된 법령을 입안하거나 개폐하고자 할 때에는 총괄청과 협의를 반드시 해야 한다. 그러나 협의의무를 위반하여 협의절차를 누락한 상태에서 제·개정되어 공포되었다고 하여 그 법령에 영향을 미치는 것으로 볼 수 있을지는 의문이다. 법령의 제·개정 시 협의의무는 행정 내부적으로 이루어지는 절차로서 사전조정의 기회부여와 법시행과정에서의 원활한 협조 확보를 위한 것에 주된 의미가 있는 것이고, 제·개정된 법령이 일단 공포가 되어 시행되면 그 공포된 내용에 따라 다수의 법률관계가 형성되므로 행정이 신뢰성과 안정성의 측면에서 행정내부절차인 협의의무를 위반하였다고 하여 그 법령에 하자가 있다고 할 수는 없다.[60]

② 협의 불성립의 경우

총괄청과 협의를 하였으나, 협의가 이루어지지 않는 경우에도 법령에 대한 제·개정을 할 수 있는지 문제가 있다. 소관부처의 장이 국유재산의 관리·처분에 관계되는 경우 총괄청의 의견을 청취하고 그러한 의견을 진지하게 고려할 의무는 있으나, 그럼에도 불구하고 자신이 소관사항을 적절하게 집행하기 위해 당해 법령의 입안 또는 개폐가 불가피하다고 판단되는 경우에는 총괄청의 의견에도 불구하고 당해 법령의 입안 또는 개폐를 위한 자신의 권한을 행사할 수 있다 할 것이다. 그렇지 않고 협의를 동의로 해석하여 반

---

59) 총괄청만이 협의 대상이었으나, 2009.1.30. 개정 국유재산법(법률 제9401호)에서 '감사원'이 추가되었다.

60) 류철호, "법령상 협의규정에 관한 검토", 「법제」, 법제처, 2005년 5월, 56면.

드시 받아야만 하는 것으로 엄격히 해석하면 장기간의 협의기간으로 적시 적절한 정책을 추진하기 힘들고, 의견일치가 되지 않는 경우 주무관서가 책임을 지고 조치를 취하도록 하는 것이 책임행정의 이념과 전문성원칙에 비추어 타당하다.[61]

Ⅲ. 중앙관서 장의 권한

1. 소관 국유재산의 관리·처분

중앙관서의 장은 다음과 같은 재산을 관리·처분한다.
(1) 「국가재정법」 제4조에 따라 설치된 특별회계 및 같은 법 제5조에 따라 설치된 기금에 속하는 국유재산(동법 제8조 제3항)
(2) 관리전환, 교환 또는 양여의 목적으로 용도를 폐지한 재산(동법 제8조 제3항, 제40조 제2항 제1호)
(3) 선박, 부표(浮標), 부잔교(浮棧橋), 부선거(浮船渠) 및 항공기와 그들의 종물(동법 제8조 제3항, 제40조 제2항 제2호)
(4) 공항·항만 또는 산업단지에 있는 재산으로서 그 시설운영에 필요한 재산(동법 제8조 제3항, 제40조 제2항 제3호)
(5) 총괄청이 그 중앙관서의 장에게 관리·처분하도록 하거나 다른 중앙관서의 장에게 인계하도록 지정한 재산(동법 제8조 제3항, 제40조 제2항 제4호)
(6) 총괄청으로부터 사용승인을 받은 재산(동법 제8조 제4항)

2. 총괄청으로부터 위임받은 사무의 처리

총괄청의 행정재산의 관리·처분에 관한 다음과 같은 사무를 중앙관서의 장에게 위임할 수 있다(동법 제8조 제5항, 동법 시행령 제4조의3 제1항).
(1) 법 제13조의 기부채납에 따른 재산의 취득에 관한 사무
(2) 행정재산[공용재산 중 부동산과 그 종물(從物)은 제외]의 매입 등에 따른 취득에

---

61) 이원우, 주석국유재산법, 69면.

관한 사무

(3) 「국방·군사시설 사업에 관한 법률」 제2조 제1항에 따른 국방·군사시설의 취득에 관한 사무

(4) 행정재산의 관리(취득에 관한 사무는 제외한다)에 관한 사무

(5) 용도가 폐지된 행정재산(부동산과 그 종물 제외)의 처분에 관한 사무

(6) 그 밖에 총괄청이 행정재산의 효율적인 관리·처분을 위하여 필요하다고 인정하여 지정하는 사무

(1)~(3)에 따른 취득한 재산은 총괄청의 사용승인을 받은 것으로 본다(동법 시행령 제4조의3 제2항).

3. 행정재산 관리사무의 위임

중앙관서의 장은 소속 공무원(또는 직위 지정)에게 그 소관에 속하는 행정재산의 관리에 관한 사무를 위임할 수 있고(동법 제28조 제1항, 제5항), 위임받은 공무원의 사무의 일부를 분장하는 공무원을 둘 수 있다(동조 제2항). 중앙관서의 장은 그 소속 공무원에게 행정재산 관리에 관한 사무를 위임하거나 분장하게 한 경우에는 그 뜻을 감사원에 통지하여야 한다(동법 시행령 제20조 제1항).

중앙관서의 장은 다른 중앙관서의 장의 소속 공무원(또는 직위 지정)에게 그 소관에 속하는 행정재산의 관리에 관한 사무를 위임할 수 있다(동법 제28조 제3항, 제5항). 이 경우 위임받을 공무원 및 직위와 위임할 사무의 범위에 관하여 해당 중앙관서의 장의 의견을 들어 위임하고, 그 사실을 감사원에 통지하여야 한다(동법 시행령 제20조 제2항).

중앙관서의 장은 그 소관에 속하는 행정재산의 관리에 관한 사무의 일부를 지방자치단체의 장이나 그 소속 공무원(또는 직위 지정)에게 위임할 수 있다(동법 제28조 제4항, 제5항). 이 경우 위임받을 공무원 및 직위와 위임할 사무의 범위에 관하여 해당 지방자치단체를 감독하는 중앙관서의 장의 의견을 들어 위임하고, 그 사실을 감사원에 통지하여야 한다(동법 시행령 제20조 제3항).

4. 관리사무의 위탁

중앙관서의 장은 행정재산을 효율적으로 관리하기 위하여 필요하면 국가기관 외의 자에게 그 재산의 관리를 위탁(이하 '관리위탁'이라 한다)할 수 있다(동법 제29조 제1항).

관리위탁을 받은 자는 미리 해당 중앙관서의 장의 승인을 받아 위탁받은 재산의 일부를 사용·수익하거나 다른 사람에게 사용·수익하게 할 수 있다(동법 제29조 제2항). 관리위탁할 때에는 해당 재산의 규모, 용도 등을 고려하여 재산의 관리를 위하여 특별한 기술과 능력이 필요한 경우에는 그 기술과 능력을 갖춘 자 등 해당 재산을 관리하기에 적합한 자에게 관리위탁하여야 한다(동법 시행령 제21조).

관리위탁의 기간은 5년 이내로 하고, 5년을 초과하지 아니하는 범위 안에서 종전의 관리위탁을 갱신할 수 있다. 다만 다음의 경우에는 갱신이 허용되지 않는다(동법 시행령 제22조).

---

① 관리위탁한 재산을 국가나 지방자치단체가 직접 공용이나 공공용으로 사용하기 위하여 필요한 경우
② 관리수탁자가 제21조에 따른 관리위탁을 받을 자격을 갖추지 못하게 된 경우
③ 관리수탁자가 관리위탁 조건을 위반한 경우
④ 관리위탁이 필요하지 아니하게 된 경우

관리위탁 계약을 할 경우에는 계약서에 의하도록 하고 있다(동법 시행규칙 제13조). 관리위탁을 경신의 경우에 묵시적 갱신이 가능한가 쟁점이 있다. 관리수탁자가 갱신을 신청했으나 중앙관서의 장이 아무런 조치를 하지 않거나, 서로 아무런 조치가 없는 경우가 있다. 갱신의 경우에도 계약서에 의한다는 것이 규정되지 않은 점에 비추어 관리위탁기간 만료 전에 상호 간 아무런 조치가 없다면 묵시적 갱신이 되었다고 볼 것이고, 이 경우 관리위탁기간이 정해지지 않은 것으로 보아야 할 것이다. 다만 관리수탁자와 중앙관서의 장은 언제든지 관리위탁계약 해지 통고를 할 수 있고 상당한 기간이 지난 후에는 효력이 발생한다고 보아야 할 것이다.[62]

---

62) 명문의 규정이 없으므로 이와 유사한 사법상 규정을 살펴보면, 민법 제635조가 있다.
제635조(기간의 약정 없는 임대차의 해지통고) ① 임대차기간의 약정이 없는 때에는 당사자는 언제든지 계약해지의 통고를 할 수 있다.
② 상대방이 전항의 통고를 받은 날로부터 다음 각 호의 기간이 경과하면 해지의 효력이 생긴다.
1. 토지, 건물 기타 공작물에 대해서는 임대인이 해지를 통고한 경우에는 6월, 임차인이 해지를 통고한 경우에는 1월
2. 동산에 대해서는 5일

5. 특별법에 의한 관리기관

(1) 문화재보호법

국유에 속하는 문화재는 「국유재산법」 제8조와 「물품관리법」 제7조에도 불구하고 문화재청장이 관리·총괄한다. 다만, 국유문화재가 문화재청장 외의 중앙관서의 장(「국가재정법」에 따른 중앙행정기관의 장을 말한다)이 관리하고 있는 행정재산(行政財産)인 경우 또는 문화재청장 외의 중앙관서의 장이 관리하여야 할 특별한 필요가 있는 것인 경우에는 문화재청장은 관계 기관의 장 및 기획재정부장관과 협의하여 그 관리청을 정한다(문화재보호법 제62조).

(2) 광업법

국영광업은 지식경제부장관이 주관하고(광업법 제62조), 국영광업은 따로 정하는 법률에 따라 설립된 법인이 경영하게 할 수 있다(동법 제63조).

(3) 하천법

국가하천은 국토해양부장관이 이를 관리하고, 지방하천은 그 관할 구역의 시·도지사가 이를 관리한다(하천법 제8조).

(4) 공유수면관리 및 매립에 관한 법률

배타적 경제수역과 공유수면관리법 시행령 제2조[63]에서 정하는 공유수면은 국토해양부장관이 관리하고, 그 밖의 공유수면은 특별자치도지사·시장·군수·구청장(자치구의 구청장을 말한다)이 관리한다(공유수면관리 및 매립에 관한 법률 제4조).

---

63) 공유수면관리법 시행령 제2조(국토해양부장관이 관리하는 공유수면) 「공유수면 관리 및 매립에 관한 법률」(이하 '법'이라 한다) 제4조 제2항 제2호에서 '대통령령으로 정하는 공유수면'이란 다음 각 호의 어느 하나에 해당하는 공유수면을 말한다.
　1. 「항만법」 제3조 제1항 제1호에 따른 무역항의 항만구역 안의 공유수면
　2. 「항만법」 제3조 제1항 제2호에 따른 연안항의 항만구역 안의 공유수면

(5) 발명진흥법

국유로 된 특허권 등의 처분과 관리(특허권 등의 포기를 포함한다)는 「국유재산법」 제 8조에도 불구하고 특허청장이 이를 관장한다(발명진흥법 제10조 제4항, 공무원직무발명 의 처분·관리 및 보상 등에 관한 규정 제3조).

Ⅳ. 재산관리 공무원

1. 국유재산책임관

국유재산책임관은 2011년 개정된 국유재산법(법률 제10485호, 2011.3.30.)에서 새로 도입된 해당 행정부처 국유재산에 대한 책임공무원이다. 이는 중앙관서마다 고위공무원 을 국유재산책임관으로 임명해 소관 국유재산에 대한 책임관리 체계를 명확히 하기 위해 마련한 것이다.

중앙관서의 장은 소관 국유재산의 관리·처분 업무를 효율적으로 수행하기 위하여 그 관서의 고위공무원으로서 기획 업무를 총괄하는 직위에 있는 자를 국유재산책임관으로 임명하여야 한다(동법 제27조의2 제1항). 국유재산책임관의 임명은 중앙관서의 장이 소속 관서에 설치된 직위를 지정하는 것으로 갈음할 수 있다(동조 제3항).

국유재산책임관은 다음과 같은 업무를 수행한다(동조 제2항).

① 제9조 제2항[64]에 따른 소관 국유재산의 관리·처분에 관한 계획과 같은 조 제7항[65]에 따른 집행 계획에 관한 업무
② 제69조에 따른 국유재산관리운용보고에 관한 업무
③ 상기 업무 외에 국유재산 관리·처분 업무와 관련하여 대통령령으로 정하는 업무

---

64) 국유재산법 제9조 ② 중앙관서의 장은 제1항의 지침에 따라 국유재산의 관리·처분에 관한 다음 연도의 계획을 작성하여 매년 6월 30일까지 총괄청에 제출하여야 한다.
65) 동법 제9조 ⑦ 중앙관서의 장은 제3항에 따라 확정된 국유재산종합계획의 반기별 집행계획을 수립하여 해당 연도 1월 31일까지 총괄청에 제출하여야 한다.

2. 재산관리관

중앙관서의 장은 소속 공무원에게 그 소관에 속하는 행정재산의 관리에 관한 사무를 위임할 수 있고, 그 뜻을 감사원에 통지해야 한다(동법 제28조 제1항, 동법 시행령 제20조 제1항). 위임받는 공무원을 '재산관리관'이라 한다.[66] 뿐만 아니라 중앙관서의 장은 다른 중앙관서의 소속 공무원에게 그 소관에 속하는 사무를 위임할 수 있으며, 이때 위임받을 공무원 및 직위와 위임할 사무의 범위에 관하여 해당 중앙관서의 장의 의견을 들어 위임하고, 그 사실을 감사원에 통지하여야 한다(동조 제2항, 동법 시행령 제20조 제2항).

또한 중앙관서의 장은 그 소관에 속하는 행정재산의 관리에 관한 사무의 일부를 지방자치단체의 장이나 그 소속 공무원에게 위임할 수 있으며, 위임받을 공무원 및 직위와 위임할 사무의 범위에 관하여 해당 지방자치단체를 감독하는 중앙관서의 장의 의견을 들어 위임하고, 그 사실을 감사원에 통지하여야 한다(동조 제4항, 동법 시행령 제20조 제3항).

이상의 행정재산사무의 위임은 중앙관서의 장이 해당 기관에 설치된 직위를 지정함으로써 갈음할 수 있다(동조 제5항).

〈유권해석〉

특별법의 규정에 의거 국유재산의 관리에 관한 사무를 위임한 경우 재산관리관을 임명하여야 하는가

국유재산법 제21조(현 제28조)는 행정재산과 보존재산의 관리사무를 위임할 수 있는 일반적인 규정이며 동조 제2항은 재산관리관은 관리청이 소관공무원에게 위임한 경우를 뜻하는바, 특별법에 의하여 관리사무를 위임한 경우에는 국유재산법에 의한 재산관리관을 임명한다거나 기타 위임규정에 의한 별도조치를 행할 필요는 없으나, 특별법에 규정되어 있지 아니한 사항에 관해서는 국유재산법을 적용하여야 할 것임(재총 1261 - 1816 회신일자 1990.12.30).

3. 분임재산관리관 및 재분임재산관리관

중앙관서의 장은 재산관리관의 사무의 일부를 분장하는 공무원을 둘 수 있는데(동법 제28조 제2항), 이때의 공무원을 '분임재산관리관'이라 한다. 다시 위임받은 공무원을 '재분임재산관리관'이라 한다.

---

66) 구 국유재산법[2009.1.30. 개정 국유재산법(법률 제9401호) 전부개정 이전]에는 "재산관리관이라 한다"는 문구가 명시되어 있었으나, 2009.1.30. 개정 국유재산법(법률 제9401호, 2009.1.30.)부터는 삭제되었다.

<대법원 재산관리관>

기관 \ 직명	재산관리관	분임재산관리관
대법원 법원행정처 법원도서관	법원행정처 기획총괄심의관	
사법연수원 법원공무원교육원	사무국장	
고등법원 특허법원 지방법원 가정법원 행정법원	사무국장, 그러나 고등법원과 다른 법원이 공동으로 사용하는 토지 및 그 지상에 설치된 국유재산은 고등법원 사무국장	
지원 사무국 설치지원		사무국장
지원 사무과 설치지원		사무과장

출처: 재산관리관 및 물품관리관 등의 지정에 관한 규칙(대법원규칙 2280호).

Ⅴ. 국유재산정책심의위원회

1. 의의

2011년 개정된 국유재산법(법률 제10485호, 2011.3.30.)은 국유재산의 관리·처분에 관한 중요 정책방향 등을 심의하기 위해서 '국유재산정책심의위원회'를 설치하도록 하였다. 당초 정부개정안에서는 이에 대한 내용이 없었으나, 국회 기획재정위원회 수석전문위원 검토보고에서 총괄청 기능이 강화됨에 따라 객관적이고 공정한 심의나 자문을 할 수 있는 별도의 기구가 필요하다는 의견에 따라 신설된 것이다.[67]

2. 구성

위원장은 기획재정부장관이고, 위원회는 위원장을 포함하여 20명 이내의 위원으로 한다(동법 제26조 제2항, 제3항). 위원회는 다음의 위원으로 구성한다(동법 시행령 제17조 제1항).

---

67) 국유재산법 전부개정안(정부제출) 검토보고, 2008년 12월, 기획재정위원회 수석전문위원 현성수, 25면.

○ 기획재정부장관   ○ 기획재정부장관이 지명하는 기획재정부차관 1명
○ 교육과학기술부장관이 지명하는 교육과학기술부차관 1명
○ 국방부차관   ○ 행정안전부장관이 지명하는 행정안전부차관 1명
○ 농림수산식품부장관이 지명하는 농림수산식품부차관 1명
○ 국토해양부장관이 지명하는 국토해양부차관 1명
○ 조달청장   ○ 산림청장
○ 국유재산 관련 분야에 학식과 경험이 풍부한 사람으로서 다음 각 목의 어느 하나에 해당하는 사람 중
  기획재정부장관이 위촉하는 민간위원 11명 이내
  가. 대학 또는 공인된 연구기관에서 부교수 또는 이에 상당하는 직에 10년 이상 근무한 경력이 있는 사람
  나. 변호사 자격을 가지고 소송·법률사무 부문에서 10년 이상 종사한 경력이 있는 사람
  다. 공인회계사 자격을 가지고 감사·회계 부문에서 10년 이상 종사한 경력이 있는 사람
  라. 감정평가사 자격을 가지고 감정평가 부문에서 10년 이상 종사한 경력이 있는 사람
  마. 부동산, 증권 또는 그 밖의 관련 분야 경력 등이 가부터 라까지의 기준에 상당하다고 인정되는 사람

3. 기능

위원회의 위원장은 위원회를 소집하고(동법 시행령 제17조 제4항), 위원회는 다음의 각 사항을 심의한다(동법 제26조 제1항).

○ 국유재산의 중요 정책방향에 관한 사항
○ 국유재산과 관련한 법령 및 제도의 개폐에 관한 중요 사항
○ 제8조의2에 따른 행정재산의 사용 승인 철회에 관한 사항
○ 제9조에 따른 국유재산종합계획의 수립 및 변경에 관한 중요 사항
○ 제16조 제2항에 따른 소관 중앙관서의 장의 지정 및 제22조 제3항에 따른 직권 용도폐지에 관한 사항
○ 제26조의2에 따른 국유재산관리기금의 관리·운용에 관한 사항
○ 제57조에 따른 일반재산의 개발에 관한 사항
○ 제60조에 따른 현물출자에 관한 중요 사항
○ 「국유재산특례제한법」 제6조에 따른 국유재산특례의 신설 등 및 같은 법 제7조에 따른 국유재산
  특례의 점검·평가에 관한 사항
○ 그 밖에 국유재산의 관리·처분 업무와 관련하여 총괄청이 중요하다고 인정한 사항

위원회를 효율적으로 운영하기 위해서 '부동산분과위원회'와 '증권분과위원회'를 두고, 분과위원회 심의는 위원회의 심의로 본다(동법 제26조 제4항, 동법 시행령 제14조). 분과위원회의 심의 사항은 다음과 같다.

구분	심의사항(동법 시행령 제18조)
부동산 분과위원회	○ 국유재산처분의 기준(법 제9조 제4항 제3호) 중 매각에 관한 사항 ○ 제8조의2에 따른 행정재산의 사용 승인 철회에 관한 사항 ○ 제16조 제2항에 따른 소관 중앙관서의 장의 지정 ○ 제22조 제3항에 따른 직권 용도폐지에 관한 사항 ○ 「국유재산특례제한법」 제6조에 따른 국유재산특례의 신설 등 및 같은 법 제7조에 따른 국유재산특례의 점검·평가에 관한 사항 ○ 그 밖에 국유재산(증권은 제외한다)의 관리·처분 업무와 관련하여 부동산분과위원회의 심의가 필요하다고 총괄청이 인정하는 사항
증권 분과위원회	○ 제60조에 따른 현물출자에 관한 중요 사항 ○ 증권의 매각 예정가격 결정에 관한 사항 ○ 증권에 대한 제42조 제3항에 따른 매각 예정가격 감액률 결정에 관한 사항 ○ 그 밖에 증권의 관리·처분 업무와 관련하여 증권분과위원회의 심의가 필요하다고 총괄청이 인정하는 사항

Ⅵ. 관리·처분권에 위배되는 국유재산처분의 효력

중앙관서의 장이 관리·처분권을 가지는 국유재산을 만약 총괄청이 처분하게 되면 권한 외의 행위로서 무권한행위(無權限行爲)가 되고 無效가 된다.

〈유권해석〉

구 국유재산법(제1994.1.5. 법률 제4698호로 개정되기 전의 것) 제32조 제1항 제1호, 구 국유재산법 시행령(1994.4.12. 대통령령 제142호로 개정되기 전의 것) 제33조 제1항 제2호, 구 국유임야관리특별회계법(1993.12.31. 법률 제4676호로 폐지) 제2조의 규정들을 종합하여 보면, 국가소유의 잡종재산은 원칙적으로 총괄청인 재무부가 관리·처분권을 가지나, 구 국유재산법 시행령 제33조 제1항 제2호 소정의 특별회계에 속하는 재산은 그 소관청이 관리·처분권을 가지고, 총괄청인 재무부는 관리·처분권을 가지지 못한다 할 것이어서, 그 특별회계에 속한 잡종재산을 재무부가 처분한 경우에는 관리·처분권이 없는 기관이 처분한 것으로서 무효라고 볼 수밖에 없을 것이며, 구 국유임야관리특별회계법의 규정에 의하면, 산림청 소관 국유재산은 그것이 임야인지를 불문하고 모두 위 특별회계에 속하고, 따라서 재무부가 관리·처분권을 가지지 못한다(대법원 2002.7.12. 2001다16913).

<유권해석>

국가 명의의 소유권이전등기(관리청 철도청)가 경료되어 있는 토지가 철도계획선 용지로서 국가행정재산이었다가 용도폐지한 잡종재산이라면, 지방국세청이 국가 소유인

그 토지에 관하여 용도폐지도 되기 전에 수용협의를 하고 보상금을 수령할 권한이 있다고 보기는 어려우므로, 다른 특별한 사정이 없는 한 그 지방국세청과 사이에 성립된 수용협의는 무효라고 하지 않을 수 없다(대법원 1995.1.24. 94다2122).

<판례>

세무서장이 공공용 행정재산으로서 용도폐지도 되지 않은 국유재산을 잡종재산으로 오인하여 매각하였다면 그 매도행위는 무효라고 할 것이고, 이를 국세청이 관리청을 국세청으로 등기한 후 매수인에게 소유권이전등기를 경료해 주었다고 하여 무효인 매도행위를 추인한 것으로 볼 수 없다(대법원 1992.7.14. 92다12971).

제6절 국유재산종합계획

Ⅰ. 의의

과거 국유재산관리계획은 1회계연도의 국유재산 관리·처분에 관한 예정준칙으로서 국유재산의 통일적이고 효율적인 관리·처분을 위해서 1977년도부터 국유재산법에 도입되어 운영되어 왔다.

그러나 총괄청은 각 부처가 승인요청하는 국유재산 취득·처분·교환 등의 명세서를 승인하는 위주로만 운영된다는 비난이 있어 왔다. 또한 감사원은 단년도 국유재산관리계획만 운영되어 국유재산의 종합적이고 체계적인 관리가 곤란하므로, 중·장기 운용계획을 별도로 수립하자는 개선안을 제시하여 왔다.[68]

이에 따라 2011년 개정된 국유재산법(법률 제10485호, 2011.3.30.)은 국유재산관리계획을 '국유재산종합계획'으로 변경하고, 매년 부처별 관리·처분 계획을 총괄·조정하여 중장기적·전정부적 관점에서 국유재산종합계획 수립하도록 개정하였다. 또한 확정된 국유재산종합계획은 국회의 회계연도 90일 전까지 제출하도록 하여, 예산안 등에 대한 국회심의에 활용하도록 하고 있다.

---

68) 『국·공유재산 관리실태』, 감사원, 2005년 7월, 16면; 최재해, "국유재산관리실태", 『감사』 제88호 가을, 감사원, 2005년, 50면.

<국유재산관리계획과 국유재산종합계획 내용 비교>

구분	국유재산관리계획	국유재산종합계획
방향	소극적 유지·보존	적극적 확대 활용
개념	1회계연도에 대한 국유재산의 관리·처분의 예정준칙 국유재산 관리정책이 처분 위주('45~'76년)에서 유지·보존 위주('77~'93년)로 전환된 '77년부터 도입	1회계연도에 대한 중장기적 관점에 있어서 국유재산 처분 등의 총괄적인 기본계획 (1회계연도 국유재산과 관련한 총괄적인 사업계획)
대상 재산	국유재산(기계기구, 증권, 무주부동산 취득 재산, 현물출자재산, 무상귀속 재산 등 제외)	국유재산(제외 없음)
구성	중장기 정책방향 관리·처분의 총괄 사항 및 개별재산의 명세의 총계 관리·처분의 기준	<좌동> 국유재산 관리·처분 총괄계획 [취득, 처분(양여), 사용승인, 개발, 사용허가(면제) 등] <처분기준: 네거티브 도입> 국유재산특례 종합운용계획
수립절차	지침 수립(총괄청, 6.30. 내) → 관리계획 수립(관리청, 12.31. 내) → 확정(총괄청, 대통령 승인) → 통보(총괄청 → 관리청)	지침 수립(총괄청, 4.30. 내) → 종합계획 수립(관리청, 6월 말) → 확정(총괄청, 대통령 승인) → 국회 제출(총괄청, 90일 전)
집행	수립된 관리계획에 따라 집행 이월집행 가능	국유재산 법령에 따라 집행 이월집행 불필요
계상(승인)	개별재산에 대한 계상 및 처분승인 실시	개별재산에 대한 계상 및 처분승인 없음.

Ⅱ. 작성절차

총괄청은 다음 연도의 국유재산의 관리·처분에 관한 계획의 작성을 위한 지침을 매년 4월 30일까지 중앙관서의 장에게 통보하여야 한다. 관리계획지침을 받은 중앙관서의 장은 국유재산의 관리·처분에 관한 다음 연도의 계획을 작성하여 매년 6월 30일까지 총괄청에 제출하여야 한다. 총괄청은 이를 종합조정하여 국유재산종합계획을 수립한 후 국무회의 심의를 거쳐 대통령의 승인을 받아 확정하고, 회계연도 90일 전까지 국회에 제출하여야 한다(동법 제9조 제1항 내지 제3항).

총괄청은 국유재산종합계획을 확정하거나 변경한 경우에는 중앙관서의 장에게 알리고, 변경된 경우에는 지체 없이 국회에 제출해야 한다(동조 제6항). 중앙관서의 장은 확정된 국유재산종합계획의 반기별 집행계획을 수립하여 해당연도 1월 31일까지 총괄청에 제출하여야 한다(동조 제7항).

<국유재산종합계획 운영 절차>

작성지침 (전년도 6월 말)	작성지침 하달	총괄청 → 중앙관서의 장
부처별 계획(전년도 9월 말)	소관 관리·처분 계획 제출	중앙관서의 장 → 총괄청
종합계획 작성(전년도 12월 말)	• 중장기 정책방향 • 취득, 처분, 개발, 사용 등의 연간 총괄 계획 • 특례운용계획	총괄청 → 국무회의·대통령
보고 및 통보 (지체 없이)	종합조정하여 수립된 종합계획의 보고 및 통보	총괄청 → 국회·중앙관서의 장
관리운용보고 (2월 말)	국유재산관리운용보고(실적평가 분석)	중앙관서의 장 → 총괄청
관리운용총보고 (4월 10일까지)	국유재산관리운용총보고	총괄청 → 감사원
관리운용총보고 (5월 30일까지)	• 국유재산관리운용총보고서 • 감사원 감사보고서	총괄청 → 국회

Ⅲ. 구성

국유재산종합계획에는 다음 각 사항이 포함되어야 한다(동법 제9조 제4항, 동법 시행령 제5조).

○ 국유재산을 효율적으로 관리·처분하기 위한 중장기적인 국유재산 정책방향
○ 국유재산의 취득, 처분에 관한 계획
○ 법 제8조 제4항에 따른 행정재산의 사용에 관한 계획
○ 법 제57조에 따른 일반재산의 개발에 관한 계획
○ 그 밖에 국유재산의 사용허가·대부 등 관리에 관한 계획
○ 국유재산 처분의 기준에 관한 사항
○ 「국유재산특례제한법」 제8조에 따른 국유재산특례 종합계획에 관한 사항
○ 상기 사항 외에 국유재산의 관리·처분에 관한 중요한 사항

Ⅳ. 집행 및 실적보고

중앙관서의 장은 국유재산종합계획에 따라 국유재산을 관리·처분하여야 한다. 중앙관서의 장은 국유재산종합계획에 대한 집행 실적 및 평가 결과에 대해서 국유재산관리운용보고서를 작성하여, 다음 연도 2월 말일까지 총괄청에 제출하여야 한다(동법 제69조 제1항, 동법 시행령 제70조).

총괄청은 각 중앙관서의 국유재산관리운용보고서를 통합하여 국유재산관리운용총보고서를 작성하고, 이를 다음 연도 4월 10일까지 감사원에 제출하여 검사를 받아야 한다(동법 동조 제2항, 제3항). 총괄청은 감사원의 검사를 받은 국유재산관리운용총보고서와 감사원의 검사보고서를 다음 연도 5월 31일까지 국회에 제출하여야 한다(동법 동조 제4항).

<유권해석>
다른 법령에 국유재산법의 규정에 불구하고 사업시행자에게 수의계약으로 매각할 수 있다고 규정되어 있는 경우 국유재산관리계획에 계상 여부
이러한 법령은 국유재산법 제33조 의거 당해재산을 경쟁입찰의 방법에 의하여 매각함이 원칙이나 당해 사업의 공공성 및 필요 등에 따라 당해 사업의 시행자에게 수의계약에 의하여 매각할 수 있음을 말함. 따라서 관계법령 등에서 수의계약으로 매각할 수 있도록 허용하는 것과 국유재산법에서 관리계획에 계상하도록 규정하는 것은 별개의 문제이므로 수의계약으로 매각할 수 있는 경우에도 반드시 사전에 국유재산법 제12조의 규정에 의한 관리계획에 반영되어야 함(국재 22400 – 805 회신일자 1988.04.04).[69]

Ⅴ. 효력

1. 처분성

국유재산종합계획의 처분성을 인정할 수 있는가가 문제 된다. 국유재산종합계획은 국민에게 직접 권리 의무에 규제를 가하는 것은 아니라는 점에서 비구속적 행정행위에 속하므로 이에 대해서 처분성을 인정할 수 없다. 따라서 국유재산종합계획은 처분성을 인정할 수 없으므로 행정소송과 행정심판의 대상이 되지 않는다.

---

69) 같은 취지로 "택지개발촉진법 제26조 및 도시계획법 제60조가 국유재산법 제12조 및 제34조의 배제조항인지"에 대해서 동일한 유권해석이 있다(국재 22400-2296 회신일자 1991.09.18).

설사 청구인의 토지매수신청의 의미가 사실상 피청구인이 수립하는 국유재산관리계획에 자신의 매수신청 토지의 구입을 반영시켜 달라는 취지이며, 피청구인의 회신도 자신이 사실상 수립하는 국유재산관리계획에 청구인이 매수신청하는 토지의 구입을 반영할 수 없다는 뜻이었다고 하더라도, 피청구인의 그러한 거부행위가 행정처분이 된다고 하기 위해서는 청구인에게 피청구인에 대하여 자신의 신청에 따른 토지매입을 내용으로 하는 국유재산관리계획을 수립하여 줄 것을 요구할 수 있는 법규상 또는 조리상 권리가 있어야 하나 그러한 근거를 찾을 수 없으며, 또한 국유재산관리계획이 행정심판법 제2조 제1항 제1호의 규정에 의한 처분에 해당하여야 하나 이를 행정처분이라고 할 수 없다 할 것이고, 따라서 어느 모로 보더라도 피청구인의 이 건 회신은 민원에 대한 회신으로서 행정심판의 대상이 되는 처분이라 할 수 없을 것이다(국무총리행정심판위원회 98 - 3544 토지매수신청거부처분취소청구).

2. 민사적 효력

대법원은 국유재산관리계획작성 지침은 내부적 규정에 불과하여 이를 위반한 민사적 거래는 무효가 아니라고 판시한 바 있다. 따라서 국유재산종합계획에 위반되는 처분이 있더라도 이를 무효라 할 수 없을 것이다.

＜판례＞

국유재산 관리청인 재정경제원으로부터 분임보관청으로 지정받은 지방자치단체가 작성한 국유재산관리계획작성지침 소정의 매각 대상 부동산이 아님에도 매수인이 담당 공무원과 공모하여 허위의 증빙서류를 제출하는 등 부정한 방법을 사용하여 그 지침을 위반하여 국유의 잡종재산인 부동산을 매수한 경우, 그 지침은 국유재산업무를 담당하는 공무원들이 매각업무 처리 시 일응의 기준으로 삼는 내부규정일 뿐이어서 그 지침에 위반하였다고 하여 개인 간의 거래의 객체가 되는 잡종재산인 그 부동산을 매수한 행위가 무효로 되는 것은 아니고, 그 부동산의 매수행위에 담당 공무원의 부정이 개입되었다고 하더라도 그 공무원이 직접 또는 매수인 명의로 그 부동산을 취득한 것은 아니므로, 그 매수행위가 국유재산법 제14조를 위반한 행위이거나 그 규정의 적용을 잠탈한 탈법행위로서 무효가 되는 것이 아닐뿐더러, 그러한 사정만으로는 그 매수행위가 반사회적 법률행위에 해당하여 무효가 되는 것도 아니고, 단지 국유재산법 제41조 제2호 및 해당 매매계약에서 정한 특약에 의하여 해제의 대상이 될 뿐이어서, 국가가 그 부동산에 대한 매매계약을 해제하기 전에 그 부동산을 매수하고 소유권이전등기를 경료한 제3취득자에게 국가는 그 매매계약의 해제로써 대항할 수 없다(대법원 1999.9.7. 선고 99다14877).

제7절 국유재산관리의 원칙

Ⅰ. 국유재산관리 원칙 일반

국유재산관리 원칙은 주로 국유재산보호와 국유재산의 효율적 활용 및 이용의 추구가 해당한다. 국유재산의 효율적 이용을 하기에 앞서 국유재산을 보호하는 게 기본이라 하겠다. 국유재산보호에 대해 국유재산법은 "누구든지 이 법 또는 다른 법률에서 정하는 절차와 방법에 따르지 아니하고는 국유재산을 사용하거나 수익하지 못한다"라고 하고, 행정재산은 시효취득의 대상이 되지 않도록 하고 있다(동법 제7조). 등기와 등록조치 의무(동법 제14조), 손해보험가입의무(동법 제82조), 은닉재산의 신고(동법 제77조) 등도 국유재산의 보호의 일환이라 하겠다.

국유재산 보호가 기본이지만, 1994년 이후부터는 국유재산의 효율적 활용 및 이용 추구가 필요하게 되었다. 과거에는 많은 국유부동산이 도로·하천·항만 등 공공재로서 기능을 하였지만, 국민들의 생활수준이 향상됨에 따라 행정에 대한 다양한 서비스 제공을 요구하고 있기 때문에 국유재산의 활용 방안이 중요하게 되었다. 국유재산을 주거 및 문화생활 공간으로 제공하여 적극적으로 활용하는 게 국유재산의 본래의 기능에 비추어도 타당한 것이다. 따라서 국유재산을 활용하지 않고 무단방치되지 않도록 관리부서의 관심과 관리능력이 중요하다.

그러나 국유재산의 효율적 이용이 국유재산을 통한 재정수입 증대만을 강조할 경우 국유재산 보호에 역행하게 된다. 따라서 재정수입만을 위해 매각하는 행위는 앞으로도 엄격히 제한되어야 할 것이다. 또한 수익성만을 위해서 국유재산을 비공익적인 분야에 활용하는 것은 제한해야 할 것이다.

2009년 개정 국유재산법(법률 제9401호) 이전에는 국유재산법의 관리 원칙이 명시되어 있지 않았으나, 2009년 국유재산법은 국유재산 관리·처분에 대한 기본원칙을 명시하였다. 2007년 국유재산법개정안 정부안에서는 "국유재산의 활용가치를 극대화하고, 장래 행정수요에도 대비할 것"이라는 내용으로 국회에 제출되었으나, 국회회기만료로 폐기되었다. 2009년 개정 국유재산법은 "공공가치와 활용가치를 고려할 것"이라고 완화하여 입법되었다. 그러함에도 국유재산법상 관리원칙과 전체적인 개정방향은 국유재산의 보호보다는 국유재산의 활용과 이용추구를 강조하는 추세에 있는 것이 분명하다.

Ⅱ. 국유재산 관리·처분의 기본원칙(국유재산법 제3조)

1. 국가 전체의 이익에 부합하도록 할 것

2009년 개정 국유재산법(법률 제9401호) 이전에는 국유재산법의 관리 원칙이 명시되어 있지 않았으나, 2009년 국유재산법은 국유재산 관리·처분에 대한 기본원칙을 명시하였다.

국가 전체의 이익에 부합하도록 할 것이라는 것은 의미가 명확하지 않으나, 국회입법 과정을 보면 그 취지를 이해할 수 있다. "국가 전체의 이익에 부합하도록 할 것"은 당초 정부개정안에는 없었으나, 국회 기획재정위원회 검토과정에서 추가되었다. 국유재산은 원칙적으로 국가예산을 투입하여 확보된 재산임을 고려하여 국가 전체적인 이익을 고려한다는 측면에서, "국유재산의 처분은 국가 전체의 이익에 부합하도록 할 것"이라는 규정을 추가할 필요가 있다는 것이다.[70] 즉 국유재산 처분에 신중을 기하여, 단기적인 국유재산 활용의 필요성이 없다 하더라도 장기적이고 국가 전체의 시각에서 국유재산 처분을 제한하고자 하는 의미가 있다.

2. 취득과 처분이 균형을 이룰 것

취득과 처분이 균형을 이룬다는 것은 국유재산의 보호라는 기본취지를 표현한 것이다. 국유재산의 처분이 필요하다 하더라도 국유재산 취득도 그에 맞게 이루어져야 전체 국유재산을 지속적으로 유지할 수 있다.

국유재산법이 국유지를 중심으로 규정되어 있다. 토지는 일반상품과는 달리 계속 생산이 불가능한 성질을 가지고 있다(토지의 불증성). 또한 토지는 위치를 변경할 수 없는 고정성으로 인해서 동질적인 토지는 오직 그 토지 한 개밖에 없게 된다(토지의 개별성).[71]

이러한 토지의 불증성과 개별성으로 인해 토지 가격을 상승시키는 요인이 되므로, 동일한 토지를 매도하였다가 다시 공용수용하더라도 지가상승에 따른 부담을 가지게 된다. 따라서 국유지보호를 위해서 국유지 처분에 있어서 신중을 기해야 할 것이다.

---

70) 국유재산법 전부개정안(정부제출) 검토보고, 2008년 12월, 기획재정위원회 수석전문위원 현성수, 7면.
71) 이영준, 「부동산학원론」, 92~93면.

3. 공공가치와 활용가치를 고려할 것

1994년 이후부터 국유재산을 보존만 하는 것에서 벗어나 효율적인 이용을 추구하고 있다. 과거에도 많은 국유부동산이 도로·하천·항만 등 공공재로서 기능을 하고 있었지만, 오늘날 국유재산의 효율적 이용을 강조하는 원인은 국민들의 생활수준이 향상됨에 따라서 행정에 대한 다양한 서비스 제공을 요구하기 있기 때문이다. 따라서 국유재산을 국민들을 위한 주거 및 문화생활공간으로 제공하여 적극적으로 활용하는 것이 국유재산의 본래의 기능에 비추어서도 타당한 것이다. 또한 국유재산에 대한 대부, 사용수익허가, 신탁 등의 적극적인 활용을 통해 국가 또는 지방자치단체의 재정수입을 증대시킬 수 있다.

그러나 국유재산의 이용을 통한 활용가치만을 고려하여 국유재산을 통한 재정수입에만 우선시하게 되면 국유재산의 공공가치를 몰각할 수 있다. 국유재산은 기본적으로 공공재이거나 앞으로 공익적 목적을 위해서 사용될 가능성이 있는 재산이다. 따라서 재정수입만을 위해 비공익적인 분야에 무분별한 활용은 제한되어야 할 것이다.

4. 경제적 비용을 고려할 것

2011년도 개정 국유재산법(법률 제10485호)은 국유재산 관리·처분의 기본원칙에, '경제적 비용을 고려할 것'을 추가하였다. 이는 국유재산 사용에 대한 비용 측면의 고려가 미비했기 때문에 도입된 것이다.

경제적 비용을 고려한 국유재산관리를 살펴보면 다음과 같다. ① 중앙관서의 장은 활용계획이 없는 건물이나 그 밖의 시설물이 재산가액에 비하여 유지·보수 비용이 과다한 경우에는 철거할 수 있도록 하고 있다(동법 제41조). ② 총괄청은 매각이 곤란하며 재산관리에 과다한 비용이 소요되는 재산을 민간참여 개발할 수도 있다(동법 제59조의2). ③ 관리전환하려는 국유재산의 감정평가에 드는 비용이 해당 재산의 가액(價額)에 비하여 과다할 것으로 예상되는 경우에는 무상관리전환이 가능하다(동법 제17조).

5. 투명하고 효율적인 절차를 따를 것

국유재산법은 국유재산 관리가 투명하고 효율적인 절차에 따르도록 하고 있다. 투명한 절차 준수는 국유재산관리가 예측 가능해야 한다는 것이다. 이를 위해 총괄청은 국유재산종합관리계획을 매년 수립하여, 국회에 보고하도록 하고 있다. 종합관리계획을 통해서 총괄청과 중앙관서의 장, 그리고 국민은 국유재산이 어떻게 운영되고 있는지를 파악할 수 있는 것이다.

또한 투명하고 효율적인 절차에 따르도록 하는 것은 국유재산 관리에 있어서 절차준수를 준수해야 한다는 것이다. 국유재산을 관리하는 공무원은 이러한 원칙이 없더라도 법률을 준수해야 하는 것은 공무원의 당연한 의무이다.[72] 별도로 절차 준수를 명시한 것은 공무원뿐만 아니라 국유재산관리를 위탁받은 사인들에게도 이를 강조하고자 하는 취지로 보인다.

국유재산법은 국유재산관리에 관한 사무를 위임받은 자가 고의나 중대한 과실로 그 임무를 위반한 행위를 함으로써 그 재산에 대하여 손해를 끼친 경우에는 변상의 책임을 부여하고 있다(동법 제79조). 이러한 변상책임은 법령에 의해서 창설된 공법상의 특별책임에 해당한다.[73] 여기서 임무를 위배하였는지를 판단할 때, 국유재산 관련법과 절차를 준수하였는지를 확인하는 게 우선일 것이다.

위 원칙은 다른 한편으로는 국유재산관리제도는 투명하고 효율적인 절차가 되도록 개선해야 한다는 것을 의미하는 것으로도 해석된다. 즉 국유재산법, 이하 하위법을 개정할 때에도 관련 절차가 투명성과 효율성을 구비하도록 개정되어야 한다는 것이다.

---

72) 국가공무원법 제56조(성실 의무) 모든 공무원은 법령을 준수하며 성실히 직무를 수행하여야 한다.
73) 대법원 1994.12.13. 93누98.

제4장 국유재산의 취득

제1절 서론

Ⅰ. 의의

국유재산법에서의 '관리(Administration)'는 국유재산의 취득·운용과 유지·보존을 위한 모든 행위를 말한다. 그중 '취득'은 운용, 유지, 보존과 달리 적극적 의미의 관리행위의 성질을 가지고 있으므로, 이를 구별하여 운용, 유지, 보존하는 행위는 협의의 관리에 해당한다 할 것이다.

국유재산 취득은 국가의 부담이나 기부채납 또는 법령 또는 조약에 따라 국가 소유로 되는 것을 말한다(동법 제2조). 취득하는 행위는 매입, 토지수용, 신축·증축 등 공사에 의한 취득, 국유지 무상귀속, 기부채납, 국유재산의 신탁에 따른 수익권의 취득 등이 이에 해당한다.

국유재산법 제10조는 국가는 국유재산 취득을 위한 재원확보를 위해 노력해야 한다고 명시하고 있다. 이러한 국유재산 취득재원 확보의무는 2009년 개정 국유재산법(법률 제9401호)에서 도입된 것이다. 취득재원 확보의무를 명시한 이유는 2006년 12월 국유재산 관리특별회계가 폐지에 따라 매각대금이 경상경비로 사용되어 토지 비축 역할이 상대적으로 소홀해지고, 장래 행정목적으로 활용 가능한 국유지 규모가 계속 감소될 것으로 예상되기 때문이다. 하지만 이는 선언적 규정에 불과하여 시급히 필요한 비축토지 예산의 확보에 한계가 있어, 2011년 개정 국유재산법(법률 제10485호)에서는 국유재산관리기금을 설치하여 재원확보를 위한 기반을 마련하였다.

Ⅱ. 국유지 취득방식

1. 강제적 취득방식과 임의적 취득방식

국가나 지방자치단체가 토지를 취득하는 방식에는 크게 강제적인 취득방식과 임의적인 취득방식으로 구분할 수 있다.

임의적인 취득방식은 당사자 간의 협의에 의하여 토지를 취득하는 것으로서, 이에는 사업주체가 사법상 법률관계의 당사자가 되어 직접 공공용지를 취득하는 것으로서 사법상의 매매가 있고, 공용수용절차의 사업인정고시에 들어간 후 공익사업의 주체와 토지소유자 간의 협의를 통하여 공공용지를 취득하는 방식(협의매수)이 있다.

강제취득방식은 공공기관이 직접 개입하여 공권력에 의해 토지를 취득하는 것을 말한다. 이러한 방식에는 토지수용제도가 대표적이다. 이 외에 선매제도, 유휴지 매수협의 등이 있다. 토지선매와 유휴지 매수 등의 협의취득형태는 부분적으로나 토지의 자유로운 사용·수익·처분권능을 제한한다는 점에서 강제취득방식으로 분류할 수 있다.[1]

2. 유상취득과 무상취득

국유재산의 취득에 있어서 원칙적으로 유상취득, 즉 대가를 지불하고 해당 재산을 취득하여야 한다. 그러나 예외적으로 무상취득을 인정하고 있는데, 공공사업의 시행에 따른 사업지구 내에 편입되는 국·공유지의 처리방법과 관련하여 국토의 계획 및 이용에 관한 법률, 택지개발촉진법, 산업입지 및 개발에 관한 법률 등 개별사업법에 의해서 무상귀속이 가능한 경우를 특별히 정하고 있다.

Ⅲ. 사권설정재산의 취득제한

사권(私權)이 설정된 재산은 그 사권이 소멸된 후가 아니면 국유재산으로 취득하지 못한다(국유재산법 제11조 제1항). 이로 인해 중앙관서의 장이 사권이 설정된 재산을 '국' 명으로 하는 소유권이전등기신청(촉탁)을 하여도 등기관은 이를 각하처리하게 된다.[2]

---

1) 이태일·지태식, "선매제도 활성화 방안 연구", 국토연구원 연구보고서(91-34), 1991.12.31., 10면 참조. 공적토지방식에 대해서 토지선매제, 매수청구토지의 매수를 임의적 취득방식으로 분류하는 견해도 있다 (최낙송, "국유부동산 이용활성화 방안에 관한 연구: 국유잡종재산의 확충 및 관리방안을 중심으로", 건국대 석사학위논문, 2004년, 45면).

2) 등기선례 7-446: 2003.1.7. 부등 3402-5 질의회답[국유재산법 제10조에 의하면 사권(근저당권 등)이 설정된 재산은 그 사권이 소멸된 후가 아니면 이를 국유재산으로 취득하지 못하게 되어 있으므로, 사권이 설정된 부동산에 대하여 등기권리자를 '국' 명의로 하는 소유권이전등기신청(촉탁)이 있는 경우 그 등기신청서(촉탁서)에 사권이 소멸되었다는 사실을 소명하는 서면이 첨부되어 있지 않다면 등기관은 부동산등기법 제55조 제8호에 의하여 각하하게 된다].

여기서 사권의 설정은 어떤 물건의 소유권 위에 그 물건의 사용가치나 교환가치에 제약을 가하는 물권계약 또는 이에 준하는 채권계약을 체결하고 그 공시방법을 거치는 것을 말한다. 예를 들어 제한물권, 가등기담보권, 임차권 등의 설정이 해당한다. 여기서 설정이라는 용어의 본질상 설정의 대상이 되는 '사권'에는 소유권 자체는 제외되는 것으로 보아야 하므로 그 성질 및 효력에 있어 완전히 독립된 소유권과 같은 '공유지분권'은 위 사권에 해당하지 않는다. 따라서 공유토지의 일부 지분권을 교환으로 취득하는 경우 그것이 다른 지분의 제한을 받고 있다고 하여 사권이 설정된 재산으로 볼 수 없다.[3]

매매계약을 체결하여 취득하고 자할 때 어느 시점(계약체결 시 혹은 등기 시)에 사권이 설정되어 있지 않아야 하는가에 대해서, 과거 행정자치부 유권해석은 "민법 제563조에서 '매매는 당사자 일방이 재산권을 상대방에게 이전할 것을 약정하고 상대방이 그 대금을 지급할 것을 약정함으로써 그 효력이 생긴다'라고 규정하고 있으므로, 취득의 기준시점은 계약일이라 할 수 있을 것이며, 계약일 시점에 사권이 설정되지 않아야 할 것으로 사료된다"[4]라고 한 바 있다. 이에 따르면 매매계약을 체결할 때 사권이 설정되어 있지 말아야 하며, 체결한 후에 잔금지급을 조건으로 사권을 해소한다는 식의 계약은 할 수 없게 하는 문제가 있다. 따라서 취득을 원활히 하기 위해서 권리이전 시(등기 시)까지 사권을 말소하는 것을 조건으로 취득할 수 있도록 완화해서 해석할 필요가 있다.

그러나 판결에 따라 취득하는 경우에는 사권이 설정된 재산도 취득할 수 있다(동법 제11조 단서). 2009년 개정 국유재산법(법률 제9401호)에서 반영된 예외로서, 국유재산보호를 위한 소송행위를 제한할 필요가 없기 때문이다.

<유권해석>
학교시설 결정고시 지역 내의 사유지에 철탑 및 송전선의 건설과 소유를 위한 지상권이 설정되어 있는 경우 동 재산의 취득 여부
사권이 설정된 재산은 그 사권이 소멸된 후가 아니면 국유재산으로 취득하지 못하므로(구 국유재산법 제10조; 현 국유재산법 제11조), 지상권이 설정된 재산은 지상권을 말소하기 전에는 국유재산으로 취득할 수 없으며, 도시계획법상 '공공용시설'이라 할지라도 이의 설치 및 보존을 위해 국유재산에 지상권을 설정할 수 있는 특별규정이 없으므로, 임대차관계인 '국유재산의 사용・수익허가'로서 처리하여야 하는바, 이 또

---

[3] 국방부 회신일자 1997.10.31.
   htttp://ahalaw.moleg.go.kr/information/example/exampleView.do?piMa 2007 − 11 − 27.
[4] "사권이 설정된 개인 사유지의 공유재산 취득여부", 게시일: 2005.1.21. 행정자치부,
   www.mogaha.go.kr 참조.

한 국유재산으로 취득된 이후에 가능한 것이다. 따라서 철탑 등을 미리 학교부지 이외의 지역으로 이설하여 지상권을 말소한 후 취득하거나, 철탑 등을 학교부지 이외의 지역으로 이설하지는 않더라도 등기부상의 관련지상권만은 말소하여야만 취득할 수 있다(국재 22410 - 1962 회신일자 1991.08.13).

Ⅳ. 국유재산의 등기와 등록

총괄청이나 중앙관서의 장은 국유재산을 취득한 경우 지체 없이 등기·등록, 명의개서(名義改書), 그 밖의 권리보전에 필요한 조치를 하여야 한다(국유재산법 제14조 제1항).[5] 여기서 권리보전 조치는 총괄청이나 중앙관서의 장은 국유재산을 취득한 후 그 소관에 속하게 된 날부터 60일 이내에 이를 하여야 한다(동법 시행령 제9조).

등기·등록이나 명의개서가 필요한 국유재산인 경우 그 권리자의 명의는 국(國)으로 하되 소관 중앙관서의 명칭을 함께 적어야 한다(국유재산법 제14조 제2항). 다만, 한국예탁결제원에 증권을 예탁(預託)하는 경우에는 권리자의 명의를 그 법인으로 할 수 있다(동항 단서, 동법 시행령 제9조 제3항).

<유권해석>

등기된 토지가 하천의 부지로 된 경우 국 명의로 소유권보존등기가 가능한가

부동산 등기는 국가의 행정목적을 위하여 작성되는 각종 대장과 달리 부동산의 권리관계에 관한 중요사항을 공시함으로써 부동산거래의 안전과 원활을 도모하기 위한 제도로서 사권인 물권의 공시를 목적으로 하는 것이므로, 사인 간 거래의 객체가 되는 부동산에 한하여 이를 등기할 수 있다 할 것이므로 하천법 제3조에 의하여 국유가 되는 하천법상의 하천(국가하천, 지방1급하천)은 사인 간 거래의 객체가 될 수 없으므로 소유권보존등기를 할 수 없고 토지가 하천의 부지로 된 경우에는 부동산등기법 제114조가 정하는 바에 따라 해당 등기용지를 폐쇄하여야 하므로, 그 후에 국 명의로 소유권보존등기를 할 수 없다고 한다(대법원 부등3402 - 140 회신일자 2004.03.22).

---

[5] 국유 부동산의 등기명의인의 표시방법(제정 1967.08.23. 등기예규 제112호)에서도 다음과 같이 정하고 있다. "국가소유 부동산의 등기명의인의 표시는 국유재산법(1956.11.28. 법률 제405호) 제11조의 규정에 의하여 '국'으로 표시하여야 함에도 불구하고 대한민국, 대한민국 정부 또는 '나라' 등으로 기재하는 사례가 있어 같은 국유부동산이면서 그 명칭이 구구하므로 국유재산에 관한 등기에는 반드시 국유재산법에 명시되어 있는 대로 '국'으로 표시하여야 한다(1967.8.23. 법정 제172호 각 지방법원장 대 법원행정처장 통첩)."

<유권해석>
1필지에 국세청과 철도청이 중복등기된 경우 어느 관리청의 등기를 말소하여야 하는가

당해 재산은 국세청(현재 기획재정부로 변경)이 이전등기한 이후에 철도청이 보존등기를 하였는바, 중복등기는 특별한 사정이 없는 한 선등기 우선원칙에 따라 후등기를 말소하여야 하므로 철도청의 보존등기를 말소하여야 하지만, 철도청이 당해 재산을 행정목적에 사용하고 있는 경우에는 국유철도의 운영에 관한 특례법 제17조의 규정에 의거 무상관리환이 가능하다고 한다(국재 41321 - 312 회신일자 2002.04.15).[6]

<유권해석>
창씨개명한 한국인 소유임을 이유로 국등기를 말소하고자 하는 경우 관리청이 검토하여야 할 사항

① 국등기 말소업무는 국유재산법 제32조 제3항 및 동법 시행령 제33조 제2항의 규정에 의거 총괄청이 각 시도에 위임한 관리·처분업무에 포함되는바, 당해 재산이 창씨개명한 한국인 소유재산인지 등의 사실을 확인하는 업무는 동 재산을 직접 관리·처분하는 지방자치단체에서 처리할 사항이고, ② 참고로 1) 등기부(미등기일 경우 토지대장)상 권리귀속 전의 최종 소유자가 일본식 명의로 등재되어 있고 주소지가 국내이며, 2) 등기부상 권리귀속 전의 최종소유자의 주소와 호적등본 및 재적등본상 창씨명의자의 주소가 일치하고(또는 등기부상 소유자주소에 거주한 사실이 입증될 경우) 창씨개명한 사실이 확인되며, 3) 신청자와 창씨명의자가 적법한 법률관계에 있으며 4) 국가로의 소유권변동이 착오에 기한 경우에는 국등기 말소가 가능하다고 한다(국유재산과 - 506 회신일자 2004.03.15).

<등기선례>
등기권리자를 '국, 관리청 국방부'로 하여야 할 것을 국방부의 산하기관 명의로 등기한 경우 경정등기 가부

국방부 산하기관인 해군복지근무지원단(이하 '갑'이라 함)이 정부예산으로 부동산을 매입하면서 계약담당공무원의 착오로 위 갑을 매수인으로 하여 부동산에 관한 매매계약을 체결한 후 그 계약서를 등기원인증서로 첨부하여 갑을 등기권리자로 표시한 소유권이전등기신청에 따라 갑 명의로 이전등기가 경료된 경우에, 국가가 위 갑 명의의 등기를 '국'명의로 경정하기 위해서는, 위 갑이 독립기관이 아닌 국유재산법 제6조의 규정에 의한 관리청인 국방부의 산하기관 중의 1개 부서임이 명백한 때에는 그 동일성이 인정된다고 할 것이므로, 그러한 사실을 증명함에 족한 서면을 첨부하여 등기명의인 표시경정등기를 신청할 수 있을 것이다(1999.6.2. 등기 3402 - 578 질의회답).

---

6) 동일 부동산에 관하여 경료된 각 소유권보존등기가 그 부동산을 표상함에 부족함이 없는 것으로 인정되는 경우, 그 각 등기는 모두 공시의 효력을 가지게 되고, 따라서 뒤에 이루어진 소유권보존등기는 중복등기에 해당하여 선등기에 원인무효의 사유가 없는 한 원인무효로 귀착될 수밖에 없다(대법원 2002.7.12. 2001다 161913).

제2절 은닉국유재산의 신고

Ⅰ. 의의

국유재산법은 은닉된 국유재산 및 소유자 없는 부동산(이하 '은닉재산 등'이라 한다)을 신고한 자에 대해서는 보상금을 지급하도록 하고 있다. 국유재산에 대해 정기적으로 실태를 조사하여 등기·등록을 하더라도 누락된 재산이 있고, 국가 이외의 자가 소유권을 행사하고 있는 재산이 있을 수 있으므로, 이와 같은 재산에 대한 신고를 독려하여 적극적으로 국유재산을 확보하기 위한 것이다.

2012년 6월 19일부터 은닉재산 환수사무의 수임기관이 지방자치단체에서 조달청으로 변경되었다.

Ⅱ. 은닉재산 등의 범위

1. 은닉된 국유재산

은닉된 국유재산은 등기부 등본 또는 지적공부에 국가 외의 자의 명의로 등기 또는 등록되어 있고, 국가가 그 사실을 인지하지 못하고 있는 국유재산으로 한다(동법 시행령 제75조 제1항). 국가가 인지하지 못하는 재산은 다음 재산을 포함하지 않는다(동법 시행규칙 제51조).

(1) 국유재산대장 또는 공유재산대장에 국유재산 또는 공유재산으로 적혀 있는 재산
(2) 국가와 소유권을 다투는 소송이 계류 중이거나 그 밖의 분쟁이 있는 재산
(3) 국가가 환수절차를 밟기 시작한 재산
(4) 섬

2. 소유자 없는 부동산

소유자 없는 부동산은 등기부 등본 또는 지적공부에 등기 또는 등록된 사실이 없는 재산이거나 그 밖에 소유자를 확인할 수 없는 재산으로서 국가가 그 사실을 인지하지 못하고 있는 재산을 말한다(동법 시행령 제75조 제2항). 여기서 국가가 인지하지 못하는 재산은 은닉재산에서와 같이 국유재산 또는 공유재산으로 대장에 기재된 재산, 국가와 소유권 다투는 재산이거나 환수 중인 재산, 섬은 포함되지 않는다(동법 시행규칙 제51조).

다만, 소유자 없는 부동산에서 공공용 재산은 제외한다(동법 시행령 제75조 제2항 단서). 공공용 재산 여부에 대한 판단시점은 환수일 현재 공부상 또는 사실상 지목에 의해서 판단한다.[7]

<유권해석>
토지등기부는 존재하지 않으나, 토지대장에는 국가 외의 자 소유로 등록되어 있는 토지가 「국유재산법」 제77조 및 같은 법 시행령 제75조 제2항에 따른 소유자 없는 부동산에 해당되는지(「국유재산법 시행령」 제75조 제2항 등 관련)
[법제처 11 – 0708, 2012.3.22, 기획재정부]

【질의요지】

가. 토지등기부는 존재하지 않으나, 토지대장에는 국가 외의 자 소유로 등록되어 있는 토지가 「국유재산법」 제77조 및 같은 법 시행령 제75조 제2항에 따른 소유자 없는 부동산에 해당되는지?

나. 토지등기부는 존재하지 않으나, 토지대장에는 국가 외의 자 소유로 등록되어 있는 토지를 관할 지방자치단체에 신고하였는데, 위 토지가 「국유재산법」 제77조 및 같은 법 시행령 제75조 제2항에 따른 소유자 없는 부동산에 해당되지 않아, 추후 「민법」 제1053조 내지 제1058조의 절차를 거쳐 국가에 귀속되는 경우, 위 신고자에게 「국유재산법」에 따른 보상금을 지급할 수 있는지?

---

7) 사유재산으로 당초 동일지번으로 되어 있었으나 1975.12.31. 29필지로 분할되어 지목이 전·대·도로·구거 등으로 변경된 토지를 1980.2.18. 국가에서 색출 환수하였을 때에는 지목이 구거 또는 도로로 되어 있는 경우에 당해 재산이 공공용 재산에 해당되는지에 대해서, 환수일 현재 공부상 또는 사실상 지목이 공공용 재산(도로, 하천, 구거 등)이라면 공공용 재산으로서 은닉재산신고보상금 지급대상에서 제외된다고 유권해석된 바 있다(재총1281 – 2463 회신일자 1980.10.04).

【회답】

가. 질의 가에 대하여

토지등기부는 존재하지 않으나, 토지대장에는 국가 외의 자 소유로 등록되어 있는 토지는 「국유재산법」 제77조 및 같은 법 시행령 제75조 제2항에 따른 소유자 없는 부동산에 해당되지 않는다고 할 것입니다.

나. 질의 나에 대하여

토지등기부는 존재하지 않으나, 토지대장에는 국가 외의 자 소유로 등록되어 있는 토지를 관할 지방자치단체에 신고하였는데, 위 토지가 「국유재산법」 제77조 및 같은 법 시행령 제75조 제2항에 따른 소유자 없는 부동산에 해당되지 않아, 추후 「민법」 제1053조 내지 제1058조의 절차를 거쳐 국가에 귀속되는 경우에는 위 신고자에게 「국유재산법」에 따른 보상금을 지급할 수 없다고 할 것입니다.

【회답】

가. 질의 가에 대하여

「국유재산법」 제12조 제1항 및 제77조 제1항에서는 총괄청이나 중앙관서의 장은 소유자 없는 부동산을 국유 재산으로 취득한다고 하고 있고, 소유자 없는 부동산을 발견하여 정부에 신고한 자에게는 대통령령으로 정하는 바에 따라 보상금을 지급할 수 있다고 규정하고 있는데, 같은 법 시행령 제75조 제2항에서는 법 제77조에 따른 보상금의 지급 또는 양여의 대상이 되는 소유자 없는 부동산은 등기부 등본 또는 지적공부에 등기 또는 등록된 사실이 없는 재산이거나 그 밖에 소유자를 확인할 수 없는 재산으로서 국가가 그 사실을 인지하지 못하고 있는 재산이라고 규정하고 있는바,

위 규정의 문언상 등기부 등본 또는 지적공부에 등기 또는 등록된 사실이 있는 재산은 소유자 없는 부동산에 해당될 수 없다고 해석되고, 그렇다면 지적공부에 일정한 자의 소유로 등록된 사실이 있다면 해당 재산은 소유자 없는 부동산에 해당될 수 없다고 할 것인데, 이 사안 토지의 경우 지적공부인 토지대장에(「측량·수로조사 및 지적에 관한 법률」 제2조 제19호) 국가 외의 자가 소유자로 기재되어 있으므로 소유자 없는 부동산에 해당되지 않는 것으로 보아야 할 것입니다.

특히, 「국유재산법」 제12조 제3항에서는 총괄청이나 중앙관서의 장은 소유자 없는 부동산을 취득하려면 같은 조 제2항에 따른 기간에 이의가 없는 경우에만 같은 조 제2항에 따른 공고를 하였음을 입증하는 서류를 첨부하여 「측량·수로조사 및 지적에 관한 법률」에 따른 지적소관청에 소유자등록을 신청할 수 있다고 규정하고 있고, 같은 법 제88조 제2항에서는 「국유재산법」 제8조에 따른 총괄청이나 관리청이 같은 법 제12조 제3항에 따라 소유자 없는 부동산에 대한 소유자등록을 신청하는 경우 지적소관청은 지적공부에 해당 토지의 소유자가 등록되지 아니한 경우에만 등록할 수 있다고 규정하고 있는바, 이러한 규정에 비추어 보더라도 「국유재산법 시행령」 제75조 제2항

에서의 보상금 지급의 대상이 되는 소유자 없는 부동산에 지적공부인 토지대장에 소유자가 기재되어 있는 토지는 해당되지 않는 것으로 해석됩니다.

따라서 토지등기부는 존재하지 않더라도 토지대장에 국가 외의 자 소유로 등록되어 있는 토지는 「국유재산법」 제77조 및 같은 법 시행령 제75조 제2항에 따른 소유자 없는 부동산에 해당되지 않는다고 할 것입니다.

나. 질의 나에 대하여

「국유재산법」 제12조에서는 소유자 없는 부동산을 국유재산으로 취득하도록 하면서, 같은 법 제77조 제1항에서는 소유자 없는 부동산을 발견하여 정부에 신고한 자에게는 보상금을 지급할 수 있도록 하고 있습니다.

그런데 「국유재산법」 및 그 하위 법령에서는 신고 및 보상금의 지급 대상이 되는 소유자 없는 부동산에 관하여 명시적으로 규정하고 있고(시행령 제75조 제2항), 그 신고 방법 및 절차(시행령 제75조 제3항, 시행규칙 제52조), 신고재산에 대한 조사(시행규칙 제53조 및 제54조), 신고 및 조사에 따른 국가귀속의 절차(법 제12조 제2항 및 제3항, 시행령 제7조), 보상률(시행규칙 제56조) 등에 관하여 정하고 있는바,

그렇다면 「국유재산법」 제77조에 따른 보상금 지급은 신고 및 보상금의 지급 대상이 되는 소유자 없는 부동산을 같은 법이 정하는 절차 및 방법에 따라 신고를 하고, 그에 대한 조사를 거쳐 같은 법에 따라 국가에 귀속되는 경우를 전제로 한 것으로 보아야 할 것이고, 이와 달리 피상속인의 친족 기타 이해관계인 또는 검사의 청구에 의하여 그 절차가 개시되도록 하고 있어 신고 및 보상금 제도를 예정하고 있지도 않을 뿐만 아니라 국가로 귀속되는 절차에 관해서도 별도의 규정을 두고 있는 「민법」 제1054조 내지 제1058조에 따라 국가로 귀속되는 경우까지 「국유재산법」에 따른 보상금이 지급되어야 된다고 보기는 어렵다고 할 것입니다.

따라서 토지등기부는 존재하지 않으나, 토지대장에는 국가 외의 자 소유로 등록되어 있는 토지를 관할 지방자치단체에 신고하였는데, 위 토지가 「국유재산법」 제77조 및 같은 법 시행령 제75조 제2항에 따른 소유자 없는 부동산에서 해당되지 않아, 추후 「민법」 제1053조 내지 제1058조의 절차를 거쳐 국가에 귀속되는 경우에는 위 신고자에게 「국유재산법」에 따른 보상금을 지급할 수 없다고 할 것입니다.

<유권해석>

일본인 명의 재산에 대해 신고하여 국유화된 경우 동 재산을 은닉재산으로 보아 신고 보상금을 지급할 수 있는지

1945.8.9. 현재 일본인 소유 재산은 군정법령 제33호 제2조 및 재정 및 재산에 관한 최초 협정(한·미 간) 제5조에 의거 1948.9.11.자로 국가로 귀속(귀속재산)되었으며, 이에 따른 소유권 취득은 민법 제187조 규정에 의거 등기를 요하지 아니하는바, 귀속재산은 위 규정에 따라 당연히 국가로 그 소유권이 이전되는 것이며 이로 인해 국가가 은닉된 재산의 소유권을 회복하는 것으로 볼 수 없음. 따라서 군정법령 제33호 및

재정 및 재산에 관한 최초 협정에 의거 환수되는 재산에 대해서는 보상금지급신청 시 당해 재산의 등기부상의 최종등기자 명의가 일본인식 명의로 되어 있을 경우 일본인이 아님(또는 한국인임)을 입증할 수 있는 서류가 필요함(국유재산과 - 737 회신일자 2004.04.08).

<판례>

국가에 귀속된 농지로서 국가가 국유재산인 사실을 알고 있었던 토지를 관계 공무원의 부정행위로 인하여 농지분배된 것으로 잘못 알고 사인에게 상환완료를 원인으로 한 소유권이전등기를 경료하여 준 경우, 그 소유권이전등기와 이에 터 잡은 소유권이전등기는 당연무효로서 그 소유권은 당연히 국가로 환원되는 것이므로 그 토지를 은닉된 국유재산으로 볼 수 없다(대법원 1997.12.26. 97다34129).[8]

Ⅲ. 은닉재산 등의 신고

은닉재산 등을 신고하려는 자는 '은닉된 국유재산 또는 소유자 없는 부동산 신고서'(별지 제18호서식)를 조달청장에게 제출하여야 한다(동법 시행령 제75조 제3항, 동법 시행규칙 제52조 제1항). 구 국유재산법 시행령(대통령령 제23855호, 2012.6.19. 일부개정 이전)에서는 신고기관이 시·도지사였으나, 개정 국유재산법 시행령(대통령령 제23855호, 2012.6.19.)에서는 은닉재산에 대한 사무를 체계적인 집행을 위해 조달청장이 담당하도록 해당사무의 수임기관을 변경하였다.

조달청장은 신고서를 접수하면 신고접수증을 발급하여야 한다. 다만 정보처리장치를 통하여 은닉재산 등의 신고서를 제출받은 경우에는 신고접수증을 발급하지 아니할 수 있다(동법 시행규칙 제52조 제2항). 신고된 재산이 은닉재산 등이 아닌 것이 명백한 경우에는 조달청장은 이유를 붙여 그 신고서를 반려할 수 있다(동조 제3항).

주의할 점은 신고서 제출규정은 행정기관 내부의 사무처리기준에 불과하므로 동 시행규칙 소정의 신고서를 반드시 작성하여 제출하여야 하는 것은 아니고, 소관청의 조사를 발동시킬 정도의 합리적 사유에 근거한 신고이면 충분하므로 '구두에 의한 신고'도 가능하다.[9]

---

8) 같은 취지의 판례로, "국가가 어떤 재산이 국유인 사실을 알고 관계법령 소정의 절차에 따라 사인에게 양여하였다면 이는 국가가 국유임을 알고 있는 재산에 대하여 권리를 행사한 것이므로, 가사 그 재산의 양여행위가 당연무효이어서 그 재산의 소유권이 당연히 국유로 환원될 경우라 하더라도 이를 국유재산법 시행령 제157조 제1항 소정의 은닉된 국유재산이라고 할 수는 없다."(대법원 1987.9.22. 87다190)

9) 은닉국유재산으로 의심되는 토지의 목록을 제출하면서 구두로 그에 대한 전반적인 조사를 요청한 것이 단

Ⅳ. 조사 및 환수

조달청장은 신고된 재산을 직접 조사하여 그 재산이 은닉재산 등임이 확인되면 법 '소관 중앙관서의 장을 지정'[10]하여 해당 재산을 국가의 명의로 등기하고, 은닉재산 등이 아니거나 보상금 지급대상이 아닌 경우에는 신고인에게 그 사실을 통지한다(동법 시행규칙 제53조).

Ⅴ. 신고보상금의 지급

1. 보상금지급시기

은닉국유재산을 신고한 자의 국가에 대한 '보상금청구권'은 그 신고에 의하여 신고재산이 국유재산으로 '확정'되는 것을 정지조건으로 하여 발생하는 것이다.[11]

'국유재산임의 확정'이란 은닉국유재산의 신고를 받은 당해 관서장이 국유재산임을 확인 내지 확정하는 것만으로는 부족하고 그 신고재산이 객관적으로 국유재산으로 확정되는 것을 말하는 것으로 은닉재산의 신고자는 보상금지급청구권을 행사함에 있어서 정지조건의 성취를 주장 입증하여야 할 것이다.[12]

2. 보상금지급결정과 지급의 법적 성질

국가가 신고자에 대하여 은닉재산 신고 보상금을 결정하는 것은 순전히 사법상의 재산권의 주체로서 행위를 하는 것일 뿐 공권력을 행사하는 것이라거나 공권력 작용과 일체성을 가진 것도 아니므로 이는 사법행위에 속한다.

서가 되어 해당 토지에 대한 국가 환수가 이루어졌다면 위 구두에 의한 신고행위는 국유재산법 제53조에서 규정하는 적법한 신고로 볼 수 있다(대법원 2004.7.22. 2004다18323).

10) 중앙관서의 장의 지정은 국유재산법 제24조, 동법 시행규칙 제11조에 의한다.

11) 대법원 2004.7.22. 2004다18323.

12) 대법원 1973.3.13. 72다2503.

<판례>

국유재산법 제53조, 같은 법 시행령(1977.6.13. 대통령령 제8598호) 제58조 제1항에 의하면 은닉된 국유재산을 발견하여 정부에 신고함으로써 국가귀속이 확정된 때에는 그 신고자에 대하여 일정한 보상금을 지급하도록 되어 있는바(위 시행령의 조항은 1981.3.14. 개정되면서 다만 그 보상기준만이 변경되었다), 이에 따라 정부가 신고자에 대하여 은닉재산 신고 보상금을 결정하는 것은 순전히 사법상의 재산권의 주체로서 행위를 하는 것일 뿐 공권력을 행사하는 것이라거나 공권력 작용과 일체성을 가진 것도 아니라 할 것이므로 이에 관한 분쟁은 행정소송 아닌 민사소송의 대상이 될 수밖에 없다 할 것이다(대법원 1982.6.22. 81누389).

3. 보상금액지급

(1) 지방자치단체 이외의 자가 발견·신고하는 경우

지방자치단체 외의 자가 발견하여 신고한 은닉재산 등의 국가귀속이 확정되었을 때에는 법 제77조에 따라 그 신고자에게 해당 재산가격의 100분의 10의 범위에서 보상금을 지급한다(동법 시행령 제76조 제1항).

보상금은 필지별로 보상금을 지급하는데, '필지별'은 신고당시의 필지를 기준으로 하며 신고 당시 필지가 확정되지 아니한 경우에는 국가귀속 당시의 필지를 기준으로 한다(동법 시행규칙 제56조 제4항). 구체적인 보상률은 다음과 같다.

보상금액	해당재산
필지별로 500만 원을 최고액으로 하여 재산가액의 1,000분의 10에 상당하는 금액 (동법 시행규칙 제56조 제1항)	○ 1945년 8월 15일 현재 일본인 소유인 재산을 1945년 8월 9일 이전에 매매하거나 상속 또는 증여받은 것처럼 가장하여 소유권이전등기를 한 재산 ○ 1945년 8월 15일 현재 일본인 소유인 재산을 일본인식으로 개명한 대한민국 국민의 소유였던 것처럼 가장하여 성명 복구에 따른 명의 변경을 한 귀속재산 ○ 등기부 등본 또는 지적공부의 멸실·망실 등을 원인으로 국유재산에 대하여 사인의 명의로 소유권이전등기를 한 재산 ○ 종전의 「농지개혁법」에 따른 분배대상 농지가 아닌 토지를 분배받은 재산 ○ 상환이 완료되지 아니한 분배농지를 상환이 완료된 것처럼 가장하여 소유권이전등기를 한 재산 ○ 농지 분배를 받은 것처럼 가장하여 소유권이전등기를 한 재산 ○ 종전의 「임야소유권이전등기에 관한 특별조치법」을 위반하여 소유권이전등기를 한 재산 ○ 관인을 도용 또는 위조하여 소유권이전등기를 한 재산 ○ 그 밖에 거짓 서류의 작성 등 부정한 방법으로 사인 명의로 소유권이전등기를 한 재산

필지별로 300만 원을 최고액으로 하여 재산가액의 1,000분의 5에 상당하는 금액 (동조 제2항)	○ 공공용 재산(폐도와 폐하천을 포함한다) 외에 처음부터 등기부 등본 또는 지적공부에 등기 또는 등록된 사실이 없는 재산 ○ 공유수면 매립 등으로 조성된 토지의 이해관계인이 없어 소유권 취득절차를 밟지 아니한 재산 ○ 등기부 등본 또는 지적공부의 멸실·망실 등으로 등기 또는 등록 사실을 확인할 수 없는 재산 ○ 그 밖에 소유자를 확인하지 못하고 있는 재산
필지별로 50만 원을 최고액으로 하여 재산가액의 1,000분의 3에 상당하는 금액(동조 제3항)	동법 시행규칙 제1항 및 제2항에 해당하는 재산일지라도 신고 당시 농지소표·민원서류 등에 기재되어 있는 재산

<유권해석>

은닉재산 신고보상금 산정 시 재산가격의 평가시점은?

1968.3.20. 개인의 신고에 의하여 국가에서 원인무효로 인한 소유권이전등기 말소청구의 소를 제기하여 은닉국유재산에 대하여 1977.11.8. 대전지방법원 강경지원 합의부에서 국가승소의 판결이 확정되어 동 확정판결문에 의하여 1983.4.7.(등기부상 접수일자) 국가로 소유권이 환수되었을 경우(국세청 첨부등기)에 보상금 산정을 위한 재산가격의 평가시점이 ① 개인이 신고한 날(1968.3.20.) ② 국가승소판결이 확정된 날(1977.11.8.) ③ 등기부상 접수된 날(1987.4.7.) 중 언제를 기준으로 해야 하는지에 대하여, 국유재산법 시행령 제58조 제1항에 의거 은닉재산의 신고보상금은 국가귀속이 확정된 때 지급하는바, 이 경우의 보상금산정기준이 되는 재산가격은 국가귀속의 확정시점인 국가소유권 '등기시점' 당시를 기준으로 함(국재 22410 - 2858 회신일자 1985.10.24).

(2) 지방자치단체가 발견·신고한 경우

지방자치단체가 은닉된 국유재산이나 소유자 없는 부동산을 발견하여 신고한 경우에는 그 재산가격의 2분의 1의 범위에서 그 지방자치단체에 국유재산을 양여하거나 보상금을 지급할 수 있다(동법 제77조 제2항). 다만, 지방자치단체에 보상하려는 경우에 아래와 같은 구분에 따라 재산을 양여하도록 제한하고 있다(동법 시행령 제76조 제3항).

○ 은닉재산을 발견·신고한 경우: 총괄청이 지정하는 재산으로서 지방자치단체가 신고한 해당 재산가격의 100분의 30을 넘지 아니하는 금액에 상당하는 재산을 양여
○ 다음 어느 하나에 해당하는 소유자 없는 부동산을 발견·신고한 경우: 총괄청이 지정하는 재산으로서 지방자치단체가 신고한 해당 재산 가격의 100분의 15를 넘지 아니하는 금액에 상당하는 재산을 양여

① 공공용 재산(폐도와 폐하천을 포함한다) 외에 처음부터 등기부 등본 또는 지적공부에 등기 또는
   등록된 사실이 없는 재산
② 공유수면 매립 등으로 조성된 토지의 이해관계인이 없어 소유권 취득 절차를 밟지 아니한 재산

(3) 신고자가 둘 이상인 경우

은닉재산 등을 신고한 자가 둘 이상인 경우에는 먼저 신고한 자에게 보상금을 지급한
다. 다만, 신고한 면적이 서로 다른 경우에는 나중에 신고한 자에게도 잔여분에 한정하여
보상금을 지급할 수 있다(동법 시행령 제76조 제4항).

(4) 보상금이 지급되지 아니하는 경우

보상금지급이 되는 해당재산을 신고하였다 하여도 아래와 같은 경우에는 보상금이 지
급되니 아니한다(동법 시행규칙 제50조).

○ 은닉된 국유재산이나 소유자 없는 부동산의 원인을 제공한 자가 신고한 경우
○ 신고한 재산을 과거에 취득하였던 자로서 이를 보유하던 중에 은닉재산임을 인지한 자가 신고한 경우
○ 국민이 아닌 자가 신고한 경우

VI. 은닉재산 등의 자진반환자 등에 대한 매각특례

1. 의의

은닉된 국유재산을 취득한 후에 은닉재산임을 알게 된 경우에는 신고를 하여도 보상금
을 지급받지 못한다(동법 시행규칙 제50조 제2호). 이러한 경우에 자진반환을 촉진하기
위해서 자진반환한 자에게 동 재산을 매각하는 경우에 특례혜택을 마련하고 있다.

2. 매각특례대상재산 요건

매각특례적용을 받는 재산은 아래의 요건을 모두 갖추어야 한다.

(1) 국가 외의 자의 명의로 등기 또는 등록된 국유재산

매각의 대상이 되는 은닉된 국유재산은 등기부 등본 또는 지적공부에 국가 외의 자의 명의로 등기 또는 등록된 국유재산으로 한다(동법 시행령 제77조 제1항).

(2) 선의로 취득 후 자진반환한 재산

은닉된 국유재산을 선의(善意)로 취득한 후 그 재산을 아래와 같은 원인으로 국가에 반환한 재산이어야 한다(국유재산법 제78조). 자진반환의 경우에 그 반환일은 반환하려는 은닉재산의 소유권이전을 위한 등기신청서의 접수일로 한다(동법 시행령 제77조 제3항).

○ 자진 반환
○ 재판상의 화해
○ 그 밖에 대통령령으로 정하는 원인

<판례>
국가가 은닉된 국유부동산의 등기명의인을 상대로 제기한 소유권이전 등기말소청구소송에서 승소 확정되었으나 위 등기를 말소하지 않고 있어서 등기명의인이 자진하여 위 등기가 말소되게 하였다는 등의 사정만으로는 은닉된 국유재산을 자진하여 국가에 반환한 경우에 해당되지 아니한다(대법원 1991.7.9. 91다12486).

3. 매각특례내용

은닉된 국유재산을 국가에 반환한 자에게 동 재산을 매각하는 경우에는 국유재산법 제50조(매각대금의 납부)의 규정에 불구하고 반환의 원인별로 차등을 두어 그 매각대금을 이자 없이 12년 이하에 걸쳐 나누어 내게 하거나 매각 가격에서 8할 이하의 금액을 뺀 잔액을 그 매각대금으로 하여 전액을 한꺼번에 내게 할 수 있다(동법 제78조).

주의할 점은 동조의 매각특례는 은닉된 국유재산을 반환한 자에게 당해 재산을 매각하는 경우의 그 매각대금 및 대금납입방법에 관한 특례를 규정한 것에 불과하고 은닉된 국유재산을 자진반환한 자에게 당해 재산을 매수할 수 있는 권리를 부여하는 것은 아니다. 또한 은닉재산 자진반환자로부터 매수신청이 있다고 하여 반드시 특례매각을 하여야 할 법적인 의무도 없다.

그 반환의 원인에 따라 매각대금을 나누어 낼 때의 분할납부기간과 일시납부하는 때의 매각대금은 다음과 같다(동법 시행령 제77조 제2항).

반환의 원인	분할납부하는 때의 매각대금 분할납부기간	일시납부하는 때의 매각대금
자진반환 또는 제소 전 화해	12년 이하	매각가격의 20퍼센트
제1심 소송 진행 중의 화해 또는 청구의 인낙	10년 이하	매각가격의 30퍼센트
항소 제기 전 항소권의 포기 또는 항소 제기기간의 경과로 인한 항소권의 소멸	8년 이하	매각가격의 40퍼센트
항소의 취하, 항소심의 소송 진행 중 화해 또는 청구의 인낙	6년 이하	매각가격의 50퍼센트
상고 제기 전 상고권의 포기 또는 상고 제기기간의 경과로 인한 상고권의 소멸	4년 이하	매각가격의 60퍼센트
상고의 취하, 상고심의 소송 진행 중 화해 또는 청구의 인낙	2년 이하	매각가격의 70퍼센트

제3절 무주부동산의 취득

I. 의의

주인이 없는 동산(動産)에 대해서는 소유의 의사로 무주동산을 점유하는 자는 그 동산의 소유권을 취득하도록 규정하고 있다(민법 제252조 제1항). 그러나 무주의 부동산에 대해서는 민법 제252조 제2항에서 "무주의 부동산은 국유로 한다"라고 규정하여, 무주의 부동산은 국가가 소유함을 명시하고 있다. 무주의 부동산에 대한 국유화 절차에 대해서 국유재산법 제12조가 규정하고 있다.

주의할 것은 무주부동산국유화 절차는 단순히 지적공부상 등록절차에 불구하고, 이런 절차가 없다고 하여도 무주부동산이 국가소유라는 실체에는 영향을 주지 않는다.

2012년 6월 19일부터 무주부동산 국가귀속사무에 대한 수임기관이 지방자치단체에서 조달청으로 변경되었다.

<판례>
구 민법(1958.2.22. 법률 제471호로 제정되기 전의 것) 제239조와 민법 제252조 제2항의 규정에 의하여 무주의 부동산은 선점과 같은 별도의 절차를 거침이 없이 그 자체로 국유에 속하므로, 국유재산법 제8조 및 같은 법 시행령 제4조에서 무주의 부동산을 국유재산으로 취득하는 절차를 규정하고 있으나 이는 단순히 지적공부상의 등록절차에 불과하고 이로써 권리의 실체관계에 영향을 주는 것은 아니다(대법원 1999.3.9. 98다41759).

Ⅱ. 소유자 없는 부동산의 개념

소유자 없는 부동산(無主不動産)은 등기부 등본 또는 지적공부에 등기 또는 등록된 사실이 없는 재산이거나 그 밖에 소유자를 확인할 수 없는 재산으로서 국가가 그 사실을 인지하지 못하고 있는 재산으로 한다. 다만, 공공용 재산은 제외한다(동법 시행령 제75조 제2항).

만약 등기가 되어 있는 재산일 경우에는 단지 명의인이 소재 불명이라 하여 소유자 없는 부동산으로 볼 수 없다. 이 경우는 국유재산법이 아닌, 민법에 따라 상속인 부존재에 따른 국가귀속 절차를 따라야 한다(민법 제1053~1059조).[13]

---

13) 과거 등기선례도 같은 취지이다. 무주의 부동산을 국유재산으로 취득하기 위한 규정인 국유재산법 제8조 제3항에서는 6월 이상의 공고기간 내에 이의가 없는 경우에 한하여 지적법에 의한 소관청에 소유자등록을 신청할 수 있다고 한 점에 비추어 이 규정은 등기되어 있지 아니한 무주의 부동산에 대한 국유재산 취득에 관한 것으로 보아야 할 것이고, 등기되어 있는 부동산에 대해서는 이 규정을 적용하기는 어려울 것으로 보이므로 이 경우에는 소유명의인의 생사 여부 및 그의 상속인의 존부를 확인하여 민법 제1053조 내지 제1058조에서 규정한 절차에 의하여 국가에 귀속시켜야 될 것이다(1996.5.15. 등기 3402 - 377 질의회답).

<**무주부동산의 구분**>

구분	해당재산
무주재산	○ 상속인이 없는 재산(민법 제1058조) ○ 부재자의 재산(민법 제27조)으로 권리를 승계할 자가 없는 재산 ○ 기타 소유자를 확인할 수 없는 재산(국유재산법 시행령 제75조 제2항)
누락재산	○ 등기부, 기타 공부에 등기 또는 등록된 사실이 없는 재산(동법 시행령 제75조 제2항) ○ 공유수면 매립 등으로 조성된 토지의 이해관계인이 없어 소유권 취득절차를 밟지 아니한 재산(동법 시행규칙 제56조 제2항 제2호) ○ 등기부 등본 또는 지적공부에 등기 또는 등록되지 아니한 공공용 재산으로서 사실상 공공 목적에 사용되지 아니하는 재산
불명재산	○ 등기부 등본 또는 지적공부의 멸실·망실 등으로 등기 또는 등록 사실을 확인할 수 없는 재산(동법 시행규칙 제56조 제2항 제3호) ○ 등기부 등본 또는 지적공부의 소유자란에 '미상', '불명'으로 적혀 있거나 빈난으로 되어 있는 등 소유자를 확인할 수 없는 재산

출처: 「국유재산관리실무」, 서울특별시, 1994년, 30면.

Ⅲ. 소유자 없는 부동산의 국유화 절차

1. 무주부동산 공고

총괄청 또는 중앙관서의 장은 다음과 같은 내용으로 관보와 일간신문을 통해 공고해야 한다. 또한 해당 부동산의 소재지를 관할하는 지방조달청의 인터넷 홈페이지에 14일 이상 게재하여야 한다(동법 제12조 제2항, 동법 시행령 제7조 제1항 제2항). 종전에는 해당 부동산 소재지 시·군·구의 인터넷 홈페이지에서 게재하였으나, 개정 국유재산법 시행령(대통령령 제23855호, 2012.6.19.)에서는 은닉재산에 대한 사무를 체계적인 집행을 위해 조달청장이 담당하도록 해당사무의 수임기관을 변경하였다.

○ 부동산의 표시
○ 공고 후 6개월이 지날 때까지 해당 부동산에 대하여 정당한 권리를 주장하는 자가 신고하지 아니하면 국유재산으로 취득한다는 뜻

---

2. 소유자등록신청 및 지적공부등록

총괄청이나 중앙관서의 장은 소유자 없는 부동산을 취득하려면 공고에서 정한 기간에 이의가 없는 경우에만 공고를 하였음을 입증하는 서류를 첨부하여 「측량·수로조사 및 지적에 관한 법률」에 따른 지적소관청에 소유자등록을 신청할 수 있다(동법 제12조 제3항).

여기서 '지적소관청'은 지적공부를 관리하는 시장(「제주특별자치도 설치 및 국제자유도시 조성을 위한 특별법」 제15조 제2항에 따른 행정시의 시장을 포함하며, 「지방자치법」 제3조 제3항에 따라 자치구가 아닌 구를 두는 시의 시장은 제외한다)·군수 또는 구청장(자치구가 아닌 구의 구청장을 포함한다)을 말한다(측량·수로조사 및 지적에 관한 법률 제2조 제18호). 지적소관청은 지적공부[14]에 해당 토지의 소유자가 등록되어 있는지 확인한 후 소유자가 등록되지 아니한 경우에 국유재산으로 등록할 수 있다(동법 제88조 제2항).

3. 소유권보존등기

총괄청 또는 중앙관서의 장은 지적공부등록 후 지체 없이 등기소에 소유권보존등기를 촉탁하여야 한다(부동산등기법 제98조 제1항). 지적공부에 국 명의로 소유자등록한 것을 첨부하여야 하며, 지적공부의 정리 없이 소유권보존등기를 먼저 할 수는 없다.[15] 이때 등기의 원인 일자에 대해서는 공고에서 표시한 대로 6개월이 지난 후에 소유권을 취득한다고 하였으므로, 공고일로부터 6개월이 지난 날을 등기원인 일자로 기재한다.[16]

---

14) '지적공부'란 토지대장, 임야대장, 공유지연명부, 대지권등록부, 지적도, 임야도 및 경계점좌표등록부 등 지적측량 등을 통하여 조사된 토지의 표시와 해당 토지의 소유자 등을 기록한 대장 및 도면(정보처리시스템을 통하여 기록·저장된 것을 포함한다)을 말한다(측량·수로조사 및 지적에 관한 법률 제2조 제19호).

15) 무주부동산을 국 명의로 등기하기 위해서는 먼저 1994.1.5. 법률 제4698호로 개정된 국유재산법 제8조의 규정에 따라 공고절차를 거친 후 지적법에 의한 소관청에 국 명의로 소유자등록을 한 다음 그 지적공부의 등본을 첨부하여 소유권보존등기를 하여야 하며, 현행법상 위와 같은 지적공부의 정리 없이 소유권보존등기를 먼저 할 수는 없다(등기선례, 1994.7.8. 등기 3402 – 626 질의회답).

16) 국유재산법 제8조에 규정에 의하여 1982.5.10. 무주부동산공고를 하고 동법 시행령 제4조 제1항 제2호가 정한 6월의 기간이 경과한 후에 국 명의로 소유권이전등기를 촉탁함에 있어서는 그 등기의 원인 일자를 '1982.11.11.'로 기재한다(등기선례1 – 740, 1985.7.9. 등기 제259호 마포구청장 대법원행정처장 회답).

4. 보고와 대장정리

소유자 없는 부동산을 국유재산으로 취득한 경우에는 국유재산 관리계획 보고 시 취득
란에 계상하여 보고하고, 국유재산대장을 정리하여야 한다.

<판례>

부동산 소유자가 행방불명되어 현재 그 생사 여부를 알 수 없다는 점만으로는 그 부동
산이 바로 무주의 부동산으로 된다고는 볼 수 없으므로, 국가가 그 부동산 소유자의
사망 사실 및 상속인이 전혀 없다는 점에 대한 입증 없이 단순히 국유재산법 제8조(현
국유재산법 제12조)의 규정에 따라 무주부동산으로 공고하여 국유재산으로 지정하였다
고 해서 그 소유권을 취득하였다고 할 수는 없다(대법원 1997.11.28. 97다23860).

<판례>

구 토지조사령(1912.8.13. 제령 제2호)에 의한 토지의 사정명의인은 당해 토지를 원시
취득하므로 적어도 구 토지조사령에 따라 토지조사부가 작성되어 누군가에게 사정되
었다면 그 사정명의인 또는 그의 상속인이 토지의 소유자가 되고, 따라서 설령 국가
가 이를 무주부동산으로 취급하여 국유재산법령의 절차를 거쳐 국유재산으로 등기를
마치더라도 국가에게 소유권이 귀속되지 않는다(대법원 2005.5.26. 2002다43417).

<판례>

부동산에 등기부상 소유자가 존재하는 등 그 부동산의 소유자가 따로 있음을 알 수
있는 경우에는 비록 그 소유자가 행방불명되어 생사 여부를 알 수 없다 하더라도 그
부동산이 바로 무주부동산에 해당하는 것은 아니므로, 이와 같이 소유자가 따로 있음
을 알 수 있는 부동산에 대하여 국가가 국유재산법 제8조에 의한 무주부동산 공고절
차를 거쳐 국유재산으로 등기를 마치고 점유를 개시하였다면, 특별한 사정이 없는 한
그 점유의 개시에 있어서 자기의 소유라고 믿은 데에 과실이 있다고 할 것이다. 원심
의 사실인정 및 기록에 의하면, 이 사건 토지에 관해서는 1945.8.31. 소외인 등 10인
명의로 1944.12.24.자 매매를 원인으로 소유권이전등기가 마쳐진 사실, 피고는 1992.5.경
이 사건 토지가 귀속재산이라고 오인하여 국유재산법에 의한 무주부동산 공고절차를
거쳐 1993.5.27. 권리귀속(1948.9.11.자)을 원인으로 피고 명의로 소유권이전등기를 마
친 사실, 그러나 이 사건 토지는 귀속재산에 해당하지 아니하여 피고 명의 소유권이
전등기는 원인무효인 사실, 원고가 원인무효인 위 소유권이전등기의 말소를 청구함에
대하여 피고는 등기부취득시효의 완성으로 인하여 위 등기가 실체관계에 부합한다는
항변을 하고 있는 사실을 알 수 있다. 위와 같은 사정을 앞서 본 법리에 비추어 보면,
피고는 이 사건 토지의 등기부상 소유자가 따로 있음을 알고 있으면서도 이 사건 토지
가 무주부동산에 해당한다고 속단하여 무주부동산 공고절차를 거쳐 국유재산으로 등기

하고 점유를 개시하였으므로, 피고의 이 사건 토지에 대한 점유 개시에 있어서 자기의 소유라고 믿은 데에 과실이 있다고 할 것이다(대법원 2008.10.23. 2008다45057).

Ⅳ. 처분제한

소유자 없는 부동산을 국유화하여 취득한 국유재산은 그 취득일부터 10년간은 처분을 하여서는 아니 된다(국유재산법 제12조 제4항). 여기서 취득일은 해당 부동산이 국가소유로 등기된 날을 의미한다. 그러나 아래의 사유 중 하나에 해당하는 특별한 사유가 있는 경우에는 가능하다(동법 시행령 제7조 제3항).

(1) 해당 국유재산이 「공익사업을 위한 토지 등의 취득 및 보상에 관한 법률」에 따른 공익사업에 필요하게 된 경우

(2) 해당 국유재산을 매각하여야 하는 불가피한 사유가 있는 경우로서 국유재산종합계획에 따른 처분기준(법 제9조 제4항 제3항)에서 정한 경우

<유권해석>
「국유재산법」 제8조 제4항에 따른 국가의 무주부동산의 '취득일'이 해당 부동산이 국가의 소유로 등기된 날을 의미하는지(법제처, 안건번호 09 - 0068, 2009.4.2.)

【회답】
「국유재산법」 제8조 제4항에 따른 국가의 무주부동산의 '취득일'은 해당 부동산이 국가의 소유로 등기된 날을 의미합니다.

【이유】
○ 「민법」 제252조 제2항에서는 무주의 부동산은 국유로 한다고 규정하고 있고, 「국유재산법」 제8조에서는 총괄청 또는 관리청은 무주의 부동산을 국유재산으로 취득하도록 규정하면서(제1항), 제1항에 의하여 무주의 부동산을 국유재산으로 취득함에 있어서는 대통령령이 정하는 바에 따라 6월 이상의 기간을 정하여 그 기간 내에 정당한 권리자 기타 이해관계인이 이의를 제기할 수 있다는 뜻을 공고해야 하고(제2항), 총괄청 또는 관리청은 무주의 부동산을 취득하려는 때에는 제2항에 의한 기간 내에 이의가 없는 경우에 한하여 같은 항의 규정에 의한 공고를 하였음을 입증하는 서류를 첨부하여 「지적법」에 의한 소관청에 소유자등록을 신청할 수 있으며(제3항), 제1항부터 제3항까지의 규정에 의하여 취득한 국유재산은 대통령령이 정하는 특별한 사유가 있는 경우를 제외하고는 그 취득일부터 10년간은 이를 매각 · 교환 또는

양여하거나 제45조의2 제2항 제1호에 의한 분양형 신탁을 하여서는 아니 된다(제4항)고 규정하고 있습니다.

○ 한편 「민법」 제187조에 따르면 상속, 공용징수, 판결, 경매 기타 법률의 규정에 의한 부동산에 관한 물권의 취득은 등기를 요하지 아니하므로, 법률행위가 아닌 법률의 규정에 따른 부동산의 소유권 취득은 법률에서 정하는 사유의 발생으로 그 효력이 발생하는 것으로 별도로 등기를 하여야 소유권 취득의 효력이 발생하는 것은 아닌 것으로, 「국유재산법」 제8조 및 「국유재산법 시행령」 제4조에서 무주의 부동산을 국유재산으로 취득하는 절차를 규정하고 있으나 이는 단순히 지적공부상의 등록절차에 불과하고 이로써 권리의 실체관계에 영향을 주는 것은 아닌바(대법원 1999.3.9. 선고 98다41759 판결), 무주부동산의 경우 해당 부동산이 무주물이 되는 시점에 곧바로 그 소유권이 국가에게 귀속된다 할 것입니다.

○ 그런데 본 건에서는 「국유재산법」 제8조 제4항에서 규정하고 있는 '취득일'의 의미가 문제되는바, 이때의 '취득일'이 국가가 「민법」에 따라 무주부동산에 대한 소유권을 실제로 취득한 날을 의미하는지, 아니면 취득일과 별개로 해당 부동산에 대하여 국가 명의로 소유권보존등기가 이루어진 날을 의미하는지가 문제됩니다.

○ 먼저 「국유재산법」 제8조 제2항 및 제3항에서는 국가가 무주의 부동산을 국유재산으로 취득함에 있어서는 일정기간의 공고를 거쳐 정당한 권리자 등이 이의를 제기할 수 있도록 하고, 이러한 기간 내에 이의제기가 없는 경우에 한하여 공고를 하였음을 입증하는 서류를 첨부하여 「지적법」에 의한 소관청에 소유자등록을 신청하도록 하는 절차를 두고 있는데, 「부동산등기법」 제130조에 따르면 미등기토지에 대한 소유권보존등기는 자기 또는 피상속인이 지적공부에 소유자로서 등록되어 있는 것을 증명하는 자 등이 신청할 수 있는바, 이를 고려하면 결국 「국유재산법」 제8조의 절차는 소유자가 확인되지 않는 부동산에 대하여 국가가 공고를 거쳐 무주부동산임을 확인하고 이후 「지적법」상 소유자등록을 거쳐 최종적으로 국가의 명의로 소유권보존등기를 하도록 하는 절차로 보아야 할 것입니다.

○ 그런데 「국유재산법」 제8조 제4항에서는 '제1항 내지 제3항의 규정에 의하여 취득한 국유재산'에 대하여 '그 취득일'부터 10년간 처분을 제한하고 있는바, 위와 같이 같은 법 제8조 제1항부터 제3항까지의 규정이 '소유권보존등기'를 위한 절차임을 고려하면, 같은 조 제4항에서 규정한 '취득일' 역시 국가가 「민법」의 규정에 따라 무주부동산의 소유권을 취득한 날을 의미하는 것이 아니라, 최종적으로 해당 부동산에 대하여 국가의 명의의 소유권보존등기가 이루어진 시점을 의미하는 것으로 해석함이 타당할 것입니다.

○ 또한, 「국유재산법」 제8조 제4항의 입법취지를 살펴보면 이 규정은 국가가 무주부동산을 제3자에게 처분한 이후에 진정한 소유자가 나타남으로써 발생할 수 있는 거래의 혼란을 방지하기 위하여, 입법 정책적으로 국가가 무주부동산에 대한 소유권을 취득한 이후에도 일정기간 동안 그 부동산을 처분할 수 없도록 규정한 것인바, 그 기간의 기산점이 되는 '취득일'을 반드시 「민법」상 취득일과 동일하게 볼 필요

는 없다고 할 것입니다.

○ 따라서 「국유재산법」 제8조 제4항에 따른 국가의 무주부동산의 '취득일'은 해당 부동산이 국가의 소유로 등기된 날을 의미합니다.

V. 문제점 및 개선방안

소유자 없는 부동산은 공고 후 6개월이 경과할 때까지 당해 부동산에 관하여 정당한 권리를 주장하는 자의 신고가 없는 경우에는 이를 국유재산으로 취득하도록 되어 있다 (동법 제12조 제2항, 동법 시행령 제7조).

그러나 대법원은 "특정인 명의로 사정된 토지는 특별한 사정이 없는 한 사정명의자나 그 상속인의 소유로 추정되고, 토지의 소유자가 행방불명되어 생사 여부를 알 수 없다 하더라도 그가 사망하고 상속인도 없다는 점이 입증되거나 그 토지에 대하여 민법 제1053조 내지 제1058조에 의한 국가귀속 절차가 이루어지지 아니한 이상 그 토지가 바로 무주부동산이 되어 국가 소유로 귀속되는 것이 아니며, 무주부동산이 아닌 한 국유재산법 제8조에 의한 무주부동산의 처리절차를 밟아 국유재산으로 등록되었다 하여 국가 소유로 되는 것도 아니다"[17]라고 판시하여 무주부동산공고에 의한 국가명의의 소유권보존등기에 대하여 권리추정력을 인정하지 않고 있다. 실무에서 무주부동산 공고에 따른 소유권 주장은 받아들여지기 힘들다.

이러한 무주부동산 공고의 실효성이 의문이라는 점에서, 공고의 방법이 관보와 일간신문 게재 및 지방자치단체의 게시판에의 공고에 한정되어 실질적으로 권리자를 찾기 위한 수단으로 볼 수 없으므로 국가로서는 일제 시 토지조사부 또는 임야조사부상의 사정명의인의 후손을 제적등본 및 호적등본 등을 통하여 찾아내어 그 후손들에게 당해 부동산에 대한 권리주장 여부를 통지하도록 하여 민법 규정에 의한 적법한 귀속절차가 이루어지도록 개선해야 할 것이다.[18]

---

17) 대법원 2005.5.26. 2002다43417; 대법원 1999.2.23. 98다59132.

18) 구본성, "국가 부동산 소송문제점과 대책", 법무연수원, 2006년, 10면.

제4절 기부채납

Ⅰ. 의의

1. 기부채납 개념

기부채납(Contribution Acceptance: 寄附採納)은 국가 외의 자가 국유재산법 제5조 제1항 각 호[19])에 해당하는 재산의 소유권을 무상으로 국가에 이전하여 국가가 이를 취득하는 것을 말한다(국유재산법 제2조 제2호). 기부채납에 대한 정의조항은 2009.1.30. 개정 국유재산법(법률 제9401호)에서 명확하게 규정되었다. 2009.1.30. 개정 국유재산법 이전에는 실정법상 개념이 없었고, 당시 판례상의 정의에 의하면 "기부채납이란 기부자가 그의 소유재산을 국가나 지방자치단체의 국유재산 또는 공유재산으로 증여하는 기부의 의사표시를 하고, 국가나 지방자치단체는 이를 승낙하는 채납의 의사표시를 함으로써 성립하는 행위[20])"로 정의하고 있었다.

기부채납은 일반인 또는 부동산개발업자가 토지를 개발하면서 발생할 수 있는 전체 도시계획의 불합리를 완화하기 위해 개발과 관련된 사유재산의 일부를 국가나 지방자치단체에 무상으로 기부하는 행위로 나타난다. 실제로 개발자가 자의에 의해 기부채납하는 경우보다는 개발행위 심의절차의 결정에 의해서 기부채납이 이루어지는 경우가 더 많다.

---

19) 국유재산법 제5조(국유재산의 범위) ① 국유재산의 범위는 다음 각 호와 같다.
  1. 부동산과 그 종물(從物)
  2. 선박, 부표(浮標), 부잔교(浮棧橋), 부선거(浮船渠) 및 항공기와 그들의 종물
  3. 「정부기업예산법」 제2조에 따른 정부기업(이하 '정부기업'이라 한다)이나 정부시설에서 사용하는 기계와 기구 중 대통령령으로 정하는 것
  4. 지상권, 지역권, 전세권, 광업권, 그 밖에 이에 준하는 권리
  5. 「자본시장과 금융투자업에 관한 법률」 제4조에 따른 증권(이하 '증권'이라 한다)
  6. 특허권, 저작권, 상표권, 디자인권, 실용신안권, 그 밖에 이에 준하는 권리
  ② 제1항 제3호의 기계와 기구로서 해당 기업이나 시설의 폐지와 함께 포괄적으로 용도폐지된 것은 해당 기업이나 시설이 폐지된 후에도 국유재산으로 한다.
20) 대법원 1996.11.8. 선고 96다20581.

2. 유사개념

기부채납과 유사한 개념으로 무상귀속(무상양도)과 기반시설부담금제도가 있다. 이들은 각각 다른 법률에 근거한 것으로 적용과 개념에서 혼란을 주고 있다.

<유사 개념 비교>

구분	기부채납	무상귀속	기반시설부담금
공통점	○ 개발영향에 대한 수익자 및 원인자 부담원칙 ○ 공공성과 편의성을 위한 공공공간과 시설의 설치 ○ 개발이익의 공익적 환수		
차이점	○ 상호합의를 통한 재산권 일부 양도 ○ 대상이 폭넓음. ○ 개발에 필요한 인센티브(건폐율, 용적률 등)와 연계한 결정 가능 ○ 준공 전 공공으로 소유권이전 ○ 지구단위계획과 도시재정비사업에 많이 사용 ○ 기부채납정도가 행정절차상에서 변화가능	○ 법률의 규정에 의한 물권 변동(민법 187조) ○ 원시취득 ○ 대상이 공공시설로서 토지 또는 시설 ○ 인센티브와 연계되지 않고 자체적 기여행위(이견 있음) ○ 준공 시 공고내용에 포함되어 행위를 명시 ○ 택지개발 및 관주도적 사업에서 적용하는 제도	○ 협의과정 없이 부담금산정 기준에 의해 부담률이나 부담액이 결정 ○ 부과대상의 범위가 기반시설부담지역에 국한되어 적용 ○ 개발시설별로 별도의 부과율이 결정
근거법	○ 국유재산법 ○ 공유재산 및 물품 관리법 ○ 도시계획조례 시행규칙 ○ 개발이익환수에 관한 법률	○ 국토의 계획 및 이용에 관한 법률 ○ 국토의 계획 및 이용에 관한 법률에 근거한 특별법 ○ 도시개발법	○ 부담금관리기본법

출처: 황재훈, "민간개발의 기부채납의 특성연구", 건설기술논집(2010년 6월), 127면; 강홍주, "도시공공시설의 무상귀속의 기부채납제도의 개선방안에 관한 연구", 2006년 8월 서울시립대학교 도시과학대학원 석사학위논문.

Ⅱ. 법적 근거

국유재산법은 제13조 및 동법 시행령 제8조에서 기부채납을 규정하고 있다.[21] 이에 따르면 국유재산이나 공유재산의 취득방법으로서 기부채납의 유형이 인정되고 있고, 기부에 조건이 수반된 것인 경우에는 이를 채납하지 못하도록 하고 있다. 기부채납에 대한

---

21) 공유재산에 대한 기부채납은 공유재산 및 물품 관리법 제7조에서 규정하고 있다.

가능성만 규정하고 있고, 어떠한 경우에 기부채납이 이루어질 수 있는가에 대해서는 직접적인 규정을 두고 있지 않다.[22]

Ⅲ. 실무상 기부채납의 유형

1. 기부의무가 부관(附款)으로서 부가되는 경우

사인의 기부행위는 실무상 주로 행정청이 당사자의 수익적 행정행위의 신청에 대해 이를 발령하면서 부가하는 부관(附款)의 내용으로서 나타난다. 실무상으로는 토지형질변경행위의 허가, 주택건설사업의 승인 등이 그 주요한 대상유형에 해당한다. 따라서 이때에는 당사자는 행정행위의 효력발생요건인 부관인 負擔으로 명하여진 의무의 이행행위로서 기부행위를 행하게 된다.[23]

즉 당사자는 행정청과 합의에 의하여 기부의 이행 여부를 정하는 것이 아니라, 행정청의 일방적 행위인 부관의 부가를 통하여 그 의무를 부과하는 것이다.

2. 기부행위가 행정청의 반대급부행위의 전제가 되는 경우

기부행위는 또한 당사자가 자신이 원하는 공물의 사용관계를 취득하기 위한 전제로서 행하여지기도 한다. 이에 해당하는 것으로서는 주로 공물의 무상사용, 장기간의 점용허가나 통행료징수권한을 얻기 위한 전제로 하는 경우를 들 수 있다. 실무상 이러한 유형의 기부채납의 모습은, 공물의 기부자가 공물시설의 공사가 들어가기 전에 주무관청과 자신이 원하는 공물의 이용권한을 얻기 위한 계약을 체결하여 서로 계약조건을 확정한 후에 이러한 내용을 담은 협약서를 체결하는 것이 보통이다.

이러한 유형의 기부채납은 법령상의 용어와는 달리 실제에 있어서는 반대급부, 즉 일정한 조건하에서 기부가 행해지고 있다. 따라서 이러한 실제를 반영하지 못하는 "기부에

---

22) 이에 따른 세부적인 절차사항을 하부법령에 규율하는 형태의 법률체계는 바람직하지 않다는 비판의 견해가 있다(류지태, "기부채납행위에 대한 현행 판례검토", 「토지공법」 제11집, 54면).
23) 대법원 1997.3.14. 96누16698.

조건이 붙은 경우에는 받아서는 아니 된다"는 국유재산법 제13조 제2항의 규정은 삭제하는 게 바람직하다.[24]

Ⅳ. 기부채납의 법적 성질

1. 기부채납이 부관으로 부가되는 경우

기부채납의 법적 성질에 대해서 학설과 판례는 '사법상 증여'로 보고 있다.[25] 기부채납의 법적 성질을 사법상의 일방적인 증여계약으로 보면, 대가 관계를 전제로 한 민법 제104조의 불공정행위 등의 하자 주장은 할 수 없게 된다.[26] 이러한 부당한 결과를 방지하기 위해서는 기부채납을 부담부 증여로 보아야 한다는 견해가 있다.[27]

증여로서의 성격을 갖고 있다 하더라도 대부분의 경우 이는 단순히 자선적인 목적하의 법률행위는 아니고, 오히려 기부자와 채납행정청 간의 상호 일정한 경제적 이익추구를 위해 존재하는 법적 도구인 것이다. 그리하여 행정청은 허가 등을 발급하는 조건으로 기부채납하는 경우가 많은데 이때의 기부채납은 특허 등의 행정행위에 따른 부관의 일종으로서 이른바 부담(負擔)으로 보는 것이 일반적이다.[28]

<판례>

기부채납은 기부자가 그의 소유재산을 지방자치단체의 공유재산으로 증여하는 의사표시를 하고 지방자치단체는 이를 승낙하는 채납의 의사표시를 함으로써 성립하는 증여계약이고, 증여계약의 주된 내용은 기부자가 그의 소유재산에 대하여가지고 있는 소유권, 즉 사용·수익권 및 처분권을 무상으로 지방자치단체에게 양도하는 것이므로, 증여계약이 해제된다면 특별한 사정이 없는 한 기부자는 그의 소유재산에 처분권뿐만 아니

---

24) 박수혁, "한국의 토지재산제도", 토지공법연구 제12집, 255면; 최낙송, "국유부동산의 이용활성화 방안에 관한 연구 - 국유잡종재산의 확충 및 관리방안을 중심으로 -", 건국대 부동산대학원 석사학위논문, 2004년, 69면.

25) 이에 대하여 반대견해로는 기부채납행위가 실무상 주로 행정행위의 부관으로서 이행되는 점을 중시하여 권력행정인 행정행위의 부관의 이행으로서 하는 기부채납은 공법상의 법률행위 또는 공법상의 계약의 성질을 갖는 것으로 이해한다(박정훈, "기부채납의 부담과 의사표시의 착오", 「행정법연구 제3호」, 1998. 200면).

26) 대법원 1997.3.11. 96다49650.

27) 안신재, "기부채납에 대한 민사법적 고찰", 법학논총 제26집, 숭실대학교, 2011, 57면.

28) 강정우, "기부채납의 법리와 제문제", www.lawnb.com, 6면 참조.

라 사용·수익권까지 포함한 완전한 소유권을 회복한다(대법원 1996.11.8. 선고 96다
20581).

＜판례＞

민법 제104조가 규정하는 현저히 공정을 잃은 법률행위라 함은 자기의 급부에 비하여
현저하게 균형을 잃은 반대급부를 하게 하여 부당한 재산적 이익을 얻는 행위를 의미
하는 것이므로, 기부행위와 같이 아무런 대가관계 없이 당사자 일방이 상대방에게 일
방적인 급부를 하는 법률행위는 그 공정성을 논의할 수 있는 성질의 법률행위가 아니
다(대법원 1997.3.11. 96다49650).

2. 기부행위가 행정청의 반급대부행위의 전제가 되는 경우

판례는 사법상의 증여계약의 특별한 형태인 '부담부 증여계약'으로서 성질을 인정하고
있다. 이에 대해 기부행위가 행정청의 반대급부행위의 전제가 되는 경우는 기부자가 행
정청으로부터 기부목적물에 대해 무상사용권을 얻는 경우가 대다수인 점에서, 기부채납
자가 목적물을 건축하여 행정청에게 그 목적물을 소유권을 이전하고 행정청은 이에 대한
보수로서 사용권을 주는 것을 약정하는 계약에 해당하므로 이는 도급계약에 해당한다는
견해도 있다.[29]

＜판례＞

甲이 건물 및 시설물을 지방자치단체(시)에 기부하고 위 시는 농수산물도매시장 개설
허가를 받아 甲으로 하여금 도매시장을 운영, 관리하게 하는 것을 주요내용으로 하는
계약을 체결한 경우 이는 시의 부담 있는 증여계약이거나 서로 대가적 관계에 있는
비전형계약이라 할 것인데 시가 위 도매시장 개설허가를 받지 못함으로써 시의 급부
는 특별한 사정이 없는 한 시의 책임 있는 사유로 인하여 그 이행이 불능하게 되었으
니 甲은 위 약정을 해제하고 이행불능으로 인한 손해배상을 구할 수 있다 할 것이나,
그 후 시가 甲에게 기부채납재산의 무상사용 허가를 제의하고 甲이 이를 받아들여
사법상의 계약이 성립하였다면 甲이 위 건물에 관한 소유권이전등기 말소등기청구권
과 시의채무불이행으로 인한 손해배상청구권을 포기한 것으로 해석함이 상당하다(대
법원 1992.2.14. 91다14956).

---

29) 안신재, 전게 논문, 58면.

V. 기부채납의 요건

1. 증여의 의사표시 및 채납의 의사표시

기부채납은 기부자가 그의 소유재산을 총괄청 또는 중앙관서의 장에게 증여하는 의사표시를 하고 총괄청 또는 중앙관서의 장은 이를 승낙하는 채납의 의사표시를 함으로써 성립하고 별도의 서면 교환이나 행위가 요구되지 않는 일종의 낙성·불요식 계약이다. 따라서 국유재산법 시행령 제8조 제1항 소정의 기부서는 당해 기부행위의 내용과 성립을 확실하게 하기 위하여 요구되는 것일 뿐이지 그 교부가 기부채납(증여계약)의 성립요건이라고 볼 수는 없다. 그러나 기부채납이 서면으로 표시되어 있지 않은 경우에는 각 당사자, 즉 기부자 및 총괄청 또는 중앙관서의 장은 기부채납을 해제할 수 있다(민법 제555조).[30]

2007.12.31. 개정된 국유재산법 시행령은, "기부를 조건으로 건물이나 그 밖의 영구시설물을 축조하는 경우에는 총괄청이나 중앙관서의 장은 사용허가를 하기 전에 기부 등에 관한 계약을 체결하거나 이행각서를 받아야 한다"라는 조항을 신설하여, 계약해제의 위험과 같은 법률상 분쟁을 방지하고 있다(동법 시행령 제8조 제4항).

2. 기부채납의 목적물

기부채납의 목적물은 기부하고자 하는 해당 재산이 국가가 관리하기 곤란하거나 필요로 하지 아니한 것인 경우 또는 기부에 조건이 붙은 경우에는 총괄청 및 중앙관서의 장은 이를 받아서는 아니 된다(국유재산법 제13조 제2항). 다만, 아래의 사유 중 하나에 해당하는 경우에는 기부에 조건이 붙은 것으로 보지 아니한다(동항 단서).

○ 행정재산으로 기부하는 재산에 대하여 기부자, 그 상속인, 그 밖의 포괄승계인에게 무상으로 사용 허가하여 줄 것을 조건으로 그 재산을 기부하는 경우
○ 행정재산의 용도를 폐지하는 경우 그 용도에 사용될 대체시설을 제공한 자, 그 상속인, 그 밖의 포괄승계인이 그 부담한 비용의 범위에서 제55조 제1항 제3호에 따라 용도폐지된 재산을 양여할 것을 조건으로 그 대체시설을 기부하는 경우

---

30) 대법원 1995.2.22. 93다29761; 대법원 1996.11.8. 96다20581.

또한 기부하고 하는 재산에 사권이 설정되어 있다면 그러한 사권이 소멸되지 않는 한 이를 기부채납할 수 없다(동법 제11조). 만일 기부하고자 하는 재산이 부동산이나 선박 또는 항공기처럼 법률행위에 기한 물권변동의 효력발생에 등기나 등록을 요하는 것이라 면 관리청은 그 소관에 속하는 국유재산에 관하여 지체 없이 등기·등록 기타 권리보전 에 필요한 조치를 하여야 한다(동법 제14조). 일단 국유재산에 포함된 후에는 당해 국유 재산은 그 용도에 따라 행정재산·일반재산으로 구분되어 관리된다(동법 제6조).

<등기선례>

기부채납한 재산에 대한 소유권이전등기신청절차

기부채납을 조건으로 행정청으로부터 건축허가를 받아 그 허가 조건을 이행하기 위하여 부동산을 기부채납하였을 경우에는 관할 관공서는 지체 없이 촉탁서에 등기원인을 증명하는 서면과 등기의무자의 승낙서를 첨부하여 이를 등기소에 촉탁하여야 할 것이다. 촉탁에 의하지 아니하고 등기권리자와 등기의무자가 공동으로 등기를 신청할 수도 있다(1999.6.9. 등기 3402 – 597 질의회답).

VI. 기부채납행위의 하자

1. 부관의 이행행위인 경우

(1) 기부채납부관의 가능성

행정당국이 기속행위(가령 '허가')를 하면서 기부채납을 그 효력발생의 조건, 즉 부관 으로 부과할 수 있는지가 논란이 된다. 판례는 "일반적으로 기속행위나 기속적 재량행위 에는 부관을 붙일 수 없고 가사 부관을 붙였다 하더라도 무효이다"[31]라고 판시하고 있 다. 따라서 건축허가를 하면서 일정 토지를 기부채납하도록 하는 내용의 허가조건은 부 관을 붙일 수 없는 기속행위 내지 기속적 재량행위인 건축허가에 붙인 부담이거나 또는 법령상 아무런 근거가 없는 부관이어서 무효라 하겠다.[32]

이에 대해서 재량행위라고 하여 무조건 붙이고 기속행위라고 하여 절대로 못 붙이는

---

31) 대법원. 1993.7.27. 92누13998; 대법원 1993.7.27. 92누13998; 대법원 1995.6.13. 94다56883.
32) 대법원 1995.6.13. 94다56883.

것은 아니며, 기속행위에 대해서도 장래에 있어서 법률요건의 충족을 확보할 필요가 있다고 판단되는 때 등에는 부관을 부가할 수 있다는 견해가 있다.[33]

(2) 기부채납부관의 법령상의 한계

부관의 내용이 헌법이나 법률, 법규명령 등의 규정에 위반되지 않아야 함은 물론 그 형식이 법령에 저촉되지 않아야 한다. 이에 대한 사례[34]로 향토사단 00사단 예하 3개 대대에서 예비군식당이 필요하자 민간식품업자를 기부채납자로 선정하고 식당신축을 추진하면서 그중 A, B 2개 대대는 단기간에 공사를 마치고 사용하려는 욕심에 제반 행정 절차를 거치지 않고 연대에만 보고한 후 식당을 완공하고 심지어 B대대에서는 민간업자로 하여금 사용수익허가도 없이 영업을 하도록 방치하였는데, 사후적으로 이 건물들의 기부채납건의를 추진한 사례가 있다. 이 사례에서 신축한 예비군식당이 기부채납이 되기 위해서는 사용부대가 기부채납 계획을 사전 국유재산 관리처분계획에 반영하여 참모총장(육본 공병감실 주관)의 승인을 받아야 하고, 이후 기부자가 건물신축과 관련 건축허가, 준공검사 등을 마치고 건축물대장에 등재하여 기부자 명의로 건물등기를 필하고, 기부채납 절차를 완료하여야 한다. 그러나 이러한 절차를 준수하지 않으면 기부대상 건축물이 무허가, 미등기 건물인 이상 국가는 소유권을 이전받아 취득할 수 없고(대법원 1996.6.14. 선고 94다53006) 관리가 곤란하므로 기부채납을 받을 수 없고, 국유재산법상 기부자에게 주어지는 隨意의 무상 사용수익권도 보장할 수 없게 된다.

(3) 행정법 일반 원리의 제한

부관의 내용은 비례의 원칙, 평등의 원칙, 부당결부금지원칙 등 행정법의 일반 원리에 반하지 않아야 한다. 특히 문제가 되는 것은 부당결부금지의 원칙이다. 부당결부금지의 원칙은 행정작용을 함에 있어서 그와 실체적 관련이 없는 상대방의 반대급부를 할 것을 조건으로 하여서는 안 된다는 원칙이다.[35]

---

33) 김남진, 행정법Ⅰ, 1998년, 283면.

34) 「2003년 법률지원사례집」, 육군본부 법무감실, 60면; 국유재산법 제9조 제2항, 육군규정 472 부동산관리규정 제46조 제2항에 의하면 군사목적에 필요한 재산에 한하여 기부채납을 할 수 있다고 정하고 있다. 이에 대한 사례로 민간업체가 자신의 상호를 선전하는 광고판이 부착된 시계탑을 군부대에 기증하겠다고 하는 것은 시계탑은 군인들의 복리후생 측면에서 넓게 보아 군사목적상 필요성을 인정할 수 있지만, 상업성 광고는 그것이 시계탑과 분리가 가능한 이상 그 자체만의 군사상 필요성을 인정하기 어렵다고 본다(「2003년 법률지원사례집」, 73면).

35) 김동희, 행정법Ⅰ, 56면 참조

판례는 "수익적 행정행위에 있어서는 법령에 특별한 근거규정이 없다고 하더라도 그 부관으로서 부담을 붙일 수 있으나, 그러한 부담은 비례의 원칙, 부당결부금지의 원칙에 위반되지 않아야만 적법하다. 소외 인천시장은 원고에게 주택사업계획승인을 하게 됨을 기화로 그 주택사업과는 아무런 관련이 없는 토지인 위 2,791㎡를 기부채납하도록 하는 부관을 위 주택사업계획승인에 붙인 사실이 인정되므로, 위 부관은 부당결부금지의 원칙에 위반되어 위법하다고 할 것이다"[36]라고 판시한 바 있다.

(4) 기부부관의 하자와 기부행위와의 효력문제

기부의 부관에 하자가 있다면 이러한 부관의 이행행위로서 행한 기부행위의 효력은 어떻게 되는가가 문제가 된다. 이에 대한 판례는 "이 사건 허가조건이 무효라고 하더라도 그 부관 및 본체인 건축허가 자체의 효력이 문제됨은 별론으로 하고, 원고가 그 소유인 이 사건 토지지분을 피고에게 기부채납함에 있어 위 허가조건은 증여의 의사표시를 하게 된 하나의 동기 내지는 연유에 불과한 것이고, 원고는 이 사건 건축허가를 받은 토지의 일부를 반드시 허가관청에 기부채납하여야 한다는 법령상 근거규정이 없음에도 불구하고 위 허가조건의 내용에 따라 이 사건 토지지분을 기부채납하여야만 위 소외인들이 시공한 건축물의 준공검사가 나오는 것으로 믿고 이 사건 증여계약을 체결하여 피고시 앞으로 이 사건 토지지분에 관하여 소유권이전등기를 경료하여 주었다는 것이므로 이는 일종의 동기의 착오라고 할 것이고, 그 허가조건상의 하자가 원고의 증여의 의사표시 자체에 직접 영향을 미치는 것은 아니라 할 것이므로, 따라서 이를 이유로 하여 피고 명의의 소유권이전등기의 말소를 청구할 수 없다 할 것이다"[37]라고 판시하고 있다.

우리 대법원은 기부채납을 사법상의 법률행위로 보아 기부채납에 의한 소유권이전의 법률상 원인은 증여계약이라는 채권행위이고 기부채납을 명하는 부담은 그 채권행위의 동기가 될 뿐이라고 한다. 결국 기부채납을 명하는 부관은 기부(증여)의 의사표시를 하게

---

36) 대법원 1997.3.11. 96다49650.

37) 대법원 1995.6.13. 94다56883. 그러나 이에 대한 비판적 견해는 "일반적으로 부담에 의한 기부채납의 경우 그 기부채납이 부담의 이행을 위하여 행하여지는 것임은 거의 예외 없이 명시적으로, 모든 최소한 묵시적으로는 표시되어 있고 그 상대방도 이러한 사정을 충분히 알고 있다고 보아야 한다. 국가 또는 지방자치단체에 대한 토지의 증여라는 것은 거래의 관행상 예외적인 사건이기 때문이다. 이 점에서 대상판결은 위 동기가 표시되었느냐 및 그것이 중요 부분에 대한 착오에 해당하느냐를 심리하지 아니한 채 증여의 의사표시를 취소할 수 없다고 판시함으로써 심리미진의 위법을 범한 것으로 판단된다"라고 주장하고 있다(이영무, "건축허가에 부수해서 부과된 기부채납 부관의 허용성과 그 효력", 「민사법연구(제9집)」, 대한민사법학회, 2001년 12월, 130면).

된 하나의 동기 내지 연유에 불과한 것이므로, 부관에 하자가 있는지에 따라 부관의 이행으로서 한 기부채납의 동기에 착오가 있는 것으로 되고 나아가 착오의 일반이론에 의하여 기부채납의 효력이 취소될 수 있는지 아닌지를 결정할 수밖에 없다는 것이다.[38]

2. 행정청 행위의 전제조건인 때

이때에도 上記와 같은 기부행위의 법령상 한계와 행정법 일반원리의 한계는 준수되어야할 것이다. 특히 기부행위가 행정청 행위의 전제조건일 때에는 기부행위의 성질이 부담부증여행위이므로, 이때에는 당사자의 기부행위에 대한 착오주장문제, 행정청이 당사자의 기부행위의 반대급부를 제대로 이행하지 않아 이를 다투는 경우 등이 문제가 될 수 있다.

당사자의 기부행위에 대한 착오문제는 민법적인 논리에 따라 중요부분의 착오에 해당하는지 검토해야 할 것이다. 그리고 행정청이 당사자의 기부행위의 반대급부를 제대로이행하지 않은 경우에는 쌍무계약상의 법리가 적용될 것이다. 판례는 "甲이 건물 및 시설물을 지방자치단체(시)에 기부하고 위 시는 농수산물도매시장 개설허가를 받아 甲으로하여금 도매시장을 운영, 관리하게 하는 것을 주요내용으로 하는 계약을 체결한 경우 이는 시의 부담 있는 증여계약이거나 서로 대가적 관계에 있는 비전형계약이라 할 것인데시가 위 도매시장 개설허가를 받지 못함으로써 시의 급부는 특별한 사정이 없는 한 시의책임 있는 사유로 인하여 그 이행이 불능하게 되었으니 甲은 위 약정을 해제하고 이행불능으로 인한 손해배상을 구할 수 있다 할 것이나, 그 후 시가 甲에게 기부채납재산의무상사용 허가를 제의하고 甲이 이를 받아들여 사법상의 계약이 성립하였다면 甲이 위건물에 관한 소유권이전등기 말소등기청구권과 시의 채무불이행으로 인한 손해배상청구권을 포기한 것으로 해석함이 상당하다"[39]라고 판시하고 있다.

<판례>
원고가 신축한 상가 등 시설물을 부산직할시에 기부채납함에 있어 그 무상사용을 위한
도로점용 기간은 원고의 총공사비와 시 징수조례에 의한 점용료가 같아지는 때까지로
정하여 줄 것을 전제조건으로 하고 원고의 위 조건에 대하여 시는 아무런 이의 없이
수락하고 위 상가 등 건물을 기부채납받아 그 소유권을 취득하였다면 시가 원고에 대

---

38) 강정우, 전게논문, 10면 참조. 이에 대한 더 자세한 논의는 류지태, "기부채납행위에 대한 현행 판례검토", 「토지공법」 제11집, 62면 참조하기 바람.

39) 대법원 1992.2.14. 91다14956.

하여 위 상가 등의 사용을 위한 도로점용 허가를 함에 있어서는 그 점용기간을 수락한 조건대로 해야 할 것임에도 합리적인 근거 없이 단축한 것은 위법한 처분이라 할 것이며 가사 원고가 위 상가를 타에 임대하여 보증금 및 임료수입을 얻는다 하여 위 무상 점용 기간을 단축할 사유가 될 수 없다(대법원 1985.7.9. 선고84누604).

※ 기부채납 시 주의 사항

■ 토지

○ 통상 토지를 기부하려는 경우 토지소유자는 대지주로서 그중 일부를 기부하여 공공기관(예컨대 법원)을 유치함으로써 남은 토지의 가격상승을 기대하는 경우가 있다. 이는 기부를 받는 것이 특혜를 주는 것으로 오해의 소지가 있으므로 기부채납절차의 객관성·공정성과 공개성을 유지해야 한다.[40]
○ 기부채납을 하겠다는 내용의 합의서 및 각서 체결한 이후, 가등기만 해 놓고 소유권이전절차를 누락하지 않도록 주의해야 한다. 가등기는 소유권이전이 아니고, 소유권이전청구권이 있다는 것을 등기부에 나타내는 것에 불과하고, 10년이 경과하면 소멸시효로 소멸할 수 있다.[41]

■ 건물

○ 건물을 신축하려면 토지사용허가를 먼저 받고 건물이 완공된 후에 기부해야 한다.
○ 이 경우 그 준공과 동시에 이를 국가에 기부채납하고자 한 경우에도 국가명의로 소유권보존등기를 해서는 아니 된다. 이 경우 기부자가 그 명의로 소유권보존등기를 한 다음 국가 앞으로 소유권이전등기를 해야 한다.
○ 건물의 신축 시 건축법상 허가를 받지 않고 신축하여 무허가 건물이 되지 않도록 주의한다.

■ 기타[42]

○ 건물의 신·증축과 관련하여 각종 예술품 등을 기부받는 경우 그것이 순수한 자발적 의사에 의하여 이루어지도록 주의해야 한다.
○ 사용수익허가를 받은 국유지상에 영구시설물(건물)의 설치는 그 설치되는 영구시설물을 기부채납하는 경우에만 허용이 된다. 이 경우 중앙관서의 장은 그 행정 또는 보존목적수행의 필요성을 참작하여 판단해야 한다(국유재산법 제18조).

---

40) 이원우, 주석국유재산법, 56면.
41) 부산지법 제2민사부는 L건설사가 부산북구청을 상대로 한 도로사용료 소송에서 구청이 L건설사의 도로부지에 대해 기부채납을 위한 가등기를 한지 10년이 지났기 때문에 건설사가 요구하는 가등기말소절차를 이행할 의무가 있다고 판결했다. 다시 말해 법원은 건설사가 도로부지의 증여를 위해 구청이 가등기 했을지라도 증여효력 기한인 10년을 넘겼기 때문에 원소유주인 건설사의 요구대로 가등기를 말소해야 된다고 판결했다(연합뉴스, 2011-11-23).
42) 이원우, 주석국유재산법, 56-57면.

○ 입목에 관한 법률에 의거 입목등기부상에 등기된 입목이 있는 토지의 경우에는 입목의 경매 기타 사유로 인하여 토지와 그 입목이 각각 다른 소유자에게 속하게 될 수 있다. 이 경우 토지소유자는 입목소유자에 대하여 지상권을 설정한 것으로 보게 되므로(입목에 관한 법률 제6조), 국유재산법 제11조의 취지에 비추어 임야 중 입목을 제외한 토지만의 기부채납은 허용될 수 없다.

○ 사인이 소유재산을 국가에 기부채납함에 따르는 제세공과금의 부담을 조건을 하는 것은 국유재산 법상 기부의 요건과 별개의 문제로 보아야 할 것이다.

○ 기부대양여사업을 위해서 기부채납을 하는 경우 중앙관서의 장은 기부채납이 이루어진 이후, 즉 소유권이전등기가 마무리된 이후에서야 양여를 할 수 있다. 기부채납의 편의를 위해서 양여를 하 거나, 양여의 목적물을 사실상 인도하는 일이 없어야 한다.

※ 감사원 감사사항

① 기부에 조건이 수반되거나 국가 또는 지자체가 관리하기 곤란한 토지는 취득할 수 없음에도 사후 에 특정권리를 부여하는 것을 조건으로 기부채납을 승인하였는지 검사한다. 예를 들어 하천정비기 본계획에 따라 하천구역에 편입될 토지를 추후 골재채취권을 부여하는 것을 조건으로 하여 사유 지를 기부채납 신청하는 경우 이를 채납하여서는 안 된다.

② 민간사업자가 지하도, 지하상가, 지하주차장 등을 건설하여 기부채납하는 경우 무상사용기간을 산 정하기 위하여 시설물의 투자비용을 과대하게 산정하거나 토지가액의 평가시점을 잘못 적용하여 무상사용·수익 허가기간을 부당하게 산정하였는지 검사한다.

③ 기부채납재산에 대한 무상사용·수익허가는 국유재산법 등의 규정에 의하여 행정재산 등으로 사 용할 목적에만 해당함에도 공공성이 없는 위락시설 등을 건립하는 경우에도 무상사용허가 하였는 지 검사한다.

④ 기부채납받은 토지에 대하여 소유권이전을 하였는지 검사한다.[43]

---

43) 「재무감사매뉴얼」, 감사원, 2005.4. 263면.

제5절 공공시설의 무상귀속

Ⅰ. 의의

무상귀속은 행정청의 개발행위허가 등과 같은 수익적 행정처분이 있는 경우에 사업시행자가 설치한 공공시설이 그 시설을 관리할 국가 또는 지방자치단체에 무상으로 소유권이 이전되는 것을 말한다.

이에 수반되는 개념으로 무상양도가 있다. 무상양도는 사업시행자에 의해 설치된 공공시설이 무상으로 국가나 지방자치단체에 무상귀속될 경우 개발행위로 용도가 폐지되는 공공시설의 소유권을 사업시행자에게 양도(귀속)하는 것을 의미한다.

Ⅱ. 법적 성격

무상귀속은 주로 국토의 계획 및 이용에 관한 법률과 도시개발법에 근거하고 있다. 무상귀속은 법률에 규정에 의한 부동산에 관한 소유권의 취득으로 민법 제187조에 따라 등기를 요하지 아니하는 부동산 물권취득에 해당하고, 원시취득의 성격을 갖는다.[44] 이에 반해 기부채납은 민법 제186조에 따라 등기를 요하는 증여행위 성격을 가지고 있다.

무상귀속은 국가 또는 지방자치단체에 사인이 설치한 공공시설을 귀속시키는 것이고, 이는 국토의 계획 및 이용에 관한 법률이나, 개별법에 근거하는 것으로 공법관계의 성격을 가지고 있다. 따라서 별도의 법령이나 공법상 계약에 의하지 않는 이상 사법원리가 적용될 수 없다. 대법원은 무상귀속은 공법관계로 공공시설에 하자가 있다 하더라도 무상귀속에 민법상의 하자담보책임을 적용할 수 없다고 판시한 바 있다.

<판례>
구 택지개발촉진법(1997.12.13. 법률 제5454호로 개정되기 전의 것, 이하 '구 택지개발촉진법'이라고만 한다) 제25조 제1항, 구 도시계획법(1995.12.29. 법률 제5115호로

---

44) 대법원 1999.4.15. 96다24897 전원합의체 판결.

개정되기 전의 것, 이하 '구 도시계획법'이라고만 한다) 제83조에 의하면, 택지개발사업의 시행으로 공공시설이 설치되면 그 사업완료(준공검사)와 동시에 택지개발사업의 시행자가 새로 설치한 공공시설을 구성하는 토지와 시설물의 소유권은 그 시설을 관리할 국가 또는 지방자치단체에 원시적으로 귀속된다(대법원 1999.4.15. 선고 96다24897 전원합의체 판결 참조). 이러한 무상의 원시취득을 인정한 취지는 택지개발사업과정에서 필수적으로 요구되는 공공시설의 원활한 확보와 그 시설의 효율적인 유지관리를 위한다는 공법상 목적을·달성하는 데 있으므로, 이러한 무상의 원시취득으로 형성되는 국가 등과 택지개발사업 시행자의 관계는 공법관계라고 봄이 상당하고, 이러한 공법관계의 당사자 사이에서는 뚜렷한 법령상 및 계약상 근거 없이 사법상 하자담보책임을 인정할 수는 없다. 따라서 비록 택지개발사업의 시행자가 설치한 공공시설에 시공상 하자나 재료상 하자가 있더라도 그 공공시설을 무상으로 원시취득한 국가 등은, 뚜렷한 법령상 및 계약상 근거가 없는 한, 택지개발사업 시행자에게 사법상의 하자담보책임을 물을 수 없다(대법원 2011.12.27. 2009다56993).

Ⅲ. 무상귀속의 위헌 여부

법률상 보면 무상귀속은 사인의 재산권을 강제로 수용하는 효과가 있고, 이에 대한 정당한 보상을 하도록 하는 제한도 없어 헌법 제23조에 위반되는지 논란이 되었으나, 헌법재판소는 합헌 결정을 한 바 있다.

※ 무상귀속에 대한 헌법재판소 결정

무상귀속에 대하여 헌법재판소는 합헌결정을 하였으나, 위헌의견 5인, 합헌의견 4인으로 대립하였다(헌법재판소 2003.8.21. 2000헌가11). 이하는 당시 심판대상 및 판시사항이다.

<심판대상>
구 주택건설촉진법(1981.4.7. 법률 제3420호로 개정되기 전의 것) 제33조 제6항 및 구 주택건설촉진법(1987.12.4. 법률 제3998호로 개정되기 전의 것) 제33조 제8항 중 무상귀속에 관한 공공시설의 귀속에 관하여 도시계획법 제83조 제2항 전단을 준용하는 부분

<판시사항>
[1] 재판관 윤영철, 재판관 한대현, 재판관 김영일, 재판관 송인준의 합헌의견
① 이 사건 조항은 그 규율형식의 면에서 개별·구체적으로 특정재산권을 박탈하거나 제한하려는 데 그 본질이 있는 것이 아니라, 일반·추상적으로 사업지구 내의 공공시설과 그 부지의 이용 및 소유

관계를 정한 것이라 할 것이고, 그 규율목적의 면에서도 사업 주체의 법적 지위를 박탈하거나 제한함에 있는 것이 아니라, 다수인의 이해관계가 얽혀 있는 주택건설사업의 시행과정에서 불가피하게 재산권의 제약을 받는 사업 주체의 지위를 장래를 향하여 획일적으로 확정함에 그 초점이 있다고 할 것이어서 헌법 제23조 제1항, 제2항에 근거하여 재산권의 내용과 한계를 정한 것이다.

② 이 사건 조항의 입법목적은 일정한 호수(戶數) 이상의 주택건설사업과정에서 필수적으로 요구되는 공공시설의 원활한 확보와 그 시설의 효율적인 유지·관리를 통하여 쾌적한 주거환경을 조성하고자 하는 데 있어 그 정당성이 인정된다. 그리고 사업 주체가 설치한 공공시설의 소유권을 바로 국가 등으로 귀속하게 함으로써 이를 보다 효율적으로 유지·관리하면서 공공의 이익에 제공할 수 있으므로, 이러한 입법수단은 위 입법목적을 달성하기 위한 효과적인 수단이라 할 수 있다. 다음으로 주택건설사업은 사업주체 스스로의 판단에 따라 그 시행 여부를 결정하였고, 이 과정에서 공공시설의 설치와 소유권귀속문제를 검토하여 결정하였으므로 사업주체의 의사에 반하는 무상귀속이 있었다 할 수 없고, 사업승인과정에서 공공시설의 설치와 무상귀속에 관한 사항이 미리 계획되고 협의될 것을 요구하는 법령 조항에 비추어 볼 때, 공공시설의 무상귀속에 이르는 과정에서 충분한 적무상 귀속의 범위가 무상귀속의 범위가 포괄적이라거나 광범위하다고 할 수는 없다. 나아가, 공공시설의 무상귀속은 사업 주체에게 부과된 원인자 또는 수익자 부담금의 성격을 띠고 있고, 공공시설 및 그 부지의 소유권이 국가 등에게 귀속된다고 하더라도 이로 인한 사업 주체의 손실이 그 이득에 비하여 반드시 더 크다고 할 수 없으므로, 과도한 재산권에 대한 제약이라고 단정하기는 어렵다. 따라서 이러한 사정들을 종합적으로 고려하면, 공공시설을 무상귀속시키는 이 사건 조항은 가능한 최소한의 범위에서 재산권의 사회적 제약을 도모하는 법률조항이고, 사업 주체에 대한 기본권의 제한과 이를 통한 공익목적의 달성 사이에는 법익의 형량에 있어 합리적인 비례관계가 유지된다고 할 것이므로 과잉금지의 원칙에 위배된 것이 아니다.

[2] 재판관 하경철, 재판관 김효종, 재판관 김경일의 위헌의견

① 이 사건 조항이 헌법 제23조 제1항 및 제2항에 의하여 재산권의 내용과 한계를 정하는 규정이자 재산권에 대한 사회적 제약을 구체화한 규정이라고 보는 합헌의견에는 동의하지만 그런 경우에도 이사건 조항은 비례의 원칙에서 요구되는 피해의 최소성 및 법익의 균형성원칙에 위배되므로 위헌이다.

② 이 사건 조항은 사업시행자에 의한 공공시설의 설치 경위를 묻지 않고 있어, 어떠한 경위로든 사업시행자가 사업지구 내에 공공시설을 설치하기만 하면 그 공공시설 및 그 부지의 소유권을 아무런 보상 없이 바로 국가나 지방자치단체에 귀속시키고 있는바, 다음과 같은 문제점이 있다.

첫째, 기부채납의 부관이나 당사자 간의 약정의 존재가 불분명한 경우까지 이 사건 조항이 적용되게 되는 문제점이 있다.

당사자의 기부채납 동의가 있어도 이 사건 조항은 헌법상 문제가 있는 것인데 만약 그 동의마저 불투명하다면, 이 사건 조항은 사실상 재산권의 박탈에 해당한다고 보아야 할 것이다.

둘째, 사업시행자가 공공시설의 무상귀속을 동의 내지 수락한 경우에도, 상황에 따라서는 그 무상 귀속이 당사자에게 가혹한 조건이 될 수 있는데, 이 사건 조항은 일률적으로 무상귀속을 정하고 있어 당사자가 법원에서 그러한 부관 내지 조건을 다툴 수 있는 사후 구제의 여지를 사실상 봉쇄하고 있다.

이는 적어도 국민의 자유와 권리를 제한하는 행정작용에 대해서는 사법적 구제수단이 마련되어야 한다는 법치국가 원칙에 어긋나며, 동시에 국민의 재판청구권을 제약하고, 사법권을 제한하는 점에

서 권력분립의 원리에도 부합되지 않는다.

셋째, 이 사건 조항은 선의(善意)의 제3자의 권리를 과도하게 침해한다. 비록 사업시행자는 공공시설을 설치하여 그 부지와 함께 국가 등에게 무상 양도할 것을 약속하였다 하더라도, 국가 등이 제때 소유권이전등기를 하지 않았을 경우 아무리 시간이 경과하더라도 선의의 매수자 혹은 저당권자들은 모두 이 사건 조항에 의하여 그 이전등기가 원인무효에 해당될 것인데, 국가 등의 뒤늦은 권리행사로 인하여 이렇게 거래의 안전과 선의의 제3자의 권리를 침해해도 좋은 것인지 의문이다.

③ 이러한 이유를 종합할 때, 이 사건 조항이 없어도 개별적인 기부채납 약정이나 부관 혹은 수익자부담금(개발부담금) 제도 등을 통하여 공공시설의 효율적 확보가 가능함에도 불구하고, 이 사건 조항은 포괄적으로 재산권의 무상 귀속을 정하고 있고, 또한 사업의 범위나 예상되는 개발이익에 비하여 과도한 공공시설의 설치 및 귀속에 대해서도 아무런 보상 규정과 같은 완화규정을 두지 않고 있으므로, 결국 피해의 최소성 및 법익의 균형성 원칙에 위배되며 따라서 과잉금지의 원칙에 위반된다.

[3] 재판관 권 성, 재판관 주선회의 단순위헌의견

① 이 사건 조항에 의하면 도로부지에 해당하는 특정토지의 소유권이 국가 또는 지방자치단체에게 귀속되어 소유권의 내용으로 남아 있는 것이 아무것도 없게 된다. 그러므로 이 경우는 소유권의 박탈이어서 전형적인 수용에 해당한다고 보아야 한다. 수용 중에서는 행정청의 처분에 의하여 수용의 효과가 발생하는 소위 행정수용은 아니고 법률에 의하여 수용의 효과가 발생하는 소위 입법수용에 해당할 것이다.

그러므로 이 사건의 문제는 헌법 제23조 제1항이나 제2항의 문제가 아니라 제3항('공공필요에 의한 재산권의 수용, 사용, 제한에는 정당한 보상이 필요')의 문제인 것이다.

② 구 도시계획법 제83조 제2항 전단이 규정하는 '공공시설부지 등 소유권의 국가 또는 지방자치단체로의 귀속'은 헌법 제23조 제3항의 수용에 해당하고, 그 귀속을 무상이라고 법률이 규정한 것은 수용에 대한 보상을 배제한 것이므로 이는 보상 없는 수용을 금지하는 헌법 제23조 제3항을 정면으로 위반한 것이다.

Ⅳ. 무상귀속의 근거

1. 국토의 계획 및 이용에 관한 법률 제65조

(1) 개발행위허가를 받은 자가 행정청인 경우

개발행위허가를 받은 자가 행정청인 경우 개발행위허가를 받은 자가 새로 공공시설을 설치하거나 기존의 공공시설에 대체되는 공공시설을 설치한 경우에는 「국유재산법」과 「공유재산 및 물품 관리법」에도 불구하고 새로 설치된 공공시설은 그 시설을 관리할 관리청에 무상으로 귀속되고, 종래의 공공시설은 개발행위허가를 받은 자에게 무상으로 귀속된다(동법 65조 제1항).

사업시행자가 행정청인 경우에는 부담한 비용에 관계없이 공공시설이 무상으로 관리할 관리청에 귀속된다. 또한 법률문언을 보면 '새로 공공시설을 설치하는 경우', 즉 대체되는 기존의 공공시설이 없더라도 관리할 관리청에 무상귀속되게 된다.

(2) 개발행위허가를 받은 자가 비행정청인 경우

개발행위허가를 받은 자가 행정청이 아닌 경우 개발행위허가를 받은 자가 새로 설치한 공공시설은 그 시설을 관리할 관리청에 무상으로 귀속되고, 개발행위로 용도가 폐지되는 공공시설은 「국유재산법」과 「공유재산 및 물품 관리법」에도 불구하고 새로 설치한 공공시설의 설치비용에 상당하는 범위에서 개발행위허가를 받은 자에게 무상으로 양도할 수 있다(동법 제65조 제2항). 여기서 대체되는 공공시설의 설치비에는 토지매입비, 시설비, 인건비 등이 포함되고 종래의 공공시설 부지가액은 공공시설인 상태에서 평가하는 것이 아니고, 용도폐지 후(예: 도로를 용도폐지한 경우 대개는 지목이 대지로 될 것임)의 가격을 감정하여야 한다.[45]

2. 기타 법률

「국토의 계획 및 이용에 관한 법률」 제65조 규정을 택지개발촉진법, 지역균형개발 및 지방중소기업육성에 관한 법률, 공공기관지방이전에 따른 혁신도시건설 및 지원에 관한 법률, 보금자리주택건설 등에 관한 특별법, 개발제한구역의 지정 및 관리에 관한 특별조치법, 개발제한구역의 지정 및 관리에 관한 특별조치법, 신행정수도 후속대책을 위한 연기·공주지역 행정중심복합도시 건설을 위한 특별법 등에서 준용하고 있다.

도시 및 주거환경정비법, 도시개발법, 산업입지 및 개발에 관한 법률 등 개별 법령에서 공공시설 무상귀속에 관한 규정을 두고 있다.

---

45) 「국공유재산관리」, 국가전문행정연수원, 2001년, 72면.

<공공시설 무상귀속 관련 규정>

국토의 계획 및 이용에 관한 법률 제65조, 제99조		

⇩

국토계획법 준용 법령	구분	개별 법령
○ 지역균형개발및지방중소기업육성에 관한 법률 제20조[46] ○ 기업도시개발특례법 제24조 ○ 개발제한구역의 지정 및 관리에 관한 특별조치법 제28조 ○ 공공기관지방이전에 따른 혁신도시건설 및 지원에 관한 법률 제22조 ○ 신행정수도 후속대책을 위한 연기·공주지역 행정중심복합도시 건설을 위한 특별법 제65조	도시 개발	○ 도시개발법 제66조[47] ○ 도시 및 주거환경정비법 제65조 ○ 접경지역지원특별법 제16조 ○ 지방소도읍육성지원법 제17조
	산업용 개발	○ 산업입지 및 개발에 관한 법률 제26조 ○ 물류시설의 개발 및 운영에 관한 법률 제36조
○ 보금자리주택건설 등에 관한 특별법 제29조 ○ 택지개발촉진법 제25조 ○ 주택법 제30조	주거용 개발	
○ 관광진흥법 제58조의3 ○ 항만법 제63조	기타 공익 목적	○ 댐건설 및 주변지역지원 등에 관한 법률 제13조 ○ 전원개발법 제14조 ○ 철도건설법 제15조 ○ 항공법 제105조 ○ 수도권신공항건설촉진법 제12조의3 ○ 한국수자원공사법 제32조

---

46) 지역균형개발 및 지방중소기업육성에 관한 법률 제20조(공공시설 및 토지 등의 귀속) 시행자가 지구개발사업의 시행으로 새로 공공시설(주차장, 운동장, 그 밖에 대통령령으로 정하는 시설은 제외한다)을 설치하거나 기존의 공공시설을 대체하는 시설을 설치한 경우 그 귀속에 관해서는 「국토의 계획 및 이용에 관한 법률」 제65조를 준용한다.

47) 도시개발법 제66조(공공시설의 귀속 등) ① 제11조 제1항 제1호부터 제4호까지의 규정에 따른 시행자가 새로 공공시설을 설치하거나 기존의 공공시설에 대체되는 공공시설을 설치한 경우에는 「국유재산법」과 「공유재산 및 물품 관리법」 등에도 불구하고 종전의 공공시설은 시행자에게 무상으로 귀속되고, 새로 설치된 공공시설은 그 시설을 관리할 행정청(이하 이 조 및 제67조에서 '관리청'이라 한다)에 무상으로 귀속된다.
② 제11조 제1항 제5호부터 제11호까지의 규정에 따른 시행자가 새로 설치한 공공시설은 그 관리청에 무상으로 귀속되며, 도시개발사업의 시행으로 용도가 폐지되는 행정청의 공공시설은 「국유재산법」과 「공유재산 및 물품 관리법」 등에도 불구하고 새로 설치한 공공시설의 설치비용에 상당하는 범위에서 시행자에게 무상으로 귀속시킬 수 있다.

V. 무상귀속의 요건

1. 무상귀속의 대상: 공공시설

(1) 공공시설 개념

공공시설의 개념에 대해서는 견해가 일치하고 있지는 않으나, 대체로 국가나 지방자치단체에 의하여 국민이나 주민의 복리증진을 목적으로 그 이용에 제공하기 위하여 설치·관리하는 시설로 보고 있다.[48] 협의의 공공시설은 개별법에서 공공시설이라고 규정한 시설들을 말하고, 광의의 공공시설은 각종 공익목적의 시설들 일체라 할 수 있다. 광의의 공공시설로는 기반시설, 도시계획시설, 광역시설, 간선시설, 공동시설, 기간시설, 생활기본시설, 사회간접자본시설, 공공용시설, 공용시설, 공동이용시설, 공공편익시설 등이 해당한다.

유사한 개념으로 영조물이 있는데, 영조물은 국가 등 행정 주체에 의하여 계속적으로 특정한 공적 목적에 제공되고 있는 인적 수단 및 물적 시설의 종합체로 정의된다.[49] 공공시설과 영조물(營造物)의 관계에 대해서 공공시설을 좁게 보면 물적 수단, 물적 시설을 중심으로 하여 구성하는 것으로서 인적요소는 그 내용으로 하지 않으나 넓은 의미에서 영조물까지 포함하는 것으로 보는 견해도 있으나,[50] 공공시설은 유체물의 집합으로서 공물의 일종을 의미함이 보통이고, 물적요소를 중심으로 구성된 개념으로서 인적 수단을 그 요소로 하지 않고 있다는 점에서 영조물과 공공시설의 개념은 구별된다.[51]

(2) 공공시설의 범위

구 도시계획법(법률 제4427호, 현 국토의 계획 및 이용에 관한 법률)이 1991.12.14. 개정되기 이전에는 공공시설의 범위에 대하여 구체적으로 명문화되지 못하였다. 명문화되기 이전에는 무상귀속대상으로서 공공시설의 범위에 대해서 관계기관 간에 논란이 되어,

---

48) 박윤흔, 행정법강의(하), 454면; 공공시설에 대한 개념을 '국민의 복지를 증진시킬 목적으로 공공서비스를 제공하는 물리적 시설 일체'라고 하는 견해도 있다(강홍주, "도시공공시설의 무상귀속과 기부채납제도의 개선방안에 관한 연구", 2006년 8월, 서울시립대학교 도시과학대학원 석사논문).

49) 헌법재판소 1998.8.27. 97헌마372.

50) 박윤흔, 행정법강의(하), 455면.

51) 김남진·김연태, 행정법Ⅱ, 400면; 김철용, 행정법Ⅱ, 326면.

재무부(현 기획재정부)는 1987년 통첩을 통하여 구 도시계획법 제83조(현 국토의 계획 및 이용에 관한 법률 제65조) 등의 공공시설을 국유재산법상 '공공용 재산'으로 한정하였다.[52] 그러나 국유재산법상의 공공용 재산도 "직접 그 공공용으로 사용하거나 앞으로 사용하기로 결정한 재산"으로 일반적으로 정의되어 명확하지 아니하였다.

1991.12.14. 구 도시계획법(법률 제4427호, 현 국토의 계획 및 이용에 관한 법률)이 개정되면서, 공공시설의 범위를 구체적으로 나열하여 명시하였다.

<개별법상 공공시설의 범위>

구 분	공공시설의 범위
국토의 계획 및 이용에 관한 법률	○ 도로·공원·철도·수도·항만·공항·운하·광장·녹지·공공공지·공동구·하천·유수지·방화설비·방풍설비·방수설비·사방설비·방조설비·하수도·구거 ○ 행정청이 설치하는 주차장·운동장·저수지·화장장·공동묘지·봉안시설 ○ 유비쿼터스도시서비스를 제공하기 위한 분야별 정보시스템을 연계·통합하여 운영하는 유비쿼터스도시 통합운영센터와 그 밖에 이와 비슷한 시설로서 국토해양부장관이 관계 중앙행정기관의 장과 협의하여 고시하는 시설 * 동법 제2조 제13호, 동법 시행령 제4조
개발제한구역의 지정 및 관리에 관한 특별법	○ 上同(동법 제28조)
도시개발법	○ 上同(동법 제2조 제2항)
관광진흥법	○ 上同(동법 제58조의3)
보금자리주택건설 등에 관한 특별법	○ 국토의 계획 및 이용에 관한 법률 제2조 제13호에 따른 공공시설(주차장·운동장을 제외) * 동법 제29조
산업입지 및 개발에 관한 법률	○ 도로·공원·광장·하천·녹지·수도(한국수자원공사가 설치하는 수도의 경우에는 관로에 한함)·하수도·유수지시설·방조설비(防潮設備) ○ 측량·수로조사 및 지적에 관한 법률 제67조 제1항에 따른 구거 * 동법 시행령 제24조의4
택지개발촉진법	○ 주차장·운동장·공동묘지·화장시설·봉안시설을 제외한 공공시설[53] * 동법 제25조, 동법 시행령 제15조
댐건설 및 주변지역지원 등에 관한 법률	○ 도로, 하천, 제방, 도랑, 유수지시설(遊水池施設), 상하수도, 공동구(共同溝), 공원 * 동법 시행령 제15조

---

52) 재정경제원(재무부), 재총 1261 – 1868호(1978.7.24).

53) 여기서 공공시설은 국토의 계획 및 이용에 관한 법률 제2조 제6호에서 정하는 기반시설과 대통령령이 정하는 시설을 말한다(동법 제2조 제2호). 대통령령이 정하는 시설은 다음과 같다.
  1. 어린이놀이터·노인정·집회소(마을회관을 포함한다) 기타 주거생활의 편익을 위하여 이용되는 시설로서 국토해양부령이 정하는 시설

(3) 공공시설의 제한

공공시설에 해당할 경우, 강제적으로 무상귀속되므로 공공시설 여부를 엄격히 판단해야 할 것이다. 따라서 공공시설은 형태뿐만 아니라 실질에 있어서도 일치해야 한다. 즉 私的인 시설과는 달리 공익적 목적을 위해 사용되어야 하며, 그렇지 못한 경우에는 공공시설이 아니라고 해야 할 것이다.

<유권해석>

개인이 건축물의 건축허가를 받기 위하여 도로를 개설하는 경우 무상귀속 대상인지 (「국토의 계획 및 이용에 관한 법률」 제65조 제2항 관련)[법제처 09－0178, 2009.7.20, 하남시 도시과]

【질의요지】

개인이 「국토의 계획 및 이용에 관한 법률」 제56조에 따른 개발행위허가를 받아 건축물을 건축하기 위하여 도시관리계획에 따른 도로예정지의 일부에 진·출입로를 개설하는 경우 해당 개설부분이 같은 법 제65조 제2항의 무상귀속 대상인지?

【회답】

개인이 「국토의 계획 및 이용에 관한 법률」 제56조에 따른 개발행위허가를 받아 건축물을 건축하기 위하여 도시관리계획에 따른 도로예정지의 일부에 진·출입로를 개설하는 경우, 해당 개설부분이 도로로서의 형태와 실질에 부합하지 않는 것이라면 해당 개설부분은 같은 법 제65조 제2항에 따른 무상귀속 대상이 아닙니다.

【이유】

「국토의 계획 및 이용에 관한 법률」 제56조에서는 건축물을 건축하는 행위를 특별시장·광역시장·시장 또는 군수의 개발행위허가를 받아야 하는 행위로 규정하고 있고, 같은 법 제57조 제4항에서는 특별시장·광역시장·시장 또는 군수는 이와 같은 개발행위허가를 하는 경우에 그 개발행위에 따른 도로 등 기반시설의 설치 또는 그에 필요한 용지의 확보, 위해 방지, 환경오염 방지, 경관, 조경 등에 관한 조치를 할 것을 조건으로 개발행위허가를 할 수 있다고 규정되어 있으며, 같은 법 시행령 별표 1의2

---

2. 판매시설·업무시설·의료시설등 거주자의 생활복리를 위하여 필요한 시설
3. 지역의 자족기능 확보를 위하여 필요한 다음 각목의 시설
　가. 「산업집적활성화 및 공장설립에 관한 법률」 제28조의 규정에 의한 도시형공장
　나. 「벤처기업육성에 관한 특별조치법」 제2조 제4항의 규정에 의한 벤처기업집적 시설
　다. 「소프트웨어산업 진흥법」 제5조의 규정에 의한 소프트웨어진흥시설
　라. 원예시설 등 농업 관련 시설로서 국토해양부장관이 지정하여 고시하는 시설
4. 공공시설 등의 관리시설

제2호 가목에서는 건축물의 건축에 대한 개발행위허가의 기준으로서 도로·수도 및 하수도가 설치되지 아니한 지역에 대해서는 건축물의 건축을 허가하지 아니하되, 다만, 무질서한 개발을 초래하지 아니하는 범위 안에서 도시계획조례가 정하는 경우에는 예외적으로 허가를 할 수 있도록 규정하고 있습니다.

같은 법 제65조 제2항에서는 개발행위허가를 받은 자가 행정청이 아닌 경우 개발행위허가를 받은 자가 새로 설치한 공공시설은 그 시설을 관리할 관리청에 무상으로 귀속되는 것으로 규정하고 있고, 같은 법 제99조에서는 도시계획시설사업에 의하여 새로 공공시설을 설치하는 경우에도 같은 법 제65조를 준용하도록 하여 공공시설의 무상귀속을 규정하고 있습니다.

이와 같은 공공시설 무상귀속의 규정취지는 건축물의 건축 또는 공작물의 설치 등 개발행위과정에서 필수적으로 요구되는 도로 등 공공시설을 원활하게 확보하고 관리청이 그 시설을 효율적으로 유지 및 관리를 하려는 데에 있습니다. 나아가, 이러한 공공시설의 무상귀속은 개발행위자에게 부과된 원인자 또는 수익자 부담금의 성격을 지니고 있는 것이라 할 것입니다.

무상귀속되는 공공시설의 범위를 살펴보면, 같은 법 제2조 제13호에서는 공공시설이란 도로·공원·철도·수도, 그 밖에 대통령령으로 정하는 공공용 시설을 말한다고 규정하고 있고, 해당 위임에 따라 같은 법 시행령 제4조에서는 공공용 시설로서 항만·공항·운하·광장·녹지·공공공지·공동구·하천·유수지·방화설비·방풍설비·방수설비·사방설비·방조설비·하수도·구거·행정청이 설치하는 주차장·운동장·저수지·화장장·공동묘지·납골시설을 규정하고 있는바, 무상귀속되는 공공시설의 범위는 같은 법 제2조 제13호 및 같은 법 시행령 제4조에 열거된 시설에 한정된다고 할 것입니다.

이 사안에서는, 행정청이 아닌 자가 도시관리계획에 따른 도로예정지의 일부에 진·출입로를 개설하는 경우 해당 개설부분이 같은 법 제65조 제2항에 따라 무상귀속되는 공공시설에 해당하는지가 문제됩니다.

위에서 살펴본 같은 법 제2조 제13호에 따른 공공시설의 범위와 제65조 제2항의 규정 및 취지 등을 종합하여 살펴보면, 같은 법 제65조 제2항에 따라 무상귀속되는 공공시설은 공공용 시설의 의미를 지닌 것으로서 주민들이 사회적 공동생활을 영위하는 데 필요한 서비스에 제공되는 시설을 의미하는 것으로서 사적인 시설과는 구별된다고 할 수 있습니다.

따라서 무상귀속되는 공공시설은 누구나 타인의 제한 없이 자유롭게 이용할 수 있는 시설일 뿐만 아니라 그 시설이 공공의 목적에 이용될 수 있도록 관리청이 시설을 설치한 자의 사적 재산과 구분하여 유지 및 관리를 하여야 할 필요가 있을 정도의 실질과 형태를 갖추고 있어야 할 것입니다.

그렇다면 이 사안과 같이 당초 결정된 도시관리계획에 따른 도로예정지 중 일부분만을 개인이 단순히 건축물에 출입하기 위한 진·출입로를 개설한 것에 불과하다면 이는 같은 법 제65조 제2항에 따라 무상귀속되는 공공시설로서의 도로로 볼 수 없다고 할 것입니다.

아울러, 같은 법 제65조 제2항에 따른 공공시설의 무상귀속은 공공시설의 설치 경위 등을 불문하고 개발행위자가 새로이 공공시설을 설치하기만 하면 그 공공시설을 아무런 보상 없이 바로 관리청에 귀속하도록 하는 것이어서 국민의 기본권인 재산권에 제약을 가져오는 것이므로 해당 규정에 따른 무상귀속은 행정목적을 달성할 수 있는 필요최소한의 범위 내에서만 이루어지도록 해석해야 할 것입니다.

따라서 개인이 「국토의 계획 및 이용에 관한 법률」 제56조에 따른 개발행위허가를 받아 건축물을 건축하기 위하여 도시관리계획에 따른 도로예정지의 일부에 진·출입로를 개설하는 경우, 해당 개설부분이 도로로서의 형태와 실질에 부합하지 않는 것이라면 해당 개설부분은 제65조 제2항에 따라 무상귀속 대상이 되는 것은 아닙니다.

2. 공공시설의 설치(국토의 계획 및 이용에 관한 법률 제65조)

개발행위허가를 받은 자가 새로 공공시설을 설치하거나, 기존의 공공시설에 대체되는 공공시설을 설치하여야 한다(동조 제1항, 제2항). 즉 공공시설의 설치는 기존의 공공시설을 대체하는 것일 수도 있고, 대체되는 공공시설이 아닌 새로운 공공시설일 수도 있다.

주의할 것은 개발행위허가를 받은 자가 그 공공시설에 필요한 토지를 사법상의 계약이나 공법상의 절차에 따르는 방법 등으로 취득하여 당해 공공시설을 설치하고 사업을 완료한 경우에 한하여 적용되는 것이지, 사업시행자가 공공시설에 필요한 토지를 적법하게 취득하지 아니한 채 공공시설을 설치한 경우에는 무상귀속이 되지 아니한다.[54]

<유권해석>

새로 설치한 공공시설에 의해 대체되는 기존의 공공시설이 없는 경우, 「국토의 계획 및 이용에 관한 법률」 제65조가 적용되는지(법제처 11 - 0158, 2011.5.12, 전라북도 교육청 부교육감)

【질의요지】

「국토의 계획 및 이용에 관한 법률」 제86조 제5항 및 제88조 제2항 등에 따라 도시계획시설사업의 실시계획인가를 받은 행정청이 도시계획시설사업에 의하여 새로 공공시설을 설치한 경우, 새로 설치한 공공시설에 의하여 대체되는 기존의 공공시설이 없는 경우에도 새로 설치한 공공시설이 그 시설의 관리청에 무상귀속되는지?

---

54) 대법원 2000.8.22. 98다55161.

【회답】

「국토의 계획 및 이용에 관한 법률」 제86조 제5항 및 제88조 제2항 등에 따라 도시계획시설사업의 실시계획인가를 받은 행정청이 도시계획시설사업에 의하여 새로 공공시설을 설치한 경우, 새로 설치한 공공시설에 의하여 대체되는 기존의 공공시설이 없는 경우에도 새로 설치한 공공시설은 그 시설의 관리청에 무상귀속됩니다.

【이유】

「국토의 계획 및 이용에 관한 법률」(이하 '국토계획법'이라 함) 제99조에서는 도시계획시설사업에 의하여 새로 공공시설을 설치하거나 기존의 공공시설에 대체되는 공공시설을 설치한 경우에는 제65조를 준용한다고 규정하고 있고, 같은 법 제65조 제1항에서는 개발행위허가를 받은 자가 행정청인 경우 개발행위허가를 받은 자가 새로 공공시설을 설치하거나 기존의 공공시설에 대체되는 공공시설을 설치한 경우에는 「국유재산법」과 「공유재산 및 물품 관리법」에도 불구하고 새로 설치된 공공시설은 그 시설을 관리할 관리청에 무상으로 귀속되며, 종래의 공공시설은 개발행위허가를 받은 자에게 무상으로 귀속된다고 규정하고 있는바, 국토계획법 제65조는 사업주체가 설치한 공공시설의 소유권을 바로 국가 또는 지방자치단체 등 관리청으로 귀속하게 함으로써 이를 보다 효율적으로 유지·관리하여 공공의 이익에 제공하기 위한 것으로서 공공시설을 확보하여 관리청에 귀속시키는 데 주된 취지가 있는 것이고, 다만 새로 설치한 공공시설에 의해 대체되는 공공시설이 있는 경우에는 이를 사업시행자에게 무상귀속시킨다는 것이며, 문언상으로도 도시계획시설사업의 시행자가 해당 사업으로 인하여 새로 공공시설을 설치하는 경우 또는 기존의 공공시설에 대체되는 공공시설을 설치한 경우 모두 국토계획법 제65조 및 제99조가 적용되는 것이므로 새로 설치한 공공시설이 기존의 공공시설을 대체하는지를 불문하고 이를 관리할 관리청에 무상으로 귀속되는 것으로 보아야 할 것입니다.

한편, 행정재산은 원칙적으로 「공유재산 및 물품 관리법」(이하 '공유재산법'이라 함)이 정한 요건 및 절차에 따라 처분이 이루어져야 하는 것이지만, 같은 법 제2조의2에서는 공유재산 및 물품의 관리·처분에 관해서는 다른 법률에 특별한 규정이 있는 경우 외에는 이 법에서 정하는 바에 따른다고 규정하고 있을 뿐만 아니라, 국토계획법 제65조에서도 "공유재산법에도 불구하고 새로 설치된 공공시설은 그 시설을 관리할 관리청에 무상으로 귀속"된다고 규정하고 있으므로, 도시계획시설사업에 의해 설치한 공공시설의 귀속은 공유재산법에 따른 행정재산의 처분요건 등에 부합하지 않는다고 하더라도 국토계획법에서 정하는 바에 따라 처리되어야 할 것입니다.

따라서 국토계획법 제86조 제5항 및 제88조 제2항 등에 따라 도시계획시설사업의 실시계획인가를 받은 행정청이 도시계획시설사업에 의하여 새로 공공시설을 설치한 경우, 새로 설치한 공공시설에 의하여 대체되는 기존의 공공시설이 없는 경우에도 새로 설치한 공공시설은 그 시설의 관리청에 무상귀속됩니다.[55]

---

55) 「도로법」상 도로는 국토계획법 제2조 제13호에 해당하는 공공시설에 해당되므로 행정청인 시행자가 도

<유권해석>

도시계획시설(도로)사업의 준공검사가 완료될 때까지 도시계획시설사업의 시행자가 그 공공시설을 구성하는 토지의 소유권을 취득하지 못한 경우에도 그 공공시설이 관리청에 무상귀속될 수 있는지

국토의 계획 및 이용에 관한 법률 제99조, 동법 제65조 제2항 제6항에 따르면 도시계획시설사업에 따라 새로이 설치하는 공공시설은 그 설치가 완료되어 준공검사를 마친 날에 당연히 그 시설을 관리할 관리청에 무상으로 귀속되는 것이고, 이는 법률의 규정에 따른 부동산물권취득으로서 민법 제187조에 따라 그 취득에 있어서 등기를 요하지 아니함. 그러나 도시계획시설사업의 시행자가 준공검사 완료 당시 그 공공시설이 위치한 토지의 소유권을 취득하지 못한 경우에도 국토의 계획 및 이용에 관한 법률 제99조, 동법 제65조 제2항 및 제6항에 따라 그 소유권이 당연히 관리청에 무상으로 귀속되는 것으로 본다면 토지소유자는 보상 없이 토지 소유권을 상실하게 될 우려가 있으므로 동법 제65조 제2항 및 제6항은 사업시행자가 그 공공시설에 필요한 토지를 사법상의 계약이나 공법상의 절차에 따르는 방법 등으로 취득하여 당해 공공시설을 설치하고 사업을 완료한 경우에 한하여 적용되는 것이지, 사업시행자가 공공시설에 필요한 토지를 적법하게 취득하지 아니한 채 공공시설을 설치한 경우에까지 적용되는 것은 아니라(대법원 2000.8.22. 98다55161 참조)고 보아야 함.[56]

VI. 무상귀속 절차

1. 무상귀속 협의

특별시장·광역시장·시장 또는 군수는 공공시설의 귀속에 관한 사항이 포함된 개발행위허가를 하려면 미리 해당 공공시설이 속한 관리청의 의견을 들어야 한다. 다만, 관리청이 지정되지 아니한 경우에는 관리청이 지정된 후 준공되기 전에 관리청의 의견을 들어야 하며, 관리청이 불분명한 경우에는 도로·하천 등에 대해서는 국토해양부장관을 관리청으로 보고, 그 외의 재산에 대해서는 기획재정부장관을 관리청으로 본다(국토의 계획

로를 설치한 경우 해당 도로는 국토계획법 제99조가 준용하는 제65조 제1항에 따라 해당 도로를 관리할 관리청에 무상으로 귀속된다고 할 것인데, 위 규정에서 새로이 설치되는 공공시설의 경우 반드시 대체대상이 되는 기존의 공공시설이 있어야만 무상으로 귀속된다고 규정하고 있지 않으므로 시행자가 새로이 설치한 도로의 대체대상이 되는 기존의 공공시설이 없더라도 그 도로는 무상귀속의 대상이 된다고 할 것입니다(법제처 08-0083, 2008.6.5, 부산광역시교육청 부산광역시북부교육청 관리국 시설과).

56) 법제처 안건번호 06-0101 회신일자 2006.08.11. "개발행위허가 및 실시계획인가에 따른 공공시설등의 무상귀속유권해석 문의" www.mofe.go.kr

및 이용에 관한 법률 제65조 제3항, 산업입지 및 개발에 관한 법률 제26조 제3항, 도시
개발법 제65조 제3항). 기획재정부(총괄청) 소관의 재산에 대한 무상귀속 협의권 행사는
현재 조달청장에게 위임되어 있다(국유재산법 제25조, 동법 시행령 제16조 제1항, 조달
청 사무분장규정 제14조[57]).

공공시설의 무상귀속에 관해 관리청의 의견을 듣도록 하는 것은 공공시설의 용도로서
그 기능이 대체되는 종래의 국유재산을 사업시행자에게 무상양여하는 것이 적정한지를
판단하기 위한 것이다.[58] 관리청과의 협의를 거치지 아니하는 경우에는 당해 공공시설의
귀속부분이 무효 또는 취소의 원인이 되므로 반드시 재산관리청에 개별적으로 사전 의견
조회 및 협의를 하고 무상귀속재산의 범위를 정하게 된다.

관리청이 없거나 불분명한 경우에는 소관청 조회절차를 거쳐 총괄청에 중앙관서의 장
지정을 받아 첨기등기를 하는 게 원칙이다(국유재산법 제24조, 동법 시행규칙 제11조).
그러나 소관청 조회를 거쳐 총괄청에 관리청 지정을 받아 첨기등기를 하는 데 수개월이
걸리는 게 많아 취득기간이 장기화될 우려가 있다. 이를 방지하기 위해서 국토의 계획
및 이용에 관한 법률은 관리청이 지정되지 아니한 경우에는 관리청이 지정된 후 준공되
기 전에 관리청의 의견을 들어야 하며, 관리청이 불분명한 경우에는 도로·하천 등에 대
해서는 국토해양부장관을 관리청으로 보고, 그 외의 재산에 대해서는 기획재정부장관을
관리청으로 보고 있고(동법 제65조 제3항), 택지개발촉진법은 관리청이 불분명한 재산 중
도로·하천·도랑 등에 대해서는 국토해양부장관을, 그 외의 재산에 대해서는 기획재정
부장관을 관리청으로 본다고 규정하고 있어(동법 제25조 제3항), 국유재산법의 중앙관서
의 장 지정절차를 생략하고 있다.

협의를 관리청 미지정 또는 관리청이 불분명한 경우 등 기타 부득이한 사유로 의견을 듣
지 못한 경우에도 동 사업의 완료 전까지는 사업시행변경허가 시에 무상귀속협의를 완료하면
무상귀속은 가능하고, 의견조회 대상이 되는 관리청은 의견조회 당시의 관리청이 된다.[59]

---

57) 조달청 국유재산관리과는 총괄청 소관 일반재산에 대한 무상귀속 협의업무를 관장하고 있다(조달청업무
　분장규정 제14조). 조달청은 무상귀속 협의 요청을 받으면, 현장조사를 통해 무상귀속 대상이 공공시설
　인지와 실제 측량성과를 통해 무상귀속대상인지를 판정하고 있다.

58) 서울특별시 회신일자: 1985.12.05. "재개발지역 내 국공유지 무상양여에 따른 업무질의" www.ahalaw.-
　moleg.go.kr

59) 건설교통부 회신일자 1984.12.29. "국공유지 무상귀속에 관한 질의"; 서울특별시 회신일자 1985.12.05.
　"재개발사업지구 내 국공유지 무상양여에 따른 업무질의", www.ahalaw.moleg.go.kr

2. 공공시설의 종류 및 제산세목 통지

개발행위허가를 받은 자(시행자)가 행정청인 경우 개발행위허가를 받은 자는 개발행위가 끝나 준공검사를 마친 때에는 해당 시설의 관리청에 '공공시설의 종류와 토지의 세목(細目)'을 통지하여야 한다. 이 경우 공공시설은 '그 통지한 날'에 해당 시설을 관리할 관리청과 개발행위허가를 받은 자에게 각각 귀속된 것으로 본다(국토계획법 제65조 제5항).

개발행위허가를 받은 자가 행정청이 아닌 경우 개발행위허가를 받은 자는 관리청에 귀속되거나 그에게 양도될 공공시설에 관하여 개발행위가 끝나기 전에 그 시설의 관리청에 "그 종류와 토지의 세목을 통지"하여야 하고, 준공검사를 한 특별시장·광역시장·특별자치시장·특별자치도지사·시장 또는 군수는 그 내용을 해당 시설의 관리청에 통보하여야 한다. 이 경우 공공시설은 준공검사를 받음으로써 그 시설을 관리할 관리청과 개발행위허가를 받은 자에게 각각 귀속되거나 양도된 것으로 본다(동법 제65조 제6항).

3. 등기

공공시설을 등기할 때에 「부동산등기법」에 따른 등기원인을 증명하는 서면은 준공검사를 받았음을 증명하는 서면으로 갈음한다(동법 제65조 제7항).

Ⅶ. 무상양도와 건폐율 등 완화

1. 무상양도

개발행위허가를 받은 자가 설치한 공공시설이 관리청에 귀속될 경우, 새로 설치된 공공시설의 설치비용에 상당하는 범위에서 용도가 폐지되는 공공시설은 개발행위를 받은 자에게 무상으로 양도할 수 있다(국토계획법 제65조 제1항). 이는 무상 귀속됨으로써 사업시행자가 입게 되는 재산상 손실을 합리적인 범위 안에서 보전해 주고자 하는 데 있다.[60]

---

60) 대법원 2007.4.13. 2006두11149.

무상귀속의 협의가 이루어지고 사업완료 시 준공검사를 필한 후에 사업시행자가 해당 시설의 관리청에 공공시설의 종류 및 토지의 세목을 통지하면, 양도할 공공시설은 용도 폐지되고 귀속관계가 확정된다. 따라서 용도폐지된 재산을 총괄청에 인계하는 등 별도의 절차를 거치지 아니한다.

그러나 손실보전을 위한 무상양도는 개별법마다 그 성격에 있어 차이가 있다.[61]

<법령별 무상양도 성격>

임의규정	국토의 계획 및 이용에 관한 법률, 국유재산법, 공유수면매립법, 도시개발법, 산업입지 및 개발에 관한 법률, 접경지역지원특별법
강행규정	기업활동규제 완화에 관한 특별법, 도시 및 주거환경정비법, 전원개발촉진법, 지방소도읍 육성지원법, 도시정비법

출처: 강운산, "개별사업관련 기반시설의 무상귀속 및 무상양도의 문제점과 개선방안", 한국건설산업연구원, 2007.

※ 무상양도의 쟁점

(1) 공공용 재산으로 관리되고 있는 사실상 비공공시설

무상양도대상을 국유재산법상의 공공시설로 한정하는 경우, 현재 이용상황은 전, 답, 대지로 이용되는 등 공공시설이 아니지만 공공용 재산으로 관리되고 있는 국유재산은 공공시설에 포함될 수 있는가 문제가 있다. 이에 대해서 실질적으로 공공용에 제공되지 않는 국유재산은 공공용 재산에 해당하지 않는다는 견해도 있으나, 국유재산법은 용도폐지가 되지 않은 이상 공공시설로서의 성질을 상실하지 않는다는 점,[62] 제3자 등의 침해로 타 용도로 사용되고 있는 경우에 이를 공공시설이 아니라고 판단될 수

---

61) 도시 및 주거환경정비법 제65조 제2항의 전단 규정은 사업시행자의 재산권을 박탈·제한함에 그 본질이 있는 것이 아니라, 사업지구 안의 공공시설 등의 소유관계를 정함으로써 사업시행자의 지위를 장래를 향하여 획일적으로 확정하고자 하는 강행규정인 점, 후단 규정의 입법 취지는, 민간 사업시행자에 의하여 새로 설치된 정비기반시설이 전단 규정에 따라 관리청에 무상으로 귀속됨으로 인하여 야기되는 사업시행자의 재산상 손실을 고려하여, 그 사업시행자가 새로 설치한 정비기반시설의 설치비용에 상당하는 범위 안에서 정비사업의 시행으로 용도가 폐지되는 국가 또는 지방자치단체 소유의 정비기반시설을 그 사업시행자에게 무상으로 양도되도록 하여 위와 같은 재산상의 손실을 합리적인 범위 안에서 보전해 주고자 하는 데 있는 점 등에 비추어 보면, 후단 규정은 민간 사업시행자에 의하여 새로 설치될 정비기반시설의 설치비용에 상당하는 범위 안에서 용도폐지될 정비기반시설의 무상양도를 강제하는 강행규정이다. 도시 및 주거환경정비법 제65조 제2항의 후단 규정은 '용도가 폐지되는 정비기반시설은 새로이 설치한 정비기반시설의 설치비용에 상당하는 범위 내에서' 사업시행자에게 무상양도하도록 규정하고 있어 반드시 용도폐지되는 정비기반시설에 대체되는, 즉 같은 종류의 정비기반시설의 설치비용 범위 내에서 무상양도하라고 한정하고 있지 아니하고, 달리 위 조항의 정비기반시설을 '같은 종류'의 정비기반시설이라고 한정하여 해석할 근거가 없으므로, '용도폐지되는 정비기반시설'로서 무상양도되는 범위는 같은 용도로 대체되어 새로 설치되는 정비기반시설의 설치비용으로 한정할 수 없다(대법원 2007.7.12. 선고 2007두6663 판결).

없다는 점, 사용도폐지가 되지 않은 경우에 사실상 사용하지 않을지라도 공공용으로 사용하기로 예정된 공공용 재산으로 볼 수 있다는 점에서 공공시설로 보아 무상양도된다 할 것이다.[63]

(2) 공공용 재산으로 관리되고 있지 않은 사실상 공공시설

실제 이용상황이 공공시설에 속하는 토지이지만 일반재산으로 관리되고 있는 토지는 무상귀속대상의 공공시설에 해당하는지 문제가 있다. 이를 국유재산법상의 공공용 재산에 해당하는가만을 고려한다면 무상양도대상이 아니므로, 국유재산법 제22조 및 제23조에 의한 관리환규정을 적용하여 당해 재산을 관리할 관리청으로 이관하여 공공용 재산으로 전환하고 이를 무상귀속하는 방법을 고려할 수 있다.[64] 그러나 사업시행자의 요청에 따라 무상양도하기 위하여 재산관리청 간에 관리환이 협조적으로 원활하게 이루어지기를 기대하기 어려운 점이 있다.

이에 대해서 객관적으로 사회통념상 공공용으로 사용되고 있는 것, 즉 불특정 다수인이 대가없이 직접 또는 자유로이 사용 또는 이용하는 국유지는 공공시설의 개념에 포함시켜서 공부지목상 공공시설이 아니더라도 실제 공공시설로 사용된다면 포함된다는 견해가 있다.[65]

(3) 무상귀속대상 공공시설의 결정기준시점

국유재산이 시간적 흐름에 따라 자연적·인위적 요인에 의하여 그 성질 및 요인이 다르게 될 수 있으므로 무상귀속대상 공공시설을 확정하기 위하여 일정기준시점을 정하여 무상귀속 해당 여부를 판단해야 하지만, 이에 대해 현행법령에는 명시되지 않아 기준시점설정과 관련하여 논란이 있다. 택지개발촉진법에 의한 택지개발사업의 경우에 예정지구지정일로 보는 입장, 개발계획승인일로 보는 입장, 실시계획승인일로 보는 입장이 있으나,[66] 대법원을 실시계획승인일로 보고 있다.[67]

---

62) 대법원 1993.4.13. 92누18528.

63) 심종래, "공공사업지구 내 국공유지의 무상귀속에 관한 연구", 경원대학교 석사학위논문, 2004년 8월, 50~51면.

64) 재정경제원(재무부), 국재45501 - 1098 1994.11.14("공공사업지구 내 국공유지의 취득에 관한 연구", 토지연구원조사연구실, 1995년 12월, 92면 재인용).

65) 심종래, 전게논문, 54면[유권해석 건설교통부(건설부), 보상30001 - 29892 1990.11.14.도 같은 견해를 취하고 있다고 한다].

66) 이에 대한 자세한 논의에 대해서는, 심종래, 전게논문, 54~57면; "공공사업지구 내 국공유지의 취득에 관한 연구", 토지연구원 조사연구실, 1995.12. 92~95면 등을 참조하기 바란다.

67) 구 택지개발촉진법 제25조 제1항 및 구 도시계획법 제83조 제1항 소정의 공공시설은 국유재산법 및 지방재정법 소정의 공공용 재산에 해당한다 할 것이고, 또한 택지개발사업실시계획의 승인을 받은 자에게 무상으로 귀속되는 종래의 공공시설인지는 '택지개발사업실시계획의 승인시점'을 기준으로 판단하되, 그 승인 당시 종래 공공시설의 현실적인 이용 상황이 지적공부상 지목과는 달라졌다고 하더라도 관리청이 공용폐지를 하지 아니하고 종래의 공공시설을 국유재산법이나 지방재정법에 따른 공공용 재산으로 관리하여 왔다면 특별한 사정이 없는 한 종래의 공공시설은 여전히 사업시행자에게 무상으로 귀속된다고 할 것이고, 구 공공용지의 취득 및 손실보상에 관한 특례법 시행령 제2조의10 제2항은 기업자가 취득할 토지에 대한 보상액의 평가에 관한 규정으로서 종래의 공공시설의 무상귀속에 관하여 위 규정을 준용한다는 명문의 근거 규정이 없는 한 이와 입법 목적을 달리하는 구 택지개발촉진법 제25조 제1항이나 구 도시계획법 제83

2. 건폐율 등 완화

지구단위계획구역 안에서 건축물을 건축하려는 자가 그 대지의 일부를 공공시설, 시도의 도시계획조례가 정하는 기반시설의 부지로 제공하는 경우에는 해당 건축물의 건폐율[68]·용적률[69] 및 높이제한을 완화하여 적용할 수 있다(국토계획법 제52조, 동법 시행령 제46조).

제6절 공익사업용지의 취득

Ⅰ. 의의

공익사업용지의 취득은 공익사업에 필요한 토지 등을 협의 또는 수용에 의하여 취득 또는 사용하는 것을 말한다. 공익사업용지의 취득은 국민의 공공복리 증진을 위한 것이지만, 토지소유자들에 대한 재산권의 제한을 의미하므로 공익사업용지취득을 위해서는 법률의 근거가 있어야 한다. 이에 대한 일반법이 「공익사업을 위한 토지 등의 취득 및 보상에 관한 법」(이하 공토법)이다.

공익사업용지의 취득의 방식으로 협의취득과 강제취득으로 구분할 수 있다. 협의취득은 공익사업에 필요한 토지 등을 사업시행자가 토지소유자와 협의에 의하여 토지 등을 취득하는 것으로, 공토법은 사업시행자에게 성실한 협의를 하도록 하고 있다(협의전치주의). 강제취득은 협의가 불가능하거나 불성립된 경우에 상대방이 의사에 반하더라도 강제적으로 수용하는 것을 말한다.

조 제1항에는 위 규정이 유추적용될 수 없다(대법원 2004.5.28. 2002다59863).

68) 건폐율(建蔽率)은 대지면적에 대한 건축면적(대지에 건축물이 둘 이상 있는 경우에는 이들 건축면적의 합계)의 비율을 말한다(건축법 제55조).

69) 용적률(容積率)은 대지면적에 대한 연면적(대지에 건축물이 둘 이상 있는 경우에는 이들 연면적의 합계)의 비율을 말한다(건축법 제56조).

Ⅱ. 공익사업용지취득의 당사자

1. 사업시행자

사업시행자는 공익사업을 수행하는 자를 말한다(공토법 제2조 제3호). 공토법상 사업시행자는 국가, 지방자치단체, 공공단체, 사인이 해당하지만, 공익사업용지를 취득한 결과 국유재산으로 되는 경우는 '국가'가 사업시행자인 경우이다. 사업시행자는 공익사업을 직접 수행하여야 하고, 행정기관 명의로 사업인정을 받거나 행정 주체 명의로 토지소유권을 취득할 수 있어야 한다. 따라서 토지 등의 수용 또는 보상사무를 위탁받은 지방자치단체 또는 공공단체 등은 일종의 임의대리인이고 공토법의 사업시행자는 아니다.[70]

사업시행자는 협의취득의 경우에는 계약의 당사자로서의 지위를 가진다. 사업시행자는 대가를 지불하고 토지 등을 인도받는 양수인의 지위이고, 토지소유자 및 관계인은 양도인의 지위를 갖는다. 그러나 수용에 의한 취득의 경우에는 사업시행자와 토지소유자 및 관계인은 수용권자와 피수용권자의 법적지위가 형성된다. 수용권자란 공용수용을 할 수 있는 공익사업의 주체를 말한다.[71]

2. 토지소유자 및 관계인

토지소유자는 공익사업에 필요한 토지의 소유자를 말한다(공토법 제2조 제4호). 토지의 소유자 여부는 부동산 등기법상의 소유자로 등기된 자가 원칙적으로 해당한다. 따라서 사업시행자가 과실 없이 진정한 토지소유자를 알지 못하여 형식상의 권리자인 등기부상 소유 명의자를 그 피수용자로 확정하더라도 적법하고, 그 수용의 효과로서 수용 목적물

---

70) 사업시행자는 보상 또는 이주대책에 관한 업무를 지방자치단체, 한국토지주택공사, 한국수자원공사, 한국도로공사, 한국농어촌공사, 한국감정원, 지방공기업 제49조에 따라 서울특별시가 택지개발 및 주택건설 등의 사업을 하기 위하여 설립한 지방공사 등에 위탁할 수 있다(공토법 제81조, 동법 시행령 제43조 제1항).

71) 박윤흔, 행정법강의(하), 598면; 김철용, 행정법Ⅱ, 519면; 김동희, 행정법Ⅱ, 346면; 여기서 국가가 사업시행자일 경우에 수용권자에 대해서 의문이 없으나, 기타 공용용지취득을 위해 지방자치단체·공공단체·사인이 사업시행자일 경우에 누가 수용권자인가에 대하여 견해의 대립이 있다. 수용의 본질을 수용의 효과를 야기할 수 있는 자로 보아 공용수용의 주체는 국가이고 사업시행자는 공용수용하여 줄 것을 청구할 수 있는 권리만 가지고 있다는 견해(국가수용권설)가 있으나, 수용의 본체는 수용의 효과를 향수하는 재산권의 취득이라 할 것이므로, 그러한 효과를 향수할 수 있는 지위에 있는 자인 사업시행자가 수용권의 주체라 할 것이다[박윤흔, 행정법강의(하), 599면; 김철용, 행정법Ⅱ, 520면; 김동희, 행정법Ⅱ, 347면; 석종현, 일반행정법(하), 619면].

의 소유자가 누구임을 불문하고 이미 가졌던 소유권이 소멸함과 동시에 사업시행자가 완전하고 확실하게 그 권리를 원시취득하게 된다.[72]

관계인은 사업시행자가 취득하거나 사용할 토지에 관하여 지상권·지역권·전세권·저당권·사용대차 또는 임대차에 따른 권리 또는 그 밖에 토지에 관한 소유권 외의 권리를 가진 자나 그 토지에 있는 물건에 관하여 소유권이나 그 밖의 권리를 가진 자를 말한다(공토법 제2조 제5호 전단). 관계인의 지위는 사업인정고시 당시 토지소유자 외의 권리자가 원칙이다. 다만, 사업인정의 고시가 된 후에 권리를 취득한 자는 기존의 권리를 승계한 자를 제외하고는 관계인에 포함되지 아니한다(동호 단서).

관계인이 되기 위해서는 등기를 구비하여야 하는지 문제가 있으나, 부동산물권을 제외하고는 반드시 등기된 권리자임을 요하지 않는다 할 것이다.[73] 다만, 가처분권리자는 가처분등기가 되어 있다 하여도 토지소유자에 대하여 임의처분을 금지함에 그치므로 관계인에 해당하지 않는다.[74]

Ⅲ. 공익사업용지취득의 대상사업

공익사업용지취득의 대상사업은 이른바 공토법상의 공익사업과 각 단행법에서 규정하고 있는 사업이다. 과거에는 사업의 공익성은 사권보호의 견지에서 종래 엄격하게 제한적으로 인정하였으나, 오늘날은 국가의 국토개발행정의 활발한 전개, 사회경제적 여건의 변화, 과학기술의 진보 등에 따라 공익사업이라고 할 때 공익의 개념이 비교적 넓게 인정되고 공익사업 자체가 대규모화되었다.[75]

공토법이 "토지 등을 취득 또는 사용할 수 있는 사업으로 열거하는 공익사업"은 다음과 같다(공토법 제4조 제1호 내지 제8호).

---

72) 대법원 1981.6.9. 80다316; 대법원 1995.12.22. 94다40765.

73) 석종현, 일반행정법(하), 620면.

74) 대법원, 1973.2.26. 72다2401.

75) 예를 들어 산업단지조성은 조성된 토지를 사업소나 공장 등 사인이 영리적 사업에 공용되는 경우에도 토지의 수용을 인정하고 있고(산업입지 및 개발에 관한 법률 제22조), 또한 국민주택사업을 위한 토지수용을 인정하고 있다(주택법 제18조).

① 국방·군사에 관한 사업
② 관계 법률에 따라 허가·인가·승인·지정 등을 받아 공익을 목적으로 시행하는 철도·도로·공항·항만·주차장·공영차고지·화물터미널·궤도(軌道)·하천·제방·댐·운하·수도·하수도·하수종말처리·폐수처리·사방(砂防)·방풍(防風)·방화(防火)·방조(防潮)·방수(防水)·저수지·용수로·배수로·석유비축·송유·폐기물처리·전기·전기통신·방송·가스 및 기상 관측에 관한 사업
③ 국가나 지방자치단체가 설치하는 청사·공장·연구소·시험소·보건시설·문화시설·공원·수목원·광장·운동장·시장·묘지·화장장·도축장 또는 그 밖의 공공용 시설에 관한 사업
④ 관계 법률에 따라 허가·인가·승인·지정 등을 받아 공익을 목적으로 시행하는 학교·도서관·박물관 및 미술관 건립에 관한 사업
⑤ 국가, 지방자치단체, 「공공기관의 운영에 관한 법률」 제4조에 따른 공공기관, 「지방공기업법」에 따른 지방공기업 또는 국가나 지방자치단체가 지정한 자가 임대나 양도의 목적으로 시행하는 주택 건설 또는 택지 조성에 관한 사업
⑥ ①부터 ⑤까지의 사업을 시행하기 위하여 필요한 통로, 교량, 전선로, 재료 적치장 또는 그 밖의 부속시설에 관한 사업
⑦ ①부터 ⑤까지의 사업을 시행하기 위하여 필요한 주택, 공장 등의 이주단지 조성에 관한 사업
⑧ 그 밖에 다른 법률에 따라 토지 등을 수용하거나 사용할 수 있는 사업[76]

Ⅳ. 공익사업용지취득의 목적물

1. 목적물의 종류

공익사업용지취득의 목적물은 토지, 물건 및 권리이다. 공토법 제3조에서 공익사업을 위하여 필요한 경우 취득할 수 있는 목적물의 종류를 다음과 같이 규정하고 있다.

---

76) 이에 대한 개별법을 예시하면 다음과 같다.
　　○ 행정중심복합도시특별법　○ 경제자유구역의 지정 및 운영에 관한 법률　○ 고속철도건설촉진법　○ 골재채취법　○ 공공철도건설촉진법　○ 관광진흥법　○ 광업법　○ 국방군사시설사업에 관한 법률　○ 국토의 계획 및 이용에 관한 법률　○ 도로법　○ 도시교통정비촉진법　○ 도시개발법　○ 도시 및 주거환경정비법　○ 도시철도법　○ 농어촌정비법　○ 농어촌도로정비법　○ 대기환경보전법　○ 문화재보호법　○ 사회기반시설에 대한 민간투자법　○ 산업입지 및 개발에 관한 법률　○ 석탄산업법　○ 소하천정비법　○ 수도권신공항건설촉진법　○ 수도법　○ 신항만건설촉진법　○ 연안관리법　○ 유통단지개발촉진법　○ 자연공원법　○ 자연환경보전법　○ 전원개발에 관한 특례법　○ 주택법　○ 지역균형개발 및 중소기업육성에 관한 법률　○ 지적법　○ 집단에너지사업법　○ 청소년기본법　○ 택지개발촉진법　○ 하천법　○ 학교시설사업촉진법　○ 한국고속철도건설공단법　○ 항공법　○ 항만법　○ 해저광물자원개발법　○ 화물유통촉진법　○ 화물자동차운수사업법 등

> ① 토지 및 이에 관한 소유권 외의 권리
> ② 토지와 함께 공익사업을 위하여 필요로 하는 입목, 건물, 그 밖에 토지에 정착된 물건 및 이에 관한 소유권 외의 권리
> ③ 광업권·어업권 또는 물의 사용에 관한 권리
> ④ 토지에 속한 흙·돌·모래 또는 자갈에 관한 권리

2. 목적물의 제한

(1) 일반적인 제한

공용수용의 목적물이 된다 하여도 무제한적인 공용수용이 허용되는 것은 아니다. 공용수용은 공익사업을 위하여 타인의 특정한 재산권을 법률의 힘에 의하여 강제적으로 취득하는 것이므로 수용할 목적물의 범위는 원칙적으로 사업을 위하여 필요한 최소한도에 그쳐야 한다.[77] 해당 목적물이 아니고서는 당해 공익사업을 시행하는 것이 불가능하거나, 그 사업이 지극히 곤란한 경우에만 목적물이 되는 것이다.[78] 따라서 목적물은 비체대체적인 대상이어야 한다. 예를 들어 공익사업을 하기 위한 시멘트·목재 등과 같은 공사자재와 같은 동산은 대체성이 많고 불특정 다수인의 거래대상이기 때문에 징발법상 징발의 목적물은 될 수 있어도 공익사업용지취득이 목적물은 될 수 없다.

(2) 성질상 목적물이 제한되는 경우

사업시행자의 토지, 치외법권이 있는 외국대사관·공사관 등의 부지·건물(외교관계에 관한 비엔나조약 제22조 제3항)은 성질상 목적이 되지 못한다. 또한 '공익사업에 제공되고 있는 토지'는 원칙적으로 수용의 목적물이 되지 못하지만, 예외적으로 특별히 필요한 경우에는 예외적으로 수용의 목적물이 될 수 있다(공토법 제19조 제2항).[79] 공물도 예외적으로 수용의 목적물이 될 수 있다(이에 관한 자세한 논의는 '국유재산의 법률적 특색' 참조).

---

77) 대법원 1987.9.8. 87누395.

78) 공용수용은 공익사업을 위하여 타인의 특정한 재산권을 법률의 힘에 의하여 강제적으로 취득하는 것이므로 수용할 목적물의 범위는 원칙적으로 사업을 위하여 필요한 최소한도에 그쳐야 하므로 그 한도를 넘는 부분은 수용대상이 아니므로 그 부분에 대한 수용은 위법하고, 초과수용된 부분이 적법한 수용대상과 불가분적 관계에 있는 경우에는 그에 대한 이의재결 전부를 취소할 수밖에 없다(대법원 1994.1.11. 93누8108).

79) 특별한 필요한 경우는 1) 현재의 공익사업보다 새로운 공익사업의 공익성이 큰 경우, 2) 사업시행자가 다수인과 공유로 소유하고 있는 지분 중 타인지분의 토지, 3) 국유재산 중 잡종재산의 경우라 할 수 있다(「해설토지보상법: 공익사업을 위한 토지 등의 취득 및 보상에 관한 법」, 한국감정원, 2003년, 319면).

3. 목적물의 확장

공익사업용지취득의 목적물은 필요한 최소한도의 범위에 국한하여야 하지만, 형평의 원칙과 공공복리의 증진을 위해서 그 필요한 한도를 넘어서 취득하는 것이 형평에 합치되는 경우가 있다. 이에는 확장수용과 지대수용이 있다.

(1) 확장수용

① 사용에 갈음하는 수용(완전수용)

사용에 갈음하는 수용(완전수용)은 사업인정고시가 있은 후 토지를 사용하는 기간이 3년 이상이거나, 토지의 사용으로 인하여 토지의 형질이 변경되는 때 또는 사용하고자 하는 토지에 그 토지소유자의 건축물이 있는 경우에는 그 토지소유자의 청구에 의하여 당해 토지의 사용에 갈음하여 그 토지를 매수하거나 수용하는 것을 말한다(공토법 제72조). 토지의 매수 청구는 사업시행자에게 행하여, 수용청구는 토지수용위원회에게 청구할 수 있다. 이 경우 관계인은 사업시행자 또는 관할 토지수용위원회에 그 권리의 존속을 청구할 수 있다(동조).

② 물건의 이전이 현저히 곤란한 경우 등의 수용(이전수용)

건축물·입목·공작물 기타 토지에 정착한 물건에 대해서는 이전료를 보상하고 이전하는 것이 원칙이다. 그러나 그 이전비가 그 정착물의 가격을 초과하여 사업시행자에게 부당하게 과중한 손해를 가져오는 경우가 있거나 경제적으로 이전의 실익이 없는 경우에는 예외적으로 그 물건들을 수용할 수 있다.

사업시행자는 사업예정지 안에 있는 물건이 ㉠ 건축물 등을 이전하기 어렵거나 그 이전으로 인하여 건축물 등을 종래의 목적대로 사용할 수 없게 된 경우, ㉡ 건축물 등의 이전비가 그 물건의 가격을 넘는 경우, ㉢ 사업시행자가 공익사업에 직접 사용할 목적으로 취득하는 경우에는 해당 물건의 가격으로 보상하여야 한다(공토법 제75조).

③ 잔여지수용(전부수용)

동일한 토지소유자에 속하는 일단의 토지의 일부가 협의에 의하여 매수되거나 수용됨으로 인하여 잔여지(자투리땅)를 종래의 목적에 사용하는 것이 현저히 곤란한 경우에 잔여지를 매수하거나 수용하는 것을 잔여지 수용(전부수용)이라 한다. 사업인정 전에는 소유자가 사업시행자에 대하여 매수를 청구할 수 있고, 사업인정 후에는 토지수용위원회에 대하여 수용청구를 할 수 있다. 이 경우 수용의 청구는 매수에 관한 협의가 성립되지 아니한 경우에만 할 수 있으며, 그 사업의 공사완료일까지 하여야 한다(공토법 제74조). 판례는 공토법상 잔여지 매수청구권을 사법상의 매매계약에 있어서 청약에 불과하다고 보고 있다.[80]

※ 감사원의 감사사항

도로개설 공사 등에 필요한 토지를 취득할 때에 공토법 제74조에 의하여 잔여지를 함께 취득하면서 매수할 필요가 없는 토지인데도 민원을 이유로 매수를 하고 있으며(서울청의 경우 연간 잔여지 매입비 3억여 원), 매수 후는 농로로 이용되는 등 방치하여 활용도가 매우 부진한 실정이며 행정재산으로 관리되고 있어 매각도 할 수 없는 실정이다. 따라서 도로개설 시 발생하는 잔여지 취득, 활용, 매각 실정을 확인하여 불필요한 잔여지의 취득 여부를 조사하고, 그 활용방안을 강구한다.[81]

---

(2) 지대수용

지대수용은 본래 사업을 위해 직접 필요한 토지 이외에, 그 공익사업의 시행으로 지가가 오를 것이 예상되는 부근일대를 광범위하게 수용하는 것을 말한다.[82] 지대수용은 토지의 조성·정리가 완성된 후에는 타인에게 매각 또는 대여하여 조성·정리에 소요된 비용의 일부에 충당하는 것이 보통이다.

우리나라에는 이를 인정하지 않고 있으나,[83] 도시·군계획시설사업의 시행자는 사업시행을 위하여 특히 필요하다고 인정되면 도시·군계획시설에 인접한 '토지·건축물 또는 그 토지에 정착된 물건과 그 물권의 소유권 외의 권리'를 일시 사용할 수 있다(국토의 계획 및 이용에 관한 법률 제95조 제2항).

---

80) 대법원 2004.9.24. 2002다68713.

81) 「재무감사 매뉴얼」, 감사원, 2005.4, 262면.

82) 석종현, 일반행정법(하), 628면.

83) 공토법 제4조 제6호에서 "사업을 시행하기 위하여 필요한 통로·교량·전선로·재료적치장 그 밖의 부속시설에 관한 사업"을 공익사업의 범위에 규정하고 있으므로 지대수용을 인정하고 있다는 견해가 있다(이선영, 「신토지수용과 보상법론」, 131면).

V. 공익사업용지취득의 절차

1. 개요

공익사업용지를 취득하기 위한 절차는 공익사업의 준비, 협의 절차, 수용 절차로 구분할 수 있다. 협의 취득절차는 토지물건조서작성, 보상계획의 공고·열람, 보상액 산정, 협의, 보상계약체결의 절차로 이루어진다. 여기서 협의가 불성립될 경우에 수용절차가 진행된다.

수용절차는 현행법상 보통절차와 약식절차로 구분하고 있다. 보통절차는 사업인정, 토지조서·물건조서의 작성, 협의, 재결의 단계로 진행된다. 약식절차는 특별한 경우에 수용의 일련의 절차 중 그 일부를 생략하여 진행하는 것을 말한다. 공토법은 "천재·지변 그 밖의 사변으로 인하여 공공의 안전을 유지하기 위한 공익사업을 긴급히 시행할 필요가 있는 때"에 약식절차를 인정하고 있다(공토법 제38조).

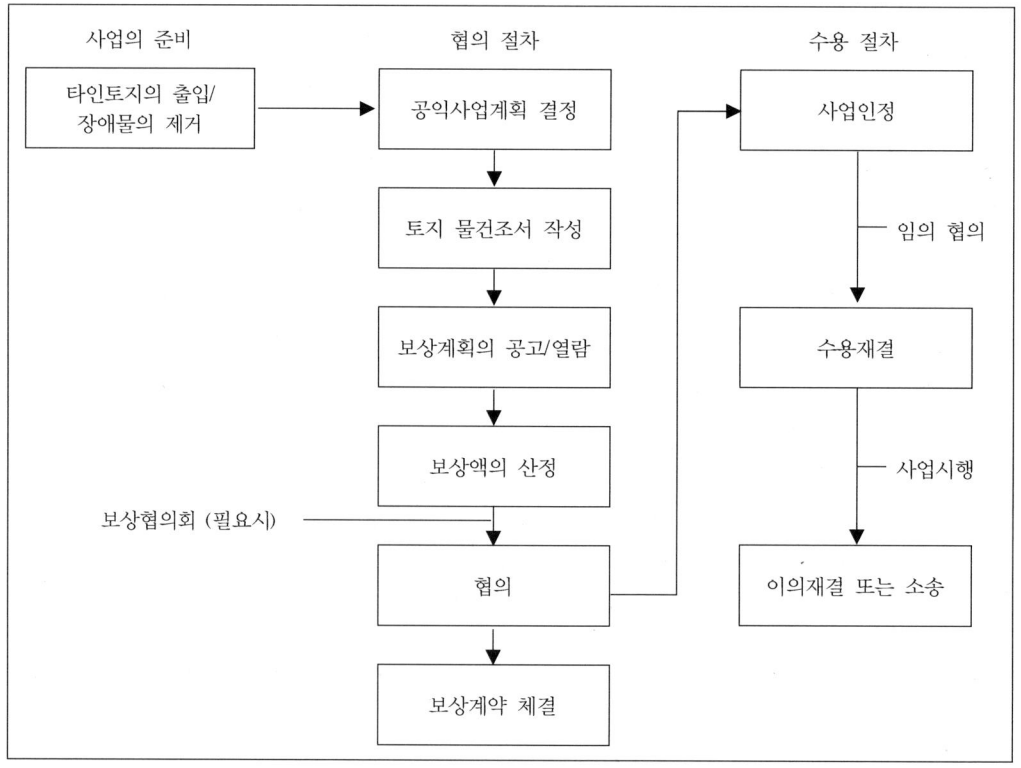

2. 공익사업의 준비

사업시행자는 공익사업을 진행하기 위해서 사업계획을 작성하고, 수용 또는 사용하려는 사업예정지를 확정하여야 한다. 이러한 공익사업의 준비를 위해서 사업시행자는 타인의 토지에 출입할 수 있으며, 측량 또는 조사를 위해서 장애물을 제거할 수 있다.

(1) 사업준비를 위한 출입

① 출입의 허가

사업시행자는 공익사업의 준비를 위하여 타인이 점유하는 토지에 출입하여 측량 또는 조사를 하고자 하는 때에는 사업의 종류와 출입할 토지의 구역 및 기간을 정하여 특별자치도지사, 시장·군수 또는 구청장(자치구의 구청장을 말한다. 이하 같다)의 허가를 받아야 한다(공토법 제9조 제2항). 다만, 사업시행자가 국가인 때에는 당해 사업을 시행할 관계 중앙행정기관의 장이 특별자치도지사, 시장·군수 또는 구청장에게, 사업시행자가 특별시·광역시 또는 도인 때에는 특별시장·광역시장 또는 도지사가 이를 시장·군수 또는 구청장에게 각각 통지하여야 한다(동항). 시장·군수 또는 구청장은 측량 또는 조사에 의한 허가를 하거나 통지를 받은 때에는 사업시행자, 사업의 종류와 출입할 토지의 구역 및 기간을 공고하고 이를 토지점유자에게 통지하여야 한다(동조 제3항).

② 출입의 통지

타인이 점유하는 토지에 출입하고자 하는 자는 출입하고자 하는 날의 5일 전까지 그 일시 및 장소를 특별자치도지사, 시장·군수 또는 구청장에게 통지하여야 한다. 특별자치도지사, 시장·군수 또는 구청장은 출입에 관한 통지를 받은 때에는 지체 없이 이를 공고하고 그 토지점유자에게 통지하여야 한다(공토법 제10조 제1항, 제2항).

③ 타인토지의 출입

토지점유자는 정당한 사유 없이 허가를 받거나 통지를 한 사업시행자가 통지하고 출입·측량 또는 조사하는 행위를 방해하지 못한다(공토법 제11조). 그러나 사업시행자는 해가 뜨기 전이나 해가 진 후에는 토지점유자의 승낙 없이 그 주거(住居)나 경계표·담 등으로 둘러싸인 토지에 출입할 수 없다(동법 제10조 제3항).

(2) 장애물의 제거

사업시행자는 타인이 점유하는 토지에 출입하여 측량 또는 조사를 할 때 장해물을 제거하거나 토지를 파는 행위(이하 '장해물 제거 등'이라 한다)를 하여야 할 부득이한 사유가 있는 경우에는 그 소유자 및 점유자의 동의를 받아야 한다. 다만, 그 소유자 및 점유자의 동의를 받지 못하였을 때에는 사업시행자(특별자치도, 시·군 또는 구가 사업시행자인 경우는 제외한다)는 특별자치도지사, 시장·군수 또는 구청장의 허가를 받아 장해물 제거 등을 할 수 있으며, 특별자치도, 시·군 또는 구가 사업시행자인 경우에 특별자치도지사, 시장·군수 또는 구청장은 허가 없이 장해물 제거 등을 할 수 있다(공토법 제12조 제1항). 특별자치도지사, 시장·군수 또는 구청장은 장애물 제거의 허가를 하려는 때 또는 특별자치도시, 시장·군수·구청장이 장애물의 제거 등을 하려는 때에는 미리 그 소유자 및 점유자의 의견을 들어야 한다(동조 제2항).

장해물의 제거 등을 하고자 하는 자는 장해물을 제거하고자 하는 날의 3일 전까지 그 소유자 및 점유자에게 통지하여야 한다(동조 제3항).

(3) 출입 또는 장애물제거의 절차상의 요건

특별자치도지사, 시장·군수 또는 구청장의 허가를 받고 타인이 점유하는 토지에 출입하고자 하는 자 및 장해물의 제거 등을 하고자 하는 자는 그 신분을 표시하는 증표 및 특별자치도지사, 시장·군수 또는 구청장의 허가증을 지녀야 한다(공토법 제13조 제1항). 증표 및 허가증은 토지 또는 장해물의 소유자 및 점유자, 그 밖의 이해관계인에게 이를 보여 주어야 한다(동조 제3항).

(4) 손실보상

사업시행자는 타인이 점유하는 토지에 출입하여 측량·조사함으로써 발생한 손실과 장해물의 제거 등을 함으로써 발생하는 손실을 보상하여야 한다(공토법 제9조 제4항, 제12조 제4항). 손실의 보상은 사업시행자와 손실을 입은 자가 협의하여 결정하고, 협의가 성립되지 아니하면 사업시행자나 손실을 입은 자는 관할 토지수용위원회에 재결을 신청할 수 있다(공토법 제9조 제6항, 제7항, 제80조)

다만, 손실의 보상은 손실이 있음을 안 날부터 1년이 지났거나 손실이 발생한 날부터 3년이 지난 후에는 청구할 수 없다(공토법 제9조 제5항, 제12조 제5항).

3. 협의에 의한 취득

(1) 토지조서 및 물건조서의 작성

사업시행자는 공익사업의 계획이 확정된 때에는 「측량·수로조사 및 지적에 관한 법률」에 의한 지적도 또는 임야도에 대상물건인 토지를 표시한 용지도를 작성하여야 한다 (공토법 시행령 제7조 제1항). 사업시행자는 작성된 용지도를 기본으로 하여 토지조서 및 물건조서를 작성하여야 한다(동조 제2항).

사업시행자는 공익사업의 수행을 위하여 사업인정 전에 협의에 의한 토지 등의 취득 또는 사용이 필요할 때에는 토지조서와 물건조서를 작성하여 서명 또는 날인을 하고 토지소유자와 관계인의 서명 또는 날인을 받아야 한다. 다만, 토지소유자 및 관계인이 정당한 사유 없이 서명 또는 날인을 거부하는 경우이거나, 토지소유자 및 관계인을 알 수 없거나 그 주소·거소를 알 수 없는 등의 사유로 서명 또는 날인을 받을 수 없는 경우에는 그러하지 아니하되, 이 경우 사업시행자는 해당 토지조서와 물건조서에 그 사유를 적어야 한다(공토법 제14조 제1항).

(2) 보상계획의 공고·열람

① 보상계획의 공고 및 통지

사업시행자는 토지조서와 물건조서를 작성하였을 때에는 공익사업의 개요, 토지조서 및 물건조서의 내용과 보상의 시기·방법 및 절차 등이 포함된 보상계획을 전국을 보급지역으로 하는 일간신문에 공고하고, 토지소유자 및 관계인에게 각각 통지하여야 하며, 열람을 의뢰하는 사업시행자를 제외하고는 특별자치도지사, 시장·군수 또는 구청장에게도 통지하여야 한다. 다만, 토지소유자와 관계인이 20인 이하인 경우에는 공고를 생략할 수 있다(공토법 제15조 제1항).

② 보상계획의 열람

사업시행자는 공고나 통지를 하였을 때에는 그 내용을 14일 이상 일반인이 열람할 수 있도록 하여야 한다. 다만, 사업지역이 둘 이상의 시·군 또는 구에 걸쳐 있거나 사업시행자가 행정청이 아닌 경우에는 해당 특별자치도지사, 시장·군수 또는 구청장에게도 그 사본을 송부하여 열람을 의뢰하여야 한다(공토법 제15조 제2항).

③ 이의제기 및 조치

공고되거나 통지된 토지조서 및 물건조서의 내용에 대하여 이의(異議)가 있는 토지소유자 또는 관계인은 열람기간 이내에 사업시행자에게 서면으로 이의를 제기할 수 있다(공토법 제15조 제3항). 사업시행자는 해당 토지조서 및 물건조서에 제기된 이의를 부기(附記)하고 그 이의가 이유 있다고 인정할 때에는 적절한 조치를 하여야 한다(동조 제4항).

(3) 보상액의 산정

사업시행자는 토지등에 대한 보상액을 산정하려는 경우에는 감정평가업자 3인(제2항에 따라 시·도지사와 토지소유자가 모두 감정평가업자를 추천하지 아니하거나 시·도지사 또는 토지소유자 어느 한쪽이 감정평가업자를 추천하지 아니하는 경우에는 2인)을 선정하여 토지등의 평가를 의뢰하여야 한다(공토법 제68조 제1항).

시·도지사와 토지소유자는 보상계획의 열람기간 만료일부터 30일 이내에 사업시행자에게 감정평가업자를 각 1인씩 추천할 수 있다(동법 제68조 제2항, 동법 시행령 제28조 제2항). 감정평가업자를 추천하려는 토지소유자는 보상대상 토지면적의 2분의 1 이상에 해당하는 토지소유자와 보상 대상 토지의 토지소유자 총수의 과반수의 동의를 받은 사실을 증명하는 서류를 첨부하여 사업시행자에게 감정평가업자를 추천하여야 한다. 이 경우 토지소유자는 감정평가업자 1명에 대해서만 동의할 수 있다(동조 제4항). 사업시행자는 시·도지사와 토지소유자가 추천된 감정평가업자를 포함하여 선정하여야 한다(동법 제68조 제2항).

(4) 협의

사업시행자는 협의를 하고자 하는 때에는 국토해양부령이 정하는 보상협의요청서[84]를 토지소유자 및 관계인에게 통지하여야 한다.[85] 다만, 토지소유자 및 관계인을 알 수 없거

---

[84] 보상협의요청서의 기재사항(시행령 제8조 제1항)
　　1. 협의기간·협의장소 및 협의방법
　　2. 보상의 시기·방법·절차 및 금액
　　3. 계약체결에 필요한 구비서류

[85] 토지수용법 시행령 제15조의2 제1항이 규정하는 통지절차는 기업자와 토지소유자 사이에 효율적이고 실질적인 협의가 이루어질 수 있도록 하기 위한 사전준비절차에 지나지 아니하는 것으로서 그 통지에 특별한 요식절차가 필요한 것도 아니므로 사업인정의 고시 후 토지소유자의 권리보호를 위하여 필요한 상당한 기간 동안 기업자와 토지소유자 사이에 토지의 취득조건 등에 관하여 실질적인 협의가 진행된 이상,

나 그 주소·거소 그 밖에 통지할 장소를 알 수 없는 때에는 공고로써 통지에 갈음할 수 있다. 공고는 사업시행자가 공고할 서류를 토지 등의 소재지를 관할하는 시장(행정시의 시장을 포함한다)·군수 또는 구청장(자치구가 아닌 구의 구청장을 포함한다)에게 송부하여 해당 시(행정시를 포함한다)·군 또는 구(자치구가 아닌 구를 포함한다)의 게시판에 14일간 게시하는 방법에 의한다(동법 시행령 제8조 제1항 제2항).

사업시행자는 토지 등에 대한 보상에 관하여 토지소유자 및 관계인과 성실하게 협의하여야 하고(공토법 제16조), 그 협의기간은 특별한 사유가 없는 한 30일 이상으로 하여야 한다(동법 시행령 제8조 제3항). 이러한 협의가 사업인정 후 협의와 관계에 있어서 강제성을 가지는 것인지 문제가 있다. 사업인정 전과 후의 협의는 각각 임의성을 지니고 있는 것으로 보이나, 재결 전에 반드시 최소 한 번의 협의는 거쳐야 하는 선택적이면서 필수적인 제도로 볼 수 있다.[86]

(5) 계약의 체결

사업시행자는 협의가 성립되었을 때에는 토지소유자 및 관계인과 계약을 체결하여야 한다(공토법 제17조). 이 경우 체결되는 계약의 내용에는 계약의 해지 또는 변경에 관한 사항과 이에 따르는 보상액의 환수 및 원상복구 등에 관한 사항이 포함되어야 한다(동법 시행령 제8조 제4항).

사업시행자는 협의기간 내에 협의가 성립되지 아니한 경우에는 협의경위서[87]를 기재하여 토지소유자 및 관계인의 서명 또는 날인을 받아야 한다. 다만, 토지소유자 및 관계인이 정당한 사유 없이 서명 또는 날인을 거부하거나 토지소유자 및 관계인을 알 수 없거나 그 주소·거소 그 밖에 통지할 장소를 알 수 없는 등의 사유로 인하여 서명 또는 날인을 할 수 없는 경우에는 서명 또는 날인을 받지 아니하되, 사업시행자는 해당 협의경위서에 그 사유를 기재하여야 한다(동법 시행령 제8조 제5항).

협의에 앞서 기업자가 토지소유자에게 위 시행령이 정하는 사항들을 구체적으로 통지한 바가 없다고 하여 그 협의절차에 위법이 있다고 할 수 없으므로 이를 들어 수용재결의 취소를 구하는 사유로 삼을 수 없다(대법원 1993.11.26. 93누17669).

86) 「해설토지보상법: 공익사업을 위한 토지 등의 취득 및 보상에 관한 법」, 한국감정원, 2003년, 360면.

87) 협의경위서에는 다음 사항이 포함되어야 한다(동법 시행령 제8조 제5항).
　　1. 협의의 일시·장소 및 방법
　　2. 대상토지의 소재지·지번·지목 및 면적과 토지에 있는 물건의 종류·구조 및 수량
　　3. 토지소유자 및 관계인의 성명 또는 명칭 및 주소
　　4. 토지소유자 및 관계인의 구체적인 주장내용과 이에 대한 사업시행자의 의견
　　5. 그 밖에 협의와 관련된 사항

4. 수용절차

(1) 사업인정

① 성질

사업시행자는 토지 등을 수용하거나 사용하려면 국토해양부장관의 사업인정을 받아야 한다(공토법 제20조 제1항). 사업인정은 사업에 필요한 토지에 대해서는 대물적 처분이면서, 특정 사업시행자에게는 수용권을 부여하는 것이기 때문에 대인적 처분의 성격을 가지고 있다.[88]

사업인정의 법적 성질에 대하여 견해의 대립이 있다. 이에 대하여 단순히 특정한 사업이 공용수용을 할 수 있는 공익사업에 해당하는지를 판단·결정하는 확인행위라는 견해가 있으나,[89] 통설과 판례는 이러한 사업인정은 단순히 특정한 사업이 공용수용을 할 수 있는 공익사업에 해당하는지를 판단하는 데 그치는 것이 아니라, 적극적으로 사업시행자에게 일정한 절차를 거칠 것을 조건으로 수용권을 설정하는 형성행위라고 한다.[90]

② 사업인정의 신청

사업인정을 받으려는 자는 사업인정신청서를 특별시장·광역시장·도지사 또는 특별자치도지사(이하 '시·도지사'라 한다)를 거쳐 국토해양부장관에게 제출하여야 한다. 다만, 사업시행자가 국가인 경우에는 해당 사업을 시행할 관계 중앙행정기관의 장이 직접 이를 국토해양부장관에게 제출할 수 있다(공토법 시행령 제10조 제1항).

③ 협의 및 의견청취

국토해양부장관은 사업인정을 하려면 관계 중앙행정기관의 장 및 특별시장·광역시장·도지사·특별자치도지사(이하 '시·도지사'라 한다)와 협의하여야 하며, 대통령령으

---

88) 석종현, 일반행정법(하), 633면.

89) 이선영, 신토지수용과 보상법론, 149면.

90) 박윤흔, 행정법강의(하), 603면; 석종현, 일반행정법(하), 634면; 김동희, 행정법Ⅱ, 351면; 토지수용법 제14조의 규정에 의한 사업인정은 그 후 일정한 절차를 거칠 것을 조건으로 하여 일정한 내용의 수용권을 설정해 주는 행정처분의 성격을 띠는 것으로서 그 사업인정을 받음으로써 수용할 목적물의 범위가 확정되고 수용권으로 하여금 목적물에 관한 현재 및 장래의 권리자에게 대항할 수 있는 일종의 공법상의 권리로서의 효력을 발생시킨다(대법원 1994.11.11. 93누19375; 대법원 1995.12.5. 선고 95누4889; 대법원 2000.1.21. 99다212).

로 정하는 바에 따라 미리 중앙토지수용위원회 및 사업인정에 이해관계가 있는 자의 의견을 들어야 한다(공토법 제21조).

국토해양부장관으로부터 사업인정에 관한 협의를 요청받은 관계 중앙행정기관의 장 또는 시·도지사는 특별한 사유가 없는 한 협의를 요청받은 날부터 7일 이내에 국토해양부장관에게 의견을 제시하여야 한다(동법 시행령 제11조 제1항).

④ 신청서류의 송부·공고·열람 및 통지

국토해양부장관은 사업인정에 관하여 이해관계가 있는 자의 의견을 들으려는 때에는 사업인정신청서 및 관계서류의 사본을 토지 등의 소재지를 관할하는 시장(행정시의 시장 포함)·군수 또는 구청장(자치구가 아닌 구의 구청장을 포함)에게 송부(전자문서에 의한 송부 포함)하여야 한다(동법 시행령 제11조 제2항).

시장·군수 또는 구청장은 송부된 사업인정신청서 및 관계서류를 받은 때에는 지체 없이 ① 사업시행자의 성명 또는 명칭 및 주소, ② 사업의 종류 및 명칭, ③ 사업예정지 등의 사항을 시(행정시를 포함)·군 또는 구(자치구가 아닌 구를 포함)의 게시판에 공고하고 공고한 날부터 14일간 그 서류를 일반이 열람할 수 있도록 하여야 한다(동조 제3항).

시장·군수 또는 구청장은 이러한 공고를 한 때에는 그 공고의 내용과 의견서를 제출할 수 있다는 뜻을 토지소유자 및 관계인에게 통지(소유자 및 관계인이 원하는 경우에는 전자문서에 의한 통지를 포함한다)하여야 한다. 다만, 통지를 받을 자를 알 수 없거나 그 주소·거소 그 밖에 통지할 장소를 알 수 없는 때에는 그러하지 아니하다(동조 제4항).

⑤ 의견서 제출

토지소유자 및 관계인 그 밖에 사업인정에 관하여 이해관계가 있는 자는 사업인정신청서 열람기간 내에 당해 시장·군수 또는 구청장에게 의견서를 제출(전자문서에 의한 제출을 포함한다)할 수 있다(동법 시행령 제11조 제5항).

시장·군수 또는 구청장은 사업인정신청서 열람기간이 만료된 때에는 제출된 의견서를 지체 없이 국토해양부장관에게 송부(전자문서에 의한 송부를 포함한다)하여야 하며, 제출된 의견서가 없는 때에는 그 사실을 통지(전자문서에 의한 통지를 포함한다)하여야 한다(동조 제6항).

⑥ 사업인정고시

국토해양부장관은 사업인정을 하였을 때에는 지체 없이 그 뜻을 사업시행자, 토지소유자 및 관계인, 관계 시·도지사에게 통지하고 사업시행자의 성명이나 명칭, 사업의 종류, 사업지역 및 수용하거나 사용할 토지의 세목을 관보에 고시하여야 한다(공토법 제22조 제1항). 사업인정은 고시한 날로부터 그 효력을 발생한다(동조 제3항).

⑦ 사업인정의 실효

㉠ 재결신청기간의 경과로 인한 실효

사업시행자가 사업인정의 고시가 된 날부터 1년 이내에 재결신청을 하지 아니한 경우에는 사업인정고시가 된 날부터 1년이 되는 날의 다음 날에 사업인정은 그 효력을 상실한다(공토법 제23조 제1항).

㉡ 사업의 폐지와 변경으로 인한 실효

사업인정고시가 된 후 사업의 전부 또는 일부를 폐지하거나 변경함으로 인하여 토지 등의 전부 또는 일부를 수용하거나 사용할 필요가 없게 되었을 때에는 사업시행자는 지체 없이 사업지역을 관할하는 시·도지사에게 신고하고, 토지소유자 및 관계인에게 이를 통지하여야 한다(공토법 제24조 제1항). 신고를 받은 시·도지사는 사업의 전부 또는 일부가 폐지되거나 변경된 내용을 관보에 고시하여야 한다(동조 제2항).

시·도지사는 사업시행자의 신고가 없는 경우에도 사업시행자가 사업의 전부 또는 일부를 폐지하거나 변경함으로 인하여 토지를 수용하거나 사용할 필요가 없게 된 것을 알았을 때에는 미리 사업시행자의 의견을 듣고 그 내용을 고시하여야 한다(동조 제3항).

고시가 된 날부터 그 고시된 내용에 따라 사업인정의 전부 또는 일부는 그 효력을 상실한다(동조 제5항).

㉢ 사업인정의 실효로 인한 손실보상

사업의 전부 또는 일부를 폐지·변경함으로 인하여 토지소유자 또는 관계인이 입은 손실을 보상하여야 한다(공토법 제23조 제2항, 제24조 제6항).

⑧ 사업인정의 하자

사업인정은 행정소송의 대상이 되지만, 사업인정에 대한 쟁송기간이 지나서 불가쟁력이 생긴 경우에는 사업인정의 흠이 중대하고 명백하여 당연 무효인 경우를 제외하고는 그 하자가 승계되지 않으며, 그에 대한 위법·부당을 수용재결에서나 행정소송으로 다툴 수 없다.[91]

<판례>

구 토지수용법(1990.4.7. 법률 제4231호로 개정되기 전의 것) 제16조 제1항에서는 건설부장관이 사업인정을 하는 때에는 지체 없이 그 뜻을 기업자·토지소유자·관계인 및 관계도지사에게 통보하고 기업자의 성명 또는 명칭, 사업의 종류, 기업지 및 수용 또는 사용할 토지의 세목을 관보에 공시하여야 한다고 규정하고 있는바, 가령 건설부장관이 위와 같은 절차를 누락한 경우 이는 절차상의 위법으로서 수용재결 단계 전의 사업인정 단계에서 다툴 수 있는 취소사유에 해당하기는 하나, 더 나아가 그 사업인정 자체를 무효로 할 중대하고 명백한 하자라고 보기는 어렵고, 따라서 이러한 위법을 들어 수용재결처분의 취소를 구하거나 무효확인을 구할 수는 없다(대법원 2000.10.13. 2000두5142).

<판례>

건설부장관이 택지개발계획을 승인함에 있어서 토지수용법 제15조에 의한 이해관계자의 의견을 듣지 아니하였거나, 같은 법 제16조 제1항 소정의 토지소유자에 대한 통지를 하지 아니한 하자는 중대하고 명백한 것이 아니므로 사업인정 자체가 당연무효라고 할 수 없고, 이러한 하자는 수용재결의 선행처분인 사업인정단계에서 다투어야 할 것이므로 쟁송기간이 도과한 이후에 위와 같은 하자를 이유로 수용재결의 취소를 구할 수 없다(대법원 1993.6.29. 91누2342).

(2) 임의협의

사업인정을 받은 사업시행자는 토지조서 및 물건조서의 작성, 보상계획의 공고·통지 및 열람, 보상액의 산정과 토지소유자 및 관계인과의 협의 절차(토지·물건조서의 작성, 보상계획의 공고·열람)를 거쳐야 한다(공토법 제26조 제1항). 사업인정 이전에 협의 절차를 거쳤으나 협의가 성립되지 아니하고 사업인정을 받은 사업으로서 토지조서 및 물건조서의 내용에 변동이 없을 때에는 협의절차를 거치지 아니할 수 있다. 다만, 사업시행자나 토지소유자 및 관계인이 협의를 요구할 때에는 협의하여야 한다(동조 제2항). 이러한

---

91) 대법원 1992.3.13. 91누4324; 대법원 2000.10.13. 2000두5142.

협의는 수용할 토지의 범위, 수용시기, 손실보상 등에 관한 당사자 간의 교섭행위로서 공법상 계약의 성질을 가진다고 보는 것이 통설이다.[92]

사업시행자와 토지소유자 및 관계인 간에 협의가 성립되었을 때에는 사업시행자는 사업인정의 고시가 있는 날로부터 1년 이내에, 해당 토지소유자 및 관계인의 동의를 받아 관할 토지수용위원회에 협의 성립의 확인을 신청할 수 있다(공토법 제29조 제1항). 사업시행자가 협의가 성립된 토지의 소재지·지번·지목 및 면적 등 「공증인법」에 따른 공증을 받아 협의 성립의 확인을 신청하였을 때에는 관할 토지수용위원회가 이를 수리함으로써 협의 성립이 확인된 것으로 본다(동조 제3항). 이러한 협의의 확인은 이 법에 따른 재결로 보며, 사업시행자, 토지소유자 및 관계인은 그 확인된 협의의 성립이나 내용을 다툴 수 없다(동조 제4항).

(3) 수용재결

① 성질

재결은 협의의 불성립 또는 협의불능의 경우에 행하는 공용수용의 종국적인 절차로서, 재결은 수용권 자체의 행사가 아니라, 사업시행자에게 부여된 수여권의 구체적 내용을 결정하고 그 실행을 완성시키는 형성적 행정처분이다.[93]

② 재결신청 및 재결신청의 청구

협의가 성립되지 아니하거나 협의를 할 수 없을 때에는 사업시행자는 사업인정고시가 된 날부터 1년 이내에 관할 토지수용위원회에 재결을 신청할 수 있다(공토법 제28조 제1항).

사업인정고시가 된 후 협의가 성립되지 아니하였을 때에는 토지소유자와 관계인은 서면(재결신청청구서[94])으로 사업시행자에게 재결을 신청할 것을 청구할 수 있다(공토법 제

---

92) 그러나 현행법하에서 협의성립에 대한 확인제도가 있어, 협의성립에 대한 토지수용위원회의 확인이 있으면 그 확인은 '재결'로 하고 있다(공토법 제29조 제4항). 따라서 협의가 재결로 전화되므로 협의를 공법상 계약으로 보느냐 사법상 계약으로 보느냐의 논의의 실익은 없어지고, 협의의 법적성질의 논의는 확인을 받지 아니한 협의에 관한 것이라 하겠다[박윤흔, 행정법강의(하), 608면; 석종현, 일반행정법(하), 646~647면; 김동희, 행정법Ⅱ, 354면].

93) 석종현, 일반행정법(하), 650면; 박윤흔, 행정법강의(하), 609면; 김동희, 행정법Ⅱ, 354면.

94) 동법 시행령 제14조(재결신청의 청구 등) ① 토지소유자 및 관계인은 법 제30조 제1항의 규정에 의하여 재결신청의 청구를 하고자 하는 때에는 제8조 제1항 제1호의 규정에 의한 협의기간이 경과한 후 국토해

30조 제1항). 사업시행자는 재결신청청구서를 받았을 때에는 그 청구를 받은 날부터 60일 이내에 관할 토지수용위원회에 재결을 신청하여야 한다(동조 제2항). 사업시행자가 60일을 넘겨서 재결을 신청하였을 때에는 그 지연된 기간에 대하여 「소송촉진 등에 관한 특례법」 제3조에 따른 법정이율을 적용하여 산정한 금액을 관할 토지수용위원회에서 재결한 보상금에 가산(加算)하여 지급하여야 한다(동조 제3항).

③ 재결의 개최

토지수용위원회는 재결신청서를 접수하였을 때에는 대통령령으로 정하는 바에 따라 지체 없이 이를 공고하고, 공고한 날부터 14일 이상 관계 서류의 사본을 일반인이 열람할 수 있도록 하여야 하고, 관계 서류의 열람기간 중에 토지소유자 또는 관계인은 의견을 제시할 수 있다(공토법 제31조). 토지수용위원회는 열람기간이 지났을 때에는 지체 없이 해당 신청에 대한 조사 및 심리를 하여야 한다(공토법 제32조 제1항).

④ 재결의 사항

토지수용위원회의 재결사항은 ① 수용하거나 사용할 토지의 구역 및 사용방법, ② 손실보상, ③ 수용 또는 사용의 개시일과 기간, ④ 그 밖에 이 법 및 다른 법률에서 규정한 사항이다(공토법 제50조 제1항). 토지수용위원회는 사업시행자·토지소유자 또는 관계인이 신청한 범위 안에서 재결하여야 한다.[95] 다만, 손실의 보상에 있어서는 증액재결(增額裁決)을 할 수 있다(공토법 제50조 제2항).

⑤ 재결의 효과

토지수용위원회의 재결이 있으면 수용절차는 종결되고, 일정한 조건 아래 수용의 효과가 발생한다. 즉 사업시행자는 보상금의 지급 또는 공탁을 조건으로 수용의 개시일에 토

양부령이 정하는 바에 따라 다음 각 호의 사항을 기재한 재결신청청구서를 사업시행자에게 제출하여야 한다.
  1. 사업시행자의 성명 또는 명칭
  2. 공익사업의 종류 및 명칭
  3. 토지소유자 및 관계인의 성명 또는 명칭 및 주소
  4. 대상토지의 소재지·지번·지목 및 면적과 토지에 있는 물건의 종류·구조 및 수량
  5. 협의가 성립되지 아니한 사유
95) 토지수용위원회는 행정쟁송에 의하여 사업인정이 취소되지 않는 한 그 기능상 사업인정 자체를 무의미하게 하는, 즉 사업의 시행이 불가능하게 되는 것과 같은 재결을 행할 수는 없다(대법원 1994.11.11. 93누19375).

지에 대한 권리를 원시취득한다(공토법 제40조, 제45조). 사업시행자가 수용의 시기까지 사업시행자가 보상금을 지급하거나 공탁하지 아니하면 재결의 효력은 상실한다(공토법 제42조).

피수용자는 수용목적물의 인도·이전의 의무를 지지만, 손실보상청구권 및 환매권을 취득한다. 피수용자가 의무를 이행하지 아니하는 경우에는 사업시행자에게 대집행신청권이 발생하게 된다(공토법 제89조).

⑥ 재결에 대한 불복

㉠ 이의 신청

중앙토지수용위원회의 재결에 대하여 이의가 있는 자는 중앙토지수용위원회에 이의를 신청할 수 있다. 지방토지수용위원회의 재결에 대하여 이의가 있는 자는 해당 지방토지수용위원회를 거쳐 중앙토지수용위원회에 이의를 신청할 수 있다. 이러한 이의의 신청은 재결서의 정본을 받은 날부터 30일 이내에 하여야 한다(공토법 제83조).

㉡ 행정소송

사업시행자·토지소유자 또는 관계인은 재결에 대하여 불복이 있는 때에는 재결서를 받은 날부터 60일 이내에, 이의신청을 거친 때에는 이의신청에 대한 재결서를 받은 날부터 30일 이내에 각각 행정소송을 제기할 수 있다. 이 경우 사업시행자는 행정소송을 제기하기 전에 증액된 보상금을 공탁하여야 하며, 보상금을 받을 자는 공탁된 보상금을 소송이 종결될 때까지 수령할 수 없다(공토법 제85조 제1항).

행정소송이 보상금의 증감(增減)에 관한 소송인 경우 그 소송을 제기하는 자가 토지소유자 또는 관계인일 때에는 사업시행자를, 사업시행자일 때에는 토지소유자 또는 관계인을 각각 피고로 한다(동조 제2항). 이는 순수한 의미의 형식적 당사자소송을 인정하고 있는 것으로 보인다.[96]

공토법상 인정하고 행정소송의 형태를 종합하면, 토지수용위원회의 재결의 취소를 구하는 행정소송과 보상금증감청구소송인 형식적 당사자 소송이고, 이 외에 재결이 당연무효임을 다투는 재결무효확인소송을 제기할 수 있다.[97]

---

96) 석종현, 일반행정법(하), 659면; 김남진·김연태, 행정법Ⅱ, 553면; 박윤흔, 행정법강의(하), 612면.
97) 대법원 1993.1.19. 91누80509.

⑦ 화해

토지수용위원회는 그 재결이 있기 전에는 그 위원 3명으로 구성되는 소위원회로 하여금 사업시행자, 토지소유자 및 관계인에게 화해를 권고하게 할 수 있다(공토법 제33조 제1항). 화해가 성립되었을 때에는 해당 토지수용위원회는 화해조서를 작성하여 화해에 참여한 위원, 사업시행자, 토지소유자 및 관계인이 서명 또는 날인을 하도록 하여야 한다(동조 제2항). 화해조서에 서명 또는 날인이 된 경우에는 당사자 간에 화해조서와 동일한 내용의 합의가 성립된 것으로 본다(동조 제3항).

5. 약식절차

특별한 사유가 있는 경우에 수용절차의 일부를 생략하는 약식절차에 의하여 수용할 수 있다.

(1) 천재지변 시의 토지사용

천재지변이나 그 밖의 사변(事變)으로 인하여 공공의 안전을 유지하기 위한 공익사업을 긴급히 시행할 필요가 있을 때에는 사업시행자는 특별자치도지사, 시장·군수 또는 구청장의 허가를 받아 즉시 타인의 토지를 사용할 수 있다. 다만, 사업시행자가 국가일 때에는 그 사업을 시행할 관계 중앙행정기관의 장이 특별자치도지사, 시장·군수 또는 구청장에게, 사업시행자가 특별시·광역시 또는 도일 때에는 특별시장·광역시장 또는 도지사가 시장·군수 또는 구청장에게 각각 통지하고 사용할 수 있으며, 사업시행자가 특별자치도, 시·군 또는 구일 때에는 특별자치도지사, 시장·군수 또는 구청장이 허가나 통지 없이 사용할 수 있다(공토법 제38조 제1항).

(2) 시급한 토지의 사용

재결신청을 받은 토지수용위원회는 그 재결을 기다려서는 재해를 방지하기 곤란하거나 그 밖에 공공의 이익에 현저한 지장을 줄 우려가 있다고 인정할 때에는 사업시행자의 신청을 받아 담보를 제공하게 한 후 즉시 해당 토지의 사용을 허가할 수 있다. 다만, 국가나 지방자치단체가 사업시행자인 경우에는 담보를 제공하지 아니할 수 있다. 이 경우 토지의 사용기간은 6개월을 넘지 못한다(공토법 제39조).

이에 따라 토지를 사용하는 경우 토지수용위원회의 재결이 있기 전에 토지소유자나 관계인이 청구할 때에는 사업시행자는 자기가 산정한 보상금을 토지소유자나 관계인에게 지급하여야 하며, 사업시행자가 보상금을 지급시기까지 지급하지 아니하는 때에는 토지소유자 또는 관계인은 사업시행자가 제공한 담보의 전부 또는 일부를 취득한다(공토법 제41조).

6. 보상업무 등의 위탁

(1) 위탁 기관

사업시행자는 보상 또는 이주대책에 관한 업무를 보상전문기관에게 위탁할 수 있도록 하고 있다.[98] 위탁할 수 있는 기관은 '지방자치단체'와 대통령이 정하는 보상전문기관을 말한다(공토법 제81조 제1항, 동법 시행령 제43조 제1항).

〈시행령 제43조 제1항의 보상전문기관〉

1. 「한국토지주택공사법」에 따른 한국토지주택공사
2. 「한국수자원공사법」에 의한 한국수자원공사
3. 「한국도로공사법」에 의한 한국도로공사
4. 「한국농어촌공사 및 농지관리기금법」에 따른 한국농어촌공사
5. 「국유재산법」에 따라 출자된 주식회사 한국감정원
6. 「지방공기업법」 제49조에 따라 서울특별시가 택지개발 및 주택건설 등의 사업을 하기 위하여 설립한 지방공사

---

(2) 업무위탁의 범위 및 절차

사업시행자는 다음의 업무를 보상전문기관에 위탁하고자 하는 때에는 미리 위탁내용과 위탁조건에 관하여 보상전문기관과 협의하여야 한다(동법 시행령 제43조 제3항).

---

98) 종전 법에서는 보상 또는 이주대책에 관한 업무는 일반사업시행자가 직접 수행하거나 그 업무를 지방자치단체에 위탁할 수 있었는데, 사업시행자가 직접 보상업무를 수행하는 경우에는 보상업무에 대한 지식과 경험의 부족으로 인하여 보상업무가 지연되거나 보상예상이 낭비되는 문제점이 있었고, 위탁기관이 지방자치단체로 한정됨에 따라 지방자치제 실시로 인한 민선 기관장의 주민을 의식한 과다한 보상, 보상업무회피 등으로 예산낭비를 초래하였다.

<業務委託範囲 부분>

```
〈업무위탁 범위(시행령 제43조 제2항)〉

1. 보상계획의 수립·공고 및 열람에 관한 업무
2. 토지대장 및 건축물대장 등 공부의 조사
3. 토지 등의 소유권 및 소유권외의 권리 관련사항의 조사
4. 분할측량 및 지적등록에 관한 업무
5. 토지조서 및 물건조서의 기재사항에 관한 조사
6. 잔여지 및 공익사업지구 밖의 토지 등의 보상에 관한 조사
7. 영업·농업·어업 및 광업손실에 관한 조사
8. 보상액의 산정(감정평가업무를 제외한다)
9. 보상협의, 계약체결 및 보상금의 지급
10. 보상 관련 민원처리 및 소송수행 관련업무
11. 토지 등의 등기관련 업무
12. 이주대책의 수립·실시 또는 이주정착금의 지급
13. 그 밖에 보상과 관련된 부대업무
```

Ⅵ. 공익사업용지수용의 효과

1. 사업시행자의 권리취득

수용으로 인한 공익사업용지의 취득은 재결에서 정하여진 수용의 개시일에 발생한다(공토법 제45조 제1항). 사업시행자는 수용의 개시일에 수용목적물을 원시취득하게 되어, 수용목적물에 대한 이전의 모든 권리는 소멸하고 사업시행자에게 새로운 권리가 발생한다.[99] 수용과 같은 법률에 규정에 의한 부동산물권의 취득의 경우에는 등기를 요하지 않으나, 취득한 소유권을 타인에게 처분하기 위해서는 등기를 요한다(민법 제187조).

---

[99] 기업자가 과실 없이 진정한 토지소유자를 알지 못하여 형식상의 권리자인 등기부상 소유명의자를 그 피수용자로 확정하더라도 적법하고, 그 수용의 효과로서 수용 목적물의 소유자가 누구임을 막론하고 이미 가졌던 소유권이 소멸함과 동시에 기업자는 완전하고 확실하게 그 권리를 원시취득한다(대법원 1995.12.22. 94다40765).

2. 손실보상

(1) 금전보상원칙

토지소유자 또는 관계인이 입은 손실은 사업시행자가 보상하여야 한다(공토법 제61조 제1항). 그러나 예외적으로 채권과 대토보상을 인정하고 있다.

① 채권보상

사업시행자가 국가, 지방자치단체, 그 밖에 대통령령으로 정하는 「공공기관의 운영에 관한 법률」에 따라 지정·고시된 공공기관 및 공공단체인 경우[100]로서 다음 어느 하나에 해당되는 경우에는 해당 사업시행자가 발행하는 채권으로 지급할 수 있다(공토법 제63조 제7항, 동법 시행령 제27조 제1항).

　㉠ 토지소유자나 관계인이 원하는 경우

　㉡ 사업인정을 받은 사업의 경우에는 대통령령으로 정하는 부재부동산 소유자의 토지[101]

---

100) 공토법 시행령 제25조(채권을 발행할 수 있는 사업시행자) 법 제63조 제7항 각 호 외의 부분에서 '대통령령으로 정하는 「공공기관의 운영에 관한 법률」에 따라 지정·고시된 공공기관 및 공공단체'란 다음 각 호의 기관 및 단체를 말한다.
　1. 「한국토지주택공사법」에 따른 한국토지주택공사
　2. 「한국전력공사법」에 의한 한국전력공사
　3. 「한국농어촌공사 및 농지관리기금법」에 따른 한국농어촌공사
　4. 삭제 <2009.9.21.>
　5. 「한국수자원공사법」에 의한 한국수자원공사
　6. 「한국도로공사법」에 의한 한국도로공사
　7. 「한국관광공사법」에 의한 한국관광공사
　8. 「공기업의 경영구조개선 및 민영화에 관한 법률」에 의한 한국전기통신공사
　9. 「한국가스공사법」에 의한 한국가스공사
　10. 「한국철도시설공단법」에 의하여 설립된 한국철도시설공단
　11. 「인천국제공항공사법」에 의한 인천국제공항공사
　12. 삭제 <2011.8.11.>
　13. 삭제 <2005.12.28.>
　14. 「한국환경공단법」에 따른 한국환경공단
　15. 「지방공기업법」에 의한 지방공사
　16. 「항만공사법」에 의한 항만공사
　17. 「한국철도공사법」에 의한 한국철도공사
　18. 「산업집적활성화 및 공장설립에 관한 법률」에 따른 한국산업단지공단
101) 공토법 시행령 제26조(부재부동산소유자의 토지) ① 법 제63조 제7항 제2호에 따른 부재부동산소유자의 토지는 사업인정고시일 1년 전부터 다음 각 호의 어느 하나의 지역에 계속하여 주민등록을 하지 아니한 자가 소유하는 토지로 한다. <개정 2006.3.24, 2008.4.17, 2011.12.28.>
　1. 해당 토지의 소재지와 동일한 시(행정시를 포함한다. 이하 이 조에서 같다), 구(자치구를 말한다. 이하 이 조에서 같다), 읍, 면(도농복합형태인 시의 읍·면을 포함한다. 이하 이 조에서 같다)

에 대한 보상금이 1억 원을 초과하는 경우로서 그 초과하는 금액에 대하여 보상하는 경우

또한 토지거래허가구역이 속한 시·군·구 또는 토지거래허가구역과 인접한 시·군·구에서 다음 어느 하나에 해당하는 공익사업을 시행하는 자 중 대통령령으로 정하는 「공공기관의 운영에 관한 법률」에 따라 지정·고시된 공공기관 및 공공단체[102]는 부재부동산 소유자의 토지에 대한 보상금 중 1억 원을 초과하는 부분에 대해서는 해당 사업시행자가 발행하는 채권으로 지급하여야 한다(공토법 제63조 제8항, 동법 시행령 제27조 제1항).

㉠ 「택지개발촉진법」에 따른 택지개발사업

㉡ 「산업입지 및 개발에 관한 법률」에 따른 산업단지개발사업

㉢ 그 밖에 대규모 개발사업으로서 대통령령으로 정하는 사업

② **대토보상**[103]

토지소유자가 원하는 경우로서 사업시행자가 해당 공익사업의 합리적인 토지이용계획과 사업계획 등을 고려하여 토지로 보상이 가능한 경우에는 토지소유자가 받을 보상

---

2. 제1호의 지역과 연접한 시·구·읍·면

3. 삭제 <2006.3.24.>

② 제1항 각 호의 1의 지역에 주민등록을 하였으나 당해 지역에 사실상 거주하고 있지 아니한 자가 소유하는 토지는 제1항의 규정에 의한 부재부동산소유자의 토지로 본다. 다만, 질병으로 인한 요양, 징집으로 인한 입영, 공무, 취학 그 밖에 이에 준하는 부득이한 사유로 인하여 거주하지 아니한 경우에는 그러하지 아니하다.

③ 제1항에도 불구하고 다음 각 호의 어느 하나에 해당하는 토지는 부재부동산소유자의 토지로 보지 아니한다. <개정 2008.2.29, 2008.4.17, 2009.11.10.>

1. 상속에 의하여 취득한 경우로서 상속받은 날부터 1년이 경과되지 아니한 토지

2. 사업인정고시일 1년 전부터 계속하여 제1항 각 호의 어느 하나의 지역에 사실상 거주하고 있음을 국토해양부령으로 정하는 바에 따라 입증하는 자가 소유하는 토지

3. 사업인정고시일 1년 전부터 계속하여 제1항 각 호의 어느 하나의 지역에서 사실상 영업하고 있음을 국토해양부령으로 정하는 바에 따라 입증하는 사람이 해당 영업을 하기 위하여 소유하는 토지

102) 동법 시행령 제27조 ② 법 제63조 제8항 각 호 외의 부분에서 '대통령령으로 정하는 「공공기관의 운영에 관한 법률」에 따라 지정·고시된 공공기관 및 공공단체'란 다음 각 호의 기관 및 단체를 말한다.

1. 「한국토지주택공사법」에 따른 한국토지주택공사

2. 삭제 <2009.9.21.>

3. 「한국관광공사법」에 따른 한국관광공사

4. 「산업집적활성화 및 공장설립에 관한 법률」에 따른 한국산업단지공단

5. 「지방공기업법」 제49조에 따른 지방공사

103) 현재 손실보상은 다른 법률에 특별한 규정이 있는 경우를 제외하고는 현금으로 지급하도록 되어 있으나, 손실보상 자금을 효율적으로 관리하고 토지소유자가 개발혜택을 공유할 수 있도록 하기 위하여 일정한 경우 해당 공익사업으로 조성된 토지로 보상할 필요가 있어, 2007.10.17. 법률 제8665호 개정공토법에서 대토보상제도를 도입하였다.

금 중 현금 또는 채권으로 보상받는 금액을 제외한 부분에 대하여 다음과 같은 기준과 절차에 따라 그 공익사업의 시행으로 조성한 토지로 보상할 수 있다(공토법 제63조 제1항 단서).

　　㉠ 토지로 보상받을 수 있는 자: 「건축법」 제57조 제1항에 따른 대지의 분할 제한 면적 이상의 토지를 사업시행자에게 양도한 자가 된다. 이 경우 대상자가 경합(競合)할 때에는 제7항 제2호에 따른 부재부동산 소유자가 아닌 자로서 제7항에 따라 채권으로 보상을 받는 자에게 우선하여 토지로 보상하며, 그 밖의 우선순위 및 대상자 결정방법 등은 사업시행자가 정하여 공고한다.

　　㉡ 보상하는 토지가격의 산정 기준금액: 다른 법률에 특별한 규정이 있는 경우를 제외하고는 일반 분양가격으로 한다.

　　㉢ 보상기준 등의 공고: 제15조에 따라 보상계획을 공고하는 때에 토지로 보상하는 기준을 포함하여 공고하거나 토지로 보상하는 기준을 따로 일간신문에 공고할 것이라는 내용을 포함하여 공고한다.

　　그러나 공토법은 이러한 대토보상이 과다하게 이루어지거나, 악용되는 것을 방지하기 위해 면적과 전매를 제한하고 있다. 토지소유자에게 토지로 보상하는 면적은 사업시행자가 그 공익사업의 토지이용계획과 사업계획 등을 고려하여 정하는데, 그 보상면적은 주택용지는 990제곱미터, 상업용지는 1,100제곱미터를 초과할 수 없다(공토법 제63조 제2항).

　　또한 보상받기로 결정된 권리는 그 보상계약의 체결일부터 소유권이전등기를 마칠 때까지 전매(매매, 증여, 그 밖에 권리의 변동을 수반하는 모든 행위를 포함하되, 상속 및 「부동산투자회사법」에 따른 개발전문 부동산투자회사에 현물출자를 하는 경우는 제외한다)할 수 없으며, 이를 위반할 때에는 사업시행자는 토지로 보상하기로 한 보상금을 현금으로 보상할 수 있다. 이 경우 현금보상액에 대한 이자율은 채권보상 이자율의 2분의 1로 한다(동조 제3항).

(2) 사전보상의 원칙

　　사업시행자는 해당 공익사업을 위한 공사에 착수하기 이전에 토지소유자와 관계인에게 보상액 전액(全額)을 지급하여야 한다. 다만, 천재지변 시의 토지 사용(제38조)과 시급한 토지 사용의 경우(제39조) 또는 토지소유자 및 관계인의 승낙이 있는 경우에는 그러하지 아니하다(공토법 제62조).

(3) 시가보상의 원칙

보상액의 산정은 협의에 의한 경우에는 협의성립 당시 가격을, 재결에 의한 경우에는 수용재결 당시의 가격을 기준으로 한다(공토법 제67조).

3. 수용목적물의 인도 및 이전

토지소유자 및 관계인과 그 밖에 토지소유자나 관계인에 포함되지 아니하는 자로서 수용하거나 사용할 토지나 그 토지에 있는 물건에 관한 권리를 가진 자는 수용 또는 사용의 개시일까지 그 토지나 물건을 사업시행자에게 인도하거나 이전하여야 한다(공토법 제43조). 목적물의 인도·이전의 불이행 또는 불능 시에는 사업시행자에게 신청에 의해 대집행 및 대행이 이루어진다(공토법 제44조, 제89조).

4. 위험부담의 이전

토지수용위원회의 재결이 있은 후 수용하거나 사용할 토지나 물건이 토지소유자 또는 관계인의 고의나 과실 없이 멸실되거나 훼손된 경우 그로 인한 손실은 사업시행자가 부담한다(공토법 제46조).

5. 환매권

환매권은 공용수용의 목적물이 당해 공익사업에 불필요하게 되었거나 그것이 현실적으로 수용의 전제가 된 공익사업에 공용되지 아니한 경우에 피수용자에게 목적물을 다시 매수하여 소유권을 회복할 수 있는 권리를 말한다. 공토법은 제91조, 제92조에서 피수용자에게 환매권을 인정하고 있다(이에 대한 자세한 내용은 '환매소송'에서 후술한다).

제7절 정부조달계약에 의한 취득

Ⅰ. 의의

정부조달계약은 주로 국가가 필요로 하는 행정수요를 충족시키고자 일반사인과 체결하는 공사·물품구매 및 기타 용역관련 계약에 해당할 것이나, 행정목적을 달성하거나 효율적인 행정수행에 방해가 되지 않는 범위 내에서 국유재산을 처분하는 등의 세입의 원인이 되는 계약도 위 정부조달계약에 포함된다.[104]

물품의 구매는 국가가 예산을 확보하여 당해 예산서상 자산취득비에 의하여 사법상 재산매매계약을 체결하고 그 계약에 의하여 금전적 대가를 지불한 후에 당해 재산의 소유권을 이전받는 취득형태의 전형적인 것이다. 건물의 신설과 증축 및 공사 등에 의한 재산의 취득은 국가·지방자치단체의 예산의 집행에 의하여 행정청사를 신축 및 증축하거나 공작물을 신설, 증설 또는 입목의 식재 등에 의한 재산의 취득형태를 말한다.

정부조달계약에 의한 구입은 **공익사업용지의 취득**과 구별된다. 공익사업용지의 취득, 즉 토지 등과 같은 비대체물의 매입을 하는 경우를 말하고 정부조달계약에 의한 매입은 물품과 같은 대체물의 취득을 말한다. 공익사업용지의 취득은 「공익사업을 위한 토지 등의 취득 및 보상에 관한 법」(이하 공토법)이 적용된다.

Ⅱ. 정부조달계약의 특징

1. 사법상의 계약

정부조달계약은 국가가 사경제 주체로서 행하는 사법상의 법률행위로서, 사법상의 계약에 해당한다. 따라서 민사소송의 대상이 된다.[105]

---

104) 정원, 「공공조달계약법」, 법률문화원, 2007년, 61면.

105) 예산회계법에 따라 체결되는 계약은 사법상의 계약이라고 할 것이고 동법 제70조의5의 입찰보증금은 낙찰자의 계약체결의무 이행의 확보를 목적으로 하여 그 불이행 시에 이를 국고에 귀속시켜 국가의 손해를 전보하는 사법상의 손해배상 예정으로서의 성질을 갖는 것이라고 할 것이므로 입찰보증금의 국고 귀속조치는 국가가 사법상의 재산권의 주체로서 행위하는 것이지 공권력을 행사하는 것이거나 공권력

2. 유상·쌍무계약, 전형·비전형계약

정부조달계약은 계약당사자가 서로 대가적 의미를 가지는 재산상의 출연 내지 출자를 하는 계약이며, 각 당사자가 상대방으로 하여금 일정한 급부를 할 것을 약속함과 동시에 자기도 그 대가로서 교환적으로 급부할 것을 약속하는 쌍무계약이다. 또한 정부조달계약은 매매·임차·도급 등과 같은 전형계약(유명계약)인 경우도 있고 시스템사업, 체계개발사업과 같이 전형계약에 포함하기 힘든 무명계약도 있다.[106]

3. 민법상 일반원칙의 적용과 한계

정부조달계약은 기본적으로 국가가 사경제의 주체로서 하는 사법상의 법률행위(매매·도급 등)라 할 수 있다. 따라서 민법과 사법의 일반원칙인 계약자유의 원칙, 신의성실의 원칙, 권리남용금지의 원칙 등이 적용된다. 그러나 정부조달계약의 공정성과 투명성확보를 위해서「국가를 당사자로 하는 계약에 관한 법률」(이하 국가계약법),「조달사업에 관한 법률」을 제정하여 계약당사자 선정방법과 절차에 대하여 규율하고 있다. 사업계획과 예산에 관련하여서는「국가재정법」등이 적용된다.

작용과 일체성을 가진 것이 아니라 할 것이므로 이에 관한 분쟁은 행정소송이 아닌 민사소송의 대상이 될 수밖에 없다고 할 것이다(대법원 1983.12.27. 81누366; 대법원 1996.12.20. 96누14708).

106) 정원,「공공조달계약법」, 66면.

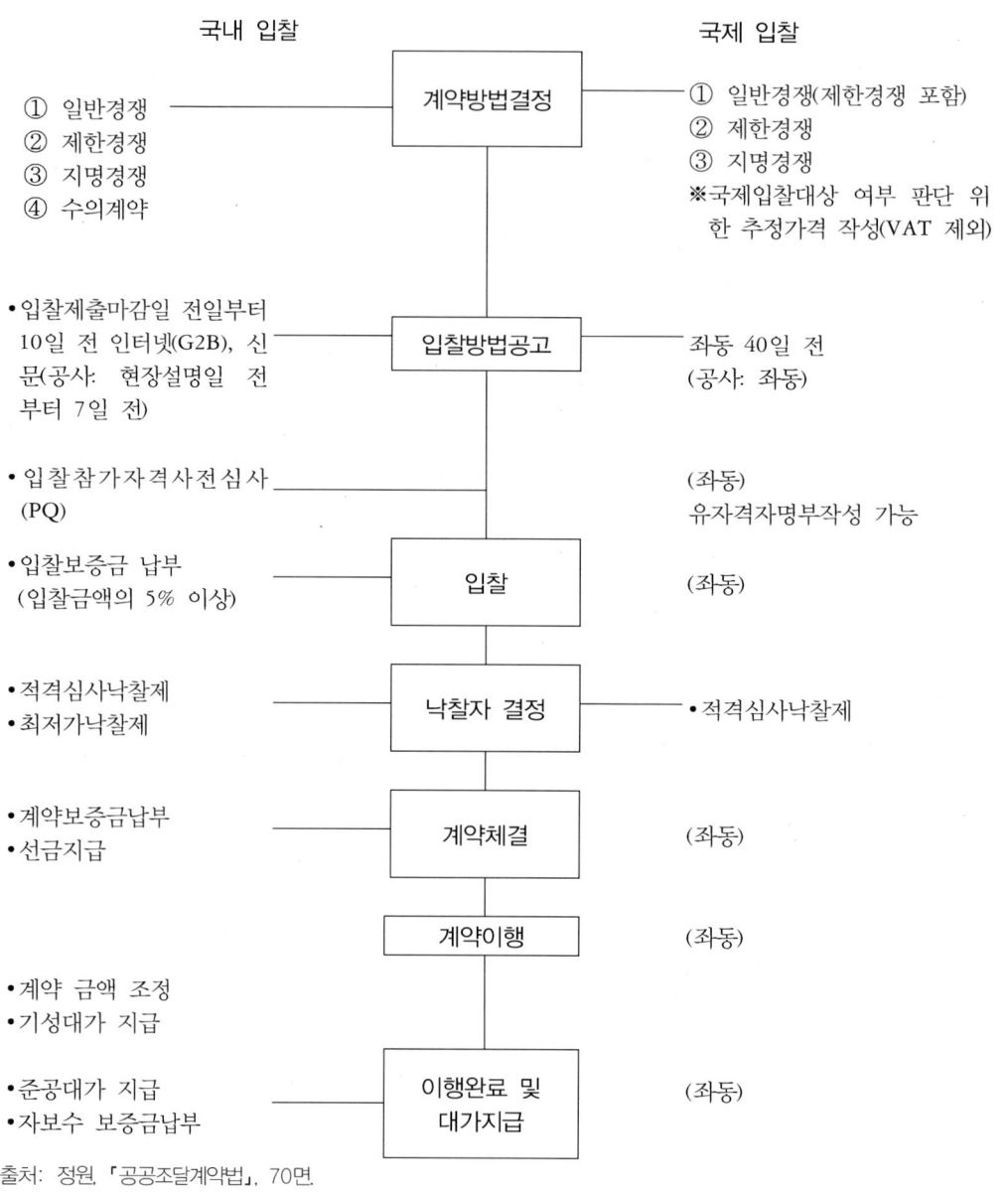

<정부조달계약 절차>

국내 입찰

① 일반경쟁
② 제한경쟁
③ 지명경쟁
④ 수의계약

계약방법결정

국제 입찰

① 일반경쟁(제한경쟁 포함)
② 제한경쟁
③ 지명경쟁
※국제입찰대상 여부 판단 위한 추정가격 작성(VAT 제외)

• 입찰제출마감일 전일부터 10일 전 인터넷(G2B), 신문(공사: 현장설명일 전부터 7일 전)

입찰방법공고

좌동 40일 전
(공사: 좌동)

• 입찰참가자격사전심사 (PQ)

(좌동)
유자격자명부작성 가능

• 입찰보증금 납부 (입찰금액의 5% 이상)

입찰

(좌동)

• 적격심사낙찰제
• 최저가낙찰제

낙찰자 결정

• 적격심사낙찰제

• 계약보증금납부
• 선금지급

계약체결

(좌동)

계약이행

(좌동)

• 계약 금액 조정
• 기성대가 지급

• 준공대가 지급
• 자보수 보증금납부

이행완료 및 대가지급

(좌동)

출처: 정원, 「공공조달계약법」, 70면.

제8절 매수청구토지의 취득

공익을 위한 규제로 인해 침해된 권리를 구제하기 위하여 각종 법에서 보상의 대체수단으로 매수청구권을 제도화하고 있다.

I. 국토의 계획 및 이용에 관한 법률상의 매수청구권

(1) 토지거래계약의 불허가처분을 받은 자는 불허가처분의 통지를 받은 날로부터 1개월 이내에 시장·군수 또는 구청장에게 해당 토지에 관한 권리의 매수를 청구할 수 있다(동법 제123조 제1항). 매수 청구를 받은 시장·군수 또는 구청장은 국가, 지방자치단체, 한국토지주택공사, 그 밖에 대통령령으로 정하는 공공기관 또는 공공단체 중에서 매수할 자를 지정하여, 매수할 자로 하여금 예산의 범위에서 공시지가를 기준으로 하여 해당 토지를 매수하게 하여야 한다. 다만, 토지거래계약 허가신청서에 적힌 가격이 공시지가보다 낮은 경우에는 허가신청서에 적힌 가격으로 매수할 수 있다(동조 제2항).

(2) 도시·군계획시설에 대한 도시·군관리계획의 결정의 고시일부터 10년 이내에 그 도시·군계획시설의 설치에 관한 도시·군계획시설사업이 시행되지 아니하는 경우 그 도시·군계획시설의 부지로 되어 있는 토지 중 지목(地目)이 대(垈)인 토지의 소유자는 대통령령으로 정하는 바에 따라 특별시장·광역시장·특별자치시장·특별자치도지사·시장 또는 군수에게 그 토지의 매수를 청구할 수 있다(동법 제47조 제1항).

매수의무자는 매수 청구를 받은 날부터 6개월 이내에 매수 여부를 결정하여 토지소유자와 특별시장·광역시장·특별자치시장·특별자치도지사·시장 또는 군수(매수의무자가 특별시장·광역시장·특별자치시장·특별자치도지사·시장 또는 군수인 경우는 제외한다)에게 알려야 하며, 매수하기로 결정한 토지는 매수 결정을 알린 날부터 2년 이내에 매수하여야 한다(동조 제6항).

Ⅱ. 개발구역지정으로 인한 토지매수청구권

개발제한구역의 지정에 따라 개발제한구역의 토지를 종래의 용도로 사용할 수 없어 그 효용이 현저히 감소된 토지나 그 토지의 사용 및 수익이 사실상 불가능하게 된 토지의 소유자는 국토해양부장관에게 그 토지의 매수를 청구할 수 있다(동법 제17조 제1항). 이는 개발제한구역의 지정으로 인하여 토지의 효용이 현저히 감소하거나 그 사용·수익이 사실상 불가능한 토지소유자에게 토지매수청구권을 인정하여 토지소유권 침해에 대한 보상규정에 해당한다.107)

1. 매수대상토지

개발제한구역의 지정으로 인하여 개발제한구역 안의 토지를 종래의 용도로 사용할 수 없어 그 효용이 현저히 감소된 토지 또는 당해 토지의 사용 및 수익이 사실상 불가능한 토지가 매수대상토지이다(동조 제1항).

2. 토지매수청구권자

(1) 개발제한구역으로 지정될 당시부터 계속하여 해당 토지를 소유한 자

(2) 토지의 사용·수익이 사실상 불가능하게 되기 전에 해당 토지를 취득하여 계속 소

---

107) 개발제한구역 내에서 건축물의 건축 및 용도변경 등의 행위를 제한하는 구 개발제한구역의 지정 및 관리에 관한 특별조치법 제11조 제1항 중 '건축물의 건축 및 용도변경, 공작물의 설치' 부분 및 같은 조 제2항이 비례의 원칙에 위반하여 청구인들의 재산권 등을 침해하는지 대해서 헌법재판소는 "도시의 무질서한 확산을 방지하고 도시주변의 자연환경을 보전하여 도시민의 건전한 생활환경을 확보하기 위하여 도시의 개발을 제한할 필요가 있으므로 개발제한구역지정으로 인한 토지재산권의 제한은 그 목적의 정당성이 인정되고, 개발제한구역 내에서 그 구역지정의 목적에 위배되는 건축물의 건축, 공작물의 설치 등을 원칙적으로 그리고 전면적으로 금지하는 것은 위와 같은 개발제한구역의 입법목적을 달성하는 데 기여하므로 수단의 적정성도 인정되며, 개발제한구역 내의 토지에 대한 선별적·부분적·예외적 이용제한의 수단만을 선택하여서는 목적의 효율적인 달성을 기대하기 어려우므로 전면적인 규제수단은 입법목적을 달성하기 위해 필요한 최소한의 조치인 것으로 인정된다. 그리고 같은 법이 개발제한구역의 지정으로 인하여 토지의 효용이 현저히 감소하거나 그 사용·수익이 사실상 불가능한 토지소유자에게 토지매수청구권을 인정하는 등 보상규정을 두고 있는 점에 비추어, 이 사건 특조법 조항이 토지재산권의 제한을 통하여 실현하고자 하는 공익의 비중과 이 사건 특조법 조항에 의하여 발생하는 토지재산권의 침해의 정도를 비교형량할 때 양자 사이에 적정한 비례관계가 성립한다고 보이므로 법익균형성도 충족된다. 따라서 개발제한구역 내에서 건축물의 건축 및 용도변경 등의 행위를 제한하는 이 사건 특조법 조항이 비례의 원칙을 위반하여 청구인들의 재산권을 과도하게 침해한 것으로 보기 어렵다."(헌법재판소 2004.2.26. 2001헌바80)

유한 자

(3) (1), (2)에 해당하는 자로부터 해당 토지를 상속받아 계속하여 소유한 자

3. 토지매수의 절차

국토행양부장관은 토지매수청구권자로부터 매수청구를 받은 날부터 2월 이내에 매수대상 여부 및 매수예상가격 등을 매수청구인에게 알려야 한다(동법 제18조 제1항). 국토해양부장관은 매수대상토지임을 알린 날로부터 3년 내에 매수계획을 수립하여 당해 매수대상토지를 매수하여야 한다(동조 제2항, 동법 시행령 제31조).

매수한 토지는 「국가균형발전 특별법」에 따른 광역·지역발전특별회계의 재산으로 귀속된다(동법 제4항).

Ⅲ. 처분명령을 받은 농지에 대한 매수청구

농지의 소유자는 시장·군수 또는 구청장으로부터 농지에 대한 처분명령을 받은 때에는 한국농어촌공사에게 그 농지의 매수를 청구할 수 있다(농지법 제11조 제2항).

한국농어촌공사는 매수 청구를 받으면 「부동산가격공시 및 감정평가에 관한 법률」에 따른 공시지가(해당 토지의 공시지가가 없으면 같은 법 제9조에 따라 산정한 개별 토지가격을 말한다)를 기준으로 해당 농지를 매수할 수 있다. 이 경우 인근 지역의 실제 거래가격이 공시지가보다 낮으면 실제 거래 가격을 기준으로 매수할 수 있다(동조 제3항).

Ⅳ. 군사기지 및 군사시설 보호법에 의한 토지매수청구

보호구역 등의 지정으로 인하여 그 구역 안의 토지를 종래의 용도로 사용할 수 없어 그 효용이 현저하게 감소한 토지 또는 당해 토지의 사용·수익이 사실상 불가능한 토지의 소유자로서 다음 어느 하나에 해당하는 자는 국방부장관에게 당해 토지의 매수를 청구할 수 있다(동법 제17조).

(1) 보호구역 등의 지정 당시부터 당해 통지를 계속 소유한 자

(2) 토지의 사용수익이 사실상 불가능하게 되기 전에 당해 토지를 취득하여 계속 소유한 자

(3) (1), (2)에 해당하는 자로부터 당해 토지를 상속받아 계속 소유한 자

V. 전원개발촉진법에 의한 매수청구

전원개발사업 예정구역의 지정·고시가 있은 때에는 그 구역의 토지소유자는 실시계획의 승인 전이라도 전원개발사업자에게 토지 등의 매수를 청구할 수 있다(동법 제12조 제1항). 전원개발사업자가 토지 등의 매수청구를 받았을 때에는 지체 없이 이를 매수하여야 한다(동조 제2항).

VI. 잔여지 매수청구

동일한 소유자에게 속하는 일단의 토지의 일부가 협의에 의하여 매수되거나 수용됨으로 인하여 잔여지를 종래의 목적에 사용하는 것이 현저히 곤란할 때에는 해당 토지소유자는 사업시행자에게 잔여지를 매수하여 줄 것을 청구할 수 있으며, 사업인정 이후에는 관할 토지수용위원회에 수용을 청구할 수 있다(공익사업을 위한 토지 등의 취득 및 보상에 관한 법률 제74조 제1항).

VII. 폐기물처리시설설치촉진 및 주변지역지원 등에 관한 법률에 의한 매수청구

폐기물처리시설 직접영향권으로 결정된 지역의 주민은 해당 폐기물처리시설설치기관에 대하여 그 토지의 매수를 청구할 수 있다(동법 제17조 제4항).

※ 선매제도

■ 의의

현재 국토의 계획 및 이용에 관한 법률 제122조 제1항은 시장·군수 또는 구청장은 토지거래계약에 관한 허가신청이 있는 경우 공익사업용토지 등에 대하여 국가, 지방자치단체, 한국토지주택공사, 그 밖에 대통령령으로 정하는 공공기관 또는 공공단체가 그 매수를 원하는 경우에는 이들 중에서 해당 토지를 매수할 자를 지정하여 그 토지를 협의 매수하게 할 수 있도록 하고 있다.[108]

선매는 토지거래계약의 허가신청이 있는 경우 공공사업에 필요한 용지를 사전에 확보하기 위하여 사적 거래에 선행하여 국가·지방자치단체 등이 그 토지를 매수하는 제도이다. 이는 공익사업을 위해 필요한 토지의 우선취득을 위하여 사적 거래에 공공이 직접 개입하는 방식이다.

■ 법적 성격

선매권의 성질에 따라 형성권적 선매제도와 협의선매제도로 구분할 수 있다. 형성권적 선매권은 사인 간의 유상양도 신고가 있는 경우에 지자체 등이 당해 신고자에게 매수의사를 통지하면 그 신고서에 기재된 거래예정가액에 상응하는 금액으로 매매가 성립된 것으로 보는 제도이다. 이에 반하여 선매협의권은 그 거래계약상의 토지소유자와 매수를 협의할 수 있는 권능에 불과하다.[109] 현재 국토의 계획 및 이용에 관한 법률상의 토지선매는 공공이 매수협의를 할 수 있는 기회를 주는 협의선매제도에 해당한다.

선매권행사의 유형에 따라 사업선매와 계획선매의 두 가지로 구분할 수 있다. 사업선매는 도시계획사업 인가 후에 용지를 원활히 취득하기 위한 선매로서 수용제도를 보완하는 의의를 갖고 있다. 이에 반해 계획선매는 도시계획사업 인가 전에 하는 선매로서 토지의 투기적 거래를 방지하고 공적토지의 비축을 확대하는 데 의의를 갖고 있다. 현재 국토의 계획 및 이용에 관한 법률상의 토지선매는 사업선매에 가깝다고 할 수 있다.

■ 대상토지 및 선매당사자

토지선매의 대상이 되는 토지는 ① 공익사업용 토지, ② 토지거래계약허가를 받아 취득한 토지를 그 이용목적대로 이용하고 있지 아니한 토지이다(국토의 계획 및 이용에 관한 법률 제122조 제1항 제1호 제2호). 공익사업용 토지는 "공익사업을 위한 토지 등의 취득 및 보상에 관한 법률 제4조의 규정"에 의한 공익사업에 제공되는 토지를 말한다(국토해양부훈령 제2011-735호 토지거래업무처리규정 제19조). 선매자를 지정할 수 있는 자는 시장, 군수, 구청장이다. 선매자는 국가, 지방자치단체, 한국토지주택공사, 그 밖에 대통령령으로 정하는 공공기관 또는 공공단체이다(국토의 계획 및 이용에 관한 법률 제122조 제1항, 동법 시행령 제120조).

---

108) 폐지된 택지소유상환에 관한 법률 제17조에 선매제도가 규정된 바 있다. 국토의 계획 및 이용에 관한 법률상의 선매제도는 토지소유자의 매매의사를 전제로 하는 것이나, 택지소유상한에 관한 법률상의 제도는 택지처분의무의 불이행시 제재수단으로 인정되었다는 점에서 차이가 있다.

■ 토지선매절차

시장·군수 또는 구청장은 토지선매 대상토지에 대하여 토지거래계약의 허가신청이 있는 경우에는 그 신청이 있는 날로부터 1월 이내에 선매자를 지정하여 토지소유자에게 통지하여야 한다. 선매자는 지정통지를 받은 날로부터 1월 이내에 당해 토지소유자와 선매협의를 끝내야 한다(동법 제122조 제2항). 매수희망기관이 2 이상인 경우에는 공익의 정도, 공공사업시행으로 인하여 당해 토지의 적절한 토지이용을 도모하고 자연환경을 보전할 수 있는지 및 사업의 착수시기 등을 판단하여 선매자를 지정한다(국토해양부 훈령 제2011-735호 토지거래업무처리규정 제20조).

이때 선매자로 지정된 자는 그 지정일부터 15일 이내에 매수가격 등 선매조건을 기재한 서면을 토지소유자에게 통지하여 선매협의를 하여야 하며, 지정일부터 30일 이내에 선매협의조서를 시장·군수 또는 구청장에게 제출하여야 한다(동법 시행령 제122조). 선매자가 토지를 매수하는 경우의 가격은 「부동산 가격공시 및 감정평가에 관한 법률」에 따라 감정평가업자가 감정평가한 감정가격을 기준으로 하되, 토지거래계약 허가신청서에 기재된 가격이 감정가격보다 낮은 경우에는 허가신청서에 기재된 가격으로 할 수 있다(동법 제122조 제3항).

그러나 선매협의가 이루어지지 아니한 때에는 시장·군수 또는 구청장은 지체 없이 허가 또는 불허가의 여부를 결정하여 이를 통보하여야 한다(동법 제122조 제4항).

■ 선매협의의 성립 여부에 따른 계약체결의 효과

토지소유자와 선매자 사이에 매수협의가 성립되는 경우에는 선매에 의한 매매계약체결의 효과가 발생한다. 이때 허가신청된 토지소유자와 원 매수인 간의 거래계약은 선매협의가 진행 중인 동안은 관할 시장·군수·구청장이 허가유무를 보류할 것이다. 협의가 이루어지면 원매매계약은 효력을 발생하지 않는다고 보아야 할 것이다.[110] 이후 토지를 선매한 자는 국토이용계획·조사계획 기타 토지의 이용에 관한 계획에 따라 당해 토지의 유효적절한 이용을 도모하여야 할 것이다.

선매에 의한 매수협의가 성립되지 않는 경우에는 원매매계약이 남게 되는데 원매매계약에 대한 허가여부에 따라 효력의 발생 여부가 남게 된다. 토지거래허가대상의 토지에 대한 매매에 대해서 대법원은 이를 유동적 무효의 상태로 보고 있다.[111]

---

109) 지대식, "공적토지비축 확대 및 효율적 운용방안", 국토연구원 연구보고서(1999.12.31.), www.krihs.re.kr

110) 이태일·지대식, "선매제도 활성화 방안 연구", 국토연구원 연구보고서(91-34) 1991.12.31., 104면, www.krihs.re.kr

111) 국토이용관리법상 토지의 거래계약허가구역으로 지정된 구역 안의 토지에 관하여 관할 행정청의 허가를 받지 아니하고 체결한 토지거래계약은 처음부터 그 허가를 배제하거나 잠탈하는 내용의 계약일 경우에는 확정적 무효로서 유효화될 여지가 없으나, 이와 달리 허가받을 것을 전제로 한 거래계약일 경우에는 일단 허가를 받을 때까지는 법률상 미완성의 법률행위로서 거래계약의 채권적 효력도 전혀 발생하지 아니하지만, 일단 허가를 받으면 그 거래계약은 소급해서 유효로 되고 이와 달리 불허가가 된 때에는 무효로 확정되는 이른바 유동적 무효의 상태에 있다고 보아야 한다(대법원 1999.6.17. 98다40459).

■ 토지선매의 현황

우리나라에서 선매협의권 발동의 근거가 되는 토지거래규제제도가 1980년 중반부터 시작되었다. 토지거래신고제는 1984년 12월부터, 토지거래허가제는 1985년 8월부터 각각 시행되었다. 그러나 토지선매제도에 의한 토지취득은 적극적으로 활용되지 못하고 실적이 미미하였다. 각 시도에서 지난 1986년부터 1988년 사이에 선매자지정이 이루어진 총 226건(479,150㎡) 중에서 선매협의로 취득한 것이 8건(14,785㎡)으로서 3.5%에 불과하였다.[112] 선매제도가 실행이 미미한 것은 매도인의 불응과 선매지정자의 재원미확보 등이 지적되고 있다. 또한 이후 1997년 외환위기 이후에 1998년부터 토지거래 신고·허가 구역 전면해제, 토지거래 신고제 폐지가 있었던바 선매제도의 활용을 기대할 수 없었다. 앞으로 선매제도를 이용하여 토지 비축을 해야 하며, 이를 위해서는 현재의 선매협의권을 형성권적 선매권으로 전환하여 하거나, 사업인가 전에 토지비축을 확대하는 계획선매가 필요하다 할 것이다.[113]

---

112) 이태일·지대식, 전게논문, 107면.

113) 지대식, 전게논문, 27면.

제5장 행정재산의 관리

제1절 서론

Ⅰ. 개관

행정재산은 공용재산, 공공용 재산, 기업용 재산, 보존용 재산을 말한다. 2009.1.30. 국유재산법 일부개정(법률 제9401호)에 보존재산을 보존용 재산이라는 명칭으로 행정재산의 일종으로 포함시켰다.

행정재산은 공공재 또는 공공목적의 재화로서의 기능을 가지고 있다. 이러한 행정재산의 공익을 위해 활용되는 기능으로 인해, 행정재산의 관리와 처분에 제한을 가하고 있다. 행정재산 처분은 원칙적으로 금지되어 있으며, 행정재산을 사인이 이용할 때에는 사용허가라는 엄격한 절차에 따르도록 하고 있다.

또한 행정청도 행정재산관리에 총괄청 통제를 받도록 하고 있다. 2011년 국유재산법 (법률 제10485호) 개정 이전에는 행정재산(보존재산)은 총괄사무에 속하지 않는 이상 각 소관 관리청(각 중앙관서의 장)이 관리하도록 하였다. 그러나 2011년 국유재산법(법률 제10485호) 개정 이후에는 국유재산에 대한 관리·처분의 통일과 조정을 강화하여, 총괄청이 행정재산을 통합관리하고, 중앙관서의 장은 행정재산을 사용하려 할 경우 총괄청의 승인을 받도록 개정되었다(동법 제8조).

행정재산에 대해 적용되는 법률과 이로 인해 발생하는 법률관계는 공법관계가 되는 것이다. 공법관계에서의 하자발생할 경우에는 이를 행정청 스스로 바로잡을 때는 직권취소를 해야 하고, 사인이 다투기 위해서는 행정소송(무효, 취소소송)을 제기하여야 한다.

Ⅱ. 행정재산의 처분 제한

1. 처분제한의 취지

국유재산법은 행정재산에 대한 처분을 금지하고 있다(동법 제27조 제1항). 행정재산은 국가의 행정목적을 수행하기 위한 직접적인 물적 수단이거나 특별한 필요에 의하여 보존되는 재산이므로 그 본래의 용제 또는 목적을 저해할 우려가 있기 때문에 처분을 제한하고 있다. 따라서 국가 이외의 자로 하여금 행정재산에 대하여 임차권과 같은 사권을 설정할 수 없고, 행정처분(사용수익허가)을 통해서 사용·수익할 수밖에 없다.

2. 행정재산의 처분 제한

(1) 원칙

국유재산법 제27조 제1항은 "행정재산은 처분하지 못한다"라고 규정하고 있다. 따라서 매각, 교환, 양여, 신탁, 현물출자 등의 방법으로 국유재산의 소유권이 국가 외의 자에게 이전할 수 없다(동법 제2조 제4호)

(2) 예외

그러나 아래와 같은 사유가 있는 경우에는 교환 또는 양여할 수 있다(동조 제1항 단서).

① 공유(公有) 또는 사유재산과 교환하여 그 교환받은 재산을 행정재산으로 관리하려는 경우

이 경우 교환하려는 재산이 사유재산일 경우에는 행정재산과 유사한 재산이어야 한다. 유사한 경우는 토지를 토지와 교환허가나, 건물을 건물과 교환하는 경우, 양쪽 또는 어느 한쪽의 재산에 건물(공작물을 포함)이 있는 토지인 경우에 주된 재산(그 재산의 가액이 전체 재산가액의 2분의 1 이상인 재산을 말한다)이 서로 일치하는 경우를 말한다(동법 제27조 제2항, 제54조 제2~4항, 동법 시행령 제57조 제1항). 교환하려는 재산이 공용재산일 경우에는 그 종류가 유사할 것을 요구하지 않는다.

교환할 때 쌍방의 가격이 같지 아니하면 그 차액을 금전으로 대납(代納)하여야 하고 (동법 제27조 제2항, 제54조 제3항), 중앙관서의 장 등은 교환을 하려면 그 내용을 감사원에 보고하여야 한다(동법 제27조 제2항, 제54조 제4항).

② 대통령령으로 정하는 행정재산을 직접 공용이나 공공용으로 사용하기 위하여 필요로 하는 지방자치단체에 양여하는 경우. 여기서 대통령령으로 정하는 행정재산은 다음 어느 하나에 해당하는 재산을 말한다(동법 시행령 제19조 제2항

제58조 제1항). 그러나 양여한 재산이 10년 내에 양여목적과 달리 사용된 때에는 그 양여를 취소할 수 있다(동법 제27조 제2항, 제55조 제2항).

○ 국가 사무에 사용하던 재산을 그 사무를 이관받은 지방자치단체가 계속하여 그 사무에 사용하는 행정재산
○ 지방자치단체가 청사 부지로 사용하는 행정재산. 이 경우 종전 내무부 소관의 토지로서 1961년부터 1965년까지의 기간에 그 지방자치단체로 양여할 조건을 갖추었으나 양여하지 못한 재산을 계속하여 청사 부지로 사용하는 행정재산에 한정한다.
○ 「국토의 계획 및 이용에 관한 법률」 제86조에 따라 지방자치단체(특별시·광역시·경기도와 그 관할구역의 지방자치단체는 제외한다)의 장이 시행하는 도로시설(1992년 이전에 결정된 도시관리계획에 따른 도시계획시설을 말한다)사업 부지에 포함되어 있는 총괄청 소관의 행정재산
○ 「도로법」 제11조부터 제15조까지의 규정에 따른 도로(2004년 12월 31일 이전에 그 도로에 포함된 경우로 한정한다)에 포함되어 있는 총괄청 소관의 행정재산
○ 「5·18민주화운동 등에 관한 특별법」 제5조에 따른 기념사업을 추진하는 데에 필요한 행정재산

---

3. 국유재산법 제27조 위반의 효력

국유재산법 제27조의 규정에 위반하여 처분한 경우 그 효력에 관하여 법률상 규정이 없어 이를 위반하여 한 처분행위의 효력이 무효인지 유효인지 문제가 있다.

통설은 이를 위반한 계약은 무효라고 한다. 왜냐하면 공물의 본질상 불융통성과 행정재산의 보호가치 등을 고려할 때 강행규정으로 해석되고,[1] 국유재산법 제7조 제2항에서 일반재산은 시효취득의 대상이 되지 않는다고 규정한 점에 비추어 국유재산법 제27조의 금지규정은 절대적이라고 볼 수밖에 없다.[2] 판례도 무효라고 판시하고 있다.

<판례>
행정재산은 사법상 거래의 대상이 되지 아니하는 불융통물이므로 비록 관재 당국이 이를 모르고 매각하였다 하더라도 그 매매는 당연무효라 아니 할 수 없으며, 사인 간의 매매계약 역시 불융통물에 대한 매매로서 무효임을 면할 수 없다(대법원 1995.11.14. 94다50922).

---

1) 김관주·김창근, 전게서, 109면.
2) 곽종훈, "국유재산의 대부", 「사법논집」 제26집, 대법원법원행정처, 1996년, 349면.

<판례>

공유수면관리법상의 빈지(濱地: 1999.2.8. 법률 제5914호로 개정되면서 '바닷가'라는 용어로 바뀌었다)는 만조수위선으로부터 지적공부에 등록된 지역까지의 사이를 말하는 것으로 자연의 상태 그대로 공공용에 제공될 수 있는 실체를 갖추고 있는 이른바 자연공물로서 국유재산법상의 행정재산에 속하는 것으로 사법상 거래의 대상이 되지 아니한다(대법원 2000.5.26. 98다15446).

제2절 관리전환

Ⅰ. 의의

1. 개념

관리전환이란 일반회계와 특별회계·기금 간 또는 서로 다른 특별회계·기금 간에 국유재산의 관리권을 넘기는 것을 말한다(국유재산법 제2조 제5호).[3]

2009.1.30. 개정 국유재산법(법률 제9401호, 시행 2009.7.31.) 이전에는 관리환이라는 용어를 사용하였으나, 관리전환이라는 용어로 변경하였다. 관리환이라는 용어가 제정 국유재산법 시행령에 등장한 이래, 처음에는 관리청 간의 소관 국유재산의 이관을 나타내는 개념에서, 회계와 기금이 추가되는 방향으로 개념이 넓어지게 되었다(관리전환 개념 변천 표 참고).

관리전환은 해당 행정기관의 사무 증감에 따라 필요로 하는 재산을 원활하게 공급하는 기능을 한다. 소관 국유재산의 행정청이 이를 다른 행정청으로 이관하기 위해서는 원래 용도폐지하여, 총괄청에 이관한 후에 총괄청에서 필요로 하는 행정청으로 이관해야 하나, 관리전환 제도를 통해 불필요한 행정절차를 거치지 아니하고 이관할 수 있다.

---

3) 일본 國有財産法은 관리환을 所管煥이라 칭하고 있다(일본국유재산법 제4조).

<관리전환 개념 변천>

국유재산법	조문 내용	비고
시행령 대통령령 제372호, 1950.6.10.	제3조 재무부장관은 필요가 있다고 인정할 때에는 각 부처의 장에 대하여 그 관리에 속한 국유재산에 대하여 그 상황에 관한 자료나 보고를 요구하며 실시감사를 행하며 또는 국유재산의 용도의 변경, 용도의 폐지나 관리환을 시킬 수 있다.	○ 개념정의 없음. ○ 시행령에서 규율됨.
법률 제405호, 1956.11.28.	제13조 제1항 총괄청은 관리청에 대하여 그 소관국유재산의 관리상황을 실지감사하고 그 현황의 자료나 보고를 요구하여 필요하다고 인정할 때에는 그 용도의 폐지나 변경과 그 관리에 속하는 국유재산을 다른 관리청으로 이관(이하 관리환이라 한다)케 하여 기타 필요한 조치를 요구할 수 있다.	○ 법률에서 규율되기 시작 ○ 관리청 상호간 이전 개념
법률 제2950호 1976.12.31. 전부개정	제15조(총괄청의 권한) ② 총괄청은 관리청에 대하여 그 소관에 속하는 국유재산의 용도를 폐지 또는 변경할 것을 요구할 수 있으며 그 국유재산을 다른 관리청 또는 회계에 이관(이하 '관리환'이라 한다)하게 하거나 총괄청에 인계할 수 있다.	○ 회계 추가
법률 제9401호, 2009.1.30.	제2조(정의) 5. '관리전환'이란 각 관리청 간이나 서로 다른 회계·기금 간에 국유재산의 관리권을 넘기는 것을 말한다.	○ 관리환→관리전환 용어 변화 ○ 기금 추가
법률 제10485호, 2011.3.30.	제2조(정의) 5. '관리전환'이란 일반회계와 특별회계·기금 간 또는 서로 다른 특별회계·기금 간에 국유재산의 관리권을 넘기는 것을 말한다.	○ 관리청개념폐지로 수정

2. 구별개념

(1) 보관환

보관환(保管煥)은 동일한 소관청 내의 2개 이상의 기관이 있을 경우에 일개 기관 소속의 국유재산을 타 기관 소속으로 이관하는 것을 말한다.[4] 다시 말해 보관환은 관리청 내에서 재산관리관 상호 간의 협의에 의하여 국유재산의 관리권을 이관하거나 이관받는 것을 말한다.[5] 예를 들어 국방부(관리청) 내의 육군소속의 군부지를 해군소속의 군부지로 이관하는 것이 해당한다. 따라서 보관환은 동일 관리청 내에 있는 2개 이상의 기관에 있

---

[4] 이는 1976년 1월 1일 국유재산법(법률 제2950호)이 전면개정되기 전 구국유재산법 제14조에서, "국유재산을 관리환 또는 동일 관리청에 속하는 보관청 간에 이관(이하 보관환이라 한다)함에 있어서 그 재산의 소속회계가 다른 때에는 유상으로 하여야 한다. 소속이 다른 회계 간에서 국유재산의 사용을 승인(이하 사용승인이라 한다)할 때에도 또한 같다. 단, 직접으로 도로, 하천, 수로, 항만 기타 공공용에 사용하기 위하여 필요한 때에는 예외로 한다"라고 규정된 바 있었다.

[5] 육군규정 부동산관리규정 제4조 제4호.

어서 그 소속 국유재산을 타 기관에 이관하는 것으로, 관리청 간에 이전하는 관리환과는 구별된다.[6]

(2) 정리체

정리체(整理替)는 동일관리청 내에 있어서 소속 구좌에만 이동이 있는 경우로서 甲의 분임보관환 국유재산을 乙의 분임보관청 국유재산으로 이동하는 경우를 말한다.[7] 다시 말해 동일한 관리청 재산을 관리하는 분임 및 재분임 재산관리관 상호 간의 협의에 의하여 국유재산의 관리권을 위임받는 것을 말한다.[8]

(3) 종별체

종별체(種別替)는 각 관리청의 장이 그의 소속에 속한 국유재산의 구분 또는 종류를 변경하는 것을 말한다.[9] 종별체는 국유재산의 구분 또는 종류를 변경하는 것으로 예를 들어 보존재산을 기업용 재산으로 하거나 기업용 재산을 공용재산으로 변경하는 하는 것을 말한다. 종별체는 관리환과 같이 관리청의 이전을 수반하는 것이 아니고 동일 소속 내 또는 동일 소관 내에서 국유재산의 종류를 변경하는 것이다. 관리환 또는 보관환의 결과 국유재산의 종류가 변경되었다 하여도 이를 종별체라 하지 않고 관리환 또는 보관환으로 지칭된다.[10]

<유권해석>

지방자치단체가 국유재산을 관리환(현 관리전환)받을 수 있는가

관리환(현 관리전환)을 할 때의 관리청은 예산회계법상 중앙행정기관의 장을 의미한다. 따라서 지방자치단체인 서귀포시가 중앙행정관서인 농림수산부(현 농림부)의 소관 국유재산을 관리환(현 관리전환)을 할 수는 없고, 이때는 유상으로 매입을 해야 할 것이다(국재 45501 - 855 회신일자 1996.9.25).

평석: 구 국유재산법(법률 제10485호, 2011.3.30.로 개정되기 이전)은 관리청의 개념이 존재하였으나, 현 국유재산법(법률 제10485호, 2011.3.30.로 개정된 이후)에서는 사

---

6) 일본국유재산법은 보관체와 유사한 것으로 所屬替를 규정하고 있다. 일본국유재산법 제4조 제3항은 "이 법률에서 '國有財産의 所屬替'라 함은 동일한 소관 내에 2 이상의 부국 등이 있는 경우에 하나의 부국 등의 소속에 속하는 국유재산을 다른 부국 등의 소속으로 옮기는 것을 말한다"라고 하고 있다.

7) 국유재산증감사유용어례(재무부고시 제329호 1963.9.9).

8) 육군규정 부동산관리규정 제4조 제4호.

9) 국유재산증감사유용어례(재무부고시 제329호 1963.9.9).

10) 김정연·손규동, 전게서, 136면; 최성우, 전게서, 49면.

용하지 않고 있다. 현 국유재산법의 관리전환 개념에서는 주체를 불문하고 관리전환 개념을 정하고 있어, 개념상으로는 지방자치단체와 중앙부처 간에 관리전환이 가능할 것으로 보이나, 법률 제16조, 시행령 제11조와 시행규칙 제6조에서는 중앙관서와 총괄청만 상정하여 규율되고 있어 현재도 지자체와 중앙관서 간에 관리전환은 제한될 것으로 보인다.

<유권해석>

타 관리청 소관 국유재산을 무주부동산으로 오인하여 재경부로 첨기등기한 경우 동 재산을 해당관리청으로 관리환(현 관리전환)하여야 하는지

국방부 소관 국유재산을 지방자치단체가 무주 부동산으로 오인하여 재경경제부로 소유권보존등기를 하였다면 동 재산을 관리환(현 관리전환)할 것이 아니라 당해 보존등기를 말소한 후 당초 관리청인 국방부에서 부동산등기법에 따라 등기(분필등기)하여야 할 것이다(국유재산과－1764 회신일자 2004.8.4).

Ⅱ. 관리전환의 종류

1. 일반관리전환과 상호관리전환

재산흐름의 이동에 따라 일반관리전환과 상호관리전환으로 구분할 수 있다. 예를 들어 甲 중앙관서 소관의 재산을 乙 중앙관서 소관으로 이관하는 경우를 일반관리전환이라 하고, 甲 중앙관서가 乙 중앙관서 소관의 A재산을 관리전환받음과 동시에 乙 중앙관서도 甲 중앙관서 소관의 B재산을 관리전환받는 경우를 상호관리전환이라 한다.[11]

상호관리전환의 경우는 교환과 유사하지만, 관리전환의 대상은 행정청 간에 관리권과 처분권의 이전이며 교환은 국가와 국가 이외 제3자와의 사이에 소유권을 이전하는 것으로 당사자와 이전대상이 다르다.

2. 유상관리전환과 무상관리전환

관리전환을 받는 대가를 지불하느냐에 따라 유상관리전환과 무상관리전환이 있다. 무상관리전환은 주로 일반회계 간의 관리전환의 경우에 이루어지고, 유상관리환은 상이한

---

11) 일반관리환을 '일방적 관리환'이라고도 한다(김정연・손규동, 「국유재산법해설」, 127면).

회계, 기금간의 관리전환인 경우에 이루어지고 있다.

무상관리전환은 통상 일반회계 상호 간에 인정된다. 예를 들어 국세청소관의 일반재산인 토지 및 건물을 훈련장부지로 사용하기 위해 국방부에 관리전환하는 경우를 말한다. 일반회계 상호 간에는 그 회계의 자금은 공통되게 된다. 국방부가 일반회계의 자금으로 그 부지를 취득하는 대가로서 일정의 대금을 국세청에 지급한다 하여도 국세청의 일반회계의 수입으로 되어 자기자금으로 자기의 부채를 결제하게 되는 결과가 되므로 동일회계 간에 있어서는 채권·채무라고 할 관념이 사실상 일어나지 않는 것이다. 따라서 동일회계 내에 있어서의 관리전환은 무상이 된다.

유상관리전환은 소속을 달리하는 회계 간의 관리권 이관으로 일반회계와 특별회계의 상호 간 또는 특별회계 상호 간, 일반회계·특별회계와 기금 간의 관리전환을 말한다. 소속을 달리하는 회계에 대하여 유상으로 규정한 것은 특별회계는 일반회계와 분리하여 각 특별회계별로 독립하여 계산하도록 하고 있고(독립채산제도), 해당 재산을 처분할 때는 처분수입은 당연히 그 회계에 귀속시킴을 원칙으로 하고 있다. 이러한 특별회계의 독립성을 침해하지 않도록 소속을 달리하는 관리전환의 경우에 유상으로 정리하도록 하는 것이다.

Ⅲ. 관리전환의 절차

1. 협의 추진

일반회계와 특별회계·기금 간에 관리전환을 하려는 경우에는 총괄청과 해당 특별회계·기금의 소관 중앙관서의 장 간의 협의를 해야 한다(국유재산법 제16조 제1항 제1호). 서로 다른 특별회계·기금 간에 관리전환을 하려는 경우에는 해당 특별회계·기금의 소관 중앙관서의 장 간의 협의를 해야 한다(동조 동항 제2호).

총괄청 소관의 일반재산을 관리전환받으려는 중앙관서의 장은 최근 5년 동안 관리전환받은 재산(총괄청이 아닌 중앙관서의 장으로부터 관리전환받은 재산을 포함한다)의 명세와 그 이용 현황 등을 총괄청에 제출하여야 한다(동법 시행규칙 제6조 제2항).

2. 협의 불성립의 경우

협의가 성립되지 아니하는 경우 관리전환을 결정받으려는 중앙관서의 장은 다음 사항을 포함하는 서류를 총괄청에 제출하여야 한다(동법 시행규칙 제6조).

○ 재산의 표시
○ 현재의 중앙관서의 중 및 인수할 중앙관서의 중의 명칭과 관리전환을 받으려는 사유
○ 협의가 성립되지 아니한 사유
○ 활용 계획
○ 유상 관리전환을 받으려는 경우에는 평정가격과 그 평정조서
○ 등기부 등본 및 지적공부

총괄청은 해당재산의 관리상황 및 활용계획과 국가의 정책목적 달성을 위한 우선순위를 고려하여 소관 중앙관서의 장을 결정한다(동법 제16조 제2항).

이 경우 해당 재산을 이관하는 총괄청이나 중앙관서의 장은 그 재산을 이관받는 총괄청이나 중앙관서의 자에게 관리전환하기로 결정한 문서와 그 재산에 관한 기록을 함께 이관하여야 한다(동법 시행령 제11조).

3. 기록 이관

관리전환을 하는 경우 해당 재산을 이관하는 총괄청이나 중앙관서의 장은 그 재산을 이관받는 총괄청이나 중앙관서의 장에게 관리전환하기로 결정한 문서와 그 재산에 관한 기록을 함께 이관하여야 한다(동법 시행령 제11조).

4. 변경 등기

관리전환 협의(국유재산법 제16조 제1항) 또는 총괄청의 관리전환 결정(동조 제2항)으로 국유재산이 다른 중앙관서의 장으로 이관되는 경우에는 종전의 중앙관서의 장이 발급한 관리전환 협의서 또는 총괄청이 발급한 관리전환 결정서를 첨부하여, 법원(등기관)에 변경등기촉탁을 하여 소관 중앙관서의 장 명칭의 변경등기를 해야 한다.[12]

<유권해석>

관리청 내 재산관리관 간의 재산인계인수 방법은 무엇인가

관리청 내에서 재산관리관 상호 간의 국유재산인계인수에 대하여 국유재산법령상 명시규정이 없으나 관리청 상호 간에 국유재산을 관리환하는 경우 국유재산법 제22조 및 제46조에 따라 관리청 간의 인계인수서에 국유재산관리대장·등기부등본·토지(임야, 건축물관리)대장등본·지적(임야)도·도면 기타 관계서류를 첨부하여 인계하여야 하는바(재관 1261－907 77.8.2: 국유재산예규집 p.472 참조), 재산관리관 상호 간의 인계인수의 경우도 국유재산의 관리와 관련한 책임한계를 명백히 하기 위하여 관리청의 인계인수의 예에 따라 인계인수서에 관련공부 및 관계서류를 첨부하여 재산관리관이 날인하여 인계인수하여야 한다고 한다(국재 22400－2378 회신일자 1990.09.28).

<등기선례>

국세청으로 관리청이 첨기되어 있는 잡종재산에 대한 멸실등기와 관리환협의에 기한 관리청변경등기의 신청절차

국세청으로 관리청이 첨기되어 있는 잡종재산에 대하여 국유재산법 부칙(법률 제2950호, 1976.12.31.) 제3조에 기하여 재정경제부가 등기명의인으로서 멸실등기를 신청하고자 하는 경우에는 국세청으로 등기되어 있는 관리청을 재정경제부로 변경하는 등기를 생략하고 재정경제부가 바로 신청할 수 있으며(물론 이 경우 관리청 변경등기를 별개의 등기로 신청하는 것도 가능함), 이 경우 등기신청을 위해서는 ① 그 부동산이 국유재산법 상의 잡종재산임을 입증하는 서면(국유재산대장 사본 등)과 ② 국유재산법 부칙 제3조 제1항 후단의 경우가 아니라는 취지(국세청이 매각한 재산이 아니라는 내용 등)의 재정경제부장관의 확인서와 ③ 재무부→ 재정경제원→재정경제부로 관리청이 변경된 사실을 증명하는 서면(명칭을 변경한 법률을 공포한 관보나 그 법률의 사본 또는 재정경제부장관의 확인서 등) 등을 첨부하여야 할 것이다.

한편, 관리환협의에 기한 관리청변경등기의 경우는 새로이 관리하게 된 기관이 관리청 변경등기를 신청하여야 할 것이고(부동산등기법 제48조의2 참조), 이 경우 역시 국세청→재무부→ 재정경제원→재정경제부로의 관리청 변경등기는 중간생략이 가능할 것이며, 위 등기를 신청하기 위해서는 위에서 언급한 ①②③ 서면 외에 ④ 재정경제부장관이 발급한 관리환 협의서를 추가로 첨부하여야 할 것이다(2005.10.5. 부동산등기과－1617 질의회답).

---

12) 국유재산의 관리청 명칭 첨기등기에 관한 예규(2011.10.11. 등기예규 제1398호). 국유재산의 관리전환 등에 의하여 그 관리청이 변경된 때에는 새로 관리하게 되는 관리청이 그 변경 사실을 증명하는 서면을 첨부하여 관리청 변경등기를 촉탁할 수 있으며(부동산등기법 제48조의2), 이때 국유재산의 관리청임을 증명하는 서면으로는 종전 관리청과 협의된 관리전환 협의서 또는 총괄청(기획재정부장관)이 발급한 관리전환 결정서나 관리청 지정서(국유재산법 시행령 제9조 제2항)를 첨부하여야 하는바, 「대한민국과 아메리카합중국 간의 상호방위조약 제4조에 의한 시설과 구역 및 대한민국에 있어서의 합중국군대의 지위에 관한 협정의 시행에 따른 국가 및 지방자치단체의 재산의 관리와 처분에 관한 법률」 제4조에 의한 경우에도 관리청 변경등기촉탁을 하기 위해서는 위 서면을 첨부하여야 한다(등기선례 200912－4, 2009.12.24. 부동산등기과－2669 질의회답).

Ⅳ. 유상 관리전환과 무상 관리전환

1. 유상 관리전환 원칙

(1) 유상 관리전환 원칙

국유재산을 관리전환하거나 서로 다른 회계·기금 간에 그 사용을 하도록 하는 경우에는 유상으로 하여야 하는 게 원칙이다(국유재산법 제17조). 2011.3.30. 개정 국유재산법(법률 제10485호) 이전에는 같은 회계·기금 간에 국유재산을 관리전환하는 경우에는 무상 관리전환할 수 있었으나,[13] 2011.3.30. 개정 국유재산법에서는 모든 관리전환은 유상으로 관리전환하는 것을 원칙으로 하였다.

(2) 국유재산 가액 결정

국유재산 가액은 「부동산 가격공시 및 감정평가에 관한 법률」에 따른 감정평가법인 중 1개 감정평가법인이 평가한 가액에 따른다(동법 시행령 제12조 제2호). 따라서 감정평가법인에 의해서 예정가격을 결정하여야 하므로 당해 국유재산에 대한 실투자액(실제 건축비)을 곧바로 예정가격으로 결정할 수는 없다.[14]

다만 증권의 경우에는 국유재산법 시행령 제43조(상장증권의 예정가격), 제44조(비상장증권의 예정가격)를 준용하여 산출한 가액으로 한다(동법 시행령 제12조 제1호).

(3) 대가의 지불

일반관리전환의 경우에 관리전환을 받은 중앙관서는 당해재산의 평가액에 상당하는 금액을 소관하고 있던 중앙관서의 회계에 지불하여야 한다. 이 관리전환의 대가는 사전에

---

13) **구 국유재산법(법률 제9544호, 2009.3.25.)** 제17조(유상관리전환 등) 서로 다른 회계·기금 간에 국유재산을 관리전환하거나 그 사용을 승인하는 경우에는 유상으로 하여야 한다. 다만, 다음 각 호의 어느 하나에 해당하는 경우에는 무상으로 할 수 있다.
1. 직접 도로, 하천, 항만, 공항, 철도, 공유수면, 그 밖의 공공용으로 사용하기 위하여 필요한 경우
2. 다음 각 목의 어느 하나에 해당하는 사유로 관리청 간에 무상으로 관리전환하기로 합의하는 경우
가. 관리전환하려는 국유재산의 감정평가에 드는 비용이 해당 재산의 가액(價額)에 비하여 과다할 것으로 예상되는 경우
나. 상호교환의 형식으로 관리전환하는 경우로서 유상으로 관리전환하는 데에 드는 예산을 확보하기가 곤란한 경우

14) 재정경제부 유권해석 국재 1281 - 1800 회신일자 1982.5.25.

예산 조치가 취하여져야 할 것이다.

상호관리전환의 경우에 쌍방 재산 평가액의 차액을 일방이 납부하면 되는 것으로 이 차액 이외의 금액은 예산에 계상할 필요는 없는 것이다.[15]

이때 대가를 지불해야 하는 중앙관서 예산이 부족한 경우에 분할납부가 가능한가에 대해서 분할납부에 대한 규정이 없으므로 분할납부가 불가능하고 이 경우 매년도 마다 예산이 배정된 만큼 재산을 감정평가하여 가액을 결정하여 관리전환을 받아야 할 것이다.[16] 하지만 분할납부규정의 미비로 관리전환 절차가 지연되는 문제가 있다.

2. 예외: 무상 관리전환

다음 어느 하나에 해당하는 경우에는 무상 관리전환이 가능하다(국유재산법 제17조).

(1) 직접 도로, 하천, 항만, 공항, 철도, 공유수면, 그 밖의 공공용으로 사용하기 위하여 필요한 경우

공공용으로 사용될 필요가 있는 경우에는 상이한 회계 간에도 무상관리전환을 할 수 있도록 규정하고 있다. 그 이유는 공공용으로 국유재산이 이용되는 것은 일반사회의 공익목적을 위하여 국민의 복지를 증진시키는 것이므로 그 목적을 적극적으로 지원하기 위한 것이다.

여기서 공공용으로 사용하기 위하여 필요한 경우는 어떤 특정인이나 또는 특정단체 등이 특수한 목적을 달성하기 위하여 사용하고자 하는 것이 아니라 일반대중들이 직접 자유로이 사용 또는 이용할 수 있는 것을 말하는 것이다. 따라서 구거, 농로, 유지(저수지) 등의 농지개량시설은 공공용 재산에 해당하므로 무상관리전환이 가능하다.[17] 그러나 6·25동란 시 전사한 전몰 경찰관의 유해를 안치하기 위한 합동묘지를 설치하는 것은 일반대중성보다는 특수성이 강하므로 이를 공공용으로 사용한다고 볼 수 없다며 공공성을 엄격히 제한하는 유권해석도 있다.[18]

주의할 점은 공공용으로 사용하기 위한 상이한 회계 간의 관리전환이라고 하여 무조건

---

15) 최성우, 「국유재산관리」, 46면.
16) 재정경제부 유권해석 국재 22400 – 2657 회신일자 1990.11.06.
17) 재정경제부 유권해석 국재 1280 – 2932 회신일자 1983.10.11.
18) 재정경제부 유권해석 재총 1281 – 423 회신일자 1980.2.19.

무상으로 해야 한다는 의미는 아니다. 유상관리전환을 해야 할 불가피한 사유가 있다면 유상 관리전환도 가능할 것이다. 즉 관리전환되는 상호국유재산이 무상관리전환이 되면 특별회계의 자산에 미치는 영향이 큰 경우에는 유상관리전환이 적절할 것이다.[19]

<유권해석>
국유재산법 제23조 단서의 규정에 의거 국유재산을 공공용으로 사용하기 위하여 필요로 하는 경우에는 상이한 회계 간(건설부 일반회계 - 법무부 사법시설 등 특별회계, 철도청 철도사업 특별회계)에 무상으로 관리환을 할 수 있으나, 대상재산이 특별회계에 미치는 영향이 큰 재산이거나 기타 유상으로 관리환하여야 할 불가피한 사유가 있는 재산인 경우에는 유상으로 관리환이 가능하다(국재22400 - 617 회신일자 1992.08.27).

(2) 다음 각 목의 어느 하나에 해당하는 사유로 총괄청과 중앙관서의 장 또는 중앙관서의 장 간에 무상으로 관리전환하기로 합의하는 경우

○ 관리전환하려는 국유재산의 감정평가에 드는 비용이 해당 재산의 가액(價額)에 비하여 과다할 것으로 예상되는 경우
○ 상호교환의 형식으로 관리전환하는 경우로서 유상으로 관리전환하는 데에 드는 예산을 확보하기가 곤란한 경우

이러한 요건은 비록 유상관리환을 하여야 할 사항이지만 중앙관서의 장 상호 간에 합의가 가능한 경우에는 무상으로도 할 수 있는 여지를 열어 주고 있다. 이는 1999.12.31. 개정 국유재산법(법률 제6072호)에서 신설된 조항으로 이전에는 공공용으로 사용되기 힘든 경우에 가치가 현저히 낮은 국유재산도 감정평가비용이 소요되었고, 예산이 계상되지 아니한 경우에는 관리전환하는 데 어려움이 있었다.[20]

---

19) 김정연·손규동, 전게서, 130면.
20) 양곡관리기금재산인 제방형태의 언덕의 1/3이 철도접구구역에 해당되어 위치, 형태로 보아 기금재산으로 존속할 가치가 없으므로 철도용으로 활용할 수 있도록 하기 위하여 무상관리환이 가능한지에 대해서, 철도용지는 기업용 재산으로서 공공용 재산에 해당하지 아니하여 무상관리환이 불가능하다는 유권해석을 했던 바가 있다(재정경제부 유권해석 국재 22400 - 1237 회신일자 1990.05.30). 하지만 현재에는 이러한 사안의 경우에 무상관리전환을 할 수 있을 것이다.

V. 문제점 및 개선방안

관리전환이 국유부동산이 필요한 곳에 적시에 배분하는 목적을 가지고 있으나, 중앙관서의 장 간의 협의과정에서 서로의 이해가 상충하여 제대로 이용되지 못하고, 시의적절한 이용에 장애가 되고 있다. 협의가 이루어지지 않은 경우에는 총괄청이 결정할 수 있도록 하고 있으나 총괄청의 소관 중앙관서의 장에 대한 결정한 실적은 거의 없는 편이다.

또한 관리전환 절차가 복잡하여 관리전환에 장기간 소요되는 문제점이 있다. 즉 관리전환 절차(관리전환 협의→관리계획상 요구→관리계획결과 통보→재산 인계인수 및 대장정리)가 복잡하다. 따라서 관리전환 협의 후 국유재산을 인계인수할 수 있도록 관리계획에 반영하지 않고 바로 보고로 갈음하는 방안을 검토해 볼 수 있다. 장기소요 공공사업(도로·하천 등)의 경우에는 사업 준공 후 관리전환 요구를 하여 사업기간 중 재산관리청이 불분명해지는 문제가 있으므로 공공사업에 따른 국유지 편입사실 확인과 동시에 관리전환을 요구하여 즉시 인계인수할 수 있도록 할 필요가 있다.[21]

제3절 사용허가

I. 의의

1. 개념

국유재산법상 '사용허가(Permission For Use)'란 행정재산을 국가 외의 자가 일정 기간 유상이나 무상으로 사용·수익할 수 있도록 허용하는 것을 말한다(국유재산법 제2조 제7호). 2009.1.30. 개정 국유재산법(법률 제9401호)에서 사용허가에 대한 개념정의가 도입되었다. 여기서 사용허가가 행정재산의 수익만을 얻기 위한 것을 허가하는 개념이 아니고, 국가

---

21) "국유재산관리의 효율화 방안", 국토연구원연구보고서, 2004년 12월, 68면; 조태제, "국유부동산의 효율적 활용", 토지연구 제12권 제1호, 31면.

외의 자로 하여금 행정재산의 사용만을 허가한 경우도 포함하고 있다.[22]

사용·수익의 의미에 대해서 법적인 정의는 없지만, 사용은 物의 용법에 따라 쓰는 것을 말하며, 수익은 物로부터 과실을 수취(천연과실의 수취 또는 지료 등의 법정과실의 수취)를 말한다. 따라서 국유재산법상의 사용·수익은 행정재산 본래의 용도나 목적과는 다른 목적으로 행정재산을 이용하거나 그로 인하여 이익을 얻는다는 의미를 당연히 내재하고 있는 것이다.[23]

행정재산을 국가 이외의 자가 사용하기 위해서는 국가로부터 사용허가를 받아야 한다. 이러한 허가에 따른 행정재산의 사용관계를 강학상 '행정재산의 목적외사용'이라 한다. 국유재산법은 강학상 행정재산의 목적외사용에 대한 일반적인 규정을 두고 있는 것이다. 행정재산 중에서도 하천·도로·공원·공유수면 등의 사용에 대해서는 각각 하천법, 도로법, 도시공원 및 녹지 등에 관한 법률, 공유수면 관리 및 매립에 관한 법률 등에서 각각 규정하고 있다. 따라서 국유재산법은 개별법에 특별한 규정이 없는 행정재산(주로 용물인 행정재산)의 목적외사용에만 적용된다.[24]

2. 필요성

국민의 일상생활을 하는 데 직접 공여하고 있는 행정재산에 대하여 국유재산법은 일체의 사권설정을 허용하지 않고 있다. 따라서 원칙적으로 국가 이외의 자가 국유재산을 사용 또는 수익을 얻는 것은 허용되지 않는다. 그러나 행정재산의 본래의 목적이나 용도에 지장이 없고, 국유재산의 효용을 증대하거나, 효율적 이용을 하기 위해 필요한 경우에는 국가외의 자로 하여금 국유재산을 사용하게 하거나 수익을 얻도록 허용할 필요가 있다. 예를 들어 국유지내에서 한국전력이 송전탑을 설치하는 경우, 관청 내 사인이 매점을 운영하는 경우가 있다. 이러한 사용허가는 국유재산을 통해 국가의 재정수입을 증대시키는 기능을 하고 있다.

---

22) '사용·수익'에서 가운뎃점은 열거된 여러 단위가 대등하거나 밀접한 관계임을 나타내기 위해 사용된다. 가운뎃점은 의미에 따라 '와, 과, 나, 이나' 등으로 바꾸어 쓸 수도 있다. 가운뎃점은 수식관계에서 어디까지 수식하는지 명확하지 않을 때에도 사용된다[법제처, 알기 쉬운 법령정비기준(제4판), 95면, 2011년]. 특히 국유재산법 제2조 제7호에서 사용된 '유상이나 무상으로 사용·수익'에서의 가운뎃점을 살펴보면, '이나'로 해석된다. 2009.1.30. 이전 구 국유재산법(법률 제8635호)은 "제24조(사용·수익허가) ① 행정재산은 그 용도 또는 목적에 장애가 되지 아니하는 범위 안에서 그 사용 또는 수익을 허가할 수 있다"라고 규정되어 있었다. 현 국유재산법에서 '이나', '또는'이라고 표현하지 않고 가운뎃점을 사용하는 것은 '유상이나 무상으로'의 표현 수식을 명확하게 하기 위해서 가운뎃점을 사용한 것으로 보인다.

23) 육군본부 법제과 - 178(06.3.8.) 군행정재산사용 관련 질의.

24) 김동희, 행정법Ⅱ(2001년), 251면.

Ⅱ. 공물의 사용관계 일반론

공물의 사용관계는 그 성질상 공공용물에 발생하고, 공용물에 있어서는 그 목적달성에 지장이 없는 한도에서 제한적으로 인정된다. 이러한 공물의 사용관계는 이론상 보통사용과 특별사용으로 구분된다.

공물의 보통사용(일반사용)이란 누구든지 공물을 행정청의 허락 없이 그의 사용목적에 따라 사용하는 것을 말한다.[25] 예컨대 도로는 일반의 교통에 공용되는 것이므로 그것을 교통목적에 사용하는 경우가 보통사용에 해당한다(도로법 제2조 제1항).

공물의 특별사용은 그의 성질에 따라 허가사용, 특허사용, 관습법에 의한 특별사용, 계약(공법계약·사법계약)에 의한 사용, 공물의 영조물적 사용 등으로 구분될 수 있다. 관습법에 의한 특별사용은 우리 판례에 의해서 주로 하천으로부터의 용수권, 입어권 등과 관련하여 인정된 바가 있다.[26]

Ⅲ. 국유재산법상 사용허가의 성격

1. 견해의 대립

(1) 공법관계설

이 설은 행정재산의 목적외사용의 법률관계를 공법관계로 보고 있는 견해이다. ① 현행 국유재산법 제2조 제7호, 제30조와 공유재산 및 물품 관리법 제2조 제7호, 제20조 제1항이 행정재산의 목적외사용의 법률관계의 발생을 허가라는 행정처분의 형식에 의하도록 하고 있다는 점, ② 사용료 징수에 관하여 조세체납처분절차에 의하도록 정하고 있는 점(국유재산법 제73조 제2항), ③ 행정재산의 목적외사용의 법률관계의 소멸을 허가의

---

25) 김남진·김연태, 전게서, 382면; 김동희, 행정법Ⅱ, 241면; 김철용, Ⅱ(2006년, 박영사), 363면.

26) 농지소유자들이 수백 년 전부터 공유(公有)하천에 보(저수지를 의미함)를 설치하여 그 연안의 논에 관개를 하여 왔고 원고도 그 논 중 일부를 경작하면서 위 보로부터 인수(引水)를 하여 왔다면, 공유하천으로부터 용수를 함에 있어서 하천법에 의하여 하천관리청으로부터 허가를 얻어야 한다고 하더라도 그 허가를 필요로 하는 법규시행 이전부터 원고가 위 보에 의하여 용수할 수 있는 권리를 관습에 의하여 취득하였음이 뚜렷하므로 원고는 하천법에 관한 법규에 불구하고 그 기득권이 있는 것이다(대법원 1972.3.31. 72다78).

취소, 철회라는 행정처분의 형식에 의하도록 하고 있는 점(국유재산법 제36조)을 들고 있다.[27]

(2) 이원적 법률관계론

국유재산법의 개정취지가 사용수익관계의 발생·소멸과 사용료의 징수관계는 그것을 공법적으로 규율하려는 의도가 분명하므로 그 범위 안에서는 공법관계라고 할 수 있지만, 그 실질에 있어서는 사법상의 임대차관계와 같다고 할 것이며, 따라서 특수한 공법적 규율이 있는 경우를 제외하고는 행정재산의 목적외사용의 법률관계는 사법관계라고 할 것이며, 허가라는 행정처분에 의하여 발생하는 사용권도 사권이라고 보는 견해이다[28]

(3) 사법관계론

사용의 허가라는 용어만으로 당해 행위의 성질을 속단할 수 없으며, 사용·수익의 내용은 오로지 사용수익자의 사적이익을 도모하는 데 있는 것이라는 점에서 사법관계로 보는 견해이다.

(4) 판례

과거 판례는 사용허가를 사법관계로 판단하였으나,[29] 1976.12.31. 개정 국유재산법(법률 제2950호) 이후에는 공법관계로 보고 있다.[30]

(5) 검토

1976년 12월 31일 개정 국유재산법(법률 제2950호) 이전에는 행정재산의 사용허가에 대하여 잡종재산(현 일반재산)의 대부에 관한 규정을 준용하고 있었으므로 그 사용관계를

---

27) 김철용, 행정법Ⅱ, 378면; 김동희, 행정법Ⅱ, 252면; 김남진·김연태, 행정법Ⅱ, 394면.

28) 박윤흔, 행정법강의(하), 510면.

29) 대법원 1964.9.30. 64누102.

30) 공유재산의 관리청이 행정재산의 사용·수익에 대한 허가는 순전히 사경제 주체로서 행하는 사법상의 행위가 아니라 관리청이 공권력을 가진 우월적 지위에서 행하는 행정처분으로서 특정인에게 행정재산을 사용할 수 있는 권리를 설정하여 주는 강학상 특허에 해당한다. 행정재산의 사용·수익허가처분의 성질에 비추어 국민에게는 행정재산의 사용·수익허가를 신청할 법규상 또는 조리상의 권리가 있다고 할 것이므로 공유재산의 관리청이 행정재산의 사용·수익에 대한 허가 신청을 거부한 행위 역시 행정처분에 해당한다(대법원 1998.2.27. 97누1105).

사법관계로 볼 여지가 있었다. 그러나 1976년 12월 31일 개정 국유재산법 이후부터는 사용료 징수절차, 사용허가의 취소·철회에 관한 규정 등을 독립적으로 규율하고 있는 점에 비추어 공법적 규율을 강화시켜 놓았다는 점에서 공법관계로 보는 것이 타당하다.

2. 공법상 계약 여부

사용수익허가를 공법상 계약으로 볼 것인가 아니면 행정행위로 볼 것인지 문제가 있다. 특히 프랑스의 경우에는 공법상 계약으로 보고 있는 데 반해 독일에서는 행정행위로 파악하고 있다. 이 문제에 대해서는 재량통제의 관점에서 이들 행위를 행정행위로 보아야 한다는 견해가 있다. 그러나 이 문제는 실정법 제도에 있어서 의사합치적 요소의 유무에 따라 판단하여야 할 것으로 본다. 이러한 관점에서 보면 우리나라의 경우 사용허가는 상대방의 신청에 대하여 행정청이 일방적으로 결정하는 것이며, 그 법률관계의 내용도 법령에 의하여 일률적으로 규정되어 있는 점에서 행정행위라고 하여야 할 것이다.[31]

행정행위라면 국유재산법상의 사용허가는 행정법상 어떠한 행정행위인지 문제가 있다. 일반적으로 행정재산에 대해서 국유재산은 사권설정을 허용하지 아니하고 있고(동법 제11조), 그 장애가 되지 아니하는 범위 안에서 사용수익을 하고 있으므로, 이는 일반적으로 금지시킨 다음에 해제행위를 하는 것으로 공법상의 허가(許可)를 의미한다 할 것이다.[32] 이를 허가의 의미에서의 사용허가라고 칭할 수 있다.[33]

그러나 동규정에 의하여 행해지는 사용허가 가운데는 성질상 특허사용(特許使用)으로 보는 게 더 바람직하다. 특허사용은 특정인에게 일반인에게는 인정되지 않는 공물의 사용권을 설정하는 것을 의미하는데,[34] 행정재산의 사용은 일반인에게 인정되지 않는 것이고, 대다수의 행정재산 사용허가는 해당 소관 허가권자가 일정한 범위와 제한을 가한 사용권을 부여하는 것이 대다수이기 때문이다.[35]

---

31) 김동희, 전게서, 206면.

32) 김남진·김연태, 전게서, 388면.

33) 국방관계법령(2006.3), 육군종합행정학교, 130면 인용.

34) 김남진·김연태, 전게서, 388면.

35) 허가사용과 특허사용의 구별은 독일의 경우 구 도로법에서 사용기간의 장단, 사용기간 만료 전의 철회의 능부, 그에 따르는 손실보상의 요부를 기준으로 행해졌다. 그러나 현재의 법제에서는 대체로 특별사용 (erlaubnispflichtige Sondernutznung)만 공물의 사용관계로 보는 경향이 있다. 도로법, 하천법, 국유재산법 등 우리 실정법 역시 양자를 구별을 하지 않고 있는 점에서 볼 때, 이론상으로도 양자의 확연한 구별은 없다고 할 수 있다(김남진·김연태, 전게서, 392면).

<판례>
국유재산 등의 관리청이 하는 행정재산의 사용·수익에 대한 허가는 순전히 사경제주 체로서 행하는 사법상의 행위가 아니라 관리청이 공권력을 가진 우월적 지위에서 행 하는 행정처분으로서 특정인에게 행정재산을 사용할 수 있는 권리를 설정하여 주는 강학상 특허에 해당한다. 국유재산 등의 관리청이 하는 행정재산의 사용·수익 허가 에 따른 사용료에 대해서는 국유재산법 제25조 제3항의 규정에 의하여 국세징수법 제 21조, 제22조가 규정한 가산금과 중가산금을 징수할 수 있다 할 것이고, 위 가산금과 중가산금은 위 사용료가 납부기한까지 납부되지 않은 경우 미납분에 관하여 지연이자 의 의미로 부과되는 부대세의 일종이다(대법원 2006.3.9. 2004다31074).[36]

3. 국가계약법과의 관계

국유재산법상의 사용허가와 같은 엄격한 절차에 의하지 않고 국가를 당사자로 하는 계약에 관한 법률(이하 국계법이라고 함)에 따라 임대차계약을 체결하는 방법으로 할 수 있는지 문제가 된다. 예를 들어 장병을 위한 영내 복지시설(영외자 식당, 이발소, 세탁소 등)을 민간으로 하여금 운영하게 하고 그 대가로서 금액을 지급받는 법률관계를 맺을 경우 어떠한 법적 절차에 의하여 하는지의 문제이다.

국계법 제16조에서는 "각 중앙관서의 장 또는 계약담당공무원은 재산의 매각·대부· 용역의 제공 기타 세입의 원인이 되는 계약에 있어서의 다른 법령에 특별한 규정이 없는 한 계약상대자로 하여금 그 대가를 미리 납부하게 하여야 한다"라고 규정하는 등 동법에 서 대부계약 또는 임대차계약을 예정하고 있으므로 국가는 국계법에 따라 국유재산에 관 하여 사인과 임대차계약을 체결할 수 있도록 되어 있다.

그러나 국유재산법 제4조는 "국유재산의 관리와 처분에 관해서는 다른 법률에 특별한 규정이 있는 것을 제외하고는 이 법에서 정하는 바에 따른다"고 규정하고 있고, 국유재 산법상 사용허가와 대부가 규정되어 있으므로, 국유재산법이 적용되지 않는 국유재산에 한하여 국계법이 적용을 받는 임대차계약을 체결할 수 있다고 해석하여야 한다. 이 경우 국유재산법보다 우선 적용되는 법률(예: 군수품의 경우 군수품관리법)이 있는 경우라면 그 법률의 내용상 임대차 계약이 가능한지를 먼저 검토해야 할 것이다.

---

36) 대법원은 공유재산의 사용수익허가도 같은 취지로 판시하고 있다. "공유재산의 관리청이 행정재산의 사 용·수익에 대한 허가는 순전히 사경제 주체로서 행하는 사법상의 행위가 아니라 관리청이 공권력을 가 진 우월적 지위에서 행하는 행정처분으로서 특정인에게 행정재산을 사용할 수 있는 권리를 설정하여 주 는 강학상 특허에 해당한다."(대법원 2006.3.9. 선고 2004다31074)

따라서 당해시설이 국유재산법상 행정재산에 속한다면 위 시설을 민간인으로 하여금 운영하게 하고 그 대가로 일정한 금액을 지급받는 법률관계는 국유재산법상 사용허가의 규정을 따르는 것이 타당하며, 국계법상 임대차 계약을 체결하여서는 안 된다.[37] 다만, 국유재산법에서 정하고 있지 않는 절차와 기준과 관련해서는 국가계약법의 규정을 준용한다(국유재산법 제31조 제3항).

Ⅳ. 사용허가기관과 대상재산

1. 사용허가 기관

사용수익허가 기관은 당해 재산의 관리기관을 말한다. 특별회계 및 기금에 속하는 재산일 경우에는 중앙관서의 장이 허가기관이고, 그 외 재산은 총괄청으로 사용승인을 얻은 경우 중앙관서의 장이 허가기관이 된다(국유재산법 제8조). 중앙관서의 장은 사용허가 권한을 소속 공무원으로 하여금 허가에 관한 사무를 위임할 수 있다(동법 제28조).

2. 대상 재산

대상재산은 국유재산 중 행정재산에 해당한다. 행정재산은 공용재산, 공공용 재산, 기업용 재산, 보존용 재산을 말한다(국유재산법 제6조 제2항). 공유지분으로 된 국유지에 대해서는 민법 제265조 규정에 의하면 공유물 관리에 관한 사항은 공유자의 지분의 과반수로써 결정하도록 되어 있으므로, 공유지분으로 된 국유지에 대해 허가하기 위해서는 공유자 지분의 과반수의 동의가 필요하다.[38]

<유권해석>

도로의 개설을 위한 사용수익이 가능한지
국유지상에 건축·영업허가 등을 위한 도로(진출입로)를 개설하는 경우 당해 국유지는

---

37) 김광순, "국유재산법상 사용수익관계와 국계법상 임대차계약의 異同", 「법령연구논집」제4집, 해군본부 법무감실, 2005년, 134~135면 참조.
38) 국유재산과－3132 회신일자 2004.12.18.

계속 같은 목적으로 사용되도록 그 용도가 제한되어, 국가의 소유권 행사와 장래 행정 및 기타 목적 사용에 장애가 되므로 일반적으로 도로개설을 목적으로 하는 국유지의 사용·수익허가 또는 대부는 허용되지 않는다(국유재산과-646 회신일자 2004.03.24).

V. 사용허가의 요건

1. 공용·공공용·기업용 재산: 그 용도나 목적에 장애가 되지 아니하는 범위

공용재산, 공공용 재산, 기업용 재산 그 각 용도나 목적에 장애가 되지 않는 범위 내에서 사용허가가 가능하다(국유재산법 제30조 제1항 제1호). 공용재산은 국가가 직접 사무용·사업용 또는 공무원의 주거용으로 사용하는 목적에 장애가 없어야 하고(동법 제6조 제2항 제1호), 공공용 재산은 국가가 공공용으로 사용하는 목적에 장애가 없어야 한다(동항 제2호). 또한 기업용 재산은 정부기업이 직접 사무용·사업용 또는 그 기업에 종사하는 직원의 주거용으로 사용하는 목적에 장애가 없어야 한다(동항 제3호).

사용허가의 용도는 경작용, 주거용, 행정목적 수행, 공무원의 후생목적 등 다양한 용도로 사용될 수 있다. 예를 들면, 군부대의 공수낙하훈련장을 일반인이 잔디경작사업을 하도록 사용허가하고 있다. 왜냐면 잔디경작은 훈련에 지장을 주지 않으며, 잔디가 공수낙하로 인한 골절 사고방지에도 도움을 주기 때문에 사용허가가 가능한 것이다.

2. 보존용 재산: 보존목적의 수행에 필요한 경우

보존용 재산은 보존목적 수행에 필요한 경우에 한해 사용허가의 대상이 될 수 있다(국유재산법 제30조 제1항 제2호). 따라서 공용·공공용·기업용 재산이 목적수행에 장애가 없는 범위에서 넓게 사용수익허가를 인정하고 있는 것에 반해, 보존용 재산은 보존목적 수행에 필요한 경우로 한정하여 사용허가가 더 제한적이다.

3. 행정목적에 직접 공여(供與)가 아닐 것

주의할 점은 사인이 행정재산을 행정재산의 목적 또는 용도 그 자체에 직접 공여하기 위하여 사용하는 경우에는 국유재산의 사용수익에 해당하지 아니한다는 점이다. 직접 공여한 것인지는 사인의 사용이 중앙관서의 요청에 의해 사용하게 된 것인지, 국유재산 사용이 해당 행정기관의 사업수행을 위해서 불가피한 것인지, 국유재산 사용이 附隨的인 것이고 행정기관에 대한 편의 제공 성격인지, 공사계약 등의 계약내용 등을 종합하여 판단하여야 할 것이다.

예를 들어 건설공사에서 시공사가 공사인부들을 위한 현장식당(일명 함바집)의 경우에 현장식당이 사용허가 대상인지를 살펴보면, 현장식당은 발주기관이 시공사에 제공해야 할 공사용지로 볼 수 있고,[39] 식당에 대해 사용허가를 할 경우 공사원가에 포함되는 점[40]에 비추어 현장식당을 사용수익허가 대상으로 보기 힘들다.

<유권해석>

정부청사 내 정보통신망 구축을 위해 정보통신업체가 청사일부를 사용하는 경우 사용료를 부과하여야 하는지

통신업체가 통신장비 및 회선설치를 위해 정부청사의 공간일부를 사용하는 것은 행정재산을 당해 행정재산의 용도 또는 목적 그 자체에 직접 공여하기 위하여 사용하는 경우에는 국유재산법 제24조 규정(현 제30조)에 의한 국유재산의 사용수익허가에 해당하지 아니한다(국재 41301 - 296 회신일자 1999.04.23).

<유권해석>

각 군에서 민간대학(원)에 진학하고 있는 장병들의 편의를 위해서 영내에 강의실을 마련하여 해당 대학(원)으로 하여금 출장강의토록 협조하고 있는 사안에서 국유재산법에 의하여 강의실 사용료를 징수해야 하는지

민간대학이 사용수익허가 신청을 하여 강의실을 사용수익하고 있는 경우라면 국유재산법 제26조의 사용료의 면제규정(현 제34조)에 해당하지 아니하므로 동법 제25조(현 제34조)에 의하여 사용료를 징수하여야 함. 다만 군에서 부대 내 장병의 편의를 위하

---

39) 공사계약일반조건(회계예규 2200.04 - 104 - 23, 2010.11.30.) 제11조(공사용지의 확보) ① 발주기관은 계약문서에 따로 정한 경우를 제외하고는 계약상대자가 공사의 수행에 필요로 하는 날까지 공사용지를 확보하여 계약상대자에게 인도하여야 한다.

40) 예정가격작성기준(회계예규 2200.04 - 160 - 8, 2010.10.22.) 제19조(경비) ③ 경비의 세비목은 다음 각 호의 것이 있다. 8. 가설비는 공사목적물의 실체를 형성하는 것은 아니라 현장사무소, 창고, 식당, 숙사, 화장실 등 동 시공을 위하여 필요한 시설물의 설치에 소요되는 비용(노무비, 재료비를 포함한다)을 말한다.

여 강의실을 제공하는 것이 국유재산법상 사용수익에 해당하는지에 관하여 살펴볼 필요가 있음. 사용수익이라 함은 사용수익자가 계약의 목적의 범위 내에서 자유롭게 이용하고, 이익을 얻을 수 있는 것이라 할 것인데, 만약 인적 자원의 질적 향상을 위하여 장병들의 민간대학에 진학하여 수학하는 것을 장려하거나 또는 장병들이 교육을 받을 수 있는 편의를 제공하여 장병의 후생복지를 향상시키기 위하여 군의 요청에 의하거나 민간대학의 협조요청에 따른 승낙에 기하여 군이 영내에 강의실을 마련하고 대학에서 단순히 강사를 보내어 강의를 하는 사실적인 이용관계일 뿐이라면 국유재산법상의 사용수익에 해당하지 않는 사실상의 관계이기 때문에 사용수익료 징수 문제가 발생하지 아니함.[41]

<유권해석>

영내 사병식당 민간위탁 시험급식 추진에 따른 입찰방법 및 입찰방법을 용역계약으로 적용하였을 경우 국유재산법에 의한 재산(사병식당)의 사용료를 추가적으로 징수할 수 있는지

본건 민간 위탁은 그 주된 목적이 민간업체의 급식제공과 이에 대한 국가의 대가 지급에 있으므로 국가로서는 사경제주체로서 민간업체와 대등한 지위에서 「국가를 당사자로 하는 계약에 관한 법률」에 따른 용역계약을 체결하여야 할 것으로 보임. 본 건 민간 위탁에 따라 국유재산인 사병식당을 사용한다는 점은 부인할 수 없으나 이러한 사용은 계약의 주된 의무인 급식제공의무의 이행지가 사병식당으로 예정되어 있어 급식제공 의무를 이행하려면 필연적으로 사병식당을 사용할 수밖에 없다는 점에 기인하는 것으로 용역계약의 주된 목적인 급식제공의 이행에 따라 발생하는 부수적인 결과로 보는 것이 타당할 뿐만 아니라 국유재산법에 의한 사용·수익허가는 행정재산을 사용할 수 있도록 새로운 권리를 부여하는 것으로서 이른바 특허에 해당하는 것인데 본 건의 경우 급식제공을 위한 범위를 넘어 민간업체에게 행정재산을 사용할 수 있도록 특별히 권리를 부여할 필요성이 있는지 의문이므로 사병식당의 사용을 국유재산법에 의한 사용·수익허가의 대상으로 보는 것은 적절한 것이 아니라고 할 것임.

따라서 사병식당의 사용은-군용 취사장비 무상사용의 경우와 함께-용역계약의 내용에 포함시켜 국가가 지급하여야 할 용역 대가를 책정함에 있어 고려하여야 할 사항으로 보이고, 이를 행정재산의 사용·수익허가로 보아 사용료를 징수하여야 할 사항으로는 보이지 않음(육군본부 법제과-262 2007.03.21).

---

41) 국방부 회신일자 1999.04.26.htttp://ahalaw.moleg.go.kr/information/example/exampleView.do?piMa 2007.11.27.

<사용허가 요건 변화>

시기	법률	국유재산법 시행령	비고
1976년12월 31일	제24조(사용·수익허가) ① 행정재산은 그 용도 또는 목적에 장애가 되지 아니하는 범위 안에서 그 사용 또는 수익을 허가할 수 있다. ② 보존재산은 보존목적의 수행에 필요한 범위 안에서 그 사용 또는 수익을 허가할 수 있다.	제24조(사용·수익허가) ① 법 제24조 제1항 및 제2항의 규정에 의하여 행정재산 또는 보존재산의 사용·수익의 허가를 할 수 있는 경우는 다음 각 호와 같다. 1. 행정목적 또는 보존목적의 수행에 필요한 때 2. 공무원의 후생목적을 위하여 필요한 때[42] 3. 그 밖에 용도 또는 목적에 장애가 되지 아니하는 경우로서 관리청이 필요하다고 인정하는 때 ＊ 3호 요건은 1980.2.12. 대통령령 제9761호로 개정되기 전에는 "기타 관리청이 필요하다고 인정하여 총괄청과 협의한 때"라고 규정되어 있었음.	
2009년~	제30조(사용허가) ① 관리청은 다음 각 호의 범위에서만 행정재산의 사용허가를 할 수 있다. 1. 공용·공공용·기업용 재산: 그 용도나 목적에 장애가 되지 아니하는 범위 2. 보존용 재산: 보존목적의 수행에 필요한 범위 ＊ 법률 제9401호, 시행 2009.7.3	**세부요건 없음.** ＊ 2009.7.27. 대통령령 제21641호에서 상기 요건이 삭제됨.	사용허가 요건이 완화됨.

<유권해석>

사인이 설치하여 국가가 기부채납한 국유재산을 기부자가 사용·수익허가받아 무상사용중이나 동 재산을 제3자가 유상사용. 수익허가를 신청한 경우 공동 사용·수익허가 가능 여부

국유재산의 사용·수익허가는 국가의 재량행위로서 국유재산 법령에서 기부채납재산

---

42) 공무원의 후생(厚生) 목적은 직접적으로 공무원의 생활이 안정되게 하거나 넉넉해지도록 돕기 위해서 사용되는 것을 의미한다. 군인공제회가 비영리사업이 아닌 두채류를 생산하여 공장도 가격으로 군부대에 공급하기 위해서 국유 토지를 사용수익하는 것이 '공무원의 후생목적을 위하여 필요한 때'에 해당한가에 대한 유권해석에서 "국유재산법 시행령 제26조 제1항 제2호에 '행정·보존재산을 공무원의 후생목적을 위하여 사용하는 경우에는 재산가액의 1,000분의 40 이상의 사용료를 징수'하도록 규정하고 있는바 이 경우 '공무원의 후생목적을 위한 사용'이란 당해재산이 '직접 공무원의 후생을 위하여 사용'되는 것을 말하므로 두채류사업 공장 및 부지로 사용함은 이에 해당되지 아니한다"라고 한다(국재 22400－3033 회신일자 1991.12.07).

을 기부자에게만 독점적으로 사용·수익허가 하도록 규정하고 있지 않으므로 이를 기부자와 기부자가 아닌 제3자에게 공동으로 사용·수익허가하는 것이 법리적으로 가능하다고 판단된다(국재 22410－155 회신일자 1991.01.21).

Ⅵ. 사용허가 방법

1. 일반경쟁

사용허가를 하려는 경우에는 그 뜻을 공고하여 일반경쟁에 부쳐야 한다(국유재산법 제31조 제1항). 일반경쟁이므로 2인 이상이 경쟁을 하여야 함이 원칙이나, 국유재산법은 1개 이상의 유효한 입찰이 있는 경우 최고가격으로 응찰한 자를 낙찰자로 하고 있다(동법 시행령 제27조 제1항).

따라서 1인이 예정가격 이상으로 입찰하였다면 낙찰자가 되는 것이다. 2006.8.14. 개정된 국유재산법 시행령(대통령령 제19643호) 이전에는 2인 이상의 입찰이 유효한 입찰이었고, 2회에 걸쳐 입찰을 하여도 2인 이상 참가하지 않은 경우에는 수의계약으로 하도록 하고 있었다. 그러나 사용허가 절차 간소화하기 위해서 2006.8.14. 국유재산법 시행령(대통령령 제19643호)을 개정하여, 입찰참가자가 1명인 경우에도 사용료예정가격 이상의 입찰을 했다면 유효한 입찰을 한 것으로 인정하고 있다.

경쟁에 부치는 경우 총괄청이 지정·고시하는 정보처리장치를 이용하여 입찰공고·개찰·낙찰선언을 한다. 이 경우 중앙관서의 장은 필요하다고 인정하면 일간신문 등에 게재하는 방법을 병행할 수 있으며, 같은 재산에 대하여 수회의 입찰에 관한 사항을 일괄하여 공고할 수 있다(동조 제2항).

2. 제한경쟁, 지명경쟁

일반경쟁이 원칙이나, 사용허가의 목적·성질·규모 등을 고려하여 참가자의 자격을 제한하거나, 참가자를 지명하여 경쟁에 부칠 수 있다(국유재산법 제31조 단서). 아래의 어느 하나에 해당할 경우에는 제한경쟁이나 지명경쟁이 방법으로 사용허가를 받을 자를 결정할 수 있다(동법 시행령 제27조 제2항).

○ 토지의 용도 등을 고려할 때 해당 재산에 인접한 토지의 소유자를 지명하여 경쟁에 부칠 필요가 있는 경우
○ 수의계약사유(동법 시행령 제27조 제3항)에 따른 사용허가 신청이 경합하는 경우
○ 그 밖에 재산의 위치·형태·용도 등이나 계약의 목적·성질 등으로 보아 사용허가받는 자의 자격을 제한하거나 지명할 필요가 있는 경우

3. 수의계약

예외적으로 다음에 해당하는 경우에는 수의계약에 의하여 사용수익자를 결정할 수 있다(국유재산법 제31조, 동법 시행령 제27조).

① 주거용으로 사용허가를 하는 경우

② 경작용으로 실경작자에게 사용허가를 하는 경우

③ 외교상 또는 국방상의 이유로 사용·수익행위를 비밀리에 할 필요가 있는 경우

④ 천재지변이나 그 밖의 부득이한 사유가 발생하여 재해 복구나 구호의 목적으로 사용허가를 하는 경우

⑤ 법 제34조 제1항 또는 다른 법률에 따라 사용료 면제의 대상이 되는 자에게 사용허가를 하는 경우

제34조 제1항은 사용료 면제 사유인 "행정재산으로 할 목적으로 기부를 받은 재산에 대하여 기부자나 그 상속인, 그 밖의 포괄승계인에게 사용허가하는 경우"를 말한다. 다른 법률에 따른 사용료 면제의 대상이 되는 자는 국유재산특례제한법 제4조 및 별표에 명시되어 있는 국유재산특례 법률들을 말한다.

⑥ 국가와 재산을 공유하는 자에게 국가의 지분에 해당하는 부분에 대하여 사용허가를 하는 경우

⑦ 2회에 걸쳐 유효한 입찰이 성립되지 아니한 경우

2006.8.14. 개정된 국유재산법 시행령(대통령령 제19643호) 이전에는 "2회에 걸쳐 2인 이상의 유효한 입찰이 성립되지 아니한 경우"를 수의계약의 사유였으나, 2006.8.14. 동 시행령을 개정하여 1개 이상의 사용료예정가격 이상의 입찰을 유효한 입찰이 성립된 것으로 보고, '2인 이상'의 요건도 삭제하였다.

⑧ 그 밖에 재산의 위치·형태·용도 등이나 계약의 목적·성질 등으로 보아 경쟁입찰에 부치기 곤란하다고 인정되는 경우

그런데 이러한 수의계약 사유가 있는 자가 다수인 경우에는 어떠한 계약방법을 선택할지 문제가 있었다. 2011.4.1. 개정된 국유재산법 시행령(대통령령 제22815호) 이전에는 이에 대한 명확한 규정이 없었으나, 유권해석에서 이 경우 경쟁의 방법으로 할 수 있다는 해석이 있었다. 이후 개정 국유재산법 시행령(대통령령 제22815호, 2011.4.1.)에서는 제한경쟁 또는 지명경쟁을 할 수 있다고 명시하였다(동법 시행령 제27조 제2항 제2호).

<유권해석>

경작목적으로 사용하고자 하는 자가 다수인 경우 사용수익자 결정방법
국유재산법 시행령 제24조 제2항 및 제41조 규정에 의하면 국유재산을 대부하는 경우에는 경쟁의 방법으로 피대부자를 결정하여야 하나, 동법 시행령 제24조 제2항 단서규정에 의하면 경작의 목적으로 실경작자에게 대부하는 경우에는 수의의 방법에 의하여 피대부자를 결정할 수 있다. 따라서 경작목적으로 대부받고자 하는 자가 다수인 경우에는 재산관리기관인 지방자치단체에서(기존 피대부자의) 국유지 가치증대 기여도, 인접사유지와의 관계, 대부면적, 경작거리 등 제반 사정을 고려하여 수의 또는 경쟁의 방법으로 피대부자를 결정할 수 있다(국유재산과-739 회신일자 2004.04.08).
평석: 2011.4.1. 개정된 국유재산법 시행령(대통령령 제22815호) 제27조 제2항 1의2에 의해 상기 유권해석은 더 이상 유지될 수 없고, 수의계약사유가 다수인 경우에는 제한경쟁이나 지명경쟁으로 할 수 있도록 명문화되었다.

Ⅶ. 사용허가 절차(경쟁입찰)

1. 사용료예정가격의 산출

(1) 사용료예정가격

입찰공고를 하기위해서는 사용료예정가격을 먼저 산출해야 한다. 연간사용료는 해당 재산가액에 일정한 요율을 곱한 금액으로 하되, 월할 또는 일할 계산할 수 있다(동법 시행령 제29조 제1항). 과거 2007.12.28. 개정 국유재산법 시행령(대통령령 제240463호)에서는 '시장임대료를 고려'하여 당해재산가액에 요율을 곱한 금액으로 하였다. 이는 시장임대료와 국유재산 사용료의 가격 차이를 해소하여 사용료의 현실화를 위해서 도입되었으나, 2009.7.31. 개정 국유재산법 시행령(대통령령 제21641호)에서는 '시장임대료 고려'

라는 문구는 삭제되었다. 다만 다른 법령[43])에서 다른 산정방식이 있을 경우는 그에 따라야 할 것이다.

사용료= 재산가액(토지: 공시지가, 토지 이외의 재산: 감정평가액)×법정사용료율

중앙관서의 장은 행정재산에 대하여 일반경쟁입찰을 두 번 실시하여도 낙찰되지 아니한 재산에 대해서는 세 번째 입찰부터 최초 사용료 예정가격의 100분의 20을 최저한도로 하여 매회 100분의 10의 금액만큼 그 예정가격을 낮추는 방법으로 조정할 수 있다(국유재산법 시행령 제27조 제5항).

경쟁입찰로 사용허가를 하는 경우 첫해의 사용료는 최고입찰가로 결정하고, 2차 연도 이후 기간(사용허가를 갱신하지 아니한 사용허가기간 중으로 한정한다)의 사용료는 다음의 계산식에 따라 산출한다(동법 시행령 제29조 제5항).

사용료= 입찰로 결정된 첫해의 사용료 × 국유재산법시행령 제2항에 따라 산출한 해당 연도의 재산가액 ÷ 입찰 당시의 재산가액

---

(2) 해당 재산가액

'당해재산 가액'은 아래와 같은 방법에 의하여 산출한다. 이 경우 재산가액은 허가기간 동안 연도마다 결정하고, 건물을 10제곱미터 초과하는 토지 외 재산가액은 감정평가일로부터 3년 이내에만 적용할 수 있다(동법 시행령 제29조 제2항). 이렇게 산출된 사용료는 입찰공고에 공개해야 하며, 그 공개한 사용료 미만으로 응찰한 입찰서는 무효로 한다(동법 시행령 동조 제4항, 동법 시행규칙 제15조).

---

43) 도로사용료는 도로법 및 도로법 시행령 제42조에 의하여 별도로 규정하고 있고, 하천사용료는 하천법 및 하천법 시행령 제42조(점용료 등의 징수)에서 규정하고 있다. 공유수면 점용료 또는 사용료는 공유수면 관리 및 매립에 관한 법률 및 동법 시행령 제13조에서 규정하고 있다.

> 1. 토지: 사용료 산출을 위한 재산가액 결정 당시의 개별공시지가(「부동산 가격공시 및 감정평가에 관한 법률」 제11조에 따른 해당 토지의 개별공시지가로 하며, 해당 토지의 개별공시지가가 없으면 같은 법 제9조에 따른 공시지가를 기준으로 하여 산출한 금액을 말한다. 이하 이 조 및 제57조에서 같다)를 적용한다.
> 2. 토지 외의 재산 또는 집합건물의 구분소유권(대지사용권을 포함한다): 하나의 감정평가법인의 평가액으로 한다. 다만, 건물을 10제곱미터 이하의 소규모 면적으로 사용허가하는 경우에는 「지방세법」에 따른 시가표준액에 따름.

건물사용료의 산출기준은 건물가액과 부지가액을 더한 금액을 기준으로 산출하며, 건물가액과 부지가액은 아래의 계산식에 따라 산출된 면적을 기준으로 해당재산의 가액을 계산한다(동법 시행규칙 제17조)

> 1. 건물면적: 사용허가받은 자의 건물전용면적 + 해당 건물의 총공용면적 × (사용허가받은 자의 건물전용면적 ÷ 해당 건물의 총전용면적)
> 2. 부지면적: 사용허가받은 자의 부지전용면적 + 해당 부지의 총공용면적 × (사용허가받은 자의 건물전용면적 ÷ 해당 건물의 총 전용면적)

재산가액을 연도마다 산출하게 되는데 당해 재산을 사용수익(대부)받은 자가 이를 개발 이용함에 따라 토지상황이 달라질 수 있다. 이 경우 해당 재산의 가액을 산정할 때 개발 前 상태를 기준으로 할 것인가, 아니면 개발 後의 현황을 기준으로 할지 문제가 있다.

이에 대하여 사용료는 당해 재산의 사용수익에 대한 대가로서 민간의 차임수준에 비추어 적정한 것이어야 할 것인데, 그 산정의 기준이 되는 국유재산의 시가를 개발된 현 상태를 기준으로 하여 평가받는 것은 사용수익받은 자의 노력에 의하여 개발된 이익까지를 사용료의 형태로 국가가 취득하는 결과되어 부당하므로, 부과시점에서 사용수익 당시의 토지상태를 상정하여 그 재산가액을 결정해야 할 것이다.[44]

판례도 임야상태로 있던 공원부지의 사용허가를 받아 그중 일부를 대지로 조성한 사안에서, "공원부지의 사용료 산정을 위한 공원부지가액의 평가는 원고의 비용으로 대지가 조성된 현 상태를 기준으로 할 것이 아니라 그 부과시점에서 대지조성 이전의 임야상태

---

44) 곽종훈, 전게논문, 15면.

를 상정하여 이를 기준으로 하여야 한다"라고 한 원심을 지지함으로써, 점유개시 당시의 상태를 기준으로 재산가액을 산정하여야 한다는 것으로 보인다.[45]

<유권해석>

국유지를 사용・수익허가받아 이를 사용 중 공시지가가 새로 공시되는 경우 새로운 공시지가에 따라 추가사용료를 징수하여야 하는지

국유지를 사용수익허가하는 경우 사용료는 국유재산법 시행령 제26조 제2항 제1호에 사용수익허가일 현재 건설교통부장관이 가장 최근에 공시지가 또는 공시지가를 기준으로 산출한 개별지가를 기준하여 사용료를 산출하도록 규정되어 있으므로 기부과한 사용료의 기한만료 이전(1년 이하)에 공시지가가 새로이 공시되는 경우에도 이를 적용하여 사용료를 징수하여야 하는 것은 아니다(국재 22400 – 2511, 1991.10.15).

<유권해석>

다른 법률에 의해 산정되는 인접토지의 사용료 수준으로 산정하기 위해 다른 법을 적용할 수 있는지

전력수송시설물(철탑, 지중선로) 설치를 위한 국유재산 유상사용수익허가를 하면서, 사용료를 국유재산을 관리하는 인접 기관 간의 형평성에 준하여 국유재산법이 아닌 산림청에서 징수한 산림법 시행령 제62조(대부료 및 사용료)를 적용하여 징수할 수 있는지에 대해서, 국유재산법의 적용을 받는 국유재산에 대해 타법을 준용하여 사용료를 산정하는 것은 곤란함. 다만 국유재산법 시행령 제26조 규정(현 동법 시행령 제29조)에 의하면 국유재산의 사용료(예정가격)는 사용목적에 따라 당해 재산가액에 일정요율 이상을 곱한 금액으로 하도록 하고 있는바, 적정한 사용료를 산정하기 위해 사용료율을 조정할 수 있음(국유재산과 – 378 회신일자 2005.01.31).

(3) 사용료율

해당재산가액에 사용목적에 따라 아래와 같이 사용료율을 곱한 금액으로 한다(동법 시행령 제29조 제1항). 여기서 사용목적은 공부상 지목 여하에 불구하고 실제적으로 당해 재산이 이용되고 있는 상태와 최선의 방법으로 이용될 수 있는 상태를 참작하여 산출하여야 한다.

경작용은 농민들의 부담을 완화하기 위해서 2007.12.28. 개정 국유재산법 시행령(대통령령 제20463호)에서 농업수입을 감안하여 인하할 수 있도록 하였다.

또한 2011.4.1. 개정 국유재산법 시행령(대통령령 제22815호)에서는 소상공인의 자립

---

45) 대법원 1993.4.27. 선고, 92누15857; 대법원 1993.6.22. 선고, 93누7549.

기반 마련과 사회복지사업의 활성화 및 종교단체에 대한 지원을 위해서 과거 5%이던 요율을 3%(소상공인), 2.5%(사회복지사업, 종교단체)로 인하였다.

① 경작용인 경우: 1,000분의 10 이상(1%) 단, 경작료 사용료율을 적용한 사용료와 최근 공시된 해당 시·도의 농가별 단위면적당 농업 총수입(서울특별시·인천광역시는 경기도, 대전광역시는 충청남도, 광주광역시는 전라남도, 대구광역시는 경상북도, 부산광역시·울산광역시는 경상남도의 통계를 각각 적용한다)의 10분의 1에 해당하는 금액 중 적은 금액으로 할 수 있다(동법 시행령 제29조 제3항).
② 주거용인 경우: 1,000분의 20 이상(2.5%) 단, 「국민기초생활 보장법」 제2조 제2호에 따른 수급자가 주거용으로 사용하는 경우는 1,000분의 10 이상(1%)
③ 행정목적의 수행에 사용하는 경우: 1,000분의 25 이상(2.5%)
④ 공무원의 후생목적으로 사용하는 경우: 1,000분의 40 이상(4%)
⑤ 「사회복지사업법」 제2조 제1호에 따른 사회복지사업에 직접 사용하는 경우 및 「부동산 실권리자 명의 등기에 관한 법률 시행령」 제5조 제1항 제1호·제2호에 따른 종교단체가 그 고유목적사업에 직접 사용하는 경우: 1,000분의 25 이상(2.5%)
⑥ 「소기업 및 소상공인 지원을 위한 특별조치법」 제2조 제2호에 따른 소상공인이 경영하는 업종(「중소기업창업 지원법 시행령」 제4조 각 호의 어느 하나에 해당하는 업종은 제외한다)에 직접 사용하는 경우: 1,000분의 30 이상(3%)

예를 들어 국립대학교에서 구내식당을 일부는 교수식당으로 다른 일부는 학생식당으로 사용하고자 할 때의 사용료 산출을 위한 사용료율은 교수식당과 학생식당은 구별하여 산출하여야 한다. 즉 교수식당은 공무원인 교수의 복지목적을 위한 것이므로 재산가격의 1,000분의 40 이상을 적용하여 사용료를 산출하여야 한다. 반면에 학생식당은 대학교의 행정목적인 학생교육에 도움이 되는 것이므로 1,000분의 25 이상을 적용하여 사용료를 산출하여야 한다.[46]

<유권해석>

사립학교에서 학교시설로 사용하는 경우 사용료율

학교법인은 사립학교법 제10조의 규정에 의하여 설립되어 동법에 따라 국가의 지원과 감독을 받으며, 현재 해당 연령대 국민들의 대부분이 취·진학함으로써 학교교육을 받고 있는바, 이러한 학교교육(공교육)의 공공성을 고려할 때, 학교시설로 직접 사용할 경우에는 국유재산법 시행령 제26조 제1항 제1호 규정(현 국유재산법 시행령 제29조

---

46) 김조원, "국유재산 사용·수익허가 및 대부", 「감사」, 19('89.9.), 감사원, 66면 참조

제1항 제1호)의 행정목적의 수행에 필요한 경우로 보아 사용료율을 '1,000분의 25 이상'으로 적용할 수 있다. 다만, 국유재산의 사용목적은 실제적으로 그 재산이 이용되는 상태를 고려하여 판단하여야 하는바, 수익목적으로 점·사용한 때에는 기타 목적으로 보아 '1,000분의 50 이상'으로 적용하여야 할 것이다(국유재산과-87, 2004.01.13).

<유권해석>

사용목적이 주거용과 기타용 등 여러 목적으로 혼재되어 있는 경우 사용료 산정방법

질의사항: 국유지상에 주거용 건물과 주거용이 아닌 종교용 건물이 혼재되어 있는 경우 건물바닥 면적 이외의 토지에 대한 대부면적 및 대부료율 적용함에 있어서 사용료 산정방법

갑설: 점유건물이 그 용도가 상이하지만 주용도는 종교용이고 주거용이라고 하더라도 종교단체의 사업이나 그 운영을 위하여 있는 것이므로 주된 용도에 종속된다 할 것이므로 대부료요율은 일률적으로 50/1,000을 적용하여야 한다는 설이 있음.

을설: 점유건물의 용도대로 주거용 건물에는 25/1,000, 주거용이 아닌 건물에는 50/1,000을 적용하고 대지의 주거용과 비주거용의 배분은 전체 대지를 용도별 건물면적 비용으로 배분하는 국유재산법 시행규칙 제19조 제4항[47]의 '건물의 일부를 사용·수익허가하는 경우'의 계산방식을 준용하여 계산한다(주거용 토지면적 = 대부총면적×주거용 건물의 총면적/건물의 총면적).

회신내용: 국유재산법 시행령 제26조 제1항 제3호의 규정에 의한 '주거용'이라 함은 당해 재산의 실질적인 주된 기능이 무엇인가에 따라 판단하여야 할 사항으로서 실질적으로 주거의 목적으로 상주하고 있다면 이는 주거용으로 볼 수 있을 것임. 따라서 주거용과 주거용이 아닌 용도가 다른 건물이 혼재되어 있는 경우의 국유재산의 사용료(대부료)는 재산의 위치, 형태, 용도 등 재산별 특성을 감안하여 합리적으로 구분, 실질적인 주된 기능에 따라 안분계산함이 타당함(국재 41301-48 회신일자: 1999.01.22).

<유권해석>

기부한 행정재산을 허가받아 공장으로 사용하는 경우, 무상 사용허가 기간에 필요한 사용료율의 산정 기준(「국유재산법 시행령」 제29조 등 관련)

[법제처 11-0056, 2011.3.3, 민원인]

---

47) 구 국유재산법 시행규칙(총리령 제614호 1997.2.17.) 제19조(건물 사용료 산출기준).
④ 건물의 일부를 사용·수익허가하는 경우에는 사용·수익허가를 받은 자가 전용으로 사용하는 면적에 다른 사람과 공용으로 사용하는 면적을 합하여 당해 재산의 가액을 결정하여야 한다. 이 경우 공용으로 사용하는 면적은 다음의 산식에 의하여 산출한다. <신설 1994.7.4.>
사용·수익허가를 받은 자가 다른 사람과 공용으로 사용하는 총면적 × (사용·수익허가를 받은 자가 전용으로 사용하는 면적/공용으로 사용하는 자들이 전용으로 사용하는 총면적

【질의요지】

「상법」상 주식회사가 국유재산(토지)대장상 행정재산(공용)인 토지에 산업용 및 선박용 전기기기(電氣器機) 등을 생산하는 공장을 신축하여 행정재산으로 기부한 후에 그 기부자가 해당 공장에 대하여 사용허가를 받아 무상사용하는 경우, 그 무상사용허가 기간을 정함에 있어서 「국유재산법 시행령」 제29조에 따라 적용되는 사용료율은 1,000분의 50 이상이 아닌 1,000분의 25 이상이 되는지?

【회답】

「상법」상 주식회사가 국유재산(토지)대장상 행정재산(공용)인 토지에 산업용 및 선박용 전기기기(電氣器機) 등을 생산하는 공장을 신축하여 행정재산으로 기부한 후에 그 기부자가 해당 공장에 대하여 사용허가를 받아 무상사용하는 경우는 '행정목적'의 수행에 사용되는 경우로 볼 수 없으므로, 무상사용허가 기간을 정함에 있어서 적용되는 사용료율은 「국유재산법 시행령」 제29조 제1항 본문에 따른 1,000분의 50 이상이 됩니다.

【이유】

「국유재산법」 제32조에서는 행정재산에 대해 사용허가를 한 경우 사용료를 징수하도록 규정하고 있고, 같은 법 제34조 제1항에서 사용료를 면제할 수 있는 경우를 열거하면서 같은 항 제1호에서는 이러한 경우로 행정재산으로 할 목적으로 기부를 받은 재산에 대하여 기부자나 그 상속인, 그 밖의 포괄승계인에게 사용허가하는 경우를 적시하고 있습니다.

그리고 「국유재산법 시행령」 제32조에서는 행정재산의 사용료를 면제할 때에는 사용료 총액이 기부받은 재산의 가액이 될 때까지 면제할 수 있도록 규정하고 있고, 같은 법 시행령 제29조 제1항 본문에서는 행정재산에 대하여 사용허가한 경우에 연간 사용료의 사용료율은 원칙적으로 1,000분의 50 이상으로 하면서 같은 제3호에서 '행정목적의 수행에 사용하는 경우'는 사용료율을 1,000분의 25 이상으로 적용하도록 하고 있습니다.

우선, 이 사안의 경우 사용료의 면제기간을 정하기 위하여 사용료의 산출이 필요하다고 할 것인바, 해당 사용료를 산출하려는 경우 어떤 사용료율을 적용할 것인가는 동일한 행정재산이더라도 어떠한 목적·용도 등으로 사용하느냐에 의하여 같은 법 시행령 제29조 제1항에 따라 달리 결정하여야 할 것이므로 행정재산을 사용하고 있다는 사실만으로는 행정목적의 수행에 사용하는 경우라고 볼 수 없습니다.

한편, 이 사안과 관련하여 「상법」상 주식회사인 기부자가 국유재산인 토지에 건물을 건축하여 기부하고 국유재산(건물)대장상 행정재산으로 등재된 건물을 산업용 및 선박용 전기기기(電氣器機) 등을 생산하는 공장으로 사용하는 경우에 이를 「국유재산법 시행령」 제29조 제1항 제3호에 따른 '행정목적의 수행에 사용하는 경우'로 보아, 같은 규정에 따른 연간사용료의 사용료율 1,000분의 25 이상을 적용할 수 있는지가 문제되는바, 이 경우 '행정목적'의 개념에 대하여 국유재산법령에서 명시적으로 규정한 바가 없으므로 일반적으로 '행정목적'이 통상 어떤 의미로 사용되는지를 고려하여 '행정목적'으로 사용하는 경우에 해당하는지를 판단하여야 할 것입니다.

그런데 행정재산을 행정목적의 수행에 사용하는 경우인지를 판단하기 위해서는 실제적으로 해당 재산이 이용되고 있는 상태를 고려해야 하므로, 행정재산을 관리하는 관리청이 해당 행정재산의 사용용도·기능 등을 종합적으로 고려하여 구체적으로 판단해야 하는 것은 별론으로 하고, 이 사안과 같이 영리를 목적으로 하는 「상법」상 주식회사가 사적인 영리를 목적으로 행정재산을 사용하여 산업용 및 선박용 전기기기(電氣器機) 등을 생산하는 경우까지 '행정목적'으로 사용하는 경우에 해당된다고 하기는 어렵습니다.

그렇다면, 「상법」상 주식회사가 국유재산(토지)대장 상 행정재산(공용)인 토지에 산업용 및 선박용 전기기기(電氣器機) 등을 생산하는 공장을 신축하여 행정재산으로 기부한 후에 그 기부자가 해당 공장에 대하여 사용허가를 받아 무상사용하는 경우는 이를 '행정목적'의 수행에 사용되는 경우로 볼 수 없으므로 무상사용허가 기간을 정함에 있어서 적용되는 사용료율은 「국유재산법 시행령」 제29조 제1항 본문에 따른 1,000분의 50 이상이 됩니다.

2. 입찰공고사항

입찰공고에는 해당 행정재산의 사용료 예정가격 등 경쟁입찰에 부치려는 사항을 구체적으로 밝혀야 하고, 사용허가 신청자에게 공고한 내용을 통지하여야 한다(국유재산법 시행령 제27조 제4항). 경쟁입찰공고를 할 경우에는 대상재산의 용도 또는 목적에 따라 다음 각 호의 사항을 구체적으로 밝혀야 한다(동법 시행규칙 제15조).

① 사용허가의 대상 재산 및 허가기간에 관한 사항

② 입찰·개찰의 장소 및 일시에 관한 사항

③ 입찰참가자의 자격에 관한 사항

④ 입찰보증금과 국고귀속에 관한 사항

⑤ 입찰무효에 관한 사항

⑥ 사용료의 예정가격 및 결정방법에 관한 사항

⑦ 사용허가기간 만료 시 갱신 여부에 관한 사항

⑧ 사용허가 갱신 시 사용허가기간 및 사용료 결정방법에 관한 사항

⑨ 그 밖에 입찰에 필요한 사항

3. 사용료예정가격의 변경

중앙관서의 장은 행정재산에 대하여 일반경쟁입찰을 두 번 실시하여도 낙찰되지 아니한 재산에 대해서는 세 번째 입찰부터 최초 사용료 예정가격의 100분의 20을 최저한도로 하여 매회 100분의 10의 금액만큼 그 예정가격을 낮추는 방법으로 조정할 수 있다(국유재산법 시행령 제27조 제5항).

경쟁입찰로 사용허가를 하는 경우 첫해의 사용료는 최고입찰가로 결정하고, 2차 연도 이후 기간(사용허가를 갱신하지 아니한 사용허가기간 중으로 한정한다)의 사용료는 다음의 계산식에 따라 산출한다(국유재산법 시행령 제29조 제5항).

사용료＝입찰로 결정된 첫해의 사용료 × 국유재산법 시행령 제2항에 따라 산출한 해당 연도의 재산가액 ÷ 입찰 당시의 재산가액

4. 개찰 및 낙찰 선언

경쟁입찰에 부치는 경우에는 총괄청이 지정·고시하는 정보처리장치(www.onbid.co.kr)를 이용하여 입찰공고 및 개찰·낙찰선언을 하여야 한다. 이 경우 이 경우 중앙관서의 장은 필요하다고 인정하면 일간신문 등에 게재하는 방법을 병행할 수 있으며, 같은 재산에 대하여 수회의 입찰에 관한 사항을 일괄하여 공고할 수 있다(동법 제31조 제2항).

Ⅷ. 사용허가기간

1. 일반 사용허가 기간

행정재산의 사용허가기간은 5년 이내로 한다. 다만, 행정재산으로 할 목적으로 기부를 받은 재산에 대하여 기부자나 그 상속인, 그 밖의 포괄승계인에게 사용허가하는 경우에는 사용료의 총액이 기부를 받은 재산의 가액에 이르는 기간 이내로 한다(국유재산법 제35조 제1항, 제34조 제1항 제1호).

하지만 국유재산법은 최소허가기간에 대해서는 규정을 두고 있지 아니하고 있다. 따라서 중앙관서의 장은 경작목적의 사용수익허가와 같이 단기간(파종에서 수확까지의 기간)으로 정할 수 있을 것이다.[48]

2. 사용허가 갱신

1차 사용허가를 받다가 갱신받으려는 자는 허가기간이 끝나기 1개월 전에 중앙관서의 장에게 갱신을 신청할 경우, 5년을 초과하지 아니하는 범위에서 종전의 사용허가를 갱신할 수 있다. 다만, 수의의 방법으로 사용허가를 할 수 있는 경우가 아니면 1회만 갱신할 수 있다(국유재산법 제35조 제2항, 제3항). 2009.1.30. 개정 국유재산법(법률 제9401호) 이전에는 수의(隨意)의 방법이 가능한 경우 외에는 갱신이 허용되지 않아 장기기간의 사용에 어려움이 있었다. 2009.1.30. 개정 국유재산법(법률 제9401호)에서 수의의 방법으로 국유재산 사용허가 또는 대부할 수 없는 경우에도 1회에 한하여 갱신을 허용하도록 한 것이다.

다만 아래의 어느 하나에 해당할 경우 사용허가 갱신을 하지 아니한다(동법 시행령 제34조 제1항).

○ 국유재산법 제30조 제1항의 사용허가 범위에 포함되지 아니한 경우
○ 사용허가의 취소와 철회사유(동법 제36조 제1항 각 호)에 해당하는 경우
○ 사용허가한 재산을 국가나 지방자치단체가 직접 공용이나 공공용으로 사용하기 위하여 필요한 경우
○ 사용허가 조건을 위반한 경우
○ 중앙관서의 장이 사용허가 외의 방법으로 해당 재산을 관리·처분할 필요가 있다고 인정되는 경우

---

48) 경작목적으로 사용수익허가를 하는 경우 최소한 1년을 허가기간으로 정하여야 하는지, 민원인의 경제적 여건을 고려하여 보다 단기간(파종에서 수확까지의 기간)으로 정할 수 있는지에 대해 질의한 사안에서 다음과 같이 회신하였다. "국유재산법 제27조 규정에 의하면 행정재산 등의 사용수익허가기간은 3년 이내에서 정하도록 하고 있을 뿐 최소허가 기간에 대해서는 규정하고 있지 않음. 다만, 경작용의 경우 비록 점유·사용(경작)하지 않는 기간이라도 재배의 특성과 기후 등의 원인으로 인해 타 목적으로의 사용이 제한될 수 있으므로 재산관리기관에서 재배하고자 하는 작물의 종류와 지속적인 경작 여부 등 제반사정을 고려하여 3년 이내의 그 허가기간을 정할 수 있음."(국유재산과-926 회신일자 2004.05.11. "경작목적으로 사용수익허가 하는 경우 그 기간을 실제 작물재배기간으로 할 수 있는지")

사용허가의 경우 묵시적 갱신이 가능한가 하는 쟁점이 있다. 사용허가를 받은 자가 허가기간이 끝나기 1개월 전에 갱신을 신청했으나 중앙관서의 장이 아무런 조치를 하지 않는 경우가 있다. 갱신의 경우에도 사용허가서에 의한다는 것이 규정되지 않은 점에 비추어 중앙관서의 장의 아무런 조치가 없다면 묵시적 갱신이 되었다고 볼 것이고, 이 경우 허가기간은 정해지지 않은 것으로 보아야 할 것이다. 다만 사용허가자와 중앙관서의 장은 언제든지 해지 통고를 할 수 있고 상당한 기간이 지난 후에는 효력이 발생한다고 보아야 할 것이다.[49]

Ⅸ. 사용허가의 제한

1. 영구시설물을 축조하기 위한 사용수익허가의 금지

국가 외의 자는 국유재산에 건물, 교량 등 구조물과 그 밖의 영구시설물을 축조하지 못한다(국유재산법 제18조 제1항). 따라서 사용허가를 받은 자도 영구시설물을 축조할 수 없다. 다만, 기부를 조건으로 축조하는 경우 등의 사유가 아니면 영구시설물을 축조할 수 있다(동조 제1항 단서). 또한 다른 법률[50]에서 예외적으로 영구시설물 축조를 허용한 경우에도 가능하다 할 것이다.

'영구시설물'이 무엇인가에 대해서는 법적으로 정의되고 있지 않고 있지만, 판례는 영구시설물이 되기 위해서는 "이를 제거하는 데 과다한 비용과 노력이 소요되는 것"을 요건으로 하고 있고, 이에 따라 콘크리트포장은 영구시설물이 아니라고 판단한 바 있다.[51]

---

49) 명문의 규정이 없으므로 이와 유사한 사법상 규정을 살펴보면, 민법 제635조가 있다.
　　민법 제635조(기간의 약정 없는 임대차의 해지통고) ① 임대차기간의 약정이 없는 때에는 당사자는 언제든지 계약해지의 통고를 할 수 있다.
　　② 상대방이 전항의 통고를 받은 날로부터 다음 각 호의 기간이 경과하면 해지의 효력이 생긴다.
　　1. 토지, 건물 기타 공작물에 대해서는 임대인이 해지를 통고한 경우에는 6월, 임차인이 해지를 통고한 경우에는 1월
　　2. 동산에 대해서는 5일

50) 한국철도공사법 제14조 ② 국가는 「국유재산법」에도 불구하고 제1항에 따라 대부하거나 사용·수익을 허가한 국유재산에 건물이나 그 밖의 영구시설물을 축조하게 할 수 있다
　　사회기반시설에 대한 민간투자법 제19조 ⑤ 민간투자사업의 시행을 위하여 필요한 때에는 국유재산법 및 지방재정법의 규정에 불구하고 국·공유재산에 대하여 사업시행자에게 시설물의 기부를 전제로 하지 아니하고 건물 기타의 영구시설물을 축조하기 위한 사용·수익의 허가 또는 대부를 할 수 있다.

51) 대법원 1992.10.27. 91누8821.

즉 영구시설물은 시설물의 해체가 물리적으로 심히 곤란하여 재사용이 불가능하거나 해체비용이 막대하여 해체 시 오히려 손실이 올 수 있는 시설물을 말하는 것을 의미하고, 국유지상에 설치하고자 하는 시설물이 영구시설물에 해당하는지는 사실판단에 관한 사항으로서 재산관리기관에서 위 규정에 따라 재산현황 등 제반 사정을 고려하여 결정하여야 할 것이다.[52]

<유권해석>

한전의 전력수송시설물(철탑, 전주 등)이 영구시설물에 해당하는지 여부

전력수송시설물은 그 철거·분해·운반 등이 용이할 것으로 인정되는 경우에는 이를 영구시설물로 볼 수 없으므로 허가받은 재산상에 설치할 수 있고, 이러한 전력수송시설물이 군부대에서 직접 필요한 전력을 수송하는 경우와 군부대가 아닌 다른 지역으로 전력을 공급하기 위하여 설치하는 경우 등이 있다 하더라도 행정재산은 그 용도 또는 목적에 장애가 되지 아니하는 범위 안에서 그 사용 또는 수익을 허가할 수 있으므로(국유재산법 제24조 제1항) 전력수송 시설물의 설치 목적(군용 여부)에는 영향이 없다(국재1280 – 1538 회신일자 1982.04.30).

2. 사용허가를 받은 자가 해당 재산을 다른 사람에게 사용·수익하게 하는 경우

사용허가를 받은 자는 그 재산을 다른 사람에게 사용·수익하게 하여서는 아니 된다(국유재산법 제30조 제2항 본문).

다만, 기부를 받은 재산에 대하여 사용허가를 받은 자가 그 재산의 기부자이거나 그 상속인, 그 밖의 포괄승계인인 경우에는 중앙관서의 장의 승인을 받아 다른 사람에게 사용·수익하게 할 수 있다(국유재산법 제30조 제2항 단서). 이러한 기부채납 재산의 전대 허용은 1999.12.31. 개정 국유재산법(법률 제6072호)에서 도입된 것으로 동법 개정 이전에는 기부재산에 전대가 허용되지 않아, 기부자가 투자자본을 조기회수하는 데 어려움이 있었다.

사용·수익허가를 받은 자가 다른 사람을 하여금 사용·수익하게 하는 것은 사법상 계약관계에 불과하다 할 것이므로 양 당사자는 약정으로 전대를 할 수 있다.[53]

---

52) 국유재산과 – 249 회신일자 2004.02.11. "주유시설이 영구시설물에 해당하는지."

53) 한국공항공단이 정부로부터 무상사용허가를 받은 행정재산을 구 한국공항공단법(2002.1.4. 법률 제6607호로 폐지) 제17조에서 정한 바에 따라 전대하는 경우에 미리 그 계획을 작성하여 건설교통부장관에게 제

그러나 이와 같이 기부받은 재산이라 하여 중앙관서의 장이 무조건 승인할 수 없고, 사용·수익이 그 용도나 목적에 장애가 되거나 원상회복이 어렵다고 인정되면 승인하여 서는 아니 된다(동조 제3항).

중앙관서의 장이 하는 전대 승인은 공권력을 가진 우월적 지위에서 행하는 행정처분으로서 특정인, 즉 전대인에게 행정재산을 사용할 수 있은 권리를 설정하여 주는 강학상 특허에 해당하고 이러한 승인행위는 재량행위의 성격을 갖는다.[54]

중앙관서의 장이 하는 승인은 사용허가를 받은 국유재산에 대한 전대를 말하는 것이므로, 국유지상에 사유건물로 점유하면서 국유지를 대부받은 후 건물 일부에 대해 제3자에게 임대하는 것은 국유재산법 제30조에 해당하지 않는다.[55]

중앙관서의 장이 승인할 수 있는 경우는 사용허가를 받은 자로부터 포괄승계된 경우를 말한다. 따라서 영업양도(營業讓渡)는 양도인과 양수인의 2당사자가 체결하는 채권계약에 의하여 특정 승계되는 것이므로[56] 포괄승계인에 포함될 수 없어 전대를 허용할 수 없다.

<유권해석>

국가에 기부한 재산에 대해서 무상사용·수익허가를 받은 주식회사(기부자)로부터 영업양도를 받은 자가 당해 재산을 계속하여 무상으로 사용할 수 있는가

국유재산법 제24조에 규정된 포괄승계란 단일원인에 기하여 전주(前主)의 모든 권리·의무를 일괄하여 승계하는 승계취득을 말하는 것으로, 동법 동조에서 국유재산의 사용·수익허가를 받은 자가 당해 재산을 다른 사람에게 사용·수익하도록 하는 것을 금지하고 있으므로 자의에 의한 임의적 승계는 포괄승계에 해당하지 않는다(국재 41320-674 회신일자 2002.09.02).

하지만 합병(合倂)의 경우에 합병된 회사에 사용수익허가를 해 줄 수 있는지는 논의의 필요가 있다 할 것이다. 영업양도와는 달리 합병은 포괄승계에 해당하기 때문이다. 이러한 포괄승계로 인해서 소멸회사의 권리의무가 신설회사에 포괄적으로 이전하게 된다. 이

출하고 승인을 얻어야 하는 등 일부 공법적 규율을 받고 있다고 하더라도, 한국공항공단이 그 행정재산의 관리청으로부터 국유재산관리사무의 위임을 받거나 국유재산관리의 위탁을 받지 않은 이상, 한국공항공단이 무상사용허가를 받은 행정재산에 대하여 하는 전대행위는 통상의 사인 간의 임대차와 다를 바가 없고, 그 임대차계약이 임차인의 사용승인신청과 임대인의 사용승인의 형식으로 이루어졌다고 하여 달리 볼 것은 아니다(대법원 2004.1.15. 2001다12638).

54) 육군본부 법제과-320(2006.7.27.)-"기부채납재산의 전대에 관한 법령질의."

55) 국유재산과-2288 회신일자 2004.10.02. "사용허가받은 국유지상의 사유건물 일부를 임대하는 경우 전대로 볼 수 있는지."

56) 정찬형, 「상법강의上」, 박영사, 2001년, 162면.

러한 권리의무의 포괄적 이전에는 공법상의 권리의무도 포함된다.[57] 그렇다면 합병된 회사에 국유재산에 대한 사용수익권도 이전되었다고 보고 관리청은 승인을 해 줄 수 있다고 판단할 수 있다. 하지만 이에 대한 반론도 가능하다. 영업양도에 관한 유권해석[58]을 보면 자의에 의한 임의적 승계의 경우에는 제한적으로 해석하고 있는 것으로 보인다. 또한 국유재산법 제30조 제2항 단서에서도 '상속인, 그 밖의 포괄승계인'의 경우로 규정하고 있다. 하지만 합병이 자의에 의한 임의적 승계인지는 구체적인 경우마다 다르고 동조에서 합병을 제외한다면 그 밖의 포괄승계의 경우를 너무 제한적으로 해석하는 것이 될 수 있으므로 허용해야 할 것이다.

사용허가를 받은 국유재산의 전대허용은 각종 특별법에서 기부재산 외에도 인정되고 있으므로 주의해야 한다.

<사용허가받은 국유재산 전대 허용 법률>

구분	내용	비고
자연공원법	공단은 환경부장관의 승인하에 무상대부·사용허가받은 국유재산을 전대가능(제60조)	
용산공원조성 특별법	용원관리센터는 사용수익의 허가를 받은 국공유재산을 전대가능(제38조)	
한국철도공사법	한국철도공사는 국유재산을 국토해양부장관의 승인하에 전대가능(제15조)	
우정사업운영특례법	우정재산에 사용수익의 허가를 받은 자의 전대 허용(제20조)	원상회복의무 있음(제22조).
인천국제공항공사법	인천국제공항공사는 사용수익의 허가를 받은 국유재산을 전대가능(제12조)	

---

57) 정찬형, 전게서, 464면.

58) 국가에 기부한 재산에 대하여 무상사용수익허가를 받은 주식회사(기부자)로부터 영업양도를 받은 자가 당해 재산을 계속하여 무상으로 사용할 수 있는지에 대해서, 국유재산법 제24조(현 국유재산법 제30조)에 규정된 포괄승계란 단일원인에 기하여 전주(前主)의 모든 권리·의무를 일괄하여 승계하는 승계취득을 말하는 것으로, 동법 동조에서 국유재산의 사용수익허가를 받은 자가 당해 재산을 다른 사람에게 사용수익허가하도록 하는 것을 금지하고 있으므로 자의에 의한 임의적 승계는 포괄승계에 해당하지 않는다(국재41320-674 회신일자 2002.09.02. "주식회사의 경우 영업양도 행위로 인한 승계를 포괄승계로 볼 수 있는지").

3. 사용허가할 경우 환매권이 발생할 국유재산인 경우

환매권(還買權)이란 수용의 목적물인 토지가 공익사업의 폐지·변경 기타의 사유로 불필요하게 되거나 수용 후 오랫동안 그 공익사업에 현실적으로 이용되지 않은 경우에 수용 당시의 토지소유자 또는 그 포괄승계인이 보상금에 상당하는 금액을 지급하고 원소유권을 다시 취득할 수 있는 권리를 말한다.[59] 공익사업을 위한 토지 등의 취득 및 보상에 관한 법률(이하 '공토법')과 징발재산정리에 관한 특별조치법(이하 '징특법')상에서 환매권을 규정하고 있다.

토지의 협의취득일 또는 수용의 개시일부터 10년 이내에 해당 사업의 폐지·변경 또는 그 밖의 사유로 취득한 토지의 전부 또는 일부가 필요 없게 된 경우(공토법 제91조 제1항)와 매수한 징발재산의 매수대금으로 지급한 증권의 상황이 종료되기 전 또는 그 상환이 종료된 날로부터 5년 이내에 당해 재산의 전부 또는 일부가 군사상필요가 없는 경우(징특법 제20조 제1항)에는 환매권을 발생시키게 된다.

따라서 공용수용, 징발 등을 통해 취득한 국유지에 대하여 사용허가를 해주게 될 경우에는 환매권을 발생시킬 수 있으므로 사용허가 시 환매권 발생 대상이 되는 국유재산인지 검토되어야 할 것이다(환매권에 대한 자세한 내용은 후술한다).

4. 관리소홀에 대한 제재

사용허가를 받은 자가 그 행정재산의 관리를 소홀히 하여 재산상의 손해를 발생하게 한 경우에는 사용료 외에 가산금을 징수할 수 있다(동법 제39조). 가산금에 대해서는 사용허가를 하는 때에 이를 정하여야 한다(동법 시행령 제36조 제1항). 가산금을 징수할 때에는 그 금액, 납부기한, 납부장소와 가산금의 산출 근거를 명시하여 문서로 고지하여야 하며, 납부기한은 고지한 날로부터 60일 이내로 한다(동조 제3항, 제4항). 가산금을 납부하지 아니할 경우 국세징수법에 따른 체납처분에 따라 징수할 수 있다(국유재산법 제73조 제2항).

---

59) 김동희, 행정법Ⅱ, 367면.

X. 사용허가와 부관 등

1. 사용허가에서 부관부과 여부

부관은 행정행위의 효과를 제한하기 위하여 그 주된 내용에 부가되는 부대적 규율을 의미하고, 이러한 행정행위의 부관에는 조건·기한·부담·철회권의 유보 등이 일반적으로 열거되고 있다.[60]

부관은 법률행위적 행정행위로서 재량행위에는 그에 관한 법령상 명시적 수권규정이 없는 경우에도 부가할 수 있는 것으로 일반적으로 인정되고 있다. 다만 재량행위라 할지라도 일정한 행위는 그 성질상 부관을 붙일 수 없는 것으로 보는바, 그러한 것으로는 공무원임용, 귀화허가나 사법상 법률행위의 인가 등을 들 수 있다. 이러한 제한의 논거는 법적 신분의 기초, 확인 등에 조건이나 철회권 등의 부관을 붙여 그 법적 상태를 미정상태로 두는 것은 그 행위의 통용성에 있어 상대방을 수인하기 어려운 불확정적인 지위에 두게 된다는 점이다.[61]

사용수익허가는 상대방에게 부관을 부과하여 상대방을 수인하기 어려운 불확정적인 지위에 두게 되는 것은 아니므로 일반적으로 부관의 부가를 인정할 수 있다.[62]

<유권해석>

복지상가 운영을 국유재산법상의 사용수익허가방식으로 한다면 군인의 후생복지 증진 및 사용수익허가 시 신청자에 대한 특별한 의무를 부과하기 위하여, 사용수익허가를 위한 입찰공고 및 낙찰자에 사용수익허가서 작성 시에 판매품목 및 가격제한 등의 조건을 설정할 수 있고, 이러한 조건에 위배되는 행위를 할 경우에는 사용허가의 취소를 할 수 있다 할 것이나, 조건의 설정은 비례의 원칙 및 평등의 원칙을 위배하여서는 아니 된다(육군본부 법제과 2000.9.30. "민용업체 사용수익허가 시 운용, 통제조건의 합의").

---

60) 법률용어사전, 청림출판, 2000년, 396면.

61) 김동희, "행정행위의 부관에 관한 고찰", 「法學」 제36권 1호, 서울대학교, 1995년, 75면.

62) 복지상가 운영을 국유재산법상의 사용수익허가방식으로 한다면 군인의 후생복지 증진 및 사용수익허가 시 신청자에 대한 특별한 의무를 부과하기 위하여, 사용수익허가를 위한 입찰공고 및 낙찰자에 사요수익허가서 작성 시에 판매품목 및 가격제한 등의 조건을 설정할 수 있고, 이러한 조건에 위배되는 행위를 할 경우에는 사용허가의 취소를 할 수 있다 할 것이나, 조건의 설정은 비례의 원칙 및 평등의 원칙을 위배하여서는 아니 된다(육군본부 법제과 2000.9.30. 민용업체 사용수익허가시 운용, 통제조건의 합의).

2. 행정법 일반원리의 제한

부관은 인가나 허가 등에 따라 그 상대방은 많은 이익을 받는 경우가 적지 않고, 이 경우 그것이 공재정상의 부담을 야기하는 것인 때에는 부관의 부가라는 형식으로 상대방이 받는 이익의 일부를 다시 회수할 수 있게 하는 기능도 있다. 하지만 이 경우 부당결부금지원칙이나 비례원칙 등을 준수하여야 한다.[63]

<유권해석>

국유재산인 계룡대 복지센터 스넥코너에 대한 사용·수익허가를 위한 공개입찰 입찰 진행 중 공고문에 조건으로 기존운영업체와 시설물 및 비품을 적정한 가격에 인계· 인수 가능한 자라고 제한한 것에 대하여 부당한 요구인가

국유재산법 제24조 제4항(현 국유재산법 제30조)은 사용·수익허가권의 전대를 인정하지 않고 있고, 같은 조 제3항에서는 영구시설물의 축조를 금지하고 있는 등 사용·수익허가권의 사적인 매매를 금지하고 있으며 사용수익허가가 끝난 이후의 법률관계는 관리청을 통하여 다시 또 다른 새로운 사용수익허가로 인한 법률관계가 시작하도록 규정하고 있으므로 내부시설 및 상품의 사적이 인수인계를 강제할 수 없고 만약 이를 강제한다면 또다시 권리비와 구별의 어려움으로 인해 업무의 혼란 및 이로 인한 기존운영자와 새로이 사용수익허가를 받은 자 사이의 다툼 등 여러 가지 문제가 예상됨을 고려하여 볼 때 이 사건 입찰참가자 자격은 위법하다고 판단되므로 위 입찰참가자자격을 근거로 하여 입찰등록자와 기존운영자에게 비품·인수 합의서를 제출하도록 요구하는 것을 부당한 요구이다(육군본부 법제과- 148 2006.3.2).

3. 수리비용의 부담

사용허가를 받은 이후에 사용목적물에 수리가 필요한 경우에 누가 수리비용을 부담해야 하는지 문제가 있다. 국유재산법 시행규칙 별지 제3호 서식에 따른 국유재산 사용허가서 제8조에는 "사용인은 선량한 관리자의 주의로써 사용허가재산을 보존할 책임을 지며, 그 사용에 필요한 보수를 하여야 한다"라는 문구가 정형화되어 있다. 따라서 해당 국유재산사용허가서에 따라, 사용허가를 받은 자가 수리비용을 부담하고 보수를 해야 하는 게 원칙이다. 또한 국고금관리법 제7조 "중앙관서의 장은 다른 법률에 특별한 규정이 있는 경우를 제외하고는 그 소관 수입을 국고에 납입하여야 하며 이를 직접 사용하지 못한

---

63) 김동희, 전게논문, 68면.

다"라고 사용료 전액을 국고에 납부해야 하므로, 중앙관서의 장이 사용료를 건물보수비용으로 사용할 수 없다 할 것이다.[64]

XI. 사용료 징수

1. 사용료 면제

중앙관서의 장은 아래의 어느 하나에 해당하며 그 사용료를 면제할 수 있다(국유재산법 제34조).

(1) 행정재산으로 할 목적으로 기부를 받은 재산에 대하여 기부자나 그 상속인, 그 밖의 포괄승계인에게 사용허가하는 경우(동조 제1항 제1호)

이 경우 면제기간은 사용료 총액이 기부받은 재산의 가액이 될 때까지 면제할 수 있되, 그 기간은 20년을 넘을 수 없다. 건물이나 그 밖의 시설물을 기부받은 경우에는 사용료 총액에 그 건물이나 그 밖의 시설물의 부지사용료를 합산한다(동법 시행령 제32조 제1항 제2항). 기부받은 재산의 가액 및 그 사용료 계산의 기준이 되는 재사의 가액과 사용료 총액에 합산할 부지사용료 계산의 기준이 되는 부지의 가액은 동법 시행령 제29조 제2항(재산가액산출방법)[65]을 준용하여 산출하되, 최초의 사용허가 당시를 기준으로 하여 결정한다(동조 제3항).

---

64) 육군본부 법제과-981(2008.10.7). "국유재산 사용수익 허가 건물 보수비 관련 법령질의 회신."

65) 국유재산법 시행령 제29조 ② 제1항에 따라 사용료를 계산할 때 해당 재산가액은 다음 각 호의 방법으로 산출한다. 이 경우 제1호 및 제2호 단서에 따른 재산가액은 허가기간 동안 연도마다 결정하고, 제2호 본문에 따른 재산가액은 감정평가일부터 3년 이내에만 적용할 수 있다.
  1. 토지: 사용료 산출을 위한 재산가액 결정 당시의 개별공시지가(「부동산 가격공시 및 감정평가에 관한 법률」 제11조에 따른 해당 토지의 개별공시지가로 하며, 해당 토지의 개별공시지가가 없으면 같은 법 제9조에 따른 공시지가를 기준으로 하여 산출한 금액을 말한다. 이하 이 조 및 제57조에서 같다)를 적용한다.
  2. 토지 외의 재산 또는 집합건물의 구분소유권(대지사용권을 포함한다): 하나의 감정평가법인의 평가액으로 한다. 다만, 건물을 10제곱미터 이하의 소규모 면적으로 사용허가하는 경우에는 「지방세법」에 따른 시가표준액에 따른다.

<유권해석>

기부채납의 경우 사용료 면제의 기준이 되는 채납재산의 가액시점

국가에서 행정재산 등으로 사용할 목적으로 기부를 채납한 재산에 대하여 그 기부자 또는 상속인에게 사용수익을 허가할 경우 사용료를 면제할 수 있는바, 이 경우 사용료 면제방법은 기부채납당시 감정기관에서 감정한 재산가액에 의거 매년 일정한 사용료율에 따라 사용료를 면제하여야 할 것이며, 또한 기부는 국가가 무상으로 취득한 것인바, 기부채납은 국유재산에 편입할 수 있는 토지나 건물 기타 국유재산법 제3조 제1항 각 호(現 국유재산법 제5조 제1항 각 호)의 재산에 한정되며, 성질상으로도 노력이나 가공비 등은 기부채납 대상재산을 축조·개량·설치함에 필요한 요소인 노동력이나 비용 등을 의미하는 것으로서 이들은 기부채납대상인 재산 자체에 포함되기 때문에 노력이나 제세공과금·잡비·공임·운반비 및 기타 가공비는 그 자체가 독립적으로 기부채납의 대상이 될 수 없다(재총 1281 - 756 회신일자 2004.03.28).

<유권해석>

국방부 - 무상 사용허가를 한 기부채납 시설(행정재산)의 대체시설에 대한 무상 사용허가 유지(「국유재산법」 제35조 등 관련)

(안건번호11 - 0047 법제처 회신일자 2011.03.03.)

【질의요지】

「국유재산법」에 따라 기부채납을 받은 군 체력단련장에 대하여 기부자에게 무상(사용료 면제) 사용허가를 하였으나, 무상 사용허가 기간이 만료되기 전에 해당 군 체력단련장이 국가 공공사업에 편입됨에 따라 관리청이 해당 공공사업의 시행자로부터 다른 장소에 건설되는 대체시설을 제공받게 되는 경우, 관리청은 종전 군 체력단련장에 대한 무상 사용허가 기간의 잔여기간 동안 기부자에게 그 대체시설에 대해서도 무상 사용허가를 유지해 주어야 하는지?

【회답】

「국유재산법」에 따라 기부채납을 받은 군 체력단련장에 대하여 기부자에게 무상(사용료 면제) 사용허가를 하였으나, 무상 사용허가 기간이 만료되기 전에 해당 군 체력단련장이 국가 공공사업에 편입됨에 따라 관리청이 해당 공공사업의 시행자로부터 다른 장소에 건설되는 대체시설을 제공받게 되는 경우, 종전의 기부채납을 받은 군 체력단련장에 대한 대체시설에 대하여 임의적으로 사용허가를 할 수 있는지는 별론으로 하고, 종전의 군 체력단련장에 대한 무상 사용허가 기간의 잔여기간 동안 기부자에게 그 대체시설에 대해서도 의무적으로 무상 사용허가를 해 주어야 하는 것은 아닙니다.

【이유】

「국유재산법」 제30조 제1항 제1호, 제34조 제1항 제1호 및 같은 법 시행령 제32조 제1항에 따르면, 관리청이 용도나 목적에 장애가 되지 아니하는 범위에서 할 수 있는 공용·공공용·기업용 행정재산의 사용허가 중 기부를 받은 재산에 대하여 기부자에게 사용허가를 하는 경우에는 20년의 범위에서 사용료 총액이 기부받은 재산의 가액이 될 때까지 그 사용료를 면제할 수 있도록 하고 있습니다.

그런데 이 사안의 경우 사용료를 면제하는 무상 사용허가의 대상이 되는 행정재산은 「국유재산법」 제34조 제1항 제1호에 따라 기부자가 기부채납한 재산에 해당하는 군 체력단련장이라고 할 것이고, 비록 해당 군 체력단련장이 국가 공공사업에 편입되어 다른 장소에 동일한 기능의 대체시설을 건설한다고 하더라도 해당 대체시설은 기부자가 기부채납한 재산에 해당하지 않을 뿐만 아니라 사용허가의 대상이 되는 행정재산의 소재지, 면적 등이 달라지는 이상 해당 대체시설은 같은 법 제30조부터 제35조까지의 규정에 따라 사용기간 및 사용료 등을 정하여 사용허가를 결정하여야 하는 별도의 행정재산으로 보아야 할 것입니다.

또한, 「국유재산법」 제30조 제1항에 따른 행정재산의 사용허가는 관리청이 공권력을 가진 우월적 지위에서 특정인에게 행정재산을 사용할 수 있는 권리를 설정하여 주는 강학상 특허에 해당(대법원 2006.3.9. 선고 2004다31074 판결례 참조)하므로, 이 사안의 대체시설에 대한 사용허가 여부는 관리청이 재량권의 범위에서 결정할 사항이라고 할 것이어서, 관리청이 이 사안의 대체시설에 대한 사용허가를 종전의 기부채납된 시설에 대하여 남은 사용허가 기간만큼 무상으로 해 주어야 한다고 보기는 어렵습니다.

한편, 행정재산을 보호하고 그 유지·보존 및 운용 등의 적정을 기하려는 「국유재산법」 관련 규정의 입법 취지와 더불어 일반재산에 대해서는 대부·매각 등의 처분을 할 수 있게 하면서도 행정재산에 대해서는 그 용도 또는 목적에 장애가 되지 아니하는 범위에서 사용허가를 받은 경우가 아니면 사용·수익을 하지 못하도록 하고 있는 같은 법 제30조 등의 내용에 비추어 볼 때, 그 행정재산이 같은 법 제13조에 따라 기부채납을 받은 재산이라 하여 그에 대한 사용허가의 성질이 달라진다고 할 수는 없다고 할 것(대법원 2001.6.15. 선고 99두509 판결례 참조)입니다.

그렇다면, 기부채납을 받은 행정재산에 대한 사용허가에 대해서도 사용허가의 철회 및 손실보상과 관련된 「국유재산법」 제36조 제2항·제3항 및 같은 법 시행령 제35조가 적용된다고 할 것인바, 위 규정에 따르면 국가나 지방자치단체가 직접 공용이나 공공용으로 사용하기 위하여 필요하게 된 경우에는 관리청이 행정재산의 사용허가를 철회할 수 있도록 하고 있고, 해당 사용허가를 받은 자에게 손실보상을 하도록 하고 있으며, 그 밖에 행정재산의 사용허가에 대한 대체시설로의 승계나 유지 관련 사항을 정하고 있지 않음을 고려할 때, 이 사안과 같이 기부된 행정재산이 국가 공공사업에 편입되어 다른 장소에 대체시설을 건설하는 경우라고 하더라도, 종전의 기부된 행정재산에 대해서는 같은 법 제36조 및 같은 법 시행령 제35조에 따라 그 사용허가를 철회하고 그 철회 당시 남은 허가기간에 해당하는 시설비 등을 보상함으로써 기부자의 사용기간 일실에 따른 손실을 보상하여야 하는 것으로 볼 수 있습니다.

따라서 이 사안의 경우, 종전의 기부채납을 받은 군 체력단련장에 대한 대체시설에 대하여 임의적으로 사용허가를 할 수 있는지는 별론으로 하고, 종전의 군 체력단련장에 대한 무상 사용허가 기간의 잔여기간 동안 기부자에게 그 대체시설에 대해서도 의 무적으로 무상 사용허가를 해 주어야 하는 것은 아닙니다.

(2) 건물 등을 신축하여 기부채납을 하려는 자가 신축기간에 그 부지를 사용하는 경우(동조 제1항 제1의2호)

기부채납을 위한 건물 등을 신축하는 기간은 그 부지 사용료 면제가 가능하나, 신축된 이후에는 (1)에서와 같이 부지가액을 반영하여 무상사용기간을 고려하게 된다.

(3) 행정재산을 직접 공용·공공용 또는 비영리 공익사업용으로 사용하려는 지방자치단체에 사용허가하는 경우(동조 제1항 제2호)

지방자치단체가 직접 공용·공공용 또는 비영리 공익사업용으로 사용하려는 경우에는 그 재산의 취득계획을 중앙관서의 장에게 제출해야 하고(동법 시행령 제32조 제4항), 취득 계획을 제출받은 중앙관서의 장이 사용료를 면제하려는 경우 그 사용허가 기간은 1년을 초과해서는 아니 된다(동조 제5항). 이러한 취득계획서 제출 및 사용허가기간 제한으로 인하여, 지방자치단체가 국유재산을 무상사용하는 것이 현실적으로 어렵게 되었다. 결국 지역 주민들을 위한 주민복지사업들이 추진되지 못하는 어려움이 발생하고 있다.[66]

(4) 행정재산을 직접 비영리 공익사업용으로 사용하려는 대통령령으로 정하는 공공단체에 사용허가하는 경우

여기서 대통령령으로 정하는 공공단체는 법령에 따라 정부가 자본금 전액을 출자하는 법인과 법령에 따라 정부가 기본재산의 전액을 출연하는 법인을 말한다(국유재산법 시행령 제33조).

<유권해석>

지방자치단체가 국유재산을 상수도 송·배수관 배설부지로 사용하는 경우 사용료면제 가능 여부

수도사업은 구 수도법 제6조[67]의 공영의 원칙에 따라 지방자치단체가 아니면 경영할

---

66) 예를 들어, 강원도 ○○군이 인근 군부대 부지에 주민들을 위한 풋살장 건설을 위해 무상사용허가를 요청하였으나, 지자체의 취득계획 미비를 이유로 무상허가를 불허가하고 있다. 또한 ○○시가 군부대 부지의 일부를 지역주민을 위한 공원으로 사용하기 위한 무상사용허가 신청에 대해서도 같은 이유로 불허가하고 있다.

수 없다고 규정하고 있고, 또한 일반대중의 불특정다수인을 대상으로 시행하는 점을 감안하여 비영리공익사업용으로 사용한다고 볼 수 있으므로 지방자치단체가 직접 수도사업을 시행하는 경우 국유재산법 제26조(현 국유재산법 제34조)에 의거 사용료 면제가 가능하다(국재22400 - 2039 회신일자 1990.08.27).

평석: 해당 유권해석 이후 1992.12.15. 개정된 수도법(제4429호)부터 수도사업에 필요한 일반재산에 대해서 수도사업자에게 수의계약으로 매각하거나 임대할 수 있도록 하여, 일반재산에 한해 수의계약 특례(수도법 제77조)를 인정하고 있다.

(5) 사용허가를 받은 행정재산을 천재지변(天災地變)이나 「재난 및 안전관리 기본법」 제3조 제1호의 재난으로 사용하지 못하게 되면 그 사용하지 못한 기간

재난 및 안전관리기본법 제3조 제1호의 재난은 "태풍, 홍수, 호우(豪雨), 강풍, 풍랑, 해일(海溢), 대설, 낙뢰, 가뭄, 지진, 황사(黃砂), 적조(赤潮), 그 밖에 이에 준하는 자연현상으로 인하여 발생하는 재해"를 말한다.

2. 사용료의 조정

사용료의 급격한 상승에 따른 부담을 완화하기 위해 사용료의 조정이 가능하도록 하고 있다.

중앙관서의 장은 동일인(상속인이나 그 밖의 포괄승계인은 피승계인과 동일인으로 본다)이 같은 행정재산을 1년을 초과하여 계속 사용·수익하는 경우로서 대통령령으로 정하는 경우에는 사용료를 조정할 수 있다(국유재산법 제33조 제1항). 2009.7.27. 개정 국유재산법 시행령(대통령령 제21641호) 이전에는 증가율에 따른 사용료 조정이 세분화되어 있었으나,[68] 2009.7.27. 개정 국유재산법 시행령에서는 국유재산 사용료 부담을 완화하기 위해 다음과 같이 사용료 조정을 개선시켰다(동법 시행령 제31조).

---

67) 현 수도법(2012.5.15. 법률 제11085호) 제12조(수도사업의 경영 원칙) ① 수도사업은 국가·지방자치단체 또는 한국수자원공사가 경영하는 것을 원칙으로 한다. 다만, 지방자치단체 등을 대신하여 민간 사업자에 의하여 수돗물을 공급하는 것이 필요하다고 인정되는 경우에는 그러하지 아니하다.

68) 2009.7.27. 개정 국유재산법 시행령(대통령령 제21641호) 이전 행정재산 사용료의 조정 내용

산출사용료의 증가율	납부할 사용료
경작용, 주거용의 사용료가 5퍼센트 이상 증가한 경우(사용허가를 갱신하는 경우를 포함)	전년도 사용료보다 5퍼센트 증가된 금액
그 외 사용료가 9퍼센트 이상 증가한 경우(사용허가를 갱신하는 최초 연도의 경우는 제외)	전년도 사용료보다 9퍼센트 증가된 금액

주의할 것은 이러한 사용료의 조정은 동일인이 동일재산을 2개 연도 이상 점유하거나 사용수익하는 경우에 가능하므로, 국유지에 사용수익을 받아 설치한 시설물을 다른 국유지에 이전한 경우는 동일재산의 사용으로 볼 수가 없으므로 사용료를 조정할 수 없다.[69]

3. 사용료 납부시기

사용료는 매년 정기에 납부하여야 한다(국유재산법 제32조). 따라서 사용허가기간이 1년 이상일지라도 사용료는 1개년 단위로 관리청이 지정하는 날짜에 납부한다. 국유재산법은 사용수익허가에 따른 연간사용료는 선납을 원칙으로 하고 있다(동법 시행령 제30조 제1항). 사용료의 납부기한은 사용허가를 한 날로부터 60일 이내로 하되, 사용·수익을 시작하기 전으로 한다(동조 제2항). 다만 중앙관서의 장은 부득이한 사유로 납부기한까지 사용료를 납부하기 곤란하다고 인정될 때에는 납부기한을 따로 정할 수 있다(동조 제2항 단서).

후납할 수 있는 '부득이한 사유'는 사용수익허가를 받은 상대방의 자금 사정과 같은 주관적 사정이 아닌 천재지변 기타 사용료를 선납받기 곤란한 객관적인 사정을 의미한다.

번호	산출사용료의 증가율	납부할 사용료
1	10퍼센트 이상 ~ 20퍼센트 미만	전년도사용료＋[전년도사용료×{10/100＋(증가율－10/100)×300/1,000}]
2	20퍼센트 이상 ~ 50퍼센트 미만	전년도사용료＋[전년도사용료×{13/100＋(증가율－20/100)×100/1,000}]
3	50퍼센트 이상~ 100퍼센트 미만	전년도사용료＋[전년도사용료×{16/100＋(증가율－50/100)×60/1,000}]
4	100퍼센트 이상 ~ 200퍼센트 미만	전년도사용료＋[전년도사용료×{19/100＋(증가율－100/100)×30/1,000}]
5	200퍼센트 이상~ 500퍼센트 미만	전년도사용료＋[전년도사용료×{22/100＋(증가율－200/100)×10/1,000}]
6	500퍼센트 이상	전년도사용료＋[전년도사용료×{25/100＋(증가율－500/100)×5/1,000}]

69) 국재 45501－385 회신일자 1995.5.10. "국유지를 사용수익허가받아 설치한 시설물을 원형 그대로 다른 국유지로 옮기는 경우 사용료 조정의 대상이 되는지."

따라서 승인기관의 사용료율 승인지연사정,[70] 사용신청인의 자금사정 악화 등은 부득이한 사유에 해당하지 아니하여 선납하여야 한다.

중앙관서의 장은 사용료를 분할납부하게 할 수 있다(동법 제32조 제1항). 사용료를 나누어 내게 하려는 경우에는 사용료가 100만 원을 초과하는 경우에만 연 4회 이내에서 나누어 내게 할 수 있다. 이 경우 남은 금액에 대해서는 시중은행의 1년 만기 정기예금의 평균 수신금리를 고려하여 총괄청이 고시하는 이자율(연 4.1%)을 적용하여 산출한 이자를 붙여야 한다(동법 시행령 제30조 제3항, 기획재정부고시 제2011 – 7호[71]).

분할납부의 경우 연간 사용료가 1,000만 원 이상일 경우에는 사용허가(허가기간을 갱신하는 경우를 포함한다)할 때 그 허가를 받는 자에게 연간 사용료의 100분의 50에 해당하는 금액의 범위에서 보증금을 예치하게 하거나 이행보증조치를 하도록 하여야 한다(동법 제32조, 동법 시행령 제30조 제4항).

4. 연체료

사용료를 납부기한까지 내지 아니한 경우에는 다음과 같이 계산한 연체료를 붙여 15일 이내의 기한을 정하여 납부를 고지하여야 한다. 이 경우 고지한 기한까지 사용료 및 연체료를 내지 아니한 때에는 다시 납부를 고지하되, 마지막 고지에 납부기한은 사용료 납부고지일로부터 3개월 이내가 되도록 하여야 하며, 이후 1년에 한 번 이상 독촉을 하여야 한다(동법 제73조, 동법 시행령 제72조 제1항).

연체기간	연체료
1개월 미만인 경우	연 12퍼센트
1개월 이상 3개월 미만	연 13퍼센트
3개월 이상 6개월 미만	연 14퍼센트
6개월 이상	연 15퍼센트

---

70) 국재 22400 – 3017 회신일자 1989.07.24. "국유재산 사용료를 승인기관의 승인지연으로 사용료를 선납하지 못하는 경우 이를 부득이한 사유로 볼 수 있는지."
71) 2011.7.25. 기획재정부고시 제2011 – 7호 "국유재산사용료 등의 분할납부 등에 적용할 이자."

5. 사용료 및 연체료의 체납

중앙관서의 장 등은 국유재산의 사용료 및 연체료가 납부기한까지 납부되지 아니한 경우에는 다음의 방법에 따라 「국세징수법」 제23조[72]와 같은 법의 체납처분에 관한 규정[73]을 준용하여 징수할 수 있다(동법 제73조 제2항).

(1) 중앙관서의 장은 직접 또는 관할 세무서장이나 지방자치단체의 장(이하 '세무서장 등'이라 한다)에게 위임하여 징수할 수 있다. 이 경우 관할 세무서장 등은 그 사무를 집행할 때 위임한 중앙관서의 장의 감독을 받는다.

(2) 국유재산법 제42조 제1항에 따라 관리·처분에 관한 사무를 위탁받은 자는 관할 세무서장 등에게 징수하게 할 수 있다.

<유권해석>

체납된 사용료 징수 시 국세징수법 제26조(수색의 권한과 방법) 등이 준용되는지

(법제처 05-0016, 2005.8.23, 재정경제부)

【질의요지】
「국유재산법」 '제25조 제3항'의 규정에 의하면, 체납된 사용료에 대하여 「국세징수법」 상 체납처분에 관한 규정을 준용하여 징수할 수 있도록 규정되어 있는바, 동규정에 의하여 체납된 사용료를 징수함에 있어 「국세징수법」상 체납처분의 절차로 규정되어 있는 「국세징수법」 제26조(수색의 권한과 방법) 및 '제27조'(질문검사권)가 준용되는지

【회답】
「국유재산법」 '제25조 제3항'의 규정에 의하여 체납된 사용료를 징수함에 있어 「국세징수법」 '제26조' 및 '제27조'의 규정이 준용된다 할 것입니다.

【이유】
○「국유재산법」 '제25조 제3항'의 규정에 의하면, 행정재산 등의 사용·수익허가를 받은 자가 사용료를 체납하는 때에는 「국세징수법」 '제21조 내지 제23조' 및 '동

---

72) 국세징수법 제23조(독촉과 최고) ① 국세를 그 납부기한까지 완납하지 아니하였을 때에는 세무서장은 납부기한이 지난 후 10일 내에 독촉장을 발급하여야 한다. 다만, 제14조에 따라 국세를 징수하거나 체납액이 대통령령으로 정하는 금액 미만이면 독촉장을 발급하지 아니한다.
② 세무서장은 제2차 납세의무자가 체납액을 그 납부기한까지 완납하지 아니하였을 때에는 10일 내에 납부최고서(納付催告書)를 발급하여야 한다. 다만, 제2차 납세의무자가 납부할 체납액이 대통령령으로 정하는 금액 미만이면 납부최고서를 발급하지 아니한다.
③ 독촉장 또는 납부최고서를 발급할 때에는 납부기한을 발급일부터 20일 내로 한다.
73) 국세징수법 제3장 체납처분 제24조(압류)~제87조(국세체납정리위원회).

법'의 체납처분에 관한 규정을 준용하여 이를 징수할 수 있다고 규정되어 있고,

○「국유재산법」 '제25조 제3항'에서 준용하도록 한 「국세징수법의 체납처분에 관한 규정」은 「국세징수법」 제3장에 규정되어 있는 체납처분절차의 집행 및 종결 등에 관한 일체의 규정을 포함한다고 할 것이므로 「국세징수법」상 체납처분의 절차 중 그 일부에 해당하는 「국세징수법」 '제26조'(수색의 권한과 방법) 및 '제27조'(질문검사권)의 규정도 당연히 「국유재산법」 '제25조 제3항'의 규정에 의하여 체납된 사용료 징수절차에 준용된다고 보아야 할 것입니다.

XII. 사용허가의 종료

1. 사용허가의 취소와 철회

(1) 취소 및 철회 사유

중앙관서의 장은 행정재산의 사용허가를 받은 자가 아래의 어느 하나에 해당하면 그 허가를 취소하거나 철회할 수 있다(동법 제36조 제1항). 여기서 중앙관서의 장의 취소 또는 철회는 재량사항에 해당한다.

---

① 거짓 진술을 하거나 부실한 증명서류를 제시하거나 그 밖에 부정한 방법으로 사용허가를 받은 경우
② 사용허가받은 재산을 국유재산법 제30조 제2항을 위반하여 다른 사람에게 사용·수익하게 한 경우
③ 해당 재산의 보존을 게을리 하였거나 그 사용목적을 위배한 경우
④ 납부기한까지 사용료를 납부하지 아니하거나 국유재산법 제32조 제2항 후단에 따른 보증금 예치나 이행보증조치를 하지 아니한 경우
⑤ 중앙관서의 장의 승인 없이 사용허가를 받은 재산의 원래 상태를 변경한 경우

이와 같이 사용허가받은 자가 귀책이 있는 경우에 해당한다. 이와 달리 국가나 지방자치단체가 직접 공용이나 공공용으로 사용하기 위하여 필요하게 된 경우에도 철회할 수 있다(동법 제36조 제2항). 하지만 이 사유는 사용허가를 받은 자의 신뢰보호가 저촉되지 않도록 상당한 공적 필요가 있어야 할 것이다.[74]

---

74) 신뢰보호의 원칙은 행정기관이 일정한 언동(명시적·묵시적)의 정당성 또는 존속성에 대한 개인의 보호가치 있는 신뢰는 보호해 주어야 한다는 원칙을 말한다(김동희, 행정법 I, 56면).

이러한 사유 외에도 행정행위의 취소로서 직권취소(職權取消)를 할 수 있다. 그러나 사인의 기득권의 보호(이의 근거로서 신뢰보호 및 법률생활안정)를 위한 조리상의 제한에 해당하게 될 가능성이 크다.[75]

<유권해석>

사용수익허가를 받은 자가 육군본부의 승인 이전에 사용수익허가 대상 재산을 전대 (轉貸)한 것이 적법한 것인지

육군본부 승인의 대상이 되는 것은 "사용수익허가를 받은 재산을 다른 사람으로 하여 금 현실로 사용수익하게 하는 행위이고, 전대계약 자체는 육군본부의 승인 없이도 유효함. ○○이 육군본부의 승인 없이 ◎◎로 하여금 실제로 사용수익하게 하였다면 이는 사용수익허가의 취소 또는 철회사유가 됨. 다만 취소 또는 철회는 육군본부의 재량사항으로 육군본부가 취소 또는 철회하지 아니하고 승인하는 경우 사전에 육군본부의 승인을 받지 않은 하자는 치유된다고 할 것임. ○○이 ◎◎로 하여금 실제로 사용수익허가하게 하였는지는 수익금의 귀속관계가 아닌 실제 운영 주체를 기준으로 판단하여야 함."(육본 법제과 회신일자 2007.7. "전대승인 적법성 질의 회신")

(2) 청문절차

중앙관서의 장은 행정재산의 사용허가를 취소하거나 철회하려는 경우에는 청문을 하여야 한다(동법 제37조). '청문'이라 함은 행정청이 어떠한 처분을 하기에 앞서 당사자 등의 의견을 직접 듣고 증거를 조사하는 절차를 말한다(행정절차법 제2조 제5호). 이러한 청문절차가 결여된 경우에는 취소·철회는 하자 있는 행정행위로 위법하다 할 것이다.[76]

(3) 취소 또는 철회의 효과

사용허가는 효력을 상실하게 되어 사용허가를 받은 자는 그 재산을 원래 상태대로 반환하여야 한다. 다만 중앙관서의 장이 미리 상태의 변경을 승인한 경우에는 변경된 상태로 반환할 수 있다(국유재산법 제38조).

---

75) 이광윤, "행정행위 흠의 치유와 취소의 한계", 고시계(95년 5월), 53면 참조.

76) 행정절차법 제22조 제1항 제1호에 정한 청문제도는 행정처분의 사유에 대하여 당사자에게 변명과 유리한 자료를 제출할 기회를 부여함으로써 위법사유의 시정 가능성을 고려하고 처분의 신중과 적정을 기하려는 데 그 취지가 있으므로, 행정청이 특히 침해적 행정처분을 할 때 그 처분의 근거 법령 등에서 청문을 실시하도록 규정하고 있다면, 행정절차법 등 관련 법령상 청문을 실시하지 않아도 되는 예외적인 경우에 해당하지 않는 한 반드시 청문을 실시하여야 하며, 그러한 절차를 결여한 처분은 위법한 처분으로서 취소사유에 해당한다(대법원 2007.11.16. 2005두15700; 유사판례 대법원 2004.7.8. 2002두8350, 대법원 2001.4.13. 2000두3337).

국가나 지방자치단체가 직접 공용이나 공공용으로 사용하기 위하여 필요하게 된 경우에도 철회를 한 경우(동법 제36조 제2항)에는 ① 사용허가 철회 당시를 기준으로 아직 남은 허가기간에 해당하는 시설비 또는 시설의 이전(수목의 이식 포함)에 필요한 경비, ② 사용허가 철회에 따라 시설을 이전하거나 새로운 시설을 설치하게 되는 경우 그 기간 동안 영업을 할 수 없게 됨으로써 발생하는 손실에 대한 평가액을 각 보상해야 한다(동법 시행령 제35조). 보상이 되는 시설은 해당 중앙관서의 장으로부터 사용허가를 받은 자가 설치한 해당 재산에 대한 유지·보수 이외의 시설을 말한다.

<유권해석>
여수시 – 「국유재산법 시행령」 제30조 제1호(미경과 허가기간에 해당하는 시설비의 의미)
(안건번호06 – 0242 법제처 회신일자 2006.10.10.)

【질의요지】
「국유재산법」 제28조 제2항은 관리청은 사용·수익을 허가한 행정재산 등을 국가 등이 직접 공용 또는 공공용으로 사용하기 위하여 필요로 하게 된 때에는 그 허가를 철회할 수 있다고 하고, 동조 제3항 및 동법 시행령 제30조 제1호는 동 허가의 철회에 따른 손실을 보상하도록 하면서 그 보상액으로 허가철회 당시를 기준으로 하여 '미경과 허가기간에 해당하는 시설비'를 규정하고 있는바, 행정재산으로 할 목적으로 시설물을 축조하여 기부채납하고, 그 기부채납된 행정재산의 사용·수익허가를 받은 자에 대한 허가가 철회된 경우 그 기부채납된 재산의 가액이 손실보상액인 '미경과 허가기간에 해당하는 시설비'에 포함되는지

【회답】
기부채납 재산의 가액은 손실보상액인 「국유재산법 시행령」 제30조 제1호의 '미경과 허가기간에 해당하는 시설비'에 포함됩니다.

【이유】
○ 「국유재산법」 제26조는 행정재산 등의 사용·수익을 허가함에 있어 행정재산 등으로 할 목적으로 기부를 채납한 재산을 기부자에게 사용·수익 허가하는 때에는 그 사용료를 면제할 수 있다고 하고, 동법 제27조 단서는 이 경우에 그 사용·수익허가 기간을 사용료의 총액이 기부채납한 재산의 가액에 달하는 기간 이내로 한다고 규정한 것으로 보아, 동법의 취지는 기부채납한 재산에 대한 투자비가 일정기간 동안의 무상사용으로 보전될 수 있도록 하고자 하는 것이라고 할 수 있습니다. 따라서 「국유재산법」 제28조 제3항에서 공용 또는 공공용의 필요에 의한 사용허가의 철회로 인하여 당해 허가를 받은 자에게 손해가 발생한 때에는 그 재산을 사용할 기관은 대통령령이 정하는 바에 의하여 이를 보상한다고 규정하고 있는데, '철회로 인하여

발생한 손해'라 함은 철회로 인하여 사용·수익 허가를 받은 재산 즉 당초에 기부
한 시설을 향후 무상으로 사용할 수 없게 되는 것을 의미한다고 할 것이고, 이 손
해의 경제적 가치는 기부한 시설의 가액을 기준으로 결정하는 것이 타당할 것입니다.

○ 나아가 「국유재산법」 제25조 및 동법 시행령 제26조 제1항에 따르면 국유재산의
사용·수익허가 시 '연간사용료'는 당해 재산의 가액을 기준으로 하여 결정하게 되
고, 동법 제27조 제1항 단서는 '무상사용·수익 허가기간'을 사용료의 총액이 기부
를 채납한 재산의 가액에 달하는 기간 이내로 규정하고 있고, 동법 시행령 제28조
에서는 '사용료 면제'는 사용료 총액이 기부를 채납한 재산의 가액에 달할 때까지
로 하고 있는 등 채납된 당해 재산의 가액이 사용료 및 사용기간 결정에 실질적인
기준이 됨을 알 수 있는바, 사용기간 만료 전에 공용의 필요에 의한 철회로 인하여
발생한 손해에 대한 보상도 기부채납한 재산을 기준으로 산정하는 것이 법의 취지
에 부합한다고 하겠습니다.

○ 따라서 동법 시행령 제30조의 '미경과 허가기간에 해당하는 시설비'에는 기부채납
한 재산(시설)의 가액이 포함된다고 봄이 타당합니다.

[평석]

같은 취지로 "기부채납에 대한 무상사용사용수익허가 철회 시 기부재산가액을 선납한
사용료로 볼 수 있는지에 대하여, 기부재산가액은 선납된 사용료라 할 수 없으므로
사용허가 철회로 인한 국가의 반환의무는 없으며, 다만 국유재산법 제28조 제3항(현
국유재산법 제36조 제3항)에 의한 보상은 가능함. 국유재산법 제28조 제3항(현 국유재
산법 제36조 제3항)에 의해 보상을 할 경우 보상기간산정은 허가서상 명시된 기간으
로 국한하여야 할 것임(국재 281 – 731 회신일자 2004.03.08.)"이라는 유권해석이 있
다. 그러나 이와 달리 "국유재산법 시행령 제30조 제1호(현 국유재산법 시행령 제35
조 제1호)의 시설비 또는 시설이전에 필요한 경비는 사용자가 설치(소유)한 시설에 해
당하는 것으로 기부채납 시설은 동규정의 보상대상에 포함되지 않는다"는 반대의 유
권해석도 있었다.[77]

살피건대, 국유재산법 제34조 제1항 제1호, 동법 시행령 제32조를 보면 기부채납한
재산을 기부자에게 사용허가하게 하는 경우에 사용료를 면제할 수 있고, 이 경우 사
용허가기간은 사용료의 총액이 기부받은 재산의 가액이 될 때까지 면제할 수 있다고
규정하고 있다. 이를 보면 기부채납된 해당 재산의 가액이 사용료 및 사용기간 결정
의 실질적인 기준이 되는 것을 알 수 있다. 따라서 사용기간 만료 전에 공용의 필요
에 의한 철회로 인하여 발생한 손해에 대한 손해에 대한 보상도 기부채납한 재산을
기준으로 상정하는 것이 타당하므로, 기부채납 재산의 가액은 손실보상액인 국유재산
법 시행령 제35조 제1호의 '남은 허가기간에 해당하는 시설비'에 포함된다고 보아야
할 것이다.

---

77) 국재 45501 – 1188 회신일자 1996.12.01. "기부채납재산에 대한 무상사용수익허가 철회 시 기부채납 시
설도 보상의 대상이 되는지."

<유권해석>

기부채납한 국유재산에 대한 공동사용허가의 가능 여부에 관한 질의
(법제처 1993.7.15, 교통부)

【질의요지】

국가가 관리하는 공항시설 안에 특정인이 항공유급유시설을 설치하고 이를 국가에 기부채납한 후 이에 대하여 무상 사용허가를 받아 독점적으로 사용하고 있는 급유시설에 대하여 그 무상사용 허가기간 만료 전에 국가가 그 기부채납 외의 다른 사람에게도 사용·수익허가를 할 수 있는지

【회답】

개인이 급유시설을 설치하여 국가에 기부채납한 후 무상 사용허가를 받아 사용 중인 시설에 대하여 제3자에 대해서도 사용허가를 함으로써 당초 사용허가를 받은 자의 사용·수익권이 제한되어 당초의 사용허가가 변경(일부 철회)되는 결과가 되는 것이라면 그 사용 중인 자의 동의가 있거나 「국유재산법」 '제28조'에 규정된 취소·철회사유가 있는 경우 또는 허가조건 등에 철회권이 유보되어 있는 경우가 아닌 한 국가가 일방적으로 다른 사람과 공동 사용하도록 제3자에게 사용허가를 할 수 없을 것임.

【이유】

○ 기부채납된 급유시설에 대하여 당초의 무상 사용허가를 받아 사용·수익하고 있는 자 외에 새로이 제3자에 대해서도 그 급유시설의 사용허가를 하게 되면 그 제3자가 사용·수익권을 가지는 만큼 당초의 사용허가를 받은 자의 사용·수익권이 제한될 수 있을 것이므로 이 경우에는 당초의 사용허가가 변경 또는 일부 철회되는 결과가 되는바,

○ 먼저, 기부채납재산에 대한 사용허가의 법률관계를 보면, 국유재산법상의 규정형식으로 볼 때에 재산의 기부채납('제9조')과 사용·수익허가('제24조') 및 사용료 면제('제26조')는 서로 독립된 별개의 행위로 규정되어 있어 재산의 기부채납과 무상사용 간에 법률적으로 반드시 대가관계에 있는 것으로 보이지는 아니하나, 공항개발사업과 같이 민간자본을 유치하기 위하여 민간투자를 허용하고 있는 점, 민간인이 아무런 대가의 기대 없이 특정시설을 설치하여 국가에 기부할 수 있겠는가 하는 점 등을 참작하여 볼 때에 기부재산에 투자한 비용과 무상사용·수익과의 사이에 사실상의 대가관계를 부인할 수는 없을 것이며, 따라서 이러한 사용관계는 국가가 공권력의 주체로서의 지위가 아니라 대등한 사경제적 주체로서의 지위에서 사권설정을 목적으로 하는 사법상의 계약관계라고 하는 것이 타당할 것입니다(관련 판례 참조).

○ 이러한 국유재산사용허가의 성질에 비추어 국가가 그 내용을 일방적으로 변경하거나 철회할 수 있는지를 살펴보면,

- 우리나라 판례의 입장과 같이 국유재산사용허가를 사법상의 계약으로 볼 때에 계약

은 상대방이 이를 위반하거나 법률의 규정이나 계약에 의한 해약사유가 없는 한 당사자의 어느 한쪽이 일방적으로 그 계약을 변경하거나 해제할 수 없다 할 것이므로 국가가 상대방의 의사에 반하여 일방적으로 국유재산사용허가를 변경하거나 철회하기 위해서는 사용허가상의 조건을 위반하거나 국유재산관련법령상의 철회사유에 해당하는 것과 같은 사유가 있어야 할 것입니다.

- 설사 국유재산사용허가를 공법상의 행정행위로 본다 하더라도 행정행위는 아무런 제한 없이 이를 변경·철회할 수 있는 것이 아니며, 특히 수익적 행정행위의 경우에는 법령에 정한 사유가 발생한 경우, 철회권이 유보된 경우, 상대방이 의무를 불이행한 경우, 사정변경이 있는 경우, 보다 큰 공익상의 요청이 있는 등의 경우에 한하여 이를 변경하거나 철회할 수 있다고 할 것이므로 국가가 일방적으로 국유재산사용허가를 변경 또는 철회하기 위하여서는 이러한 원칙에 따라야 할 것입니다.

○ 나아가 「국유재산법」 '제28조'를 보면, 국유재산사용허가의 취소·철회에 관한 사항을 정함에 있어서 '동조 제1항'에서는 사용허가를 받은 자의 귀책사유가 있는 경우에 그 허가를 취소 또는 철회할 수 있도록 하고, '동조 제2항 및 제3항'에서는 국가 또는 지방자치단체가 직접 공용 또는 공공용으로 사용하기 위하여 필요로 하는 때에는 그 허가를 철회할 수 있으되, 철회를 하는 경우에는 일정한 보상을 하도록 하여 국가의 일방적인 취소·철회를 제한하고 있는바, 이는 위에서 본 바의 국유재산사용관계의 성질이 반영된 것이라 할 수 있을 것입니다.

○ 따라서 귀 질의와 같이 개인이 설치한 급유시설을 국가에 기부채납한 후 무상 사용허가를 받아 사용 중에 있는 시설에 대해서는 그 사용 중인 자의 동의가 있거나 「국유재산법」 '제28조'에 규정된 사유가 있거나 또는 급유시설 설치허가 및 사용허가 시의 여러 사정이나 사용허가조건 등에 비추어 사용허가 내용을 변경할 수 있다고 판단되는 경우가 아닌 한 국가가 일방적으로 다른 사람과 공동 사용하도록 제3자에게 사용허가를 할 수는 없을 것입니다.

2. 사용허가를 받은 자의 사용수익권 포기

사용수익을 받은 자가 사용수익권을 포기를 할 수도 있다. 하지만 기부채납된 재산에 대하여 사용허가받은 자가 사용허가를 포기한 경우는 자발적으로 사용수익 의사에 의하여 이루어지는 것이므로 시설비 및 시설이전비를 보상할 필요는 없다.

<유권해석>
체력단련장을 건립 후 기부채납하여 이에 대한 사용수익허가를 받아 운영하고 있는 중 사용수익허가를 포기하는 경우 기부채납자의 시설투자비를 보상하여야 하는지
국가가 기부채납 재산에 대하여 사용수익허가를 내어준 경우 사용료의 면제로서 기부

채납자에 대한 일정한 보상이 이루어지는 것으로 보아야 하고 그러므로 기부채납자가 사용수익을 포기한다고 하여 그에 대한 보상을 하여야 한다는 주장은 부당하다. 한편, 국가 등이 그 재산을 직접 사용하기 위하여 필요하여 사용수익 허가를 철회한 경우에는 허가를 받은 자가 입은 손해에 대하여 보상하게 하고 있으나(국유재산법 제28조 제2항, 제3항; 현 국유재산법 제36조 제2항), 이는 사용수익허가의 포기와는 그 의미가 다른 것이고 철회의 경우에는 국가의 필요로 인하여 사용수익자에게 손해를 입히게 되는 것이므로 그에 따른 보상이 요구된다고 할 것이나, 포기의 경우에는 자발적인 사용수익자의 의사에 기인한 것이므로 보상이 요구되지 않는다고 할 것이다(육군본부 법제과-191, 2006.6.13).

XⅢ. 지식재산에 대한 특칙

1. 지식재산의 전대 허용

2012. 12. 18. 개정 국유재산법(법률 제11548호)에서는 지식재산을 효율적으로 관리하기 위해서 사용허가에 대한 특칙을 두고 있다. 국유재산법 제30조 제2항 본문[78] 및 제47조 제1항[79]에도 불구하고, 지식재산에 대한 예외를 인정하여 지식재산의 사용허가 또는 대부를 받은 자가 해당 중앙관서의 장 등의 승인을 받아 그 지식재산을 그 지식재산을 다른 사람에게 사용·수익하게 할 수 있도록 하고 있다(동법 제65조의7 제1항). 또한 저작권 등의 사용허가를 받은 자는 해당 지식재산을 관리하는 중앙관서의 장등의 승인을 받아 그 저작물의 변형, 변경 또는 개작도 할 수 있다(동조 제2항).

---

78) 제30조 (사용허가) ② 제1항에 따라 사용허가를 받은 자는 그 재산을 다른 사람에게 사용·수익하게 하여서는 아니 된다. 다만, 기부를 받은 재산에 대하여 사용허가를 받은 자가 그 재산의 기부자이거나 그 상속인, 그 밖의 포괄승계인인 경우에는 중앙관서의 장의 승인을 받아 다른 사람에게 사용·수익하게 할 수 있다.

79) 제47조 (대부료, 계약의 해제 등) ① 일반재산의 대부의 제한, 대부료, 대부료의 면제 및 대부계약의 해제나 해지 등에 관하여는 제30조제2항, 제31조제1항·제2항, 제32조, 제33조, 제34조제1항제2호·제3호, 같은 조 제2항, 제36조 및 제38조를 준용한다.

2. 사용허가방법 특칙: 수의계약원칙

지식재산은 비독점적으로 다수가 이용할 수 있는 속성이 있으므로 일반경쟁을 통해 1인만 이용하도록 할 경우 지식재산의 활용을 저해할 수 있다. 따라서 지식재산에 대한 사용허가는 일반경쟁이 아니라, 수의계약에 의해 다수에게 일시에 또는 수회에 걸쳐 할 수 있도록 특례를 두고 있다(동법 제65조의8).

3. 지식재산 사용료 특칙

지식재산의 사용료 산출을 할 때 '지식재산으로부터의 매출액' 등을 고려하여 정하도록 하고 있다(동법 제65조의9 제1항). 일반적인 사용료 면제요건에 추가하여 '농어업인의 소득증대, 중소기업의 수출 증진, 그 밖에 이에 준하는 국가시책을 추진하기 위하여 중앙관서의 장등이 인정하는 경우'에는 면제를 할 수 있다(동법 제65조의10 제1항). 그 밖에 지식재산을 공익적 목적으로 활용하기 위하여 중앙관서의 장등이 필요하다고 인정하는 경우에는 사용료를 감면할 수 도 있다(동조 제2항).

※ 감사원 감사사항

① 사용료율을 잘못 적용하거나 재산의 평가를 잘못하여 사용료를 부족징수하고 있는지 검사한다.
② 국유 부동산을 사용허가받은 후에 무단으로 전대하여 차익 추구하거나 영구시설물 축조 여부 등 사후관리의 적정 여부를 검사해야 한다.[80]

---

80) 재무감사매뉴얼, 감사원, 2005.4. 265면.

제4절 용도폐지

I. 의의

행정재산이 그 목적에 필요로 하지 않는 경우에는 이의 용도를 폐지하고 일반재산에 편입시켜야 할 것이다. 이를 사용하지 않는 행정재산으로 관리를 계속하는 것은 국가 경제적으로 비효율적이고, 그 재산이 가진 재산의 가치를 증진시키기 위하여 다르게 사용될 수 있도록 해야 할 것이다.

용도폐지는 직접 재산권을 처분하는 것이 아니라 사용할 필요가 없음을 확인하는 것이다. 용도폐지에 대한 판단은 1차적으로 당해 행정재산의 중앙관서의 장에게 있고(국유재산법 제40조), 2차적으로는 총괄청이 중앙관서의 장에 대하여 용도폐지를 요구할 수 있다(동법 제22조). 따라서 용도폐지의 적정성은 중앙관서의 장의 판단할 사항으로 이에 대한 재량을 가지고 있다.[81] 그러나 중앙관서의 장의 용도폐지판단도 재량권의 일탈 남용이 되지 않도록 주의해야 할 것이다.[82]

<판례>
행정재산의 용도폐지처분은 특별한 사정이 없는 한 관리청만이 할 수 있는 것이고 총괄청은 관리청에 대하여 이를 요구할 수 있는 권한이 있는 데 지나지 않는 것이다(대법원 1966.5.17. 66다488).[83]

---

81) 국재41301 – 578 회신일자 1998.09.03.

82) 일반 국민이 행정재산에 대하여 용도폐지를 신청할 수 있는가에 대해서는, 과거 국방부 행정심판위원회는 "국유재산법 제30조 제1항의 규정에 의하면 관리청은 대통령령이 정하는 기준에 의하여 행정재산 등의 용도를 폐지한다고 되어 있을 뿐 청구인들이 행정재산의 용도폐지에 대하여 어떤 신청을 할 수 있다는 규정이 없을 뿐만 아니라 행정재산의 용도폐지 또는 공군관사의 이동 여부는 장기적이고 종합적인 검토에 의하여 결정되는 사안이라 할 것이므로 청구인들에게 청구할 권리를 인정해 줄 수도 없으므로 청구인의 이 건 행정재산용도폐지신청은 적법한 신청으로 볼 수 없고 단순한 민원제기에 불과하다고 할 것이며, 따라서 이에 대한 피청구인의 회신 역시 단순한 민원에 대한 회신으로서 행정심판의 대상이 되는 처분이라 할 수 없을 것이다"라고 결정한 바 있다(국방부 – 96 – 00233, 1966.5.31).

83) 행정재산의 용도폐지처분은 국유재산의 총괄청인 재무부장관이 할 수 있는 것이 아니라 국유재산의 관리청만이 할 수 있고, 관리청이 아닌 행정청이 자기소관재산으로 오인하여 용도폐지처분을 하여 양도하거나 그 위에 사권을 설정할 수 없다(서울민사지방법원 1988.7.27. 87가합6286).

Ⅱ. 용도폐지의 사유

1. 행정목적으로 사용되지 아니하게 된 경우

행정재산이 행정목적으로 사용되지 아니하게 된 경우를 말한다(국유재산법 시행령 제39조 제1항 제1호). 제정 국유재산법에서는 용도폐지의 기준을 정하지 아니하였으나, 1966.4.1. 국유재산법 시행규칙을 개정하면서 세분화하여 규정하기 시작했다. 구 국유재산법 시행령(시행 2005.7.1, 대통령령 제18886호)에서는 용도폐지의 기준을 "도로·하천·제방·구거 등 공공용 재산이 사실상 공공용으로 사용되지 아니하게 된 때, 공용재산 또는 기업용 재산이 당해 행정목적물을 위하여 사용할 필요가 없게 된 때"로 정하다가, 2009.7.31. 개정 국유재산법 시행령에서는 "행정목적으로 사용되지 아니하게 된 경우"라고 더 단순하게 규정하였다.

따라서 행정재산(공공용 재산, 공용재산, 기업용 재산, 보존용 재산)이 그 행정목적으로 사용되지 아니하게 된 경우에는 용도폐지 사유가 된다.

행적목적으로 사용되지 아니한 것에 대한 판단은 그 지목과 사실상 이용실태를 통해 알 수 있다. 먼저 지적공부를 통해 살펴보면, 지적공부상의 지목[84]이 임야, 묘지, 도로, 하천, 구거, 유지, 제방, 서적지, 철도용지로 된 행정재산이 전, 답, 과수원, 목장용지, 광천지, 잡종지의 지목으로 변경된 경우를 말한다.[85] 재산의 형태가 사실상 다른 지목으로 변경되어 운영되는 경우를 살펴보면, 도로노선의 변경으로 폐도가 되거나, 지방자치단체의 장으로부터 사용허가를 받고 도로의 지상 위에 시설을 설치한 경우, 하천의 유류변경으로 폐천이 되어 현실적으로 전·답·대·염전·광천지·유지·잡종지로 사용되는 경우, 유지(溜地)가 매립 또는 공사가 되어 농경지 또는 다른 지목으로 사용되는 경우를 말한다.

또한 법령의 개정으로 인하여 폐지된 기관의 소관재산이거나, 도시개발법 제66조에 의해서 도시개발사업의 시행으로 새 공공시설이 설치되거나, 도시개발사업을 위하여 해당 재산이 필요하게 된 경우를 말한다.

---

84) 地目이라 함은 토지의 주된 사용목적에 따라 토지의 종류를 구분·표시하는 명칭(지적법 제5조 제5호)을 말하는 것으로서, 지적국정주의(지적에 관한 사항인 지번, 지목, 경계, 좌표 및 면적은 국가가 이를 결정한다는 주의)의 원칙에 따라 국가가 결정한다.

85) 이원준, 국유재산관리론, 107면.

2. 행정재산으로 사용하기로 결정한 날부터 5년이 지난 날까지 행정재산으로 사용되지 아니한 경우

　행정재산으로 사용하기로 결정한 날로부터 5년이 지날 때까지 행정재산으로 사용되지 아니한 경우에는 용도폐지의 사유가 된다(국유재산법 시행령 제39조 제1항 제2호). 이 사유는 2009.7.31. 개정 국유재산법 시행령(대통령령 제21641호)에서 신설된 사유이다. 따라서 소관 중앙관서의 장은 당초 이용계획에 따라 행정목적으로 사용될 수 있도록 관리를 해야 한다. 만약 공용수용 등을 통해서 취득한 재산일 경우에는 용도폐지 문제뿐만 아니고, 환매권의 대상이 될 것이다(환매권은 국유재산 보호에서 설명한다).

3. 일반재산의 개발(법 제57조)을 위해 필요한 경우

　국유재산법 제57조에 따른 일반재산의 개발을 위하여 필요한 경우에는 용도폐지할 수 있다(국유재산법 시행령 제39조 제1항 제3호). 이 용도폐지 사유는 2009.7.31. 개정 국유재산법 시행령(시행 2009.7.31, 대통령령 제21641호)에서 신설된 사유로서, 국유재산 개발사업의 원활한 추진을 위해 행정재산을 일반재산으로 쉽게 용도폐지할 수 있도록 하였다. 국유재산법 제57조의 개발은 신탁개발(제58조)·위탁개발(제59조)·민간참여 개발(제59조의2)을 말한다.

<유권해석>

행정재산상에 불법건축물이 있는 경우 용도폐지가 불가능한지

국유재산법 시행령 제32조 규정에 의하면 도로 등 공공용 재산이 사실상 공공용으로 사용되지 아니하게 된 때에는 용도폐지를 하도록 하고 있는바, 재산상에 불법건축물이 존재하는지와는 직접적인 관련이 없다. 다만, 용도폐지된 재산을 이관받는 재산관리기관이 매각할 수 없는 재산으로서 불법건축물이 있어 재산관리상 문제가 있는 점 등을 이유로 인수를 거부하는 경우가 있는바 그 경우에는 불법건축물의 적법성을 회복할 수 있는 방안 등을 두 재산관리기관이 긴밀하게 협의하여 처리하여야 할 것이다 (국유재산과 - 327 회신일자 2005.01.27).

<용도폐지 사유 변화>

구분	용도폐지 사유	비고
1950.6.10.~	국유재산법 제정 당시에는 국유재산법 시행령(시행 1950.6.10. 대통령령 제372호)에서 용도폐지 용어 등장하였으나, 구체적 기준이 규정되지 못함.	
1966.4.1.~	**[공공용 재산의 용도폐지 기준]** 1. 기등록재산 지적공부상의 지목이 지적법 제3조 제3호의 지목에서 동조 제1호의 지목으로 변경되거나 재산의 형태가 사실상 그 지목으로 변경된 때, 다만, 도시계획법 제2조 제1호 제3호 또는 제4호의 규정에 해당하는 재산은 예외로 한다.[86] 2. 미등록도로 가. 도로노선의 변경으로 폐도되어 타지목으로 사용되고 있을 때 나. 도시계획법 제2조 제1호·제3호 또는 제4호의 규정에 해당하지 아니하는 재산으로서 건물 또는 공장부지로 사용되고 있을 때 다. 지방자치단체의 장으로부터 사용허가를 얻고 그 지상에 시설을 한 때 3. 미등록하천(구거를 포함한다) 가. 하천개수공사가 완료된 구간의 제내지 측의 하천부지로서 건물부지 또는 농경지로 사용되고 있는 토지인 때, 다만, 제내지라도 유수지로 지정된 구역은 제외한다. 나. 하천미개수구간이라도 개수계획이 수립된 지구로서 하천관리청에서 장차 하천개수에 영향이 없다고 인정된 부지인 때 다. 하천의 유역변경으로 인하여 폐천되어 현실적으로 지적법 제3조 제1호의 지목으로 사용되고 있을 때 4. 미등록유지 가. 공유수면매립법에 저촉되지 아니하고 매립할 수 있을 때 나. 매립 또는 공사가 완료되어 농경 시 또는 타지목으로 사용되고 있을 때 **[공용재산과 기업용 재산의 용도폐지기준]** 1. 사용허가된 재산으로서 2년 내에 공용재산으로 사용할 구체적 계획이 수립되어 있지 아니한 때 2. 법령의 개정으로 인하여 폐지된 기관의 소관재산 3. 도시계획법 제2조 제1호, 제3호 및 제4호의 시설의 계획잔여지로서 공공용지로 사용할 필요가 없을 때 4. 임야로서 목장, 농경지, 집단묘지 또는 대지 등으로 전용된 때 5. 공항·항만 및 공업단지의 개발을 촉진하기 위하여 공공목적을 위한 필수시설 이외의 부대시설을 민간자본에 의하여 설치하게 하고자 할 때[87]	국유재산법 시행규칙(재무부령 제409호, 1966.4.1.)에서 신설

---

86) 1966.4.1. 국유재산법 시행규칙(재무부령 제409호) 제4조의2(용도폐지기준) 제1호 단서에서는 "다만, 도시계획구역은 예외로 한다"고 규정하다가 1969.8.7. 국유재산법 시행규칙 개정에서 "다만, 도시계획법 제2조 제1호 제3호 또는 제4호의 규정에 해당하는 재산은 예외로 한다"라고 명시하였다.

1977.6.13.~	1. 도로·하천·제방·구거등 공공용 재산이 사실상 공공용으로 사용되지 아니하게 된 때 2. 공용재산 또는 기업용 재산이 당해 행정 목적을 위하여 사용할 필요가 없게 된 때	국유재산법 시행령(시행 1977. 6.13, 대통령령 제8598호) 제32조에서 정함.
2005.7.1.~	1. 도로·하천·제방·구거 등 공공용 재산이 사실상 공공용으로 사용되지 아니하게 된 때 2. 공용재산 또는 기업용 재산이 당해 행정목적물을 위하여 사용할 필요가 없게 된 때 3. 법 제45조의5 제1항의 규정[88]에 의하여 건물 그 밖의 시설물을 축조하기 위하여 필요한 때	국유재산법 시행령(시행 2005.7.1, 대통령령 제18886호) 제32조 개정을 통해 제3호 신설
2009.7.31.~ 현재	1. 행정목적으로 사용되지 아니하게 된 경우 2. 행정재산으로 사용하기로 결정한 날부터 5년이 지난 날까지 행정재산으로 사용되지 아니한 경우 3. 법 제57조에 따라 개발하기 위하여 필요한 경우	국유재산법 시행령(시행 2009.7. 31, 대통령령 제21641호) 제37조 개정

Ⅲ. 용도폐지재산의 인계

1. 원칙

중앙관서의 장은 용도폐지를 한 때에는 그 재산을 지체 없이 총괄청에 인계하여야 한다(국유재산법 제40조 제1항 본문). 총괄청은 국유재산을 관리·처분할 권한을 가지고 있어(동법 제8조 제1항), 용도폐지재산의 인계는 당연한 것이다.

국유재산법이 이러한 인계규정을 둔 이유는 용도폐지 후에 다시 다른 목적의 행정재산으로 재지정하여 사용하려고 막연한 이유로 재산을 방치하는 것을 막아, 인계된 재산을 용이하게 활용하려는 취지이다.

---

87) 1975.10.8. 국유재산법 시행규칙 개정에서 제5호가 추가되었다.

88) 구 국유재산법(법률 제7325호, 2004.12.31.) 제45조의5(수탁재산의 임대) ① 제32조 제3항의 규정에 의하여 관리·처분에 관한 사무를 위탁받은 자는 총괄청의 승인을 얻어 위탁받은 토지 위에 건물 그 밖의 시설물을 축조한 후 일정한 기간 동안 임대하여 발생하는 수익을 국가에 교부할 수 있다.
② 제1항의 규정에 의한 위탁기간은 30년 이내로 하되, 이를 갱신할 수 있다. 이 경우 갱신기간은 갱신할 때마다 30년을 초과할 수 없다.
③ 제1항의 규정에 의한 임대로 발생한 수익의 국가귀속방법, 위탁받은 자의 보수 그 밖에 필요한 사항은 대통령령으로 정한다.

인계를 할 경우 소관 중앙관서의 장 명칭을 변경하는 등기도 실시해야 한다. 이를 위해서는 등기부상 중앙관서의 장의 용도폐지 공문사본과 재산의 인수인계서 사본을 첨부하여 법원(등기관)에 촉탁해야 한다.[89]

<유권해석>

용도폐지된 행정보존재산에 대해 수임관리기관인 지자체 담당부서에서 재산관리가 곤란하다는 사유로 인수를 거부할 수 있는지

관리청이 용도폐지한 국유잡종재산은 국유재산법 제30조 제2항 및 1996년도 국유재산관리계획 제18조 규정에 의거 총괄청으로 인계하여 일괄처리하여야 하므로 동법 시행령 제33조 제2항의 규정에 의거 총괄청으로 관리·처분업무를 위임받은 시·도지사(시·군·구청장)는 재산관리가 곤란하다는 사유로 재산인수를 거부할 수 없다(국재 45501-386 회신일자 1996.05.10).

2. 예외

그러나 다음과 같은 경우에는 총괄청에 인계하지 아니한다(동법 제40조 단서).

(1) 관리전환, 교환 또는 양여의 목적으로 용도를 폐지한 재산

이는 교환의 목적을 위해 용도를 폐지한 재산을 다시 총괄청이 인계받아 교환을 하고 다시 관리전환의 절차를 거쳐 중앙관서의 장에게 이전하는 것은 절차상 번잡하므로 이를 예외적으로 인계하지 않도록 규정한 것이다.[90] 관리전환과 양여도 이러한 절차의 신속을 위하여 불인계한 것이다.

(2) 선박, 부표, 부잔교, 부선거 및 항공기와 그들의 종물

이들은 총괄청이 관리하기에 기술적으로 부적당하기 때문에 불인계대상으로 하고 있다.

(3) 공항·항만 또는 산업단지에 있는 재산으로서 그 시설운영에 필요한 재산

이러한 시설들은 총괄청이 관리하기에 기술적으로 부적당하고, 원활한 경제활동을 유지하기 위한 것이다.

---

89) 국유재산의 관리청 명칭 첨기등기에 관한 예규(등기예규 제1398호, 2011.10.11).

90) 최성우, 전게서, 58면 참조.

(4) 총괄청이 그 중앙관서의 장에게 관리·처분하도록 하거나 중앙관서의 장에게 인계하도록 지정한 재산

이는 총괄청의 판단에 의하여 인계받는 것이 절차상으로 번잡하고, 관리하는 데 특별한 기술을 요구하는 경우에 중앙관서의 장으로 하여금 관리하도록 하는 규정이다. 따라서 절차와 기술상의 이유가 아닌데도 광범위하게 확대하여 적용하는 것은 본 취지에 어긋난다 할 것이다.[91]

Ⅳ. 용도폐지의 통제

1. 유휴 행정재산 보고 의무

과거 유휴재산을 보유한 관리청이 관리소홀, 부처이기지주의로 인하여 용도폐지하지 아니하고 계속 보유하는 문제점이 있었다. 이러한 문제점을 해결하기 위해서 2009.1.30. 개정 국유재산법(법률 제9401호)에서 중앙관서의 장으로 하여금 유휴재산 보고의무를 신설하여, 총괄청은 용도폐지되지 않는 재산의 현황을 파악할 수 있도록 하였다.

중앙관서의 장은 소관 행정재산 중 유휴 행정재산 현황을 매년 1월 31일까지 총괄청에 보고하여야 한다(국유재산법 제21조 제2항).

중앙관서의 장이 총괄청에 보고해야 할 유휴 행정재산의 현황은 전년도 말 기준의 유휴 행정재산 총괄 현황 및 세부 재산 명세, 유휴 행정재산의 발생 사유, 전년도 관리 현황 및 향후 활용계획, 그 밖의 총괄청이 유휴 행정재산의 현황을 파악하기 위하여 필요하다고 인정하는 사항을 말한다(동법 시행령 제14조 제2항).

2. 직권에 의한 용도폐지

총괄청은 중앙관서의 장에 그 소관에 속하는 국유재산의 용도를 폐지하거나 변경할 것을 요구할 수 있다(국유재산법 제22조 제1항). 용도폐지 요구를 하기 전에 미리 그 내용을 중앙관서의 장에 통보하여 의견을 제출할 기회를 주어야 한다(동조 제2항).

총괄청은 중앙관서의 장이 정당한 사유 없이 용도폐지 요구를 이행하지 아니하는 경우

---

91) 최성우, 전게서, 58면 참조.

에는 직권으로 용도폐지 등을 할 수 있다(동조 제3항). 직권으로 용도폐지된 재산은 제8조의2에 따라 행정재산의 사용 승인이 철회된 것으로 본다(동조 제4항).

총괄청이 직권으로 용도폐지한 경우에도 변경등기를 해야 하며, 이 경우 총괄청의 용도폐지 공문사본을 첨부하여 법원(등기관)에 변경등기촉탁을 해야 한다.[92]

V. 용도폐지에 대한 구제수단

용도폐지처분에 대한 취소를 구하기 위해서는 법률상 이익이 있어야 원고 적격을 가질 수 있다(행정소송법 제12조). 여기서 '법률상 이익'이라 함은 당해 처분의 근거 법률에 의하여 보호되는 직접적이고 구체적인 이익이 있는 경우를 가리키며, 간접적이거나 사실적·경제적 이해관계를 가지는 데 불과한 경우는 포함되지 아니한다.[93]

판례는 공공용물(국유도로)의 용도폐지에 대해 무효확인을 다투는 사안에서, "일반적으로 도로는 국가나 지방자치단체가 직접 공중의 통행에 제공하는 것으로서 일반국민은 이를 자유로이 이용할 수 있는 것이기는 하나, 그렇다고 하여 그 이용관계로부터 당연히 그 도로에 관하여 특정한 권리나 법령에 의하여 보호되는 이익이 개인에게 부여되는 것이라고까지는 말할 수 없으므로, 일반적인 시민생활에 있어 도로를 이용만 하는 사람은 그 용도폐지를 다툴 법률상의 이익이 있다고 말할 수 없지만, 공공용 재산이라고 하여도 당해 공공용 재산의 성질상 특정개인의 생활에 개별성이 강한 직접적이고 구체적인 이익을 부여하고 있어서 그에게 그로 인한 이익을 가지게 하는 것이 법률적인 관점으로도 이유가 있다고 인정되는 특별한 사정이 있는 경우에는 그와 같은 이익은 법률상 보호되어야 할 것이고, 따라서 도로의 용도폐지처분에 관하여 이러한 직접적인 이해관계를 가지는 사람이 그와 같은 이익을 현실적으로 침해당한 경우에는 그 취소를 구할 법률상의 이익이 있다"라고 판시하였다. 그러나 이 사건 판결에서는 원고(주민)가 용도폐지된 도로에 대하여 산책로 등으로 가끔 이용하였던 정도에 불과했고, 문화재 매장 발견에 의한 표창 가능성에 따른 일반 국민으로서 문화재 보호의 이해관계 역시 직접적이고 구체적인 이익이라 볼 수 없어 법률상 이익을 부정하였다.[94]

---

92) 국유재산의 관리청 명칭 첨기등기에 관한 예규(등기예규 제1398호, 2011.10.11).
93) 대법원 2001.9.28. 99두8565.
94) 대법원 1992.9.22. 91누13212.

제6장 일반재산의 관리와 처분

제1절 서론

Ⅰ. 관리기관

1. 총괄청과 중앙관서의 장

총괄청(기획재정부)은 일반재산을 관리·처분하는 관리기관이다(국유재산법 제8조). 1966년 3월 8일부터 1977년 5월 1일까지 일반재산에 대한 관리를 국세청장이 담당하던 때도 있었지만,[1] 국유재산법 제정 이후 줄곧 총괄청이 일반재산에 대한 관리를 담당하고 있다.

그러나 총괄청이 관리하기에 적절하지 않거나, 특별회계와 기금운영의 독립성을 보장하기 위해서 다음과 같은 경우에는 중앙관서의 장이 일반재산을 관리·처분한다(국유재산법 제8조 제3항).

첫째, 「국가재정법」 제4조에 따라 설치된 특별회계 및 같은 법 제5조에 따라 설치된 기금에 속하는 국유재산

둘째, 관리전환, 교환 또는 양여의 목적으로 용도를 폐지한 재산

셋째, 선박, 부표(浮標), 부잔교(浮棧橋), 부선거(浮船渠) 및 항공기와 그들의 종물

넷째, 공항·항만 또는 산업단지에 있는 재산으로서 그 시설운영에 필요한 재산

다섯째, 총괄청이 그 중앙관서의 장에게 관리·처분하도록 하거나 다른 중앙관서의 장에게 인계하도록 지정한 재산

2. 위임 및 위탁

총괄청은 대통령령으로 정하는 바에 따라 소관 일반재산의 관리·처분에 관한 사무의 일부를 총괄청 소속 공무원, 중앙관서의 장 또는 그 소속 공무원, 지방자치단체의 장 또는 그 소속 공무원에게 위임하거나 정부출자기업체, 금융기관, 투자매매업자·투자중개

---

[1] 구 국유재산법(법률 제1756호, 1966.3.8.) 제10조(보통재산의 관리와 처분기관) 보통재산(주식을 제외한다)은 국세청장이 관리 또는 처분한다. 단, 제20조 단서의 규정에 의하여 인계하지 아니하는 재산은 당해재산의 관리청이 관리 또는 처분할 수 있다.

업자 또는 특별법에 따라 설립된 법인으로서 대통령령으로 정하는 자에게 위탁할 수 있다(국유재산법 제42조 제1항).

국유재산법 시행령에서 아래의 표와 같이 위임 및 위탁기관을 정하고 있다(제38조). 다만, 위임이나 위탁받은 자가 해당 사무를 부적절하게 집행하고 있다고 인정되면 그 위임이나 위탁을 철회할 수 있다(제5항).

<일반재산 위임 및 위탁 기관>

관리·처분 사무 내용	위임 및 위탁
증권의 처분	위탁자는 다음과 같음. ○ 해당 증권을 발행한 법인 ○ 「은행법」 제2조 제1항 제2호에 따른 은행(같은 법 제5조에 따라 은행으로 보는 것을 포함한다) ○ 「자본시장과 금융투자업에 관한 법률」에 따른 투자매매업자, 투자중개업자 및 집합투자업자 ○ 「예금자보호법」에 따른 예금보험공사 ○ 「중소기업은행법」에 따른 중소기업은행 ○ 「한국산업은행법」에 따른 한국산업은행 ○ 「한국수출입은행법」에 따른 한국수출입은행 ○ 「한국은행법」에 따른 한국은행 ○ 「한국정책금융공사법」에 따른 한국정책금융공사
○ 국세물납에 따라 취득한 일반재산 ○ 법 제40조 제2항 본문에 따라 용도폐지되어 총괄청에 인계된 재산 ○ 법 제59조에 따라 개발하려는 재산(법 제42조 제3항에 따라 중앙관서의 장이 소관 일반재산을 개발하기 위하여 위탁하는 경우를 포함한다) ○ 법 제59조의2(민간참여개발) 제2항 전단²⁾에 따른 출자로 인하여 취득한 증권 ○ 대여의 방법으로 운용하기 위하여 총괄청이 지정하는 증권(동법 시행령 제47조) ○ 청산법인의 청산이 종결됨에 따라 국가에 현물증여되는 재산(동법 시행령 제79조) ○ 그 밖에 일반재산의 효율적 관리·처분을 위하여 총괄청이 지정하는 재산	**한국자산관리공사**에 위탁
상기 외 일반재산	**시·도지사**에게 위임

2) 국유재산법 제59조의2(민간참여 개발) ① 총괄청은 다음 각 호의 어느 하나에 해당하는 일반재산을 대통령령으로 정하는 민간사업자와 공동으로 개발할 수 있다.

II. 일반재산 관리·처분의 성질

국공유 일반재산은 사물로서의 성격을 가지므로, 일반재산의 대부, 양여, 매각 등의 행위는 국가나 지방자치단체가 사경제주체로서 상대방과 대등한 위치에서 행하는 사법상의 법률행위로 보고 있다. 따라서 행정청이 공권력의 주체로서 행하는 공법상의 행위라 할 수 없으므로, 그에 관한 쟁송은 행정소송이 아니라 민사소송에 의하여야 할 것이다. 대법원은 일반재산의 대부, 양여, 매각 등의 행위는 사법상의 법률행위임을 밝히고 있다(사법상 계약설).3)

그러나 일반재산이 사물(私物)로서 취급하지만 공물이건 사물이건 국유재산은 모두가 행정청의 공익활동에 이바지하는 것으로 공익성이 고려되어야 하므로 공법원리가 적용된다.4) 일반재산에 대하여 원칙적으로 민사법이 적용된다 하여도 이에 대한 보충적 규율로서의 공법법규에 의한 제한이 있는 것은 당연한 것이다. 이로 인해 국유재산법은 일반재산의 관리 및 처분에 대하여 보호 및 제한을 하고 있다. 예를 들어 대부에 있어서 무상대부의 제한, 대부기간의 제한이 있고, 매각에 있어서 국가를 당사자로 하는 계약에 관한 법률에 의하여 매각방법에 제한을 두고 있고, 교환과 양여의 요건에 제한을 두는 등 여러 공법적 제한을 두고 있다. 또한 일반재산도 국유재산으로 보호의 측면에서는 행정재산과 보존재산과 다르게 취급하지 않는다. 예를 들어 변상금부과(국유재산법 제72조), 재산관리공무원의 변상책임(동법 제79조), 불법시설물철거(동법 제74조) 등에 있어서는 차이가 없다.

---

1. 5년 이상 활용되지 아니하면서 향후 활용할 계획이 없는 재산
2. 매각이 곤란하며 재산관리에 과다한 비용이 소요되는 재산
3. 청사의 이전 등으로 용도폐지된 재산으로서 그 위치·형태·용도 등을 고려하여 위원회의 심의를 거쳐 개발이 필요하다고 인정되는 재산

3) 대법원 1993.12.7. 91누11612; 대법원 1971.2.23. 70다2563; 대법원 1988.5.10. 87누441; 판례와 같이 사법상 계약설에 따르는 견해가 통설이다(곽종훈, "국유재산의 대부", 「사법논집」, 제26집, 1995년 12월, 351면).
4) 이광윤, "행정사물이론에 비추어 본 국유재산제의 문제점", 「아태공법연구」, 아세아태평양공법학회, 1993년, 19면.

제2절 대부계약

Ⅰ. 의의

'대부계약(Loan Contact: 貸付契約)'이란 일반재산을 국가 외의 자가 일정 기간 유상이나 무상으로 사용·수익할 수 있도록 체결하는 계약을 말한다(국유재산법 제2조 제8호[5]). 대부계약은 행정재산의 사용허가와 유사하나 행정재산에서의 사용허가는 행정처분에 의한 공법관계이지만, 일반재산의 대부는 계약에 의하여 성립된다는 점에서 구별된다.

일반재산은 대부분 잉여재산이 많으므로 해당 재산의 효율적인 활용과 국가의 수익을 확보하기 위해서 대부계약이 이용되고 있다(국유재산의 재정수입원으로서 기능). 국가수익증대를 위해 매각, 교환, 양여를 통해 재원을 확보할 수 있지만, 이러한 처분은 국유재산의 보존을 저해되는 단점이 있는 반면에, 대부계약은 일정기간에 한해 국가 이외의 자로 하여금 이용하도록 하여 국유재산이 손실되지 않는 장점이 있다.

이러한 대부는 국가가 사법적인 계약을 체결하여 상대방에게 국유재산을 사용수익하게 하는 권리를 취득시키는 것이지만 국유재산이라는 공적인 성격으로 인하여 국유재산법은 계약기간 및 방법에 제한을 가하고 있다.

대부의 형태는 무상대부(無償貸付)와 유상대부(有償貸付)가 있다. 무상대부는 민법상의 사용대차와 비슷하지만 법률에 의하지 아니하고는 무상대부를 할 수 없다.

Ⅱ. 대부계약의 성질

대부는 국가가 사경제적 주체로서 상대방과 대등한 입장에서 하는 사법상의 법률행위(사법적 계약)에 해당한다. 국유재산법의 관련규정은 국유재산관리상의 공정과 편의를 위하여 마련된 것에 불과하다. 대부계약에 대한 기타 공법원리의 적용 여부는 구체적 검토에 따라 결정될 문제이다.[6] 판례도 대부계약은 사법상 계약이라고 판시하고 있다.

---

5) 2009.1.30. 개정 국유재산법(법률 제9401호)에서 대부계약에 대한 개념을 정의하기 시작했다.
6) 김동희, 행정법Ⅱ, 208면 참조.

<판례>
국유재산법 제31조, 제32조 제3항, 산림법 제75조 제1항의 규정 등에 의하여 국유잡
종재산에 관한 관리 처분의 권한을 위임받은 기관이 국유잡종재산을 대부하는 행위는
국가가 사경제 주체로서 상대방과 대등한 위치에서 행하는 사법상의 계약이고, 행정
청이 공권력의 주체로서 상대방의 의사 여하에 불구하고 일방적으로 행하는 행정처분
이라고 볼 수 없으며, 국유잡종재산에 관한 대부료의 납부고지 역시 사법상의 이행청
구에 해당하고, 이를 행정처분이라고 할 수 없다(대판 2000.2.11. 99다61675; 같은 취
지의 판례: 대법원 1995.5.12. 94누5281, 대법원 1993.12.7. 91누11612).

Ⅲ. 대부계약절차

1. 대부신청

일반재산을 대부받으려는 자는 중앙관서의 장 등에 대부신청서(별지 제1호 서식)를 제
출하여야 하고, 대부료를 나누어 내려는 자는 중앙관서의 장 등에 분할납부신청서(별지
제2호 서식)를 제출하여야 한다(국유재산법 시행규칙 제35조 제1항, 제2항).

2. 계약체결방법

계약체결방법은 사용허가의 규정을 준용하고 있다(국유재산법 제47조 제1항, 제31조
제1항, 제2항). 따라서 대부계약의 체결방법은 원칙적으로 일반경쟁에 부쳐야 하고, 예외
적으로 참가자의 자격을 제한하거나 참가자를 지명하여 경쟁에 부치거나 수의의 방법으
로 할 수 있다.

중앙관서의 장 등이 일반재산을 대부하였을 때에는 대부계약서(별지 제7호 서식)의 대
부계약서를 작성하여야 하고, 대부계약부(별지 제4호 서식)를 갖추어 두어야 한다(동법
시행규칙 제3항, 제4항).

Ⅳ. 대부료 지급

1. 대부료

대부료는 임대차에 있어서 차임으로서 일반재산을 대부받은 자가 그 사용의 대가로서 지급하기로 약정한 금전이다. 대부료는 사용허가의 사용료규정을 준용하고 있다(동법 제47조 제1항). 따라서 사용료의 분할납부(제32조), 사용료의 조정(제33조), 사용료의 면제(제34조)의 규정을 준용하게 된다.

2. 대부보증금 지급

중앙관서의 장은 대부료 전부 또는 일부를 대부보증금으로 환산하여 받을 수 있다(국유재산법 제47조 제2항). 대부보증금은 다음과 같이 산출한다(동법 시행령 제51조의2).

> 대부보증금 = 연간 대부료 중 대부보증금전환대상금액 ÷ 고시이자율

대부기간이 만료되거나 대부계약이 해제 또는 해지된 경우에는 대부보증금을 반환하여야 한다. 이 경우 대부받은 자가 내지 아니한 대부료, 공과금 등이 있으면 이를 제외하고 반환하여야 한다(동조 제3항).

이러한 대부보증금제도는 2011.3.30. 개정 국유재산법(법률 제10485호)에서 도입된 것으로 그전에는 연간대부료를 선납하는 방식으로 운영하여 대부를 이용하는 자가 불편하였다.[7]

---

[7] 공유재산에 대해서는 선별적이나마 전세금제도를 2011년 이전부터 도입하고 있었다.
  공유재산 및 물품 관리법시행령 제31조(대부요율과 대부재산의 평가) ④ 지방자치단체의 장은 공유재산의 위치·형태·용도 및 재산조성의 성질상 특히 필요하다고 인정될 때에는 해당 재산에 대한 전세금을 받는 것으로 공유재산을 대부할 수 있다.

3. 무상대부요건

대부계약을 무상계약으로 할 수 있는 여부는 사용허가에서 사용료면제규정을 준용하고 있다(동법 제47조 제1항, 제34조). 따라서 아래와 같은 사유가 있는 경우에 한하여 무상대부가 가능하다.

(1) 기부를 받은 일반재산에 대하여 기부자나 그 상속인, 그 밖의 포괄승계인에게 대부하는 경우
(2) 건물 등을 신축하여 기부채납을 하려는 자가 신축기간에 그 부지를 사용하는 경우
(3) 일반재산을 직접 공용·공공용 또는 비영리 공익사업용으로 사용하려는 지방자치단체에 사용허가하는 경우
(4) 일반재산을 직접 비영리 공익사업용으로 사용하려는 대통령령으로 정하는 공공단체에 사용허가하는 경우

지방자치단체와 공공단체는 '비영리 공익사업용'으로 사용할 것을 무상대부의 요건으로 규정하고 있다. 대부받은 재산을 비영리공익사업으로 사용한다고 하여 이용자로부터 일체의 사용료를 받지 않는 것을 뜻하는 것은 아니고 공공단체가 수리비·수선비 등과 같이 당해시설의 유지에 필요한 비용을 충당하는 정도의 사용료·입장료 등을 징수하여도 반드시 영리를 목적으로 한 것이라고 할 수 없다. 그러나 사용료 등이 공공의 이익에 반하고 사회도덕적 정의에 반하는 정도로 높은 액수에 이르는 경우 또는 일정기간에 걸쳐 상당액수의 경상수익을 올리고 그것이 일반재정상 재원이 되는 경우에는 비영리공익사업으로 볼 수 없고, 국유재산법 제36조 제1항 제3호 소정의 '사용목적을 위배한 때'에 해당하여 국가는 무상대부계약을 해제할 수 있을 것이다.[8]

---

8) 곽종훈, "국유재산의 대부", 「사법논집」26집, 95년 12월, 357면.

Ⅴ. 대부기간

1. 대부기간의 제한

국유재산법은 일반재산의 대부기간을 임대차의 임대기간[9]보다도 제한하고 있다. 이러한 이유는 대부기간의 제한을 통해서 장기간 사적으로 이용될 위험을 방지하고 국유재산의 다양한 활용가능성을 마련하기 위한 것이다. 일반재산의 대부기간은 다음과 같은 기간 이내로 한다(국유재산법 제46조 제1항)

(1) 조림(造林)을 목적으로 하는 토지와 그 정착물: 10년

조림을 목적으로 하는 토지는 등기부상 임야가 대부분이지만, 임야에 한정하지 아니하고 하천부지, 기타 잡종지도 조림지로 활용할 수 있을 것이다. 여기의 정착물은 구거(溝渠), 저수장시설, 제목시설(製木施設) 등이 포함될 것이다.[10]

(2) 조림 이외의 목적의 토지와 그 정착물: 5년

이러한 예는 경작지, 목축지, 하치장, 대지, 광업, 채석(採石) 등을 위한 대부 등이 있을 것이다.

(3) 그 밖의 재산: 1년

여기서 그 밖의 재산은 토지와 정착물을 제외한 유체물이다.

※ 일본국유재산법상 대부제도

■ 대부기간

일본은 우리보다 대부기간을 장기간 인정하고 있다. 대부기간을 보면 다음과 같고, 아래의 ②항을 제외하고는 경신할 수 있다(일본국유재산법 제21조).

---

9) 민법 제651조(임대차존속기간) ① 석조, 석회조, 연와조 또는 이와 유사한 견고한 건물 기타 공작물의 소유를 목적으로 하는 토지임대차나 식목, 채염을 목적으로 하는 토지임대차의 경우를 제한 외에는 임대차의 존속기간은 20년을 넘지 못한다. 당사자의 약정기간이 20년을 넘는 때에는 이를 20년으로 단축한다.
② 전 항의 기간은 이를 갱신할 수 있다. 그 기간은 갱신한 날로부터 10년을 넘지 못한다.
10) 김관수·김창근, 전게서, 156면.

① 식수를 목적으로 하여 토지 및 토지의 정착물(건물을 제외한다)을 대부하는 경우: 60년 이내

② 건물 소유를 목적으로 토지 및 토지의 정착물을 대부하는 경우: 50년 이상

② 전호의 경우를 제외하고 토지 및 토지의 정착물을 대부하는 경우: 30년

③ 건물 기타 물건을 대부하는 경우: 10년

■ 영구시설물 설치 여부

우리 국유재산법은 대부의 경우에 영구시설물을 설치할 수 없으나, 일본 국유재산법은 이에 대한 제한이 없어 영구시설물을 설치할 수 있다.

2. 대부기간 초과계약의 효력

대부기간 제한을 강행규정으로 볼 것인지, 훈시적인 임의규정으로 볼 것인지 문제가 있다. 그러나 국유재산법 제46조에서 "기간 이내로 한다"라고 명시하고 있고, 대부기간을 제한하여 장기간 사적으로 이용되는 것을 막고 국유재산을 다양하게 활용하려는 취지에 비추어 보면 이는 강행규정으로 보고 대부기간을 초과한 임대계약은 무효라고 보아야 할 것이다. 그러나 일부무효인 경우에는 민법 제137조에 의하여 전부를 무효로 하는 게 원칙이지만, 계약전부를 무효로 하는 것은 거래의 안전을 저해할 것이고, 초과된 대부기간은 국유재산법 제46조에 의한 대부기간으로 단축시켜서 그 효력을 인정해야 할 것이다.[11]

3. 특별법 소정의 임대차 단기제한규정과의 관계

민법의 임대차에 관한 특별법으로서 주택임대차보호법에서 임대차의 최단기에 관한 규정이 있다.[12] 이 규정이 일반재산의 대부에도 그대로 적용되는지가 문제가 된다. 국유재산의 대부는 본질적으로 사법상 계약이고 국유재산법에 특별규정이 없는 한 일반사법의 적용을 받으므로, 국유재산에 대해서도 적용된다 할 것이다. 따라서 국유재산인 주택을 대부하는 경우에 그 대부기간이 위 최장기의 범위 내에서 주택임대차보호법이 정한 해당

---

11) 김관수·김창근, 전게서, 157면 참조

12) 주택임대차보호법 제4조(임대차기간 등) ① 기간을 정하지 아니하거나 2년 미만으로 정한 임대차는 그 기간을 2년으로 본다. 다만, 임차인은 2년 미만으로 정한 기간이 유효함을 주장할 수 있다.
② 임대차기간이 끝난 경우에도 임차인이 보증금을 반환받을 때까지는 임대차관계가 존속되는 것으로 본다.

최단기간에 미치지 못할 경우에는 그 대부기간에 관한 약정은 무효이고, 그 대부기간은 주택임대차보호법이 정하는 최단기로 된다.[13]

VI. 대부계약의 경신

대부기간이 끝난 재산에 대하여 그 대부기간을 초과하지 아니하는 범위에서 종전의 대부계약을 경신할 수 있다. 그러나 수의계약의 방법으로 대부할 수 있는 경우가 아니면 1회만 경신할 수 있다(동법 제46조 제2항).

아래의 어느 하나에 해당할 경우에는 갱신을 할 수 없다(동법 제46조 제2항, 동법 시행령 제50조).

(1) 대부재산을 국가나 지방자치단체가 행정재산 용도(법 제6조 제2항 각 호)로 사용하기 위하여 필요한 경우

(2) 대부계약의 해제, 해지 사유(법 제36조 제1항 각 호)에 해당하는 경우

(3) 대부계약 조건을 위반한 경우

VII. 대부계약의 취소·해제·해지

1. 대부계약의 해제 등

대부계약의 해제 또는 해지에 대하여 사용수익허가의 규정(동법 제36조)의 규정을 준용하고 있다(동법 제47조 제1항). 여기서 사용허가의 철회를 해지로, 취소를 해제로 풀이하여 해석해야 할 것이다.[14] 다만 국유재산법 시행규칙 별지 서식 7호 '국유재산 대부계약서' 양식에서는 '제8조(대부계약의 해약)'라고 하면서 '해약'이라는 표현을 사용하고 있다.

대부계약은 사법상의 계약으로서 민법상의 임대차 또는 사용대차에 해당하므로, 민법

---

13) 곽종훈, 전게논문, 356면.

14) 구 국유재산법(1970.1.1. 법률 제2163호)에서는 "제24조(대부계약의 해제와 보상) 제1항 잡종재산을 대부한 경우에 있어서 국가 또는 공공단체가 공공용, 공용에 사용하기 위하여 필요한 때에는 그 계약을 해제할 수 있다"라고 하여 법정해제권을 적시하고 있었다.

상 취소원인(사기, 착오 등)에 의하여 취소할 수 있고, 민법상 해제(이행지체, 이행불능 등)원인에 의하여 해제할 수 있다. 따라서 국유재산법 제47조, 제36조에 규정된 계약해제 사유는 민법상의 원칙을 주의적으로 규정한 것이라 할 수 있다.

2. 법정해지권

국유재산법 제47조, 제36조 제2항은 국유재산을 "국가나 지방자치단체가 직접 공용이나 공공용으로 사용하기 위하여 필요하게 된 경우"에 그 대부계약을 철회(해지)할 수 있다고 규정하고 있다. 여기서의 해지는 공공의 목적에 필요가 생긴 때에 사인의 사용에 우선시키는 것으로 해석되므로 민법과는 다른 법정해지권으로 해석된다. 따라서 해지권의 유보조항을 대부계약서에 명시하지 아니하여도 인정될 수 있다 할 것이다.[15]

법정해지권의 행사요건인 "국가나 지방자치단체가 직접 공용이나 공공용으로 사용하기 위하여 필요하게 된 경우"는 막연한 공익상의 사유만으로는 부족하고 구체적인 사정변경으로 인하여 사용의 필요성이 생긴 경우를 의미한다. 판례는 "국유재산법 제24조(현 국유재산법 제47조 제1항)의 규정에 공공용 또는 공용에 사용하기 위하여 필요한 때는 대부계약을 해지할 수 있다고 되어 있고 이 사건 대지상에 건축공사가 진척되어 그대로 방치한다면 나라가 앞으로 공공용 또는 공용에 공하려고 할 때에 막대한 지장이 있다고 하여도 원심이 이 사건 대지사용허가 후에 공공용 또는 공용으로 사용할 구체적인 사정변경이 없이 단순히 행정재산으로 확보하기로 방침을 결정하였다는 이유만으로써는 위에서 말한 공공용 또는 공용에 사용하기에 필요한 때에 해당될 수 없다고 판시한 이유는 정당하고 아무런 위법이 없다"[16]라고 판시하였다.

3. 손해배상청구권

해제와 해지사유가 대부권자의 책임 있는 사유로 인한 것이므로 손해배상문제는 발생하지 않으나, 국가 또는 지방자치단체가 직접 공용 또는 공공용으로 사용하고자 하여 해지하는 경우에는 손해를 배상하도록 명시되어 있다(동법 제47조 제1항, 제36조 제3항,

---

15) 김관수 · 김창근, 전게서, 161면: 국유재산법 시행규칙 별지 제7호 서식 '국유재산 대부계약서' 양식에서 보상의무를 명시하고 있다.
16) 대법원 1971.5.24. 71다489.

동법 시행령 제35조).

　여기서 발생한 손해배상청권의 시효에 대해서 견해의 대립이 있다. 이를 민법상의 채권과 같이 10년을 적용하고자 하는 견해와 이를 공법상의 권리로 보아 5년(국가재정법 제96조)[17]을 적용하자는 견해가 있다. 일반재산에 대한 법률관계는 사법상 계약으로 본다면 소멸시효는 민법과 같이 10년으로 보아야 할 것이다.

<유권해석>

국유재산 사용수익허가 및 대부계약을 갱신한 경우 기존의 허가(대부)기간에 설치한 시설물이 철회에 다른 보상의 대상이 되는지

　잡종국유지상에 국가 이외의 자가 영구시설물을 설치하는 것을 금지하는 규정(국유재산법 제38조의 규정)에 위반하여 축조된 건물은 적법한 건물로 볼 수 없으며, 또한 국유재산대부계약서 제11조 규정에 대부계약이 만료되거나 계약이 해제된 경우에는 대부재산을 원상으로 회복하여 국가에 반환하도록 되어 있었으므로 대부계약자는 계약사항에 따라 당해 건물을 철거한 후 국유지를 반환하여야 한다. 국유재산법에 의한 손실보상 요건(국유재산법 제28조 제3항 및 동법 시행령 제30조)을 충족하려면 당해 건물이 적법한 절차에 따라 계약해지 당시의 대부계약 기간('98.7.~'03.6.) 중에 축조되었어야 하나, 당해 건물은 이미 대부계약이 만료된 종전의 계약기간('87.7.~'92.11.) 중에 축조되어 국유지의 원상회복이 재계약에 의하여 연기된 상태이므로 국유재산법상 손실보상 요건에 적합하지 아니하다(국재 41321 - 320 회신일자 2003.05.01).

Ⅷ. 개선방안

　장기적으로 영구시설물 설치기준을 실질적으로 완화하고 장기임대 제도의 도입을 검토해야 할 것이다. 즉 국공유재산의 대부 활성화를 위하여 투자자금 회수 및 사업위험 분산 등을 고려하여 당해 재산의 용도나 목적에 지장이 없다면, 성실한 사용자, 장기 미활용 재산 등에 대해서 우선적으로 장기 임대할 수 있는 제도가 필요하다 할 것이다.[18]

---

17) 국가재정법 제96조(금전채권·채무의 소멸시효) ① 금전의 급부를 목적으로 하는 국가의 권리로서 시효에 관하여 다른 법률에 규정이 없는 것은 5년 동안 행사하지 아니하면 시효로 인하여 소멸한다.
　② 국가에 대한 권리로서 금전의 급부를 목적으로 하는 것도 또한 제1항과 같다.
　③ 금전의 급부를 목적으로 하는 국가의 권리에 있어서는 소멸시효의 중단·정지 그 밖의 사항에 관하여 다른 법률의 규정이 없는 때에는 「민법」의 규정을 적용한다. 국가에 대한 권리로서 금전의 급부를 목적으로 하는 것도 또한 같다.
　④ 법령의 규정에 따라 국가가 행하는 납입의 고지는 시효중단의 효력이 있다.
18) 「국공유재산관리체계의 효율화 방안 연구」, 국토연구원 용역보고서, 감사원·재정경제부, 2004년 12월,

제3절 매각

Ⅰ. 의의

매각(Disposal, 賣却)이란 일반재산을 국가 이외의 자에게 소유권을 이전하고 그 반대급부로서 대금을 받는 행위를 말한다. 매각의 법적 성질에 대해서 공법상 계약설[20]과 사법상 계약설의 대립이 있으나, 통설과 판례[21]는 사법상 계약설에 따르고 있다.

국유재산의 매각은 민법상의 매매와 같은 사법상 계약으로서 민법의 규정에 의하여야 할 것이지만, 국유재산의 특수성으로 인하여 가격결정, 대금납부, 상대방 결정 등에 있어서 민법과는 다른 규제를 받고 있다. 매각은 국유재산법, 국가를 당사자로 하는 계약에 관한 법률, 국가재정법, 국가채권관리법 등에 의하여 공법상 제한을 받고 있다.

매각은 대가를 받는다는 면에서 양여와는 구별되고, 반대급부가 대금이라는 면에서 교환과 구별된다.

143면.

19) 재무감사매뉴얼, 감사원, 2005.4. 265면.

20) 이원우, 주석 국유재산법, 197면.

21) 대법원 1984.4.10. 83누621.

Ⅱ. 매각의 요건

1. 매각대상: 일반재산

매각할 수 있는 재산은 일반재산에 한한다(동법 제48조). 일반재산으로 제한하는 이유는 행정재산과 달리 일반재산은 국가의 잉여재산이며 수익재산이라는 점에 있다. 따라서 행정재산을 매각하기 위해서는 먼저 용도폐지를 해야 하고, 용도폐지하지 않고 일반재산으로 오인하고 매각하는 것은 무효이다.

<판례>
행정재산은 사법상 거래의 대상이 되지 아니하는 불융통물이므로 비록 관재 당국이 이를 모르고 매각하였다 하더라도 그 매매는 당연무효라 아니할 수 없으며, 사인 간의 매매계약 역시 불융통물에 대한 매매로서 무효임을 면할 수 없다(대법원 1995.11.14. 94다50922).

<유권해석>
국유지를 지분으로 매각하는 것이 가능한지
국유재산관리계획상 매각이 가능한 국유지로서 분할매각이 불가피하나 지적법상 분할이 불가능한 경우에는 공유지분으로 매각할 수 있으나, 국유지를 공유지분으로 매각함으로써 잔여 국가지분의 처분 및 활용에 제한을 가져오거나 효용의 감소를 초래하는 경우에는 국유재산관리계획 제11조 규정에 의거 이를 제한할 수 있다(국유재산과-327 회신일자 2004.04.20).

<유권해석>
도시관리계획결정 고시된 국유지의 매각 가부
국토의 계획 및 이용에 관한 법률 제97조에 의하면 도시관리계획 결정 고시된 국유지는 당해 도시관리계획으로 정하여진 목적 외의 목적으로 매각할 수 없도록 규정되어 있는바, 당해 도시관리계획 시행이 지연되는 등 매각의 필요성이 발생한 경우 당해 도시관리계획으로 정하여진 목적으로는 매각할 수 있다고 해석되나, 위 규정의 취지가 국토의 계획적·체계적인 이용을 확보하기 위한 것임을 고려해 볼 때 도시관리계획상의 사업시행자가 아닌 자에게 당해 토지를 매각함은 신중하여야 할 것이므로, 일반경쟁입찰 시 도시관리계획의 목적을 공고하는 등 필요한 절차를 준수하여 매수인에게 도시관리계획이 고시된 사실을 반드시 알려야 할 것이고, 또한 사전에 당해 사업시행자 등 관련 기관과 협의가 필요하다고 사료됨.[22]

2. 매각 제한 사유에 해당하지 아니할 것

(1) 매각 요건의 완화

2011.3.30. 개정 국유재산법(법률 제10485호) 이전에는 매각요건이 엄격하였다. 일반재산의 매각 부진으로 인해 관리부담이 늘어나자, 2011.3.30. 개정 국유재산법(법률 제10485호)에서 적극적 매각을 할 수 있도록 매각기준을 일부 제한사유 외에는 매각을 전부허용하는 방식(네거티브 시스템)으로 완화하였다.

<매각요건의 변화>

2009.7.31. 이전	2009.7.31.부터.~2011.4.1. 이전	2011.4.1.부터
매각요건 없었음.	국유재산법(법률 9711호) 제48조(매각) 일반재산은 다음 각 호의 어느 하나에 해당하는 경우에 매각할 수 있다. 1. 다른 법률에 따라 특정 사업을 위하여 불가피한 경우 2. 문화시설・공원 등 공공사용을 목적으로 하여 대통령령으로 정하는 공익사업을 위하여 필요한 경우 3. 특별회계나 기금 소관 재산으로 그 회계나 기금의 설치목적을 고려하여 대통령령으로 정한 경우 4. 재산의 위치・규모・형태나 정책목적 등을 고려할 때 국가가 보존・관리하는 것이 적합하지 아니하거나 활용할 가치가 없는 경우	국유재산법(법률 10485호) 제48조(매각) ① 일반재산은 다음 각 호의 어느 하나에 해당하는 경우 외에는 매각할 수 있다. 1. 중앙관서의 장이 행정목적으로 사용하기 위하여 그 재산에 대하여 제8조 제4항에 따른 행정재산의 사용 승인이나 관리전환을 신청한 경우 2. 「국토의 계획 및 이용에 관한 법률」는 경우 3. 장래 행정목적의 필요성 등을 고려하여 제9조 제4항 제3호의 처분기준에서 정한 처분제한 대상에 해당하는 경우 4. 제1호부터 제3호까지의 규정에 따른 경우 외에 대통령령으로 정하는 바에 따라 국가가 관리할 필요가 있다고 총괄청이나 중앙관서의 장이 지정하는 경우

(2) 매각제한 사유

아래와 같은 어느 하나에 해당할 경우 외에는 매각을 할 수 있다(국유재산법 제48조).

① 중앙관서의 장이 행정목적으로 사용하기 위하여 그 재산에 대하여 제8조 제4항에 따른 행정재산의 사용 승인이나 관리전환을 신청한 경우

② 「국토의 계획 및 이용에 관한 법률」 등 다른 법률에 따라 그 처분이 제한되는 경우

---

22) 국방부 법 제팀 - 1084('07.2.28.), 국방관계법령해석질의응답집 제27집(2006.4.~2007.12.), 184면.

도시·군관리계획결정을 고시한 경우에는 국공유지로서 도시·군계획시설사업에 필요한 토지는 그 도시·군관리계획으로 정하여진 목적 외의 목적으로 매각하거나 양도할 수 없도록 하고 있다(국토의 계획 및 이용에 관한 법률 제97조). 이러한 각종 개발목적에 따라 국유지 매각이 제한되는 다른 법률은 다음과 같다.

<국유지 매각제한 법률>

법령	내용
경제자유구역의 지정 및 운영에 관한 특별법 제9조의5(국공유지의 처분제한)	경제자유구역에 있는 국공유지 처분 제한
국가통합교통체계효율화법 제58조(국공유지의 처분 제한)	
농업생산기반시설 및 주변지역 활용에 관한 특별법 제22조(국공유지의 처분 제한 등)	농업생산기반시설 등 활용구역에 있는 국공유지 처분 제한
도시개발법 제68조(국공유지의 처분제한 등)	도시개발구역에 있는 국공유지의 처분 제한
도시철도법 제10조(국공유지의 처분제한 등)	도시철도건설에 필요한 국공유지
도청이전을 위한 도시건설 및 지원에 관한 특별법 제25조(국·공유지의 처분제한 등)	도청이전신도시 개발예정지구 안에 있는 국공유지
보금자리주택건설 등에 관한 특별법 제28조(국·공유지의 처분제한 등)	주택지구 안에 있는 국공유지
산업입지 및 개발에 관한 법률 제27조(국유지·공유지의 처분 제한 등)	산업단지에 있는 국공유지
새만금사업 촉진을 위한 특별법 제22조(국·공유지의 처분제한 등)	새만금사업지역 안에 있는 국공유지
재해위험 개선사업 및 이주대책에 관한 특별법 제24조(국·공유지의 처분제한 등)	개선사업지구 안에 있는 국공유지
전원개발촉진법 제8조(국공유지의 처분 제한 등)	전원개발사업구역 안에 있는 국공유지
친수구역 활용에 관한 특별법 제25조(국공유지의 처분제한 등)	친수구역 안에 있는 국공유지
택지개발촉진법 제26조(국유지·공유지의 처분제한 등)	택지개발지구에 있는 국공유지
항만법 제64조(국공유지의 처분제한 등)	사업구역 안에 있는 국공유지

③ 장래 행정목적의 필요성 등을 고려하여 국유재산종합계획의 처분기준(제9조 제4항 제3호)에서 정한 처분제한 대상에 해당하는 경우

④ ①부터 ③까지의 규정에 따른 경우 외에 대통령령으로 정하는 바에 따라 국가가 관리할 필요가 있다고 총괄청이나 중앙관서의 장이 지정하는 경우

국가가 관리할 필요가 있다고 총괄청이나 중앙관서의 장이 지정할 수 있는 재산은 다음과 같다. 국유재산개발(법 제57조)이 필요한 재산, 장래의 행정소요에 대비하기 위하여 비축할 필요가 있는 재산, 사실상 또는 소송상 분쟁이 진행 중이거나 예상되는 등의 사유로 매각을 제한할 필요가 있는 재산에 해당하여야 한다(동법 시행령 제52조 제1항).

Ⅲ. 사전 협의 절차

1. 총괄청과 협의

중앙관서의 장이 특별회계나 기금에 속하는 일반재산 중 다음 어느 하나에 해당하는 재산을 매각하려는 경우에는 총괄청과 협의하여야 한다(국유재산법 제48조, 동법 시행령 제52조).

○ 공용재산으로 사용 후 용도폐지된 토지나 건물
○ 일단(一團)의 토지[경계선이 서로 맞닿은 일반재산(국가와 국가 외의 자가 공유한 토지는 제외한다) 인 일련(一連)의 토지를 말한다. 이하 같다] 면적이 3,000제곱미터를 초과하는 재산

2. 국토해양부장관과 협의

중앙관서의 장 등은 다음 어느 하나에 해당하는 국유지를 매각하려는 경우에는 우선적으로 장기공공임대주택(「임대주택법 시행령」 제2조에 따른 공공건설임대주택으로서 임대의무기간이 10년 이상인 임대주택을 말한다)의 용도로 필요한지에 관하여 국토해양부장관과 협의하여야 한다(국유재산법 시행령 제52조 제4항).

○ 용도폐지된 군부대, 교도소 및 학교의 부지
○ 일단의 토지 면적이 1만 제곱미터를 초과하는 토지

Ⅳ. 매각 방법

1. 경쟁의 원칙

(1) 의의

일반재산을 매각하는 계약을 체결함에 있어서는 경쟁입찰을 하여야 한다(동법 제43조). 일반경쟁계약은 다수인을 경쟁시켜 그중에서 국가에 가장 유리한 조건을 제시한 자를 선정하여 이를 계약상대자로 정하는 것으로, 국가를 당사자로 하는 계약에 관한 법률 제7조는 "각 중앙관서의 장 또는 계약담당공무원은 계약을 체결하고자 하는 경우에는 일반경쟁에 부쳐야 한다"라고 규정하고 있다. 일반경쟁계약의 '경쟁'이라 함은 가격에 대한 경쟁을 말하고, '국가에 가장 유리한 조건을 제시한 자'라 함은 경쟁의 본질상 지출의 원인이 되는 계약에 있어서 예정가격의 범위 내에서 최저가격의 입찰을 한 자이며, 또 수입의 원인이 되는 가격에 있어서는 예정가격을 상회한 최고가격입찰자일 것이나 가격뿐만 아니라 기타의 모든 조건을 참작하여 국가에 가장 유리한 조건을 제시한 자를 결정해야 할 것이다.[23] 따라서 국유재산 매각은 국가의 수입의 원인이 되는 경우이므로 예정가격을 상회한 최고가격입찰자에게 매각되는 것이 원칙이다.

다만, 예외적으로 지명경쟁 또는 제한경쟁을 할 수 있는 경우에 대하여「국가를 당사자를 하는 계약에 관한 법률」[24]과는 다른 특칙을 두고 있다. 국가계약법령의 지명경쟁 또는 제한경쟁의 취지는 능력이나 경험이 없는 자를 입찰에 참가하지 못하게 하여 부실시공 방지, 입찰업무의 효율성을 확보하기 위한 것이지만, 국유재산법의 취지는 매각된 일반재산의 효율적 이용을 도모할 수 있는 자들에게 매각되도록 함에 있다.

일반재산을 매각하고자 할 때 경쟁입찰·지명경쟁·제한경쟁에 붙이는 경우 총괄청이 지정고시하는 정보처리장치(www.onbid.co.kr)를 이용하여 입찰공고·개찰·낙찰선언을 한다(동법 제43조, 제31조 제2항).

---

23) 「재정관련용어해설집」, 국회예산결산특별위원회, 1998.11. 94면 참조.

24) 국가를 당사자로 하는 계약에 관한 법률 제7조, 동법 시행령 제21조(제한경쟁입찰에 의할 계약과 제한사항 등), 제23조(지명경쟁입찰에 의할 계약), 제26조(수의계약에 의할 수 있는 경우).

(2) 용도를 지정한 매각

국유재산의 매각에 특이한 것은 '용도를 지정한 매각'이 가능하다는 점이다.[25]

용도를 지정하여 매각하는 경우에는 매수인은 그 재산의 매각일부터 10년 이상 지정된 용도로 활용하여야 하고, 총괄청은 필요하다고 인정하는 경우에는 용도를 지정하여 매각한 재산의 관리상황에 관하여 보고를 받거나 자료의 제출을 요구할 수 있고, 소속 공무원에게 그 관리상황을 감사하게 하거나 그 밖의 필요한 조치를 할 수 있다(동법 제49조, 동법 시행령 제53조).

또한 용도를 지정하여 매각한 경우에 매수자가 지정된 날짜가 지나도 그 용도에 사용하지 아니하거나 지정된 용도에 제공한 후 지정된 기간에 그 용도를 폐지한 경우에는 해제할 수 있으며 이러한 해제유보내용에 대하여 특약등기를 할 수 있다(동법 시행령 제53조 제3항).

2. 일반경쟁절차

(1) 입찰공고

일반재산을 매각하고자 할 때 총괄청이 지정고시하는 정보처리장치를 이용하여 입찰공고를 한다(국유재산법 제33조).

「국가를 당사자로 하는 계약에 관한 법률 시행령 제22조 제1항 및 국유재산법 제33조 제2항의 규정에 의한 정보처리장치의 지정 등에 관한 고시(재정경제부고시 2006 – 6호)」에 의하면, 국유재산법 제33조 제2항에 의한 '총괄청이 지정·고시하는 정보처리장치'는 '전자자산처분시스템(www.onbid.co.kr)'을 말하고, 정보처리장치의 관리·운용자는 '한국자산관리공사 사장'이다.[26] 여기에 입찰공고할 사항은 다음과 같다(국유재산법 시행규칙 제23조).

---

25) 일본 국유재산법에서도 용도를 지정한 매매를 정하고 있다.
　　일본국유재산법 제29조 普通財産의 경매 또는 양도하는 경우에는 당해 재산을 관장하는 각성 각 청의 장은 그 매수인 또는 양여를 받은 자에게 용도 및 그 용도에 이바지해야 하는 기일 및 기간을 지정해야 한다. 그러나 정령으로 정하는 경우에 해당하는 경우에는 그러하지 아니하다.

26) 공유재산도 같은 전자자산처분시스템을 이용한다(행정안전부 고시 제2006호-1호, 지방자치단체를 당사자로 하는 계약에 관한 법률 시행령 제15조 등의 규정에 의한 정보처리장치의 지정에 관한 고시).

① 처분의 대상이 되는 일반재산에 관한 사항

② 입찰·개찰의 장소와 일시에 관한 사항

③ 입찰참가자의 자격에 관한 사항

④ 입찰보증금과 국고 귀속에 관한 사항

⑤ 입찰 무효에 관한 사항

⑥ 매각 예정가격 및 매각대금의 결정방법에 관한 사항

⑧ 기타 입찰에 필요한 사항

(2) 입찰보증금의 납부

입찰보증금액과 국고귀속은 입찰공고에 포함하여 정하게 된다(동법 시행규칙 제23조). 입찰 시 입찰보증금은 입찰 금액의 100분의 5 이상으로 정하여지고 있고, 낙찰자가 계약을 체결하지 아니할 때에는 그 입찰보증금을 국고에 귀속시킨다(국계령 제37조, 제38조).

(3) 낙찰선언

경쟁입찰은 1개 이상의 유효한 입찰이 있는 경우 최고가격으로 응찰한 자를 낙찰자로 한다(동법 시행령 제40조 제1항). 예정가격 이상으로서 최고가격으로 입찰한 자를 낙찰자로 하며, 최고가격이 동일한 금액으로 입찰한 자가 2인 이상인 경우 그 즉시 추첨으로 낙찰자를 결정한다(국계령 제41조, 제47조 제1항).

3. 지명경쟁 또는 제한경쟁을 할 수 있는 경우(동법 시행령 제35조)

일반재산이 다음 각 호의 어느 하나에 해당하는 경우에는 제한경쟁이나 지명경쟁[27]의 방법으로 처분할 수 있다(국유재산법 제43조 제1항 단서, 동법 시행령 제40조).

(1) 토지의 용도 등을 고려할 때 해당 재산에 인접한 토지의 소유자를 지명하여 경쟁에 부칠 필요가 있는 경우

(2) 농경지의 경우에 특별자치도지사·시장·군수 또는 구청장(자치구의 구청장을 말한다. 이하 같다)이 인정하는 실경작자를 지명하거나 이들을 입찰에 참가할 수 있

---

27) '지명경쟁계약'은 광의에 있어서의 경쟁계약의 일종이다. 일반경쟁입찰에 부치지 않고 계약담당공무원이 적당하다고 인정한 복수의 상대방을 선택하여 그들로 하여금 입찰방법에 따라 경쟁시켜 상대방을 결정하여 체결하는 계약을 말한다(「재정관련용어해설집」, 국회예산결산특별위원회, 1998.11. 116면).

는 자로 제한하여 경쟁에 부칠 필요가 있는 경우

(3) 법 제49조에 따라 용도를 지정하여 매각하는 경우

(4) 동법 시행령 제40조 제3항에 따른 수의계약 신청이 경합하는 경우[28]

4. 수의계약에 의할 수 있는 경우

일반재산은 아래의 어느 하나에 해당할 경우에는 수의계약으로 처분할 수 있다. 이 경우 처분가격은 예정가격 이상으로 한다(동법 시행령 제40조 제3항).

(1) 외교상 또는 국방상의 이유로 비밀리에 처분할 필요가 있는 경우

(2) 천재지변이나 그 밖의 부득이한 사유가 발생하여 재해 복구나 구호의 목적으로 재산을 처분하는 경우

(3) 해당 재산을 양여받거나 무상으로 대부받을 수 있는 자에게 그 재산을 매각하는 경우

(4) 지방자치단체가 직접 공용 또는 공공용으로 사용하는 데에 필요한 재산을 해당 지방자치단체에 처분하는 경우

(5) 「공공기관의 운영에 관한 법률」 제4조에 따른 공공기관이 직접 사무용 또는 사업용으로 사용하는 데에 필요한 재산을 해당 공공기관에 처분하는 경우

(6) 인구 분산을 위한 정착사업에 필요하여 재산을 처분하는 경우

(7) 법 제45조 제1항에 따라 개척·매립·간척 또는 조림 사업의 완성을 조건으로 매각을 예약하고, 같은 조 제3항에 따른 기한까지 그 사업이 완성되어 그 완성된 부분을 예약 상대방에게 매각하는 경우

(8) 법 제59조의2 제2항 전단에 따른 국유지개발목적회사에 개발 대상 국유재산을 매각하는 경우

(9) 법 제78조에 따라 은닉된 국유재산을 국가에 반환한 자에게 매각하는 경우

(10) 법률 제3482호 국유재산법중개정법률 부칙 제3조[29])에 해당하는 재산을 당초에 국

---

28) 2011.4.1. 개정 국유재산법 시행령 이전에는 일부 수의계약 신청이 경합되는 경우로 한정하였으나, 2011.4.1. 개정 국유재산법 시행령(대통령령 제22815호)에서 모든 수의계약 신청이 경합되는 경우로 제한경쟁의 범위를 넓게 규정하였다.

29) 국유재산법(법률 제3482호, 1981.12.31.) 부칙 제3조(선의취득자에 관한 경과조치) 이 법 시행 전에 국가를 정당한 소유자로 믿고 국가로부터 매수한 재산이 판결 등에 의하여 귀속법인의 소유로 된 후 당해 귀속법인의 해산으로 인하여 국유재산으로 된 경우에 당해 재산을 당초에 국가로부터 매수한 자(매수자의 상속인 또는 승계인을 포함한다)가 이 법 시행일로부터 3년 이내에 매수의 신청을 한 경우에는 제53조의2의 규정을 준용하여 매각할 수 있다.

가로부터 매수한 자(매수자의 상속인 또는 승계인을 포함한다)에게 매각하는 경우

(11) 국가가 각종 사업의 시행과 관련하여 이주대책의 목적으로 조성하였거나 조성할 예정인 이주단지의 국유지를 그 이주민에게 매각하는 경우

(12) 다른 국가가 대사관·영사관, 그 밖에 이에 준하는 외교목적의 시설로 사용하기 위하여 필요로 하는 국유재산을 해당 국가에 매각하는 경우

(13) 국가와 국가 외의 자가 공유하고 있는 국유지를 해당 공유지분권자에게 매각하는 경우

(14) 국유재산으로서 이용가치가 없으며, 국가 외의 자가 소유한 건물로 점유·사용되고 있는 다음 아래의 어느 하나에 해당하는 국유지를 그 건물 바닥면적의 두 배 이내의 범위에서 그 건물의 소유자에게 매각하는 경우

① 2003년 12월 31일 이전부터 국가 외의 자 소유의 건물로 점유된 국유지

② 토지 소유자와 건물 소유자가 동일하였으나 판결 등에 따라 토지 소유권이 국가로 이전된 국유지

(15) 2003년 12월 31일 이전부터 종교단체가 직접 그 종교 용도로 점유·사용하고 있는 재산을 그 점유·사용자에게 매각하는 경우

(16) 사유지에 설치된 국가 소유의 건물이나 공작물로서 그 건물이나 공작물의 위치, 규모, 형태 및 용도 등을 고려하여 해당 재산을 그 사유지의 소유자에게 매각하는 경우

(17) 국유지의 위치, 규모, 형태 및 용도 등을 고려할 때 국유지만으로는 이용가치가 없는 경우로서 그 국유지와 서로 맞닿은 사유토지의 소유자에게 그 국유지를 매각하는 경우

(18) 법률에 따라 수행하는 사업 등을 지원하기 위한 다음 아래의 어느 하나에 해당하는 경우

① 「감염병의 예방 및 관리에 관한 법률」 제2조 제4호 다목에 따른 한센병 환자가 1986년 12월 31일 이전부터 집단으로 정착한 국유지를 그 정착인에게 매각하는 경우

② 「국가균형발전 특별법」 제18조에 따라 지방으로 이전하는 공공기관에 그 이전부지에 포함된 국유지를 매각하는 경우

③ 「공익법인의 설립·운영에 관한 법률」 제4조 제1항에 따라 주무관청(학생기숙사의 경우에는 교육과학기술부장관, 공장기숙사의 경우에는 고용노동부장관을 말한다. 이하 이 목에서 같다)으로부터 설립허가를 받은 공익법인이나 상시 사용하는 근로

자의 수가 50명 이상인 기업체 또는 주무관청으로부터 추천을 받은 자가 대학생 또는 공장근로자를 위하여 건립하려는 기숙사의 부지에 있는 재산을 그 법인이나 기업체 또는 주무관청으로부터 추천을 받은 자에게 매각하는 경우

④ 「관광진흥법」 제55조에 따른 조성사업의 시행에 필요한 재산을 그 사업시행자에게 매각하는 경우

⑤ 「교통시설특별회계법」 제5조에 따른 철도계정, 같은 법 제5조의2에 따른 교통체계관리계정 또는 같은 법 제7조에 따른 항만계정 소관의 폐시설 부지(법 제40조 제2항 제3호에 따른 재산 중 국토해양부 소관의 토지를 포함한다)로서 장래에 활용할 계획이 없는 국유지를 다음의 어느 하나에 해당하는 자에게 매각하는 경우

㉠ 1987년 12월 31일 이전부터 사실상 농경지로서 시 지역에서는 1,000제곱미터, 군 및 도농(都農) 복합형태의 시에 소재한 읍·면 지역(이하 '읍·면 지역'이라 한다)에서는 3,000제곱미터 범위에서 계속하여 경작한 그 실경작자

㉡ 철도시설이나 대중교통시설 또는 항만시설로 사용하기 위하여 취득하였으나 그 시설로 사용하지 아니하거나 그 용도로 사용할 필요가 없게 된 국유지의 취득 당시 소유자(상속인을 포함한다)

⑥ 「농수산물유통 및 가격안정에 관한 법률」에 따른 농수산물유통시설 부지에 포함된 국유지를 그 전체 유통시설 부지 면적의 50퍼센트(부지 면적의 50퍼센트가 2,000제곱미터에 미달하는 경우에는 2,000제곱미터) 미만의 범위에서 농업협동조합·수산업협동조합이나 그 중앙회 또는 한국농수산식품유통공사(지방자치단체가 농업협동조합·수산업협동조합이나 그 중앙회 또는 한국농수산식품유통공사와 공동으로 출자하여 설립한 법인을 포함한다)에 매각하는 경우

⑦ 「농어업·농어촌 및 식품산업 기본법」 제50조 제1항에 따른 지역특산품 생산단지로 지정된 지역 또는 「농어촌정비법」 제82조에 따라 농어촌 관광휴양단지로 지정·고시된 지역에 위치한 국유지를 그 사업부지 전체 면적의 50퍼센트 미만의 범위에서 그 사업시행자에게 매각하는 경우

⑧ 「농지법」에 따른 농지로서 시 외의 지역에 위치한 국유지를 대부(사용허가를 포함한다)받아 직접 5년 이상 계속하여 경작하고 있는 자에게 1만 제곱미터 범위에서 매각하는 경우

⑨ 「사도법」 제4조에 따라 개설되는 사도에 편입되는 국유지를 그 사도를 개설하는 자에게 매각하는 경우

⑩ 「산업입지 및 개발에 관한 법률」 제2조에 따른 산업단지 또는 그 배후주거지역에 위치한 국유지를 「영유아보육법」 제14조에 따라 직장어린이집을 설치하려는 자로서 보건복지부장관의 추천을 받은 자에게 1,400제곱미터 범위에서 매각하는 경우

⑪ 「산업집적활성화 및 공장설립에 관한 법률」 제13조에 따른 설립승인 대상이 되는 규모의 공장입지에 위치하는 국유지를 공장설립 등의 승인을 받은 자에게 매각하는 경우[국유지의 면적이 공장부지 전체 면적의 50퍼센트 미만(「중소기업창업 지원법」 제33조에 따라 사업계획 승인을 받은 자에 대해서는 국유지 편입비율의 제한을 하지 아니한다)인 경우로 한정한다]

⑫ 「주택법」 제16조, 제17조 및 제25조에 따라 매각 대상이 되는 국유지를 그 사업주체에게 매각하는 경우[매각대상 국유지의 면적이 주택건립부지 전체 면적의 50퍼센트 미만(「주택법 시행령」 제2조에 따른 공동주택으로 점유된 국유지에 재건축하는 경우에는 국유지 편입비율의 제한을 받지 아니한다)인 경우로 한정한다]

⑬ 「초·중등교육법」 제2조 각 호의 어느 하나에 해당하는 학교의 부지로 사용되고 있는 재산 또는 「고등교육법」 제2조 각 호의 어느 하나에 해당하는 대학의 부지로 사용되고 있거나 그 대학의 학교법인이 건립하려는 기숙사의 부지에 위치한 재산을 그 학교·대학 또는 학교법인에 매각하는 경우

⑭ 다른 법률에 따라 특정한 사업목적 외의 처분이 제한되거나 일정한 자에게 매각하여야 하는 재산을 그 사업의 시행자 또는 그 법률에서 정한 자에게 매각하는 경우

(19) 정부출자기업체의 주주 등 출자자에게 해당 기업체의 지분증권을 매각하는 경우

(20) 국유지개발목적회사의 주주 등 출자자에게 해당 회사의 지분증권을 매각하는 경우

(21) 다음 각 목의 어느 하나에 해당하는 자에게 증권을 매각하거나 그 매각을 위탁 또는 대행하게 하는 경우

① 「자본시장과 금융투자업에 관한 법률」에 따른 투자매매업자, 투자중개업자 및 집합투자업자

② 「은행법」 제2조 제1항 제2호에 따른 은행(같은 법 제5조에 따라 은행으로 보는 것을 포함한다)

③ 「보험업법」에 따른 보험회사

④ 법률에 따라 설치된 기금을 관리·운용하는 법인에 지분증권을 매각하는 경우

(22) 정부출자기업체의 지분증권을 해당 기업체의 경영효율을 높이기 위하여 해당 기업체의 업무와 관련이 있는 법인·조합 또는 단체로서 기획재정부장관이 고시하

는 법인·조합 또는 단체에 매각하는 경우

(23) 「근로복지기본법」 제2조 제4호에 따른 우리사주조합에 가입한 자(이하 이 조에서 '우리사주조합원'이라 한다)에게 정부출자기업체의 지분증권을 매각하는 경우

(24) 두 번에 걸쳐 유효한 입찰이 성립되지 아니하거나 뚜렷하게 국가에 유리한 가격으로 계약할 수 있는 경우

(25) 재산의 위치·형태·용도 등이나 계약의 목적·성질 등으로 보아 경쟁에 부치기 곤란한 경우

<유권해석>

제한지명경쟁입찰 시에도 2회에 걸쳐 2인 이상의 유효한 입찰이 성립되지 않은 경우 수의계약이 가능한지

국유재산법 시행령 제36조 제1항 제1호 '입찰'이란 2인 이상 다수의 신청자가 참여하는 경쟁입찰을 의미하는바, 이에는 일반경쟁입찰뿐만 아니라 지명경쟁입찰과 제한경쟁입찰도 포함되므로, 제한지명경쟁입찰 시에도 2회 유찰된 경우 수의계약에 의한 매각이 가능하다. 다만 입찰에서 당사자들 간의 담합행위가 있었는지 등을 고려하여 결정하여야 함(국재41321 – 464 회신일자 2003.06.30).

<유권해석>

2회 유찰로 인해 매각예정가격을 체감하여 입찰을 실시하였으나 다시 유찰된 경우 체감된 가격으로 수의계약을 체결할 수 있는지

최초 매각예정가격으로 입찰한 결과 2회 유찰되고, 시행령 제37조 제4항의 규정에 따른 매각예정가격을 체감하여 다시 경쟁입찰에 부쳤음에도 유찰된 경우에는 같은 가격으로 다시 경쟁입찰을 부치지 아니하고 1회 체감된 매각예정가격(최초 예정가격의 90/100) 이상으로 수의계약을 할 수 있도록 하는 것이 미활용 국유재산의 원활한 처분을 위한 시행령 제37조 규정의 취지에 부합한다(국재 41321 – 1051 회신일자 2000.10.23).

5. 증권의 매각

증권을 매각할 때에는 국유재산법과 달리 아래의 방법에 따를 수 있다(국유재산법 제43조 제1항, 동법시행령 제41조).

(1) 「자본시장과 금융투자업에 관한 법률」에 따른 매출의 방법(동법 제9조 제9항, 동법 시행령 제11조)

(2) 「자본시장과 금융투자업에 관한 법률」에 따른 증권시장(유가증권시장,코스닥시장)에서 거래되는 증권을 그 증권시장에서 매각하는 방법(동법 제9조 제13항)

(3) 「자본시장과 금융투자업에 관한 법률」에 따른 공개매수에 응모하는 방법(동법 제133조)

(4) 「상법」에 따른 주식매수청구권을 행사하는 방법(동법 제374조의2, 제360조의5, 제522조의3)

(5) 그 밖에 다른 법령에 따른 증권의 매각방법

V. 매각대금의 결정

1. 예정가격결정

(1) 시가원칙(時價原則)

증권을 제외한 일반재산을 처분할 때에는 시가를 고려하여 해당 재산의 예정가격을 결정하여야 한다. 이 경우 예정가격의 결정방법은 다음과 같다. 이 경우 감정평가법인의 평가액은 평가일로부터 1년이 지나면 적용할 수 없다(국유재산법 제44조, 동법 시행령 제42조 제1항 제2항).[30] 이러한 시가원칙에 대한 규정은 효력규정이 아니므로, 이를 준수하지 않았다고 하여 사법상 계약의 효력에 영향을 미치지 아니한다.

> ○ 대장가격이 3천만 원 이상인 경우: 두 개의 감정평가법인의 평가액을 산술평균한 금액
> ○ 대장가격이 3천만 원 미만인 경우나 지방자치단체 또는 공공기관에 처분하는 경우: 하나의 감정평가법인의 평가액

---

30) 2009.7.27. 개정 국유재산법 시행령(대통령령 제21641호) 이전에는 예정가격이 500만 원[특별시·광역시(군을 제외한다)와 총괄청이 지정하는 지역에 있어서는 1,500만 원] 이상으로 추정되는 재산에 대해서는 2개 이상의 감정평가법인에게 평가를 의뢰하도록 되어 있었고, 500만 원 미만은 자체평가금액에 따르도록 하여, 그 자체평가기준에 대해 문제가 있었다. 2005.7.1. 개정 국유재산법 시행령 이전에는 자체평가금액이 300만 원 미만이었는데, 이러한 문제에 대한 당시 유권해석은 다음과 같다. "예정가격이 300만 원 이하로 추정되는 국유재산을 처분함에 있어 가격결정은 국유재산법 제34조 및 동법 시행령 제37조의 규정에 의거 시가를 참작한 자체평가가격으로 결정하여야 한다. 또한 1년 전에 실시한 국유재산의 감정자료는 시가에 대한 정확한 반영이 곤란하다고 보아 원칙적으로 효력을 갖지 못하는바, 귀 경우와 같이 2년 전의 감정자료에 공시지가 변동률을 감안한 것만으로 자체평가가격을 정할 수는 없으며 다만, 자체평가가격을 결정하는 데 참고자료로 사용할 수는 있을 것이다(국유재산과−779 회신일자 2005.04.17)."

국·공유재산을 매각할 때 매매계약 체결 당시의 시가를 참작하여 당해 재산의 예정
가격을 결정하여야 하고, 일정 금액 이상의 재산에 대해서는 2개 이상의 감정평가법
인에게 평가를 의뢰하고 그 평가액을 산술평균한 금액을 예정가격으로 하도록 관계
법령에 규정되어 있다고 하더라도(국유재산법 제34조, 같은 법 시행령 제37조 제1항),
이러한 규정으로 인하여 잡종재산의 처분에 관한 매매계약의 사법상 효력에 영향을
미치는 것은 아니다. 매매계약에 있어서 그 목적물과 대금은 반드시 계약체결 당시에
구체적으로 특정할 필요는 없고 이를 사후에라도 구체적으로 특정할 수 있는 방법과
기준이 정해져 있으면 족한 것이고, 이 경우 그 약정된 기준에 따른 대금액의 산정에
관하여 당사자 간에 다툼이 있는 경우에는 법원이 이를 정할 수밖에 없다(대법원
2002.7.12. 2001다7940).

법원의 판결에서 결정한 가격으로 매각하여야 하는지

1995년 민원인이 국가와의 소송에서 "국가는 2억 7천만 원(당시 감정가)을 지급받고
국유지에 대해 매매를 원인으로 하는 소유권이전등기 절차를 이행하라"는 판결을 받
았는데 2004년 현재에 이르러 당초판결을 근거로 매각을 요구하는 사안에 대하여, 민
법 제165조 규정에 의거 판결에 의해 확정된 채권의 소멸시효가 10년이므로, 원고가
판결에 의거 이전등기신청을 하는 경우 국가는 동 판결의 주문대로 소유권이전등기의
무를 이행하여야 한다(국유재산과-343 회신일자 2004.02.23).

(2) 유찰되는 경우

중앙관서의 장 등은 일반재산에 대하여 일반경쟁입찰을 두 번 실시하여도 낙찰되지 아
니한 경우에는 세 번째 입찰부터 최초 매각 예정가격의 100분의 50을 최저한도로 하여
매회 100분의 10의 금액만큼 그 예정가격을 낮출 수 있다(동법 시행령 제42조 제3항).

2. 개척·매립·간척 또는 조림을 위한 예약

(1) 일반재산을 법 제45조에 따라 개척·매립·간척 또는 조림하거나 그 밖에 국유재
산의 매각을 예약한 경우로서 점유하고 개량한 자에게 해당 재산을 매각하는 경우
에는 매각 당시의 개량한 상태의 가격에서 개량비 상당액을 뺀 금액을 매각대금으
로 한다. 다만, 매각을 위한 평가일 현재 개량하지 아니한 상태의 가액이 개량비
상당액을 빼고 남은 금액을 초과하는 경우에는 그 가액 이상으로 매각대금을 결정
하여야 한다(국유재산법 시행령 제42조 제5항, 동법 시행규칙 제25조 제1항).

(2) 법 제45조에 따라 개척·매립·간척 또는 조림하거나 그 밖에 국유재산의 매각을 예약한 경우로서 점유하고 개량한 일반재산을 「공익사업을 위한 토지 등의 취득 및 보상에 관한 법률」에 따른 공익사업의 사업시행자에게 매각하는 경우로서 해당 사업시행자가 해당 점유·개량자에게 개량비 상당액을 지급한 경우에도 (1)과 같다(동조 제6항, 동법 시행규칙 제25조 제1항).

(3) 여기서 개량비는 중앙관서의 장 등이 승인한 형질 변경, 조림, 부속시설 설치 등에 사용된 인건비, 시설비, 공과금, 그 밖에 해당 국유재산을 개량하기 위하여 지출한 비용으로 하고(동법 시행규칙 제25조 제2항), 개량비는 매수하려는 자의 신청을 받아 중앙관서의 장 등이 심사·결정한다(동조 제3항).

3. 공익사업에 필요한 재산의 가격결정

「공익사업을 위한 토지 등의 취득 및 보상에 관한 법률」에 따른 공익사업에 필요한 일반재산을 해당 사업의 사업시행자에게 처분하는 경우에는 국유재산법의 가격결정방법에도 불구하고 해당 법률에 따라 산출한 보상액(공토법 제70~82조)을 일반재산의 처분가격으로 할 수 있다(동법 시행령 제42조 제9항).

4. 증권의 예정가격

(1) 상장증권의 예정가격

① 상장증권이 발행한 주권을 처분할 때에는 그 예정가격은 다음 아래의 하나에 해당하는 가격 이상으로 한다(동법 시행령 제43조 제1항). 다만, 상장증권을 증권시장 또는 기획재정부장관이 가격 결정의 공정성이 있다고 인정하여 고시하는 시장을 통하여 매각할 때에는 예정가격 없이 그 시장에서 형성되는 시세가격에 따른다(동조 제3항).

○ 평가기준일 전 1년 이내의 최근에 거래된 30일간의 증권시장에서의 최종 시세가액을 가중산술평균하여 산출한 가액으로 하되, 거래 실적이 있는 날이 30일 미만일 때에는 거래된 날의 증권시장의 최종 시세가액을 가중산술평균한 가액과 비상장증권의 예정가액결정방법(동법 시행령 제44조 제1항)에 따른 가액을 고려하여 산출한 가격. 다만, 경쟁입찰의 방법으로 처분하거나 「자본시장과 금융투자업에 관한 법률」 제9조 제9항[31])에 따른 매출의 방법으로 처분하는 경우에는 평가기준일 전 1년 이내의 최근에 거래된 30일간(거래 실적이 있는 날이 30일 미만인 경우에는 거래된 날)의 증권시장에서의 최종 시세가액을 가중산술평균한 가액과 예정가액결정방법(동법 시행령 제44조 제1항)에 따른 가액을 고려하여 산출한 가격으로 할 수 있다.

○ 공개매수에 응모하는 경우(동법 시행령 제41조 제3호)에는 그 공개매수 가격

○ 주식매수청구권을 행사하는 경우(동법 시행령 제41조 제4호)에는 「자본시장과 금융투자업에 관한 법률」 제165조의5에 따라 산출한 가격

○ 그 밖에 다른 법령에 따른 증권의 매각방법에 따라 매각가격을 특정할 수 있는 경우(동법 시행령 제41조 제5호)에는 그 가격

○ 이 외의 상장증권은 평가기준일 전 1년 이내의 최근에 거래된 증권시장에서의 시세가격 및 수익률 등을 고려하여 산출한 가격(동법 시행령 제43조 제2항)

(2) 비상장증권의 예정가격

① 비상장법인이 발행한 지분증권을 처분할 때에는 그 예정가격은 기획재정부령으로 정하는 산출방식에 따라 비상장법인의 자산가치,[32]) 수익가치[33]) 및 상대가치[34])를

---

31) 자본시장 금융투자업에 관한 법률 제9조 ⑨ 이 법에서 '매출'이란 대통령령으로 정하는 방법에 따라 산출한 50인 이상의 투자자에게 이미 발행된 증권의 매도의 청약을 하거나 매수의 청약을 권유하는 것을 말한다.

32) 국유재산법 시행규칙 제26조(자산가치의 산출) ① 영 제44조 제1항의 자산가치는 평가기준일 직전 사업연도의 재무제표(「감사원법」에 따른 감사원의 감사 결과 또는 「주식회사의 외부감사에 관한 법률」 제2조에 따른 외부감사의 대상인 주식회사에 대한 감사 결과 수정의견이 있는 경우에는 그에 따라 수정된 재무제표를 말한다. 이하 '실적재무제표'라 한다)를 기준으로 하여 다음의 계산식에 따라 산출하되, 직전 사업연도가 끝난 후 평가기준일 전에 자본금 또는 자본잉여금의 증감이나 이익잉여금의 수정사항이 있는 경우에는 이를 더하거나 빼야 한다.
[자산총액 - 무형고정자산(어업권·광업권 등 실질가치가 있는 무형고정자산은 제외한다) 및 부채총액 - 이익잉여금 처분액 중 배당금 등의 사외유출금액] ÷ 발행주식 총수
② 법률에 따라 특별감가상각을 실시한 주식회사의 경우에는 제1항의 계산식 중 자산총액에서 그 누계액을 더할 수 있다.
③ 제1항의 계산식 중 자산총액은 「상속세 및 증여세법」 제4장(제63조 제1항 제1호 다목은 제외한다)을 준용하여 산출한다. 이 경우 '상속개시일 또는 증여일'은 '평가기준일'로, '납세지관할세무서장'은 '중앙관서의 장 등 또는 영 제46조에 따른 평가기관'으로 본다.

33) 국유재산법 시행규칙 제27조(수익가치의 산출) ① 영 제44조 제1항의 수익가치는 평가기준일이 속하는 사업연도 및 그 직후 사업연도의 영업전망을 추정하여 작성한 재무제표를 기준으로 다음의 계산식에 따라 산출한 각 사업연도의 1주당 배당가능액을 가중산술평균한 후 이를 자본환원율로 나누어 산출한다.
[법인세비용 차감 전 순이익 - 법인세(이에 부가되는 법인세할 주민세를 포함한다. 이하 같다) - 이월결손

고려하여 산출한 가격 이상으로 한다만 다음의 경우에는 수익가치 또는 상대가치를 고려하지 아니할 수 있다(동법 시행령 제44조 제1항).

○ 비영리법인으로 전환할 기업체의 증권을 매각하려는 경우
○ 유사기업을 정하기 어려운 기업체의 증권을 매각하려는 경우
○ 그 밖에 기획재정부장관이 기업체의 사업 목적상 및 성질상 수익가치 또는 상대가치를 고려하지 아니할 수 있다고 인정하는 경우

② 국세물납으로 취득한 지분증권의 경우에는 물납재산의 수납가액 또는 증권시장 외의 시장에서 형성되는 시세가격을 고려하여 예정가격을 산출할 수 있다(동법 시행령 제44조 제2항). 국세물납의 경우에는 조세회피를 방지하기 위해 비상장 국세물납 증권을 물납자 본인에게는 수납가액보다 적은 금액으로 처분하지 못한다(동법 시행령 제42조 제4항).

③ 비상장법인이 발행한 지분증권을 현물출자하는 경우에는 그 증권을 발행한 법인의 재산상태 및 수익성을 기준으로 하여 기획재정부장관이 재산가격을 결정한다(동조 제3항).

④ 이 외의 비상장증권의 예정가격은 기대수익 또는 예상수익률을 고려하여 산출한 가격 이상으로 한다(동조 제4항). 신주인수증서의 기대수익 산출은 신주의 추정거

금 – 이익잉여금 처분액 중 배당금 외의 사외유출금액] ÷ 발행주식 총수
② 제1항의 가중산술평균에는 평가기준일이 속하는 사업연도의 경우에는 10분의 6의 가중치를 부여하고, 그 직후 사업연도의 경우에는 10분의 4의 가중치를 부여한다.
③ 제1항의 배당가능액을 산출할 때 이미 발생하였거나 법령 등에 따라 발생할 것이 확실한 것으로 예상되는 손익이 있는 경우에는 그 손익을 법인세비용 차감 전 순이익에 더하거나 뺄 수 있다.
④ 제1항의 자본환원율은 「은행법」에 따른 은행의 1년 만기 정기예금의 이자율 등을 고려하여 기획재정부장관이 정한다.
34) 국유재산법 시행규칙 제28조(상대가치의 산출) ① 영 제44조 제1항의 상대가치는 실적재무제표를 기준으로 하여 다음의 계산식에 따라 산출한다.
유사기업의 주가 × {(발행기업의 1주당 순이익/유사기업의 1주당 순이익) + (발행기업의 1주당 순자산액/유사기업의 1주당 순자산액)} × (1/2)
② 제1항의 유사기업은 영 제46조에 따른 평가기관이 평가대상 증권의 발행기업과 같은 업종의 상장법인 중에서 매출액 규모, 자본금 규모, 납입자본이익률, 매출액성장률 및 부채비율 등을 고려하여 정한다.
③ 제1항의 계산식 중 유사기업의 주가는 평가기준일이 속하는 달의 전달부터 소급하여 6개월간 매일의 종가(終價)를 평균한 금액과 평가기준일의 전날부터 소급하여 시가가 있는 30일간 매일의 종가를 평균한 금액 중 낮은 금액으로 한다. 이 경우 계산기간에 배당락(配當落) 또는 권리락(權利落)이 있을 때에는 그 후의 매일의 종가를 평균한다.
④ 제1항의 계산식 중 1주당 순이익은 평가기준일 전 2개 사업연도의 법인세비용 차감 전 순이익을 산술평균한 금액을 발행주식 총수로 나누어 산출한다.
⑤ 제1항의 계산식 중 1주당 순자산액의 산출에 관해서는 제26조를 준용한다.

래 가격에서 신주의 발행가격을 빼서 산출한다(동법 시행규칙 제30조). 수익증권의 기대수익은 이와 유사한 수익증권의 기준가격 및 증권시장에서의 시세가격을 고려하여 산출한다(동법 시행규칙 제31조). 채무증권의 예상수익률은 이와 유사한 증권시장에서 상장된 채무증권의 수익률을 고려하여 산출한다(동법 시행규칙 제32조).

Ⅵ. 매각대금의 납부

1. 일시납부의 원칙

국유재산 매각대금은 일반재산의 인도 전 또는 소유권이전등기 전까지 중앙관서의 장 등이 정하는 기한까지 전액을 납부하는 것이 원칙이다. 이로 인해서 민법상 인정되는 매매계약당사자 일방이 상대방이 그 채무를 이행할 때까지 자기의 채무이행을 거절할 수 있는 '동시이행의 항변권'[35]이 국유재산매각에서는 인정되지 않고 있다. 국유재산법매매계약서 서식(동법 시행규칙 별지 제8호 서식)도 그러하다.[36]

일반재산의 매각대금은 계약체결일부터 60일 이내에 전액을 납부하여야 한다. 다만 다음의 경우에는 납부기간을 연장할 수 있다(동법 제50조, 동법 시행령 제54조 제2항).

○ 천재지변이나 「재난 및 안전관리기본법」 제3조 제1호에 따른 재난[37]으로 매수인에게 책임을 물을 수 없는 사고가 발생한 경우
○ 국가의 필요에 따라 국가가 매각재산을 일정 기간 계속하여 점유·사용할 목적으로 재산인도일과 매각대금의 납부기간을 계약 시에 따로 정하는 경우

---

35) 민법 제536조(동시이행의 항변권) ① 쌍무계약의 당사자일방은 상대방이 그 채무이행을 제공할 때까지 자기의 채무이행을 거절할 수 있다. 그러나 상대방의 채무가 변제기에 있지 아니하는 때에는 그러하지 아니하다.
   ② 당사자일방이 상대방에게 먼저 이행하여야 할 경우에 상대방의 이행이 곤란할 현저한 사유가 있는 때에는 전항 본문과 같다.
36) 국유재산법 시행규칙 별지 8호 국유재산 매매계약서 제7조(소유권이전) "을은 제1조의 매각대금을 완납한 후에 소유권의 이전을 받고, 그 이전비용은 을이 부담한다."
37) 재난 및 안전관리 기본법 제3조(정의) 이 법에서 사용하는 용어의 뜻은 다음과 같다.
   1. '재난'이란 국민의 생명·신체·재산과 국가에 피해를 주거나 줄 수 있는 것으로서 다음 각 목의 것을 말한다.
   가. 태풍, 홍수, 호우(豪雨), 강풍, 풍랑, 해일(海溢), 대설, 낙뢰, 가뭄, 지진, 황사(黃砂), 적조(赤潮), 그

<유권해석>

매각대금을 체납하는 경우 납부기한의 연장이 가능한지

국유재산 매각대금의 납부기한 연장은 국유재산법 시행령 제44조 제2항 각 호에 해당하는 경우에 한해 인정되며, 동법 시행령 제44조 제3항은 납부기한의 예외가 아니라 매각대금 체납 시의 연체료 부과절차에 대한 규정이다. 참고로 국유재산법 제41조 및 국유재산매매계약서(일시납) 제5조 규정에 의하면 매각대금을 납부기한까지 납부하지 않은 경우 매매계약을 해약할 수 있으나 그 여부는 재산관리기관에서 매수자의 납부능력 등 제반사정을 고려하여 결정할 사항이다(국유재산과-2029 회신일자 2004.09.10).

2. 분할납부와 이자

분할납부하고자 하는 자는 중앙관서의 장에게 분할납부신청서를 매매계약체결 전까지 제출하여야 한다(국유재산법 시행규칙 제36조 제2항). 매각대금을 한꺼번에 납부하도록 하는 것이 인정될 경우에는 다음과 같이 분할하여 납부하게 할 수 있다(국유재산법 제50조).

(1) 3년 이내의 분할납부

매각대금이 1,000만 원을 초과하는 경우에는 3년 이내의 기간에 걸쳐 나누어 내게 할 수 있다(동법 시행령 제55조 제1항). 이 경우 매매대금잔액에 대하여 연 4.1%의 이자를 가산하다(동조 제5항, 기획재정부고시 제2011-7호[38]).

(2) 5년 이내의 분할납부

다음의 각 경우에는 매각대금을 5년 이내의 기간에 걸쳐 나누어 내게 할 수 있다(동법 시행령 제55조 제2항). 이 경우 매매대금잔액에 대하여 연 4.1%의 이자를 가산하다(동조 제5항, 기획재정부고시 제2011-7호).

　　　밖에 이에 준하는 자연현상으로 인하여 발생하는 재해
　나. 화재, 붕괴, 폭발, 교통사고, 화생방사고, 환경오염사고, 그 밖에 이와 유사한 사고로 발생하는 대통령령으로 정하는 규모 이상의 피해
　다. 에너지, 통신, 교통, 금융, 의료, 수도 등 국가기반체계의 마비와 「감염병의 예방 및 관리에 관한 법률」에 따른 감염병, 「가축전염병예방법」에 따른 가축전염병 확산 등으로 인한 피해
38) 2011.7.25. 기획재정부고시 제2011-7호 "국유재산 사용료 등의 분할납부 등에 적용할 이자율."

- 지방자치단체가 직접 공용 또는 공공용으로 사용하려는 재산을 해당 지방자치단체에 매각하는 경우
- 제33조에 따른 공공단체가 직접 비영리공익사업용으로 사용하려는 재산을 해당 공공단체에 매각하는 경우
- 2003년 12월 31일 이전부터 사유건물로 점유·사용되고 있는 토지와 종전의 「특정건축물정리에 관한 특별조치법」(법률 제3533호로 제정된 것, 법률 제6253호로 제정된 것, 법률 제7698호로 제정된 것을 말한다)에 따라 준공인가를 받은 건물로 점유·사용되고 있는 토지를 해당 점유·사용자에게 매각하는 경우
- 「도시 및 주거환경정비법」 제2조 제2호 나목에 따른 주택재개발사업을 시행하기 위한 정비구역에 있는 토지로서 시·도지사가 같은 법에 따라 주택재개발사업의 시행을 위하여 정하는 기준에 해당하는 사유건물로 점유·사용되고 있는 토지를 주택재개발사업 시행인가 당시의 점유·사용자로부터 같은 법 제10조에 따라 그 권리·의무를 승계한 자에게 매각하는 경우(해당 토지가 같은 법 제2조 제4호에 따른 정비기반시설의 설치예정지에 해당되어 그 토지의 점유·사용자로부터 같은 법 제10조에 따라 권리·의무를 승계한 자에게 그 정비구역의 다른 국유지를 매각하는 경우를 포함한다)
- 「전통시장 및 상점가 육성을 위한 특별법」 제31조에 따른 시장정비사업 시행구역의 토지 중 사유건물로 점유·사용되고 있는 토지를 그 점유·사용자에게 매각하는 경우
- 「벤처기업육성에 관한 특별조치법」 제19조 제1항에 따라 벤처기업집적시설의 개발 또는 설치와 그 운영을 위하여 필요한 토지를 벤처기업집적시설의 설치·운영자에게 매각하는 경우
- 「산업기술단지 지원에 관한 특례법」 제10조 제1항에 따른 산업기술단지의 조성에 필요한 토지를 사업시행자에게 매각하는 경우
- 국가가 매각재산을 일정기간 계속하여 점유·사용하는 경우

<유권해석>

재개발사업인가 후 상속을 통해 국유지상의 건물을 취득한 경우 5년분납으로 매각하여야 하는지

2003년 2월 사업시행인가가 난 재개발지역 내 국유지산의 건물소유자에게 당해 국유지를 매각하는 과정에서 시행인가 후 건물소유자(매수인)가 사망한 경우 피상속자에게 매각하고자 하는바, 동법 시행령 제44조의2 제1항 제4호 규정에 의거 도시재개발법 제6조 규정에 의하여 권리의무를 승계한 자로 보아 5년분납조건으로 매각하여야 하는가에 대하여, 15년분납하기로 확정된 계약은 이후 상속으로 소유권이 변동되더라도 종전과 동일한 조건으로 15년분할납부할 수 있는 것이다(국유재산과 – 844 회신일자 2004.04.28).

(3) 10년 이내의 분할납부

다음의 각 경우에는 매각대금을 10년 이내의 기간에 걸쳐 나누어 내게 할 수 있다(동법 시행령 제55조 제3항). 이 경우 매매대금잔액에 대하여 연 3.3%의 이자를 가산한다(동조 제5항, 기획재정부고시 제2011 – 7호).

> ○「농지법」에 따른 농지 중 읍·면 지역에 위치한 1만 제곱미터 이하의 농지를 실경작자에게 매각하는 경우
> ○「도시개발법」제3조에 따른 도시개발구역에 있는 토지로서 도시개발사업에 필요한 토지를 해당 사업의 시행자(같은 법 제11조 제1항 제7호에 따른 수도권 외의 지역으로 이전하는 법인만 해당한다)에게 매각하는 경우
> ○ 지방자치단체가「산업입지 및 개발에 관한 법률」에 따른 산업단지의 조성에 사용하려는 재산을 해당 지방자치단체에 매각하는 경우
> ○ 국유지개발목적회사에 개발대상 국유재산을 매각하는 경우

(4) 20년 이내의 분할납부

다음의 각 경우에는 매각대금을 20년 이내의 기간에 걸쳐 나누어 내게 할 수 있다(동법 시행령 제55조 제4항). 이 경우 매매대금잔액에 대하여 연 4.1%의 이자를 가산한다(동조 제5항, 기획재정부고시 제2011-7호).

> ○「도시 및 주거환경정비법」제2조 제2호 나목에 따른 주택재개발사업을 시행하기 위한 정비구역에 있는 토지로서 제2항 제4호에 따른 사유건물로 점유·사용되고 있는 토지를 주택재개발사업 시행인가 당시의 점유·사용자에게 매각하는 경우(해당 토지가 같은 법 제2조 제4호에 따른 정비기반시설의 설치예정지에 해당되어 그 토지의 점유·사용자에게 그 정비구역의 다른 국유지를 매각하는 경우를 포함한다)
> ○ 다음 아래의 어느 하나에 해당하는 경우로서 국무회의의 심의를 거쳐 대통령의 승인을 받은 경우
> 가. 일반재산의 매각이 인구의 분산을 위한 정착사업에 필요하다고 인정되는 경우
> 나. 천재지변이나「재난 및 안전관리기본법」제3조 제1호에 따른 재난으로 인하여 일반재산의 매각이 부득이하다고 인정되는 경우

<유권해석>

매각대금 분납 시 분할납부시기와 연체료를 납부하였을 경우 분납기일의 조정이 가능한지
국유재산법 시행령 제44조의2 규정에 의하여 국유재산의 매각대금을 분할납부하는 경우 납부기일에 대해 별도로 규정하고 있지 않는바, 계약체결일로부터 해당기간의 범위 내에서 재산관리청의 재량에 따라 분납금의 납부기일을 결정할 수 있음. 분납금의 납부지연에 따른 연체료는 위약금의 성격을 가지는 것으로서 분할납부에 따른 이자와는 별개의 것이므로 연체료에는 당해 연체기간 중에 발생하는 분납이자가 포함되는 것이 아니므로 차기 납부금은 당초 계약서상의 납부기일에 납부하여야 한다(국재 41321-404 회신일자 2003.06.13).

(5) 매각목적물인도와 이자가산문제

매각대금을 분할납부하는 경우에는 매각대금에 고시이자를 가산하도록 하고 있다(동법 제50조 제2항, 동법 시행령 제55조 제5항). 그러나, 국가가 매각재산을 일정기간 계속하여 점유·사용하는 경우에는 매수자가 매각재산을 인도받거나 점유·사용을 시작한 때부터 이자를 가산해야 한다(동법 시행령 제55조 제6항). 이는 "매수인은 목적물의 인도를 받은 날로부터 대금의 이자를 지급하여야 한다"라는 민법의 법리를 명문화 한 것이다(민법 제587조; 재총1281-1813 회신일자 1998.01.01).

<유권해석>

매각재산의 명도시기를 대금완납시기로 정한 경우 분납금 전액에 대한 이자징수 가능 여부

국유재산법 제40조 제1항에서 국유재산을 매각함에 있어 그 매각대금을 분할 납부하게 하는 경우에 이자를 붙이도록 규정한 것은 민법 제587조에서 매수인은 목적물의 인도(명도)를 받은 날로부터 대금의 이자를 지급하여야 한다고 규정한 것에 비추어 볼 때 매매목적물을 계약체결 시에 명도한다는 전제하의 규정이므로, 국유재산을 매각함에 있어 그 매각대금을 국유재산법 제40조 제1항의 규정에 의하여 분할 납부하게 하였다 하더라도 그 목적물을 매각대금 완납 시에 명도하기로 한 경우에는 대금잔액에 이자를 붙이지 않아야 한다(재총 1281 – 1813 회신일자 1998.01.01).

[평석] 98년도 당시에는 '국가가 매각대상을 일정기간 동안 계속하여 점유·사용하는 경우'는 5년 분할납부 대상이 아니었고, 이자 지급시기에 대한 현 국유재산법 시행령 제55조 제6항(인도받거나 점유·사용을 시작한 때)과 같은 규정이 명시되어 있지 아니하였다. 따라서 위 유권해석은 민법 제587조에 따라 이자지급시기를 판단하였던 것이다. 2005.6.30. 개정 국유재산법 시행령에서 국가가 일정기간 동안 계속하여 점유·사용하는 경우에는 매수자가 인도받을 때부터 이자징수한다는 것이 명문화되었다.

3. 매각대금 연체의 경우

중앙관서의 장 등은 국유재산의 매각대금(나누어 내는 경우에 이자는 제외한다)이 납부기한까지 내지 아니한 경우에는 다음 각 구분에 따른 비율로 계산한 연체료를 붙여 15일 이내의 기한을 정하여 납부를 고지하여야 한다. 이 경우 고지한 납부기한까지 고지한 금액을 내는 경우에는 고지한 날부터 낸 날까지의 연체료는 징수하지 아니한다(동법 시행령 제72조 제2항).

> ○ 연체기간이 1개월 미만인 경우: 연 12%
> ○ 연체기간이 1개월 이상 3개월 미만인 경우: 연 13%
> ○ 연체기간이 3개월 이상 6개월 미만인 경우: 연 14%
> ○ 연체기간이 6개월 이상인 경우: 연 15%

Ⅶ. 소유권의 이전

1. 소유권이전 시기

일반재산을 매각하는 경우 해당 매각재산의 소유권이전은 매각대금이 완납된 후에 하여야 한다.

다만, 매각대금을 분할납부하는 경우로서 공익사업의 원활한 시행 등을 위하여 소유권의 이전이 불가피하여 다음과 같은 경우에는 매각대금이 완납되기 전에 소유권을 이전할 수 있다. 이 경우 저당권 설정 등 채권의 확보를 위하여 필요한 조치를 취하여야 한다(국유재산법 제51조, 동법 시행령 제56조).

> **5년 기한 내의 분납**(동법 시행령 제52조 제2항 제1호 제2호 제4호 제7호))
> ○ 지방자치단체가 직접 공용 또는 공공용으로 사용하려는 재산을 해당 지방자치단체에 매각하는 경우
> ○ 제33조에 따른 공공단체가 직접 비영리공익사업용으로 사용하려는 재산을 해당 공공단체에 매각하는 경우
> ○「도시 및 주거환경정비법」 제2조 제2호 나목에 따른 주택재개발사업을 시행하기 위한 정비구역에 있는 토지로서 시·도지사가 같은 법에 따라 주택재개발사업의 시행을 위하여 정하는 기준에 해당하는 사유건물로 점유·사용되고 있는 토지를 주택재개발사업 시행인가 당시의 점유·사용자로부터 같은 법 제10조에 따라 그 권리·의무를 승계한 자에게 매각하는 경우(해당 토지가 같은 법 제2조 제4호에 따른 정비기반시설의 설치예정지에 해당되어 그 토지의 점유·사용자로부터 같은 법 제10조에 따라 권리·의무를 승계한 자에게 그 정비구역의 다른 국유지를 매각하는 경우를 포함한다)
> ○「산업기술단지 지원에 관한 특례법」 제10조 제1항에 따른 산업기술단지의 조성에 필요한 토지를 사업시행자에게 매각하는 경우
>
> **10년 기한 내의 분납**(동조 제3항 제3호)
> ○ 지방자치단체가 「산업입지 및 개발에 관한 법률」에 따른 산업단지의 조성에 사용하려는 재산을 해당 지방자치단체에 매각하는 경우

20년 기한 내의 분납(동조 제4항 제1호)

○「도시 및 주거환경정비법」제2조 제2호 나목에 따른 주택재개발사업을 시행하기 위한 정비구역에 있는 토지로서 제2항 제4호에 따른 사유건물로 점유·사용되고 있는 토지를 주택재개발사업 시행인가 당시의 점유·사용자에게 매각하는 경우(해당 토지가 같은 법 제2조 제4호에 따른 정비기반시설의 설치예정지에 해당되어 그 토지의 점유·사용자에게 그 정비구역의 다른 국유지를 매각하는 경우를 포함한다)

<유권해석>

매각대금 완납 전에 소유권을 이전할 경우 채권확보방안으로 설정하는 저당권 설정의 비율은 얼마로 하여야 하는지

저당권설정 시 채권최고액은 저당권실행결정 시까지의 분납미수금, 이자, 연체료 이외에도 저당권 실행기간 동안의 연체료, 제 실행비용을 합산한 금액을 충당할 수 있는 범위 내에서 결정되어야 할 것임. 따라서 채권최고액 설정비율은 저당권설정 대상이 되는 토지 및 건축물의 준공시점에서의 분납금의 연체내역과 채무불이행 시 저당권을 얼마의 기간 안에 실행할 것인지를 우선 판단하여 충분한 채권확보를 할 수 있도록 정하여야 할 사항이지 일률적으로 정할 수는 없다(국재 45501－573 회신일자 2004.07.03).

<유권해석>

재개발사업 구역 내 국유지에 대해 매매계약을 체결한 경우 계약금 분납만으로 근저당권설정 후 소유권이전 가능한지

국유재산매매계약서(동 시행규칙 별지 9호) 제4조 규정에 "제2조의 계약보증금은 분납금을 최초로 납부하는 때에 매각대금으로 납부한 것으로 본다"라고 규정되어 있다. 따라서 계약보증금은 분납금을 최초로 납부하는 때에 매각대금으로 납부한 것으로 보도록 되어 있으므로, 최소한 계약보증금과는 별도로 분납금을 납부한 경우에만 국유재산법령에 의한 소유권이전이 이루어질 수 있다(국재 41321－41 회신일자 2000.01.18).

2. 등기특약

용도를 지정한 매각의 경우, 매수자가 지정된 날짜가 지나도 그 용도에 사용하지 아니하거나 지정된 용도에 제공한 후 지정된 기간에 그 용도를 폐지한 경우에는 해당 매매계약을 해제한다는 내용의 특약등기를 하여야 한다(동법 제49조, 동법 시행령 제53조 제3항).

국유재산을 매각한 중앙관서의 장 등은 법원(등기관)에 촉탁서를 제출하고(부동산등기규칙 제155조), 등기부에 "「국유재산법」제52조 제3호 사유가 발생한 때에는 당해 매매계약을 해제한다" 내용으로 기재한다.[39]

Ⅷ. 매매계약의 해제

1. 해제사유

일반재산의 매각은 사법상 계약의 성격을 가지고 있으므로, 국유재산매매계약서의 약정해제사유 및 민법상 취소·무효·해제·해지의 규정이 적용된다 할 것이다. 하지만, 국유재산법은 해제에 대하여 특별규정을 두고 있다. 일반재산을 매각한 경우에 다음 각 사유가 있으면 그 계약을 해제할 수 있다(동법 제52조).[40]

(1) 매수자가 매각대금을 체납한 경우

(2) 매수자가 거짓 진술을 하거나 부실한 증명서류를 제시하거나 그 밖의 부정한 방법으로 매수한 경우

(3) 제49조에 따라 용도를 지정하여 매각한 경우에 매수자가 지정된 날짜가 지나도 그 용도에 사용하지 아니하거나 지정된 용도에 제공한 후 지정된 기간에 그 용도를 폐지한 경우

매각대금의 체납한 경우에 특히 일부의 매각대금만 제공하고 나머지 매각대금을 체납하는 경우(일부납부)에 해제권이 발생하는지 문제가 있다. 일반적으로 계약의 일부의 이행이 불능인 경우에는 이행이 가능한 나머지 부분만의 이행으로 계약의 목적을 달할 수 없을 경우에만 계약 전부의 해제가 가능하다.[41] 그러나 국유재산매매계약에 있어 일부납부를 인정하게 되면 국유재산관리 및 처분사무를 혼란시킬 수 있고, 국유재산법이 매각대금에는 전액납부하도록 규정하고 있고, 분할납부에 대해여 엄격한 요건 하에 허용되는 것을 보면 일부를 납부하였다고 하더라도 전부를 해제할 수 있을 것이다.[42]

---

39) 등기예규 제1319호 특별법에 의한 특약사항 등의 등기에 관한 예규; 운석, "특약사항의 등기", 「실무연구」 (97.12) 99 - 119, 광주지방법원, 1997년, 114면.

40) 구 국유재산법(전면개정 1976.12.31, 법률 제2950호) 개정 이전에는 매매계약에 대한 취소권이 규정되어 있었다.

※ 국유재산법(1970.01.01. 법률 제2163호) 제27조(계약의 취소 및 매각의 시정) ① 잡종재산을 대부받았거나 매수한 자가 그 대부 또는 매수에 있어서 허위의 진술, 불실한 증빙 서류의 제시, 기타 부정한 사실이 있었음을 발견한 때에는 소관관리청의 장은 그 계약을 취소할 수 있다.

② 전 항의 규정에 의하여 계약을 취소한 때에는 소관관리청의 장은 지체 없이 법원에 그 권리를 회복하는 소를 제기하여야 한다.

41) 대법원 1996.2.9. 94다57817.

42) 김관수·김창근, 전게서, 192면.

2. 시설물 매수

매매계약이 해제된 경우에는 원상회복의무가 발생하여 매수자가 설치한 건물 기타의 물건은 철거하여 인도하여야 한다. 하지만 시설물의 잔존가치가 있고 사용가능성이 있다면 국가경제상 이를 철거하는 것은 부당할 것이다. 이를 위해 국유재산법은 일반재산의 매각계약이 해제된 경우 그 재산에 설치된 건물이나 그 밖의 물건을 중앙관서의 장이 국유재산법 제44조(처분재산의 가격결정)에 따라 결정한 가격으로 매수할 것을 알린 경우 그 소유자는 정당한 사유 없이 그 매수를 거절하지 못하도록 하고 있다(동법 제53조).

<유권해석>

매매계약이 체결 후 계약이행이 불가능하게 된 경우 매각대금의 반환이 가능한지

국유지에 대해 5년 분납조건으로 매매계약을 체결하였으나, 매각대금 분납 중 하천정비사업으로 인해 일부 국유지가 하천에 편입되어, 편입면적만큼 소유권이전이 불가능하게 되었는바, 당해 면적에 해당하는 매각대금의 반환이 가능한지가 문제된 사안에서, 양당사자의 책임 없는 사유로 토지의 일부에 대한 이행이 불능으로 된 것이므로 위험부담의 법리[43]에 의해 해결되어야 할 것임. 우리 민법은 채무자위험부담주의를 취하고 있으므로(민법 제537조) 채무자인 국가는 불능인 한도 내에서 토지의 급부의무를 면하고 그 반대급부청구권도 이에 대응하여 감축됨. 따라서 매수인이 토지의 매매대금을 아직 지불하지 않았다면 이행불능이 된 한도 내에서 대금을 지불하지 않아도 될 것이고, 만약 매매대금을 지불하였다면 매도인인 국가는 부당이득법리에 따라 이를 반환해 주어야 함(법무부법심 61010-1325 회신일자 2003.08.20).

---

43) 쌍무계약의 일방의 채무가 채무자의 책임 없는 사유로 인하여 급부불능이 되어 소멸한 경우 그에 대응하여 타방의 대가의 위험(대가를 못 받게 되는 불이익)을 누구에게 부담할 것인가에 대한 문제이다. 이에 대해 우리 민법은 채무자위험부담주의를 취하고 있다. 민법 제537조는 "쌍무계약의 당사자일방의 채무가 당사자쌍방의 책임 없는 사유로 이행할 수 없게 된 때에는 채무자는 상대방의 이행을 청구하지 못한다"라고 규정하고 있다. 따라서 채무자는 매매계약에 따른 대가를 받지 못한다.

---

44) 재무감사매뉴얼, 감사원, 2005년 4월, 263~264면.

45) 「매수자명의변경제도」는 1976.12.31. 이전 국가가 매각한 토지를 상속, 미등기 전매하는 데 따른 중간생략등기를 허용하기 위해서 1977.6.13. 국유재산법 시행령 부칙으로 인정된 제도이다.
국유재산법시행령 부칙(제8598호 1977.6.13.) 제4조(이미 매각된 재산의 명의변경에 관한 경과조치)
1976년 12월 31일 이전에 국가가 매각한 부동산에 관하여 당초의 매수인 이외의 제3자에게 그 재산을 양도한 사실이 당초의 매도증서·제3자에 대한 양도증서와 당사자의 인감증명서에 의하여 확인된 때에는 그 제3자의 신청에 의하여 매수인의 명의를 제3자로 변경할 수 있다.

제4절 교환

Ⅰ. 의의

교환(Exchange: 交換)은 당사자 쌍방이 금전 이외의 재산권을 상호 이전할 것을 약정함으로써 성립하는 계약을 말한다(민법 제596조). 교환은 당사자가 쌍방의 급부가 금전이 아닌 점에서 매매와 다르지만, 쌍무·유상·낙성(諾成)·불요식의 계약인 점에서 매매와 성질이 같다.

국유재산의 교환은 일반재산의 처분이면서 동시에 국유재산의 취득이라는 면을 가지고 있다.

국가의 잉여재산을 재원으로 이용하여 다른 재산을 취득하고자 하는 때에는 잉여재산을 처분하고 그 처분의 대금을 세입에 충당한 다음 세출재원으로 사용하여 취득하여야 한다. 그러나 정부의 세입세출절차가 복잡할 뿐 아니라 시간이 낭비되어 비능률적인 재산의 관리를 하게 된다. 이를 방지하기 위해서 국가재산을 국가 이외의 자가 소유한 재산과 교환하는 것이 양자의 수요충족에 적합하거나, 국가에 손해를 가져오지 않는 범위 내에서 교환제도를 인정하는 것이다. 그렇지만, 이러한 교환제도를 넓게 인정하게 되면 국회의 세입세출관여를 피하는 편법으로 사용될 염려가 있다.

Ⅱ. 교환의 요건

1. 토지·건물, 그 밖의 토지의 정착물, 동산

국가가 교환으로서 상대방에게 인도하려는 재산은 원칙적으로 '일반재산'에 한한다(동법 제54조 제1항). 따라서 행정재산은 용도폐지하여 일반재산으로 편입된 이후에 가능하다.

---

46) ○○○는 1985년 파면되었고, 이후 광주고등법원에서 징역 7년이 선고되어 대법원에서 확정되었다(「감사결과 처분요구서 - ○○○불법취득 국유지 환수 및 특례매각 실태 - 」, 감사원, 2006년 6월, 3∼12면).

47) 위 담당자는 수원지방법원에서 2004년 12월에 징역 1년, 집행유예 2년의 판결을 선고받았고, 횡령금은 2004년 8월 전액 환수조치 되었다(「국·공유재산 관리실태」, 감사원, 2005년 7월, 56면).

용도폐지한 경우에는 총괄청에 인계하여야 하나, 교환 목적으로 용도를 폐지한 재산은 총괄청에 인계할 필요가 없다(동법 제40조 제1항 제1호).

또한 여기의 일반재산은 '토지·건물, 그 밖의 토지의 정착물, 동산'에 해당하여야 한다(국유재산법 제54조 제1항). 2012.12.18. 개정 국유재산법(법률 제11548호)이전에는 동산이 포함되지 아니하여 항공기, 기계와 기구, 기타 동산은 교환대상물이 아니었다. 이러한 문제를 해결하기 위해서 개정된 국유재산법에서 교환대상물에 동산을 포함시켰다.

2011.4.1. 개정 국유재산법 시행령(대통령령 제22815호)에서는 인도할 일반재산이 다음에 해당할 경우에는 교환대상이 될 수 없도록 하고 있다. 이러한 내용은 과거 국유재산관리처분기준에서 '제한할 수 있다'라고 하여 교환대상을 판단할 때 고려사항이었으나,[48] 이를 시행령에 반영하면서 '교환해서는 아니 된다'라고 하여 재량의 여지를 주지 않고 있다.

○ 인도할 일반재산이 「국토의 계획 및 이용에 관한 법률」, 그 밖의 법률에 따라 그 처분이 제한되는 경우다(동법 시행령 제57조 제3항 제1호).
○ 일반재산이 장래에 도로·항만·공항 등 공공용 시설로 활용할 수 있는 재산으로서 보존·관리할 필요가 있는 경우(동항 제2호).
○ 일반재산을 교환한 후 남는 국유재산의 효용이 뚜렷하게 감소되는 경우(동항 제3호).
○ 해당 일반재산이 국유재산종합계획 중 처분기준(법 제9조 제4항 제3호)에서 정한 교환제한대상에 해당하는 경우(동항 제7항).

<유권해석>
국유재산인 항공기가 「국유재산법」에 따른 교환대상인지(「국유재산법」 제54조 등 관련)
[법제처 11-0618, 2011.12.29, 산림청]

【질의요지】
국유재산인 항공기가 「국유재산법」에 따른 교환대상인지?

【회답】
국유재산인 항공기는 「국유재산법」에 따른 교환대상이 아니라고 할 것입니다.

---

48) 2010년 국유재산관리처분기준 제12조 ⑤ 다음 각 호의 어느 하나에 해당하는 경우에는 교환을 통한 처분을 제한할 수 있다.
  1. 그 재산을 처분하면 남는 국유재산의 효용이 뚜렷하게 감소되는 경우
  2. 장래에 도로·항만·공항 등 공공용 시설로 활용할 수 있는 재산으로서 보존·관리할 필요가 있는 경우
  3. 「국토의 계획 및 이용에 관한 법률」 등 다른 법률에 따라 그 처분이 제한되는 경우

【이유】

「국유재산법」 제27조에 따르면 행정재산은 원칙적으로 처분하지 못하나 다만, 공유(公有) 또는 사유재산과 교환하여 그 교환받은 재산을 행정재산으로 관리하려는 경우에 있어서는 예외적으로 교환할 수 있도록 규정하고, 이 경우 일반재산의 교환에 관하여 규정한 같은 법 제54조 제2항부터 제4항까지를 준용하도록 하는 한편, 같은 법 시행령 제19조에서는 같은 법 제27조 제1항 제1호에 따른 행정재산의 교환에 관해서는 일반재산의 교환에 관하여 규정한 같은 법 시행령 제57조를 준용하도록 규정하고 있습니다.

또한, 「국유재산법」 제54조에서는 일반재산의 교환에 관하여 규정하고 있는데, 위 규정에 따르면 일반재산인 토지·건물, 그 밖의 정착물을 국가가 직접 행정재산으로 사용하기 위하여 필요한 경우(제1항 제1호), 소규모 일반재산을 한곳에 모아 관리함으로써 재산의 효용성을 높이기 위하여 필요한 경우(제1항 제2호) 및 일반재산의 가치와 이용도를 높이기 위하여 필요한 경우로서 매각 등 다른 방법으로 해당 재산의 처분이 곤란한 경우(제1항 제3호)에 공유 또는 사유재산인 토지·건물, 그 밖의 토지의 정착물과 교환할 수 있도록 하고, 그 교환하는 재산의 종류와 가격 등은 대통령령으로 정하는 바에 따라 제한할 수 있도록 하였는바(제2항), 이에 따라 같은 법 시행령 제57조에서는 법 제54조 제1항에 따라 교환하는 재산은 원칙적으로 서로 유사한 재산이어야 하고(제1항), 이 경우 서로 유사한 재산의 교환은 토지를 토지와 교환하는 경우(제2항 제1호), 건물을 건물과 교환하는 경우(제2항 제2호), 양쪽 또는 어느 한쪽의 재산에 건물(공작물을 포함함)이 있는 토지인 경우에 주된 재산(그 재산의 가액이 전체 재산가액의 2분의 1 이상인 재산을 말함)이 서로 일치하는 경우(제2항 제3호)로 규정하고 있습니다.

먼저, 예컨대 행정재산인 항공기가 「국유재산법」 제40조에 따라 용도폐지되는 등 국유재산인 항공기가 일반재산에 해당하는 경우 같은 법에 따른 교환대상이 될 수 있는지를 살펴보면, 같은 법 제54조 제1항에서는 일반재산인 '토지·건물, 그 밖의 토지의 정착물'과 공유 또는 사유재산인 '토지·건물, 그 밖의 토지의 정착물'을 교환할 수 있다고 규정하여 교환 대상이 되는 일반재산을 토지·건물, 그 밖의 토지의 정착물로 제한적으로 규정하고 있고, 같은 법 제5조 제1항에서는 국유재산의 범위로 부동산과 그 종물(제1호)과 선박, 부표(浮標), 부잔교(浮棧橋), 부선거(浮船渠) 및 항공기와 그들의 종물(제2호)을 구분하여 규정하고 있음을 미루어 볼 때, 항공기의 경우 토지·건물, 그 밖의 토지의 정착물에 해당하지 아니함이 명백하므로 일반재산인 항공기의 경우 같은 법에 따른 교환대상에 해당하지 않는다고 보는 것이 타당합니다.

다음으로, 국유재산인 항공기가 행정재산에 해당하는 경우 「국유재산법」에 따른 교환이 가능한지를 살펴보면, 행정재산의 교환에 대해서는 같은 법 제27조 및 같은 법 시행령 제19조에서 일반재산의 교환에 관한 규정인 같은 법 제54조 제2항부터 제4항까지 및 같은 법 시행령 제57조를 준용하도록 하고 있는데, 같은 법 제27조에서는 행정재산을 공유(公有) 또는 사유재산과 교환하여 그 교환받은 재산을 행정재산으로 관리하려는 경우 교환할 수 있도록 규정하고 있을 뿐이고, 준용 규정인 같은 법 제54조 제2항부터 제4항까지의 규정에서도 항공기가 교환대상에서 제외되는 것으로 명시적으로 규정하고 있지는 않습니다.

그러나 행정재산의 교환에 준용되는 규정인 같은 법 시행령 제57조에서는 법 제54조 제1항에 따라 교환하는 재산은 원칙적으로 서로 유사한 재산이어야 하고(제1항), 같은 조 제2항에서는 이 경우 서로 유사한 재산의 교환은 토지를 토지와 교환하는 경우, 건물을 건물과 교환하는 경우, 양쪽 또는 어느 한쪽의 재산에 건물(공작물을 포함함)이 있는 토지인 경우에 주된 재산(그 재산의 가액이 전체 재산가액의 2분의 1 이상인 재산을 말함)이 서로 일치하는 경우 중 어느 하나에 해당하는 경우라고 규정하고 있어, 관련 규정에서는 행정재산의 경우에도 토지, 건물, 그 밖의 토지의 정착물에 대해서만 교환이 가능한 것으로 예정하고 있을 뿐 항공기 등 그 밖의 재산에 대하여 교환이 가능한 것으로 규정하고 있지 아니하므로, 행정재산인 항공기의 경우에도 같은 법에 따른 교환 대상이 아니라고 보아야 할 것입니다.

한편, 국유재산의 효율적 관리를 도모하기 위하여 「국유재산법」에 따라 교환대상으로 규정된 토지, 건물, 그 밖의 토지의 정착물 이외의 재산에 대해서도 「국유재산법」에 따른 교환 규정을 준용하여야 한다는 견해도 있을 수 있으나, 「국유재산법」에서는 토지, 건물, 그 밖의 토지의 정착물 이외의 재산에 관하여 교환에 관한 규정을 준용할 수 있는 명문의 규정을 두고 있지 아니하므로, 국유재산의 효율적 관리라는 목적만을 위하여 항공기에 대해서 같은 법에 따른 교환 규정을 준용하기는 어렵다고 할 것입니다.

따라서 국유재산인 항공기는 「국유재산법」에 따른 교환대상이 아니라고 할 것입니다.

[평석] 위 유권해석 당시 국유재산법에서는 동산이 교환대상물에 포함되지 않았었다. 그러나, 2012.12.18. 개정 국유재산법(법률 제11548호)에서 교환대상물에 동산을 포함시켰기 때문에, 위 유권해석은 더 이상 유지될 수 없다.

2. 교환의 필요성

다음 각 사유 중 어느 하나에 해당하는 경우에는 일반재산인 토지·건물, 그 밖의 토지의 정착물, 동산과 공유 또는 사유재산인 토지·건물, 그 밖의 토지의 정착물, 동산을 교환할 수 있다(동법 제54조 제1항). 교환으로 취득하려는 재산에 대하여 구체적 사용계획을 세워야 하고, 사용계획이 없으면 교환이 제한된다(동법 시행령 제57조 제3항 제3호).

(1) 국가가 직접 행정재산으로 사용하기 위하여 필요한 경우

(2) 소규모 일반재산을 한곳에 모아 관리함으로써 재산의 효용성을 높이기 위하여 필요한 경우

(3) 일반재산의 가치와 이용도를 높이기 위하여 필요한 경우로서 매각 등 다른 방법으로 해당 재산의 처분이 곤란한 경우

과거 국유재산법은 국가가 직접 공용 또는 공공용으로 사용하기 위해서만 교환을 허용하였으나,[49] 2004.12.31. 개정 국유재산법(법률 제7325호)에서 (2), (3)의 요건을 추가하여 교환을 더 용이하게 하였다. 국유재산법은 교환의 상대방에 대하여 제한을 두지 않으므로, 사인(私人), 법인(法人),[50] 공공단체 등이 가능하다.

3. 교환대상물의 대등성(對等性)

교환하는 재산은 서로 '유사한 재산'이어야 한다(동법 시행령 제57조 제1항). 과거 국유재산법 시행령(1977.6.13. 법률 제8598호로 전문개정되기 전)에서는 유사한 재산이라는 요건이 없었으므로, 토지와 건물의 교환하거나 건물과 토지의 정착물의 교환도 가능하다는 견해가 있었다.[51] 그러나 1977.6.13. 개정 국유재산법 시행령(1977.6.13. 법률 제8598호)에서는 유사한 재산 요건이라는 요건이 추가되었고, 2011.4.1. 개정 국유재산법 시행령(대통령령 제22815호)에서 서로 유사한 재산의 기준을 다음과 같이 한정하여 명확히 하였다(동조 제2항).

○ 토지를 토지와 교환하는 경우
○ 건물을 건물과 교환하는 경우
○ 양쪽 또는 어느 한쪽의 재산에 건물(공작물을 포함한다)이 있는 토지인 경우에 주된 재산(그 재산의 가액이 전체 재산가액의 2분의 1 이상인 재산을 말한다)이 서로 일치하는 경우

2011.11.28. 개정 국유재산법 시행령(대통령령 제23392호)은 유사한 재산 요건 제한을 충족시키기 위해, 교환 상대방으로 하여금 건물을 신축하게 하고 그 건물을 교환으로 취득할 수 없도록 하고 있다(동법 시행령 제57조 제3항 제6호).

그러나 다음과 같은 경우에는 서로 유사하지 않더라도 교환할 수 있다(동법 시행령 제57조 제1항).

---

49) 과거 국유재산법에 대해 다음과 같은 개정의견이 있어 왔다. "교환요건규정이 너무 엄격하여 국유재산의 활용에 어려움을 야기하고 있다. 이를 해결하기 위해서는 교환의 요건을 직접 공용 또는 공공용의 목적에 사용할 경우로 한정하지 말고 국유재산의 집단화 내지는 활용도 제고를 위한 사업으로 확대하는 것이 필요하다(이재인, "국공유재산의 효율적 관리방안에 관한 연구", 「감사원연구논문집」, 감사원, 2005년, 243~244면)."

50) 국유재산과 사단법인 소유재산과 교환이 가능하다(재총 1261 – 1723 1979.06.23).

51) 김관수・김창근, 전게서, 92면.

> ○ 공유재산(公有財産)과 교환하는 경우
> ○ 새로운 관사를 취득하기 위하여 노후화된 기존 관사와 교환하는 경우

<유권해석>

지목이 다른 토지의 경우에도 교환이 가능한지

교환하는 재산은 국유재산법 제46조의 규정에 의거 부득이한 사유가 있는 경우를 제외하고는 서로 유사한 재산이어야 하는바, 교환에 있어서 토지는 지목(전, 답, 대, 임 등)에 관계없이 상호교환이 가능할 것으로 판단되나 부득이한 사유가 있는지 등은 당해 재산의 관리청에서 판단하여 처리할 사항이다(국재 41321 – 359 회신일자 1999.05.06).

4. 교환가격의 대등성

교환 대상 재산이 공유재산인 경우를 제외하고는 교환재산의 가격이 서로 대등해야 한다. 교환가격의 대등성에 대해 국유재산법 시행령은 다음과 같이 정하고 있다. 한쪽 재산의 가격이 다른 쪽 재산 가격의 4분의 3(75%) 미만인 경우에는 대등하지 않아 서로 교환할 수 없다(동법 시행령 제57조 제3항 제4호).[52]

이 75%의 충족시점이 교환계약체결 당시인지, 교환계약체결 후 교환물을 교환완료한 시점인지가 문제이나, 신축교환인 경우 등에는 재평가의 문제도 있으므로 교환계약체결 당시에 위 75%의 조건을 충족하여야 한다고 할 것이다.[53]

특히 교환하는 재산의 가격차를 4분의 1 이하로 줄이기 위해서 재산의 일부를 제외하여 '부분교환'하거나, 다른 재산으로 대체하는 '추가교환' 등은 허용될 수 없다.[54]

다만, 국유재산법은 소규모 일반재산을 한곳에 모아 관리함으로써 재산의 효용성을 증대시키기 위하여 하는 교환의 경우에는 교환하는 재산 한쪽의 가격이 다른 쪽의 가격의 2분의 1 이상인 때에는 교환할 수 있도록 하여, 교환가격의 등가성을 완화하고 있다(동법 시행령 제57조 제3항 제4호).

교환하는 재산의 쌍방의 가격이 같지 아니하면(재산차가 4분의 1 이하의 差인 경우), 그 차액을 금전으로 대납(代納)하여야 한다(동법 제53조 제3항). 이를 위해 지급하는 돈을 '보

---

52) 토지와 기타 재산의 구별하지 않고 4분의 3의 기준이 적용된다. 과거에는 토지의 경우에는 면적의 제한(2분의 1)이 있었지만 국유재산법 시행령(2000.07.27. 대통령령 제16913호) 개정으로 삭제되었다.

53) 국유재산관리업무편람, 법원행정처, 1996년, 190면.

54) 이원준, 전게서, 76면 참조.

충금' 또는 '부족금'이라 한다. 주의할 것은 이러한 보충금지급규정은 교환가격의 대가성 요건이 충족되는 범위 내에서 적용되는 것이다. 예를 들어 교환 목적물 간에 가격차가 10배에 이르는 것을 보충금을 제공한다고 하여 적법할 수 없고, 교환이 불가능한 것이다.[55]

<유권해석>

착오로 다른 국유재를 매각한 경우 당초 매각하고자 했던 국유지와 이미 매각한 국유지(사유지) 간에 교환이 가능한지

국세청은 甲이 점유하고 있는 국유지를 甲에게 매각하면서 측량을 하지 않아 착오로 인접 국유지를 매각하였고(이전등기완료), 甲은 지상의 건물과 매입토지를 乙에게 다시 소유권을 이전한 사안에 대하여, 국가와 甲이 쌍방과실로 인하여 당초 甲이 점유사용하고 있는 국유지가 아닌 다른 국유지를 매수하였더라도 적법한 절차에 따라 매매계약이 체결되어 소유권이전등기가 완료되었고, 甲이 이의제기 없이 乙에게 소유권을 이전되었으므로 국가와 甲 사이에 체결된 당초 매매계약은 유효하며, 乙이 대부계약을 체결하지 아니하고 점유사용하는 국유지에 대한 변상금 부과는 적법함. 또한 乙 소유토지는 국가가 공용 또는 공공용으로 사용하기 필요한 재산이 아니므로 교환이 불가능하다(국재 41321－142 2002.02.07).

[평석] 본 사안은 79년도에 국세청이 甲에게 착오로 매각을 한 사안이다. 착오로 인하여 취소가 가능하지만, 본 사안은 제척기간(민법 제146조: 법률행위를 한 날로부터 10년)이 도과된 것으로 보인다.

<유권해석>

토지보상법에 의한 보상을 국유재산법상 교환의 방식으로 가능한지

지방자치단체에서 문화재 사업을 시행하기 위해 토지, 건물을 수용하는 과정에서 현금보상 대신 다른 국유지로 보상받을 수 있는지에 대하여, 공익사업을 위한 토지 등의 취득 및 보상에 관한 법률(이하 공토법)은 공익사업에 필요한 토지 등을 취득함에 따른 손실보상의 일반적 절차를 규정함으로써 토지 등의 취득 시마다 피보상자와의 협의로 인한 공익사업 수행지연을 방지하고자 하는 것이며, 동법 제63조 규정에 의하면 손실보상은 원칙상 현금으로 보상하도록 하고 있는바, 공토법에 의한 현금보상 대신 국유지를 교환받는 것은 곤란함(국유재산과－458 회신일자 2005.02.05).

[평석] 손실보상은 다른 법률에 특별한 규정이 있는 경우를 제외하고는 현금으로 지급하도록 되어 있으나, 손실보상 자금을 효율적으로 관리하고 토지소유자가 개발혜택을 공유할 수 있도록 하기 위하여 일정한 경우 해당 공익사업으로 조성된 토지로 보상할 필요가 있어, 2007.10.17. 법률 제8665호 개정공토법에서 '대토보상제도'(제61조)를 도입하고 있다.

---

55) 국방부 회신일자 1988.09.22. "공유지분과 국유지의 교환가능 여부."
(http://ahalaw.moleg.go.kr/information/example/exampleView.do?piMa 2007.11.27.)

<판례>

국유재산법 제34조, 제43조, 동법 시행령 제37조, 제46조, 동법 시행규칙 제32조의 각 규정을 종합하면, 국유재산과 사유재산의 교환에 있어서는 예정가격에 있어서 동일하여야 하고 그 동일 여부는 감정가격과 현장조사 결과를 참작 결정하도록 되어 있으므로 교환의 대상이 된 어느 일방의 재산의 평가가 잘못되고 그 잘못된 가격으로 계약이 체결되어 이행된 경우 그 평가상의 잘못으로 불이익을 입은 당사자가 이를 알고 인용한 것이 아니라면 형평의 원칙상 그 불이익은 이를 입은 당사자의 손해라고 봄이 상당하고 그 잘못된 평가가 감정의 기초 자료의 부실에 기인한 것이라면 그 손해는 부실자료를 제공한 자의 불법행위로 인한 것이라 할 것이다(대법원 1985.9.24. 85다카1031).

Ⅲ. 교환의 절차

1. 교환의 당사자

교환 처분은 원칙적으로 일반재산의 재산관리기관인 총괄청이지만, 교환의 목적으로 용도를 폐지하는 경우에는 중앙관서의 장은 총괄청에 인도할 필요가 없으므로, 중앙관서의 장 소관이다(동법 제40조 제1항 제1호).

2. 교환의 신청

교환이 국가가 직접 공용 또는 공공용에 사용하기 위해 사인의 재산을 취득하는 것이 목적이므로 교환의 신청은 국가 측에서 하는 것이 원칙이다. 하지만 사인이 신청하고 국가가 응낙하는 경우도 있다.

3. 교환목적물의 정리

일반재산을 교환할 때 그 상대방은 교환계약 체결 전에 그 대상재산에 소유권 외의 권리가 설정되어 있으면 그 권리를 소멸시키고 그 대상재산에 관한 각종 세금과 공과금을 모두 내야 한다(동법 시행규칙 제37조 제1항).

<유권해석>

공공사업부지 내 국유지를 사업시행자(지방자치단체) 소유의 토지(공유지)와 교환하는 경우 재산에 대한 가격 평가 시 국유재산법 시행령 제37조의2의 규정을 적용할 수 있는지

공공용지의 취득 및 손실보상에 관한 특례법(현행 공익사업을 위한 토지 등의 취득 및 보상에 관한 법률)은 공공사업에 필요한 토지 등의 협의에 의한 취득과 이에 따르는 손실보상을 규정한 법률로써 공공사업지구 내 국·공유지간 교환을 전제로 하고 있지 않다는 점과 국유재산법 시행령 제37조의2의 규정은 공공·공익사업부지 내 국유지를 사업시행자(기업자)에게 매각하는 경우를 전제로 하고 있어 교환이 동조항의 적용대상이 되지 않는다는 점을 고려할 때, 교환대상국유지의 재산가격은 공공용지의 취득 및 손실보상에 관한 특례법이 아닌 국유재산법 관련 규정에 따라 평가하여야 한다(국재41320－387 회신일자 1997.04.25).

4. 중앙관서의 장 등의 확인 및 보고

중앙관서의 장 등이 일반재산을 교환할 때에는 다음 아래의 각 사항을 명백히 하고, 그 적정 여부를 확인하여야 한다. 이 경우 중앙관서의 장은 「전자정부법」 제36조 제1항에 따른 행정정보의 공동이용을 통하여 해당 재산의 등기부 등본, 건축물대장, 토지대장, 임야대장, 지적도, 임야도를 확인하여야 한다(동법 시행규칙 제37조).

○ 재산의 표시
○ 교환 목적
○ 교환대상자의 성명 및 주소
○ 같은 시점의 평정가격과 그 평정조서
○ 교환자금과 그 결제방법
○ 교환 조건
○ 등기부 등본 및 지적공부(법 42조 제1항에 따라 일반재산의 관리·처분에 관한 사무를 위탁받은 자에게 제출하는 경우로 한정한다)
○ 교환으로 취득하려는 재산이 환지예정지인 경우에는 환지예정지로 확정된 것을 증명하는 서류
○ 건축물현황도 등 필요한 도면
○ 교환으로 취득할 재산의 토지이용계획 확인서

중앙관서의 장 등은 일반재산을 교환하려면 교환계약서 그 내용을 감사원에 보고하여야 한다(동법 제54조 제4항). 감사원 보고는 교환계약서 체결 전에 해야 할 것이다. 이러

한 감사원보고는 감사원으로 하여금 교환의 적법타당성을 사전에 검토하게 하여 교환의 남용과 부당한 교환을 방지하는 데 의의가 있다.

5. 교환계약체결 및 이전

중앙관서의 장 등은 일반재산을 교환할 때에는 국유재산 교환계약서(별지 제10호 서식)를 작성하여야 한다(동법 시행규칙 제38조). 교환계약서에 따라, 교환으로 취득하는 재산에 대한 소유권을 이전한 후 처분재산을 이전하여 명도하여야 한다.

※ 감사원 감사사항
① 재산의 종류가 유사하지 않아 교환요건에 부합되지 않는데도 교환하였는지 검사한다.
② 상업용지와 그린벨트 지역 또는 공원용지의 사유지와 교환하여 손실이 발생하거나 골프장용지를 위하여 부당하게 교환한 것인지 검사한다.[56]

제5절 양여

Ⅰ. 의의

양여(Transfer: 讓與)란 무상으로 국가 이외의 자에게 일반재산의 소유권을 이전시키는 것을 말한다. 양여는 민법상의 증여(민법 제544조)와 같은 것이지만, 증여는 낙성·불요식(不要式) 계약으로서 특정의 방식이나 목적물의 인도를 요하지 않지만, 양여는 국가가 당사자로 되는 점, 목적물이 일반재산에 한정되는 점, 양여가 예외적으로 허용되는 점 등 국유재산법상 제한을 받는다.

일반재산의 양여는 무상으로 국유재산을 처분하는 것으로서 실질적으로 재정원조 또는

---

56) 재무감사매뉴얼, 2005.4. 감사원, 264면.

보조금의 교부와 같은 효과를 발생시키고, 국유재산의 보호·유지 측면에 반하게 되므로 양여는 예외적으로 인정하고 있다.

Ⅱ. 양여 사유

1. 지방자치단체가 직접 공용 또는 공공용으로 사용하기 위하여 필요할 때

다음과 같은 일반재산은 직접 공용이나 공공용으로 사용하려는 지방자치단체에 양여할 수 있다(동법 제55조 제1항 제1호, 동법 시행령 제58조).

> ○ 국가 사무에 사용하던 재산을 그 사무를 이관받은 지방자치단체가 계속하여 그 사무에 사용하는 일반재산
> ○ 지방자치단체가 청사 부지로 사용하는 일반재산. 이 경우 종전 내무부 소관의 토지로서 1961년부터 1965년까지의 기간에 그 지방자치단체로 양여할 조건을 갖추었으나 양여하지 못한 재산을 계속하여 청사 부지로 사용하는 일반재산에 한정한다.
> ○「국토의 계획 및 이용에 관한 법률」 제86조에 따라 지방자치단체(특별시·광역시·경기도와 그 관할구역의 지방자치단체는 제외한다)의 장이 시행하는 도로시설(1992년 이전에 결정된 도시관리계획에 따른 도시계획시설을 말한다)사업 부지에 포함되어 있는 총괄청 소관의 일반재산
> ○「도로법」 제11조부터 제15조까지의 규정에 따른 도로(2004년 12월 31일 이전에 그 도로에 포함된 경우로 한정한다)에 포함되어 있는 총괄청 소관의 일반재산
> ○「5·18민주화운동 등에 관한 특별법」 제5조에 따른 기념사업을 추진하는 데에 필요한 일반재산

지방자치단체가 일반재산을 양여받을 수 있는 것은 '직접 공용 또는 공공용'으로 사용에 제한되므로, 다른 목적으로 사용할 수 없다. 또한 지방자치단체가 양여받은 재산을 10년 내에 양여목적과 달리 사용된 때에는 그 양여를 취소할 수 있다(동법 제55조 제2항). 이러한 취소사유가 발생한 때에는 양여계약을 해제한다는 내용의 등기특약을 하여야 한다(동법 시행령 제59조).

<유권해석>

양여시의 특약등기상 양여취소사유가 발생한 경우 당해 양여를 당연히 취소하여야 하는지

국유재산법 제44조 제2항 및 동 시행령 제48조의 규정에서 "취소할 수 있다"라고 규정한 것은 강행규정 또는 임의규정의 문제가 아니라 양여목적 이외 사용 시 재산처분청이 양여를 취소할 수 있는 권능을 부여하기 위한 것으로서 국유재산 양수 후 10년 내에 양여목적으로 사용하지 아니한 경우 그 양여를 취소하는 것이 원칙임. 다만 양여를 취소하는 것이 오히려 양여목적에 위배되는 등 불가피한 사유가 있는 때에는 양여를 취소하지 아니할 수 있음(국재 41301 - 663 1998.09.29).

2. 공공용 재산이 용도폐지됨으로써 일반재산이 되는 경우에 해당 재산을 그 부담한 비용의 범위에서 해당 지방자치단체나 공공단체에 양여하는 경우

지방자치단체나 대통령령으로 정하는 공공단체가 유지·보존비용을 부담한 공공용 재산이 용도폐지됨으로써 일반재산이 되는 경우에 해당 재산을 그 부담한 비용의 범위에서 해당 지방자치단체나 공공단체에 양여할 수 있다(동법 제55조 제1항 제2호).

여기서 대통령령으로 정하는 공공단체는 법령에 따라 정부가 자본금 또는 기본재산의 전액을 출자하는 법인을 말한다(동법 시행령 제58조 제2항, 제33조).

양여는 유지·보존의 비용을 부담한 범위 내에서 이루어져야 한다. 여기서 '유지·보존'은 그 재산의 경제적 가치와 본래 지닌 사용목적에 제공함에 지장이 없도록 하는 사실행위와 법률행위를 모두 포함하는 것을 말한다.[57]

3. 행정재산을 용도폐지하는 경우 그 용도에 사용될 대체시설을 제공한 자 또는 그 상속인, 그 밖의 포괄승계인에게 그 부담한 비용의 범위에서 용도폐지된 재산을 양여하는 경우

(1) 기부대양여

행정재산을 용도폐지하는 경우 그 용도에 사용될 대체시설을 제공한 자 또는 그 상속인, 그 밖의 포괄승계인에게 그 부담한 비용의 범위에서 용도폐지된 재산을 양여할 수 있다(동법 제55조 제1항 제3호). 이러한 사유에 의한 양여는 기부채납과 양여의 결합으

---

57) 최성우, 전게서, 104면.

로, 실무에서는 '기부대양여'라고 칭하고 있다.

이 경우에는 대체시설을 기부받은 받은 후가 아니면 양여를 할 수 없다(동법 시행규칙 제42조 제1항). 따라서 기부채납행위를 통해 대체시설의 소유권이 국가로 이전된 후에 한하여 양여가 가능하다.

그러나 공공사업의 시행으로 대체시설은 이미 설치되었으나 사업시행자가 국유지를 먼저 양여받지 아니하면 사업지구의 지적을 정리할 수 없거나 사업을 준공할 수 없는 사유 등으로 소유권을 증명할 수 있는 서류를 제출할 수 없어 기부채납이 곤란한 경우에는 사업시행자가 제출한 대체시설의 기부서로 기부채납을 결정하고 국유재산을 양여할 수 있다. 이 경우 사업시행자는 대체시설을 준공하는 즉시 소유권을 증명할 수 있는 서류를 제출하여야 한다(동법 시행규칙 제42조 제2항).

(2) 대체시설의 제공

국유재산법은 대체시설의 제공이 기부채납과 같은 취지로 사용되고 있어, 대체시설의 제공은 소유권의 이전하는 것을 말한다. 따라서 소유권의 이전이 아닌 단지 이용할 수 있는 권한(사용대차, 무상사용수익허가, 무상대부)을 부여하는 것은 포함되지 않는다.

<유권해석>

「국유재산법」 제55조 제1항 제3호에서 정하는 용도폐지된 재산의 양여를 위한 '대체시설의 제공'의 의미(「국유재산법」 제55조 제1항 제3호 관련)[법제처 11-0015, 2011.3.31, 서울특별시 강북구]

【질의요지】
「국유재산법」 제55조 제1항 제3호에서, 행정재산을 용도폐지하는 경우 그 용도에 사용될 대체시설을 제공한 자에게 그 부담한 비용의 범위에서 용도폐지된 재산(일반재산인 국유재산)을 양여할 수 있도록 하고 있는바, 지방자치단체가 용도폐지되는 국유재산의 용도에 사용될 수 있도록 해당 지방자치단체의 행정재산(공유재산)을 무상으로 국가가 사용·수익할 수 있도록 허가하는 것이 「국유재산법」 제55조 제1항 제3호에 따른 대체시설의 '제공'에 해당하는지?

【회답】
지방자치단체가 용도폐지되는 국유재산의 용도에 사용될 수 있도록 해당 지방자치단체의 행정재산(공유재산)을 무상으로 국가가 사용·수익할 수 있도록 허가하는 것은 「국유재산법」 제55조 제1항 제3호에 따른 대체시설의 제공에 해당하지 않습니다.

【이유】

「국유재산법」제55조 제1항 제3호에 따르면 행정재산을 용도폐지하는 경우 그 용도
에 사용될 대체시설을 제공한 자에게 그 부담한 비용의 범위에서 용도폐지된 재산을
양여할 수 있도록 하고 있는바, 같은 규정에서 용도폐지된 국유의 행정재산의 '양여'
범위를 대체시설을 '제공'한 자에게 "대체시설의 제공에 따라 부담한 비용의 범위"에
서 하도록 하고 있으므로 이 경우 대체시설의 '제공'의 의미는 양여에 상응하는 제공,
즉 소유권의 이전을 수반하는 제공으로 이해하는 것이 합리적입니다.

이와 관련하여 같은 법 시행규칙 제42조 제1항에서는 「국유재산법」제55조 제1항 제
3호에 따라 일반재산을 양여하는 경우에는 대체시설을 제공한 자로부터 그 대체시설
을 기부받은 후가 아니면 양여할 수 없다고 하고 있고, 같은 법 제13조 제2항 제2호
에서는 기부가 허용되는 경우로서, "행정재산의 용도를 폐지하는 경우 그 용도에 사
용될 대체시설을 제공한 자가 그 부담한 비용의 범위에서 같은 법 제55조 제1항 제3호
에 따라 용도폐지된 재산을 양여할 것을 조건으로 그 대체시설을 기부하는 경우"를
들고 있는바, 이 경우 기부는 같은 법 제2조 제2호의 '기부채납'에 관한 정의 규정과
같이 소유권의 무상 이전을 의미한다고 보아야 할 것이므로, 같은 법 제55조 제1항 제3호
의 대체시설의 제공은 소유권의 이전을 수반하는 제공이라고 할 것입니다.

따라서 지방자치단체가 용도폐지되는 국유재산의 용도에 사용될 수 있도록 해당 지방자
치단체의 행정재산(공유재산)을 무상으로 국가가 사용·수익할 수 있도록 허가하는 것
은 「국유재산법」제55조 제1항 제3호에 따른 대체시설의 제공에 해당하지 아니합니다.

(3) 양여의 상대방

양여의 상대방은 대체시설을 제공한 자 또는 그 상속인 그 밖의 포괄승계인이다. '대
체시설을 제공한 자'는 지방자치단체, 공공단체, 사법인, 사인을 구별하지 아니하고 있으
므로 모두 가능하고, '그 상속인 그 밖의 포괄승계인'은 포괄수유자(包括受遺者), 합병법
인과 같이 피승계인의 권리와 의무 일체를 승계하는 자를 말한다.

(4) 양여 한도

기부대양여에 의한 양여의 경우에는 '대체시설을 부담한 비용'의 범위 내에서만 양여
할 수 있고, 대체시설이 국고보조를 받아 설치한 것인 경우에는 해당 국고보조금을 그
시설의 설치비용에서 빼야 한다(동법 시행규칙 제42조 제3항).

<유권해석>

대체시설에 대한 감정평가금액이 기존 용폐시설의 금액보다 낮은 경우 그 차액만큼 지불하고 매입할 수 있는지

대체시설을 제공한 자에게 용도폐지된 국유재산을 양여하는 경우에 있어 기부채납재산은 국유재산법 시행규칙 제12조 제2항 제2호에 의거 대체시설 제공 당시의 감정평가액으로, 양여재산은 동법 시행령 제37조에 의거 양여시의 감정평가액으로 결정되는 것임. 사업시행으로 용도폐지되는 기존의 공공시설의 재산가액이 새로이 설치되는 대체시설의 설치비용을 초과하는 경우 동 초과부분에 해당하는 국유재산은 총괄청으로 인계하여 국유재산법에 의한 매각절차에 따라 처리하여야 한다(국유재산과 - 1013 회신일자 2004.05.27).

4. 국가가 보존·활용할 필요가 없고 대부·매각이나 교환이 곤란하여 대통령령으로 정하는 재산을 양여하는 경우

해당 일반재산이 국가가 보존·활용할 필요가 없고 대부·매각이나 교환이 곤란한 경우에도 양여할 수 있다(동법 제55조 제1항 제4호). 2009.1.30. 개정 국유재산법(법률 제9401호)에서 신설된 내용이다. 동법개정 이전에는 매각이 곤란하고 철거비용이 과다하여 사실상 방치되고 있는 사유지상 국유건물에 대한 처리방안이 마련되지 못했었다.[58] 따라서 국가가 보유할 필요성이 없고 관리가 곤란한 국유재산에 대한 양여의 근거를 마련하여, 해당 국유재산을 처리할 수 있도록 하였다.[59]

해당 일반재산이 국가가 보존·활용할 필요가 없고 대부·매각이나 교환이 곤란하여 양여할 수 있는 재산은 다음과 같다(동법 시행령 제58조 제3항).

---

[58] 양여가 불가피한 예로 낙도초소를 들 수 있다. 2007년 말 전국 302개의 낙도초소 중 미활용 초소가 200개로 이 중 157개가 사인소유의 토지에 건축되어 있다. 토지소유자의 지속적인 민원에도 불구하고 개당 철거비용이 1,000만 원을 초과하고 있어 철거 또한 여의치 않은 실정이었다(국유재산법 전부개정법률안(정부제출) 검토보고, 2008.12. 기획재정위원회 수석전문위원 현성수, 24면).

[59] 국유재산법 개정 이전에도 공유재산 및 물품 관리법은 보유할 필요가 없는 공유재산을 양여할 수 있는 근거가 명시되어 있었다.
공유재산 및 물품 관리법 제40조(양여) ① 일반재산은 다음 각 호의 어느 하나에 해당하면 양여할 수 있다.
1. 해당 특별시·광역시 또는 도의 구역에 있는 시·군 또는 구(자치구를 말한다)에서 공용 또는 공공용으로 사용하기 위하여 필요한 경우
2. 용도가 지정된 국고보조금·지방교부세 또는 기부금으로 조성된 일반재산으로서 그 용도에 따라 양여하는 경우
3. 행정재산의 용도를 폐지한 경우에 그 용도에 갈음할 다른 시설을 마련하여 제공한 자와 그 상속인 또는 그 밖의 포괄승계인에게 양여하는 경우
4. 도시계획사업 집행을 부담한 지방자치단체에 그 도시계획사업시행지구에 있는 토지를 양여하는 경우
5. 그 밖에 자산가치가 하락하거나 보유할 필요가 없는 경우로서 대통령령으로 정하는 경우

(1) 국가 외의 자가 소유하는 토지에 있는 국가 소유의 건물(부대시설을 포함한다). 이 경우 양여받는 상대방은 그 국가 소유의 건물이 있는 토지의 소유자로 한정한다.

(2) 국가 행정 목적의 원활한 수행 등을 위하여 국무회의의 심의를 거쳐 대통령의 승인을 받아 양여하기로 결정한 일반재산

5. 개척·매립·간척·조림을 위한 양여 예약

개척·매립·간척 또는 조림 사업을 시행하기 위하여 그 사업의 완성을 조건으로 일반재산 양여를 예약할 수 있다(동법 제45조). 이 경우 양여의 상대방은 개척 등의 사업을 완성시킨 자가 될 것이다.

예약의 기간은 계약일로부터 10년 이내로 정하여 하며, 다만, 해당 중앙관서의 장은 천재·지변 기타 부득이한 사유가 있는 경우에 한하여 총괄청과 협의하여 5년 이내의 범위 안에서 예약기간을 연장할 수 있다(동법 시행령 제48조 제1항).

양여하는 국유재산의 가액은 해당 사업에 투자된 금액을 초과하지 못하며, 가액은 해당사업의 전부가 완성된 경우에는 해당 공사의 준공 당시의 가격을 기준으로 하고, 일부가 완성된 경우에는 예약의 해제 또는 해지 당시의 가격을 기준으로 한다(동법 시행령 제49조).

위 양여예약을 한 자는 계약일로부터 1년 내에 그 사업을 착수하여야 한다(동법 시행령 제48조 제1항). 그러나 예약상대방이 지정된 기한까지 사업을 착수하지 아니하거나 그 사업을 완성할 수 없다고 인정되면 그 예약을 해제하거나 해지할 수 있다(동법 제45조 제3항).

6. 은닉재산 등을 지자체가 신고한 경우

지방자치단체가 은닉된 국유재산이나 소유자 없는 부동산을 발견하여 신고한 경우에는 대통령령으로 정하는 바에 따라 그 재산가격의 2분의 1의 범위에서 그 지방자치단체에 국유재산을 양여하거나 보상금을 지급할 수 있다(동법 제77조 제2항).

Ⅲ. 양여 절차

1. 총괄청과 협의

중앙관서의 장 등은 국유재산을 양여하려면 총괄청과 협의하여야 한다. 다만, 기부대 양여(동법 제55조 제1항 제3호)의 경우에는 그러하지 아니하다(동법 제55조 제3항).

중앙관서의 장 등은 총괄청과 협의를 하기 위해서 다음 사항을 총괄청에 제출해야 한다(동법 시행규칙 제40조 제1항 제1호).

① 재산의 표시
② 양여 목적 또는 양여 사유
③ 양수자의 성명 및 주소
④ 평정가격과 그 평정조서
⑤ 양여 조건
⑥ 사업의 계획서와 예산서
⑦ 건축물현황도 등 필요한 도면
⑧ 신청서의 부본(副本)

지방자치단체나 대통령령으로 정하는 공공단체가 유지·보존비용을 부담한 공공용 재산이 용도폐지됨으로써 일반재산이 되는 경우에 해당 재산을 그 부담한 비용의 범위에서 해당 지방자치단체나 공공단체에 양여하는 경우(동법 제55조 제1항 제2호) 또는 행정재산을 용도폐지하는 경우 그 용도에 사용될 대체시설을 제공한 자 또는 그 상속인, 그 밖의 포괄승계인에게 그 부담한 비용의 범위에서 용도폐지된 재산을 양여하는 경우(동조 제3호)에는 중앙관서의 장 등은 ①~⑦ 사항 외에 다음 사항들을 명백히 하여 총괄청과 협의하여야 한다(동법 시행규칙 제40조 제2항).

① 용도폐지일 또는 양수할 자가 설치한 물건의 국가 취득일
② 양수할 자가 부담한 유지·보존비용 또는 양수할 자가 제공한 대체시설의 제공 당시의 가액(「부동산 가격공시 및 감정평가에 관한 법률」에 따른 감정평가법인이 평가한 가액을 말한다)
③ 상속인이나 그 밖의 포괄승계인이 양수하는 경우에는 그 상속인 또는 그 밖의 포괄승계인임을 증명하는 서류

국가가 보존·활용할 필요가 없고 대부·매각이나 교환이 곤란하여 대통령령으로 정하는 재산을 양여하고자 할 경우(국유재산법 제55조 제1항 제4호), 중앙관서의 장 등은 다음 사항을 명백히 하여 총괄청과 협의를 하여야 한다(동법 시행규칙 제40조 제3항).

○ 재산의 표시
○ 양여 목적 또는 양여 사유
○ 양수자의 성명 및 주소
○ 평정가격과 그 평정조서
○ 평정가격과 그 평정조서
○ 양여 조건
○ 국가가 보존·활용할 필요가 없는 사유
○ 대부·매각이나 교환이 곤란한 사유

2. 양여계약의 체결 및 이전

국유재산을 양여할 때에는 국유재산법 시행규칙의 서식에 의한 양여계약을 작성하여야 한다(동법 시행규칙 제41조). 양여계약의 이행을 위해서는 소유권이전등기를 완료해야 할 것이다.

기부대양여(법 제55조 제1항 제3호)의 경우에는 대체시설을 제공한 자나 그 상속인 또는 그 밖의 포괄승계인으로부터 그 대체시설을 기부받은 후가 아니면 양여할 수 없다(동법 시행규칙 제42조 제1항). 다만, 공공사업의 시행으로 대체시설은 이미 설치되었으나, 사업시행자가 국유지를 먼저 양여받지 아니하면 사업지구의 지적을 정리할 수 없거나 사업을 준공할 수 없는 사유 등으로 소유권을 증명할 수 있는 서류를 제출할 수 없어 기부채납이 곤란한 경우에는 사업시행자가 제출한 대체시설의 기부서로 기부채납을 결정하고 국유재산을 양여할 수 있다. 이 경우 사업시행자는 대체시설을 준공하는 즉시 소유권을 증명할 수 있는 서류를 제출하여야 한다(동조 제2항).

3. 양여 특약등기

지방자치단체가 직접 공용 또는 공공용으로 사용하기 위해서 양여하는 경우(국유재산법 제55조 제1항 제1호)에는 양여를 받은 재산을 10년 내에 양여목적과 달리 사용하게 되면, 그 양여를 해제한다는 내용의 특약등기를 하여야 한다(동법 제55조 제2항, 동법 시행령 제49조).

※ 감사원 감사사항

① 택지개발 등 각종 특별법에 의하여 공공시설용지를 무상귀속시키면서 공공용으로 사용될 면적을 과다하게 결정하여 국유지가 필요 이상으로 많이 무상양여되는 결과가 초래되었는지를 확인한다.

② 지자체가 국가로부터 공공목적으로 양여받고도 그 목적에 사용하지 아니하고 있는지 확인한다.

③ 행정재산의 용도를 폐지하여 그 대체시설을 제공하는 자에게 양여하는 무상양여는 국유재산법의 규정에 의해 총괄청과 협의를 거쳐야 함에도 협의를 거치지 않거나 대체시설을 국고보조를 받아 시설하는 경우 그 금액을 공제하지 않고 전액을 인정하여 국유재산을 양여함으로써 특혜를 주었는지를 검사한다.[60]

제6절 개발

Ⅰ. 의의

1. 국유지의 개발

국유지 개발(Development: 開發)은 "국유지에 유형의 물리적 변경을 가하여 국유지의 기능을 제고하는 일련의 활동"으로 정의하기도 한다.[61] 이는 광의의 국유지 개발을 말하는 것으로, 이러한 예로는 국유지의 신탁·위탁·민간참여개발, 현물출자, 사회기반시설에 대한 민간투자법에 따른 국유지개발 등이 이에 해당할 것이다. 이에 반해 협의의 국유지 개발은 국유재산법 제6절 개발에서 명시하고 있는 개발행위로서, 신탁·위탁·민간참여개발을 한정하는 것이다.

---

60) 재무감사매뉴얼, 감사원, 2005년, 264면.

61) 조성옥, "국유재산의 활용도 제고 방안에 관한 연구 – 국유지 위탁개발을 중심으로", 한국외국어 대학교 경영대학원, 2007년 2월 석사학위논문, 47면.

국유재산개발은 일반재산에 한해 허용하고 있으며, 국유지의 공공재로서의 기능 등을 고려하여 국유재산 개발행위에 일정한 공공성(公共性)을 요구하고 있다. 즉 일반재산을 개발하려는 경우에는 ① 재정수입의 증대 등 재정관리의 건전성, ② 공공시설의 확보 등 공공의 편의성, ③ 주변환경의 개선 등 지역발전 기여도, ④ 그 외 국가행정목적 달성을 위한 필요성을 고려해야 한다(국유재산법 제57조 제2항).

2. 개발 제도의 변천

<국유재산 개발 방식 변천>

연도	신탁개발	위탁개발	민간참여개발
1994년	신탁개발(임대형) 도입		
1999년	분양형 추가		
2004년		위탁개발(임대형) 도입	
2009년		1월 분양형 추가	
	7월 혼합형 추가	7월 혼합형 추가	
2011년			민간참여개발 도입

국유지에 대한 관리정책이 적극적인 활용의 방향으로 전환되면서 그동안 유휴지로 방치되고 있거나 이용도가 낮은 국유지를 보다 적극적이고 효율적으로 활용하고자 하였다. 이에 1994.1.5. 개정 국유재산법(법률 제4698호)에서 국유재산에 대한 신탁제도를 도입하였다. 당시에 관리청은 관리능력부족으로 국유지를 유휴상태로 방치하는 경우가 많았고, 지방자치체 실시로 인해 국유재산을 위임받은 지방자치단체와 중앙정부 사이에 마찰가능성이 대두되었고, 매년 국유지의 매각이 늘어나고 있는 현실적 상황에서 국유재산의 적극적 이용방안으로 도입되었던 것이다. 최초 도입된 국유지신탁제도는 임대형이었으나, 1999.12.31. 개정 국유재산법(법률 제6072호)에서 임대형 신탁 외에도 분양형 신탁제도도 도입하였다.

그러나 신탁제도의 이용실적이 매우 저조하였다. 이에 대한 원인으로 신탁개발 유형이 경직되어 있는 점, 관리청의 의사결정에 시간이 과다하게 소모되는 점, 총괄청과 관리청 간의 협의과정 복잡,[62] 사업성판단의 실패,[63] 신탁에 대한 사회적 인식의 부족 등의 원

---

62) 2000년도에 국방부의 서울시 용산구 동빙고동 군인관사 재개발사업 추진 과정에서 이를 분양형 토지신탁으로 개발하고자 하였으나 관리계획 미반영한 상태에서 총괄청과 구두로만 합의하여 추진하다가 총괄청이 일시에 27천 평에 이르는 많은 토지의 처분방식 등에 대한 이견으로 실패한 사안이 있다.

인이 있다. 2004.12.31. 개정 국유재산법(법률 제7325호)에서 위탁관리기관이 위탁받은 국유지에 건물을 축조하여 임대할 수 있도록 하였다.

이후 2009.1.30. 개정 국유재산법(법률 제9401호)에서는 개발방식을 다양화하기 위해서 위탁개발도 분양이 가능하도록 개정하였고,[64] 2009.7.30. 국유재산법 시행령(대통령령 제21641호) 개정을 통해서 신탁과 위탁개발에서 임대형, 분양형 방식뿐만 아니라 혼합형도 가능하도록 하였다. 2011.7.14. 개정 국유재산법(법률 제10816호)에서는 민간참여 개발도 도입하였다.

따라서 현재 국유재산개발은 신탁개발, 위탁개발, 민간참여개발 방식을 인정하고 있으며, 임대형과 분양형 모두 허용하고 있다.

<국유재산 개발 방식 비교>

구분	위탁개발	신탁개발	민간참여개발
사업구조	적극적인 국유지 관리 차원에서 위탁기관이 사업추진 (주요 사항은 국가가 결정)	신탁계약 체결 후 제반 사항을 신탁회사가 주도 (국가의 사업관리 제약)	국유지개발목적회사(SPC)의 AMC가 사업주도 (순수민간개발사업)
참여자	위탁기관 (KAMCO)	신탁회사(11개사)	제한 없음.
개발대상	총괄청 일반재산 기금·특별회계재산	총괄청 일반재산 기금·특별회계재산	총괄청 일반재산
소유권	소유권 변동 없음.	신탁회사(신탁)	국유지개발목적회사
자금조달	위탁기관 토지담보 차입불가	신탁회사 비용·손해배상 청구권 담보 차입가능	SPC 토지담보 차입가능
조달금리	낮음 (5~7%)	높음 (7~10%)	사업성에 따라 다르나 높은 편 (7~12%)
위험도	토지소유권 미이전, 개발과정 직접통제에 따른 상대적인 **저위험**	토지소유권이전 및 통제부족에 따른 **중위험**	토지소유권이전 및 순수민간 추진에 따른 **고위험, 고수익**
국가수익	위탁보수 외 제반수익	신탁보수 외 제반수익	투자지분에 따른 배당 및 토지처분 수익

---

63) 1995년도에 국방부가 대전시 문화동 5,564평에 대해서 스포츠 센터 건립 및 임대목적으로 개발사업을 추진하다가 보류된 적이 있다. 사업성이 열악하고, 신탁사업으로서 추진명목이 미약한 사업을 채택한 것이 실패원인으로 분석되고 있다(이준우, "국·공유지 신탁법제 개선방안 연구", 한국법제연구원 연구보고서, 2006.10.31. 140면 참조).

64) 2009년 개정 이전에 감사원은 국유지 위탁개발이 임대형만 허용하는 것에 문제를 제기하며, 분양형도 도입할 것을 권고하였다(국공유재산관리실태, 감사원, 2005년, 53면).

	•자금 조달 유리 •소규모사업 가능	•사업구조 단순 •효율적인 추진	•민간자본 및 아이디어 활용 용이 •수익과 위험 분배
장점			
단점	•위탁기관부채비율증가	•임대형 곤란 •일정규모(300억) 이상 요구	•개발이익 규모의 한계 •경기 변동 등에 따른 사업 위험
개발대상	소규모 일반재산 수익시설 개발 수익성이 우수한 지역의 민관 복합건물	사건물점유, 공유지분, 무단 점유 등 소유관계가 복잡한 분양형 개발에 적합	막대한 자금이 소요되는 대규모 개발

출처: 국유재산법 일부개정법률안 국유재산특례제한법안 국가재정법 일부개정법률안 검토보고, 기획재정위원회 수석전문위원 국경복, 2010.11., 17면

Ⅱ. 국유재산의 신탁

1. 의의

신탁법상 신탁(Trust)은 신탁을 설정하는 자(위탁자, Truster)와 신탁을 인수하는 자(수탁자, Trustee) 간의 신임관계에 기하여 위탁자가 수탁자에게 특정의 재산을 이전하거나 담보권을 설정 또는 그 밖의 처분을 하고 수탁자로 하여금 일정한 자(수익자, Beneficiary)의 이익 또는 특정의 목적을 위하여 그 재산의 관리, 처분, 운용, 개발, 그 밖의 신탁의 목적을 위하여 필요한 행위를 하게 하는 법률관계를 말한다(신탁법 제2조). 이러한 신탁은 관리신탁, 처분신탁, 담보신탁, 토지신탁 등 4가지 유형의 사업으로 구분되고 있다.[65]

국유재산의 신탁개발은 신탁은 국유재산을 처분하지 아니하므로 국유지에 대한 장래의 행정수요에 대비할 수 있고, 또한 민간의 기획력·창의력과 자금력을 활용함으로써 장기적이고 안정적인 개발이익을 국가나 지방자치단체가 향수할 수 있다는 장점이 있다. 또한 국유재산을 신탁회사를 통해 적극적인 개발을 통하여 토지공급을 증대시킴으로써 지가안정을 도모할 수 있다.

그러나 국유지의 공익적 활용보다도 신탁수익 증대에 초점이 강조될 경우 국유지 본래의 공익적 기능과 상충될 우려가 있다. 따라서 사업내용이 공익에 기여할 수 있는 사업을 선정하되 대부보다는 수익성이 낮지 않도록 노력해야 할 것이다(수익성과 공익성의 조화).[66]

---

65) 현재 국내의 부동산신탁은 재무부의 「부동산신탁업무운용요강」(1991.5.10. 재무부 은행 222000－415 제정)에 근거하여 사업이 시행되고 있다. 여기에는 부동산신탁을 관리신탁, 처분신탁, 토지신탁으로 3가지로 구분하고 있다. 그러나 담보신탁 역시 부동산신탁회사의 업무범위에 포함되는 점에서 신탁의 유형에 포함될 수 있다.

※ 신탁 일반론

1. 신탁의 유형

일반적으로 신탁은 관리운영방법에 따라 관리신탁, 처분신탁, 담보신탁, 토지신탁 등 4가지 유형의 사업으로 구분된다. 국유재산 신탁개발은 관리신탁과 토지신탁에 가까운 유형이다.

(1) 부동산관리신탁

관리신탁은 신탁재산으로 인수한 부동산을 보존 또는 개량하고, 임대 등의 부동산사업을 시행하여 그 수익을 수익자에게 교부하거나 수탁재산의 소유권을 관리해 주는 신탁을 말한다. 이는 주로 토지 및 건물의 임대차 관리, 시설의 유지관리, 소유권의 법률세무관리, 수입금의 관리와 같은 이용행위를 주로 한다.

(2) 부동산처분신탁

부동산 처분신탁은 처분방법이나 절차에 어려움이 있는 부동산, 매수자가 제한되는 대형부동산, 소유 관리에 안전을 요하는 부동산 등 안전성·신뢰성이 요구되는 부동산을 신탁회사가 소유자를 대신하여 매각해 주는 신탁을 말한다.

(3) 부동산담보신탁

부동산 담보신탁은 채무자가 위탁자가 되고 채권자를 수익자로 하여 채무자 또는 제3자가 신탁부동산의 소유권을 수탁자에게 이전하고 수탁자는 담보목적을 위하여 신탁재산을 관리한 후 채무자가 채무를 변제하지 아니할 때에는 신탁재산을 처분하여 그 대금으로써 채권자에게 채무액을 변제하고, 남은 잔액은 소유자에게 반환하는 신탁을 말한다. 이는 금전상의 채무가 있는 토지소유자가 채무이행을 보장하는 차원에서 활용된다.

(4) 토지신탁

토지신탁은 토지를 부동산 개발사업(건물, 택지, 공장용지 등 조성사업)을 시행하기 위한 목적으로 수탁자에게 이전하는 신탁을 말한다. 이를 부동산개발신탁이라고도 하는데, 토지소유자인 신탁자가 전문적인 토지개발자인 수탁자에게 소유권을 이전하고 수탁자가 스스로 그 토지를 개발하여 그로부터 수익을 배당하는 방법을 취한다.[67] 토지신탁은 신탁의 네 가지 유형 중 가장 많이 운영되는 신탁방식이다. 토지신탁은 다음과 같은 장점을 가지고 있다.

① 토지신탁은 토지소유자의 토지보유욕구를 만족시키는 사업이다. 특히 임대형 토지신탁은 신탁기간 종료 후 건물을 포함한 모든 신탁재산이 토지소유자에게 환원되어 신탁기간 중 지가상승이익을 포함한 이익은 토지소유자에게 귀속된다.

② 토지소유자의 토지재산에 대한 경영노하우나 사무처리가 불필요하다. 신탁회사의 정보, 노하우를 최대한 이용함에 따라 기대 이상의 운용성과를 낼 수 있다.

③ 토지신탁에 참여하는 모든 이해관계자들(금융기간, 건설회사, 임대인, 관리회사 등)이 공신력 있는 신탁회사와 거래함으로써 안심하고 이용할 수 있는 사업방식이다. 또한 토지소유자에게 상속과 파

---

66) 장현옥, "부동산신탁 관한 연구", 연세대학교 박사학위논문, 1997년, 191면.

67) 이준우, "국·공유지 신탁법 제 개선방안 연구", 한국법 제연구원 연구보고서, 2006.10.31. 104면.

산과 같은 사태가 발생하여도 독립된 재산으로 취급되므로 장애가 되지 않는다.

④ 토지신탁은 복수의 토지소유자의 권리조정을 요하는 공동개발사업에 있어서 수탁자의 공평하고 중립된 권리조정을 통하여 사업의 원활한 운영을 추진할 수 있다.

⑤ 토지신탁에 따른 수익권이 상속되는 경우 신탁회사가 해당 신탁사업 목적으로 차입한 채무는 상속세 과세가격산정 시 채무로 인정받기 때문에 상속세를 절감할 수 있게 된다.[68]

2. 신탁의 구조

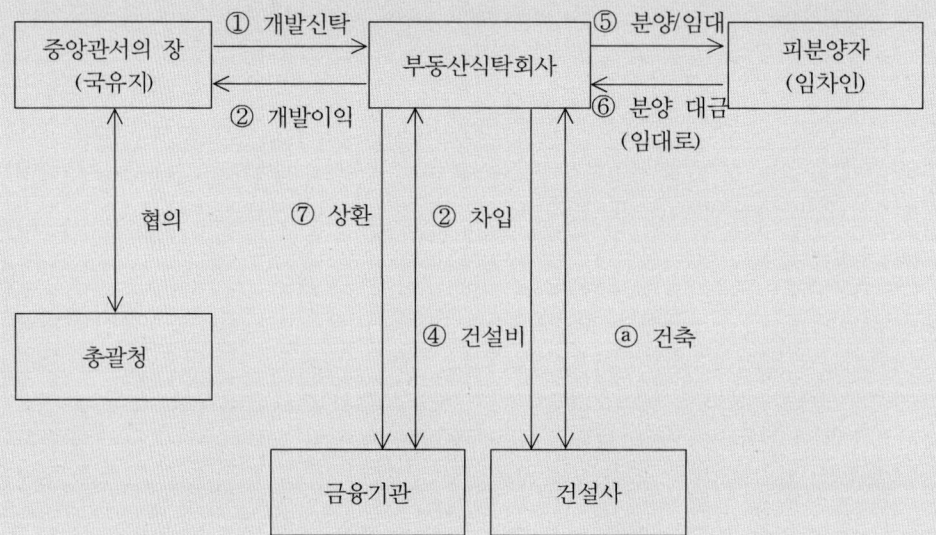

출처: 조성각,"국유재산의 활용도 제고 방안에 관한 연구—국유지위탁개발을 중심으로—",한국외국어대학교 석사학위논문

① 부동산소유자는 신탁회사와 신탁계약을 체결하고 소유지를 신탁은행에 신탁한다.(토지의 소유권은 신탁은행에 이전하고, 신탁을 원인으로 하는 소유권이전등기가 행해지며, 병행하여 신탁의 등기가 행해진다.)

② 부동산소유자는 신탁수익권을 취득하고 신탁의 수익자가 된다.

③ 수탁자는 건설회사의 건설도급계약을 체결하고 건물건설 등의 발주를 행한다.

④ ⑤ 수탁자는 건물의 건설 등에 필요한 자금을 은행 등으로부터 조달하고 건설회사에 건설대금을 지불한다.

⑥ ⑦ 수탁자는 건물의 임대인으로서 임차인을 모집하고 임대차계약의 체결이나 임대료의 수익, 건물관리 등 임대사업에 필요한 일체의 사무처리를 행한다.

⑧ 관리업무 중 건물의 유지관리는 수탁자가 관리회사와 관리계약을 체결하여 행한다.

---

68) "부동산신탁제도 발전방향에 관한 연구", 대한주택공사 주택연구소, 1997년 4월, 15 – 16면; 이준우, 전게연구보고서, 110면.

⑨ ⑩ 수탁자는 건물의 임대에 의한 임대료 등의 수익에서 차입금의 원리금, 조세공과, 관리비 등의 경비 및 신탁보수를 차감한 잔액을 신탁배당으로서 부동산소유자에게 교부한다.

⑪ 신탁기간 만료 시에 수탁자는 신탁재산을 현상 그대로 수익자에게 반환한다.

2. 신탁의 대상과 수탁자

(1) 신탁의 대상

국유재산법에서 신탁개발은 일반재산을 대상으로 명시하고 있으나, 일반재산 모두가 신탁개발의 대상이 되는지 불분명하다. 구 국유재산법(법률 제7325호, 2005.12.31.) 제45조의2에서 잡종재산 중 토지와 정착물[69])에 한한다고 명시되어 있었으나, 2009.1.30. 개정 국유재산법(법률 제9401호)에서는 일반재산이라고만 적시되어 있어 그 범위가 문제된다.

그러나 국유재산법 제57조에서 개발은 건축법 제2조에 따른 건축, 대수선, 리모델링 등을 말한다고 명시하고 있다. 건축법에 따른 건축은 건축물을 신축·증축·개축·재축하거나 건축물을 이전하는 것을 말하고(동법 제2조 제8호), 대수선은 건축물의 기둥, 보, 내력벽, 주 계단 등의 구조나 외부 형태를 수선·변경하거나 증설하는 것으로서 대통령령으로 정하는 것을 말하고(동조 제9호), 리모델링은 건축물의 노후화를 억제하거나 기능향상 등을 위하여 대수선하거나 일부 증축하는 행위를 말한다(동조 제10호)고 한다. 또한 국유재산법 제58조 제2항에서 '시설물의 용도'에 대한 협의의무를 적시하고 있다. 따라서 전체적인 취지를 보면 국유재산의 신탁개발은 일반재산 중에서 토지와 정착물(건물, 시설물)을 위주로 현재도 규율되고 있다고 볼 수 있다.

(2) 수탁자

부동산신탁을 취급하는 신탁업자에 한해 신탁할 수 있고(국유재산법 제58조 제1항), 공공단체·사인에게는 신탁할 수 없다. 신탁업자는 '자본시장과 금융투자에 관한 법률'[70])에 따라, 금융위원회의 인가를 받아 신탁업을 영위하는 자를 말한다.

---

69) 토지의 '정착물'이란 토지에 고정적으로 부착되어 용이하게 이동될 수 없는 물건으로서, 그러한 상태로 사용되는 것이 통상적으로 용인되는 것을 말한다. 건물·수목·교량·도로의 포장 등이 그 예이다. 그러나 판잣집·가식(假植)의 식물·토지나 건물에 충분히 정착되어 있지 않은 기계 등은 정착물이 아니라 동산으로 평가된다(김준호, 민법강의, 1997년, 136면).

70) 2009.2.4.부로 신탁업법을 폐지하고, 자본시장과 금융투자업에 관한 법률(법률 제8635호, 2007.8.3. 제정, 2009.2.4. 시행)을 제정하였다.

3. 신탁의 종류

(1) 분양형 신탁

분양형 신탁은 신탁한 일반재산위에 건물 기타 시설물을 축조한 후 당해 재산 및 시설물을 분양하여 발생하는 수익을 국가에 교부하는 신탁을 말한다. 분양형 신탁은 신탁을 통해서 부동산을 처분을 행하는 것이며, 토지·건물 등의 신탁재산을 처분한 대금은 신탁의 종료와 함께 국가에게 지급되는 방식이다.

이 방식은 결국 최종적으로 토지 및 건물의 소유권이 구입자에게 이전된다는 점에서 일반적인 처분과 거의 유사하다. 다만 부동산의 매각희망자와 매입희망자 사이에 신탁회사가 개입하고, 토지소유자는 단순히 토지의 매각대금 또는 자본이득(Capital Gain)을 얻는 것 이외에도 처분에 이르기까지의 부가가치(임대수입 등)를 수익할 수 있다. 다시 말하면 분양형 토지신탁은 토지소유자가 소유하고 있는 토지를 단순히 매각하는 경우보다 더 많은 양도수익을 기대하고서 택지조성 혹은 건물건축 후에 재산을 처분하는 방식을 말한다.[71]

(2) 임대형 신탁

임대형 신탁은 신탁한 일반재산 위에 건물 기타 시설물을 축조한 후 일정한 기간 동안 임대하여 발생하는 수익을 국가에 교부하고, 신탁기간이 종료한 때에는 이를 국가에 반환하는 신탁을 말한다.

임대형 토지신탁은 토지를 매각하지 않고 신탁을 통해서 부동산임대사업을 행하되 신탁계약이 종료한 때 신탁재산을 있는 그대로 수익자에게 반환하는 방식이다. 이 방식은 토지소유자가 실질적인 소유권을 유보하면서 토지의 유효이용을 도모하고 장기적으로 안정적인 부동산임대수입을 얻는 것을 목적으로 시행하는 신탁이다. 따라서 토지소유자는 매년의 임대소득(come gain)과 처분 후에 돌아올 장래의 자본이득을 기대할 수 있는 장점이 있다.[72]

---

71) 장현옥, 전게논문, 163면; 이영준, 부동산원론, 518면.
72) 장현옥, 전게논문, 162면; 이영준, 부동산원론, 516면.

(3) 혼합형 신탁

혼합형 신탁은 신탁한 일반재산 위에 건물이나 그 밖의 시설물을 축조한 후, 해당 재산과 시설물 중 일부는 분양하고 일부는 일정 기간 임대하여 발생하는 수익을 국가에 교부하고, 임대 부분은 신탁기간이 끝난 후 국가에 반환하는 신탁을 말한다.

4. 신탁절차

(1) 개발방법 선정

중앙관서의 장 및 위임·위탁받은 자는 신탁개발의 사업방식을 결정한다.

(2) 총괄청과 협의·승인

중앙관서의 장이 소관 특별회계나 기금에 속하는 일반재산을 신탁개발하려는 경우에는 신탁자의 선정, 신탁기간, 신탁보수, 자금차입의 한도, 시설물의 용도 등에 대하여 총괄청과 협의를 하여야 한다(국유재산법 제58조 제2항, 동법 시행령 제61조 제2항).

국유재산법 제42조 제1항에 따라 관리·처분에 관한 사무를 위임·위탁받은 자가 신탁개발하려는 경우에도 신탁업자의 선정, 신탁기간, 신탁보수, 자금차입의 한도, 시설물의 용도 등에 대하여 총괄청의 승인을 받아야 한다(동법 제58조 제3항, 동법 시행령 제61조 제2항).

이후 협의나 승인받은 사항 중 중요사항을 변경하는 경우에도 총괄청의 협의나 승인을 다시 받아야 한다(동법 제58조 제2항 단서, 제3항 단서). 중요사항은 신탁업자의 선정·신탁기간·신탁보수·자금차입의 한도·시설물의 용도·개발의 종류를 말한다(동법 시행령 제61조 제3항).

(3) 신탁업자의 선정

2009.7.27. 개정된 국유재산법 시행령(대통령령 제21641호, 2009.7.27.) 이전에는 신탁계약을 수의계약으로 할 수 있도록 명시하였으나, 개정된 국유재산법 시행령에는 수의계약 사항에서 삭제되었다. 따라서 신탁업자를 대상으로 경쟁의 방법에 의해야 할 것이다. 다만, 국유재산법 시행령 제40조 제3항 제26호에 따른 "재산의 위치·형태·용도 등이나 계약의 목적·성질 등으로 보아 경쟁에 부치기 곤란한 경우"에 포함된다면, 수의계약도 가능할 것이다.

(4) 신탁계약의 체결

신탁계약을 체결할 경우, 국유재산법 시행규칙 별지 제12~14호 서식에 따라 신탁계약서를 작성해야 하고, 신탁업자에게 신탁을 원인으로 하는 소유권이전등기를 하고, 신탁등기를 해야 한다(신탁등기사무처리에 관한 예규).

(5) 신탁보수의 지급과 수익의 국가귀속

신탁업자는 신탁기간 중 매년 말일을 기준으로 신탁사무의 계산을 하고, 발생된 수익을 다음 연도 2월 말일까지 중앙관서의 장 등에 내야 한다(국유재산법 시행령 제62조 제1항).

(6) 신탁의 종료

신탁기간이 끝나가나 신탁계약이 해지된 경우 신탁업자는 신탁사무의 최종계산을 하여 중앙관서의 장 등의 승인을 받고, 해당 신탁재산을 다음의 방법으로 국가에 이전하여야 한다(동법 시행령 제62조).

① 토지와 그 정착물은 신탁등기를 말소하고 국가로 소유권이전등기를 한다. 다만, 등기하기 곤란한 정착물은 현 상태대로 이전한다.

② 그 밖에 신탁으로 발생한 재산은 금전으로 중앙관서의 장 등에 낸다.

〈신탁사업 사례〉

■ 부천시 공유지 개발사례

2001년 6월 부천시는 오정구 삽정동, 약대동 일대 4만여 평의 공유지를 개발, 아파트형 공장을 건립하고자 1차 부천시 직영사업으로 수행하였으나, 2차 사업은 신탁방식으로 공모를 실시하여 2001년에 신탁계약을 체결하여 2004년에 완공과 더불어 입주를 개시하였다. 2차 사업은 재원 및 인력 확보의 문제를 고려하여 그 대안으로 신탁방식을 채택하였고, 이를 비교하면 다음의 표와 같다.[73] 공유지 신탁 개발은 공유재산 및 물품 관리법 제28조, 제42조에 근거한 것이다.

---

73) 이준우, 전게연구보고서, 142면.

	1차사업	2차사업	사업비율 (2차/1차)
사업방식	Turn－Key Base 방식	신탁방식	－
사업시행자	부천시 (공영개발사업소)	한국토지신탁(주)	－
사업기간	'97.11.~'00.10.(36개월)	'01.12.~'04.5.(30개월)	－
대지면적	19,433평	21.011평	108%
건물연면적	52,520평	60,118평	114%
총사업비	1,485억 원	1,404억 원	94.5%
투입인원	11명(부천시)	3명(신탁사)	－
외부자금조달	548억 원(총사업비의 37%) (중소기업진흥기금 448, 도자금 100)	은행 차입금 310억 원(총사업비의 22%)	56.6%

■ 구 부산지방조달청 신탁추진 사례

부산 초량동에 위치한 구 부산지방조달청의 부지를 분양형 신탁방식을 이용하여 개발하고자 하였다. 이에 조달청은 기획재정부와 협의를 거쳐 개발사업수탁자로 선정된 KB부동산신탁과 신탁계약을 체결하여, 연면적 9,060평인 이 건물에 지하 4층 지상 45층 규모의 관상주 복합건물을 2011.3.까지 건설할 예정이었다. 조달청은 이번 개발 사업을 통해 모두 165억 원의 예산절감이 가능하다고 예상했고,[74] 2008.2.28. 해당부지에서 기공식을 가지면서 개발에 착수하였다.[75]
그러나 착공을 앞두고 정밀 지질조사를 하였으나 해당 부지가 대형 암반 사이에 걸쳐져 있는 것으로 드러나 지반 공사에 들어가는 비용만도 최대 100억대로 예상되어 공사가 지연되기 시작했고, 이로 인해 신탁회사에서는 개발사업을 포기하여 신탁개발이 취소되었다.

■ 일본의 경우

일본은 1986년 6월 국유재산법에 신탁제도를 도입하였다. 이후 토지신탁사업이 활발히 이루어지고 있다. 이를 가능하게 하는 것은 사업여건이 우량한 국·공유지를 신탁사업으로 선택하여 시행하고 있는 점, 저리의 풍부한 금융자금으로 장기적인 대규모 개발추진이 가능한 점, 입지에 적합하게 중심상업지역은 고밀도 개발을, 일반지역은 중밀도로 대규모 개발하는 등 다양한 신탁사업을 전개하는 점으로 분석되고 있다.[76]

---

74) 조달청, 기고/인터뷰/강연자료/ "[국정브리핑] 국유재산관리의 새로운 이정표"(http://pps.go.kr/user.tdf).

75) 한국주택신문, "조달청 구부산청부지 분양형 신탁개발 기공", 2008.2.29.
(http://www.housingnews.co.kr/news/articlePrinthtml?dxno＝3550)

76) 이준우, 전게연구보고서, 85면.

Ⅲ. 위탁개발

1. 의의

2004년 개정 국유재산법에서 위탁관리기관을 통해 국유지개발이 가능하도록 '위탁개발(Trusted Development: 委託開發)'이 도입되었다. 임대형 위탁개발을 허용하다가 2009년 개정 국유재산법에서 분양형 및 혼합형도 추가하였다. 현재 위탁개발방식은 신탁개발방식보다 더 활발하게 실시되고 있다.

신탁개발과 위탁개발은 국가 이외의 자의 자금으로 국유지를 개발하고 그 수익을 국가가 일정부분 얻는다는 기본 구조는 유사하다.[77] 위탁기관은 국가를 대신하여 사업을 수행하여, 개발재산과 개발비용과 관리보수를 제외한 나머지 수입에 대한 모든 권리가 국가에 귀속된다. 신탁개발은 소유권이 신탁회사에 이전되어 신탁회사가 개발을 주도하지만, 위탁개발은 국가가 소유권을 계속 보유하면서 개발과정을 주도한다는 점에서 차이가 있다.[78]

위탁개발을 위한 위탁기관은「금융기관부실자산 등의 효율적 처리 및 한국자산관리공사의 설립에 관한 법률」에 따른 한국자산관리공사(KAMCO)[79]를 말한다(국유재산법 제42조 제1항, 동법 시행령 제38조 제3항 제호). 위탁에 관하여「국유 일반재산의 위탁에 관한 규칙(기획재정부령 제245호)」에 의하고 있다.

---

77) 조성각, "국유재산의 활용도 제고 방안에 관한 연구 – 국유지 위탁개발을 중심으로", 한국외국어대학교 석사학위논문, 53면.
78) 국유재산관리 선진화 방안 연구, 한국자산관리공사, 2009년, 275면.
79) 한국자산관리공사는 1997년부터 국유재산 중 일반재산에 대한 관리·처분 업무를 수행하고 있다. 한국자산관리공사는 1997년 국유재산관리부를 신설하여, 1,300필지의 국유지 관리를 시작으로 국유재산관리업무를 수행하였으며, 국유지 관리 및 이용을 효율적으로 하기 위한 정부의 "국유지 관리제도 혁신방안 (2005.4.)에 따른 위임·위탁기준 제정('05.8.16.) 및 민간위탁 추진계획에 따라 총 3차례의 위탁확대를 거쳐 지자체 등으로부터 약 14만 필지를 꾸준히 인수하였다. 2007년 2월 국유재산관리업무의 전문성을 높이기 위해 국유재산관리본부를 사업부제로 확대·운영(국유정책실, 국유재산관리 1, 2부)하기 시작하였고, 국유지위탁개발사업(2009년 4월경)을 9건을 진행하고 있다(국유재산관리 선진화 방안 연구, 한국자산관리공사, 2009년, 23·274면 참조).

2. 위탁개발 절차

<국유지 위탁개발 절차도>

출처 : 국유재산관리 선진화 방안 연구,한국자산관리공사,2009년,275면 참조

(1) 개발방법 선정

국유재산법 제42조 제1항과 제3항에 따라 관리·처분에 관한 사무를 위탁받은 자는 위탁개발의 사업방식을 결정한다. 이때 다음의 사항을 포함하는 위탁개발사업계획을 수립하여야 한다(국유재산법 시행령 제63조, 동법 시행규칙 제45조).

○ 재산의 표시
○ 개발의 종류
○ 시설물의 용도
○ 총건축원가
○ 추정 수익 및 비용
○ 위탁기간
○ 위탁보수
○ 위험분담 및 수익의 귀속
○ 자금차입의 한도 및 개발비용의 조달·상환 방법

(2) 총괄청 또는 중앙관서 장의 승인

수탁자는 총괄청 또는 중앙관서의 장의 승인을 얻어야 한다(국유재산법 제59조 제2항). 중앙관서의 장이 승인하려는 경우에는 위탁개발사업계획을 총괄청에 제출하여 총괄청과 협의를 하여야 한다(동조 제3항, 동법 시행령 제63조 제2항).

이후 협의나 승인받은 사항 중 '위탁기간, 위탁보수, 자금차입의 한도, 시설물의 용도, 개발의 종류'를 변경하고자 할 경우에도 총괄청이나 중앙관서의 장은 협의나 승인을 다시 얻어야 한다(동법 제59조 제2항 단서, 동조 제3항 단서, 동법 시행령 제63조 제3항).

(3) 위탁개발 수익의 국가귀속

수탁자는 개발한 위탁개발에 따라 개발한 재산의 소유권은 국가로 귀속된다. 수탁자는 위탁기간 중 매년 말일을 기준으로 위탁사무의 계산을 하고, 발생한 수익을 총괄청이나 중앙관서의 장에 내야 한다(국유재산법 시행령 제64조).

〈남대문세무서(나라키움 저동빌딩) 위탁개발 사례〉

남대문세무서(서울특별시 중구 저동 소재)는 일반상업지구에 위치하고 있으나 실체 용적률이 57%로서 법정용적률(600%)의 9.5%에 불과하였다. 이에 2000년 4월 기획예산처에서 남대문세무서 청사 신탁개발방안을 수립하여 대통령께 보고하여 2000년 7월에 국세청에서 임대형 신탁개발을 공모했으나 신탁사들이 모두 불참을 했고, 이후 2001년 11월 분양형 신탁개발을 공모하여 대한토지신탁(주)만 응모했으나 규모영세(자본금 100억 원) 및 개발실적 저조 등 사유로 선정이 보류되었다.[80]

이후 2004년 국유지에 대해 위탁관리기관이 개발할 수 있다고 국유재산법이 개정됨에 따라, 한국자산관리공사는 남대문세무서 부지에 대해 2005.4.1. 시범개발사업대상자로 선정되었다. 이후 2005.8.5. 사업계획서가 승인되어, 2006.8.5. 공사에 착공하여, 2008.7.14. 준공식을 하게 되었다.[81] 개발된 건물은 지상 15층 지하 4층으로서, 남대문세무서와 서울지방국세청이 일부를 사용하고, 나머지는 민간 사무실로 입주하는 방식으로 民·官복합시설로 개발되었다.[82] 빌딩의 명칭은 공모를 통해 '나라키움 저동빌딩'으로 정하였다.[83]

<개발 전후 비교84)>

개발 前	구분	개발 後
남대문 세무서 청사	활용	남대문세무서, 서울지방국세청, 근린상업시설
	위탁기간	30년
1926년 준공	사업기간	2005.4.1.~2008.7.14.
	위탁기관(시공사)	한국자산관리공사 (대우건설 컨소시엄)
	사업비	436억 원
32%	건폐율	50.4%
57%	용적률	598.8%
2.498㎡	연면적	26.938㎡
지상 3층, 지하 1층	규모	지상 15층, 지하 4층
	연간임대수입	51억 원
267억 원 ('05.01. 공시지가)	대장가액	928억 원 ('08.01. 기준 토지가액＋건물가액)
	개발비용회수기간	16년
	국고귀속금	627억 원

IV. 민간참여 개발

1. 의의

민간참여개발은 총괄청이 국유재산관리기금의 재원으로 자본금을 출자한 국유지개발목적회사(Special Purpose Company; SPC)가 주체가 되어 자금을 차입하고 국유지는 SPC에 매각한 후, 개발이 완료되어 개발목적을 달성한 경우에는 SPC를 청산하여 국유지분을 매각하여 국가 출자지분을 회수하는 방식의 개발을 말한다.

---

80) 「국・공유재산 관리실태」, 감사원, 2005.7.
81) 국유재산관리 선진화방안연구, 한국자산관리공사, 2009년, 277면.
82) 2008.4.7. 한국자산관리공사 보도자료 "국유지 위탁개발 제1호 나라키움 저동빌딩 업무시설 일반인 임대."
83) 2007.11.16. 한국자산관리공사 보도자료 "국유지 개발명칭 공모"
84) 국유재산관리 선진화방안연구, 한국자산관리공사, 2009년, 277면.

SPC는 개발을 위해 민간과 공동으로 설립되는 페이퍼컴페니(Paper company)로서 사업추진, 개발자금 조달 등의 주체이지만, 실체가 없는 회사이기 때문에 자산관리회사(Asset Management Company; AMC)가 필요하다.[85]

민간참여개발은 민간자금 조달을 통해서 대규모 국유지의 개발이 가능하고, 예산사업에 비해 효율적으로 사업을 추진하여 공사비와 공사기간을 단축할 수 있는 장점을 가지고 있다. 그러나 금융비용 등 간접비용 비중이 높고, 경기 상황 등에 따라 사업성 변동이 심하다는 단점이 있다.[86]

<민간참여개발 사업구조>

출처: 국유재산법 일부개정법률안 국유재산특례제한법안 국가재정법 일부개정법률안 검토보고, 기획재정위원회 수석전문위원 국경복, 2010.11., 18면 참조.

2. 민간참여개발의 대상과 주체

(1) 대상

민간참여개발의 대상은 다음 중 어느 하나에 해당하는 일반재산이어야 한다(국유재산법 제59조의2 제1항).

---

85) 국유재산법 일부개정법률안 국유재산특례제한법안 국가재정법 일부개정법률안 검토보고, 기획재정위원회 수석전문위원 국경복, 2010.11. 18면 참조.
86) 국유재산법 일부개정법률안 국유재산특례제한법안 국가재정법 일부개정법률안 검토보고, 19면.

① 5년 이상 활용되지 아니하면서 향후 활용할 계획이 없는 재산

② 매각이 곤란하며 재산관리에 과다한 비용이 소요되는 재산

③ 청사의 이전 등으로 용도폐지된 재산으로서 그 위치·형태·용도 등을 고려하여 국유재산정책심의위원회의 심의를 거쳐 개발이 필요하다고 인정되는 재산

(2) 주체

민간참여개발은 총괄청이 민간사업자와 공동주체가 되는 것이다. 여기서 민간사업자는 국가·지방자치단체 및 공공기관, 특별법에 설립된 공사 또는 공단을 제외한 법인(외국 법인을 포함)을 말한다(동법 시행령 제64조의2).

총괄청은 민간참여개발을 위해 국유지개발목적회사와 자산관리회사에 국유재산관리기금운용계획에 따라 출자할 수 있다(동법 제59조의2 제2항).

국유지개발목적회사(SPC)는 국유지를 개발하기 위하여 민간사업자와 공동으로 설립하는 「법인세법」 제51조의2 제1항 제9호[87])에 따른 투자회사로서, 국가의 출자규모는 자본금의 100분의 30을 초과하지 못한다. 국유지개발목적회사는 다음에 해당하는 자로부터 총사업비의 100분의 30을 초과하여 사업비를 조달할 수 없다(동법 제59조의2 제3항, 동법 시행령 제64조의4).

○ 공공기관의 운영에 관한 법률에 따른 공공기관

○ 특별법에 따라 설립된 각종 공사 또는 공단

○ 특수관계에 있는 법인

---

87) **법인세법 제51조의2(유동화전문회사 등에 대한 소득공제)** ① 다음 각 호의 어느 하나에 해당하는 내국 법인이 대통령령으로 정하는 배당가능이익의 100분의 90 이상을 배당한 경우 그 금액은 해당 사업연도의 소득금액에서 공제한다.

9. 제1호부터 제8호까지와 유사한 투자회사로서 다음 각 목의 요건을 갖춘 법인일 것

가. 회사의 자산을 설비투자, 사회간접자본 시설투자, 자원개발, 그 밖에 상당한 기간과 자금이 소요되는 특정사업에 운용하고 그 수익을 주주에게 배분하는 회사일 것

나. 본점 외의 영업소를 설치하지 아니하고 직원과 상근하는 임원을 두지 아니할 것

다. 한시적으로 설립된 회사로서 존립기간이 2년 이상일 것

라. 「상법」이나 그 밖의 법률의 규정에 따른 주식회사로서 발기설립의 방법으로 설립할 것

마. 발기인이 「기업구조조정투자회사법」 제4조 제2항 각 호의 어느 하나에 해당하지 아니하고 대통령령으로 정하는 요건을 충족할 것

바. 이사가 「기업구조조정투자회사법」 제12조 각 호의 어느 하나에 해당하지 아니할 것

사. 감사는 「기업구조조정투자회사법」 제17조에 적합할 것. 이 경우 '기업구조조정투자회사'는 '회사'로 본다.

아. 자본금 규모, 자산관리업무와 자금관리업무의 위탁 및 설립신고 등에 관하여 대통령령으로 정하는 요건을 충족할 것

자산관리회사(AMC)는 법인세법 시행령 제86조의2 제5항 제2호 각 목[88])에 해당하는 법인을 말한다.

3. 민간참여개발의 절차

(1) 개발방법 선정

총괄청이 민간참여개발을 하려면 다음 사항을 포함한 민간참여 개발사업에 관한 기본계획을 수립하여야 한다(동법 제59조의3 제1항).

○ 개발대상 재산 및 시설물의 용도에 관한 사항
○ 개발사업의 추정 투자금액·건설기간 및 규모에 관한 사항
○ 사전사업타당성 조사 결과에 관한 사항(「국가재정법」 제38조에 따른 예비타당성조사를 포함한다)
○ 민간사업자 모집에 관한 사항
○ 협상대상자 선정 기준 및 방법에 관한 사항
○ 그 밖에 개발과 관련된 중요 사항

---

88) **법인세법 시행령 제86조의2** ⑤ 법 제51조의2 제1항 제9호 아목에서 '대통령령으로 정하는 요건'이란 다음 각 호의 요건을 말한다.
   1. 자본금이 50억 원 이상일 것. 다만, 「사회기반시설에 대한 민간투자법」 제4조 제2호의 규정에 의한 방식으로 민간투자사업을 시행하는 투자회사의 경우에는 10억 원 이상일 것
   2. 자산관리·운용 및 처분에 관한 업무를 다음 각 목의 1에 해당하는 자(이하 이 조에서 '자산관리회사'라 한다)에게 위탁할 것
   가. 당해 회사에 출자한 법인
   나. 당해 회사에 출자한 자가 단독 또는 공동으로 설립한 법인
   3. 「자본시장과 금융투자업에 관한 법률」에 따른 신탁업을 영위하는 금융회사 등(이하 이 조에서 '자금관리사무수탁회사'라 한다)에 자금관리업무를 위탁할 것
   4. 주주가 제4항 각 호의 요건을 갖출 것. 이 경우 '발기인'을 '주주'로 본다.
   5. 법인설립등기일부터 2월 이내에 다음 각 목의 사항을 기재한 명목회사설립신고서에 기획재정부령이 정하는 서류를 첨부하여 납세지 관할세무서장에게 신고할 것
   가. 정관의 목적사업
   나. 이사 및 감사의 성명·주민등록번호
   다. 자산관리회사의 명칭
   라. 자금관리사무수탁회사의 명칭
   6. 자산관리회사와 자금관리사무수탁회사가 동일인이 아닐 것

총괄청은 민간참여개발기본계획에 대하여 국유재산정책심의위원회의 분과위원회(동법 제26조 제4항)를 거쳐 국유재산정책심의위원회의 심의를 받아야 한다(동법 제59조의3 제2항). 총괄청은 국유재산정책심의위원회의 전문적 심의를 위해 민간참여개발자문단을 구성·운영하여야 하고, 이 경우 민간참여개발개발자문단은 민간참여개발기본계획에 대한 자문의견서를 위원회에 제출하여야 한다(동조 제3항).

총괄청은 다음과 같은 중요사항을 변경하는 경우에도 분과위원회를 거쳐 국유재산정책심의위원회의 심의를 받아야 한다(동조 제4항).

○ 사업계획에 관한 사항
○ 사업계획의 타당성 조사에 관한 사항
○ 국유지개발목적회사의 지분 구성과 사업 구조 등 세부 운영방안에 관한 사항
○ 개발 대상 국유지의 매입가격에 관한 사항
○ 총사업비의 명세 및 자금조달 계획에 관한 사항
○ 수익배분 기준에 관한 사항
○ 분양·매각 및 임대 계획에 관한 사항
○ 사업 참여자 간 역할과 책임에 관한 사항
○ 그 밖에 총괄청이 필요하다고 인정하는 사항

(2) 민간사업자 선정

총괄청은 민간사업자를 공개적으로 모집하고 선정하여야 한다. 이 경우 협상대상자 선정 기준 및 방법 등 모집에 관한 사항을 공고(인터넷에 게재하는 방식에 따른 경우를 포함)하여야 한다(동법 제59조의3 제5항).

민간사업자가 공고된 민간참여 개발사업에 참여하려는 경우에는 타당성 조사내용, 수익배분기준 등 대통령령으로 정하는 사항을 포함하는 민간참여개발사업계획제안서를 작성하여 총괄청에 제출하여야 한다(동조 제6항). 만약 민간사업자가 협상대상자로 지정받은 후에 사업제안서를 거짓으로 작성하여 국가에 손해가 발생하게 될 경우에는 손해배상 책임을 부담하게 된다(동법 제59조의5).

총괄청은 제출된 사업제안서에 대하여 민간전문가가 과반수로 구성된 민간참여개발사업평가단[89]의 평가와 국유재산정책심의위원회의 심의를 거쳐 협상대상자를 지정하여야 한다(동조 제7항).

(3) 사업협약 체결

총괄청은 지정된 협상대상자와의 협의에 따라 개발사업의 추진을 위한 사업협약을 체결한다. 이 경우 사업비 조달 제한 및 위반 시 책임에 관한 사항이 포함되어야 한다(동법 제59조의3 제8항).

(4) 민간참여 개발사업의 평가

총괄청은 매년 민간참여 개발사업의 추진현황 및 실적을 평가하여 위원회에 보고하여야 한다(동법 제59조의4 제1항). 총괄청은 평가결과 사업비조달제한(제59조의2 제3항)[90]

---

[89] 국유재산법 시행령 제64조의7(민간참여개발사업평가단의 구성 및 운영) ① 총괄청은 법 제59조의3 제7항에 따른 평가 업무를 수행하기 위하여 다음 각 호의 어느 하나에 해당하는 사람으로 민간참여개발사업평가단(이하 '평가단'이라 한다)을 구성한다.
1. 기획재정부, 국토해양부 및 조달청의 고위공무원단에 속하는 공무원 중 소속 기관의 장이 지명하는 사람
2. 다음 각 목의 어느 하나에 해당하는 사람 중 기획재정부장관이 위촉하는 사람
가. 개발사업 및 관련 분야의 조교수 이상의 직에 있는 사람
나. 「정부출연연구기관 등의 설립·운영 및 육성에 관한 법률」에 따라 설립된 정부출연연구기관에 소속된 박사학위 소지자로서 개발사업에 관한 전문지식이 있는 사람
다. 5년 이상의 실무경험이 있는 건축사·공인회계사·변호사 등으로서 개발사업에 관한 전문지식과 경험이 풍부한 사람
② 평가단의 구성원은 10명 이상 30명 이내로 한다.
③ 제1항 및 제2항에서 규정한 사항 외에 평가단의 구성 및 운영에 필요한 사항은 위원회의 심의를 거쳐 총괄청이 정한다.

을 위반하거나 사업부실 등으로 개발목적을 달성할 수 없다고 판단하는 경우에는 위원회의 심의를 거쳐 출자지분의 회수 등 필요한 조치를 하여야 한다(동조 제2항).

제7절 현물출자

Ⅰ. 의의

현물출자(Contributions in Kind: 現物出資)라 함은 금전 이외의 재산을 출자의 목적으로 하는 것을 말한다. 현물출자는 상법에서 정하고 있는 출자(出資)의 한 형태로 보는 것이 일반적이다. 국유재산법은 정부출자기업체의 자본을 강화하여 건전하게 육성하기 위해서 국유재산의 현물출자를 인정하고 있다.

1963년 「국유재산의 현물출자에 관한 법률」(법률 제1430호, 1963.11.1.)이 제정되어, 국유재산의 현물출자를 규정하였다. 이후 2009.7.31. 동법을 폐기하고, 개정 국유재산법(법률 제9401호, 2009.1.30. 전부개정)에 현물출자를 반영하였다.

Ⅱ. 현물출자 대상과 사유

1. 현물출자 목적물

현물출자를 할 수 있는 것은 국유재산 중에서 일반재산에 한해 할 수 있다. 행정재산은 용도폐기를 해야 현물출자의 대상이 된다. 행정재산을 현물출자할 경우 이러한 현물출자행위는 무효가 된다.

---

90) 국유재산법 제59조의2(민간참여 개발) ③ 국유지개발목적회사는 다음 각 호에 해당하는 자(각 호의 자와 대통령령으로 정하는 특수관계에 있는 자를 포함한다)로부터 총사업비의 100분의 30을 초과하여 사업비를 조달하여서는 아니 된다.
  1. 「공공기관의 운영에 관한 법률」에 따른 공공기관
  2. 특별법에 따라 설립된 각종 공사 또는 공단

<판례>

이 사건 부동산은 원래는 바다에 위치하였으나 1923년경 조선총독부 산하 전매청 염산국이 이 사건 부동산이 위치한 바다 일대에 염전을 개설하면서 공유수면을 매립하여 이를 공유수면과 염전 사이의 제방으로 축조함으로써 형성된 토지로서, 그 후 조선총독부가 1937.8.6.경 수인선 철도를 건설하면서 위 부동산 상에 철도를 부설함에 따라 그때부터 현재에 이르기까지 철도 부지로도 사용되어 온 사실과 1963.10.28. 대한염업주식회사법의 제정으로 같은 해 11.12. 대한염업주식회사(원고 회사는 1971.7.14. 민영화를 거쳐 1992.2.29. 현재의 상호로 변경되었다)가 설립되어 1965.1.18.경 이 사건 부동산이 피고에 의하여 원고 회사에 현물출자되었으나 그 후에도 염전의 제방용지 겸 철도청 소속 철도부지로 계속 사용되고 있는 사실을 인정하고 있다. 사실관계가 이와 같다면 이 사건 부동산은 1948년 대한민국 정부수립과 동시에 당연히 국유의 행정재산으로 된 것이고, 그 후 대한염업주식회사가 설립되어 그 염전 제방으로도 사용되고 있다고 하여 행정재산으로서 성질이 상실된 것은 아니다. 따라서 이러한 행정재산을 관재 당국이 모르고 현물출자에 제공하였다고 하더라도 이는 무효라고 할 것이다(대법원 1994.2.8. 93다54040).

2. 현물출자 사유

정부는 다음의 어느 하나에 해당하는 경우에 일반재산을 현물출자할 수 있다.

(1) 정부출자기업체를 새로 설립하려는 경우

(2) 정부출자기업체의 고유목적사업을 원활히 수행하기 위하여 자본의 확충이 필요한 경우[91]

(3) 정부출자기업체의 운영체제와 경영구조의 개편을 위하여 필요한 경우

정부출자기업체는 '정부출자기업체'란 정부가 출자하였거나 출자할 기업체로서 다음과 같은 기업체를 말한다(국유재산법 제2조 제6항, 동법 시행령 제2조 별표 1).

---

[91] 수출입은행은 아랍에미리트(UAE) 원자력발전소 건설 사업에 프로젝트 파이낸싱 형태로 100억 달러(약 11조억 원)를 지원하기로 함에 따라, 100억 달러를 대출하게 되면 국제결제은행(BIS) 기준 자기자본비율이 낮아지게 될 염려가 있었다. 이로 인해 정부는 자기자본비율을 높이기 위해서 정부소유 유가증권을 수출입은행에 현물출자를 하는 방안을 마련하였다. 정부(기획재정부)는 2012.5.1. 국무회의심의의결을 통하여 한국도로공사 주식 4,000억 원 상당과 한국자산관리공사 주식 3,793억 원 상당 등 총 7,793억 원을 수출입은행에 현물출자하였다(Newisis. "정부, 수출입은행에 7,793억 원 현물출자", 2012.5.1).

> ○ 한국자산관리공사 ○ 한국농수산식품유통공사
> ○ 대한무역투자진흥공사 ○ 대한석탄공사
> ○ 4한국방송광고진흥공사 ○ 한국방송공사
> ○ 한국자산관리공사 ○ 한국농수산식품유통공사
> ○ 대한무역투자진흥공사 ○ 대한석탄공사
> ○ 한국방송광고진흥공사 ○ 한국방송공사
> ○ 인천국제공항공사 ○ 서울신문사 ○ 주식회사 한국감정원
> ○ 중소기업은행 ○ 한국가스공사 ○ 한국공항공사
> ○ 한국관광공사 ○ 한국광물자원공사 ○ 한국교육방송공사
> ○ 한국농어촌공사 ○ 한국도로공사 ○ 한국석유공사
> ○ 한국수자원공사 ○ 한국수출입은행 ○ 한국전력공사
> ○ 한국정책금융공사 ○ 한국조폐공사 ○ 한국철도공사
> ○ 한국토지주택공사 ○ 항만공사

Ⅲ. 현물출자 절차

1. 현물출자 신청

정부출자기업체가 현물출자를 받으려는 경우에는 법령에 따라 해당 정부출자기업체의 업무를 관장하는 행정기관의 장(이하 주무기관의 장)에 신청하여야 한다(국유재산법 제61조 제1항).[92]

2. 주무기관의 장의 검토 및 요청

주무기관의 장이 출자신청을 받은 때에는 현물출자의 적정성을 검토한 후 신청서류와 현물출자의견서를 붙여 총괄청에 현물출자를 요청하여야 한다(동법 제61조 제2항).

---

[92] 신청 시 다음과 같은 서류를 함께 제출해야 한다(동법 제61조 제1항).
  1. 현물출자의 필요성
  2. 출자재산의 규모와 명세
  3. 출자재산의 가격평가서
  4. 재무제표 및 경영현황
  5. 사업계획서

3. 대통령의 승인

총괄청은 현물출자 요청을 받은 경우에 중요 사항일 경우 국유재산정책심의위원회의 심의를 거칠 수 있다(국유재산법 제26조 제1항 제6호). 이상의 절차가 마무리되면 총괄청은 현물출자계획서를 작성하여 국무회의의 심의를 거쳐 대통령의 승인을 받아야 한다(동법 제61조 제3항).

Ⅳ. 출자가액의 산정

현물출자하는 경우에 일반재산의 출자가액은 시가를 고려하여 산정한다(동법 제62조, 제44조, 동법 시행령 제42조). 다만, 지분증권의 산정가액이 액면가에 미달하는 경우에는 그 지분증권의 액면가에 따른다(동법 제62조).

총괄청은 평가기준일부터 출자일까지의 기간에 현물출자 대상재산이 멸실·훼손 등으로 변동된 경우에는 출자재산이나 출자가액을 수정할 수 있다. 이 경우 해당 주무기관의 장은 현물출자 대상재산의 변동 사실을 지체 없이 총괄청에 알려야 한다(동법 제63조).

1. 지분증권의 취득

정부가 정부투자기업체에 현물출자를 하게 되면, 지분증권을 취득하게 된다. 지분증권은 주권, 신주인수권이 표신된 것, 법률에 의하여 직접 설립된 법인이 발행한 출자증권, 상법에 따른 합자회사·유한회사·익명조합의 출자지분, 민법에 따른 조합의 출자지분, 그 밖에 이와 유사한 것으로서 출자지분이 표신된 것을 말한다(자본시장과 금융투자법에 관한 법률 제4조 제4항). 국유재산법에서 지분증권은 출자지분을 의미한다.

현물출자로 취득하는 지분증권의 취득가액은 기획재정부령[93]이 정하는 자산가치 이하로 한다. 다만 지분증권의 자산가치가 액면가에 미달하는 경우로서 다음과 같은 경우에는 액면가로 할 수 있다(국유재산법 제64조).

---

[93] 국유재산법 시행규칙 제46조(지분증권의 자산가치) 법 제64조 본문에서 '기획재정부령으로 정하는 자산가치'란 다음 각 호의 구분과 같다.
  1. 상장증권: 영 제43조 제1항 제1호 본문에 따라 산출한 가격
  2. 비상장증권: 직전 사업연도의 실적재무제표를 기준으로 하여 산정한 1주당 순자산가치

> ○ 정부가 자본금의 전액을 출자한 기업체에 현물출자하는 경우
> ○ 정부가 출자한 현물을 회수하기 위하여 현물출자한 재산과 그 대가로 취득한 지분증권을 상호반환하는 것을 조건으로 하여 현물출자하는 경우
> ○ 「금융산업의 구조개선에 관한 법률」 제12조에 따라 금융위원회로부터 자본감소의 명령을 받은 금융기관에 대하여 금융위원회의 요청에 따라 현물출자하는 경우

여기서 정부가 출자한 현물을 회수하기 위해 현물출자한 재산과 그 대가로 취득한 지분증권을 상호반환하는 경우에는 현물출자한 재산과 그 대가로 취득한 지분증권은 반환 시점의 시가에도 불구하고 현물출자 당시와 동일하게 상호반환하는 것을 조건으로 하여야 하고, 이에 대한 반환의 시기와 그 밖에 필요한 사항은 총괄청과 기업체 간의 계약으로 정한다(동법 시행령 제67조).

제8절 정부배당

Ⅰ. 의의

개정 국유재산법(법률 제10816호, 2011.7.14. 일부개정 이후)에서 정부배당에 대한 내용이 신설되었다. 그 이전에는 기획재정부 훈령 제40호 '정부출자기업체의 정부배당에 관한 기준'에 의해서만 정부배당이 규정되어 있었다. 동 훈령에서는 정부출자기업의 배당 수입을 결정할 때 기획재정부 배당협의체에서 기관별 배당수준을 결정하고, 이를 관계 기관에 통보하는 방식을 운영하였다. 그러나 배당 결정과 같이 기업의 이익잉여금에 대한 처분의 문제는 기업의사결정 과정에서 매우 중요한 사안임에도 훈령으로만 규정되어 있었다.[94]

이러한 문제로 인해서 배당협의체에 대한 근거 조항을 마련하여 주요한 사항을 법률에

---

94) 기획재정위원회 수석전문위원회 수석전문위원 국경복, 국유재산법 일부개정안(정태근의원 대표발의: 5,830) 검토보고, 2009.10. 2면.

명확하게 규정하여 배당결정과정의 투명성을 높이고자 국유재산법에 현물출자 규정을 신설하게 된 것이다.

Ⅱ. 정부배당대상기업 범위

정부배당대상기업은 국유재산으로 관리되고 있는 출자재산으로서 국가가 일반회계, 특별회계 및 기금으로 지분을 가지고 있는 법인 중 대통령령으로 정하는 기업을 말한다. 다만 「상속세 및 증여세법」에 따라 정부가 현물로 납입받은 지분을 가지고 있는 기업은 제외한다(국유재산법 제65조의2).

여기서 대통령령으로 정하는 기업은 다음과 같다(동법 시행령 제67조의2). 정부배당대상기업에 대해 종전에는 정부출자기업체만을 지칭했으나, 정부가 출자하여 배당 결정 대상이 되는 기업을 모두 포함하지 않고 있었다.[95] 개정 국유재산법 시행령(대통령령 제23322호, 2011.10.14.)에서 이들을 모두 포함하여 규정하게 되었다.

○ 88관광개발주식회사
○ 산은금융지주주식회사
○ 주식회사 대한송유관공사
○ 대한주택보증주식회사
○ 한국지역난방공사
○ 코레일공항철도주식회사
○ 한국주택금융공사
○ 한국투자공사

---

95) 국유재산법상 정부출자기업체에 포함되어 있지 않은 정부출자기관으로는 2009년 6월 30일 기준으로 한국지역난방공사, 대한주택보증, 한국주택금융공사, 한국투자공사, 88관광개발, 공항철도주식회사, 대한송유관공사 등이 있었다(상기 기획재정위원회 검토보고, 6면).

Ⅲ. 정부배당결정의 원칙

총괄청과 중앙관서의 장은 「상법」 또는 관계 법령에 따라 산정된 배당가능이익이 발생한 해당 정부배당대상기업에 대해서는 다음 사항을 고려하여 적정하게 정부배당이 이루어지도록 하여야 한다(동법 제65조의3, 동법 시행령 제67조의3).

○ 배당대상이 되는 이익의 규모
○ 정부출자수입 예산 규모의 적정성 및 정부의 재정여건
○ 각 정부배당대상기업의 배당률 및 배당성향
○ 동종·유사 업종의 민간부문 배당률 및 배당성향
○ 해당 정부배당대상기업의 자본금 규모, 내부자금 적립 규모, 부채비율, 국제결제은행의 기준에 따른 자기자본비율, 과거 배당실적, 투자재원 소요의 적정성 등 경영여건
○ 정부배당대상기업에 대한 정부의 재정지원 여부 및 규모
○ 정부배당대상기업의 공공성 정도
○ 그 밖에 총괄청이 법 제65조의2에 따른 정부배당을 적정하게 하기 위하여 필요하다고 인정하는 사항

Ⅳ. 정부배당절차

1. 정부배당수입 추정

정부배당대상기업은 정부배당수입을 추정할 수 있는 다음과 같은 자료를 총괄청이나 중앙관서의 장에게 매년 5월 31일까지 제출하여야 한다만, '해당 회계연도의 상반기 당기순이익 실적 및 연간 추정 당기순이익' 자료는 매년 7월 31일까지 제출하여야 한다(동법 제65조의4 제1항, 동법 시행령 제67조의4).

○ 주요 사업계획 및 추정 당기순이익
○ 이익금 처리계획
○ 납입자본금 현황
○ 해당 회계연도의 상반기 당기순이익 실적 및 연간 추정 당기순이익
○ 그 밖에 총괄청이 정부배당수입을 추정하기 위하여 필요하다고 인정하는 자료

총괄청이나 중앙관서의 장은 상기와 같이 제출받은 자료를 기초로 다음 연도의 정부배당수입을 추정하여 소관 예산안의 세입예산 또는 기금운용계획안의 수입계획에 계상하여야 한다(동법 제65조의4 제2항).

2. 정부배당의 결정

정부배당대상기업은 정부배당결정과 관련한 다음의 자료를 매년 1월 31일까지 총괄청과 중앙관서의 장에게 각각 제출하여야 한다(동법 제65조의5 제1항).

> ○ 이익잉여금의 사내유보 및 배당에 관한 계획
> ○ 회계감사 이전에 작성한 재무상태표 및 손익계산서
> ○ 납입자본금 현황
> ○ 그 밖에 총괄청이 정부배당수입을 결정하기 위하여 필요하다고 인정하는 자료

정부배당대상기업은 정부배당을 결정함에 있어 이사회·주주총회 등 정부배당결정 관련 절차를 거치기 전에 총괄청과 중앙관서의 장과 각각 미리 협의하여야 한다(동법 제65조의5 제2항).

기획재정부장관은 정부배당대상기업의 정부배당에 관한 사항을 협의·조정하기 위하여 다음과 같은 배당협의체를 구성·운영할 수 있다(정부배당업무처리에 관한 지침 제4조).

> ○ 구성: 무역협정국내대책본부장(의장), 국고국장, 예산총괄심의관, 경제정책국장, 공공정책국장
> ○ 간사: 출자관리과장
> ○ 협의·조정사항
> – 정부의 배당정책에 관한 사항
> – 일반회계 정부배당대상기업의 배당수준에 관한 사항
> – 국유재산법 제65조의5 제2항에 따라 특별회계 및 기금의 중앙관서소관 정부배당대상기업의 정부
>   배당 협의에 관한 사항

배당협의체는 협의·조정사항에 대해 필요한 경우 해당 정부배당대상기업에 대한 관리·감독 권한이 있는 중앙관서의 장에게 정부배당에 대한 의견을 요청할 수 있다(동 지

침 제4조 제4항).

배당협의체에서 각 정부배당대상기업의 정부배당수준에 관한 사항을 정한 때에는 지체 없이 해당 정부배당대상기업에 통보하여야 한다(동 지침 제5조). 정부배당대상기업은 제 배당협의체에서 정한 각 정부배당대상기업의 정부배당수준에 관한 사항을 고려하여 이사회, 주주총회, 정부의 결산승인 등 관계법령에서 정한 절차를 거쳐 배당을 확정한다(동 지침 제6조).

3. 배당금 수납

기획재정부장관은 배당금 납부기한 7일 전까지 국고금관리법에 따라 납입고지서를 발행하여 정부배당대상기업에 송부하여야 한다. 정부배당대상기업은 「상법」 제464조의2에 따라 주주총회 결의 또는 관계법령에 따라 결산이 승인된 날로부터 30일 이내에 배당금을 현금으로 국고에 납입하여야 한다(정부배당업무 처리에 관한 지침 제7조 제1항 제2항). 다만, 다른 법령에 따라 주식·현물 배당이 가능한 정부배당대상기업이 주식·현물의 비율, 종류 및 평가, 발행·물납의 시기에 대하여 기획재정부장관과 미리 협의를 거친 경우에는 배당금을 주식발행 또는 현물로 납입할 수 있다(동 지침 제3항).

4. 국회 보고

총괄청과 중앙관서의 장은 정부배당대상기업의 배당이 완료된 때에는 1월 이내에 정부배당대상기업의 배당내역을 국회 소관 상임위원회와 예산결산특별위원회에 보고하고 공표하여야 한다(동법 제65조의6, 정부배당업무 처리에 관한 지침 제8조).

제7장 국유재산의 보호

제1절 서론

국유재산관리정책이 확대·활용의 방향으로 전환되어 강조되고 있지만, 국유재산관리의 기본은 바로 국유재산의 보호에 있다고 할 것이다. 현재 보유하고 있는 국유재산을 보전하지 못한다면 효율적인 활용을 기대할 수 없게 된다.

국유재산의 보호는 먼저 국유재산의 현황을 파악하여 재산관계를 정리하여 재산의 등기·등록을 하여야 한다. 국유재산보호를 위해 국유재산법은 국유재산업무에 종사하는 직원에 대한 행위제한을 규정하여 부정행위발생의 가능성을 차단하고 있다. 또한 은닉재산신고에 대하여 보상금지급 등을 규정하고 있다.

국유재산을 무단점유하는 자들에 대하여 국유재산법은 형사처벌규정과 함께 변상금부과처분을 인정하여 민법상 부당이득 사용료보다 가중하여 징수할 수 있다.

국유재산의 보호와 관련하여 최근에는 환매소송, 취득시효소송으로부터 국유재산의 보호도 강조되고 있으므로 이에 대한 대비도 필요하다.

제2절 국유재산 사무종사직원에 대한 행위제한

Ⅰ. 의의

국유재산에 관한 사무에 종사하는 직원은 그 처리하는 국유재산을 총괄청이나 중앙관서의 장의 허가를 받지 아니하고 취득하거나 자기의 소유재산과 교환하지 못한다. 이를 위반한 행위를 무효로 하고 있다(국유재산법 제20조 제1항).

이러한 행위제한은 국유재산사무에 종사하는 직원이 국유재산의 처분의 상대방이 되는 경우 부정행위 발생의 가능성을 차단하고, 국유재산관리의 공정성에 대한 불신과 의혹을 방지하기 위하여 재산처분의 상대방이 되는 행위를 금지하는 것이다.

〈헌법재판소 1999.4.29. 96헌바55〉

관재담당공무원으로 하여금 국유재산을 취득할 수 없도록 한 구 국유재산법 제7조가 헌법에 위반에 되는가에 대하여 헌법재판소는 아래와 같이 판단한 바 있다.

1. 법 제7조 제1항 부분(현 국유재산법 제20조 제1항)에 관한 판단

가. 헌법 제23조 제1항 위반 여부

헌법 제23조 제1항에 의하여 보호되는 재산권은 사적유용성(私的有用性) 및 그에 대한 원칙적 처분권을 내포하는 재산가치 있는 구체적 권리라 할 것이므로, 구체적인 권리가 아닌 단순한 이익이나 재화의 획득에 관한 기회 등은 헌법 제23조 제1항 소정의 재산권보장의 대상이 되지 아니한다(헌재 1996.8.29. 95헌바36, 판례집 8 - 2, 90, 104; 1997.11.27. 97헌바10, 판례집 9 - 2, 651, 664 참조). 그런데 법 제7조 제1항에 의하여 제한되는 것은 관재담당공무원이 국유재산을 취득할 수 있는 기회에 불과하므로 이는 헌법 제23조 제1항에 의하여 보호되는 재산권에 해당되지 않는 것이다. 따라서 법 제7조 제1항은 헌법 제23조 제1항에 위반되지 아니한다.

나. 헌법 제11조 위반 여부

헌법 제11조 제1항에서 말하는 평등이란 절대적 평등이 아니라 상대적 평등으로서 합리적인 근거가 없는 차별을 금하는 자의금지의 원칙이 그 보장내용의 핵심이다(헌재 1989.5.24. 89헌가37등, 판례집 1, 48, 54 참조). 원래 공무원은 헌법 제7조 제1항에서 규정하고 있는 바와 같이 국민 전체에 대한 봉사자로서 국민 전체에 대하여 책임을 지는 지위에 있고, 특히 관재담당공무원은 국민들이 간접적으로 소유하고 있다고도 불 수 있는 국유재산에 관한 정보를 취급하고 있으며 관계장부 등을 쉽게 열람할 수 있고 그 매각가격의 결정 등에 영향력을 행사할 가능성이 있다. 그러므로 관재담당공무원에게 국유재산을 취득하는 것이 허용된다면 관재담당공무원의 부정행위가 빈발하여 국유재산처분사무의 공정성이 저해될 우려가 크다.

그러므로 관재담당공무원이 처리하는 국유재산에 관하여 그 자신의 이익을 추구할 수 있을 것이라고 추정될 수 있는 행위는 이를 엄격히 제한할 필요가 있으며, 이와 같은 맥락에서 민법 제64조, 제124조, 상법 제398조, 증권거래법 제42조, 제44조 등 다른 법에서도 타인의 사무를 처리하는 자가 자신의 이익을 추구할 우려가 있는 행위를 제한하고 있다.

이러한 사정에 비추어 볼 때 관재담당공무원에 대하여 일반국민과는 달리 국유재산의 취득을 제한하는 법 제7조 제1항은 그 차별취급상 합리적 근거가 있다 할 것이다.

또 위 조항은 관재담당공무원의 국유재산취득행위를 절대적으로 봉쇄하는 것이 아니라 소속장관의 허가를 얻었을 때에는 이를 허용함으로써 피해를 최소화하기 위한 제도적 장치도 마련하고 있다.

그러므로 법 제7조 제1항은 헌법 제11조 제1항에 위반되지 아니한다.

2. 법 제7조 제2항 부분(현 국유재산법 제20조 제2항)에 관한 판단

가. 법 제7조 제2항은 관재담당공무원이 국유재산을 취득하는 행위는 무효라고 규정하고 있는바, 그 무효로 주장할 수 있는 상대방을 제한하는 규정을 따로 두고 있지 않으므로 위 규정에 위반하는 행위의 효력은 절대적·확취득하는 행위는 무효라고 규정하고 있는바, 그 무효로 주장할 수 있는 상대방을 제한하는 규정을 따로 두고 있지 않으므로 위 규정에 위반하는 행위의 효력은 절대적·확정적으로 무효이고, 관재담당공무원이 취득한 국유재산을 제3자가 전득하는 행위 또한 당연무효라는 것이 대법원의 견해이다. 따라서 청구인과 같이 관재담당공무원이 제3자 명의로 국유재산을 취득하여 제3자 명의로 등기해 두었기 때문에 이러한 사정을 전혀 알 수 없었던 선의의 전득자라 하더라도 보호받을 수 없게 된다. 그러나 이와 같이 선의의 제3자를 보호하는 규정을 두지 아니한 것은 헌법 제23조 제1항에서 규정하고 있는 재산권보장의 문제가 아니라 헌법 제23조 제1항 및 제119조 제1항에 근거한 사유재산제도 및 사적자치의 원칙에 위반되는지의 문제이다.

나. 사유재산제도 및 사적자치의 원칙은 헌법상 보장된 주관적 권리가 아니라 제도보장의 일종으로서 입법자의 형성의 자유가 광범위하게 인정되는 분야이므로, 그 위헌 여부의 판단에 있어서는 입법의 한계를 일탈하였는지가 문제된다. 그런데 관재 담당공무원은 국유재산에 관한 정보의 장악과 매매가액 결정에 대한 영향력 등을 통하여 국유재산을 저가로 부정취득할 우려가 있으므로, 입법자가 국유재산의 보전과 국유재산처분사무의 공정성 확보라는 입법목적을 달성하기 위하여 관재담당공무원의 국유재산취득행위를 절대적으로 무효화하는 방법을 채택한 것은 정당성이 충분히 인정된다 할 것이다.

또 입법자는 관재담당공무원의 국유재산취득행위의 무효로 인한 법률관계를 규율함에 있어서 위에서 본 법 제7조의 입법목적을 더 중요시할 것인지, 아니면 관재담당공무원이 취득한 국유재산을 전득한 제3자의 신뢰 또는 거래의 안전을 더 중요시할 것인지를 결정할 재량도 갖고 있다 할 것이므로, 거래의 안전보다 국유재산의 공정한 관리처분이라는 입법목적을 더 중요시하여 선의의 제3자 보호규정을 두지 않았다 하여 이를 가리켜 자의적인 입법조치라고 볼 수는 없다.

다. 다만 국가라 할지라도 국고작용으로 인한 민사관계에 있어서는 일반인과 같이 원칙적으로 대등하게 다루어져야 하는데(헌재 1991.5.13. 89헌가97, 판례집 3, 213 참조), 주식회사의 이사가 자기의 계산으로 회사와 거래하는 행위는 무효이나 선의의 제3자에게 대항할 수 없는 이른바 상대적 무효라고 해석되는 상법 제398조의 규정과 사이에 평등의 문제가 제기될 수 있다.

그러나 상법 제398조는 대량적·반복적으로 신속하게 이루어지는 상거래를 주된 대상으로 하고 있어 선의의 제3자 보호 및 거래의 안전이 보다 중요한 입법목적으로 인정되는 데 반하여, 법 제7조 제2항의 대상이 되는 국유재산의 처분은 빈번하게 이루어지거나 일상적인 거래라고 할 수 없으므로 거래의 안전보다는 국유재산의 적정한 관리처분이라는 공공의 이익이 보다 더 큰 비중을 갖는다 할 것이다.

따라서 관재담당공무원의 국유재산 취득행위를 무효로 함에 있어 선의의 제3자를 보호하는 규정을 두지 않았다고 하여 평등의 원칙에 반하여 입법형성의 자유의 한계를 벗어난 것으로는 볼 수 없다.

그러므로 법 제7조 제2항은 헌법 제23조 제1항 및 제119조 제1항에서 유래하는 사유재산제도 및 사적자치의 원리에 위반되지 아니한다.

Ⅱ. 제한행위의 성립요건

국유재산에 관한 사무에 종사하는 직원은 그 처리하는 국유재산을 취득하거나 자기의 소유재산과 교환하지 못한다. 다만, 해당 총괄청이나 중앙관서의 장의 허가를 받은 경우에는 그러하지 아니하다(동법 제20조 제1항).

1. 국유재산에 관한 사무에 종사하는 직원

국유재산의 관리와 처분사무를 담당하는 직원과 이것을 직접 감독하는 자 및 국유재산 사무의 위임을 받은 지방자치단체·정부출자기업체·특별법에 의하여 설립된 법인·소속 직원 및 이를 감독하는 자 등이 이에 해당한다.

2. 그 처리하는 국유재산의 취득 또는 자기소유 재산과 교환

당해 직원이 처리하는 국유재산의 취득을 금지하고 있다. 따라서 다른 직원이 처리하는 국유재산의 취득은 허용될 수 있다. 하지만 '그의 처리에 속한 국유재산'이란 그 직원이 직접 처리하는 것 외에 간접으로 처리하는 국유재산도 포함된다고 보아야 할 것이다.[1] 여기서 '취득'은 국유재산의 매각·양여를 통한 소유권을 취득하는 것을 의미한다.

3. 해당 총괄청이나 중앙관서의 장의 허가를 받지 아니하였을 것

민법은 대리인이 본인과 거래하는 자기계약, 대리인이 본인뿐만 아니라 상대방까지 대리하는 쌍방대리를 원칙적으로 금하고 있다(민법 제124조). 이는 본인(자기계약의 경우) 또는 본인의 일방(쌍방대리의 경우)의 이익이 대리인에 의하여 부당하게 침해되는 것을 방지하기 위한 정책적 고려에 의하여 금하고 있는 것이다.[2] 따라서 본인이 이를 명시적으로 허락한 경우뿐만 아니라 묵시적 허락, 사후의 승인도 가능하다.

하지만 국유재산법상의 직원의 행위제한의 취지에는 엄정한 공무질서 유지와 국민의

---

1) 김정연·손규동, 전게서, 75면.
2) 강태성, "자기대리·쌍방대리", 「경북대법학」창간호 97.4. 3면.

의혹을 배제하려는 취지이므로 사후에 해당 총괄청이나 중앙관서의 허락이 있다 하여도 이에 위반한 행위는 무효라 할 것이다.[3]

Ⅲ. 위반행위의 효과

국유재산법은 국유재산에 관한 사무에 종사하는 직원이 그 처리하는 국유재산을 취득하거나 자기소유재산과 교환하는 행위는 무효로 한다고 규정하고 있다(동조 제2항). 따라서 직원이 국유재산을 다른 사람에게 전매 및 증여를 한 것도 무효가 된다. 그러나 동산을 전매할 경우에는 동산의 선의취득이 인정되므로(민법 제249조) 선의의 제3자가 보호된다.[4]

국유재산에 관한 사무에 종사하는 직원이 이러한 행위제한을 둔 강행규정을 피하기 위해, 타인명의로 매수하는 행위도 탈법행위로서 사법상 무효라 할 것이다. 또한 이러한 사정을 전혀 모르는 제3자에게 매도한 경우에는 형법상 사기죄에도 해당하게 된다.

<판례>

구 국유재산법(1976.12.31. 법률 제2950호로 개정되기 전의 것) 제7조는 같은 법 제1조의 입법 취지에 따라 국유재산 처분 사무의 공정성을 도모하기 위하여 관련 사무에 종사하는 직원에 대하여 부정한 행위로 의심받을 수 있는 가장 현저한 행위를 적시하여 이를 엄격히 금지하는 한편, 그 금지에 위반한 행위의 사법상 효력에 관하여 이를 무효로 한다고 명문으로 규정하고 있으므로, 국유재산에 관한 사무에 종사하는 직원이 타인의 명의로 국유재산을 취득하는 행위는 강행법규인 같은 법 규정들의 적용을 잠탈하기 위한 탈법행위로서 무효이고, 나아가 같은 법이 거래안전의 보호 등을 위하여 그 무효로 주장할 수 있는 상대방을 제한하는 규정을 따로 두고 있지 아니한 이상, 그 무효는 원칙적으로 누구에 대하여서나 주장할 수 있으므로, 그 규정들에 위반하여 취득한 국유재산을 제3자가 전득하는 행위 또한 당연 무효이다(대법원 1997.6.27. 97다9529).

---

3) 김정연·손규동, 전게서, 74면 참고

4) 민법은 동산과는 달리 부동산물권에 관해서는 공신의 원칙을 일반원칙으로서 채택하지 않고 있다. 그 결과 부동산물권의 공시방법인 등기를 믿고 거래한 양수인은 양도인이 무권리자인 경우 소유권을 취득하지 못하는데, 이를 가리켜 부동산물권변동의 공시방법인 登記에 公信力이 없다고 한다. 부동산에 대하여 선의취득을 인정하지 않고 진정한 소유자를 보호하고 있다. 이는 부동산 등기부가 과거에 부동산의 사실상태 및 법률관계를 정확히 공시하지 못해 왔고, 부동산은 국민의 중요한 재산으로서 거래의 신속성보다는 진정한 소유자를 희생시킬 수 없다는 법감정에 근거하고 있다(이은영, "부동산의 선의취득이 인정되는 경우: 민법의 쟁점문제", 「고시연구」24권 11호(284호), 1997.10. 47면).

<판례>
피고인의 국유재산법 위반행위로 말미암아 전득자들이 매매목적물인 국유지에 대한 권리를 확보하지 못할 위험이 생길 수도 있다는 사정은 전득자들의 입장에서 볼 때 전매계약의 체결 여부를 결정짓는 매우 중요한 요소라 할 것이므로 피고인은 신의성실의 원칙상 전득자들에게 이를 고지할 의무가 있다 하겠고, 그럼에도 불구하고 피고인이 매수인인 전득자에게 그와 같은 사정을 고지하지 아니하였다면 이는 사기죄의 구성요건인 기망행위에 해당하는 것이며, 피해자인 전득자가 그와 같은 사정 때문에 그 전매행위가 무효로 될지도 모른다는 사실을 사전에 알았더라면 그 전매계약에 임하지 않았으리라는 점은 경험칙상 쉽게 추측할 수 있다 하겠으므로 피고인의 기망행위와 피해자의 매수행위 사이에는 인과관계가 있다고 보아야 한다. 사기죄의 본질은 기망에 의한 재물이나 재산상 이득의 취득에 있고 이로써 상대방의 재산이 침해되는 것이므로 상대방에게 현실적으로 재산상의 손해가 발생하지 않았다 하더라도 사기죄의 성립에는 아무런 영향이 없는 것이어서, 피해자가 피고인의 기망에 의하여 당해 부동산의 소유권을 취득할 수 없게 될지도 모른다는 사정을 알지 못한 채 이를 매수하였다면 이미 재산의 침해가 있었다 할 것이고, 그 이후 피해자가 매수인 명의변경 절차나 국가에 대한 민사소송 등을 통하여 소유권이전등기를 경료받아 재산상의 손해가 없게 되었다 하더라도 이는 사기죄의 성립에 아무런 영향을 미칠 수 없다(대법원 1994.10.21. 선고 94도2048).

제3절 재산관리공무원의 변상책임

Ⅰ. 의의

국유재산법 제28조에 따라 국유재산의 관리에 관한 사무를 위임받은 자가 고의나 중대한 과실로 그 임무를 위반한 행위를 함으로써 그 재산에 대하여 손해를 끼친 경우에는 변상의 책임이 있다(국유재산법 제79조). 이러한 변상제도는 국유재산관리의 적법절차 준수를 도모하고 궁극적으로는 재산관리공무원의 재산적 부담을 통해 국고손실의 전보를 목적으로 한다.

Ⅱ. 변상책임의 성질

1. 공법상의 특별책임

공무원의 복무관계는 사법상의 고용관계가 아닌 국가와 공무원 간의 특별권력관계에 따른 공법상의 근무관계이므로 이와 같은 복무관계를 기초로 하는 변상책임은 법령에 의하여 창설된 공법상의 특별책임으로 보는 게 통설이다.[5]

<판례>
공무원의 순전한 직무상의 행위로 말미암아 국가 또는 공공단체가 직접적인 재산상의 손해를 입었을 때에는 회계관계직원 등의 책임에 관한 법률, 물품관리법 등에 의하여 특별히 규정된 경우는 별도로 하고 민법상의 불법행위에 기한 손해배상의 책임은 지지 않는다고 해석할 것이고, 회계관계직원 등의 책임에 관한 법률 제4조, 제5조, 제6조와 감사원법 제31조의 각 규정을 종합하여 볼 때 회계관계직원의 그 직무상의 의무위반으로 인한 변상책임은 감사원의 변상판정에 의하지 않고 민사상 소구하여 그 책임을 물을 수 없다 할 것이다(대법원 1980.2.26. 79다2241).

2. 기속행위

변상판정은 변상책임의 유무를 확인결정하는 국가의 의사표시를 말하는 것으로서 변상판전은 준법률행위적 행정행위로서 확인행위에 해당한다. 감사원의 변상금판정은 회계관계직원등의 책임에 관한 법률 제4조 등에 명백히 규정되어 있고, 이는 처분청의 재량을 허용하지 않는 기속행위라고 하여야 할 것이므로 그 판정에 대한 재량권 일탈·남용의 문제는 생길 여지가 없다.[6]

---

5) 강인옥, "회계관계직원의 변상책임에 관한 연구", 「감사논집」제3호, 감사원, 1998년, 311면.
6) 대법원 1994.12.13. 93누98.

Ⅲ. 변상책임 성립요건

1. 객관적 요건

재산관리관이 그 임무에 위배한 행위하고, 이로 인하여 국유재산에 손해가 발생하여야 한다. 임무위배와 손해 사이에는 인과관계가 요구된다. 임무위배행위는 부작위에 의해서도 가능하다. 재산관리관이 스스로 사무를 집행하지 아니한 것을 이유로 책임이 면제되지 않는다(회계관계직원 등의 책임에 관한 법률 제4조 제3항).

2. 주관적 요건

재산관리관은 고의 또는 중과실로 인하여 임무위배행위가 있어야 한다. '고의'는 자기의 행위에 의하여 일정한 결과가 발생하리라는 것을 인식하면서 그 결과의 발생을 용인하여 감히 그 행위를 한다고 하는 심리상태를 말하며, '과실'은 자기의 행위에 의하여 일정한 결과가 발생한다는 것을 인식하여야 함에도 불구하고 부주의로 말미암아 그 결과의 발생을 인식하지 못하고서 그 행위를 한다고 하는 심리상태를 말한다.[7] 과실은 부주의의 정도에 따라서 경과실과 중과실로 구분된다. 중과실은 선량한 관리자의 주의를 현저히 결여함을 말한다.[8]

재산관리관의 중과실의 판단은 재산관리관이 국유재산을 관리함에 있어서 국유재산법 기타 관계법령에 정하여진 바를 따르지 않음으로써 주의의무를 결한 정도가 그 업무내용에 비추어 중대한 것으로 평가될 수 있는지에 따라 결정될 것이고, 단순히 그 업무내용이 고도의 기능적·관리적 성격을 가지느냐 아니면 기계적·사실적 성격을 가지느냐에 의해서 결정되는 것은 아니다.[9]

---

7) 주석민법(채권각칙6), 박준서, 한국사법행정학회, 2000년 3월, 109면.

8) 대법원 1978.5.23. 78다436.

9) 회계관계직원 등의 책임을 물음에 있어서 그 전제되는 요건의 하나로 구 회계관계직원 등의 책임에 관한 법률(2001.4.7. 법률 제6461호로 전문개정되기 전의 것) 제4조 제1항에서 규정하고 있는 중대한 과실을 범한 경우에 해당되는지는 같은 법 제1조에 규정된 목적 및 제3조에 규정된 회계관계직원의 성실의무 등에 비추어, 회계관계직원이 그 업무를 수행함에 있어 따라야 할 법령 기타 관계 규정 및 예산에 정하여진 바에 따르지 않음으로써 성실의무에 위배한 정도가 그 업무내용에 비추어 중대한 것으로 평가될 수 있는지에 따라 결정되어야 하고, 단순히 그 업무내용이 고도의 기능적, 관리적 성격을 가지느냐 아니면 기계적·사실적 성격을 가지느냐에 의해 결정될 것은 아니다(대법원 2003.6.27. 2001두9660).

Ⅳ. 변상책임절차

1. 통지의무

중앙관서의 장, 지방자치단체의 장, 감독기관의 장 또는 당해 기관의 장은 변상의 책임이 있는 손해가 발생한 때에는 지체 없이 재정경제부장관 및 감사원에 통지를 해야 한다(회계관계직원 등의 책임에 관한 법률 제7조).

2. 감사원의 변상책임 판정 및 변상판정서 송부

감사원은 변상책임 유무를 심리·판정한다. 변상책임이 있다고 판정하였을 경우에는 변상책임자·변상액 및 변상의 이유를 명백히 한 '변상판정서'를 소속장관·소속기관의 장·감독기관의 장 또는 당해 기관의 장(소속기관의 장이 없거나 분명하지 아니한 경우)에게 송부한다. 변상판정서를 송부받은 소속기관의 장 등은 20일 이내에 변상책임자에게 송부하여 감사원이 정한 기한 내에 변상하게 하여야 한다(감사원법 제31조 제1항, 제2항, 제3항).

3. 변상책임 불이행

변상책임자가 감사원이 정한 기한 내에 변상의 책임을 이행하지 아니하였을 경우에는 소속장관 또는 감사기관의 장은 관계세무서장에게 위탁하여 국세징수법 중 연체처분의 규정을 준용하여 이를 집행한다.

4. 변상판정에 대한 불복

변상판정에 대하여 위법 및 부당하다고 인정하는 본인·소속장관·소속기관의 장 또는 당해 기관의 장은 변상판정서가 도달한 날로부터 3월 이내에 감사원에 재심의를 청구할 수 있다(감사원법 제36조 제1항).

Ⅴ. 변상액의 결정

1. 변상액 손해의 범위

변상책임은 공법상의 책임이고, 피해의 주체가 국가라는 점에서 사법원리를 적용하기는 힘들다. 민법상의 불법행위에 의한 손해배상책임에서는 재산적·정신적 손해와 적극적·소극적·간접적 손해까지 포함되지만, 공법상 책임의 일종인 변상책임은 정신적 손해·간접적 손해·소극적 손해는 포함되지 않는다. 따라서 재산관리관의 국유재산관리를 잘못하여 국유재산을 망실(亡失)하더라도 그로 인한 새로운 손해는 포함되지 않는다.[10)]

2. 변상총액

손해액 전체에 대하여 책임을 지는 것이 원칙이다. 고의로 인한 손해이든 중과실로 인한 손해이든 구분하지 아니하고 전체 손해를 변상하도록 하고 있다.

그러나 변상책임은 사법상의 원리가 적용되지 아니하여 민사법상의 손해배상책임 또는 사용자의 구상권 등에서 볼 수 있는 '책임자의 책임정도에 따른 변상액의 산정'이라는 측면이 고려되지 않아 변상책임자에게 가혹할 수가 있다. 이를 방지하기 위해 감면할 수 있는 규정을 두고 있다. 감사원은 변상금액을 정하는 데 있어서 다음 각 사유 중 어느 하나의 사유가 있으면 그 금액의 전부 또는 일부를 감면할 수 있다(회계관계직원 등의 책임에 관한 법률 제5조 단서).

> ○ 국가·지방자치단체 그 밖에 감사원의 감사를 받는 단체 등이 손해의 발생 및 확대를 방지하지 못한 데에 일부 책임이 있다고 인정되는 경우
> ○ 당해직원의 회계사무의 집행내용, 손해발생의 원인, 회계관계직원의 과실이 손해발생에 미친 정도, 손해의 확대방지를 위하여 행한 노력 등 제반 상황으로 미루어 보아 당해직원으로 하여금 손해액 전부를 변상하게 하는 것이 적정하지 아니하다고 인정되는 경우
> ○ 당해직원이 평소 예산의 절약이나 회계질서의 확립에 기여한 사실이 있는 경우

---

10) 강인옥, 전게논문, 317면.

제4절 변상금

Ⅰ. 의의

'변상금(Indemnity: 辨償金)'이란 사용허가나 대부계약 없이 국유재산을 사용·수익하거나 점유한 자(사용허가나 대부계약 기간이 끝난 후 다시 사용허가나 대부계약 없이 국유재산을 계속 사용·수익하거나 점유한 자를 포함한다. 이하 '무단점유자'라 한다)에게 부과하는 금액을 말한다(국유재산법 제2조 제9호). 변상금은 무단점유자에게 징벌적 의미에서 부과되는 행정제재금을 말한다.

이러한 변상금은 국유재산을 무단점유하는 자에 대한 유용한 제도라 할 수 있다. 국유지에 대하여 불법으로 건물을 소유한 자에 대하여 행정대집행에 의한 강제철거(국유재산법 제52조)와 민사상 건물철거소송을 제기할 수도 있다. 그러나 행정대집행은 민원의 소지가 크고, 집행단계에서 행정청이 직접 철거하는 경우에는 그것이 적법하다고 하더라도 민원을 증폭시킬 우려가 있고, 지자체에 철거집행 위임을 할 수 있으나 지자체도 여론을 의식하여 위임을 받지 않으려고 하기 때문에 행정대집행은 심리적 압박수단으로는 모르지만 실제로는 집행하기가 매우 곤란한 실정이다.[11]

변상금과 구별해야 할 개념들을 살펴보면, 국유재산법상의 사용료는 국·공유재산 중 행정재산과 보존재산의 사용에 따르는 대가를 말하고(국유재산법 제25조 제1항), 대부료는 국·공유재산 중 행정재산을 대부하는 경우 이를 대부받아 사용한 자가 부담하는 대가를 말하고(국유재산법 제36조), 점용료는 도로, 하천, 공유수면 등의 구역 안에 공작물·물건 기타의 시설을 신설·개축·변경 또는 제거하거나 기타의 목적으로 점유하고자 하는 자가 허가를 받아 점유하여 사용·수익하는 자는 그에 대한 대가를 말한다(도로법 제41조, 하천법 제37조, 공유수면관리 및 매립에 관한 법률 제13조).[12]

---

11) 2003년도 법률지원사례집, 육군본부 법무감실, 57면.

12) 변상금과 구별해야 할 개념으로 '부당이득금'이 있었다. 이 부당이득금은 도로, 하천, 공유수면 등에 대한 점유를 함에 있어 그에 요구되는 점유허가를 받지 않은 자에게는 바로 점용료 상당의 부당이득금을 징수할 수 있었다. 일종의 변상금에 해당하는 성격을 가지지만, 변상금이 일반 사용료 내지 대부료보다 높은 금액을 징수함에 반해 점용료에 상당하는 부당이득금을 징수하도록 특별히 규정하고 있어 별도로 변상금을 부과할 여지가 없었다. 현재 공유수면관리 및 매립에 관한 법률 제50조(구 공유수면관리법 개정 2005.3.31. 법률 제7481호에서부터), 도로법 94조(개정 1999.2.8. 법률 제5894호에서부터), 하천법 제37조(개정 1999.2.8. 법률 제5893호에서부터)에서 변상금징수조항을 신설하여 국유재산법과 형평을 맞추

Ⅱ. 법적 성질

1. 행정 처분

국유재산법, 공유재산 및 물품 관리법에 의한 변상금부과의 법적 성질에 대하여 판례는 이를 행정처분으로 보고 있다. 대법원은 "국유재산법 제51조 제1항(현 국유재산법 제72조)은 국유재산의 무단점유자에 대해서는 대부 또는 사용, 수익허가 등을 받은 경우에 납부하여야 할 대부료 또는 사용료 상당액 외에도 그 징벌적 의미에서 국가 측이 일방적으로 그 2할 상당액을 추가하여 변상금을 징수토록 하고 있으며 동조 제2항(현 제73조)은 변상금의 체납 시 국세징수법에 의하여 강제징수토록 하고 있는 점 등에 비추어 보면 국유재산의 관리청이 그 무단점유자에 대하여 하는 변상금부과처분은 순전히 사경제 주체로서 행하는 사법상의 법률행위라 할 수 없고 이는 관리청이 공권력을 가진 우월적 지위에서 행한 것으로서 행정소송의 대상이 되는 행정처분이라고 보아야 한다"[13]고 하였다.

따라서 변상금부과처분은 행정처분에 해당하므로 변상금의 청구를 민사소송의 방법에 의할 수는 없고,[14] 변상금징수는 국유재산법의 규정에 의하여서만 할 수 있으므로 제3자와의 사법상의 계약에 의하여 그로 하여금 변상금 채무를 부담하게 할 수 없다.[15]

2. 기속행위

국·공유재산의 무단점유에 대한 변상금부과처분은 무단점유에 대한 징벌적인 의미가 있는 것으로 법규의 규정형식으로 보아 처분청의 재량이 허용되지 않은 기속행위이다.[16]

고 있어 구별할 실익이 없어졌다.

13) 대법원 1988.2.23. 87누1046, 1047; 대법원 2000.11.24. 2000다28568.

14) 대법원 2000.11.24. 2000다28568.

15) 국유재산의 무단점유로 인한 변상금징수권은 공법상의 권리채무를 내용으로 하는 것으로서 사법상의 채권과는 그 성질을 달리하는 것이므로 위 변상금징수권의 성립과 행사는 국유재산법의 규정에 의하여서만 가능한 것이고 제3자와의 사법상의 계약에 의하여 그로 하여금 변상금채무를 부담하게 하여 이로부터 변상금징수권의 종국적 만족을 실현하는 것은 허용될 수 없다(대법원 1989.11.24. 89누787).

16) 대법원 2000.1.28. 97누4098. 육군은 각급 재산관리관(분임·재분임)이 정기적으로 연 1회 이상 소관 재산의 실태조사 및 지적공부를 확인하도록 하고 있다. 실태조사결과 민간인 불법점유 및 무단 사용 재산은 의법조치(변상금 징수 등) 및 원상회복 조치를 위하고 매년 12.31.까지 보고하도록 하고 있다(육군규정 472 부동산관리규정 제10조).

Ⅲ. 변상금부과 요건

1. 사용허가나 대부계약이 없을 것

국·공유재산에 대하여 국유재산법, 공유재산 및 물품 관리법 또는 다른 법률에 의하여 대부 또는 사용허가 등을 받지 않아야 한다. 즉 정당한 권원이 없는 무단점유이어야 한다.

이와 관련하여 종전 점유자는 점유할 정당할 권원이 있는 자이어서 변상금을 부과할 수는 없는 경우였는데 그로부터 점유를 승계한 자에 대해서도 변상금을 부과할 수 있는 것인지가 문제될 수 있다.

판례는 행정 주체가 국·공유지상에 건물의 신축을 허가한 경우와 같이 점유자가 누구인지 묻지 않고 그 사용을 허가한 경우라고 볼 수 있다면 건물의 전전취득자에 대해서도 역시 변상금을 부과할 수 없다는 것이다.[17]

그러나 이후 1994.1.5. 개정된 국유재산법(법률 제4698호)부터는, 사용허가를 받은 자는 그 재산을 다른 사람에게 사용·수익하게 하는 것을 원칙적으로 금하고 있다(제30조 제2항). 이 규정의 취지는 행정재산에 대해서는 행정목적 달성을 위하여 사용허가를 받은 자에 한하여 국유재산을 이용할 수 있게 하겠다는 의미로 해석된다. 그러므로 국유재산법 개정 이후에도 이와 같은 판결이 유지될 수 없을 것으로 보인다. 다만 위 판결이 전전 취득자에게도 중앙관서의 장이 묵시적으로 사용·수익의 허가를 한 것으로 해석할 수 있는 것이라면 위 법률의 개정에도 불구하고 같은 해석은 가능할 것이다.[18]

대부 또는 사용허가는 국·공유재산의 점유 및 사용·수익 개시 당시에 있으면 충분한 것인지 문제된다. 종전 대법원은 국유재산에 대한 대부 등을 받아 점유·사용하다가 대부기간 만료 후 국가가 대부계약의 연장을 거절함에 따라 그때부터 새로운 계약을 체결하지 아니한 채 계속 점유·사용한 경우에는, 국유재산에 대한 점유개시 자체는 적법

---

17) 지방자치단체가 소외 회사에 대하여 하천복개구조물을 설치하여 그 위에 분양을 전제로 한 ○○아파트를 건축할 것을 허가한 처분 내에는 소외 회사가 무상으로 하천복개구조물을 점용할 수 있는 권리를 그 수분양자에게 양도하는 것까지 보아야 할 것이므로, 소외 회사로부터 위 ○○아파트를 분양받은 자는 위 ○○아파트를 소유함으로 인하여 위 하천복개구조물을 무단점용하고 있다거나 아니면 그 점용에 따른 점용료 납부의무가 있다고 할 수 없으므로 지방자치단체의 위 ○○아파트 수분양자에 대한 점용료 부과처분은 위법하다(대법원 1987.1.20. 86누719).

18) 국유지관련 국가소송실무 및 사례집, 재정경제원, 1997년 8월, 136면.

하게 이루어진 것이므로 변상금을 징수할 수 없다고 해석하여 왔다.[19]

　그러나 1994.1.5. 개정된 국유재산법(법률 제4698호)부터는 무단점유자에 "사용허가나 대부계약 기간이 끝난 후 다시 사용허가나 대부계약 없이 국유재산을 계속 사용·수익하거나 점유한 자를 포함한다"라는 내용이 추가되었다. 구 지방재정법 1999.1.21. 개정되면서 공유재산에도 동일한 규정(제87조 제1항)이 삽입되었다. 따라서 종전의 대법원 판결은 이후 변경되었다. 대법원은 "국유재산법(1994.1.5. 법률 제4968호로 개정된 것) 제51조 제1항은 대부 또는 사용·수익허가기간이 만료된 후 다시 대부 또는 사용·수익허가 등을 받지 아니하고 국유재산을 계속 점유하거나 사용·수익한 자에 대해서도 변상금을 징수하게 하고 있으므로, 피고가 이 사건 토지를 다시 대부하여 달라는 원고들의 신청을 거부하고 그 반환을 요구하였음에도 원고들이 이를 계속 점유하여 왔다면, 원고들에 대한 변상금 징수는 적법하다"[20]라고 판시하였다.

2. 점유 또는 사용·수익

(1) 점유자

　판례는 점유에 대해서 "물건에 대한 점유란 사회관념상 어떤 사람의 사실적 지배에 있다고 보이는 객관적 관계를 말하는 것으로서 사실상의 지배가 있다고 하기 위해서는 반드시 물건을 물리적·현실적으로 지배하는 것만을 의미하는 것이 아니고, 물건과 사람과의 시간적, 공간적 관계와 본권관계, 타인 지배의 배제가능성 등을 고려하여 사회관념에 따라 합목적적으로 판단하여야 한다"고 판시하고 있다.[21] 변상금부과에 있어서 점유 여부가 다투어질 경우 그와 같은 요소들을 감안하여 점유 여부를 구체적으로 판단하여야 한다.

(2) 간접점유자

　間接占有는 직접점유에 대립되는 개념으로 직접점유가 물건을 사실상 직접 지배하거나 점유보조자를 통하여 지배하는 경우인 데 반하여, 간접점유는 일정한 법률관계에 기하여 타인을 매개로 하여 간접적으로 점유하는 것을 말한다(민법 제194조). 예를 들어 임

---

19) 대법원 1992.9.14. 92재누14; 대법원 1992.9.22. 92누367.
20) 대법원 1998.9.22. 98두7602.
21) 대법원 1996.9.10. 96다19512.

대인이 임대차계약을 통해 임차인에게 자신의 부동산을 점유하게 한 경우 임대인에게도 점유를 인정하는데 이를 간접점유라 하고 임대차 관계를 점유매개관계라 한다.[22]

점유가 간접점유와 직접점유를 포함하는 이상 변상금 부과 대상자에는 간접점유자도 포함되는 것으로 보아야 할 것이다. 따라서 무단점용으로 인한 변상금을 직접점유자 또는 간접점유자 중의 어느 일방에 대해서 부과할 수 있다. 간접점유자와 직접점유자에 대하여 동시에 변상금을 부과할 수 있을 것이다. 양자의 변상금 납부의무는 중첩적인 의무로서 일방의 면책행위는 절대적 효력이 있게 되므로 관리청이 이중으로 징수하는 사태는 발생하지 않을 것이다.[23]

(3) 직접점유자 '임차인'

국유재산인 토지를 권한 없는 자로부터 임대받은 임차인은 직접점유자로서 변상금 부과대상이 된다. 대법원은 공유재산인 토지를 제3자가 점유할 권원이 없음에도 원고에게 임차한 사안에서, "공유재산을 직접 점용하고 있는 자가 대부 또는 사용·수익허가를 받지 아니하여 공유재산을 점용할 아무런 권한이 없는 제3자로부터 이를 임차하여 점용하였다 하더라도 이는 직접점유자와 제3자 사이에 효력이 있을 뿐이고, 공유재산의 관리청에 대해서는 아무런 효력이 없는 것이므로, 관리청으로서는 지방재정법 제87조 제1항에 의하여 직접점유자에게 변상금 전액을 부과할 수 있다"[24]라고 판시하고 있다.

또한 임대차기간 중에 임대차 목적물이 국가소유로 된 경우에는 임차인이 국가로부터 사용할 권한(대부, 사용허가)을 얻지 못한다면 무단점유자가 된다. 대법원은 대지와 건물을 임차하여 오던 중 임대인이 사망하여 상속인들이 임대목적물을 국가에 물납하고, 국가명의로 소유권이전등기가 경료된 사안에서 "임대인의 상속인이 임대차 목적물(건물)을 상속세로 물납하였으나 임차인이 계속 점유·사용하고 있는 경우 임차인에 대한 국유재산 변상금부과처분은 정당하다"[25]라고 판시하고 있다.

그러나 위의 사례와는 달리 국유재산인 토지를 대부 또는 사용허가 없이 건물의 부지로 점유·사용하는 경우에는 건물의 소유자 외에 그 임차인에게도 변상금을 부가할 수 있는지 문제된다. 서울행정법원은 "건물 임차인은 건물 소유자와의 임대차 계약에 따라

---

22) 박준서, 주석민법 물권편(1), 2001년 3월, 310면.

23) 김태우, "공물의 사용관계 쟁송", 「재판자료」 68집: 행정쟁송에 관한 제문제(하), 1995년 8월, 360면. 재판자료 68: 「행정쟁송에 관한 제문제(하)」, 1995년 8월, 362면.

24) 대법원 1994.10.25. 94누4318; 서울고등법원 1997.12.19. 96구39822.

25) 대법원 2000.3.10. 97누17278.

건물을 사용하는 데 불과하기 때문에, 직접적으로는 토지를 점유하고 있다고 보기 어렵고, 토지 소유자인 지방자치단체의 입장에서 보더라도, 지방자치단체가 토지를 사용, 수익하지 못하는 것은 건물이 존재하기 때문이므로, 특별한 사정(가령 건물 임차인이 건물의 이용을 위하여 반드시 필요하거나 사회통념상 건물 사용자의 전속적 이용에 제공되고 있는 것으로 인정되는 범위 혹은 건물 소유자와의 사이에 약정된 범위를 벗어나서 토지를 점유, 사용한다거나, 건물 소유자가 건물을 철거하고 토지를 인도하려 하는데 건물임차인이 퇴거하지 않음으로써 그 철거 등에 방해한다는 등)이 없는 한, 건물 임차인이 건물을 점유, 사용하는 것과 지방자치단체가 토지를 사용, 수익하지 못하는 것 사이에는 상당인과관계가 없다고 할 것이므로, 위와 같은 경우 건물소유자에게 변상금을 부과할 수 있을 뿐이고, 건물임차인에게 변상금을 부과할 수 없다고 봄이 상당하다"[26]고 판시하여, 건물임차인에게 변상금 부과를 부정하고 있다.[27] 즉 국·공유재산을 직접 점유하고 있는 임차인들과는 달리, 위 사례는 건물임차인이 건물 부지로 국유재산을 점유, 사용하여 온 것이므로 건물소유자에게만 변상금을 부과할 수 있다는 것이다.

Ⅳ. 변상금부과의 예외사유

1. 법률의 규정에 의한 경우

(1) 등기사항증명서나 그 밖의 공부(公簿)상의 명의인을 정당한 소유자로 믿고 적절한 대가를 지급하고 권리를 취득한 자(취득자의 상속인이나 승계인을 포함한다)의 재산이 된 후에 국유재산으로 판명되어 국가에 귀속되는 경우(동법 제72조 제1항 제1호)

공부상의 명의인에게 적절한 대가[28]를 지급하고 취득하여야 한다. 공부상의 명의인을 믿고 권리를 취득한 자를 보호하기 위한 것이다.

---

26) 서울행정법원 2002.3.22. 2001구44204(확정).

27) 해당 판결에서 건물 일부를 점유하고 있는 건물 임차인이 그 한도 내에서 토지 소유자에 대하여 부지 점유자로서 부당이득반환의무를 진다고 볼 수 없다고 한 대법원 1994.12.9. 94다27809 판결을 참조하고 있다.

28) 2009.1.30. 개정 국유재산법(법률 제9401호) 이전에는 '상당한 대가'라는 문구를 사용하였다. '적절한'이라는 용어로 변경된 취지는 전면개정을 하면서, 알기 쉬운 법령정비에 따라 상당(相當)을 '적절'이라는 한글로 바꾼 것으로 보인다.

(2) 국가나 지방자치단체가 재해대책 등 불가피한 사유로 일정 기간 국유재산을
    점유하게 하거나 사용·수익하게 한 경우(동법 제72조 제1항 제2호)

여기의 예외사유를 보면 승계인들을 포함하지 않고 있다. 따라서 지방자치단체가 국유지를 무상 대부받아 이재민이 자립할 때까지 그곳에 무허가 건물을 지어 무상으로 거주하도록 한 경우, 최초 이재민 등으로부터 무허가 건물 및 그 부지를 양수 또는 전전 양수한 자에 대해서는 변상금부과처분이 가능하다.[29]

2. 판례상의 예외

국유재산법이 변상금을 부과하는 것은 국유재산에 대한 점유나 사용수익의 개시 그 자체가 법률상 아무런 권원 없이 이루어진 경우에는 정상적인 대부료 또는 사용료를 징수할 수 없으므로 그 대부료나 사용료 대신에 변상금을 징수한다는 취지라고 풀이된다. 따라서 점유나 사용수익을 정당화할 법적 지위에 있는 자에 대하여 변상금을 징수할 수 없다.[30] 정당화할 법적 지위에 있는 자를 살펴보면 다음과 같다.

(1) 시효취득에 의한 소유권이전등기의무를 부담하는 경우

취득시효의 대상이 되는 일반재산[31]에 대하여 점유로 인한 취득시효가 완성된 경우, 국가 또는 지방자치단체는 그 점유자에 대하여 취득시효완성을 원인으로 한 소유권이전

---

29) 지방자치단체가 국유지를 무상대부받아 이재민이 자립할 때까지 그곳에 무허가 건물을 지어 무상으로 거주하도록 하였고, 그 후 국유지 중 일부가 지방자치단체의 소유로 된 경우, 지방자치단체가 이재민 등을 국유지에 이주정착시킨 것은 국유지를 무상으로 분배(증여)하거나 영구적으로 무상으로 사용하도록 하여 준 것이 아니라 이재민 등이 자립할 때까지 일정기간 무상으로 사용할 수 있도록 하여 준 것에 불과하고 그 후에도 이재민 등이 자립할 때까지 그들의 무허가 건물의 철거나 그 부지에 대한 인도집행을 유보하여 온 것이며, 이재민 등으로부터 그 무허가 건물 및 부지에 관한 권리를 양수한 사람들도 그러한 사정을 잘 알면서 이를 점유하여 온 것이어서 그 무허가 건물 및 부지에 관한 양도·양수는 소유자인 국가나 지방자치단체에 대한 관계에서 대항력을 가질 수 없으므로, 최초 이재민 등으로부터 무허가 건물 및 그 부지를 양수 또는 전전 양수한 사람들의 그 부지에 대한 점유는 국가 또는 지방자치단체가 재해대책 등 불가피한 사유로 국유재산 또는 공유재산을 일정한 기간 점유하게 하거나 사용·수익하게 한 것이 아니어서 구 국유재산법(1994.1.5. 법률 제4698호로 개정되기 전의 것) 제51조 제1항 단서 제2호 및 구 지방재정법(1999.1.21. 법률 제5647호로 개정되기 전의 것) 제87조 제1항 단서 제2호의 각 규정에 해당하지 아니하는 법률상 권원이 없는 무단점유이므로, 그 관리청인 지방자치단체가 구 국유재산법 제51조 제1항 및 구 지방재정법 제87조 제1항의 규정에 의하여 부과한 변상금부과처분은 적법하다(대법원 1999.12.21. 97누8021).

30) 대법원 1992.3.10. 91누5211.

31) 국유재산법 제7조에서 국유재산 중 행정재산은 시효취득의 대상이 될 수 없다고 명문으로 규정하고 있다. 다만 일반재산에 대해서는 1991.5.13. 헌법재판소판결 이후 시효취득의 대상이 되었다.

등기절차를 이행하여야 할 의무가 있고, 이에 따라 그 점유자는 그 점유나 사용·수익을 정당화할 권원이 있다고 할 것이므로, 그 점유자에 대한 변상금부과는 위법하다.

실무에서는 변상금을 부과하면 그 점유자가 시효취득을 하였다는 이유로 민사상 소유권이전등기소송을 제기하면서 동시에 변상금부과처분취소소송을 제기하는 경우가 일반적이다. 만약 변상금부과처분을 받은 자가 취득시효완성을 원인으로 하는 소유권이전등기소송을 제기하면서 변상금처분취소소송을 제기하지 않은 경우 설사 소유권이전등기소송에서 승소하였다 하더라도 변상금부과처분이 당연무효가 아니라면 취소소송에서 요구되는 쟁송기간이 도과한 이상 이미 변상금은 반환받을 수가 없을 것이다.[32]

(2) 지상권설정등기의무를 부담하는 경우

대지와 건물을 함께 소유하다가 대지만을 국가에 증여함으로써 대지에 대하여 건물의 소유를 위한 관습법상의 법정지상권을 취득한 자도 대지의 점유 및 사용을 정당화할 법적 지위가 있는가에 대하여 대법원은 "대지와 건물을 함께 소유하다가 대지만을 국가에 증여함으로써 대지에 대하여 건물의 소유를 위한 관습상의 법정지상권을 취득한 자로부터 건물을 양도받은 양수인은 특별한 사정이 없는 한 건물과 함께 법정지상권도 양도받기로 하는 채권적 계약이 있었다고 볼 것이므로, 위 건물 양수인은 국가에 대해서는 양도인을 대위하여 법정지상권설정등기절차 이행을, 양도인에 대해서는 그 이전등기절차이행을 각 청구할 수 있고, 대지소유자인 국가는 지상권의 부담을 용인하여야 하고 건물 양수인에 대하여 건물의 철거나 그 부지의 명도를 구할 수 없다고 할 것이기 때문에 이러한 관계에 있는 건물 양수인은 위 대지의 점유, 사용을 정당화할 법적 지위에 있는 자라고 할 것이다"[33]라고 판시하고 있다.

이와 관련하여 국유재산의 점유자가 관습법상 법정지상권을 가지고 있다고 하더라도 지료지급의무가 있는 것인바, 이때 그 지료의 결정은 민법 제366조를 준용하여 법원의 결정에 의하여 정하는 것인가 아니면 공법관계의 특성상 국유재산법 소정의 사용료 또는 임대료에 의하여 정해지는가에 대한 문제가 있다.

이에 대하여 대법원은 "국유재산에 관하여 관습에 의한 법정지상권이 성립된 경우 그 지료에 관해서는 당사자의 청구에 의하여 법원이 이를 정한다고 규정한 민법 제366조를 준용하여야 할 것이고, 이때 토지소유자는 법원에서 상당한 지료를 결정할 것을 전제로

---

32) 국유지관련 국가소송실무 및 사례집, 재정경제원, 1997년 8월, 143면.
33) 대법원 1992.3.10. 91누5211.

하여 바로 그 급부를 청구할 수 있다"[34]라고 판시하여 지료결정에 있어서는 민법 제366조를 준용하고 있다.

(3) 대부계약이나 사용허가 이외의 다른 행정처분에 의하여 그 사용·수익을 할 수 있게 되는 경우

공유수면매립면허의 목적이 그 면허를 받은 자가 세우려는 건물의 부지조성에 있고, 그 면허조건에 건물의 부지로서 매립권자가 시공한 잔교식 구축물 자체는 국유로 하되 그 유지보수관리는 매립권자가 하기로 되어 있었다면, 그 잔교식 구축물에 대해서는 애초부터 매립권자 측의 무상사용이 허용된 것이라고 볼 것이므로 매립권자 측이 그 구축물 위에 건물을 건축하여 소유하면서 그 부지를 점유 사용함은 정당한 권한에 기한 것이지 국유재산을 무단점유한 것으로 볼 수는 없다.[35]

행정청의 환지처분으로 인한 체비지 지상에 있는 사인의 건물에 대하여, 무단점용을 이유로 변상금을 부과할 수 있는가에 대하여 서울고등법원은 "토지구획정리사업의 시행자가 마땅히 철거처분을 하고 보상금을 지급하였어야 할 건축물 등에 대하여 그와 같은 조치를 취하지 아니한 채 공사를 완료하고 환지처분을 한 경우에는 다른 특별한 사유가 없는 한 사업시행자와 그 건축물 등의 소유자 사이에 그 지상 건축물 등을 종전대로 사용하기 위하여 그 토지부분을 무상으로 점용사용하기로 하는 묵시적 합의가 있었다고 보아야 할 것이다"[36]라고 판시하고 있다.

---

34) 대법원 1996.2.13. 95누11023.

35) 대법원 1989.11.28. 88누7828. 아파트 재건축 사업을 추진하면서 구 지방재정법상 공유재산인 도로부지를 사업부지에 포함시켜 구 주택건설촉진법 제33조 제1항에 의한 사업계획 승인을 받은 경우, 그 도로부지에 대한 점유는 같은 조 제4항 제3호에 따라 점용허가를 얻은 것으로 간주되고, 위 도로부지가 용도폐지되어 지목이 대지로 변경되더라도 그 점유권원은 실효 또는 상실되지 않고 토지취득 시까지 유지되므로, 용도폐지 후의 점유에 대한 변상금 부과처분은 그 하자가 명백하여 당연무효이다(대법원 2007.12.13. 2007다51536).

36) 서울고등법원 1995.4.4. 94구37112. 변상금과 유사한 과거 부당이득금반환사건에서도 "토지구획정리사업시행자가 사업자금이 부족하여 보상금을 지급할 수 없다는 이유로 환지처분확정 후 시행자 자신이 소유하고 사용하게 될 도로부분의 공사를 하지 않기로 하여 그 부분의 지상건물에 대하여 철거명령조차 하지 않은 채 환지처분을 확정하고, 그 후에도 계속하여 도로개설 등을 할 의사 없이 그 지상건물의 철거를 요구하지 않고 따라서 그 철거에 따른 보상금을 지급하려고도 하지 않았다면 다른 특별한 사유가 없는 한, 시행자와 그 건물소유자 사이에는 시행자가 그 도로 부분의 토지 위에 도로를 개설하기 위하여 그 지상건물의 철거를 요구할 때까지 건물소유자는 보상금의 지급을 받지 못하는 대신 그 건물을 종전대로 사용하기로(따라서 그 부지 부분을 무상으로 점용 사용하기로) 하는 묵시적 합의가 있었다고 보아야 할 것이다"라고 하여 같은 취지의 판결이 있다(대법원 1982.11.23. 81다카215).

(4) 국유재산을 매수하였는데 소유권이전등기를 경료하지 않은 경우

국·공유재산을 국가 또는 지방자치단체로부터 매수하기로 계약을 체결하고 그 대금을 모두 지급하여 현재 점유까지 하고 있으나 그에 대한 소유권이전등기만을 하지 않아 등기부상으로는 여전히 국·공유재산으로 되어 있는 경우에 이러한 때에는 국·공유재산을 무단점용하였다는 이유로 변상금을 부과할 수는 없다.[37]

(5) 공유지분권에 의한 경우

국가와 사인이 공유하고 있는 토지에 대하여 공유자 1인이 다른 공유자와 사이에 협의를 함이 없이 자신의 지분비율을 넘어서 전체 토지를 사용·수익하고 있는 경우 공유지분권자에 대하여 변상금을 부과할 수 있는지 문제이다.

공유지분권자는 공유지분권에 의해 점유하는 것으로 무단점유로 볼 수 없으므로 징벌적 의미에서 부과되는 변상금부과처분은 부정되지만, 공유지분권자가 점유하는 면적에서 국가의 지분에 해당하는 부분에 대해서는 민법상 부당이득청구는 가능하다 할 것이다.

<판례>

민법 제263조 후단의 규정에 의하면, 공유자는 공유물 전부를 지분의 비율로 사용·수익할 수 있다고 규정하고 있으므로, 국가와 사인이 공유하고 있는 토지를 공유자 1인인 사인이 공유토지의 사용·수익방법에 관하여 다른 공유자인 국가와 사이에 협의를 거치지 아니한 채 공유토지 중 자신의 지분비율을 넘어서는 부분을 사용·수익하고 있다고 하더라도 이는 공유지분권에 기한 점유사용이라고 봄이 상당하므로, 공유자 1인인 사인이 그 공유토지를 전혀 사용·수익하지 아니하고 있는 다른 공유자인 국가에 대하여 자신이 사용·수익하는 면적 중 국가의 지분에 해당하는 부분에 대하여 민법상의 부당이득을 반환하는 것은 별론으로 하고, 국유재산법 제51조 제1항의 규정에 의한 변상금 부과대상이 되는 무단 점유 내지 사용·수익이라고 볼 수는 없고, 따라서 국가가 공유자 1인인 사인에 대하여 그가 사용·수익하는 면적 중 국가의 지분비율에 해당하는 부분에 대하여 국유재산법 제51조 제1항의 규정에 의하여 변상금부과처분을 할 수는 없다(대법원 2000.3.24. 98두7732).

---

37) 대법원 1993.2.23. 92누18412.

Ⅴ. 변상금부과 절차

1. 변상금의 산정

(1) 변상금 산정 요소

변상금액은 연간 사용료 또는 연간 대부료의 100분의 120에 상당한 금액으로 한다. 이 경우 점유한 기간이 1회계연도를 초과할 때에는 각 회계연도별로 산출한 변상금을 합산한 금액으로 한다(국유재산법 시행령 제71조 제1항).

2009.7.27. 개정 국유재산법 시행령(대통령령 제21641호) 이전에는 '대부료 또는 사용료의 100분의 120 상당액에 그 재산을 점유한 기간을 곱한 금액'이라고 하여 점유기간을 곱하였으나, 2009.7.27. 개정 국유재산법 시행령(대통령령 제21641호) 이후에는 점유기간 문구가 삭제되어 있다. 이를 문리적으로 보면 점유기간을 고려하지 않고 변상금을 부과하는 것으로 해석될 수 있으나, 실무에서는 종전과 같이 점유기간에 따라 계산하는 것으로 해석하고 있다. 이는 입법기술상 잘못된 것으로 "점유한 기간에 대하여 변상금을 산정한다"라는 문구로 하는 게 더 명확하다 할 것이다.[38]

(2) 국유재산의 현황이 변경된 경우 산정문제

점유자가 점유를 개시한 이후에 국공유재산의 현황이 변경된 경우 매년 부과할 사용료 등의 산정기준이 되는 당해재산의 가액을 변경 전의 현황에 의하여 결정할 것인지 아니면 변경 후의 현황에 의하여 결정할 것인지가 문제로 된다. 점유자에 의하여 국유재산의 개량행위가 이루어진 경우 그 개량으로 인하여 증가된 가액 전체를 기초로 사용료 등을 산정하여 부과한다면, 점유자는 자신의 개량행위로 말미암아 오히려 손해를 입게 되는 반면에 국가 등은 이로 인하여 부당한 이득을 취하는 결과가 된다.[39] 판례는 점유를 개시한 당시를 기준으로 당해재산의 가액을 평가하여야 한다고 한다.

---

[38] 공유수면관리 및 매립에 관한 법률 시행령 제18조(변상금의 징수 등) ③ 제1항에 따른 변상금의 징수는 점유·사용허가를 받지 아니하고 <u>점용·사용한 기간에 대하여</u> 징수한다. 이 경우 점유·사용허가를 받지 아니한 기간이 1회계연도를 초과하는 때에는 회계연도별로 산출한 변상금을 합산한 금액으로 징수한다. 하천법 시행령 제43조(변상금의 징수) ③ 하천관리청은 하천점용허가를 받지 아니하고 하천을 점용 또는 사용한 기간에 대하여 변상금을 산정한다. 이 경우 그 기간이 2회계연도 이상에 걸쳐 있는 경우에는 각 회계연도별로 산출한 변상금을 합산한다.

[39] 김태우, "공물의 사용관계 쟁송", 「재판자료」 68집: 행정쟁송에 관한 제문제(하), 1995년 8월, 362면.

<판례>

국유재산의 무단점용에 대하여 부과하는 변상금 및 그 기준이 되는 사용료의 산정을
위한 국유재산가액의 평가는 달리 특별한 사정이 없는 한 점유자가 점유를 개시할 당
시의 상태를 기준으로 하여야 하고 점유 개시 이후에 점유자가 원래의 토지용도와 다
른 용도로 형질변경한 경우라 하더라도 변경된 상태를 기준으로 하여서는 아니 된다
(대법원 1994.9.9. 94누2510; 대법원 2000.1.28. 97누4098).

<판례>

토지에 대한 점유 개시 당시 현황이 도로 또는 구거였던 토지 및 주변 토지에 상당한
자금을 투자하여 골프장 조성공사를 실시하고, 위 공사가 완성됨에 따라 위 토지의
지목이 체육 용지로 변경되었다면, 국유재산의 대부료 산정을 위한 위 토지의 가액
평가는 변경된 상태의 지목 및 이용상태를 기준으로 할 것이 아니라 점유 개시 당시
의 지목 및 이용상태를 상정하여 이를 기준으로 산정하여야 한다(대법원 2004.10.28.
2002다20995).

2. 변상금 부과고지

(1) 징수기관

변상금은 국가재정법 제6조에 따른 중앙관서의 장[40]과 일반재산의 관리·처분에 관한
사무를 위임·위탁받은 자(국유재산법 제42조 제1항)가 부가한다(국유재산법 제72조, 제2
조 제11호).

<판례>

국유재산의 무단점유로 인한 변상금징수권은 공법상의 권리채무를 내용으로 하는 것
으로서 사법상의 채권과는 그 성질을 달리하는 것이므로 위 변상금징수권의 성립과
행사는 국유재산법의 규정에 의하여서만 가능한 것이고 제3자와의 사법상의 계약에
의하여 그로 하여금 변상금채무를 부담하게 하여 이로부터 변상금징수권의 종국적 만
족을 실현하는 것은 허용될 수 없다(대법원 1989.11.24. 89누787).

---

40) 국유재산법 제6조에 의하면, 구예산회계법 제14조의 규정에 의한 중앙관서의 장인 관리청이 그 소관에
속하는 국유재산을 관리하게 되어 있으므로, 국유재산법 제51조 제1항에 의한 변상금 부과처분권자도
그 관리청이다(대법원 2000.11.24. 2000다28568).

(2) 사전통지서 및 이의제기

중앙관서의 장 등이 변상금을 해당 점유자에게 고지할 때에는 변상금 사전통지서(별지 제15호 서식)를 미리 발송하여야 한다(동법 시행규칙 제49조 제1항). 사전통지를 받은 자가 통지내용에 이의가 있는 경우에는 변상금 사전통지에 대한 의견서(별지 제16호 서식)를 제출할 수 있다(동조 제2항).

사전통지를 받은 자가 변상금을 미루어 내려는 경우에는 변상금 징수유예신청서(별지 제17호 서식)를 제출하고, 나누어 내려는 경우에는 분할신청서(별지 제2호 서식)를 제출하여야 한다(동조 제3항).

(3) 부과고지

무단점유자에게 변상금부과고지를 하는 경우에는 그 금액, 납부기한, 납부장소와 변상금의 산출 근거를 명시하여 문서로 고지하여야 한다(국유재산법 시행령 제71조 제4항, 제36조 제3항). 변상금의 납부기한은 고지한 날부터 60일 이내로 한다(동법 시행령 제71조 제4항, 제36조 제4항).

여기서 납부고지서에 변상금의 산출근거를 기재하지 않은 경우 그 부과처분의 효과가 문제된다. 위와 같은 절차규정은 부과관청의 자의를 배제하고 신중하고 합리적인 처분을 행하게 함과 동시에 납부의무자에게 부과처분의 내용을 상세히 알려서 불복 여부의 결정 및 불복신청에 편의를 주려는 취지에서 둔 강행규정이라 할 것이다. 따라서 산출근거를 누락한 납부고지서는 위법하다고 보아야 한다. 예를 들어 변상금납입고지서를 하면서 원고들이 무단점유하고 있는 국유재산의 지번 및 점유면적을 기재한 다음 5년간 변상금을 한꺼번에 부과하면서 그 합산금액만을 기재하고, 연도별 부과액수 및 산출근거를 기재하지 아니한 경우 절차상의 위법이 있다고 할 것이다.[41]

실무에서는 변상금부과고지를 '등기우편'을 이용하여 하고 있다. 이 경우 변상금부과처

---

41) 구 국유재산법 시행령(2000.7.27. 대통령령 제16913호로 개정되기 전의 것) 제56조 제4항은 변상금부과징수의 주체, 납부고지서에 명시하여야 할 사항, 납부기한 등의 절차적 규정에 관하여 가산금의 부과절차에 관한 위 시행령 제31조 제2항 내지 제4항을 준용하고 있음이 분명한바, 국유재산 무단 점유자에 대하여 변상금을 부과함에 있어서 그 납부고지서에 일정한 사항을 명시하도록 요구한 위 시행령의 취지와 그 규정의 강행성 등에 비추어 볼 때, 처분청이 변상금 부과처분을 함에 있어서 그 납부고지서 또는 적어도 사전통지서에 그 산출근거를 밝히지 아니하였다면 위법한 것이고, 위 시행령 제26조, 제26조의2에 변상금 산정의 기초가 되는 사용료의 산정방법에 관한 규정이 마련되어 있다고 하여 산출근거를 명시할 필요가 없다거나, 부과통지서 등에 위 시행령 제56조를 명기함으로써 간접적으로 산출근거를 명시하였다고는 볼 수 없다(대법원 2001.12.14. 2000두86).

분취소소송에서 원고가 변상금납부통지서를 받지 못하였다고 주장하는 경우가 있는데, 변상금납부통지서가 등기우편으로 발송된 후 반송되지 않았다면 당시 수취인이 그 주소지에 실제로 거주하지 않고 있었다는 등의 특별한 사정이 없는 한, 그 무렵 수취인에게 배달되었다고 보아도 무방할 것이다.[42)]

그러나 등기우편이 반송되어 오면 주민등록표 또는 법인등기부 등의 자료에 의하여 주소지의 이전 여부를 확인할 수 있는 경우에는 확인된 주소지로 재차 송달을 하고 그 송달이 불능인 경우에 공고를 하여야 할 것이다.[43)]

3. 분할납부제도

중앙관서의 장 등은 변상금이 100만 원을 초과하는 경우에는 무단점유를 하게 된 경위, 무단점유자의 용도 및 무단점유자의 경제적 사정 등을 고려하여 변상금 잔액에 고시이자율(연 4.1%[44)])을 적용하여 산출한 이자를 붙이는 조건으로 3년 이내의 기간에 걸쳐 나누어 내게 할 수 있다. 이 경우 나누어 낼 변상금의 납부일자와 납부금액을 함께 통지하여야 한다(동법 제72조 제2항, 동법 시행령 제71조 제3항).

4. 연체료의 징수

중앙관서의 장 등은, 변상금(나누어 내는 경우에 이자는 제외한다)을 납부기한까지 내지 아니한 경우에는 아래의 구분에 따른 비율로 계산한 연체료를 붙여 15일 이내의 기한을 정하여 납부를 고지하여야 한다.

> ○ 연체기간이 1개월 미만인 경우: 연 12퍼센트
> ○ 연체기간이 1개월 이상 3개월 미만인 경우: 연 13퍼센트
> ○ 연체기간이 3개월 이상 6개월 미만인 경우: 연 14퍼센트
> ○ 연체기간이 6개월 이상인 경우: 연 15퍼센트

---

42) 대법원 1998.2.13. 97누8977.

43) 「국유지관련 국가소송실무 및 사례집」, 재정경제원, 1997년 8월, 141면 참조.

44) 기획재정부고시 제2011-7호(2011.8.1.) 국유재산 사용료 등의 분할납부 등에 적용할 이자율 고시.

이 경우 고지한 기한까지 전단의 금액과 연체료를 내지 아니한 때에는 두 번 이내의 범위에서 다시 납부를 고지하되, 마지막 고지에 의한 납부기한은 전단에 따른 납부고지일부터 3개월 이내가 되도록 하여야 하며, 이후 1년에 한 번 이상 독촉을 하여야 한다(동법 시행령 제72조 제1항).

고지한 납부기한까지 고지한 금액을 내는 경우에는 고지한 날부터 낸 날까지의 연체료는 징수하지 아니한다(동조 제2항).

5. 변상금체납 시 징수

중앙관서의 장 등은 변상금 및 연체료가 납부기한까지 납부되지 아니한 경우에는 다음 각 호의 방법에 따라 「국세징수법」 제23조와 같은 법의 체납처분에 관한 규정을 준용하여 징수할 수 있다(동법 시행령 제73조 제2항).

○ 중앙관서의 장(일반재산의 경우 법 제42조 제1항에 따라 관리·처분에 관한 사무를 위임받은 자를 포함)은 직접 또는 관할 세무서장이나 지방자치단체의 장(이하 '세무서장 등')에게 위임하여 징수할 수 있다. 이 경우 관할 세무서장 등은 그 사무를 집행할 때 위임한 중앙관서의 장의 감독을 받는다.
○ 관리·처분에 관한 사무를 위탁받은 자(국유재산법 제42조 제1항)는 관할 세무서장 등에게 징수하게 할 수 있다.

국세징수법에 의한 체납처분은 독촉(동법 제23조), 재산압류(제24조 내지 제60조), 매각(제61조 내지 제79조), 청산(제80조 내지 제84조)의 4단계로 진행된다.

6. 과오납금반환

국가가 과오납된 변상금을 반환하는 경우에는 과오납된 날의 다음 날부터 반환하는 날까지 연 4.1%[45]의 이자를 가산하여 반환한다(동법 제71조, 동법 시행령 제73조).

---

45) 기획재정부고시 제2011-7호(2011.8.1.) 국유재산 사용료 등의 분할납부 등에 적용할 이자율 고시.

Ⅵ. 변상금부과의 소멸시효

이러한 국유재산에 대한 변상금은 국가재정법 제96조 제1항에 의하여 소멸시효 기간은 5년이다. 소멸시효의 중단 또는 정지는 민법의 규정을 준용하도록 하고 있는데, '변상금 부과고지'가 민사상에 있어 단순한 최고 내지 독촉에 불과한 것인지 문제가 있다.

대법원은 부과처분이 취소된 경우에도 소멸시효의 중단이 효력이 있는가에 대하여 "소멸시효의 중단은 소멸시효의 기초가 되는 권리의 불행사라는 사실상태와 맞지 않는 사실이 생긴 것을 이유로 소멸시효의 진행을 차단케 하는 제도인 만큼, 납입고지에 의한 변상금징수권자의 권리행사에 의하여 이미 발생한 소멸시효중단의 효력은 그 부과처분이 취소(쟁송취소에 의한 것이든 또는 직권취소에 의한 것이든 불문한다)되었다 하여 사라지지 아니한다"[46]라고 하면서 변상금부과고지에 대하여 소멸시효의 중단의 효력이 있다고 판시하고 있다.

그러나 변상금에 대한 체납처분에 앞서하는 '변상금징수독촉', 즉 일정기한까지 이행하지 아니하면 강제징수를 할 뜻을 통지하는 행위는 민법 제174조 소정의 최고(催告)로서의 효력만이 있다. 따라서 변상금징수독촉 이후 6월내에 재판상 청구·압류 등의 조치를 취해야만 그 변상금징수독촉이 소멸시효중단의 효력을 가지게 된다.[47]

---

46) 소멸시효의 중단은 소멸시효의 기초가 되는 권리의 불행사라는 사실 상태와 맞지 않는 사실이 생긴 것을 이유로 소멸시효의 진행을 차단케 하는 제도인 만큼, 납입고지에 의한 변상금징수권자의 권리행사에 의하여 이미 발생한 소멸시효중단의 효력은 그 부과처분이 취소(쟁송취소에 의한 것이든 또는 직권취소에 의한 것이든 불문한다. 대법원 1987.9.8. 선고 87누298 판결 참조)되었다 하여 사라지지 아니한다. 원심판결 이유에 의하면 피고는 당초 1991.11.23.자로 원고가 소외 국으로부터 국유재산의 대부나 사용·수익허가 등을 받지 아니하고 이 사건 토지를 무단점유, 사용하였다 하여 원고에 대하여 1986.11.11.부터 1990.12.31.까지의 이 사건 토지에 대한 변상금을 부과하였다가 1992.3.17.자로 감액결정하였는데, 위 부과처분은 원고가 불복, 제소한 변상금부과처분 취소소송에서 관계법령에 따르지 아니한 위법이 있다는 이유로 취소되었고 이에 피고는 다시 원고에 대하여 1998.8.28.자로 위 같은 기간 동안의 이 사건 토지에 대한 변상금을 부과하는 이 사건 처분을 하였다는 것인바, 사실관계가 원심이 확정한 바와 같다면 위 당초의 부과처분이 확정판결에 의하여 취소되었다 하여도 그 부과처분의 1991.11.23.자 납입고지는 소멸시효 중단의 효력이 있다 할 것이어서 그로부터 예산회계법상 소멸시효인 5년이 경과하였음이 역수상 분명한 1986.11.23.까지의 변상금 부분에 한하여서만 시효가 완성되어 소멸되었을 뿐이라고 판단한 원심의 조치는 정당하고 거기에 상고이유로 주장하는 바와 같은 행정처분의 취소와 시효중단에 관한 법리오해의 위법이 있다고 할 수 없다(대법원 1996.3.8. 95누12804).

47) 법제처 행법 – 11240 – 240 회신일자 2001.5.31. 법령해석질의응답집(제5집), 111면.

Ⅶ. 민사상의 부당이득반환청구권과의 관계

1. 변상금부과처분과 민사상 부당이득반환청구의 선택적 청구 가능 여부

국·공유재산의 무단점유자에 대하여 변상금의 부과처분을 하지 않고 민사소송으로 부당이득반환청구를 하는 것도 가능하다. 그러나 변상금부과의 경우 국세징수법 제23조 및 동법의 체납처분에 관한 규정을 준용하여 이를 징수할 수 있으므로 부당이득청구소송 보다는 변상금부과처분을 더욱 활용하여야 할 것이다.

<점례>

국유재산법 제51조 제1항에 의한 국유재산의 무단점유자에 대한 변상금부과는 대부나 사용, 수익허가 등을 받은 경우에 납부하여야 할 대부료 또는 사용료 상당액 외에도 그 징벌적 의미에서 국가측이 일방적으로 그 2할 상당액을 추가하여 변상금을 징수토 록 하고 있으며 그 체납 시에는 국세징수법에 의하여 강제징수토록 하고 있는 점 등 에 비추어 보면 그 부과처분은 관리청이 공권력을 가진 우월적 지위에서 행하는 것으 로서 행정처분이라고 보아야 하고, 그 부과처분에 의한 변상금징수권은 공법상의 권 리로서 사법상의 채권과는 그 성질을 달리하므로 국유재산의 무단점유자에 대하여 국 가가 민법상의 부당이득금반환청구를 하는 경우 국유재산법 제51조 제1항이 적용되지 않는다(대법원 1992.4.14. 91다42197).

2. 변상금부과처분과 부당이득반환청구와 구별

(1) 구별의 중요성

변상고지의 경우에 이것이 변상금 부과처분인지 아니면 민법상 부당이득반환청구에 대한 최고인지는 '시효의 중단 여부'에서 큰 차이가 있게 된다. 민법상 부당이득반환에 대한 납입고지의 경우에는 민법상 최고의 효력밖에 없으므로 그 고지일로부터 6개월 내에 재판상 청구 등 민법 제174조 소정의 권리행사를 하지 아니하면 소멸시효의 진행이 중단되지 않게 된다.[48]

---

48) 서울고등법원 1989.3.22. 88나39636 제8민사부판결: 확정.

(2) 구별기준

납입고지가 있는 경우 이것이 변상금 부과처분인지 또는 민법상의 부당이득반환을 구하는 최고인지는 '그 납부통지서의 기재내용'에 의하여 결정될 수밖에 없다.[49]

<판례>

지방자치단체인 피고가 그 소유토지에 대한 원고들의 무단점유에 대한 변상금을 징수하기로 하여 1983.3.11.부터 1988.3.10.까지 5년간의 변상금액을 산출, 결정한 다음, 1988.5.3. 원고들에게 위 변상금을 납부하라는 통지를 하였다면 이는 형식상 현행 지방재정법(1988.5.1. 시행) 제87조 제1항에 의한 변상금의납부통지(행정처분)라고 보아야 할 것이고, 이것이 단순히 부당이득금의 반환을 구하는 최고의 의미밖에 없다든가, 행정처분이 아니고 사법상의 법률행위라고 할 수 없다(대법원 1990.11.27. 90누5740).

제5절 불법시설물의 철거(행정대집행)

Ⅰ. 의의

1. 행정대집행의 국유재산법상 도입

구 국유재산법(1976.12.31. 법률 제2950호로 전문 개정되기 전의 것)에서는 국유재산을 불법 점유한 시설물에 대한 철거요구는 국가가 소유하는 재산에 대한 사법상의 권리관계이므로 행정대집행법을 적용하기가 힘들었다.[50]

그러나 그 후 개정된 국유재산법(1981.12.31. 법률 제3482호)에서 정당한 사유 없이

---

49) 『국유지관련 국가소송실무 및 사례집』, 재정경제원, 1997.8. 163면.
50) 구 국유재산법상 서울고등법원 판례
　　국유재산법 제37조 규정에 의하여 정부가 할 수 있는 철거요구는 단순히 사법상의 권리관계를 규정한 데 지나지 아니하고, 시설물소유자나 점유자에게 공법상의 행위의무가 생긴다고 볼 수 없으니, 위 규정에 의한 철거명령은 위법한 것이어서 그 하자가 중대하고도 명백하여 당연무효이고 따라서 위 철거명령을 대집행하기 위한 계고처분 역시 당연무효의 처분이다(서울고법 1770.5.26. 69구294 제1특별부판결: 확정).

국유재산을 점유하거나 이에 시설물을 설치한 경우에 행정대집행법을 준용하여 철거 기타 필요한 조치를 할 수 있도록 개정하였다.[51]

2. 대집행의 정의

대집행(Public execution by proxy: 代執行)은 대체적 작위의무를 그 의무자가 이행하지 않는 경우에 당해 행정청이 그 의무를 스스로 행하거나 제3자로 하여금 이를 행하게 하고 그 비용을 의무자로부터 징수하는 것을 말한다.[52] 이러한 대집행은 행정대집행법 이외에 각 단행법에서 그에 관한 근거 규정을 두고 있다. 국유재산법 제74조도 행정대집행에 대한 단행법상의 근거 중의 하나이다. 실무에서 대집행은 국유지상에 불법건축물을 축조하여 변상금부과 등을 실시하였으나 불법 점유자가 계속 점유를 계속하는 경우에 최후의 수단으로 사용되고 있다.

3. 직접강제와 구별

대집행은 직접강제와 구별된다. 직접강제(直接强制)라 함은 행정상 의무의 불이행이 있는 경우에 행정상의 최후의 수단으로서 직접 의무자의 신체 또는 재산에 실력을 가하여 의무의 이행이 있는 것과 동일한 상태를 실현하는 작용을 말한다. 철거명령을 받고도 철거하지 않은 공작물을 실력으로 철거하며 금지에 위반하여 영업을 하는 장소를 실력으로써 폐쇄하는 것 등이 그 예이다.

---

51) 구 국유재산법(1976.12.31. 법률 제2950호로 전문 개정되기 전의 것) 제37조는 제5조의 규정에 위반한 자가 당해 재산상에 시설을 가진 경우에 정부의 철거요구가 있을 때에는 지체 없이 이를 철거하여야 한다고 규정하면서도 행정대집행법을 준용할 수 있는 규정을 두지 않았으므로, 위 제37조를 사경제 주체로서 국가가 소유하는 재산에 관한 사법상의 권리관계를 규정한 것일 뿐 공법상의 행위의무를 규정한 것이 아니라고 보는 이상 행정대집행법에 의하여 대집행을 할 수 있는 근거가 없었으며 그 후 개정된 구 국유재산법(1981.12.31. 법률 제3482호로 개정되기 전의 것) 제52조는 정당한 사유 없이 행정재산 또는 보존재산을 점유하거나 이에 시설물을 설치한 때에는 행정대집행법을 준용하여 철거 기타 필요한 조치를 할 수 있다고 규정함으로써 행정대집행법을 준용할 수 있는 근거를 마련하면서도 그 대상을 행정재산과 보존재산으로 제한하였으므로, 행정재산 또는 보존재산이 아닌 국유재산에 대해서는 행정대집행을 할 여지가 없었으나 현행 국유재산법은 위와 같은 제한 없이 모든 국유재산에 대하여 행정대집행법을 준용할 수 있도록 규정하였으므로, 행정청은 당해 재산이 행정재산 등 공용재산인 여부나 그 철거의무가 공법상의 의무인 여부에 관계없이 대집행을 할 수 있으며, 이는 같은 법 제25조 및 제38조가 사법상 권리관계인 국유재산의 사용료 또는 대부료 체납에 관하여도 국세징수법 중 체납처분에 관한 규정을 준용하여 징수할 수 있도록 규정한 것과도 그 궤를 같이하는 것이다(대법원 1992.9.8. 91누13090).

52) 김동희, 행정법Ⅰ, 399면.

직접강제는 대체적 작위의무뿐만 아니라 비대체적 작위의무, 부작위의무, 수인의무(受忍義務) 등 모든 의무의 불이행에 대하여 행할 수 있는 점에서 대집행과 다르다. 또한 대체적 작위의무의 강제집행일지라도 의무자에 대체하여 사실행위를 수행함에 필요한 최소한도 및 그 수행에 대한 저항을 배제함에 필요한 최소한도를 넘어서 실력을 행사하는 것은 직접강제이며 대집행이 아니다. 따라서 예컨대 대체적 작위의무인 가옥철거를 보통의 방법이 아니고, 소각 또는 폭파하는 등 행정청이 대체적으로 집행한다는 한계를 넘어서 실현한다면, 대집행이 아니고 직접강제이다. 또한 의무자가 부작위의무에 위반한 경우에 그 결과의 제거의무를 명함이 없이 직접 강제적으로 제거하는 것은 직접강제이다.[53]

4. 민사소송과의 관계

대법원은 행정대집행절차가 인정되는 공법상 의무의 이행을 민사소송의 방법으로 구할 수 있는지에 대해서 소극적인 입장이다. 법률이 통상의 소가 아닌 간이하고 경제적인 특별 구제절차를 마련해 놓고 있는 경우에는 그에 의하는 것이 국가제도의 합리적·능률적 운영이 되기 때문이다.[54] 따라서 이러한 특별 구제절차를 따르지 않을 경우에는 제소장애사유가 되어, 소의 이익이 없어 민사소송이 각하된다.

<판례>

구 토지수용법(1999.2.8. 법률 제5909호로 개정되기 전의 것) 제18조의2 제2항에 의하면 사업인정의 고시가 있은 후에는 고시된 토지에 공작물의 신축, 개축, 증축 또는 대수선을 하거나 물건을 부가 또는 증치하고자 하는 자는 미리 도지사의 허가를 받도록 되어 있고, 한편 구 도로법(1999.2.8. 법률 제5894호로 개정되기 전의 것) 제74조 제1항 제1호에 의하면 관리청은 같은 법 또는 이에 의한 명령 또는 처분에 위반한 자에 대해서는 공작물의 개축, 물건의 이전 기타 필요한 처분이나 조치를 명할 수 있다고 되어 있으므로 토지에 관한 도로구역 결정이 고시된 후 구 토지수용법(1999.2.8. 법률 제5909호로 개정되기 전의 것) 제18조의2 제2항에 위반하여 공작물을 축조하고 물건을 부가한 자에 대하여 관리청은 이러한 위반행위에 의하여 생긴 유형적 결과의 시정을 명하는 행정처분을 하여 이에 따르지 않는 경우에는 행정대집행의 방법으로 그 의무내용을 실현할 수 있는 것이고, 이러한 행정대집행의 절차가 인정되는 경우에는 따로 민사소송의 방법으로 공작물의 철거, 수거 등을 구할 수는 없다(대법원 2000.5.12. 99다18909).

---

53) 박윤흔, "행정대집행", 「법정」7권 11호(81호), 한국사법행정학회, 1977.11. 54면.
54) 이시윤, 민사소송법, 박영사, 2001년, 264면; 류승훈, 로스쿨 신민사소송법, 한국학술정보, 2010년, 391면.

5. 공유재산에 대한 대집행과 차이점

공유재산에 대한 대집행에 대하여 구 공유재산 및 물품 관리법(법률 제10006호, 2010.2.4. 일부개정되기 이전)에서는 "정당한 사유 없이 공유재산을 점유하거나 이에 시설물을 설치한 때에는 행정대집행법 제3조 내지 제6조의 규정을 준용하여 철거 그 밖의 필요한 조치를 할 수 있다"라고 규정하고 있었다. 따라서 강제철거를 시키는 경우에 행정대집행법 제3조 내지 제6조를 준용한다고 규정되어 있을 뿐 같은 법 제2조의 준용은 없으므로, 같은 조에 규정된 행정대집행의 요건은 필요 없었던 반면에,[55] 국유재산법은 '행정대집행법을 준용하여'라고 규정하여 행정대집행의 요건이 필요하였다.

그러나 개정 공유재산 및 물품 관리법(법률 제10006호, 2010.2.4. 일부개정)에서는 "행정대집행법에 따라 원상복구 또는 시설물 철거 등을 하고"라고 개정하여, 국유재산법과 차이가 없게 되었다.

Ⅱ. 대집행권자

대집행을 행할 수 있는 권한은 의무를 부과하는 처분을 한 당해 행정청에 있다(행정대집행법 제2조). '당해 행정청'이라 함은 당초에 의무를 명하는 행정행위를 한 행정청으로 국가의 행정기관과 지방자치단체 등 공공단체의 행정기관을 모두 포함한다. 따라서 불법시설물이 점유하고 있는 당해 국유재산에 대하여 관리책임이 있는 중앙관서의 장 등이 이에 해당하게 될 것이다.

그러나 대집행을 현실로 수행하는 자(집행대행자)는 반드시 당해 행정청이어야 하는 것은 아니다. 행정청은 스스로 의무자가 하여야 할 행위를 하거나 또는 제3자로 하여금 이를 하게 하여 그 비용을 의무자로부터 징수할 수 있다(행정대집행법 제2조). 전자를 자기집행, 후자를 타자집행이라고 한다.

구체적인 사안에 따라서는 대집행권한을 가지는 행정청이 둘 이상 있는 경우[예컨대 군용지(軍用地)와 도로, 양자에 걸쳐서 불법건축물이 건축되어 있어 이를 제거하기 위한 대집행을 하는 경우]가 있을 수 있는데, 이러한 경우에는 소관 행정청 상호 간의 협의와 협력에 따라 대집행을 해야 할 것이다.[56]

---

55) 대법원 1996.10.11. 선고 95누10020.

Ⅲ. 대집행의 대상이 되는 의무

1. 정당한 사유 없이 국유재산을 점유하거나 이에 시설물을 설치한 경우

국유재산법 제74조는 "정당한 사유 없이 국유재산을 점유하거나 이에 시설물을 설치한 경우"에 행정대집행을 할 수 있는 사유로 명시하고 있다. 예를 들면 처음부터 무단점유를 하면서 시설물을 축조한 경우, 국유재산의 사용수익허가 및 대부계약이 취소 및 해지된 경우[57] 등이 해당된다.

<판례>

현행 국유재산법(1981.12.31. 법률 제3482호로 개정된 것) 제52조에서는 "정당한 사유 없이 국유재산을 점유하거나 이에 시설물을 설치한 때에는 행정대집행법을 준용하여 철거 기타 필요한 처분을 할 수 있다"고 규정하고 있는바, 이는 국유재산 위에 시설물을 설치한 자가 그 철거의무를 이행하지 않은 경우에 공법상의 의무이행확보를 위한 행정대집행법을 준용하여 대집행할 수 있는 권한을 행정청에 부여한 것이기 때문에, 당해재산이 행정재산 등 공용재산인 여부나 그 철거의무가 공법상 의무인 여부에 관계없이 대집행할 수 있다 하겠다(대법원 1992.9.8. 91누13090).

2. 대체적 작위의무

행정대집행의 대상이 되는 의무는 '타인이 대신하여 행할 수 있는 행위', 즉 대체적 작위의무에 해당해야 한다(행정대집행법 제2조). 따라서 국유재산법 제74조에 '철거하거나 그 밖에 필요한 조치'는 대체적 작위의무에 한정된다고 보아야 할 것이다. 따라서 부작위 의무의 경우에는 대집행을 할 수 없다. 예를 들어, 국유재산법상 행정재산 건물 기타 영구시설을 설치하지 아니할 의무는 부작위 의무에 불과하므로 철거를 명함으로써 작

---

56) 김창종, "행정대집행법상 대집행", 「재판자료」제68집, 법원도서관, 295면 참조

57) 공유재산에 대한 대부계약 해지에 관한 판례 대법원 2001.10.12. 선고 2001두4078.
  지방재정법 제85조 제1항은, 공유재산을 정당한 이유 없이 점유하거나 그에 시설을 한 때에는 이를 강제로 철거하게 할 수 있다고 규정하고, 그 제2항은, 지방자치단체의 장이 제1항의 규정에 의한 강제철거를 하게 하고자 할 때에는 행정대집행법 제3조 내지 제6조의 규정을 준용한다고 규정하고 있는바, 공유재산의 점유자가 그 공유재산에 관하여 대부계약 외 달리 정당한 권원이 있다는 자료가 없는 경우 그 대부계약이 적법하게 해지된 이상 그 점유자의 공유재산에 대한 점유는 정당한 이유 없는 점유라 할 것이고, 따라서 지방자치단체의 장은 지방재정법 제85조에 의하여 행정대집행의 방법으로 그 지상물을 철거시킬 수 있다.

위의무로 전환한 후에 그 작위의무 위반하면 대집행이 가능하다 할 것이다.

대체적 작위 의무는 공작물 기타 물건의 제거·이전, 토지형질의 원상회복 등이 있는데 실무에서는 건물철거대집행이 대부분이다.

건물철거대집행이 대집행 대상이 된다는 것에는 의문이 없으나, 토지나 가옥의 인도를 대집행할 수 있느냐는 것이 문제가 된다. 실력으로 점유를 풀어 점유를 이전하지 않으면 그 목적을 달성할 수 없으므로 대체가능성이 없어 원칙적으로 토지나 가옥의 인도는 대집행의 대상이 되지 않는다고 할 것이다.[58] 따라서 토지나 건물에 존치되어 있는 물건을 반출할 의무는 대체적 작위의무이므로 그에 대한 강제는 대집행이나 거주자의 퇴거의무는 비대체적 작위의무이므로 그에 대한 강제는 신체에 대한 직접 실력을 가하는 것임으로 직접강제의 일종으로 대집행이 대상에 해당하지 않는다.[59]

<판례>

도시공원시설인 매점의 관리청이 그 공동점유자 중의 1인에 대하여 소정의 기간 내에 위 매점으로부터 퇴거하고 이에 부수하여 그 판매 시설물 및 상품을 반출하지 아니할 때에는 이를 대집행하겠다는 내용의 계고처분은 그 주된 목적이 매점의 원형을 보존하기 위하여 점유자가 설치한 불법 시설물을 철거하고자 하는 것이 아니라, 매점에 대한 점유자의 점유를 배제하고 그 점유이전을 받는 데 있다고 할 것인데, 이러한 의무는 그것을 강제적으로 실현함에 있어 직접적인 실력행사가 필요한 것이지 대체적 작위의무에 해당하는 것은 아니어서 직접강제의 방법에 의하는 것은 별론으로 하고 행정대집행법에 의한 대집행의 대상이 되는 것은 아니다(대법원 1998.10.23. 97누157).

<판례>

공유재산 및 물품 관리법(2010.2.4. 법률 제10006호로 개정되기 전의 것) 제83조는 "정당한 사유 없이 공유재산을 점유하거나 이에 시설물을 설치한 때에는 행정대집행법 제3조 내지 제6조의 규정을 준용하여 철거 그 밖의 필요한 조치를 할 수 있다"라고 정하고 있는데, 위 규정은 대집행에 관한 개별적인 근거 규정을 마련함과 동시에 행정대집행법상의 대집행 요건 및 절차에 관한 일부 규정만을 준용한다는 취지에 그

---

58) 김동희, 행정법Ⅰ, 400면 참조.「국유지관련 국가소송실무 및 사례집」, 재정경제원, 1997년 8월, 173면.
59) 박윤흔, "행정대집행", 「법정」7권 11호(81호), 한국사법행정학회, 1977.11. 56면; 류지태, 행정법신론, 314면; 김남진, 행정법Ⅰ, 1998년, 499면; 피수용자 등이 기업자에 대하여 부담하는 수용대상 토지의 인도의무에 관한 구 토지수용법(2002.2.4. 법률 제6656호 공익사업을 위한 토지 등의 취득 및 보상에 관한 법률 부칙 제2조로 폐지) 제63조, 제64조, 제77조 규정에서의 '인도'에는 명도도 포함되는 것으로 보아야 하고, 이러한 명도의무는 그것을 강제적으로 실현하면서 직접적인 실력행사가 필요한 것이지 대체적 작위의무라고 볼 수 없으므로 특별한 사정이 없는 한 행정대집행법에 의한 대집행의 대상이 될 수 있는 것이 아니다(대법원 2005.8.19. 2004다2809).

치는 것이고, 대체적 작위의무에 속하지 아니하여 원칙적으로 대집행의 대상이 될 수 없는 다른 종류의 의무에 대하여서까지 강제집행을 허용하는 취지는 아니다(대법원 2011.4.28. 2007도7514).

3. 보충성 및 공익성

의무자가 이행하지 아니하는 경우 다른 수단으로써 그 이행을 확보하기 곤란하고 또한 그 불이행을 방치함이 심히 공익을 해할 것으로 인정될 때에 대집행이 가능하다(행정대집행법 제2조).

(1) 다른 수단에 의한 이행확보의 곤란

이 요건은 대집행을 행하는 경우를 적게 하고 개인의 자유를 존중하는 외관을 나타내기 위하여 규정한 것일 뿐 실제적 의미는 없다.[60]

왜냐하면 대집행 외의 다른 수단으로 볼 수 있는 '집행벌'이나 '직접강제'는 그 내용에 있어서 대집행보다 의무자에게 유리하다고 할 수 없고, 집행벌은 과거의 의무위반에 대한 제재를 목적으로 하므로 장래의 의무이행을 목적으로 하는 것이 아니어서 대집행과 양립이 가능하므로 집행벌과 직접강제는 다른 수단에 해당하지 않기 때문이다. 또한 '민사소송에 의한 강제집행'은 공적 의무의 확보를 위해서는 사용될 수 없고, 민사상 구제수단에 의하여 그 목적을 달성할 수 있는지에 대해서는 법원의 심리를 받아야 한다는 측면에서 다른 수단으로 보기 힘들다.

따라서 대집행 이외의 다른 수단인 집행벌이나 직접강제, 권유나 설득의 방법을 우선적으로 사용하지 않았다 하여 대집행을 위법하다고 볼 수 없다. 이로 인해 다른 수단이 가능하다고 하여 대집행처분이 위법하다는 판례도 찾기 힘들다.

---

60) 김동희, 행정법Ⅰ, 400면. 박상희·김명연, "행정집행법의 제정방향 - 행정상 강제집행제동의 현황과 개선방안 - ", 한국법 제연구원, 1995.11. 45면; 박윤흔, "행정대집행", 「법정」7권 11호(81호), 한국사법행정학회, 1977.11. 56면; 김창종, "행정대집행법상 대집행", 「재판자료」제68집, 법원도서관, 303면; 윤일영, "행정대집행과 이에 대한 구제", 「사법논집」3집(72.12.), 699면.

(2) 그 불이행을 방치함이 심히 公益을 해할 것

행정청의 자력집행을 광범하게 인정할 경우 국민의 권리자유에 대한 중대한 침해가 되므로 대집행은 단순히 의무를 부과하는 경우의 공익보다 더욱 현저한 공익을 요구하는 것이다. 이 요건의 판단은 행정청의 재량에 속하나 그 재량권은 무제한 허용되는 것이 아니고 재량권을 이탈·남용한 경우에는 위법한 처분이 된다.

행정대집행을 행할 것인가 및 언제 실행할 것인가를 결정함에 있어서 상대방이 받을 불이익 및 대집행을 행할 공익상의 필요에 대하여 구체적으로 고려하여야 한다. 그러나 상대방이 받는 불이익을 고려하더라도 그 시점에서 대집행을 행하지 않으면 안 될 공익상의 필요가 인정되는 경우에 한하여 대집행을 할 수 있다. 특히 사람이 거주하거나 영업을 하고 있는 경우에 건축물을 철거하는 대집행은 의무자의 생활권을 위협할 우려가 있기 때문에 상당히 신중을 기할 필요가 있다. 또한 행정청은 대집행권의 불행사로 인하여 제3자가 이익을 침해받는 경우도 충분히 있을 수 있으므로 공익을 판단함에 있어 상대방의 피침해이익뿐만 아니라 제3자의 이익도 동시에 고려하여야 할 것이다.[61]

심히 공익을 해하는 것으로 인정될 때라는 표현 자체가 상대적이고 추상적인 만큼 그 해당 여부는 결국 사안마다 구체적인 사정을 종합 검토함으로써 결정된다고 하겠다.

<판례>

건물에 대한 건축허가를 받은 후 그 신축과정에서 위치를 임의로 변경하여 사유지 및 국유지를 침범함으로써 당초 허가내용과는 다른 별개의 건물을 신축하는 결과가 되었을 뿐만 아니라 그 건물 중 위법 부분의 면적이 결코 적지 아니하며, 사후에 사유지 토지를 매수하였다고 하더라도 그 토지와 사유지 사이에 위치하고 있는 국유지인 토지를 국유재산법에 의하여 매각받지 않는 한 위법건축물 부분은 결코 합법화될 가능성이 없으므로, 원심[62]이 들고 있는 여러 사정을 고려하더라도 그러한 위법건축물인 건물을

---

61) 박상희·김명연, 전게논문, 50~51면 참조.

62) 본 판례의 원심판단 요지(서울고등법원 1995.7.27. 95구4584)

이 사건 건물이 비록 인접토지로서 국유지인 초곡리 산 59의 2 토지는 원래 도로로 사용되어 왔으나 약 15년 전부터 사실상 폐도가 된 상태로서 그 이후 도로의 용도나 다른 행정목적으로 사용된 바 없이 방치되어 오다가 1991.9.30.경 행정재산으로서의 용도가 폐지되어 잡종재산으로 전환된 토지일 뿐만 아니라 앞으로도 도로 또는 다른 행정목적으로 사용될 효용성이 없다고 보이며, 사유지인 초곡리 산 57의 1 토지 역시 전체적으로 경사가 심한 임야로서 아직 특별한 용도로 사용되고 있지 아니한 채 방치되어 온 토지인데다가 원고가 위 토지의 소유자와 사이에 위 임야의 매수협의를 하여 매매가 거의 이루어질 단계에 이르고 있어 이 사건 건물 중 위 인접토지를 침범하고 있는 부분을 이 사건 계고처분에 의하여 반드시 철거하여야 할 공익상의 필요가 크다고 볼 수는 없다 할 것이고, 나아가 원고가 주유소를 경영하고 있는 이 사건 토지에 인접한 위 7번 국도의 차량 통행량 및 부근의 주유소 등의 분포도에 비추어 위 주유소가 위 국도를 통행하는 차량의 편의 제공에 상당한 기여를 하고 있다고 보임은 물론 이 사건 건물이

그대로 방치한다면 불법건축물을 단속하는 당국의 권능은 무력화되어 건축행정의 원활한 수행이 위태롭게 되고 건축법이나 국유재산법 등이 정하고 있는 여러 제한규정을 회피하는 것을 사전에 예방한다는 더 큰 공익을 해하는 것이 된다는 이유로, 철거 계고처분이 위법하다고 본 원심판결을 파기한 사례(대법원 1996.12.20. 선고 95누12705).

4. 의무를 과하는 행정처분의 불가쟁력과의 관계

행정대집행법은 행정처분의 불가쟁력[63]의 발생을 대집행실행의 일반적 전제요건으로 규정하지 아니하고 있으므로, 의무를 부과한 행정처분이 취소소송 등에 의하여 아직 다툴 수 있는 상태라 하더라도 대집행을 할 수 있다. 그러므로 의무를 과하는 행정처분에 대한 취소소송 등을 거치는 동안 집행정지결정을 받지 못하여 그 쟁송이 종결되기 전에 대집행이 먼저 실행되어 버리면 그 후 취소소송의 결과 의무를 과하는 행정처분이 취소되더라도 원상회복은 불가능하고 의무자는 행정청을 상대로 손해배상을 구하는 외에 다른 구제방법이 없게 된다.

이러한 사정을 고려하면 비록 법률상의 제약은 없더라도 행정청은 그 처분을 신속하게 집행하지 아니하면 안 될 공익상의 필요가 있는 경우가 아닌 한, 의무를 과하는 행정처분이 불가쟁적으로 된 이후에 대집행을 하는 것이 바람직할 것이고, 소송에 의하여 의무부과처분의 효력을 다투고자 하는 의무자의 의도를 봉쇄하기 위하여 대집행을 서두르는 일이 있어서는 아니 될 것이다.[64]

철거되는 경우 원고는 위 주유소를 운영하지 못하게 됨으로써 상당한 손해를 입을 것이 예상되는 점 등을 종합하여 보면, 피고가 이 사건 건물을 철거하여 달성하려고 하는 목적인 공익에 비하여 그로 인하여 원고가 입게 될 불이익이 현저하다고 할 것이어서 이 사건 계고처분은 철거의무의 불이행을 방치함이 심히 공익을 해할 것으로 인정되는 경우에 해당되지 아니하므로 결국 이 사건 계고처분은 위법하다고 판단하였다.

63) 행정행위는 위법한 것이라도, 그 하자가 중대·명백하여 무효가 되는 경우를 제외하고는 일정한 기간이 지나면(행정심판법 제18조, 행정소송법 제20조 참조) 그 효력을 더 이상 다툴 수 없게 되는바, 이를 '불가쟁력'이라고 한다(김동희, 행정법 I, 224면).

64) 박상희·김명연, 전게논문, 52면 참조. 김창종, 전게논문, 309면. 독일 행정집행법 제6조 제1항은 "물건의 교부나 작위의 실행 또는 수인이나 부작위를 지향하는 행정행위는 그것이 쟁송취소불가한 것이나 또는 그것이 즉시집행이 명하여졌거나 또는 법적 수단에 아무런 정지효도 주어지지 아니하는 경우에 제9조에 따른 강제수단으로 실현된다"라고 규정하여 행정강제의 허용성의 요건으로 불가쟁력을 명시적으로 규정하고 있다.

5. 행정청의 대집행할 의무의 존부

대집행의 요건이 충족되었는가에 대한 판단은 당해 행정청의 재량에 맡겨져 있는 것이고 그 요건이 충족되었다고 인정되는 때에도 구체적인 이익형량에 기하여 과연 대집행을 할 것인가, 대집행을 한다면 언제 할 것인가 등에 관하여도 행정청의 재량이 인정된다. 따라서 대집행결정이 현저하게 합리성을 잃은 경우가 아닌 한 일반적으로 행정청이 대집행의 요건이 충족되었음에도 대집행을 하지 않는 것을 위법하다고 할 수는 없다.[65]

6. 가처분 및 저당권의 존재와 대집행

사인을 당사자로 하는 사법상의 권리보전을 위한 가처분은 제3자인 행정청이 하는 행정처분까지 제약하는 것은 아니므로, 건물에 관한 이전금지 혹은 현상변경금지 등의 가처분이 존재하고 있다 하더라도 행정청이 공익의 목적상 건물의 이전 혹은 제거 등의 대집행을 하는 것을 방해하지 아니한다 할 것이고, 대집행의 대상이 되는 건물에 저당권이 설정되어 있는 경우에도 대집행할 수 있다.[66]

<유권해석>

이미 설치된 개인소유 건물에 대하여 부지사용료를 부과하고 있는 현 상황에서 신규 설치된 불법시설물과 같은 기준으로 시설물 철거 계고 등의 필요한 행정조치를 강구 할 수 있는지

현행 국유재산법은 제52조에 행정재산 또는 보존재산을 포함한 모든 국유재산에 대하여 행정대집행을 할 수 있도록 규정을 두고 있고, 판례는 위법한 건물을 관련법령에 등록을 하고 재산세를 납부하였다고 하여도 적법한 건축물로 변경되는 것은 아니라고 하고 있으므로(대법원 1996.10.11 선고, 96누8086 판결 참조) 본 사안에 있어서도 현재 사용료를 내고 있다고 해서 합법화될 수는 없는 것으로 판단되고, 결국 건축물에 대한 계고 등 대집행을 할 수 있는지는 행정대집행법 제2조에서 정한 ① 대체적 작위의무의 불이행이 있어야 하고, ② 다른 수단으로는 그 이행확보가 곤란하여야 하며, ③ 그 불이행을 방치함이 심히 공익을 해할 것이라는 세 가지 요건을 갖추었는지에 따라 결정될 것임(국방부 02.07.30. 법무 33010 - 2267[67]).

---

65) 김창종, 전게논문, 310면.

66) 「행정소송실무편람 서울고등법원」, 한국사법행정학회, 2003년, 467면.

67) 「국방관계법령해석질의응답집 제25집(2001.10.~2003.11.)」, 국방부, 2004년, 96~98면.

Ⅳ. 대집행 절차

1. 계고

(1) 계고의 의의 및 법적 성질

대집행을 하려면 상당한 이행기한을 정하여 그 기한까지 이행되지 아니할 때에는 대집행을 한다는 뜻을 미리 문서로써 계고하여야 한다(행정대집행법 제3조 제1항).

계고는 대집행영장에 의한 통지와 더불어 대집행의 사전절차로서 대집행이 행하여질 것이라는 것을 사전에 통지하여 의무의 이행을 독촉하는 기능을 한다. 계고는 불법점유자에게 예측가능성을 부여하는 중요절차이므로 생략할 수 없는 게 원칙이다(필요적 전치절차). 다만, 비상시 또는 위험이 절박한 경우에 있어서 당해 행위의 급속한 실시를 요하여 계고를 할 여유가 없을 때에는 그 수속을 거치지 아니하고 대집행을 할 수 있다(행정대집행법 동조 제3항).

계고는 행정청이 우월적 입장에서 행하는 대집행을 행한다는 통지행위이므로 준법률적 행정행위로서 항고소송의 대상이 된다.[68]

(2) 계고의 상대방

계고의 상대방은 대집행의 대상이 되는 의무를 부담하는 자를 말한다. 국유재산법상에서는 국유재산을 불법점유한 자를 의미한다. 불법시설물 등의 점유에 대해서는 사실상의 처분권이 있는 자가 아니라 법률상의 소유자 또는 건축자가 되는 것이 원칙이다.[69] 계고가 있은 후에 물건의 소유권이 새로운 소유자에게 이전된 경우에는 다시 계고를 해야 할

---

68) 대집행의 계고는 다른 수단으로써 이행을 확보하기 곤란하고, 또한 그 불이행을 방치함이 심히 공익을 해하는 것으로 인정되는 경우에 행정청이 그의 우월적인 입장에서 의무자에게 대하여 상당한 이행기한을 정하고 그 기한 내에 이행을 하지 않을 경우에는 대집행을 한다는 의사를 통지하는 준법률적 행정행위라 할 것이며, 대집행의 일련의 절차의 불가결의 일부분으로 정하여진 대집행 영장교부 및 대집행실행을 적법하게 하는 필요한 전제절차로서 그것이 실제적으로 명령에 의한 기존의 의무 이상으로 새로운 의무를 부담시키는 것은 아니지만, 계고가 있으므로 인하여 대집행이 실행되어 상대방의 권리의무에 변동을 가져오는 것이라 할 것이므로, 상대방은 계고 절차의 단계에서 이의 취소를 소구할 법률상 이익이 있다 할 것이고 계고는 행정소송법 소정처분에 포함된다(대법원 1966.10.31. 66누25).

69) 미등기건축물의 소유자·건축주가 건축법 제69조 제1항에 따라 철거명령을 받은 경우, 그 건축물을 주식회사에 출자함으로써 사실상의 처분권은 법인에게 이전되었다 하더라도 여전히 그 건축물에 관한 법률상의 소유자 또는 건축주로서 건축물 철거이행의무가 있다(대법원 1995.2.17. 94누13350).

것이다.[70] 국유재산상의 불법건축물의 공유자 1인에 대한 계고는 다른 공유자에게는 효력이 없다.[71]

(3) 계고의 형식

계고는 문서로 하여야 하고 문서로 하지 않은 계고는 무효이므로 그 이후 절차는 모두 위법하게 된다.[72]

(4) 계고의 내용

① 특정의 방법

계고처분을 함에 있어서는 의무자가 스스로 이행하지 아니하는 경우 '대집행할 행위의 내용과 범위'가 객관적·구체적으로 특정되어야 하며 구체적으로 특정이 안 된 계고처분은 위법하다.[73] 그러나 그 행위의 내용 및 범위는 반드시 대집행계고서에 의하여서만 특정되어야 하는 것이 아니고, 계고처분 전후에 송달된 문서나 기타 사정을 종합하여 행위의 내용이 특정되거나 실제건물의 위치, 구조, 평수 등을 계고서의 표시와 대조·검토하여 대집행의무자가 그 이행의무의 범위를 알 수 있을 정도로 하면 족하다.[74]

② 대집행의 계고와 의무를 과하는 행정처분의 결합 가능 여부

대집행절차는 계고로 시작되는 것이기 때문에 대집행의 요건은 계고를 할 때 이미 충족되어 있어야 한다. 따라서 계고를 하려면 최소한 그 이전에 법률에 의하여 직접 명령되거나 법률에 의거하여 의무를 과하는 행정청의 처분이 있어야 할 것이다.

여기서 대집행의 계고와 의무를 과하는 행정처분을 결합시키는 것, 즉 의무를 과하는 행정처분을 하면서 그 의무를 이행하지 아니하는 경우에는 대집행한다는 뜻을 동시에 계고할 수는 없는 것인가가 문제된다. 이에 대하여 판례는 "계고서라는 명칭의 1장의 문서로서 일정기간 내에 위법건축물의 자진철거를 명함과 동시에 그 소정기간 내에 자진철거

---

70) 김창종, 전게논문, 313면.
71) 대법원 1994.10.28. 94누5144.
72) 대법원 1966.4.19. 66다2143.
73) 대법원 1990.1.25. 89누4543.
74) 대법원 1996.10.11. 96누8086.

를 하지 아니할 때에는 대집행할 것을 미리 계고한 경우라도 건축법에 의한 철거명령과 행정대집행법에 의한 계고 처분은 독립하여 있는 것으로서 각 그 요건을 충족하였다고 할 것"이라고 판시하여,[75] 이를 인정하고 있다.

(5) 상당한 기간

계고는 상당한 기간을 정하여 하여야 한다(행정대집행법 제3조 제1항). 상당한 기간인지는 구체적 사안에 따라 그 의무의 성질·의무자의 구체적 사정 등을 고려하여 객관적·합리적으로 결정되어야 할 것이다.[76]

(6) 2차 계고처분

행정청은 의무자가 1차 계고에 정한 이행기까지 의무를 이행하지 아니한 경우에도 곧바로 대집행영장에 의한 대집행을 실행하지 아니하고 다시 2차 계고처분을 할 수 있다.[77] 주의할 점은 2차 계고처분은 단지 대집행기한을 연기하는 통지에 불과하므로 항고소송의 대상이 되는 행정처분으로 보지 않는다.[78]

(7) 이해관계 있는 제3자에 대한 대집행사유의 통지

임차인 등 이해관계 있는 제3자가 철거대상건물을 점유하고 있는 때에는 철거의무자인 건물소유자에게 철거대집행의 계고를 하는 것 외에 위와 같은 제3자에 대해서도 철거대집행이 실행될 것이라는 사실을 사전에 통지하여야 할 필요가 있다 할 것이다. 그러나 이러한 통지를 하지 아니하였다 하여 곧바로 대집행을 위법하다고 할 수는 없을 것이다.[79]

---

75) 대법원 1992.6.12. 91누13564; 대법원 1978.12.26. 78누114; 대법원 1968.3.26. 67다2380.

76) ① 의무이행기한이 1988.5.24.까지로 된 대집행계고서를 5.19. 발송하여 의무자가 그 이행종기인 5.24. 수령한 것이라면 설사 행정청이 대집행영장으로써 대집행시기를 같은 해 5.27. 15:00로 늦추었다 하더라도 위법하다(대법원 1990.9.14. 90누2048).
　② 1991.11.25.자로 발부한 계고서에 옹벽철거의무 이행기간을 같은 달 30일까지로 기재되어 있음에도 그 계고서가 같은 달 28일 의무자에게 송달되었다면 위 계고서는 상당한 이행기간을 정한 것으로 볼 수 없다(대법원 1992.12.8. 92누11626).

77) 김창종, 전게논문, 317면.

78) 대법원 1991.1.25. 90누5692; 대법원 1992.4.10. 91누7798.

79) 「서울고등법원 행정실무편람」, 한국사법행정학회, 2003년, 469면; 김창종, 전게논문, 317면.

2. 대집행영장의 통지

의무자가 대집행계고를 받고 지정한 기한까지 의무를 이행하지 않을 때에는 당해 행정청은 대집행영장으로써 대집행을 할 시기, 대집행을 위하여 파견하는 집행책임자의 성명과 대집행에 요하는 비용의 개산(概算)에 관한 견적서를 의무자에게 통지하여야 한다(행정대집행법 제3조 제1항, 제2항). 다만 비상시 또는 위험이 절박한 경우에 통지를 할 여유가 없을 때에는 통지를 생략할 수 있다(동조 제3항).

대집행을 할 시기와 대집행영장에 의한 통지 사이의 시차에 대해서는 법률의 규정이 없으나 그에 대한 판단은 행정청의 재량이라고 할 것이다. 사안에 따라서 대집행을 실행의 직전에 대집행영장에 의한 통지를 하는 것도 무관하지만 사람이 거주하는 건물을 철거하는 경우에는 거주자가 동산을 당해 건물로부터 반출하여 퇴거함에 필요한 적당한 기간을 주는 것이 타당할 것이다.

3. 대집행의 실행

(1) 대집행의 집행권자

의무자가 대집행영장에 표시된 기한까지 의무를 이행하지 아니하는 경우에는 대집행이 실행된다. 즉 행정청은 본래 의무자가 하여야 할 행위를 대신하여 직접 하거나(자기집행) 또는 제3자로 하여금 이를 행하게 할 수 있다(타자집행).

(2) 대집행책임자의 증표제시

대집행영장에 기재된 시기까지 의무자가 스스로 의무를 이행하지 않으면 대집행을 실행하게 된다. 이 경우 대집행의 현장에 파견되는 대집행책임자는 그가 대집행책임자인 것을 표시한 증표를 휴대하여 대집행 시에 이해관계인에게 제시하여야 한다(행정대집행법 제4조).

(3) 대집행에 대한 저항의 배제

대집행의 실행에 대한 의무자의 저항을 배제하는 게 가능한 것인지 문제가 있다.
폭력에 이르지 않은 최소한의 실력행사는 대집행에 수반하는 기능으로서 허용될 수 있지만 실제로 그러한 정도로는 대집행의 실시가 불가능하고 그에 대한 저항에 대해서 형법상 공무집행방해죄에 해당하는 것으로 보아 경찰력을 동원하고, 당해 범죄의 예방·제지를 위한 경찰관직무집행법상의 권한을 발동함으로써 저항을 배제하는 경우가 적지 않다. 그것은 이미 대집행의 수단을 벗어난 것이다. 또한 대집행의 실행에 대한 항거가 있는 경우에는 그러한 항거배제를 인정하는 행정대집행법상의 규정이 없는 우리나라에서는 실력에 의한 항거의 배제를 대집행의 당연한 기능으로 보기는 어렵고,[80] 이 경우 일정한 요건하에 경찰관직무집행법 제5조[81]에 의한 즉시강제방법 및 형법상 공무집행방해죄의 적용을 통해 항거에 대한 예방과 저지를 할 수밖에 없다.[82]

이에 대하여 대집행은 의무내용의 강제적인 실현을 위한 강제집행수단으로서 마련된 것이기 때문에 그 실효성을 확보하기 위하여 부득이한 최소한도의 실력행사는 대집행에 수반하는 기능으로서 허용할 수 있다는 반대설이 있다.[83]

4. 집행비용의 징수

(1) 비용청구권의 성질

대집행에 요한 일체의 비용은 의무자가 부담한다(행정대집행법 제2조). 대집행비용에 대하여 행정청이 의무자에 대하여 가지는 비용청구권은 행정집행법 제2조 및 기타 대집

---

80) 독일 행정집행법 제15조 제2항은 "의무자가 대집행 또는 직접강제에 저항을 하는 때에는 실력으로써 이를 배제할 수 있다. 경찰은 집행행정청의 요청에 따라 직무원조를 제공하여야 한다"라고 규정하고 있다.

81) 경찰관직무집행법 제5조(위험발생의 방지) ① 경찰관은 인명 또는 신체에 위해를 미치거나 재산에 중대한 손해를 끼칠 우려가 있는 천재, 사변, 공작물의 손괴, 교통사고, 위험물의 폭발, 광견·분마류 등의 출현, 극단한 혼잡 기타 위험한 사태가 있을 때에는 다음의 조치를 할 수 있다.
  1. 그 장소에 집합한 자, 사물의 관리자 기타 관계인에게 필요한 경고를 발하는 것
  2. 특히 긴급을 요할 때에는 위해를 받을 우려가 있는 자를 필요한 한도 내에서 억류하거나 피난시키는 것
  3. 그 장소에 있는 자, 사물의 관리자 기타 관계인에게 위해방지상 필요하다고 인정되는 조치를 하게 하거나 스스로 그 조치를 하는 것
  ② 경찰관서의 장은 대간첩작전수행 또는 소요사태의 진압을 위하여 필요하다고 인정되는 상당한 이유가 있을 때에는 대간첩작전지역 또는 경찰관서·무기고 등 국가 중요 시설에 대한 접근 또는 통행을 제한하거나 금지할 수 있다.
  ③ 경찰관이 제1항의 조치를 한 때에는 지체 없이 이를 소속경찰서의 장에게 보고하여야 한다.
  ④ 제2항의 조치를 하거나 제3항의 보고를 받은 경찰관서의 장은 관계기관의 협조를 구하는 등 적당한 조치를 하여야 한다.

82) 김동희, 행정법Ⅰ, 403면; 김향기, 행정법개론, 323면; 김남진, 행정법Ⅰ, 502면; 「행정소송실무편람 서울고등법원」, 한국사법행정학회, 2003년, 471면.

83) 류지태, 행정법신론, 316면; 김창종, 전게논문, 320면; 김기홍, "행정대집행법에 관한 연구", 연세대학교 석사학위논문, 2004년 2월, 50면; 박윤흔, "행정대집행", 「법정」 7권11호(81호), 한국사법행정학회, 1977.11. 57면.

행에 관한 특별법이 정하는 바에 따라 인정되는 공법상의 청구권이다.[84]

대집행비용은 행정대집행법에 따라 징수할 수 있으므로, 이를 민사소송으로 청구할 경우에는 소의 이익이 없어 각하사유이다.

<판례>

대한주택공사가 구 대한주택공사법(2009.5.22. 법률 제9706호 한국토지주택공사법 부칙 제2조로 폐지) 및 구 대한주택공사법 시행령(2009.9.21. 대통령령 제21744호 한국토지주택공사법 시행령 부칙 제2조로 폐지)에 의하여 대집행권한을 위탁받아 공무인 대집행을 실시하기 위하여 지출한 비용은 행정대집행법 절차에 따라 국세징수법의 예에 의하여 징수할 수 있다. 대한주택공사가 구 대한주택공사법(2009.5.22. 법률 제9706호 한국토지주택공사법 부칙 제2조로 폐지) 및 구 대한주택공사법 시행령(2009.9.21. 대통령령 제21744호 한국토지주택공사법 시행령 부칙 제2조로 폐지)에 의하여 대집행권한을 위탁받아 공무인 대집행을 실시하기 위하여 지출한 비용을 행정대집행법 절차에 따라 국세징수법의 예에 의하여 징수할 수 있음에도 민사소송절차에 의하여 그 비용의 상환을 청구한 사안에서, 행정대집행법이 대집행비용의 징수에 관하여 민사소송절차에 의한 소송이 아닌 간이하고 경제적인 특별구제절차를 마련해 놓고 있으므로, 위 청구는 소의 이익이 없어 부적법하다고 본 원심판단을 수긍한 사례(대법원 2011.9.8. 2010다48240).

(2) 비용청구권의 범위

행정청이 의무자로부터 징수하여야 할 금액은 대집행의 수수료가 아니라 실제로 대집행에 요한 비용이다. 따라서 인부의 임금, 청부인(수급인)에 대한 보수, 자재비, 제3자에 지급한 보상금 등은 포함되지만, 의무위반의 확인을 위한 조사비는 포함되지 않는다.[85]

건물철거 후 물건보관비용은 대집행의 실행 후의 비용으로 이는 사무관리(事務管理)의 하나라고 볼 것이므로 그 보관료는 사무관리비용으로서 소유자에게 상환을 청구하여야 할 것이다.[86]

(3) 비용청구방법과 귀속

대집행비용의 징수는 그 금액과 납부기일을 정한 문서(費用納付命令書)로 납부고지함으로써 한다(행정대집행법 제5조). 비용의 징수는 정하여진 기일까지 납부하지 않으면

---

84) 김창종, 전게논문, 322면.

85) 박상희·김명연, 전게논문, 58면.

86) 김창종, 전게논문, 323면.

국세체납처분의 예에 의하여 강제징수할 수 있고 대집행에 요한 비용에 대해서는 행정청은 사무비의 소속에 따라 국세에 다음가는 순위로 先取特權을 가진다. 그 징수금은 사무비의 귀속에 따라 국고 또는 지방자치단체의 수입으로 한다(동법 제6조).

V. 대집행에 대한 구제

1. 행정심판

대집행에 관하여 불복이 있는 자는 행정심판을 제기할 수 있다(행정대집행법 제7조). 여기서 말하는 당해 행정청에 대한 행정심판은 실질적으로 이의신청의 성질을 갖는 것이다.[87]

위와 같이 대집행에 대한 행정심판을 인정한 것은 법원에 대한 출소의 권리를 방해하지 아니하다(동법 제8조).[88]

2. 행정소송

(1) 계고처분

계고처분은 대집행절차의 일부로서 대집행영장에 의한 통지 및 대집행의 실행을 적법하게 하는 필요적 전치절차이고, 상대방도 대집행에 대한 절차적 권리를 보호받아야 한다는 등의 이유로 행정소송의 대상이 된다고 보고 있다.[89]

2차 계고처분이나 기일연기통보에 대하여 소송으로 다툴 수 있는지 문제가 되나 2차 계고처분은 1차 계고처분의 대집행시기를 연장한 것에 불과하므로 2차 계고처분은 행정소송의 대상이 되는 행정처분이라 할 수 없다.[90]

---

87) 박윤흔, "행정대집행", 「법정」7권 11호(81호), 한국사법행정학회, 77년 11월, 59면.

88) 과거에 8조의 해석에 대하여 행정심판을 거치지 않고도 행정소송을 제기할 수 있다는 견해와 행정심판을 거쳐야 하고 제8조는 법원에 대한 출소권을 강조한 것으로 보는 견해가 있었다. 이에 대해 대법원은 "행정대집행법 제8조는 대집행에 대한 행정심판의 제기가 법원에 민사나 행정소송을 제기할 권리를 방해하지 아니한다는 것을 규정한 취지일 뿐 행정심판을 제기하지 아니하고 취소소송을 제기할 수 있음을 규정한 것은 아니다"라고 판시한 바 있다(대법원 1993.6.8. 93누6164). 그러나 이러한 논의는 행정심판 전치주의가 채택되던 시기에 의미를 가지는 것이다. 1994년 행정소송법 개정에 의해 행정심판이 원칙적으로 任意的 節次로 되었기 때문에 행정대집행법에서 이러한 원칙에 대해 특별한 규정을 두지 않고 있는 결과 현행법하에서는 의미가 없다 할 것이다.

89) 대법원 1967.10.31. 66누25.

(2) 대집행영장에 의한 통지

대집행영장에 의한 통지도 계고와 마찬가지로 대집행을 행할 뜻을 통지하는 행위일 뿐 아니라, 그로 말미암아 대집행의 내용과 그에 대한 수인의무가 구체적으로 확정되므로 그것은 수인하명(受忍下命)으로 볼 수 있고, 따라서 독립하여 행정소송의 대상이 될 수 있다.

(3) 대집행의 실행

행정소송법 제2조 제1항이 '권력적 사실행위'를 처분의 개념에 포함시키고 있고, 행정대집행법 제7조, 제8조의 불복대상인 대집행에도 대집행실행행위가 포함되므로 대집행의 실행도 행정소송의 대상이 된다고 할 것이다.

그러나 대집행의 실행을 취소할 실익이 있는 경우는 그것이 계속적 사실행위로서 완료하는 데 상당한 시일이 걸리는 경우뿐이다. 실행행위가 완료가 되면 실행행위 자체의 취소를 구할 소의 이익은 없다 할 것이다. 결국 대집행의 실행이 완료되기 전에는 집행정지제도(행정소송법 제23조)를 활용해야 할 것이다(이에 대한 자세한 논의는 후술한다).

(4) 대집행비용의 징수

대집행비용의 납부명령에 대해서도 그 자체의 하자(예컨대 실제로 대집행에 소요된 비용 이외의 것을 포함시켜 납부를 명한 경우 등)를 이유로 행정소송을 제기할 수 있다.

대집행비용의 징수절차는 대집행에 부수되는 것이기는 하지만 그와는 별개의 절차로서 국세징수절차에 따라 행하여지므로(행정대집행법 제6조 제1항) 이에 대한 행정소송은 「국세기본법」에 의할 것이다.

(5) 선행행위 하자의 승계문제

행정대집행은 계고, 대집행영장에 의한 통지, 대집행의 실행, 비용징수의 4단계로 이루어진다. 이 경우 선행행위, 즉 계고의 하자사유가 있는 경우 이러한 하자사유가 후행행위, 즉 대집행영장에 의한 통지, 대집행의 실행, 비용징수 등에 승계되는지 문제가 된다.

통설[91]과 판례[92]는 선행행위와 후행행위가 결합하여 하나의 법적 효과를 완성시키는

---

90) 대법원 1995.4.7. 94누12531.

91) 김동희, 행정법Ⅰ, 310면; 류지태, 행정법신론, 316면; 김향기, 행정법개론, 225면; 김창종, 전게논문, 328

경우에는 하자가 승계되므로, 행정대집행에 있어 계고·대집행영자의 통지·대집행·대집행비용의 납부명령의 각 행위 사이에 하자의 승계가 인정되어 선행처분이 위법하면 후행처분도 위법한 것으로 본다.[93]

<판례>

대집행의 계고·대집행영장에 의한 통지·대집행의·실행·대집행에 요한 비용의 납부명령 등은, 타인이 대신하여 행할 수 있는 행정의무의 이행을 의무자의 비용부담하에 확보하고자 하는, 동일한 행정목적을 달성하기 위하여 단계적인 일련의 절차로 연속하여 행하여지는 것으로서, 서로 결합하여 하나의 법률효과를 발생시키는 것이므로, 선행처분인 계고처분이 하자가 있는 위법한 처분이라면, 비록 하자가 중대하고도 명백한 것이 아니어서 당연무효의 처분이라고 볼 수 없고 대집행의 실행이 이미 사실행위로서 완료되어 계고처분의 취소를 구할 법률상 이익이 없게 되었으며, 또 대집행비용납부명령 자체에는 아무런 하자가 없다 하더라도, 후행처분인 대집행비용납부명령의 취소를 청구하는 소송에서 청구원인으로 선행처분인 계고처분이 위법한 것이기 때문에 그 계고처분을 전제로 행하여진 대집행비용납부명령도 위법한 것이라는 주장을 할 수 있다(대법원 1993.11.9. 93누14271).

그러나 대집행의 선행행위인 의무를 부과하는 행정처분(예: 건물철거명령)과 후행행위인 대집행은 상호 밀접한 관련을 갖는 행위이지만, 서로 독립하여 별개의 효과를 목적으로 하는 것으로 전자가 당연무효가 아닌 이상 대집행에 하자가 승계되지 않는다.[94]

<판례>

건물철거명령이 당연무효가 아닌 이상 행정심판이나 소송을 제기하여 그 위법함을 소구하는 절차를 거치지 아니하였다면 위 선행행위인 건물철거명령은 적법한 것으로 확정되었다고 할 것이므로 후행행위인 대집행계고처분에서는 그 건물이 무허가건물이 아닌 적법한 건축물이라는 주장이나 그러한 사실인정을 하지 못한다(대법원 1998.9.8. 97누20502).

면; 윤영선, "대집행실행이 완료된 이후 계고처분의 위법을 이유로 대집행비용납부명령의 취소를 구할 수 있는지 여부", 「대법원판례해설」20호(93년 하반기), 대법원 법원행정처, 1994년, 252면.

92) 대법원 1996.2.9. 95누12507.

93) 이러한 통설과 판례에 대하여, 행정심판의 심판청구기간과 행정소송의 제소기간의 취지(불가쟁력의 제도)를 무의미하게 하므로 반대하는 견해가 있다(김남진, 행정법 I, 503~504면).

94) 김동희, 행정법 I, 310면; 김향기, 행정법개론, 225면; 김창종, 전게논문, 328면; 윤일영, "행정대집행과 이에 대한 구제", 「사법논집 3집(72.12.)」, 704면; 대법원 1982.7.27. 81누293; 대법원 1982.5.25. 81누44; 대법원 1998.9.8. 97누20502; 대법원 1999.4.27. 97누6780.

(6) 대집행의 종료와 소의 이익

대집행의 실행행위가 종료되면 '소의 이익'의 인정 여부에 문제가 있다. 행정소송법 제12조에서 '그 처분 등의 취소로 인하여 회복되는 법률상 이익이 있는 자의 경우'에 소의 이익을 인정하고 있다. 하지만 법률상 이익은 단순히 위법성을 선언을 구하는 이익이나 명예·신용 등의 회복을 위한 이익 등은 해당하기 어려우므로 대집행이 종료되면 소의 이익을 인정하기 힘들다. 따라서 실행행위가 완료되면 대집행의 위법을 이유로 손해배상청구를 하거나 대집행비용청구의 취소를 구할 수밖에 없다.[95]

여기서 대집행의 실행이 완료되었느냐는 그 대집행의 대상인 대체적 작위의무가 객관적·물리적으로 보아 완전히 실현되었는지에 의하여 결정할 것이다.[96]

대집행이 종료된 이후에도 대집행비용의 징수가 아직 이루어지지 아니한 경우 그 비용의 징수를 면하기 위하여 '계고나 대집행영장에 의한 통지의 취소'를 구할 법률상 이익이 있는지 문제가 될 수 있다. 대집행비용의 징수절차는 계고에서 시작하여 대집행영장에 의한 통지를 거쳐 대집행을 실행함으로써 종료되는 대집행절차에 부수되는 것이기는 하지만 이들과는 별개의 절차이고, 대집행비용의 납부의무는 대집행절차와는 별도로 그 징수절차에 따라 구체적으로 발생하고 그 금액도 확정되므로, 대집행비용의 징수를 면하기 위하여서는 직접 납부명령 자체의 취소를 구하여 그 위법을 다투어야 할 것이다. 따라서 그 납부명령 자체가 취소되지 아니하는 이상 설사 계고나 대집행영장에 의한 통지가 취소되더라도 그에 의하여 대집행비용의 징수를 면할 수는 없으므로, 대집행비용납부명령의 취소를 구하지 아니하고 계고나 대집행영장에 의한 통지의 취소를 구하는 것은 법률상 이익이 없게 된다.[97]

---

95) 대법원 1993.6.8. 93누6164; 대법원 1993.11.9. 93누14271; 대법원 1976.1.27. 75누230; 대법원 1971.4.20. 70누22; 대법원 1970.5.26. 70누30; 국행심 95－131 대집행계고처분취소청구, 1995.7.28.

96) 김창종, 전게논문, 329면.

97) 의무자는 대집행비용납부명령의 취소를 청구하는 소송을 제기하고 그 소송에서 선행처분인 계고처분이 하자 있는 위법한 처분이므로 대집행비용납부명령도 위법하다는 주장(하자의 승계)을 할 수 있으므로 의무자에게 불이익은 없게 된다(김창종, 전게논문, 330면).

(7) 입증책임

행정대집행 행사요건에 대한 주장입증책임은 대집행을 행한 행정청에 있다.[98]

3. 기타 구제수단

(1) 손해배상청구

위법한 대집행으로 인하여 발생한 손해에 대해서는 국가배상법 제2조에 의하여 국가 또는 지방자치단체를 대상으로 손해배상을 청구할 수 있다. 국가배상청구사건에서 대집행의 기초가 된 의무부과처분, 대집행계고, 대집행영장에 의한 통지 및 대집행의 실행행위의 위법성을 주장할 수 있다.

이 경우 국가배상은 처분의 효력 그 자체를 부정하는 것은 아니므로 국가배상청구를 하기 전에 그 행정처분의 취소나 무효확인의 판결을 받아야 하는 것은 아니다.[99]

(2) 집행정지

의무자가 위법·부당한 행정처분에 대하여 행정심판 또는 행정소송이 제기된 경우에도 그로 인하여 행정처분의 집행이 정지되지 않는다(행정소송법 제23조 제1항). 다만 위법한 대집행으로 인하여 "처분 등이나 그 집행 또는 절차의 속행으로 인하여 생길 회복하기 어려운 손해"를 예방하기 위하여 긴급한 필요가 있을 때에는 법원에 대집행의 정지를 신청하여 그 집행정지결정을 받아야 할 것이다(행정소송법 동조 제2항).

여기서 '회복하기 어려운 손해'는 특별한 사정이 없는 한 금전으로 보상할 수 없는 손해를 말하는바, 이는 금전보상이 불능일 뿐만 아니라, 금전보상으로는 사회통념상 행정처분을 받은 당사자가 참고 견딜 수 없거나 또는 참고 견디기가 현저히 곤란한 경우의 유형·무형의 손해를 말한다.[100]

---

98) 건축법에 위반하여 건축한 것이어서 철거의무가 있는 건물이라 하더라도 그 철거의무를 대집행하기 위한 계고처분을 하려면 다른 방법으로는 이행의 확보가 어렵고 불이행을 방치함이 심히 공익을 해하는 것으로 인정될 때에 한하여 허용되고 이러한 요건의 주장입증책임은 처분 행정청에 있다(대법원 1993.9.14. 92누16690; 대법원 1981.3.24. 80누341).

99) 위법한 행정대집행이 완료되면 그 처분의 무효확인 또는 취소를 구할 소의 이익은 없다 하더라도, 미리 그 행정처분의 취소판결이 있어야만, 그 행정처분의 위법임을 이유로 한 손해배상 청구를 할 수 있는 것은 아니다(대법원 1972.4.28. 72다337).

100) 대법원 1987.6.23. 86누18; 대법원 1968.8.31. 68두6; 대법원 1971.3.4. 71두1.

다만, 집행정지는 공공복리에 중대한 영향을 미칠 우려가 있을 때에는 허용되지 아니한다(행정소송법 동조 제3항).

제6절 무단점유자에 대한 처벌

Ⅰ. 국유재산법위반에 따른 처벌

국유재산법은 누구든지 이 법 또는 다른 법률에서 정하는 절차와 방법에 따르지 아니하고는 국유재산을 사용하거나 수익하지 못하도록 하고 있다(동법 제7조 제1항). 이를 위반하여 행정재산을 사용하거나 수익한 자는 2년 이하 징역 또는 1,000만 원 이하의 벌금에 처하도록 규정하고 있다(동법 제82조). 이는 변상금부과, 행정대집행뿐만 아니라 이러한 처벌규정을 두고 있는 것은 국유재산의 공익적 기능에 의해서 다른 재산과 달리 적극적인 보호의 필요성이 있기 때문이다.

구 국유재산법(법률 제9401호, 2009.1.30. 전부개정되기 이전)에는 "누구든지 국유재산을 정당한 사유 없이 사용 또는 수익하지 못한다"라고 규정하고 있었다. 정당한 사유의 해석에 대한 논란이 있었다. 정당한 사유가 구체적으로 무엇인가에 대해 학설은 "국유재산의 관리·처분과 관련된 정책이 추구하고자 하는 행정목적에 부합하지 않는 행위나 사실이 존재하더라도 그 행위 당사자에게 비난을 가할 수 없는 사유가 있는 경우"를 의미한다고 해석하였다.[101] 그러나 대법원은 정당한 이유를 해석함에 있어서 객관적·구체적 기준을 제시하지 아니하여,[102] 정당한 이유에 대한 해석에 있어서 기준이 모호하였다.[103]

---

[101] 이원우, 「주석 국유재산법」, 36면.

[102] ① 국유토지 위에 점포 건물과 수족관을 신축하여 나라에 기부채납함과 동시에 이를 대부받으면서 "대부기간이 만료될 경우 대부재산을 원상으로 회복하여 반환한다"고 약정하였다면, 그 뜻은 대부기간이 만료되었을 때 대부기간 중 대부목적물에 임의로 시설물을 만들어 놓았다면 이를 철거하여 위 토지 및 점포 건물과 수족관을 대부받았을 때의 현상 그대로 만들어서 반환하여야 한다는 취지이지, 대부목적물인 수족관 건물을 철거하여 공터로 위 토지를 반환하여야 한다는 뜻으로 해석할 수는 없다. 수족관 건물의 소유를 위하여 그 부지 일부에 관하여 관습상 법정지상권을 취득하였다면 그 후 대부기간이 만료된 뒤에도 계속하여 위 부지를 사용한 데에는 정당한 사유가 있다고 볼 수 있다(대법원 1993.2.12. 92도3234).
② 이 사건 토지는 국유농지임에도 불구하고 농림부장관은 농지개혁법 시행령 10조에 의한 재무부장관

개정 국유재산법(법률 제9401호, 2009.1.30. 전부개정)에서는 '정당한 사유'라는 문구를 삭제하여, "이 법 또는 다른 법률에서 정하는 절차와 방법에 따르지 아니하고 국유재산을 사용하거나 수익한 경우"에는 처벌받도록 구성요건을 명확하게 규정하였다.

다만, 국유재산법 제7조에 위반되는 행위를 하여도 형법 제16조[104])에 따라 정당한 이유가 있는 때에는 위법성이 조각되는 경우가 있을 수 있다.

Ⅱ. 「군사기지 및 군사시설보호법」에 따른 처벌[105])

1. 군사시설 손괴

'군사기지'란 군사시설이 위치한 군부대의 주둔지·해군기지·항공작전기지·방공(防空)기지·군용전기통신기지, 그 밖에 군사작전을 수행하기 위한 근거지를 말한다(동법 제2조). 군사시설 또는 군용 항공기를 손괴하거나 그 기능을 손상시킨 자는 3년 이상의

의 인계를 받음이 없이 이 토지를 피고인에게 분배한 것이 엿보임으로 이 농지분배는 당연 무효라 할 것이고 따라서 이 사건토지는 여전히 국유재산으로 보아야 할 것임으로 원심으로서는 피고인이 사건 농지분배가 당연 무효임을 안 때가 언제인가를 심리 확정하여 적어도 이때부터 검사의 공소사실에 속하는 기간까지는 피고인은 국유재산법 제5조에 의한 정부의 허가 없이 국유재산을 사용 수익한 죄책을 면할 수 없다 할 것임에도 불구하고, 1심은 본건 토지는 피고인이 분배받아 경락한 것이 인정됨으로 본건은 죄가 되지 않는다고 판단하였고, 원심은 1심판단은 정당하다고 하여 이에 대한 검사의 항소를 기각한 것은 심리미진과 이유불비의 잘못을 저질렀다고 보아야 할 것이다(대법원 1969.7.8. 69도821).
③ 국유재산을 대부받아 주유소를 경영하는 자가 기사식당과 휴게소가 필요하게 되어 건축허가사무 담당 공무원에게 위 국유지상에 건축물을 건축할 수 있는지를 문의하여, 비록 국유재산이지만 위 국유재산을 불하받을 것이 확실하고 또 만일 건축을 한 뒤에 위 국유재산을 불하받지 못하게 되면 건물을 즉시 철거하겠다는 각서를 제출하면 건축허가가 될 수 있다는 답변을 듣고, 건축사에게 건축물의 설계를 의뢰하여 위와 같은 내용의 각서와 함께 건축허가신청서를 제출하여 건축허가를 받고, 건물을 신축하여 준공검사를 받은 지 1년여 후에 위 국유재산을 매수하였다면, 국유재산법 제24조 제3항에 따라 기부를 전제로 한 시설물의 축조 이외에는 국유지상에 건물을 신축할 수 없는 사실을 알고 있었다 하더라도, 국유지상에 건물을 신축하여 그 국유재산을 사용·수익하는 것이 법령에 의하여 허용되는 것으로 믿었고 또 그렇게 믿을 만한 정당한 이유가 있었다고 볼 수 있다(대법원 1993.10.12. 93도1888).

103) 법원의 판단기준의 결여로 인해 유사한 사안에 대해서 그 판단을 달리하는 문제가 있고, 이는 현재 행정법규 등이 고도의 기술성과 전문성을 가짐으로 인해서 단순한 윤리적인 규범판단기준으로는 그 구체적 행위기준을 판단하기 어려운 문제가 있다(천진호, "금지착오에 있어서 정당한 이유에 대한 일반적 판단척도와 유형화", 「현대형사법론: 죽현 박양빈교수 화갑기념논문집」96.11., 고시연구사, 1996년, 627면).

104) 형법 제16조 자기의 행위가 법령에 의하여 죄가 되지 아니하는 것으로 오인한 행위는 그 오인에 정당한 이유가 있는 때에 한하여 벌하지 아니한다.

105) 2007.12.21. 제정되고 2008.9.22. 시행되는 「군사기지 및 군사시설보호법」은 과거 「군사시설보호법」, 「해군기지법」 및 「군용항공기지법」 등을 하나의 법률로 통합한 법률이다.

유기징역에 처한다(동법 제24조).

그러나 군형법 제69조의 군용시설손괴죄와의 관계와 동규정이 문제가 된다. 군형법 제69조에 의하면, 군의 공장·함선·항공기 또는 전투용에 공하는 시설, 기차·전차·자동차, 교량이나 군용에 공하는 철도, 전선 기타의 시설이나 물건을 손괴하거나 기타의 방법으로 그 효용을 해하는 경우에 무기 또는 2년 이상의 징역에 처하도록 하고 있다. 군사기지 및 군사시설보호법의 군사시설과 군형법 제69조의 군용시설이 중복될 수 있다. 이 경우에는 법정형이 무거운 군형법상 군용시설손괴죄만 성립한다고 보아야 할 것이다.

2. 금지사항 위반

'군사기지 및 군사시설 보호구역'이란 군사기지 및 군사시설을 보호하고 군사작전을 원활히 수행하기 위하여 국방부장관이 지정하는 구역으로서, 여기에는 통제보호구역과 제한보호구역으로 구분하고 있다. 통제보호구역은 군사기지 및 군사시설 보호구역 중 고도의 군사활동 보장이 요구되는 군사분계선의 인접지역과 중요한 군사기지 및 군사시설의 기능보전이 요구되는 구역을 말하고, 제한보호구역은 보호구역 중 군사작전의 원활한 수행을 위하여 필요한 지역과 군사기지 및 군사시설의 보호 또는 지역주민의 안전이 요구되는 구역을 말한다(동법 제2조, 제4조, 제5조).

보호구역에 대하여 각종 금지사항이 규정되어 있고, 특히 통제보호구역 안에서 주택을 신축한 자는 2년 이하의 징역 또는 벌금 500만 원 이하의 벌금에 처하도록 하고 있다(동법 제24조 제5항 제1호).

3. 출입금지위반

허가를 받지 아니하고 통제보호구역 또는 울타리 또는 출입통제표찰이 설치된 군사기지 및 군사시설에 출입하는 행위를 한 자는 1년 이하의 징역 또는 300만 원 이하의 벌금에 처하도록 하고 있다(동법 제24조 제6항).

Ⅲ. 「산림자원조성 및 관리에 관한 법률」에 따른 처벌

동법은 다음 중의 어느 하나에 해당하는 경우에는 5년 이하의 징역 또는 1,500만 원이하의 벌금에 처하도록 하고 있다(동법 제74조).

○ 제19조 제5항을 위반[106]하여 채종림 등에서 입목·죽의 벌채, 임산물의 굴취·채취, 가축의 방목, 그 밖의 토지의 형질을 변경하는 행위를 한 자

○ 제21조 제1항[107]을 위반하여 지방자치단체의 장의 승인 없이 가로수를 심고 가꾸기·옮겨심기·제거 또는 가지치기 등을 한 자

○ 제36조 제1항[108]을 위반하여 시장·군수·구청장이나 지방산림청장의 허가 없이 입목벌채 등을 한 자

○ 정당한 사유 없이 산림 안에서 입목·죽을 손상하거나 말라 죽게 한 자

○ 정당한 사유 없이 가로수를 손상하거나 말라 죽게 한 자

○ 입목·죽, 목재 또는 원뿌리에 표시한 기호나 도장을 변경하거나 지운 자

○ 정당한 사유 없이 타인의 산림에 공작물을 설치한 자

---

106) 산림자원 조성 및 관리에 관한 법률 제19조(채종림 등의 지정·관리 등)
⑤ 채종림 등에서는 다음 각 호의 행위를 하지 못한다. 다만, 숲 가꾸기를 위한 벌채 및 임산물의 굴취·채취는 채종림 등의 지정목적에 어긋나지 아니하는 범위에서 농림수산식품부령으로 정하는 바에 따라 산림청장이나 시장·군수·구청장에게 신고하고 할 수 있다.
1. 입목·죽의 벌채
2. 임산물의 굴취·채취
3. 가축의 방목(방목)
4. 그 밖에 토지의 형질을 변경하는 행위

107) 산림자원 조성 및 관리에 관한 법률 제21조(가로수의 조성·관리) ① 지방자치단체의 장 외의 자가 다음 각 호의 행위 등을 하려면 지방자치단체의 장의 승인을 받아야 한다. 이 경우 승인 절차, 승인 기간 및 비용 부담 등에 관해서는 해당 지방자치단체의 조례로 정한다.
1. 가로수를 심고 가꾸기
2. 가로수를 옮겨심기
3. 가로수의 제거
4. 가로수의 가지치기 등

108) 산림자원 조성 및 관리에 관한 법률 제36조(입목벌채 등의 허가 및 신고 등) ① 산림(제19조에 따른 채종림 등과 「산림보호법」 제7조에 따른 산림보호구역은 제외한다. 이하 이 조에서 같다) 안에서 입목의 벌채, 임산물(「산지관리법」 제2조 제4호·제5호에 따른 석재 및 토사는 제외한다. 이하 이 조에서 같다)의 굴취·채취(이하 '입목벌채 등'이라 한다. 이하 같다)를 하려는 자는 농림수산식품부령으로 정하는 바에 따라 시장·군수·구청장이나 지방산림청장의 허가를 받아야 한다. 허가받은 사항 중 대통령령으로 정하는 중요 사항을 변경하려는 경우에도 또한 같다.

Ⅳ. 「공유수면 관리 및 매립에 관한 법률」에 따른 처벌

공유수면은 바다,[109] 바닷가,[110] 하천, 호소, 구거, 그 밖에 공공용으로 사용되는 수면 또는 수류로서 국유인 것을 말한다(동법 제2조). 다음 어느 하나에 해당하는 자는 3년 이하의 징역 또는 3,000만 원 이하의 벌금에 처한다(동법 제62조).

○ 제5조[111]를 위반하여 금지된 행위를 한 자

○ 제8조 제1항[112]에 따른 점용·사용허가를 받지 아니하고 공유수면을 점용·사용한 자

○ 제8조 제1항에 따른 점용·사용허가를 거짓이나 그 밖의 부정한 방법으로 받은 자

○ 제28조[113]에 따른 매립면허를 받지 아니하고 공유수면을 매립하거나 매립공사를 한 자

○ 제28조에 따른 매립면허를 거짓이나 그 밖의 부정한 방법으로 받은 자

○ 제48조 제1항[114] 본문을 위반하여 매립목적을 변경하여 사용한 자

---

109) 바다: 「측량·수로조사 및 지적에 관한 법률」 제6조 제1항 제4호에 따른 해안선으로부터 「배타적경제 수역법」에 따른 배타적 경제수역 외측 한계까지의 사이(공유수면 관리 및 매립에 관한 법률 제2조 제1 항 가).

110) 바닷가: 「측량·수로조사 및 지적에 관한 법률」 제6조 제1항 제4호에 따른 해안선으로부터 지적공부 (지적공부)에 등록된 지역까지의 사이(공유수면 관리 및 매립에 관한 법률 제2조 제1항 나).

111) 공유수면 관리 및 매립에 관한 법률 제5조(금지행위) 누구든지 공유수면에서 정당한 사유 없이 다음 각 호의 어느 하나에 해당하는 행위를 하여서는 아니 된다.
    1. 폐기물, 폐유, 폐수, 오수, 분뇨, 가축분뇨, 오염토양, 유독물, 동물의 사체, 그 밖에 국토해양부령으로 정하는 오염물질을 버리거나 흘러가게 하는 행위
    2. 수문(수문) 또는 그 밖에 공유수면의 관리를 위한 시설물을 개폐(개폐)하거나 훼손하는 행위
    3. 선박을 버리거나 방치하는 행위

112) 공유수면 관리 및 매립에 관한 법률 제8조(공유수면의 점용·사용허가) ① 다음 각 호의 어느 하나에 해당하는 행위를 하려는 자는 대통령령으로 정하는 바에 따라 공유수면관리청으로부터 공유수면의 점용 또는 사용(이하 '점용·사용'이라 한다)의 허가(이하 '점용·사용허가'라 한다)를 받아야 한다. 다만, 제28조에 따라 매립면허를 받은 자가 매립면허를 받은 목적의 범위에서 해당 공유수면을 점용·사용하려는 경우에는 그러하지 아니하다.
    1. 공유수면에 부두, 방파제, 교량, 수문, 건축물(「건축법」 제2조 제1항 제2호에 따른 건축물로서 공유 수면에 토지를 조성하지 아니하고 설치한 건축물을 말한다. 이하 이 장에서 같다), 그 밖의 인공구조 물을 신축·개축·증축 또는 변경하거나 제거하는 행위
    2. 공유수면에 접한 토지를 공유수면 이하로 굴착하는 행위
    3. 공유수면의 바닥을 준설하거나 굴착하는 행위
    4. 대통령령으로 정하는 포락지 또는 개인의 소유권이 인정되는 간석지를 토지로 조성하는 행위
    5. 공유수면으로부터 물을 끌어들이거나 공유수면으로 물을 내보내는 행위. 다만, 국토해양부령으로 정하는 행위는 제외한다.
    6. 공유수면에서 흙이나 모래 또는 돌을 채취하는 행위
    7. 공유수면에서 식물을 재배하거나 베어내는 행위
    8. 공유수면에 흙 또는 돌을 버리는 등 공유수면의 수심(수심)에 영향을 미치는 행위
    9. 점용·사용허가를 받아 설치된 시설물로서 국가나 지방자치단체가 소유하는 시설물을 점용·사용하

V. 「문화재보호법」에 따른 처벌

문화재란 인위적이거나 자연적으로 형성된 국가적·민족적 또는 세계적 유산으로서 역사적·예술적·학술적 또는 경관적 가치가 큰 것으로, 유형문화재, 무형문화재, 기념물, 민속문화재가 있다(동법 제2조).

동법은 문화재의 적극적인 보호를 위해서, 손상·은닉한 경우(동법 제92조), 방화·일수(溢水)·파괴하는 경우(제94조, 제95조, 제96조), 관리행위를 방해하는 경우(제101조) 등에 대한 처벌규정을 두고 있다.

제7절 환매소송

I. 의의

현행 헌법 제23조 제3항은 "공공의 필요에 의한 재산권의 수용·사용 또는 제한 및 그에 따른 보상은 법률로써 하되, 정당한 보상을 지급하여야 한다"라고 규정하고 있다. 이에 따라 공익사업을 위한 토지 등의 취득 및 보상에 관한 법률(이하 '공토법'), 징발재산정리에 관한 특별조치법(이하 '징특법') 등에서 국가가 공익사업 또는 공공사업 및 기

는 행위
　10. 공유수면에서 「광업법」 제3조 제1호에 따른 광물을 채취하는 행위
　11. 제1호부터 제10호까지에서 규정한 사항 외에 공유수면을 점용·사용하는 행위

113) 제28조(매립면허) ① 공유수면을 매립하려는 자는 대통령령으로 정하는 바에 따라 매립목적을 구체적으로 밝혀 다음 각 호의 구분에 따라 국토해양부장관, 시·도지사 또는 특별자치도지사(이하 '매립면허관청'이라 한다)로부터 공유수면 매립면허(이하 '매립면허'라 한다)를 받아야 한다.
　1. 「항만법」 제3조 제1항 각 호에 따른 항만구역의 공유수면 매립: 국토해양부장관
　2. 면적이 10만 제곱미터 이상인 공유수면 매립: 국토해양부장관
　3. 제1호 및 제2호에 따른 공유수면을 제외한 공유수면 매립: 시·도지사 또는 특별자치도지사

114) 제48조(매립목적 변경의 제한) ① 매립면허취득자, 매립지의 소유권을 취득한 자와 그 승계인은 면허를 받은 매립예정지와 매립지 또는 준공검사를 받은 매립지에 대하여 준공검사 전이나 준공검사일부터 10년 이내에는 매립목적을 변경하여 사용할 수 없다. 다만, 대통령령으로 정하는 매립목적의 경미한 변경인 경우에는 그러하지 아니하다.

타 공공을 목적으로 사업을 행할 경우, 수용·징발매수 또는 협의 매수 등의 방법에 의하여 재산권을 수용 등을 할 수 있다고 규정하고 있으며, 동시에 그에 따른 보상내용 및 보상절차 등에 관한 규정을 두고 있다.

헌법에서 정한 정당한 보상과 함께 공토법 등의 각종 토지수용 관련 법률에서는 공용수용의 목적물인 토지가 수용목적의 폐지·변경 기타의 사유로 인하여 수용 당시의 목적대로 이용될 수 없거나 수용 후 일정기간 이내에 그 공익사업이 실시되지 아니한 경우에는 수용당시의 토지소유자 등에게 그 소유권을 회복할 수 있는 권리, 즉 환매권을 보장하고 있다.

Ⅱ. 환매권의 개념과 근거

1. 환매권의 개념

환매권(還買權)이란 수용의 목적물인 토지가 공익사업의 폐지·변경 기타의 사유로 불필요하게 되거나 수용 후 오랫동안 그 공익사업에 현실적으로 이용되지 않은 경우에 수용 당시의 토지소유자 또는 그 포괄승계인이 보상금에 상당하는 금액을 지급하고 원소유권을 다시 취득할 수 있는 권리를 말한다.[115]

2. 환매권의 이론적 근거

(1) 감정(感情)의 존중설

피수용자는 이미 완전한 보상을 받아 재산상으로는 어떠한 손실도 없으나 수용은 피수용자의 의사에 반하여 그 권리를 박탈하는 것이므로 그 점에 있어서 피수용자에게는 아직 감정상의 손실이 남아 있으며, 그것은 재산상의 손실보상으로 보상되지 아니하므로 수용의 목적물이 공익사업에 필요가 없게 된 경우에는 피수용자의 감정을 만족시키기 위하여 반환하는 것이라는 견해이다.[116]

---

115) 김동희, 행정법Ⅱ, 367면; 이에 대하여 공토법과 징특법상의 환매권을 민법과 구별하여 '법정환매권'으로 칭하기도 한다(장창민, "환매법의 연구", 성균관대학교 박사학위논문, 2000년, 189면).

116) 박윤흔, 행정법강의(하), 630면.

(2) 공평의 원칙설

공용수용은 공익사업에 제공하기 위하여 강제적으로 재산을 취득하는 것이므로 사업의 폐지, 변경 기타의 사유로 수용지 전부 또는 일부가 불필요하게 되었을 때에 원소유자 등에게 그 소유권을 회복할 수 있는 기회를 부여하는 것은 공평의 원칙에 부합한다는 견해이다.

(3) 재산권의 존속보장설

재산권의 진정한 보장은 재산권의 존속보장이며, 재산권의 존속보장은 가치보장에 대한 개념으로서, 공용수용과 관련하여 대가의 지불에 만족하여서는 안 되고 재산권의 존속을 우선시해야 한다는 것을 의미한다. 공공성이 소멸한 경우에는 재산권의 존속보장이 회복되어야 하고 이러한 존속보장의 사상에서 환매권을 인정하는 근거를 찾는 견해이다.[117]

(4) 절충적 견해

이 견해는 감정존중설과 공평의 원칙설을 절충한 다수의 견해로서, 공용수용에 있어서 피수용자는 기업자로부터 완전한 보상을 받는 것이므로 피수용자에게 경제적인 손실은 이미 보전된 것이나, 그 수용목적물의 전부 또는 일부가 불필요하게 되었을 때에는 원소유자 등에게 그 소유권을 회복할 수 있는 기회를 부여하는 것이 피수용자의 감정의 존중이나 공평의 견지에서 당연하다고 한다.[118]

판례는 "환매권을 인정하고 있는 입법이유는, 토지 등의 원소유자가 사업시행자로부터 토지 등의 대가로 정당한 손실보상을 받았다고 하더라도 원래 자신의 자발적인 의사에 기하여 그 토지 등의 소유권을 상실하는 것이 아니어서, 그 토지 등을 더 이상 당해 공공사업에 이용할 필요가 없게 된 때, 즉 공익상의 필요가 소멸한 때에는 원소유자의 의사에 따라 그 토지 등의 소유권을 회복시켜 주는 것이 공평의 원칙에 부합한다는 데에 있다"[119]라고 하여 절충설에 따른 것으로 보인다.

---

117) 김남진·김연태, 행정법Ⅱ, 560면; 김해룡, "토지법상 환매권의 법리", 「계명법학」제2집(98.02.), 계명 법학간행위원회, 1998년, 29면.

118) 김동희, 행정법Ⅱ, 368면; 석종현, 일반행정법(하), 682면.

119) 대법원 1992.4.28. 91다29927; 대법원 1993.5.27. 92다34667; 대법원 1993.12.28. 93다34701; 대법원 1998.4.10. 96다52359.

(5) 헌법재판소의 견해

헌법재판소는 환매권의 근거에 대해서 헌법 제23조 제1항의 재산권보장규정에서 그 근거가 있다고 보고 있다. 헌법재판소는 "우리 헌법의 재산권 보장에 관한 규정의 근본취지에 비추어 볼 때, 공공필요에 의한 재산권의 공권력적·강제적 박탈을 의미하는 공용수용(公用收用)은 헌법상의 재산권 보장의 요청상 불가피한 최소한에 그쳐야 한다. ……일단 공용수용의 요건을 갖추어 수용절차가 종료되었다고 하더라도 그 후에 수용의 목적인 공공사업이 수행되지 아니하거나 또는 수용된 재산권이 당해 공공사업에 필요 없게 되었다고 한다면, 수용의 헌법상 정당성과 공공필요에 의한 재산권 취득의 근거가 장래를 향하여 소멸한다고 보아야 한다. 따라서 수용된 토지 등이 공공사업에 필요 없게 되었을 경우에는 피수용자가 그 토지 등의 소유권을 회복할 수 있는 권리, 즉 환매권이 헌법상의 재산권 보장으로부터 도출되고, 그 권리는 헌법이 보장하는 재산권의 내용에 포함되는 권리라고 보는 것이 상당하다"[120]라고 하여 환매권의 근거를 재산권 보장에 있다고 보고 있다.

(6) 검토

감정존중설과 공평의 원칙설은 토지수용이 공익사업의 필요에 의해서 비자발적으로 이루어진 이상 그 공익사업이 불요하게 된 경우에는 원소유자에게 회복하는 게 공평하고 감정의 존중에 부합하는 것이다. 그러나 이는 궁극적으로 개인의 재산권보장원칙에 근거를 두고 있으므로 이는 재산권보장과 결부됨으로써 그 의미가 있다 할 것이다. 결국 환매권의 이론적 근거를 재산권보장에서 찾는 것이 더 직접적이고 명확하다 할 것이다.

3. 환매권의 법적 근거

(1) 환매권에 대해서 개별 법령상 근거가 요하는지

환매권을 인정하는 이론적 근거에 대해서 학설과 판례가 다소 차이가 있고, 헌법재판소는 헌법 제23조 제1항의 재산권 보장규정에서 그 근거가 있음을 분명히 하고 있다.

이러한 이론적 근거의 차이로부터 환매권이 헌법상 재산권 보장규정으로부터 직접 도출되는 권리인가, 아니면 개별 법령상의 근거가 있어야만 인정되는가에 대해서 논란이 있다.

헌법재판소는 전술한 바와 같이 환매권이 재산권 보장조항으로부터 도출되는 것으로서

---

120) 헌법재판소 1994.2.24. 92헌가15; 헌법재판소 1996.8.29. 95헌바36.

헌법이 보장하는 재산권의 내용에 포함되는 권리로 보는 데 반하여, 대법원은 개별 법령의 규정에 의하여 구체적으로 형성되어야만 인정되는 권리로 이해하고 있다.[121]

환매권이 헌법상의 재산권보장 조항으로부터 직접 도출되는 권리인지는 환매권을 인정하는 것이 재산권보장의 본질적 내용에 해당하는지에 따라 판단하여야 할 것이다. 개별 법률로 재산권의 내용이 구체화되지 않은 경우에 헌법조항이 직접 적용되기 위해서는 재산권에 대한 본질적인 침해에 해당하여야 하지만, 재산권의 수용에 대하여 손실보상이 지급된 상황에서 환매권을 인정하지 않는 것은 재산권에 대한 본질적 침해로 보기 힘들다고 할 것이다.

따라서 이론적 근거나 헌법조항만으로 바로 환매권을 인정할 수 없고 그것을 인정하기 위해서는 실정법적인 근거가 있어야 하고, 그 내용을 어떻게 규정할 것인가는 입법의 자유에 속한다.[122]

---

121) 재산권 보장규정인 헌법 제23조 제1항, 제3항의 근본취지에 비추어 볼 때, 어느 토지에 관하여 공공필요에 의한 수용절차가 종료되었다고 하더라도 그 후에 수용의 목적인 공공사업이 수행되지 아니하거나 또는 수용된 토지를 당해 공공사업에 이용할 필요가 없게 된 경우에는 특별한 사정이 없는 한 피수용자에게 그의 의사에 따라 수용토지의 소유권을 회복할 수 있는 권리를 인정하여야 할 것이다. 그러나 한편, 국가가 공공필요에 의하여 보상금을 지급하고 토지 소유권을 수용함으로써 이를 취득한 마당에 사후적으로 그 토지에 대한 수용목적이 소멸하였다고 하여 피수용자가 오랜 세월이 지난 후에도 언제든지 일방적으로 수용토지의 소유권을 회복할 수 있다고 한다면 수용토지를 둘러싼 권리관계를 심히 불안정하게 하고 이로 인하여 그 토지의 효율적인 이용이나 개발을 저해하는 등의 불합리한 결과를 초래할 수 있다고 할 것인바, 이러한 결과는 헌법이 기본원리로 하고 있는 법치주의의 요소인 법적 안정성 등에는 반하는 것이라고 할 것이다. 뿐만 아니라 수용된 토지에 국가나 기업자가 투자하여 개발한 이익이 있는 경우 그 이익이 공평하게 분배될 수 있도록 하는 조치도 필요하다. 그러므로 입법자는 수용토지에 대한 수용목적이 소멸한 경우에 피수용자가 그 토지의 소유권을 회복할 수 있는 권리의 내용, 성립요건, 행사기간·방법 및 소유권 회복 시 국가나 기업자에게 지급하여야 할 대금 등을 규정함으로써 그 권리를 구체적으로 형성하여 보장함과 동시에 이를 법적 안정성, 형평성 등 다른 헌법적 요청과 조화시키는 내용의 법령을 제정하여야 할 것이고, 피수용자로서는 입법자가 제정한 법령에 의하여 수용토지 소유권의 회복에 관한 권리를 행사할 수 있는 것이라고 해석함이 상당하다. 따라서 입법자가 법령을 제정하지 않고 있거나 이미 제정된 법령이 소멸하였다고 하여 피수용자가 곧바로 헌법상 재산권 보장규정을 근거로 하여 국가나 기업자를 상대로 수용목적이 소멸한 토지의 소유권이전을 청구할 수 있는 것은 아니라고 보아야 할 것이며, 피수용자의 토지가 위헌인 법률에 의하여 수용되었다고 하여 달리 볼 것도 아니다(대법원 1998.4.10. 96다52359).

122) 김남진·김연태, 행정법Ⅱ, 562면; 박윤흔, 행정법강의(하), 630면; 김해룡, 전게논문, 32면; 이선영, 「신토지수용과 보상법론」, 289~290면; 김원규, "환매권", 「한국행정학의 어제·오늘·내일: 문연 김원주 교수 정년기념 논문집 1권」, 문연 김연주 교수 정년기념논문집 간행위원회, 2000.02. 388면; 김병기, "공익사업을 위한 토지 등의 취득 및 보상에 관한 법률상 환매권의 법적 성질과 환매기간규정의 위헌여부", 「행정법연구 제26호」 행정법이론실무학회, 2010년, 116면.

(2) 실정법 근거

공토법 제91조 제1항에서 "토지의 협의취득일 또는 수용의 개시일부터 10년 이내에 해당 사업의 폐지·변경 또는 그 밖의 사유로 취득한 토지의 전부 또는 일부가 필요 없게 된 경우 취득일 당시의 토지소유자 또는 그 포괄승계인은 그 토지의 전부 또는 일부가 필요 없게 된 때부터 1년 또는 그 취득일부터 10년 이내에 그 토지에 대하여 받은 보상금에 상당하는 금액을 사업시행자에게 지급하고 그 토지를 환매할 수 있다"라고 규정하고 있다.

징발법에 의하여 징발된 재산 중 군사상 필요가 없게 된 재산의 환매에 관해서는 징특법 제20조가 적용되는 등 개별법에서 환매권을 규정하고 있다.[123]

Ⅲ. 환매권의 법적 성질

1. 사권(私權) 여부

(1) 공권설

환매권이 공권력의 주체에 대한 권리라는 점과 공법적 원인에 기하여 야기된 법적 상태를 원상으로 회복하는 것이라는 점에서 환매권을 공권으로 보는 견해이다.[124]

---

123) 개별법률은 다음과 같다.
　① 택지개발촉진법 제13조(환매권)
　② 공공기관 지방이전에 따른 혁신도시 건설 및 지원에 관한 특별법 제51조(다른 법률에 따른 개발사업구역과 중복지정 등)
　③ 기업도시개발특별법 제43조(다른 법률에 따른 개발사업구역등과의 중복 지정 등)
　④ 보금자리주택건설 등에 관한 특별법 제48조(택지개발예정지구의 주택지구로 전환)
　⑤ 자연공원법 시행령 제16조(환매권)
　⑥ 재해위험 개선사업 및 이주대책에 관한 특별법 제25조(환매권)
　⑦ 신행정수도 후속대책을 위한 연기·공주지역 행정중심복합도시 건설을 위한 특별법 제24조(토지 등의 수용 등)
　⑧ 국가보위에 관한 특조치법 제5조 제4항에 의한 동원 대상 지역 내의 토지의 수용·사용에 관한 특별조치령 제39조(환매권)

124) 류지태, 전게서, 929면; 석종현, 전게서, 682면; 김향기, 전게서, 808면; 김해룡, "토지법상 환매권의 법리", 「계명법학(제2집, 98.02.)」, 계명법학간행위원회, 1998년, 38면; 박영만, "군사상 필요에 의한 사인의 토지재산권에 대한 공용침해와 그 구제", 경북대학교 박사학위논문, 1999년 12월, 226면; 김병기, "공익사업을 위한 토지 등의 취득 및 보상에 관한 법률상 환매권의 법적 성질과 환매기간규정의 위헌여부", 「행정법연구 제26호」, 행정법이론실무학회, 2010년, 112면.

(2) 사권설

환매권자가 자기의 개인적 이익을 위한 일방적 의사에 의해 수용목적물을 다시 취득하는 것이라는 점, 매수권자는 모든 피수용자가 아니라 원토지소유자와 그 포괄승계인에 한정하고 있다는 점, 행정청의 수용해제처분을 요하지 않는다는 점에서 사권으로 보는 견해이다.[125]

(3) 판례

대법원은 "징발재산정리에 관한 특별조치법 제20조 소정의 환매권은 일종의 형성권으로서 그 존속기간은 제척기간으로 보아야 할 것이며, 위 환매권은 재판상이든 재판외이든 그 기간 내에 행사하면 이로써 매매의 효력이 생기고, 위 매매는 같은 조 제1항에 적힌 환매권자와 국가 간의 사법상의 매매라 할 것이다"[126] 하였고, 헌법재판소는 "청구인들이 주장하는 환매권의 행사는…… 환매권자의 일방적 의사표시만으로 성립하는 것이지, 상대방인 사업시행자 또는 기업자의 동의를 얻어야 하거나 그 의사 여하에 따라 그 효과가 좌우되는 것은 아니다. 따라서 이 사건의 경우 피청구인이 설사 청구인들의 환매권 행사를 부인하는 어떤 의사표시를 하였다 하더라도, 이는 환매권의 발생 여부 또는 그 행사의 가부에 관한 사법관계의 다툼을 둘러싸고 사전에 피청구인의 의견을 밝히고, 그 다툼의 연장인 민사소송절차에서 상대방의 주장을 부인하는 것에 불과하므로, 그것을 가리켜 헌법소원심판의 대상이 되는 공권력의 행사라고 볼 수는 없다"라고 하여, 대법원과 헌법재판소는 사권설을 취하고 있다.

(4) 검토

환매권의 성립원인이 공익을 위한 공법관계에서 비롯되었다고 하더라도 사업시행자에게 일단 토지소유권이 적법하게 이전된 후에는 공법관계가 종료되며, 이와 관계없이 나중에 환매사유가 발생함으로써 사업시행자에 대하여 별개로 이를 행사하게 된다. 따라서 당사자 간의 법률관계는 우월적 공법관계가 아닌 대등한 사법관계라는 점에서 사권으로 보는 게 타당하다. 사권적인 성질을 가지므로 환매권자가 자유로이 환매권을 포기할 수 있다.

---

125) 김철용, 행정법Ⅱ, 박영사, 2006년, 563면.
126) 대법원 1992.4.24. 92다4673.

2. 형성권

환매는 환매기간 내에 환매의 요건이 발생하면 환매권자가 수령한 보상금의 상당금액을 사업시행자에게 지급하고 일방적으로 의사표시를 함으로써 사업시행자의 의사에 관계없이 성립되는 것으로 형성권(形成權)의 일종이다.[127]

Ⅳ. 환매권자 및 상대방

1. 환매권자

(1) 토지의 소유자

토지의 소유자는 환매권 성립 당시 보상금을 지급받은 '등기부상 원토지소유자'를 말한다. 구 공토법(법률 제8665호, 2007.10.17. 개정 이전)에는 등기부상 토지소유자가 아닌 자도 소유사실확인에 의하여 정당한 권리자로서 보상금을 받은 사실상의 소유자도 환매권자가 될 수 있는가에 대해서 정당한 권리자가 부인되지 않는 한 이에 대하여 환매권자로 인정할 수 있다는 견해가 있었으나,[128] 개정된 공토법(법률 제8665호, 2007.10.17.)에서는 소유사실확인서발급제도를 폐지하여 환매권자가 될 수 없게 되었다.

(2) 토지소유자의 포괄승계인

포괄승계인은 자연인의 상속인 및 합병 후의 新법인을 말한다. 잔여지의 특정승계인이나 환매권의 특정승계인은 환매권자가 아니다. 판례는 환매권의 양도 여부에 대하여 "특례법상의 환매권은 제3자에게 양도할 수 없고, 따라서 환매권의 양수인은 사업시행자로부터 직접 환매의 목적물을 환매할 수 없으며, 다만 환매권자가 사업시행자로부터 환매한 토지를 양도받을 수 있을 뿐이라고 할 것이다"[129]라고 하여 환매권의 양도를 원칙적으로 부정하지만, 환매권에 대한 조건부양도를 인정하고 있다.[130]

---

127) 대법원 2000.11.28. 99두3416; 헌법재판소 1994.2.24. 92헌마283.

128) 이선영, 신토지수용과 보상법론, 293면.

129) 대법원 2001.5.29. 2001다11567.

2. 상대방

(1) 의의

환매권 행사의 상대방이 되는 사업시행자에는 법령에 의하여 사업시행자로 된 행정청 뿐만 아니라 그의 위임에 의하여 토지의 협의취득업무를 행하여 그 토지의 소유권을 취득한 자 및 그 사업에 관계된 행정목적 달성을 위하여 그 토지의 소유권을 승계취득한 현재의 소유자도 포함된다.[131]

(2) 환매의무자

환매의무자는 공익사업에 필요한 토지를 협의 또는 수용으로 취득한 자로서 토지소유권이전의무가 있는 자를 말한다. 일반적으로 공익사업의 시행이나 토지취득 절차는 행정기관으로서의 사업시행자(예를 들어 시장·군수 또는 구청장)가 하게 되지만 토지소유권이전등기는 행정 주체로서의 국가·지방자치단체 기타 공공단체(예를 들어 시·군·구)의 명의로 하게 된다. 공토법은 사업시행자에게 보상금 상당액을 지급하고 환매할 수 있도록 하고 있지만, 여기서의 사업시행자는 국가·지방자치단체 기타 공공단체의 기관에 불과하고 환매의무자는 등기명의자인 국가·지방자치단체 기타 공공단체이므로 환매권의 행사는 원칙적으로 등기명의자를 상대로 해야 한다.[132]

(3) 환매권의 대항력

환매권은 「부동산등기법」에서 정하는 바에 따라 공익사업에 필요한 토지의 협의취득 또는 수용의 등기가 되었을 때에는 제3자에게 대항할 수 있다(공토법 제91조 제5항). 여기에서 '대항할 수 있다'는 것은 토지인 수용목적물이 제3자에게 양도되더라도 등기가 되어 있는 경우 그 제3자는 그 환매권자에 대하여 권리가 있음을 주장하지 못한다는 뜻이다.[133]

---

130) 피고가 부동산에 관한 환매권을 소외인에게 양도하고 그 소유권이전등기에 필요한 서류를 교부한 점에 비추어 피고가 동 소외인에게 한 환매권포기약정은 국가가 위 부동산을 원소유자인 피고에게 다시 환매할 경우 위 소외인이 피고 명의로 환매계약을 체결하여 그 환매대금을 납부하고 소유권이전등기를 마치면 피고가 위 소외인 앞으로 소유권이전등기를 경료해 주기로 한 것으로 풀이될 수 있으므로 위 포기약정은 부동산의 매매계약이라 볼 것이다(대법원 1984.4.10. 81다239).

131) 대법원 1994.1.14. 93다22494.

132) 이선영, 신토지수용과 보상법론, 294~295면.

133) 김남진·김연태, 행정법Ⅱ, 564면.

V. 환매의 목적물

1. 토지의 전부 또는 일부

환매의 목적물은 '토지소유권'에 한정되며, 그 이외의 권리(용익권 등), 건물, 물건(토지의 정착물, 토석, 입목 등)은 환매의 대상이 되지 못한다.

공토법 이전에는 토지수용법이 있었는데, 토지수용법은 1961년 일본 토지수용법상의 매수권을 참조하여 환매권제도를 도입하였는데, 환매권의 대상을 일본의 매수권제도와 같이 '토지'에 한정하였다. 한편 수용이 아닌 협의매수로 공공사업에 필요한 토지 등의 취득 또는 사용과 이에 따르는 손실보상에 관한 기준과 방법을 정하기 위하여 1975년 공공용지의 취득 및 보상에 관한 특례법(이하 공특법)이 제정되었는데, 이 법은 제9조에서 환매권의 목적을 '토지 등'으로 하고 있었으므로 건물이 포함되었다.

그런데 토지수용법과 공특법이 보상절차와 기준 등에 관하여 불일치하는 것을 개선하고자 양 법률을 폐지하고 이들을 통합한 공익사업을 위한 토지 등의 취득 및 보상에 관한 법률(법률 제6656호, 2002.2.4. 제정, 공토법)이 제정되었다. 동법은 환매권의 대상을 종전 토지수용법에서와 같이 '토지'에 한정하였다. 이는 종전에 토지수용법과 공토법상의 환매 대상이 달랐던 것을 토지수용법을 기준으로 일원화하였기 때문이다. 건물을 환매권에서 제외한 것은, 통상 건물의 수용 내지 협의취득은 토지를 수용하기 위한 부수적인 경우이고, 건물은 수용된 경우에도 대개 철거의 대상이며, 철거되지 않더라도 수용 후 상당 기간이 지났을 때는 원래의 형상과 달라질 것이므로 이를 환매권의 대상으로 삼을 실익이 없기 때문이었다고 볼 수 있다.[134]

수용한 토지의 일부(一部)만이 당해 공익사업에 불필요하게 된 경우에는 그 불필요하게 된 부분의 토지에 대하여 환매권을 행사할 수 있다.[135] 그러나 수용한 토지의 전부가 불필요하게 된 경우에는 그 전부에 대하여 환매권을 행사하여야 하는 것이며, 그 일부에 대해서만 환매권을 행사할 수 없다.[136] 이에 대해서 일부견해는 전부를 요구를 할 수 있

---

134) 헌법재판소 2005.5.26. 2004헌가10.

135) 대법원 1995.8.25. 94다41690.

136) 박윤흔, 행정법강의(하), 633면; 이선영, 신토지수용과 보상법론, 295면; 최봉구, "토지의 공용수용에 따른 환매제도에 관한 연구", 부산대학교 환경대학원 석사학위논문, 2001년 6월, 26면.

는 권리는 일부를 요구할 수 있는 권리를 포함한다 할 것이므로 반드시 전부를 환매해야 할 실질적인 이유가 없다고 한다.[137)

> ### 〈환매권의 대상으로 '토지'만 인정하는 것에 대한 헌법재판소 결정〉
>
> 수용된 토지 등이 공공사업에 필요 없게 되었을 경우에는 피수용자가 그 토지 등의 소유권을 회복할 수 있는 권리, 즉 환매권은 헌법이 보장하는 재산권에 포함된다. 그러나 수용이 이루어진 후 공익사업이 폐지되거나 변경되었을 때, 건물에 대해서까지 환매권을 인정할 것인지에 관해서는 입법재량의 범위가 넓다. 토지의 경우에는 공익사업이 폐지·변경되더라도 기본적으로 형상의 변경이 없는 반면, 건물은 그 경우 통상 철거되거나 그렇지 않더라도 형상의 변경이 있게 되며, 토지에 대해서는 보상이 이루어지더라도 수용당한 소유자에게 감정상의 손실 등이 남아 있게 되나, 건물의 경우 정당한 보상이 주어졌다면 그러한 손실이 남아 있는 경우는 드물다. 따라서 토지에 대해서는 그 존속가치를 보장해 주기 위해 공익사업의 폐지·변경 등으로 토지가 불필요하게 된 경우 환매권이 인정되어야 할 것이나, 건물에 대해서는 그 존속가치를 보장하기 위하여 환매권을 인정하여야 할 필요성이 없거나 매우 적다. 따라서 건물에 대한 환매권을 인정하지 않는 입법이 자의적인 것이라거나 정당한 입법목적을 벗어난 것이라 할 수 없고, 이미 정당한 보상을 받은 건물소유자의 입장에서는 해당 건물을 반드시 환매받아야 할 만한 중요한 사익이 있다고 보기 어려우며, 건물에 대한 환매권이 부인된다고 해서 종전 건물소유자의 자유실현에 여하한 지장을 초래한다고 볼 수 없다. 즉 공익사업을 위한 토지 등의 취득 및 보상에 관한 법률(2002.2.4. 법률 제6656호로 제정된 것) 제91조 제1항 중 '토지' 부분(이하 '이 사건 조항'이라 한다)으로 인한 기본권 제한의 정도와 피해는 미비하고 이 사건 조항이 공익에 비하여 사익을 과도하게 침해하는 것은 아니다. 입법자가 건물에 대한 환매권을 부인한 것은 헌법적 한계 내에 있는 입법재량권의 행사이므로 재산권을 침해하는 것이라 볼 수 없다(헌법재판소 2005.5.26. 2004헌가10).

2. 잔여지

매수하거나 수용한 잔여지는 그 잔여지에 접한 일단의 토지가 필요 없게 된 경우가 아니면 환매할 수 없다(공토법 제91조 제3항). 공토법은 잔여지에 접한 일단의 토지가 필요 없게 된 경우가 아니면 환매할 수 없도록 하고 있으므로 당해 사업에 이용되지 아니한 때의 잔여지는 환매목적물이 될 수 없다.[138)

---

137) 김철용, 행정법Ⅱ, 565면.
138) 이선영, 신토지수용과 보상법론, 295면.

Ⅵ. 환매의 요건

1. 의의

환매사유는 환매권을 행사할 수 있는 원인으로서 이는 취득한 토지가 공익사업에 필요 없게 되거나 공익사업에 이용되지 아니한 경우를 말한다. 환매사유가 환매권의 성립요건 인가 행사요건인가 논란이 있으나, 환매권은 수용과 동시에 법률상 당연히 성립되고 취 득된다고 보아 환매권의 행사요건으로 보는 견해가 다수설[139]과 판례[140]이다. 환매의 사 유는 다음과 같다.

2. 토지의 협의취득일 또는 수용의 개시일(이하 '취득일')부터 10년 이내에 해당 사업의 폐지·변경 또는 그 밖의 사유로 취득한 토지의 전부 또는 일부가 필요 없게 된 경우(공토법 제91조 제1항)

(1) 협의취득일 또는 수용의 개시일

'협의취득일'은 소유권이전등기가 된 날을 의미한다. 만약 이를 당사자 간에 계약서체 결일로 하게 된다면, 법률관계가 불명확할 수 있고, 또한 현행 민법 제186조는 공시방법 을 갖추었을 때 당사자 간에서나 제3자에 대해서 물권이 변동된다는 성립요건주의에도 반하게 된다.[141]

<유권해석>
「공익사업을 위한 토지 등의 취득 및 보상에 관한 법률」 제91조 제1항의 '토지의 협 의취득일'의 의미(「공익사업을 위한 토지 등의 취득 및 보상에 관한 법률」 제91조 제 1항 등 관련) [법제처 11 - 0323, 2011.6.30, 경기도 의정부시]
【질의요지】
사업시행자가 공익사업을 위하여 토지를 협의취득하기 위해, 토지보상금을 전액 지급 하면서 매매예약을 원인으로 소유권이전청구권가등기를 마치고, 그 후 협의취득을 원

---

139) 박윤흔, 행정법강의(하), 632면, 김철용, 행정법Ⅱ, 565면.
140) 대법원 1989.12.12. 89다카9675; 대법원 1999.4.9. 98다46945.
141) 조만형, "환매제도에 관한 연구 - 공익사업을위한토지등의취득및보상에관한법률을 중심으로 - ", 「법학 연구」, 한국법학회, 2008년, 75면.

인으로 한 소유권이전등기를 마친 경우, 「공익사업을 위한 토지 등의 취득 및 보상에 관한 법률」 제91조 제1항에 따른 환매권 행사의 기산시점인 '토지의 협의취득일'을 소유권이전청구권가등기를 마친 날로 보아야 하는지, 아니면 소유권이전등기를 마친 날로 보아야 하는지?

【회답】

「공익사업을 위한 토지 등의 취득 및 보상에 관한 법률」 제91조 제1항의 '토지의 협의취득일'은 소유권이전등기를 마친 날을 의미합니다.

【이유】

「공익사업을 위한 토지 등의 취득 및 보상에 관한 법률」 제91조 및 제92조는 공익사업을 위해 취득된 토지가 당해 사업에 필요 없게 되거나 일정기간 동안 당해 사업에 이용되지 않는 경우에 원소유자 등이 일정한 요건하에 당해 토지를 회복할 수 있는 권리인 환매권에 대하여 규정하고 있는바, 환매권은 공공의 목적을 위하여 수용 또는 협의취득된 토지의 원소유자 또는 그 포괄승계인에게 재산권보장과 관련하여 공평의 원칙상 인정하고 있는 권리입니다(대법원 1993.6.29. 선고 91다43480 판결례 및 헌법재판소 1995.10.26. 선고 95헌바22 결정례 참조). 같은 법 제91조 제1항은 환매권을 행사할 수 있는 기간을 토지의 협의취득일 또는 수용의 개시일부터 10년 이내로 한정하고 있는바, 이는 대체로 10년이라는 기간은 당해 토지의 현상·이용상태 및 주변상황 등의 변화로 말미암아 그 토지 등이 사회경제적 가치가 질적 변화를 일으키기에 상당한 기간이라고 보이므로, 10년이 경과한 때에는 당해 토지 등을 둘러싸고 그동안에 형성된 법률관계를 안정시켜야 한다는 법적 안정성의 요청이 종전 소유자가 소유권회복으로 인하여 얻는 사적 이익보다 우월하다고 본 것입니다. 따라서 환매권 행사의 기산시점인 '토지의 협의취득일'을 판단함에 있어서는 법률상 요건에 따라 공익사업의 주체가 당해 토지의 소유권을 취득하였는지를 살펴보아야 할 것입니다.

그런데 공익사업의 주체가 당해 토지의 소유권을 취득하였는지를 살펴보기 위해서는 우선 협의취득의 법률적 성질에 대한 판단이 선행되어야 하는바, 「공익사업을 위한 토지 등의 취득 및 보상에 관한 법률」 제16조에 따르면 사업시행자는 토지 등의 보상에 관하여 토지소유자 및 관계인과 성실하게 협의하여야 하며, 같은 법 제17조에 따르면 사업시행자는 협의가 성립된 때에는 토지소유자 및 관계인과 계약을 체결하여야 합니다. 이는 토지 등의 소유자의 의사에 반하는 강제취득인 공용수용절차를 개시하기에 앞서, 공용수용의 주체와 토지 등의 소유자 사이에 협의를 통해 토지 등을 취득하게 하고자 하는 것으로 보이는데, 이러한 규정의 취지에 비추어 볼 때 그 취득행위는 사경제 주체로서 행하는 사법상의 취득이라 할 것입니다(대법원 1992.10.27. 선고 91누3871 판결례 참조).

이와 같이 「공익사업을 위한 토지 등의 취득 및 보상에 관한 법률」에 따른 협의취득은 사법상의 취득이므로, 「민법」 제186조에 따라 등기하여야 부동산 물권변동의 효력이 생기는데(부산고등법원 1999.1.28. 선고 98누1567 판결례 참조), 한편 「부동산등기법」 제3조 및 제6조 제2항에 따르면, 가등기라 함은 소유권을 포함한 부동산물권 또는 임차권의 설정·이전·변경 또는 소멸의 청구권을 보전하려 할 때 또는 그 청구권이 시기부·조건부이거나 장래에 있어서 확정될 것인 때에 그 본등기의 순위보전을 위하여 하는 예비등기를 말합니다. 그러므로 소유권이전청구권가등기를 하였더라도 소유권이전등기를 마치지 않은 이상 부동산 물권변동의 효력이 생기지 아니하고(대법원 1992.9.25. 선고 92다21258 판결례 등 참조), 그렇다면 소유권이전등기를 마치지 아니한 이상 토지를 협의취득하였다고 볼 수 없으며, 이는 소유권이전청구권가등기를 마치면서 토지 등의 보상금을 지급하였다고 하더라도 마찬가지라고 할 것입니다. 따라서 「공익사업을 위한 토지 등의 취득 및 보상에 관한 법률」 제91조 제1항의 '토지의 협의취득일'은 소유권이전등기를 마친 날로 보아야 합니다.

'수용의 개시일'에 대해서는 사업인정, 협의, 수용재결 등 어느 시점을 의미하는지 문제가 있다. 이에 대해 사업인정시가 수용개시일이라는 견해가 있으나,[142] 토지수용위원회가 재결로서 결정하여 정한 수용의 개시일을 의미한다고 보아야 한다. 왜냐면 수용의 개시일은 토지수용위원회의 재결사항이고(공토법 제50조), 공토법 제40조에서도 '수용 또는 사용의 개시일(토지수용위원회가 재결로써 결정한 수용 또는 사용을 시작한 날을 의미한다. 이하 같다)'이라고 명시하고 있기 때문이다.

(2) 사업의 폐지·변경 그 밖의 사유

여기서 '사업'이라 함은 동법 제3장에 의하여 협의취득 또는 사업의 목적이 된 구체적인 특정 공익사업과 제4장의 수용에 의한 취득 또는 사용을 위한 사업인정을 받을 때 구체적으로 특정된 공익사업을 말한다.[143]

'사업의 폐지·변경'이란 사업인정의 고시가 있은 후 사업의 폐지·변경 또는 특별법에 의하여 사업인정에 갈음되는 행위의 철회·변경을 말하는 것으로서 당해 사업의 시행을 아예 그만두는 것뿐만 아니라 다른 사업으로 바꾸는 것을 포함한다.[144] 다만 사업자체가 다른 사업으로 바뀌는 것이 아니라 동일한 사업의 사업계획이 당초와 다르게 변경

---

142) 조만형, "환매제도에 관한 연구 - 공익사업을위한토지등의취득및보상에관한법률을 중심으로 -", 「법학연구」, 한국법학회, 2008년, 76면.

143) 도시계획사업의 실시계획인가를 받을 때 비록 공익사업의 종류가 '공용의 청사 건립 및 도로의 설치'로만 지정되어 있다고 하더라도 그 도시계획사업의 시행자가 서울특별시장인 이상 그 도시계획사업의 실시계획인가에 따라 구체적으로 특정된 공익사업은 바로 피고 서울특별시가 설치할 공용청사의 건립이라고 보아야 한다(대법원 1994.1.25. 93다11760, 11777, 11784).

144) 대법원 1994.1.25. 93다11760; 대법원 2010.9.30. 2010다30782.

되는 데 불과한 경우에는 당해 공공사업의 변경이라 볼 수 없다 할 것이므로 택지개발사업에서 공공시설 용지를 주택건설 용지로 바꾸는 것과 같이 동일사업의 사업계획이 당초와 다르게 변경되는 것은 공공사업의 변경이라 할 수 없다.[145]

(3) 사업에의 불필요

여기서 '필요 없게 된 경우'는 환매하려고 할 당시에 단순히 사업의 이용에 공하지 아니한 데 그치지 아니하고, 사업의 이용에 공할 필요가 없어진 경우를 뜻한다. 이는 수용 당시부터 이미 필요 없는 경우와 수용 후에 필요 없게 된 경우가 있다.[146]

'필요 없게 된 경우'는 사업시행자가 취득한 토지의 전부 또는 일부가 그 취득 목적 사업을 위하여 사용할 필요 자체가 없어진 경우를 말하며, 협의취득 또는 수용된 토지가 필요 없게 되었는지는 사업시행자의 주관적인 의사를 표준으로 할 것이 아니라 당해 사업의 목적과 내용, 협의취득의 경위와 범위, 당해 토지와 사업의 관계, 용도 등 제반 사정에 비추어 객관적·합리적으로 판단하여야 한다.[147]

잔여지의 매수 또는 수용의 청구에 의하여 잔여지가 매수 또는 수용된 경우(공토법 제74조 제1항[148]), 그 잔여지에 대해서는 잔여지에 접한 일단의 토지가 필요 없게 된 경우에만 환매할 수 있다(공토법 제91조 제3항).

---

145) 대법원 1994.5.24. 93다51218.

146) 김남진·김연태, 행정법Ⅱ, 564면.

147) ① 지방자치단체가 도시관리계획상 초등학교 건립사업을 위하여 학교용지를 협의취득하였으나 위 학교용지 인근에서 아파트 건설사업을 하던 주택건설사업 시행자와 그 아파트 단지 내에 들어설 새 초등학교 부지와 위 학교용지를 교환하고 위 학교용지에 중학교를 건립하는 것으로 도시관리계획을 변경한 사안에서, 위 학교용지에 대한 협의취득의 목적이 된 당해 사업인 '초등학교 건립사업'의 폐지·변경으로 위 토지는 당해 사업에 필요 없게 되었고, 나아가 '중학교 건립사업'에 관하여 사업인정을 받지 않았을 뿐만 아니라 위 학교용지가 중학교 건립사업의 시행자 아닌 제3자에게 처분되었으므로 공익사업의 변환도 인정할 수 없다는 이유로 위 학교용지에 관한 환매권 행사를 인정한 사례(대법원 2010.9.30. 선고 2010다30782)
② 신단양이주단지 조성사업을 위하여 협의취득한 토지 중 일부를 사인에게 임대하여 관광호텔을 신축하게 한 경우, 당해 공공사업이 폐지·변경되어 취득한 부동산이 필요 없게 되었다고 본 원심판결을 법리오해를 이유로 파기한 사례(대법원 1995.11.28. 94다61441)
③ 도시공원 외부와는 울타리로 차단되어 그 내부에 위치하면서 녹화를 통하여 공원으로 이용되고 있는 피수용 토지를 도시공원법상 도시공원과 구별되는 녹지로 보지 아니하고 도시공원 내의 녹화된 공원 부지로 보아, 그 토지가 수용목적사업에 이용되는 것에 해당하여 환매권을 행사할 수 없다고 한 사례(대법원 1998.3.27. 97다39766)

148) 공토법 제74조(잔여지 등의 매수 및 수용청구) ① 동일한 소유자에게 속하는 일단의 토지의 일부가 협의에 의하여 매수되거나 수용됨으로 인하여 잔여지를 종래의 목적에 사용하는 것이 현저히 곤란할 때에는 해당 토지소유자는 사업시행자에게 잔여지를 매수하여 줄 것을 청구할 수 있으며, 사업인정 이후에는 관할 토지수용위원회에 수용을 청구할 수 있다. 이 경우 수용의 청구는 매수에 관한 협의가 성립되지 아니한 경우에만 할 수 있으며, 그 사업의 공사완료일까지 하여야 한다.

(4) 취득일로부터 10년 이내

토지의 취득일로부터 10년 이내에 발생한 환매사유에 대하여 행사할 수 있고, 환매기간이 경과한 후에는 환매사유가 발생하더라도 이를 행사할 수 없게 된다. 헌법재판소는 10년의 설정은 짧지 않으며 권리관계의 법적 안정성을 도모하기 위한 정당한 입법으로 해석하고 있다.[149]

3. 취득일로부터 5년 이내에 취득한 토지의 전부를 해당 사업에 이용하지 아니하였을 때(동조 제2항)

(1) 취득한 토지의 전부

취득한 토지의 전부를 이용하지 않아야 한다. 따라서 토지의 전부를 전혀 이용하지 않는 경우를 의미하는 것이므로, 그중 일부라도 공공사업에 이용하고 있으면 환매사유가 되지 않는다.[150]

(2) 사용에 이용하지 아니한 때

'사업에 이용되지 아니한 때'란 사실상 사업의 이용에 제공하지 아니한 상태를 의미하는 것으로서, 토지의 전부가 사업에 제공되지 아니한 경우에 한한다. 취득한 토지를 당해 사업에 이용하지 아니하였는지, 즉 사업에의 불이용 여부는 사업시행자의 입장에서 당해 공익사업에 이용될 일단의 토지의 전부를 기준으로 판단하여야 하고, 취득 당시의 토지소유자나 해당 토지의 필지를 기준으로 판단하는 것은 아니다.[151]

---

149) 헌법재판소 1994.2.24. 92헌가15 내지 17, 20 내지 24.

150) 공공용지의 취득 및 손실보상에 관한 특례법 제9조 제2항의 경우에는 제1항의 경우처럼 취득한 토지가 당해 공공사업에 이용될 필요가 아주 없게 된 것이 아니어서 장차 그 공공사업에 이용될 가능성이 있음에도 불구하고 환매권의 행사를 허용하는 것이므로, 제1항이 취득한 토지가 공공사업에 이용할 필요가 없게 된 때에는 그 토지 전부가 필요 없게 된 경우뿐만 아니라 그 토지 중의 일부가 필요 없게 된 경우에도 그 부분에 대하여 환매권을 행사할 수 있도록 규정하고 있는 것과는 달리, 제2항은 취득한 토지 '전부'가 공공사업에 이용되지 아니한 경우에 한하여 환매권을 행사할 수 있고 그중의 일부라도 공공사업에 이용되고 있으면 나머지 부분에 대해서도 장차 공공사업이 시행될 가능성이 있는 것으로 보아 환매권의 행사를 허용하지 않는 것으로 규정함으로써, 제1항의 경우보다 환매권 행사의 요건을 가중하고 있는 것으로 해석함이 상당하다(대법원 1995.8.25. 94다41690).

151) 대법원 1995.2.10. 94다31310.

Ⅶ. 환매요건의 특칙(공익사업의 변환)

1. 의의

국가, 지방자치단체 또는 「공공기관의 운영에 관한 법률」 제4조에 따른 공공기관 중 대통령령으로 정하는 공공기관이 사업인정을 받아 공익사업에 필요한 토지를 협의취득하거나 수용한 후 해당 공익사업이 제4조 제1호부터 제5호까지에 규정된 다른 공익사업으로 변경된 경우 제1항 및 제2항에 따른 환매권 행사기간은 관보에 해당 공익사업의 변경을 고시한 날부터 기산(起算)한다(공토법 제91조 제6항).

특정 공익사업이 다른 공익사업으로 변경된 경우에도 환매권자에게 환매하도록 한 후 새로운 공익사업의 시행을 위하여 다시 수용하는 것이 원칙이지만, 동규정은 토지에 대한 환매를 인정하여 사유화한 다음에 다시 같은 토지를 수용하는 번거로운 절차를 피하기 위하여 마련한 조항이다.[152]

〈'공익사업 변환'에 대한 헌법재판소 판결〉

판결요지: 이 사건 심판대상조항은 공익사업의 원활한 시행을 확보하기 위한 목적에서 신설된 것으로 우선 그 입법목적에 있어서 정당하고 나아가 변경사용이 허용되는 사업시행자의 범위를 국가·지방자치단체 또는 정부투자기관으로 한정하고 사업목적 또한 상대적으로 공익성이 높은 토지수용법 제3조 제1호 내지 제4호의 공익사업으로 한정하여 규정하고 있어서 그 입법목적 달성을 위한 수단으로서의 적정성이 인정될 뿐 아니라 피해최소성의 원칙 및 법익균형의 원칙에도 부합된다 할 것이므로 위 법률조항은 헌법 제37조 제2항이 규정하는 기본권 제한에 관한 과잉금지의 원칙에 위배되지 아니한다(헌법재판소 1997.6.26. 96헌바94).

평석: 이에 대해서 수용한 토지를 원래의 용도대로 사용하지 않은 것은 다른 공익사업의 명목을 빌려 계속 사용하는 것을 가능하게 하여, 환매권제도를 무용하게 만드는 것으로 문제가 있다는 견해가 있다.[153]

---

152) 대법원 1992.4.28. 91다29927.

153) 헌법재판소 1997.6.26. 96헌바94 재판관 조승형 반대의견; 류지태, 행정법신론, 931면; 김태수, "재산권 보장제도와 공익사업을위한토지등의취득및보상에관한법률상의 환매권에 관한 연구", 건국대학교 행정대학원 석사학위논문, 2005년, 84면; 윤종구, "공익사업을위한토지등의취득및보상에관한법률상의 환매권", 경희대학교 석사학위논문, 2003년, 60면.

2. 요건

(1) 공토법 제4조 제1호 내지 제4호의 공익사업으로 변경된 경우

동조에서는 공익사업을 공토법 제4조 제1호 내지 제4호로 제한하고 있다.

> 1. 국방·군사에 관한 사업
> 2. 관계 법률에 따라 허가·인가·승인·지정 등을 받아 공익을 목적으로 시행하는 철도·도로·공항·항만·주차장·공영차고지·화물터미널·궤도(軌道)·하천·제방·댐·운하·수도·하수도·하수종말처리·폐수처리·사방(砂防)·방풍(防風)·방화(防火)·방조(防潮)·방수(防水)·저수지·용수로·배수로·석유비축·송유·폐기물처리·전기·전기통신·방송·가스 및 기상 관측에 관한 사업
> 3. 국가나 지방자치단체가 설치하는 청사·공장·연구소·시험소·보건시설·문화시설·공원·수목원·광장·운동장·시장·묘지·화장장·도축장 또는 그 밖의 공공용 시설에 관한 사업
> 4. 관계 법률에 따라 허가·인가·승인·지정 등을 받아 공익을 목적으로 시행하는 학교·도서관·박물관 및 미술관 건립에 관한 사업

공토법 제4조 제1호 내지 제4호 외의 공익사업(제5호에서 제8호)에 대해서는 위 특칙이 적용도지 않으므로 환매 후 다시 수용하는 절차를 거쳐야 한다.[154] 이에 대해서 일단 환매 후에 다시 재수용을 하게 되면 환매금액과 재수용의 보상금 간에 차이가 생기게 되고, 토지소유자는 이왕 공익사업에 제공된 토지임에도 불구하고 중간에 환매를 행함으로써 이익을 얻게 되는 불합리한 결과가 생기므로 공익사업을 제한하지 않고 모든 경우에 환매할 수 없도록 해야 한다는 비판이 있다.[155]

(2) 사업시행자의 범위

사업시행자의 범위가 국가·지방자치단체 또는 정부투자기관으로 제한된 경우에 한하여 허용된다. 이 경우 환매대상토지에서 추진하고자 하였던 사업의 주체와 새로운 사업

---

154) 공원조성사업(공토법 제4조 제3호)을 위해 수용된 토지를 택지개발사업(공토법 제4조 제5호)을 위해 제공하는 경우에는 이를 인정할 수 없으므로, 환매 후에 다시 수용하는 절차를 거쳐야 할 것이다(대법원 1992.4.28. 91다29927).

155) 박윤흔, 행정법강의(하), 632면. 이에 대해 불필요하게 된 공익사업으로 인해서 상당기간 동안 재산권을 제한당한 환매권자인 토지소유자의 이익을 경시해서는 안 된다는 점, 개인의 재산권을 과도하게 제한하지 않으면서 공익을 충실히 해야 한다는 점에서 볼 때 옳지 않은 비판이라는 견해도 있다(조만형, "환매제도에 관한 연구-공익사업을위한토지등의취득및보상에관한법률을 중심으로-",「법학연구」, 한국법학회, 2008년, 90면).

의 주체가 동일할 것인가에 대하여 견해의 대립이 있다. 대법원은 동일한 사업자일 필요가 없는 것으로 보고 있다.[156] 그러나 이러한 판례에 대하여 국민이 재산권 제한은 최소한에 그쳐야 하고, 공행정기관이 토지수용 등을 통하여 토지를 취득 이후 당초의 사업을 추진하지 아니하고 이를 타 기관에게 전매하여 전매차익을 얻는 수단으로 이용될 가능성이 있다고 할 것이므로 새로운 사업의 주체도 동일한 사업자로 제약해야 하는 게 합리적이라는 비판이 있다.[157]

<판례>

이른바 '공익사업의 변환'이 국가·지방자치단체 또는 정부투자기관이 사업인정을 받아 토지를 협의취득 또는 수용한 경우에 한하여, 그것도 사업인정을 받은 공익사업이 공익성의 정도가 높은 토지수용법 제3조 제1호 내지 제4호에 규정된 다른 공익사업으로 변경된 경우에만 허용되도록 규정하고 있는 토지수용법 제71조 제7항 등 관계법령의 규정내용이나 그 입법이유 등으로 미루어 볼 때, 같은 법 제71조 제7항 소정의 '공익사업의 변환'이 국가·지방자치단체 또는 정부투자기관 등 기업자(또는 사업시행자)가 동일한 경우에만 허용되는 것으로 해석되지는 않는다(대법원 1994.1.15. 93다 11760, 11777, 11784).

3. 공익사업 변환의 효과

공익사업 변환이 인정되면, 환매권자는 환매권을 행사할 수 없게 된다. 공익사업 변환의 경우에 환매권 행사기간은 해당 공익사업의 변경을 관보에 고시한 날로부터 기산한다. 이 경우 국가, 지방자치단체 또는 공기업[158]은 공익사업이 변경된 사실을 환매권자에게 통지하여야 한다(공토법 제91조 제6항, 동법 시행령 제49조 제1항). 다만 환매권자를 알 수 없거나 그 주소·거소 그 밖에 통지할 장소를 알 수 없는 때에는 공고로써 통지에 갈음할 수 있다(동법 시행령 제49조 제2항).

---

156) 대법원 1994.1.15. 93다11760, 11777, 11784.

157) 김시현, "환매권에 있어서 공익사업의 변경", 「판례연구」제8집, 서울지방변호사회, 1995년, 95면; 석종현, "공익사업의 전환과 환매권", 「고시연구」22권 7호, 1995년 7월. 156면; 김해룡, 전게논문, 47면.

158) 공공기관의 운영에 관한 법률 제5조(공공기관의 구분) ③ 기획재정부장관은 제1항 및 제2항의 규정에 따른 공기업과 준정부기관을 다음 각 호의 구분에 따라 세분하여 지정한다.
   1. 공기업
   가. 시장형 공기업: 자산규모가 2조 원 이상이고, 총수입액 중 자체수입액이 대통령령이 정하는 기준 이상인 공기업
   나. 준시장형 공기업: 시장형 공기업이 아닌 공기업

Ⅷ. 환매 절차

1. 환매의 최고

(1) 환매통지 및 공고

사업시행자는 환매할 토지가 생겼을 때에는 지체 없이 그 사실을 환매권자에게 통지하여야 한다. 다만, 사업시행자가 과실 없이 환매권자를 알 수 없을 때에는 이를 공고하여야 한다(공토법 제92조 제1항).

(2) 통지의무의 성질

공토법이 환매권자에게 환매통지를 하도록 의무 규정을 둔 것은 원소유자에게 환매할 것인지를 최고(催告)함으로써 환매권행사의 실효성을 보장하기 위한 취지의 규정으로 단순히 선언적 의미가 아니라 법적인 의무를 정한 것으로 보아야 한다.

(3) 불법행위책임

사업시행자가 환매통지를 하지 않았다 하여 환매권을 행사할 수 없는 것은 아니지만, 통지의무를 위반하여 원소유자에게 손해가 발생한 때에는 이에 대한 책임을 부담하게 된다. 판례는 통지의무를 위반한 사업시행자에게 불법행위책임을 인정하고 있다.[159] 환매의 통지나 공고의무를 이행하지 아니한 채 제3장에게 이를 처분한 경우에도 불법행위로 인한 손해배상책임의 성립을 인정할 수 있다.

손해배상청구의 소멸시효는 환매권의 존속기간과 무관하다. 그 기산점은 기업자(사업

---

159) 환매할 토지가 생겼을 때에는 기업자(사업시행자)가 지체 없이 이를 원소유자 등에게 통지하거나 공고하도록 규정한 취지는 원래 공적인 부담의 최소한성의 요청과 비자발적으로 소유권을 상실한 원소유자를 보호할 필요성 및 공평의 원칙 등 환매권을 규정한 입법이유에 비추어 공익목적에 필요 없게 된 토지가 있을 때에는 먼저 원소유자에게 그 사실을 알려 주어 환매할 것인지를 최고하도록 함으로써 법률상 당연히 인정되는 환매권 행사의 실효성을 보장하기 위한 것이라고 할 것이므로 위 규정은 단순한 선언적인 것이 아니라 기업자(사업시행자)의 법적인 의무를 정한 것이라고 보아야 할 것인바, 공공용지의 취득 및 손실보상에 관한 특례법상의 사업시행자가 위 각 규정에 의한 통지나 공고를 하여야 할 의무가 있는데도 불구하고 이러한 의무에 위배한 채 원소유자 등에게 통지나 공고를 하지 아니하여, 원소유자 등으로 하여금 환매권 행사기간이 도과되도록 하여 이로 인하여 법률에 의하여 인정되는 환매권 행사가 불가능하게 되어 환매권 그 자체를 상실하게 하는 손해를 가한 때에는 원소유자 등에 대하여 불법행위를 구성한다고 할 것이다(대법원 2000.11.14. 99다45864).

시행자)가 이 사건 토지를 취득한 날로부터 기산할 것은 아니고, '처분 시'를 기준으로 판단할 것이다.[160)]

<판례>
환매권의 상실로 인한 손해배상액은 환매 의무자가 환매 목적물을 제3자에게 매도하여 소유권이전등기를 경료함으로써 환매권자의 환매권을 박탈할 당시의 환매 목적물의 시가에서 환매권자가 환매권을 행사할 경우 반환하여야 할 보상금 상당액을 공제한 금원으로 정함이 상당하다(대법원 1995.6.30. 94다13435).[161)]

(4) 통지의 효과

환매권자는 환매통지를 받은 날 또는 공고를 한 날부터 6개월이 지난 후에는 환매권을 행사하지 못한다(공토법 제92조 제2항). 따라서 그 기간 내에 환매권자의 의사표시가 없으면 사업시행자는 해당 토지를 다른 사람에게 처분할 수 있게 된다.

환매통지를 받은 환매권자는 환매권을 행사할 것인지 말 것인지에 대한 의사표시를 하지 아니하면 환매권을 상실되므로 환매통지는 환매기간을 단축하는 효과가 있다.

또한 환매권 행사의 법정기간이 6개월로 단축되는 것은 그 의무이행에 의하여 원소유자로 하여금 환매할 수 있음을 인식시킨 결과로 발생하는 부수적인 효과로 해석된다.[162)]

2. 환매협의

환매협의는 환매당사자 간에 환매금액의 지급과 토지소유권이전에 관한 교섭행위를 말한다. 공토법상에는 환매협의의 규정은 없으나 환매통지가 있으면 그 때부터 환매당사자들은 환매협의를 할 수 있다. 협의사항은 환매금액의 지급과 토지소유권이전에 관한 사항으로 이에 대한 협의가 성립되면 환매권행사절차는 종료가 된다.[163)]

---

160) 김하은, "환매권침해에 의한 불법행위", 「대법원판례해설」 제19호(93년 하반기), 법원도서관, 1993년 12월, 229면.
161) 통지의무 불이행으로 인한 손해배상액에 대한 자세한 논의에 대해서는, 임호정, "환매할 토지가 생겼음을 통지하지 아니한 경우의 불법행위책임구성", 「토지연구」 제13권 제2호, 한국토지공사, 2000년, 56~80면 참고하기 바란다.
162) 김하은, 전게논문, 228면.
163) 김선영, 신토지수용과 보상법론, 302면.

3. 환매금액의 지급

환매하고자 하는 자는 당해 토지에 대하여 지급받은 보상금에 상당한 금액을 사업시행자에게 지급하여야 한다(공토법 제91제 제1항). 이때 환매대금의 지급은 환매권행사의 선이행의무이다. 따라서 환매대금 상당을 지급하거나 공탁하지 아니한 경우에는 환매로 인한 소유권이전등기청구는 물론 환매대금의 지급과 상환으로 소유권이전등기를 구할 수는 없다.[164]

4. 환매의 의사표시

환매의 의사표시는 형성권의 행사로서 기업자의 동의 없이 일방적 의사표시에 의해 성립한다. 대법원도 "환매권은 재판상이든 재판 외이든 그 기간 내에 행사하면 되는 것이나, 환매권은 상대방에 대한 의사표시를 요하는 형성권의 일종으로서 환매의 의사표시가 상대방에게 도달한 때에 비로소 환매권 행사의 효력이 발생함이 원칙이고, 환매권자가 환매의 의사표시를 담은 소장 부본을 피고에게 송달함으로써 환매권을 재판상 행사하는 경우에는 그 소장 부본이 피고에게 도달할 때에 비로소 환매권 행사의 효력이 발생하여 환매권자와 피고 사이에 매매의 효력이 생긴다 할 것이므로, 환매의 의사표시가 담긴 소장 부본이 위 제척기간 내에 피고에게 송달되어야만 환매권자가 제척기간 내에 적법하게 환매권을 행사하였다고 할 것이다"라고 한다.[165]

5. 환매금액의 결정

(1) 의의

공토법 제91조 제1항 제4항, 동법 시행령 제48조에 의하면 환매금액의 결정은 환매권 행사 당시의 토지 등에 지급한 보상금에 환매 당시까지의 당해 사업과 관계없는 인근유사토지의 지가변동률을 곱한 금액보다 '적거나 같을 때'는 지급한 보상금의 상당금액으로 한다. 그러나 '초과할 때'에는 협의를 거쳐 법원에 환매금액 증감청구를 할 수 있다고 규정하고 있다.

---

164) 대법원 1993.9.14. 92다56810; 1996.2.9. 94다46695.
165) 대법원 1999.4.9. 98다46945.

(2) 적거나 같을 때

환매금액은 "토지에 대하여 지급받은 보상금에 상당한 금액"이다(동법 제91조 제1항). 대법원은 보상금의 상당금액은 토지소유자가 사업시행자로부터 지급받은 보상금을 의미하고, 보상금에 상당한 금액이므로 여기 법정이자를 가산하는 것은 아니라고 한다.[166] 따라서 지가변동률 상당의 지가상승의 이익은 원소유자(환매권자)에게 귀속되고, 지급받은 보상금의 이자 상당액은 사업시행자의 당해 토지 이용으로 인한 이익과 상계된다고 볼 수 있다.[167]

(3) 초과할 때

토지의 가격이 환매권 행사 당시의 토지가격이 지급한 보상금에 환매 당시까지의 당해 사업과 관계없는 인근 유사토지의 지가변동률을 곱한 금액보다 초과되는 경우(동법 시행령 제48조)에는 협의를 할 수 있고, 협의가 성립되지 아니하였을 경우에는 법원에 증감을 청구할 수 있다(공토법 제91조 제4항).

이 경우 환매가액에 대하여 명백하게 규정하지 않았으나 대법원은 "행사 당시의 환매대상토지의 가격, 즉 환매권 행사 당시를 기준으로 한 감정평가금액이 협의취득 당시 사업시행자가 토지소유자에게 지급한 보상금에 환매 당시까지의 당해 사업과 관계없는 인근 유사토지의 지가변동률을 곱한 금액보다 적거나 같을 때에는 사업시행자가 취득할 때 지급한 보상금의 상당금액이 그 환매가격이 되는 것이 그 규정에 비추어 명백하므로, 환매권 행사 당시의 환매대상토지의 가격이 현저히 상승하여 위 보상금에 인근 유사토지의 지가변동률을 곱한 금액을 초과할 때에도 마찬가지로 인근 유사토지의 지가상승분에 해당하는 부분은 환매가격에 포함되어서는 아니 되는 것인 만큼, 그 경우의 환매가격은 인근 유사토지의 지가변동률을 기준으로 하려면 위 보상금에다 환매대상토지의 환매 당시의 감정평가금액에서 위 보상금에 인근 유사토지의 지가변동률을 곱한 금액을 공제한 금액을 더한 금액, 즉 '보상금＋{환매 당시의 감정평가금액－(보상금×지가변동률)}'로, 지가상승률을 기준으로 하려면 환매대상토지의 환매 당시의 감정평가금액에서 위 보상금에 인근 유사토지의 지가상승률을 곱한 금액을 뺀 금액, 즉 '환매 당시의 감정평가금액－(보상금×지가상승률)'로 산정하여야 한다"[168]라고 한다.[169]

---

166) 대법원 1994.5.24. 93누17225.

167) 조용오, "공공용지의취득및손실보상에관한특례법상의 환매가격의 결정", 「대법원판례해설」제21호, 법원도서관, 1994월 5월, 348면.

IX. 환매소송

1. 토지소유권 확인소송 및 이전등기소송

환매권자가 사업시행자에게 환매금액을 지급 또는 공탁하였음에도 불구하고 환매의무자, 즉 등기부상의 소유자가 이전등기의무를 이행하지 않는 경우에 환매권자는 법원에 토지소유권 확인의 소를 제기할 수 있고 그 판결을 등기원인으로 이전등기를 할 수 있다. 이는 환매당사자의 환매금액에 대한 소송과 별개의 소송으로 진행된다.

2. 환매금액 증감소송

환매당사자는 환매금액에 대하여 협의가 성립되지 아니한 때에는 법원에 민사소송으로 환매금액의 증액 또는 감액 청구소송을 제기할 수 있다(공토법 제91조 제4항). 환매금액 증액소송은 사업시행자가, 감액소송은 환매권자가 각각 제기하는 것이 보통이며, 토지가격이 취득 당시에 비하여 현저히 변동되었는지는 그 변동을 주장하는 자가 입증하여야 한다.[170]

X. 환매권 행사기간

1. 환매권 행사기간 성질

환매권은 형성권으로서 일방적인 의사표시로 목적을 달성하므로 소멸시효의 중단을 생각할 수 없다는 점에서 환매권 행사기간의 성질은 제척기간이라는 데 이론이 없다. 환매권의 소멸은 사업시행자가 환매통지가 있는 경우와 없는 경우에 따라 다르다.

---

168) 대법원 2000.11.28. 99두3416.

169) 이러한 대법원의 계산방식에 동의하는 견해(조용오, 전게논문, 352면)와 환매 당시의 감정평가가격으로 해야 한다는 견해(이선영, 신토지수용과 보상법론, 304면)가 있다.

170) 대법원 1992.3.31. 91다19043.

2. 사업시행자의 통지가 있는 경우

환매권자는 사업시행자의 환매통지를 받은 날로부터 또는 환매권자를 알 수 없는 경우 공고를 한 날로부터 6월이 경과한 후부터는 환매권을 행사하지 못한다(공토법 제92조 제2항).

3. 환매통지를 하지 않은 경우

(1) 토지가 사업에 필요 없게 된 경우

당해 토지가 불필요하게 된 때로부터 1년, 협의취득 또는 수용의 개시일로부터 10년 이내에 환매권을 행사하여야 한다(공토법 제91조 제1항).

(2) 토지를 사업에 이용하지 않은 경우

협의 취득 또는 수용한 토지의 전부를 사업에 이용하지 아니하고 5년이 경과한 경우에는 그 협의취득 또는 수용의 개시일부터 6년 이내에 환매권을 행사해야 한다(동조 제2항).

<판례>
사업인정 후 협의취득일 또는 수용일로부터 5년을 경과하여도 수용한 토지의 전부를 사업에 이용하지 아니함으로써 환매할 토지가 생겼을 때에 기업자가 이를 환매권자에게 통지하거나 공고한 경우에는 그 통지를 받은 날 또는 공고의 날로부터 6개월 이내에 환매권을 행사할 수 있고, 기업자가 환매통지나 공고를 하지 않은 경우라 하더라도 환매권자는 환매권을 행사할 수는 있으나 사업인정 후 협의취득일 또는 수용일로부터 6년이 경과하면 환매권은 소멸한다고 보는 것이 상당하다(대법원 1993.8.24. 93다16192).

(3) 환매기간의 경합

환매기간이 서로 경합하는 경우, 예를 들어 취득한 토지의 전부 또는 일부가 필요 없게 된 경우 취득일로부터 10년과 필요 없게 된 때로부터 1년이 서로 엇갈릴 때에는 어느 기간을 환매권행사기간으로 해야 할지 문제가 있다. 환매권이 환매권자의 권리를 보호하기 위해서 인정된 제도라는 점에서 두 기간 중에서 보다 더 긴 기간이 경과되어야 환매권이 소멸된다고 할 것이다.[171]

XI. 징발재산정리에 관한 특별조치법의 환매권

1. 의의

징발재산정리에 관한 특별조치법(이하 '징특법')은 징발법 시행 당시 징발된 재산을 1973년 12월 31일까지 매수보상 및 징발해제를 하기 위하여 필요한 사항을 규정함을 목적으로 제정되었다(징특법 제1조).

징특법 제20조에서 국가가 매수한 징발재산의 매수대금으로 지급한 증권의 상환이 종료되기 전 또는 그 상환이 종료된 날로부터 5년 이내에 당해 재산의 전부 또는 일부가 군사상 필요 없게 된 때에는 피징발자 또는 그 상속인은 이를 우선매수할 수 있는 권리, 즉 환매권을 인정하고 있다.[172]

징특법상의 환매소송은 감소될 추세이므로, 이하에서는 징특법상의 환매권을 공토법상 환매권과의 차이점 위주로 서술하겠다.

2. 환매권자와 상대방

(1) 환매권자

환매권자는 피징발자 또는 그 상속인이다(징특법 제20조 제1항, 제20조의2 제1항). 피징발자는 징특법에 의하여 매수한 징발재산의 소유자 또는 재산관리인을 말하고, 그 담보물권자는 이에 해당하지 않는다(징특법 제4조 제1항). 공토법과는 달리 포괄승계인 대신 상속인으로 규정되어 있어서 합병된 법인은 환매권자가 될 수 없다.[173]

(2) 상대방

징특법상 환매의 상대방은 국가이다.

---

171) 대법원 1993.8.13. 92다50652; 대법원 1994.5.24. 93다51218; 대법원 1995.2.10. 94다31310.

172) 이 외에 군사상 필요에 의한 환매 관련 특별법은 「국가보위에 관한 특별조치법 제5조 제4항에 의한 동원대상지역 내의 토지의 수용·사용에 관한 특별조치령에 의하여 수용·사용된 토지의 정리에 관한 특별조치법」(일부개정 2005.12.14. 법률7724호)이 있다.

173) 피징발자 또는 포괄승계인이라고 해야 입법취지에 부합된다고 할 것이다(배병호, 전게논문, 222면).

3. 환매의 목적물

환매의 목적물은 '징발매수 재산'이다. 징발목적물은 부동산 외에도 소모품인 동산과 비소모품인 동산 등 모든 징발재산이 될 수 있으나, 실제로는 토지인 경우가 대부분이다(징발법 제5조).

4. 징특법상의 환매의 사유

(1) 매수한 징발재산의 매수대금으로 지급한 증권의 상황이 종료되기 전 또는 그 상환이 종료된 날로부터 5년 이내에 당해 재산의 전부 또는 일부가 군사상 필요가 없는 경우(징특법 제20조 제1항)

① 군사상 필요의 구체적인 판단[174]

여기서의 '군사상 필요'에 대해서 법원은 "'군사상 필요가 없게 된 때'라 함은 징발재산 매수의 필요성이 소멸된 것을 말하고, 위에서 '군사상 필요'라는 말은 같은 법 제2조 제1항 소정의 '군사상 긴요하여 군이 계속 사용할 필요'와 같은 뜻이라고 할 것이고, 한편 위와 같은 군사상 긴요하여 군이 계속 사용할 필요성은 객관적 요건이므로 그 필요성의 유무는 군의 주관적 의도보다는 군이 군사상 긴요하여 현재 사용하고 있고 앞으로도 계속 사용할 필요성이 있는지를 객관적인 상황에 의하여 판단하여야 한다"[175]고 하여 객관적인 상황에서 판단하고 있다.

민간인이 군과 병존적으로 사용하는 경우에 군사상 필요성을 인정할 수 있는가에 대해

---

174) **환매권행사를 긍정한 예**를 보면 "비군사적 정보기관의 성격을 가진 국가안전기획부가 그 청사부지로 사용하고 있다거나 군복지시설인 군인아파트 등을 건립할 계획이 있는 경우"(88다카 25342), "징발한 일부토지에 탄약고 등 군사시설을 설치하고 설치구역의 경계선에 철조망을 치면서 징발한 나머지 부동산들을 위 철조망 밖에 방치하여 둔 때"(90다카20838) 등이 있다.
    환매권행사를 부정한 예를 보면 "군부대 내에 있는 징발토지 중 정비고건물, 사무실건물 등은 군사용으로 사용되지 아니한 채 방치되어 왔다고 하더라도 하사관숙소, 면회실, 양수장 시설들을 현재 군사시설로 사용하고 있는 경우"(88다카32449), "징발재산의 매수 당시에 당해재산을 점유 사용했던 부대의 이동 등으로 다른 부대가 당해 재산을 사용하고 있는 경우"(90다18562), "군관사가 현실적으로 건립되어 사용되고 있는 경우 그 관사의 이용을 위하여 필요한 범위의 토지"(91다25109), "군장교와 그 가족들의 주거용으로 쓰는 아파트와 그에 부속된 교회건물이나 유치원"(91다28870) 등이 있다.

175) 대법원 1997.7.11. 97다805.

서 법원은 "군사상 필요성은 다른 특별한 사정이 없는 한 군사사설이 현실적으로 건립되어 사용되고 있는 시설부지뿐만 아니라 그 시설의 이용을 위하여 필요한 범위 내의 인접한 토지에 대해서도 인정되고, 또한 당해 징발재산을 특정 군부대가 주둔하거나 기타 현실적인 점유상태를 유지·지속시켜 왔느냐만에 의할 것이 아니라 고도의 현대화된 작전개념에 맞추어 군이 계속 사용하여야 할 긴요성에 따라 결정되어야 하므로, 매수한 징발재산이 군작전 수행이나 군사훈련을 위하여 사용되어 온 이상 그 사용이 단기간 또는 간헐적이라거나 군이 이를 계속 사용하면서 그 사용에 지장이 없는 한도 내에서 군의 사용과 병존적으로 민간인이 사용하는 것을 용인한 사정만으로 그 토지 부분이 군사상 필요 없게 된 때에 해당한다고 할 수 없다"[176]고 한다.

군인복지회관과 군관사의 경우가 군사상 필요가 인정되는가에 대해서 법원은 "군장교 및 하사관과 그 가족들의 주거용으로 쓰이는 아파트는 군사상 긴요한 시설로 보아야 하고 군인복지회관도 그것이 출장, 휴가 중인 장병들에게 침식을 제공하는 등의 용도에 사용되는 등 군전투력의 유지 증대에 필요한 것인 경우에는 그 역시 군사상 긴요한 시설로 보아야 한다"[177]라고 하여 환매권의 발생을 부정하고 있다.

민간인들이 무단사용하고 있는 경우에 대해서는 군사상 필요성이 부정되고 있다. 예를 들어 국가가 증권매수한 토지를 유휴지로 방치되어 민간인들이 가축축사로 무단 사용하고 있는 경우에는 군사상 필요성이 부정된다.[178] 그러나 전역한 가족이 관사를 한동안 무단 사용하였다는 것만으로는 환매권을 행사할 수 없다.[179]

실제적으로 사용하지 않고 **사용계획만이 있는 경우**에는 군사상 필요성을 인정할 수 없다. 구군마대 부지 환매소송에서 법원은 계획만으로 군사상 필요성이 있다고 할 수 없고, 환매의사표시 후에 훈련장을 설치한 것은 고려할 사항이 아니라고 군사상 필요를 배척한 사안이 있다.[180] 또한 인제·홍천 지역 훈련장 지역의 협의 매수한 토지 중 훈련 목적에 직접 사용하지 않는 오미자 농장을 한국군사문제연구원에 사용·수익허가 할 경우에는 공공사업에 필요 없게 되어 환매권이 발생한다는 유권해석도 있다.[181]

---

176) 육군 보병학교 종합훈련장의 특성 및 용도에 비추어 볼 때 유형적 군사시설이 설치된 토지뿐 아니라 그 인접 토지들도 함께 전체적으로 하나의 산지를 형성하면서 유기적으로 연결되어 군사상 사용되어 온 것이라고 본 사례이다(대법원 1997.6.27. 97다8885).

177) 대법원 1993.9.14. 92다32012.

178) 군용지소송사례집, 육군본부, 1996년, 72면.

179) 군용지소송사례집, 105면.

180) 군용지소송사례집, 101면.

181) 육법 제18501－020139(02.9.12.)－매수한 토지의 환매 관련 질의 회신.

일부 매수된 토지에 대해서 사업 완료 시까지 사용수익허가를 해 줄 수 있는가에 대해서 사업이 시행되지 않고 사용수익허가가 장기화에 해당하는 경우에는 환매권이 발생할 수 있다.[182]

훈련장 설치 목적으로 부지를 매입한 후에 군 체력단련장(퍼블릭 9홀)으로 변경활용하는 것은 훈련장 조성사업에 직접 이용되지 않게 된다고 보이므로 환매권의 발생요건에 해당한다고 한다.[183]

② 증권의 상환이 종료된 날의 의미

'증권의 상환이 종료된 날'이라 함은 징발보상증권의 소지인이 최종적으로 증권을 제시하고 실제로 상환금을 수령함으로써 그 징발보상증권에 대한 분할상환이 현실적으로 종료한 날을 의미하는 것이라 할 것이고 최종분할상환이 가능하게 된 마지막 상환개시일을 의미하는 것은 아니다.[184]

(2) 매수한 징발재산의 매수대금으로 지급한 증권의 상환이 종료된 날부터 5년 이 경과한 후 당해 재산의 전부 또는 일부가 군사상 필요 없게 된 때(징특법 제20조의2 제1항)

징발재산정리에 관한 특별조치법의 시행으로 인하여 피징발자가 많은 불이익을 받아왔던 점을 고려하여 동조를 신설하여 환매권이 소멸한 징발매수재산의 처리방안을 규정하고 있다.

징특법상의 제20조의2의 규정은 동법 제20조의 규정과는 달리 환매기간이 경과한 징발재산에 대해서는 국가가 국유재산법의 규정에도 불구하고 피징발자에게 수의계약으로 매각할 수 있다는 취지이지 피징발자에게 우선매수권(환매권)을 인정한 것은 아니라는 점에 주의해야 한다.[185] 따라서 피징발자 또는 그 상속인에게 매수청구권이란 권리를 규정한 것으로는 볼 수 없고 단지 국가의 재량권을 규정한 것으로 판단된다.[186]

---

182) 법률지원사례집(2003년도), 육군본부법무감실, 45면.

183) 육법 제18501-030040(03.2.27.)-체력단련장 조성 시 환매권 발생 여부 관련질의 회신.

184) 대법원 1993.6.29. 93다5321.

185) 대법원 1998.3.10. 98다208.

186) 진정수, "징발재산정리에 관한 특별조치법상의 환매권에 관한 연구", 「군사법연구」13('96.3.), 육군본부, 169면.

〈헌법재판소 결정〉

재판요지: 환매기한 설정의 입법목적은 국가가 징발매수한 토지 등에 투자하여 개발한 이익이 사회일반에 돌아가지 아니하고 그동안 전혀 관리도 하지 아니한 피징발자 개인에게 돌아가는 등 불합리한 결과를 막고 토지 등의 효율적인 이용·개발을 촉진하기 위한 것으로서 정당하다고 할 것이다. 위와 같은 입법목적을 달성하기 위하여 환매요건 자체를 기한에 결부시켜 제한하는 것은 적절하고 유효한 방법이라고 할 것이며, 이 방법과 다른 최선의 방법을 찾아볼 수도 없으므로 이러한 제한방법이 피해의 최소성의 원칙에 어긋난다 할 수도 없다. 또한, 징특법 제20조 제1항에 의한 환매권이 발생할 수 있는 기간은 징발매매된 날로부터 16년까지이고, 대체로 16년이라는 기간은 그동안 당해 토지의 현상·이용 상태 및 주변상황 등의 변화로 말미암아 그 토지 등의 사회경제적 가치가 질적 변화를 일으키기에 상당한 기간이라고 보이므로 그동안에 형성된 법률관계를 그대로 안정시켜야 한다는 법적 안정성의 요청이 종전소유자가 소유권회복으로 인하여 얻는 사적 이익보다 우월하다고 본 입법자의 판단이 불합리하다고 할 수는 없다.

징특법 제20조의2 제1항은 토지 등의 원소유자가 수의계약에 의하여 매각 당시의 시가로 매수할 수 있다고 규정하여 원소유자가 소유권회복을 할 수 있는 길을 열어 놓고 있다. 따라서 징특법 제20조 제1항에 의한 환매기간의 제한은 징발매도인의 헌법상 보장되는 재산권의 본질적인 내용을 침해하거나 재산권 보장에 관한 헌법상의 기본이념에 저촉된다고 할 수 없고 또한 피징발자를 합리적인 이유 없이 차별하는 것으로 볼 수도 없다.

반대의견(재판관 조대현, 재판관 이동흡): 공토법에 있어서의 환매권은 평시에 있어서 정당한 보상이 이루어져 합헌적으로 수용이 된 것을 전제로 하여 인정되고 있으나, 이 사건 징특법상의 환매권은 6·25 사변이라는 전란에 처하여 군사상 필요에 의하여 일방적으로 국민의 재산이 징발 사용되다가 징특법이 제정되어 사후에 매수하는 편법을 사용함으로써 수용이 된 것을 전제로 하여 인정되고 있는 것이므로 그 전제상황이 전혀 다르다며, 징특법이 재산권의 본질을 침해하고 비례의 원칙과 평등의 원칙에 위반된다는 위원이라는 반대의견이 있었다(헌법재판소 2009.5.28. 2008헌바18).

5. 환매권의 행사

(1) 징특법상의 환매권의 발생시기

징특법상의 환매권은 국방부장관의 결정에 의해서 재산이 국가에 의해 매수된 때로부터 그 매수한 징발재산이 매수대금으로 지급한 징발보상증권의 상환이 종료되기 전 또는 그 상환이 종료된 날로부터 5년 이내에 발생한다고 되어 있다(징특법 제20조 제1항).

여기서 국가에 의해 매수된 때의 의미가 국방부장관이 징특법 제6조 제1항에 의해서 국방부장관이 매수결정을 한 때인지, 아니면 국가명의로 소유권이전등기가 된 때인지 의문이 있다.

이에 대해서 대법원은 "징발재산정리에 관한 특별조치법 제2조 내지 제6조의 각 규정을 종합하면 국방부장관의 징발재산 매수결정이 있으면 국가는 징발보상금에 관한 증권의 교부나 현금의 지급 또는 공탁이 없는 것을 해제조건으로 민법 제187조에 의하여 등기 없이 징발재산에 대한 소유권을 취득한다"[187]고 하여 민법 제187조에 의한 권리변동을 인정하고 있다. 따라서 국방부장관의 매수결정이 있는 경우에는 국가는 그 등기유무에 관계없이 징발재산의 소유권을 취득한다고 할 것이므로 그 징발재산에 대한 환매권의 발생시기도 국방부장관의 매수결정이 있었던 때부터라고 보아야 할 것이다.[188] 판례도 매수결정이 확정된 때로부터 환매권행사의 제척기간이 적용된다고 한다.[189]

(2) 환매권의 통지

징특법에서도 매각할 재산이 생긴 경우에는 국방부장관이 환매권자에게 통지를 하여야 하고 환매권자를 알 수 없는 경우에는 공고를 하여야 한다(징특법 제20조 제2항, 제20조의2 제2항, 제3항).

징특법상에서는 통지가 있으면 3개월이 경과하면 환매권을 행사하지 못한다고 규정하여 공토법보다 더 단기의 기간이 적용되고 있다(징특법 제20조 제3항, 제20조의2 제4항).

피징발자나 상속인들이 징발된 재산의 존재 및 군사상 정보에 대한 접근하지 못하여 통지의 실효성에 의문이 있었다. 그리하여 징특법 부칙(제4618호, 1993.12.27.) 제2조는 "1983년 12월 31일 이전에 환매권이 발생하였으나 제20조 제2항의 규정에 의한 통지 또는 공고 없이 이 법 시행 당시 이미 환매권이 소멸된 매수징발재산 중 1984년 1월 1일부터 이 법 시행일까지 군사상 목적으로 사용된 바 없는 재산으로서 군사상 필요가 없는 것에 대해서는 국방부장관은 1995년 12월 31일까지 피징발자 또는 그 상속인에게 환매할 것을 통지하여야 한다"라고 규정하여 피징발자의 권리를 보호하고 있다.[190]

---

187) 대법원 1978.9.12. 78다842; 대법원 1992.2.11. 91다18972.

188) 진정수, 전게논문, 159면.

189) 징발재산정리에 관한 특별조치법에 의하여 국가가 매수하던 당시부터 군이 사용하지 않고 있거나 기타 계속 사용의 필요성이 객관적 상황에 의하여 인정되지 않는 경우에는 피징발자는 위 특별조치법 제7조의 규정에 의하여 매수결정통지서가 송달된 날로부터 30일 이내에 이의신청을 하여 매수결정의 적법성을 다투거나, 이의신청기간을 도과하여 매수결정이 확정된 뒤에는 같은 법 제20조의 규정에 의하여 군사상 계속사용의 필요성이 없음을 이유로 환매권을 행사할 수 있으므로 결국 매수결정이 확정된 때로부터 환매권 행사의 제척기간이 진행된다(대법원 1991.9.24 91다8456).

190) 가. 징발재산정리에 관한 특별조치법 부칙(1993.12.27.) 제2조에 의한 환매권을 행사하기 위하여서는 1983.12.31. 이전에 이미 같은 법 제20조에 의한 환매권이 발생하였으나 국방부장관의 통지 또는 공고가 없어 이를 행사하지 못한 채 그 권리가 소멸되었던 매수 징발재산으로서 1984.1.1. 이후부터 같은

(3) 환매대금의 선지급 여부

징특법 제20조 제1항 후문에는 "환매권자는 국가가 매수한 당시의 가격에 증권의 발행연도부터 환매연도까지 연 5푼의 이자를 가산한 금액을 국고에 납부하여야 한다"라고 규정하고 있다. 여기서 환매대금의 지급이 동시이행의 관계인지 선이행의 관계인지 의문이 있다.

징특법에서는 환매대금의 선지급의무가 없고 원래의 소유자에게 피해회복의 방법으로 인정되는 우선 매수권이며 매매에 관한 규정이 적용되므로 동시이행의 관계로 보아야 한다.[191] 따라서 공토법상의 환매권행사에서 환매대금을 선지급해야 하는 것과 구별된다.

<판례>

위 법조항에 규정된 환매권행사로 인한 매수의 성질은 사법상의 매매와 같다고 볼 것이므로 특단의 사정이 없는 한 환매권 행사에 따른 국가의 소유권이전등기 의무와 피징발자의 환매대금 지급의무는 서로 동시이행관계에 있다고 보는 것이 타당하며, 위 환매권은 피징발자 자신이 매매계약과 동시에 환매할 권리를 보류함으로써 생긴 권리가 아니므로 민법 제590조 소정의 환매권과 같이 보아 환매대금 지급을 선이행의무라고 볼 것이 아니다(대법원 1989.12.12. 89다카9675).

법 시행일까지도 군사상 목적으로 사용된 바 없고 현재도 군사상 필요가 없는 재산이기만 하면 되고, 반드시 국방부장관의 환매 통지가 있어야 한다거나 또는 현재 그 재산이 국방부의 관리하에 있어야만 하는 것은 아니다.

나. 징발재산정리에 관한 특별조치법 부칙(1993.12.27.) 제2조의 규정에 의한 환매권은 같은 조 제2항에 의하면, 피징발자 또는 그 상속인이 국가가 매수할 당시의 가격에 증권의 발행연도부터 환매연도까지 연 5푼의 이자를 가산한 금액을 국고에 납부하여야만 이를 행사할 수 있고, 그 환매권을 행사할 수 있는 기간은 같은 법 부칙 제2조 제3항, 같은 법 제20조 제3항에 의하여 국방부장관의 통지가 있었을 때에는 그 통지를 받은 날로부터 3개월이라고 할 것이나, 국방부장관의 통지가 없었을 때에는 같은 법 부칙 제2조의 환매권이 제척기간의 경과로 환매권이 소멸된 자에게 은혜적으로 환매권을 재행사할 수 있도록 배려한 것이라는 점과 그로 인한 법률관계가 조속하게 안정되어야 한다는 필요를 고려하고 나아가서 국방부장관의 통지가 있는 경우와의 균형에 비추어 볼 때, 국방부장관의 통지가 있는 경우에 최종적으로 환매권을 행사할 수 있는 시한과 같은 1996.3.31.까지라고 봄이 상당하다(대법원 1995.8.25. 94다27748).

191) 진정수, 전게논문, 167면.

제8절 국유재산의 취득시효

Ⅰ. 의의

1. 취득시효 제도

취득시효는 물건 또는 권리를 점유하는 사실상태가 일정기간 동안 계속되는 경우에, 그것이 진실한 권리관계와 일치하는가를 묻지 않고 권리취득의 효과가 생기게 하는 제도를 말한다. 취득시효의 존재이유는 ① 사회의 법률관계의 안정, ② 증거보전의 곤란 구제, ③ 권리 위에 잠자는 자의 보호 불요를 들어 설명하고 있다.[192]

민법 제245조 제1항은 "20년간 소유의 의사로 평온, 공연하게 부동산을 점유하는 자는 등기함으로써 그 소유권을 취득한다"라고 하여 점유취득시효를 규정하고 있고, 제2항은 "부동산의 소유자로 등기한 자가 10년간 소유의 의사로 평온, 공연하게 선의이며 과실 없이 그 부동산을 점유한 때에는 소유권을 취득한다"라고 규정하여 등기부취득시효를 규정하고 있다.

2. 국유재산법 제5조 제2항의 변천

공물도 민법과 같이 취득시효의 대상이 되는지 학설이 대립하여 왔다. 다수설[193]과 판례[194]는 공물에 대하여 원칙적으로 시효취득을 부정하지만 묵시적으로라도 공용폐지가 되어 공물성을 상실하여야만 시효취득이 가능하다고 하였다.

그러나 국유재산관리부실로 인하여 소유권이 상실되는 것을 방지하기 위해서 1976.12.31.

---

192) 주석민법(물권법 1), 박준서, 한국사법행정학회, 2001년 3월, 655면; 김형배, 민법학강의, 2000년, 420면; 대법원은 "시효제도는 일정기간 계속된 사회질서를 유지하고 시간의 경과로 인하여 곤란하게 되는 증거. 보전으로부터의 구제 내지는 자기권리를 행사하지 않고 소위 권리 위에 잠자는 자는 법적 보호에서 이를 제외하기 위하여 규정된 제도라 할 것인바……"(대법원 1976.11.6. 76다148)라고 하여 다수설과 동일한 취지이다. 그러나 이에 대해서 점유취득시효는 증거보존의 곤란을 구제하고자 하는 것이고, 등기부취득시효는 사회의 법률관계의 안정을 위한 것으로 이분하여야 한다는 견해가 있다(고상룡, "취득시효와 소유권이전등기청구 방법", 「고시계」 42권 10호, 1997년 9월, 42~43면).

193) 박윤흔, 행정법강의(하), 483면; 석종현, 일반행정법(하), 408면.

194) 대법원 1976.9.28. 76다1127.

국유재산법(법률 제2950호) 제5조 제2항 "국유재산은 민법 제245조의 규정에 불구하고 시효취득의 대상이 되지 아니한다"라고 규정하여 학설의 대립은 이론상으로 논의되었을 뿐이다.

이후 1991년 헌법재판소가 잡종재산에 대하여 시효취득을 인정하지 않는 것은 헌법에 위반된다고 결정을 하여, 1994.1.5. 국유재산법 제5조 제2항에 "다만, 잡종재산의 경우는 그러하지 아니한다"라는 단서가 추가되어, 잡종재산(현 일반재산)에 대해서는 시효취득을 인정하고 있다.

Ⅱ. 구 국유재산법(법률 제2950호) 제5조 제2항의 위헌 여부

1. 헌법재판소의 위헌결정(헌법재판소 1991.5.13. 89헌가97)

1976년 12월 31일 제정된 국유재산법(법률 제2950호)에 의하여 신설된 국유재산법 제5조 제2항에 의하면, 모든 국유재산은 민법상의 취득시효조항(민법 제245조)의 적용이 배제되어 있었다.

이에 대하여 헌법재판소는 "동법 제5조 제2항을 동법의 국유재산 중 잡종재산에 대해서까지 시효취득의 대상이 되지 아니한다고 규정한 것은 사권을 규율하는 법률관계에 있어서는 그가 누구냐에 따라 차별대우가 있어서는 아니 되며 비록 국가라 할지라도 국고작용으로 인한 민사관계에 있어서는 사경제적 주체로서 사인과 대등하게 다루어져야 한다는 헌법의 기본원리에 반하고, 국토에 대한 효율적이고 균형 있는 이용 및 개발과 보전을 위한 수단도 아닌 것이 명백하여 입법재량상의 비례의 원칙에 반하고 나아가 헌법 제37조 제2항에 의하여 국민의 기본권을 제한할 수 있는 예외조치의 사유에도 해당하지 아니함에도 불구하고 국가만을 우대하여 국가와 일반 국민 간에 합리적 근거 없이 차별대우를 하는 것으로서 과잉제한금지의 원칙에도 반하는 불평등한 과잉입법이라고 아니할 수 없어 헌법 제11조 제1항, 제23조 제1항 및 제37조 제2항에 위반된다고 하여 주문과 같이 결정한다"면서 국유재산법(1976.12.31. 법률 제2950호) 제5조 제2항을 동법의 국유재산 중 잡종재산에 대하여 적용하는 것은 헌법에 위반된다고 결정하였다.[195]

---

195) 이후 공유재산에 대해서도 동일한 결정을 하였다. "지방재정법 제74조 제2항이 같은 법 제72조 제2항에 정한 공유재산 중 잡종재산에 대해서까지 시효취득의 대상이 되지 아니한다고 규정한 것은, 사권을 규율하는 법률관계에 있어서는 그 권리 주체가 누구냐에 따라 차별대우가 있어서는 아니 되며 비록 지

그러나 재판관 조규광, 재판관 변정수, 재판관 김양균은 "우리는 국유재산법 제5조 제1항 및 제2항의 규정을, 국가를 우월적 공법인으로서 차별 우대한다는 뜻에서 국유의 부동산에게 특권을 준다는 취지가 아니라, 국유의 부동산은 그 용도에 따른 구분이 행정재산이든 보존재산이든 또는 잡종재산이든 간에 결국에 있어서는 다 같이 전체 국민의 복리를 위하여 특히 보호하여야 할 기본적인 국가재산이라는 특성 때문에 헌법 제37호 제2항에서 정한 '공공복리'를 위한 제한조치로서, 국유의 부동산을 시효취득할 수 있는 사람의 지위 내지는 권리를 제한하는 취지로 이해한다. 이 제한이 헌법해석상의 정당요건을 충족하여 합헌이라면 시효취득할 수 있는 사람의 재산권 제한의 결과 나타나는 불평등은 정당한 기본권 제한에 일반적으로 수반하는 당연한 결과이다"라며 반대의견을 개진하였다.

2. 검토

(1) 사유재산보장이념에 반하는지

헌법재판소는 시효취득을 부인하는 것이 사유재산권 보장의 이념에 반한다고 판시하고 있다. 그러나 시효취득제도 그 자체가 사유재산제도가 아니고, 시효취득제도는 상당 기간 지속된 사실관계 위에 구축된 기왕의 법적 질서를 존중하여 법질서의 안정을 도모하기 위한 것이다. 사유재산제도를 엄격하게 보호하려고 한다면 민법상의 취득시효제도도 엄격하게 해석하여 적용대상을 축소시켜야 할 것이다. 따라서 사유재산제도의 보호와 일반 재산의 취득시효와는 관련이 없다 할 것이다.196) 취득시효로 인한 소유권이전등기청구권도 재산권에 해당하지만, 이는 입법에 의해서 법률상 형성된 권리이지, 헌법의 사유재산 보호에서 나온다고 보기는 힘들다. 설사 시효취득기간만료로 인한 상태를 헌법적으로 보호되는 재산권으로 본다 하여도 헌법 제23조 제1항, 제2항, 헌법 제37조 제2항에 의해서 형성 및 제한이 가능하다.

방자치단체라 할지라도 사경제적 작용으로 인한 민사관계에 있어서는 사인과 대등하게 다루어져야 한다는 헌법의 기본원리에 반하고, 공유재산의 사유화로 인한 잠식을 방지하고 그 효율적인 보존을 위한 적정한 수단도 되지 아니하여 법률에 의한 기본권 제한에 있어서 비례의 원칙 또는 과잉금지의 원칙에 위배된다. 이 법 제74조 제2항에서 같은 법 제72조 제2항에 정한 잡종재산에 대해서까지 이를 적용하도록 한 것은 평등원칙에 관한 헌법 제11조 제1항, 재산권보장에 관한 헌법 제23조 제1항 비례의 원칙 또는 과잉금지의 원칙을 정하고 있는 일반적 법률유보에 관한 헌법 제37조 제2항에 위배된다."(헌법재판소 1992.10.1. 92헌가6, 7)

196) 최대권, "국유재산법 제5조 제2항의 위헌여부", 「헌법재판소자료: 헌법재판제도의 발전」제5집, 1992년 12월, 229면.

(2) 일반재산은 사물(私物)로서 취급되는가

헌법재판소는 "잡종재산은 행정재산이나 보존재산과는 달리 그 물건 자체가 사적 거래의 대상이 되는 것을 전제로 하여(법 제31조) 사권의 설정과 처분을 허용하며 사경제적 거래의 대상으로서 사법적 규율의 적용을 받는 사물(私物)로 취급한다는 것을 원칙으로 하고…… 잡종재산의 거래와 처분에 있어서는 별단의 규정들이 있다고 하더라도 그것은 행정상의 편의와 공정을 기하기 위하여 일정한 제한을 가하는 것에 불과하며 그 법적 성질의 본질적 변화를 가져오는 공법상의 권리관계가 아니고 사법상의 권리관계로서 이루어지고 있음을 쉽게 알 수 있다"라고 이유에서 설시하고 있다.

그러나 일반재산은 국가기능수행을 위하여 예비적으로 비축해 놓은 재산으로서 공공사업을 위하여 활용하거나 처분하여 국가재원마련을 할 수 있다. 또한 최근 환경보존의 수요 증가, 대형 공공사업의 증가에 따라 현재 일반재산으로 관리되고 있는 토지도 언제가 행정재산이 될 가능성이 높은 게 현실이다. 따라서 현재의 일반재산은 잠재적 행정재산으로서의 성격을 가지고 있는 것이고, 행정재산과 일반재산의 구별은 다분히 상대적이라 하겠다.

따라서 헌법재판소는 일반재산을 사법적 규율을 받는 사물로 보아 사법이 적용되어야 한다고 하지만, 일반재산도 공익적 목적을 위해서 비축해 놓은 재산으로서 공법적 제한은 당연한 것이고, 행정재산과 전혀 다른 재산으로 보는 것은 타당하지 않다.[197)]

(3) 평등의 원칙에 반하는가

헌법 제11조 제1항이 규정하는 평등의 원칙은 결코 일체의 차별적 대우를 부정하는 절대적 평등을 의미하는 것은 아니고, 법을 적용함에 있어서뿐만 아니라 입법을 함에 있어서도 불합리한 차별을 하여서는 아니 된다는 상대적 평등을 뜻하는 것이므로 합리적 근거 없이 차별하는 경우에만 평등원칙에 반하는 것이다.[198)]

평등위반 여부를 심사함에 있어서 엄격한 심사척도와 완화된 심사척도가 있다. 엄격한 심사척도는 헌법에서 특별히 평등을 요구하고 있는 경우와 차별적 취급으로 인하여 관련 기본권에 대한 중대한 제한을 초래하게 되는 경우에 사용된다. 그 외의 경우에는 완화된

---

197) 이완교, "부동산 취득시효제도에 관한 연구-국유재산을 중심으로", 안동대학교 석사학위논문, 1999년 12월, 125면; 정현관, "국유재산의 취득시효에 관한 연구", 창원대학교 석사학위논문, 2003년 8월, 59면; 조정찬, "공유재산에 대한 지방의회통제제도와 잡종재산의 법적 성격에 관한 고찰", 「법 제」 제531호, 2002년 3월, 17면; 이광윤, "행정사물이론에 비추어 본 국유재산제의 문제점", 「아태공법연구」, 아세아태평양공법학회, 1993년, 28면.

198) 헌법재판소 1999.11.25. 98헌바36.

심사척도에 의한다. 완화된 심사척도는 차별을 정당화하는 합리적인 이유가 있는지만을 심사하게 된다. 여기서 차별을 정당화하는 합리적인 이유는 비교대상 간에 존재하는 사실상의 차이와 입법자가 법률을 통하여 달성하려고 하는 입법목적을 들 수 있다. 이에 반해 엄격한 심사를 한다는 것은 자의금지원칙에 따른 심사, 즉 합리적 이유의 유무를 심사하는 것에 그치지 아니하고, 차별취급의 목적과 수단 간에 엄격한 비례관계가 성립하는지를 기준으로 한 심사를 행한다.[199]

일반재산을 다른 사물과 달리 취급하는 것에 대해서는 완화된 심사척도에 따라 평등에 반하는지 검토해야 할 것이다. 왜냐하면 이러한 차별로 인해 시효취득자에게 기본권의 중대한 침해가 온다거나 시효취득제도가 헌법이 특별히 보호하는 것으로 볼 수 없기 때문이다.

국유재산법 제5조 제2항은 민법상의 소유권 취득 시효제도를 악용하여 국유재산이 사유화(私有化)되는 것을 방지하고 국유재산관리의 효율성을 도모하기 위하여 신설된 조항이다. 우리 역사상 해방 전후의 혼란기와 6·25전쟁으로 인해서 지적공부·등기가 상당수 멸실되었고, 이러한 관리소홀을 틈타 국유지의 상당부분이 무단점유되고 있는 시대적 배경으로 인해 제정된 것이다. 따라서 동조항의 제정목적은 정당한 것으로 일반재산과 다른 사물 간의 차별은 합리적 이유가 있다 할 것이다.

(4) 과잉금지의 원칙에 반하는가

국유재산법 입법 취지가, 국유재산의 사유화로 인한 잠식을 방지하고, 국유재산관리의 효율성을 도모하기 위하는 데에 있는 것임은 분명하고, 또한 이와 같은 시효취득제한의 방법에 의하여 국유재산의 사유화가 방지되고 따라서 국유재산관리의 효율성이 도모될 수 있음도 역시 분명한 이상, 국유재산법의 위 규정이 입법 목적의 정당성 및 방법의 적정성의 요건에 해당한다.

피해의 최소성에 대해서 보면, 위법의 입법목적을 달성하기 위한 방법으로서는, 법률의 규정에 의하여 국유재산에 대한 시효취득을 원천적으로 부정해 버리는 방법과 국유재산 관리청이 그 재산에 관한 관리를 보다 철저히 하여 국유재산의 잠식을 억제하는 방법을 생각할 수 있을 것이다. 그러나 후자의 방법은 국유재산이 전국적으로 광범위하게 분포되고 있고 무단점유도 상당하다는 점에서 국가예산과 인력의 증가가 없이는 불가능하

---

199) 헌법재판소 2002.9.19. 2000헌비84; 헌법재판소 1998.9.30. 98헌가7, 96헌바93; 엄격한 심사척도(비례의 원칙)와 헌법 제37조 제2항의 과잉금지원칙의 관계에 대해서는, 한수웅, "평등권의 구조와 심사기준", 「헌법논총」9집('98.12.): 창립 10주년 기념 특집호, 101~102면을 참조하기 바란다.

다는 점에서 국유의 부동산에 대한 시효취득을 원천적으로 부정하는 방법을 택한 위 법률의 규정은 그 정당성이 인정된다 할 것이다. 따라서 그 입법 목적을 달성하기 위한 피해의 최소성의 원칙에도 반하지 않는다.

법익의 균형에 있어서, 국유의 일반재산에 대한 시효취득을 부정함으로 인하여 국민이 입게 될 불이익과 국유재산의 효율적 관리와 보존이라는 법익을 비교를 해 볼 수 있다. 시효취득제도는 법질서 안정과 입증곤란을 피하기 위해서 인정된 특수하고 예외적인 것이다. 시효취득으로 인한 이전등기청구권이 재산권에 속하여도 이를 꼭 보호해야 하는 것은 아니고, 사회적 기속성, 공공복리성을 근거로 입법부가 재산권을 형성할 수 있는 것이다(헌법 제 23조 제1항, 제2항). 또한 비좁은 국토에 비하여 높은 인구 밀도를 가지고 있는 실정에서 국토의 합리적 관리와 보존의 필요성이 크다 할 것이다. 따라서 시효취득이 부정함으로써 얻는 불이익은 입법부에 의해서 제한이 가능한 영역에 속하는 것으로 보호할 필요성이 적은 것으로 국유재산의 효율적 관리와 보존의 법익이 더 크다 할 것이다.

Ⅲ. 위헌결정의 소급효

위헌결정 이후에 점유기간을 기산하여 시효취득을 주장하는 것은 아무런 문제가 없다. 위헌결정 이전부터 점유기간을 기산하여 시효취득을 주장할 수 있는가 문제된다. 위헌결정의 소급효의 문제로서 소급효를 인정하게 되면 국유재산법 제5조 제2항이 소급하여 효력을 상실하여, 위헌결정 이전의 시점에도 시효취득을 기산할 수 있게 된다. 판례는 위헌결정 이후에 국유재산에 대한 시효취득소송(일반사건)에도 위헌결정의 효력이 미친다고 하여 소급효를 인정하고 있다.[200]

<판례>
헌법재판소의 위헌결정의 효력은 위헌제청을 한 당해 사건과 위헌결정이 있기 전에 이와 동종의 위헌 여부에 관하여 헌법재판소에 위헌 여부 심판 제청을 하였거나 법원에 위헌 여부 심판 제청신청을 한 경우의 당해 사건과 따로 위헌제청 신청은 아니 하였지만 당해 법률 또는 법률의 조항이 재판의 전제가 되어 법원에 계속 중인 사건뿐만 아니라, 위헌결정 이후에 위와 같은 이유로 제소된 일반 사건에도 미치는 것이므로, 국유재산법 제5조 제2항 중 잡종재산에 대한 1991.5.13.자의 헌법재판소의 위헌결

---

200) 대법원 2000.2.25. 99다54332; 대법원 1993.1.15. 92다12377; 대법원 1994.2.22. 93다58295.

정은 이 사건에도 당연히 효력을 미친다 할 것이니 같은 취지로 판단한 원심은 정당하고, 헌법재판소법 제47조 제2항이 장래효주의를 취하고 있으므로 헌법재판소의 위헌결정이 있은 이후에야 취득시효기간이 진행된다는 소론 논지는 독자적인 견해로서 채용할 수 없다(대법원 1996.3.12. 95다40755).

Ⅳ. 일반재산의 취득시효

1. 의의

국유지에 대한 취득시효 소송에서 쟁점이 되는 것은 ① 당해 소송대상물이 일반재산인가, ② 원고의 점유가 타주점유인가, ③ 원고가 시효이익의 포기 여부 등이다. 따라서 이하에서는 이 점을 중심으로 판례를 살펴보기로 한다.

2. 일반재산의 해당 여부

취득시효소송의 경우 피고(국가)는 당해 재산이 행정재산이라고 다투는 경우가 많다. 이 경우 당해재산이 공용개시 등을 통해서 행정재산인지, 아니면 행정재산이었다가 공용폐지에 의하여 일반재산으로 되었는지가 주로 문제가 된다.

(1) 행정재산이 아닌 경우

행정재산에 처음부터 해당하지 않는 경우가 있다. 이는 공물이 성립되지 않은 것이다. 공물의 성립에서 공공용물은 공용개시가 필요한데, 이러한 공용개시가 없는 것을 말한다.[201] 따라서 행정재산에 해당하지 않으므로 시효취득의 대상이 되는 것이다(이에 대한 자세한 것은 국유재산의 구분 참조).

---

201) 김동희, 행정법Ⅱ, 226면; 석종현, 일반행정법(하), 392면; 박윤흔, 행정법강의(하), 462면; 대법원 1995.9.5. 93다44395; 대법원 1995.9.15. 95다18956.

(2) 행정재산이 된 후 공용폐지가 있는 경우

자연공물은 공물의 멸실에 의하여 공물성이 소멸되지만, 인공공물은 공용폐지에 의하여 공물성이 소멸된다.[202] 판례는 명시적 공용폐지뿐만 아니라 묵시적 공용폐지도 예외적으로 인정하고 있다.[203] 이러한 공용폐지가 있으면 공물성을 상실하여 사법의 적용을 받게 되므로 시효취득의 대상이 된다 할 것이다(이에 대한 자세한 것은 국유재산의 구분 참조).

이러한 공용폐지는 시효취득 주장자의 점유개시 시까지 있어야 한다. 점유개시 시에 공용이 폐지되지 않으면, 이는 공물에 대한 점유일 뿐 공용이 폐지된 국유재산, 즉 일반재산의 점유가 아니기 때문이다.

(3) 예정공물

예정공물이란 공용개시는 되고 있지 않으나, 장래에 공물로 할 것이 예정된 물건을 말한다.[204] 국유재산법상의 국가가 앞으로 5년 내에 사용하기로 결정한 재산(동법 제6조 제2항, 동법 시행령 제4조 제1항)이 이에 해당한다.

이러한 예정공물은 현재 공적 목적에 공용되고 있지는 않으나, 장차 공적목적에 공용하려는 것이기 때문에 공물에 준하는 법적 취급을 함으로써 공적 목적을 위한 공용에 지장이 없도록 하는 것이다.

국유재산법은 예정공물 중 '국가가 앞으로 5년 내에 사용하기로 결정한 재산'에 대하여 행정재산에 포함시키고 있으므로, '국가가 앞으로 5년 내에 사용하기로 결정한 재산'은 시효취득을 할 수 없다(동법 제6조 제2항, 동법 시행령 제4조 제1항).[205]

---

202) 김동희, 행정법Ⅱ, 228면; 박윤흔, 행정법강의(하), 470면; 김향기, 행정법개론, 717면; 김남진·김연태, 행정법Ⅱ, 371면.

203) 대법원 1999.7.23. 99다15924; 대법원 1997.3.14. 96다43508; 대법원 1994.3.22. 93다56220.

204) 박윤흔, 행정법강의(하), 468면.

205) 이 사건 토지에 관하여 도로구역의 결정, 고시 등의 공물지정행위는 있었지만 아직 도로의 형태를 갖추지 못하여 완전한 공공용물이 성립되었다고는 할 수 없으므로 일종의 예정공물이라고 볼 수 있는데, 국유재산법 제4조 제2항 및 같은 법 시행령 제2조 제1항, 제2항에 의하여 국가가 1년 이내에 사용하기로 결정한 재산도 행정재산으로 간주하고 있는 점, 도시계획법 제82조가 도시계획구역 안의 국유지로서 도로의 시설에 필요한 토지에 대해서는 도시계획으로 정하여진 목적 이외의 목적으로 매각 또는 양도할 수 없도록 규제하고 있는 점, 위 토지를 포함한 일단의 토지에 관하여 도로확장공사를 실시할 계획이 수립되어 아직 위 토지에까지 공사가 진행되지는 아니하였지만 도로확장공사가 진행 중인 점 등에 비추어 보면 이와 같은 경우에는 예정공물인 토지도 일종의 행정재산인 공공용물에 준하여 취급하는 것이 타당하다고 할 것이므로 구 국유재산법(1994.1.5. 법률 제4698호로 개정되기 전의 것) 제5조 제2항이 준용되어 시효취득의 대상이 될 수 없다(대법원 1994.5.10. 93다23442).

(4) 일반재산에 대한 취득시효가 완성된 후 행정재산이 된 경우

시효취득으로 완성으로 인한 소유권이전등기청구권은 채권적 청구권이다. 따라서 일반재산에 대한 취득시효가 완성된 후 그 일반재산이 행정재산이 된 경우에는 취득시효 완성을 원인으로 소유권이전등기청구를 할 수 없다.

<판례>

원래 잡종재산이던 것이 행정재산으로 된 경우 잡종재산일 당시에 취득시효가 완성되었다고 하더라도 행정재산으로 된 이상 이를 원인으로 하는 소유권이전등기를 청구할 수 없다고 할 것이다. 그리고 도시계획법상 공원으로 결정·고시된 국유토지라도 적어도 도시공원법 제4조에 의하여 조성계획이 결정되어 그 위치, 범위 등이 확정되어야만 국유재산법 제4조 제2항 제2호, 그 시행령 제2조 제1항에서 규정하고 있는 '공공용으로 사용하기로 결정한 재산'으로서 행정재산이 된다고 할 것이다. ……사건 토지를 포함하여 퇴촌동 일대는 위 취득시효가 완성되었다는 시점 이후인 1990.12.26. 건설부 고시 제950호로 비로소 이 사건 공원으로 결정·고시되고, 그 조성계획 역시 같은 고시로 결정되었음을 알 수 있다. 그렇다면 이 사건 토지는 1990.12.26.자로 행정재산으로 되었다고 할 것이므로 이 사건 토지에 대해서는 그 이후 취득시효 완성을 원인으로 한 소유권이전등기를 청구할 수 없다(대법원 1997.11.14. 96다10782).

3. 소유의 의사

(1) 자주점유의 의미

취득시효의 요건으로서 점유는 '자주점유', 즉 소유의 의사로 하는 점유이어야 한다. 소유의 의사는 소유자와 동일한 지배를 하려는 의사[206] 또는 타인의 소유권을 배제하여 자기의 소유물처럼 배타적 지배를 행사하는 의사[207]를 말한다. 이러한 자주점유가 법률상 그러한 지배를 할 수 있는 권원, 즉 소유권을 가지고 있거나 또는 소유권이 있다고 믿고서 하는 점유를 의미하는 것은 아니다.[208]

---

[206] 취득시효에 있어서 자주점유라 함은 소유자와 동일한 지배를 하려는 의사를 가지고 하는 점유를 의미하는 것이지 법률상 그러한 지배를 할 수 있는 권원, 즉 소유권을 가지고 있거나 또는 소유권이 있다고 믿고서 하는 점유를 의미하는 것은 아니다(대법원 1996.10.11. 96다23719).

[207] 자주점유의 요건인 소유의 의사라고 함은 타인의 소유권을 배제하여 자기의 소유물처럼 배타적 지배를 행사하는 의사를 말하므로 지상권·전세권·임차권 등과 같은 전형적인 타주점유의 권원에 의하여 점유함이 증명된 경우는 물론이거니와 이러한 전형적인 타주점유의 권원에 의한 점유가 아니라도 타인의 소유권을 배제하여 자기의 소유물처럼 배타적 지배를 행사하는 의사를 가지고 점유하는 것으로 볼 수 없는 객관적 사정이 인정되는 때에도 자주점유의 추정은 번복된다(대법원 1997.4.11. 선고 96다50520).

(2) 자주점유의 판단

① 판단기준

점유자의 점유가 소유의 의사 있는 자주점유인지 아니면 소유의 의사 없는 타주점유인지는 점유자의 내심의 의사에 의하여 결정되는 것이 아니라, 점유 취득의 원인이 된 권원의 성질이나 점유와 관계가 있는 모든 사정에 의하여 외형적·객관적으로 결정하게 된다(객관설).[209] 이러한 소유의 의사의 판단은 점유개시 시를 기준으로 판단하게 된다.

② 권원의 성질상 자주점유인 경우

매매·증여·교환 등과 같이 소유권취득의 원인이 되는 계약은 자주점유의 권원에 해당하여 자주점유로 본다. 매매계약이 무효가 된 경우에 실제로 매매계약이 있었던 이상 그 계약이 무효라 하더라도 매수인은 원칙적으로 점유자이지만,[210] 실제로 매매계약이 존재하지 않았는데 이를 오신하였다 하여 자주점유가 되지 않는다.[211]

③ 권원의 성질상 타주점유인 경우

임대차에 의하여 취득한 경우,[212] 소유자가 외국에 나가면서 관리를 위임한 토지를 자기 앞으로 등기하고 점유한 수임자의 경우,[213] 명의수탁자의 점유,[214] 귀속재산에 대한 점유[215]는 타주점유로 판단된다.

④ 자주점유에서 타주점유로 전환

다음과 같은 경우에는 자주점유에서 타주점유로 전환된다. 매매계약이 해제되거나, 부동산을 타인에게 매도하여 인도의무를 지고 있는 매도인의 점유,[216] 또한 소유자가 점유

---

208) 대법원 1996.10.11. 96다23719; 대법원 1994.11.8. 94다36438, 36445(반소).

209) 대법원 1997.8.21. 95다28625 전원합의체 판결; 대법원 1999.3.12. 98다29834.

210) 대법원 1994.12.27. 94다25513.

211) 대법원 1981.3.24. 80다1525.

212) 대법원 1969.3.4. 69다5.

213) 대법원 1989.10.24. 88다카11619.

214) 대법원 1976.9.28. 76다594.

215) 대법원 1996.11.29. 95다54204.

216) 대법원 1992.9.14. 92다20064.

자를 상대로 적극적으로 소유권을 주장하여 승소한 경우에는 점유자의 점유는 패소판결 확정 후부터는 타주점유로 전환된다.[217] 그러나 점유자 측에서 등기명의자를 상대로 매매나 시효취득을 원인으로 소유권이전등기를 청구하였다가 패소판결을 받더라도 점유자가 소유자에게 어떤 의무가 있음이 확정된 것이 아니므로 악의의 점유자에 불과하고 타주점유로 전환되지는 않는다.[218]

(3) 자주점유의 추정

1차적으로 점유취득의 원인이 된 점유권원의 성질에 의하여 객관적으로 정하고, 2차적으로 점유권원이나 성질이 분명하지 않는 경우에 한하여 민법 제197조 제1항 "점유자는 소유의 의사로 선의, 평온 및 공연하게 점유한 것으로 추정한다"에 의하여 자주점유가 추정된다.

(4) 자주점유추정의 번복

이러한 자주점유의 추정은 입증책임에 영향을 끼친다. 점유자는 소유의 의사로 점유한 것으로 추정되므로 점유자가 취득시효를 주장하는 경우에 있어서 스스로 소유의 의사를 입증할 책임은 없고, 오히려 그 점유자의 점유가 소유의 의사가 없는 점유임을 주장하여 점유자의 취득시효의 성립을 부정하는 자에게 그 입증책임이 있다.[219]

점유자의 소유의 의사를 다투는 상대방은 자주점유의 추정을 깨뜨려야 한다. 자주점유 추정의 번복을 위한 방법에 대해 대법원은 "민법 제197조 제1항의 소유의 의사의 추정은, 점유자가 점유의 성질상 소유의 의사가 없었던 것으로 볼 권원에 터 잡아 점유를 취득한 사실이 증명되거나 또는 경험칙상 소유의 의사가 없었던 것으로 볼 사정, 즉 점유자가 점유 중에 참다운 소유자라면 통상적으로 취하지 않을 태도를 나타내거나 소유자라면 당연히 취했을 것으로 보이는 행동을 하지 않은 경우 등 외형적·객관적으로 보아

---

217) 토지 점유자가 소유권이전등기말소등기청구소송의 직접 당사자가 되어 소송을 수행하였고 결국 그 소송을 통해 대지의 정당한 소유자를 알게 되었으며, 나아가 패소판결의 확정으로 점유자로서는 토지에 관한 점유자 명의의 소유권이전등기에 관하여 정당한 소유자에 대하여 말소등기의무를 부담하게 되었음이 확정되었으므로, 단순한 악의점유의 상태와는 달리 객관적으로 그와 같은 의무를 부담하고 있는 점유자로 변한 것이어서 점유자의 토지에 대한 점유는 패소판결 확정 후부터는 타주점유로 전환되었다고 보아야 한다(대법원 1996.10.11. 96다19857).

218) 대법원 1981.3.24. 80다2226.

219) 대법원 1997.12.9. 97다18547.

점유자가 타인의 소유권을 배척하여 점유할 의사를 갖지 않았던 것으로 볼 사정이 증명되었을 때에는 깨어지는 것이다"[220]라고 판시하였다.

(5) 무단점유의 경우

점유자가 권원이 없고 또 그것을 알면서 점유하는 무단점유의 경우에 소유의 의사가 있는지 문제된다. 대법원은 이를 자주점유로 보기도 하고,[221] 타주점유[222]로 보기도 하였으나, 전원합의체 판결을 통해서 자주점유의 추정이 깨지는 것으로 입장의 정리를 하였다.

따라서 사인이 국유재산을 점유하는 것이 무단점유로 입증이 되면 자주점유의 추정이 깨진다 할 것이다. 또한 국가와 지방자치단체가 공공용 재산으로서 취득절차를 밟는 등의 정당한 권한 없이 사유 토지를 점유하게 되면 무단점유로서 소유의 의사가 깨진다.[223]

〈무단점유에 대한 전원합의체 판결〉

판결요지: 점유자가 점유 개시 당시에 소유권 취득의 원인이 될 수 있는 법률행위 기타 법률요건이 없이 그와 같은 법률요건이 없다는 사실을 잘 알면서 타인 소유의 부동산을 무단점유한 것임이 입증된 경우, 특별한 사정이 없는 한 점유자는 타인의 소유권을 배척하고 점유할 의사를 갖고 있지 않다고 보아야 할 것이므로 이로써 소유의 의사가 있는 점유라는 추정은 깨어졌다고 할 것이다(대법원 1997.8.21. 95다28625 전원합의체 판결).

평석: 이 판결에 대해서는, 민법 제197조 제1항이나, 제245조 제1항의 해석에 의하여 20년 이상 무단점유자를 배제할 아무런 근거가 없고, 惡人이라도 20년이 지나면 권리를 취득할 수 있도록 하는 힘이 바로 취득시효이므로, 무단점유는 소유의 의사를 인정해야 한다는 비판론이 있다.[224] 다른 견해

---

220) 대법원 1991.2.22. 90다15808; 대법원 1997.8.21. 선고 95다28625 전원합의체 판결. 취득시효에 있어서 자주점유의 요건인 소유의 의사는 객관적으로 점유 취득의 원인이 된 점유권원의 성질에 의하여 그 존부를 결정하여야 하는 것이나, 다만 점유권원의 성질이 분명하지 아니한 때에는 민법 제197조 제1항에 의하여 점유자는 소유의 의사로 점유한 것으로 추정되는바, 구 조선토지개량령(1927.12.28. 제령 제16호, 폐지) 제1조, 제2조 및 제23조의 규정에 의하면 수리조합이 관개배수에 관한 공사를 실시함에 있어서 국유에 속하던 기존의 도로·제방·구거·유지 등을 폐지하는 한편 그에 대신할 새로운 도로·제방·구거·유지 등을 개설하는 경우에는 그 새로운 관개시설을 무상으로 국유지에 편입하도록 규정하였던 점에 비추어 볼 때, 수리조합이 설치한 도수로의 부지라고 하더라도 설치 당시부터 그 소유권이 나라에 유보되어 있었다면 권원의 성질상 위 수리조합의 점유를 소유의 의사에 기한 점유로 보기 어렵다고 할 것이고, 오히려 처음에는 타주점유가 성립하였다가 구 농촌근대화촉진법(1995.12.29. 법률 제5077호 농지개량조합법 부칙 제2조로 폐지)이 시행된 때로부터 같은 법 제16조의 규정에 의하여 그 점유가 자주점유로 전환되었다고 봄이 상당하다(대법원 1999.3.9. 선고 98다41759 판결).

221) 대법원 1992.12.22. 92다43654; 대법원 1994.4.29. 93다18327, 18334; 대법원 1994.10.21. 94다17475.

222) 대법원 1995.3.17. 94다14445, 14452; 대법원 1994.11.8. 94다28680; 대법원 1966.6.21. 66다465.

223) 대법원 1997.10.24. 97다35597; 대법원 1998.2.27. 97다56587; 대법원 1997.10.28. 96다48305.

는 "현행 우리 민법의 해석론상으로는 그 명문의 규정들에 반하여 자주점유추정의 원칙 자체를 배제하기는 어렵다. 그러나, 진정한 권리자에 대한 배려라는 측면에서 우리 민법의 해석론상으로도 국유재산 등 공공의 이익과 직결되면서 공무원에 의한 적극적인 권리행사를 기대하기가 어려운 경우라든가, 소유자가 시효기간 만료 전이나 그 만료 후에 점유자와의 관계에서 권리행사를 위한 어떠한 노력을 하였다고 보여지는 경우에는 가급적 이를 적극적으로 평가하여 타주점유로의 전환 또는 시효이익의 포기 등을 보다 용이하게 인정함으로써 개개의 구체적인 사건에서 공공의 이익과 진정한 권리자의 보호에 관심을 가져야 한다."는 견해가 있다.[225]

<판례>

점유자가 계쟁 토지상의 무허가건물을 매수한 이래 그 토지를 무허가건물의 부지로서 점유해 오고 있는 사안에서, 점유자가 무허가건물을 매수할 당시 당해 토지가 지방자치단체의 소유임을 알고서 건물만을 매수한 후 토지에 대한 점유를 개시하였다면, 점유자가 그 토지에 대한 점유를 개시할 당시에 성질상 소유권 취득의 원인이 될 수 있는 법률행위 기타 법률 요건이 없이, 그리고 그와 같은 법률 요건이 없다는 사정을 알면서 토지를 점유한 것이므로, 점유자가 토지를 소유의 의사로 점유한 것이라는 추정은 깨어졌다(대법원 1997.10.10. 96다29991).

<판례>

지방자치단체나 국가가 자신의 부담이나 기부채납 등 지방재정법 또는 국유재산법 등에 정한 공공용 재산의 취득절차를 밟거나 그 소유자들의 사용승낙을 받는 등 토지를 점유할 수 있는 일정한 권원 없이 사유토지를 도로부지에 편입시킨 경우, 자주점유의 추정은 깨어지고 타주점유로 보아야 한다(대법원 1998.5.29. 97다30349).

4. 시효기간

점유는 일정기간 계속되어야 하는데 부동산에 대한 점유취득시효기간은 20년, 부동산 등기부취득시효는 10년이다(민법 제245조). 이 경우 점유개시의 기산점은 원칙적으로 '점유가 시작된 때'이고 시효취득을 주장하는 자가 임의로 선택하지 못한다(고정시설).[226] 또한 점유의 승계가 있는 경우에 시효이익을 주장하는 자가 자기의 점유만을 주장할 것

---

224) 전하은, 악의의 무단점유와 자주점유: 악의의 자주점유에 관한 의견/「판례실무연구」Ⅰ ('97.09.), 박영사, 1997. 390면.

225) 이성호, "취득시효의 요소로서의 자주점유의 법리", 「비교사법」제5권 제1호(통권 8호), 한국비교사법학회, 1998, 349면.

226) 대법원 1971.9.28. 71다1446, 1447.

인지 아니면 자기의 점유와 그 전의 점유자의 점유를 아울러 주장할 것인지 또는 전 점유자가 여러 사람인 경우에 직전 점유자의 점유만을 주장할 것인지 아니면 모든 점유자의 점유를 합쳐 주장할 것인지는 민법 제199조 제1항에 의하여 점유자의 임의에 속하는 것이지만, 이 경우에도 전 점유자의 점유기간 중의 일부시점을 선택하여 주장할 수는 없는 것이다.[227]

그러나 시효기간 만료 후에 이해관계 있는 제3자가 없는 경우에는 시효이익을 주장하는 자가 시효기산점을 임의로 선택할 수 있다(역산설).[228]

5. 시효의 중단

시효가 중단되면 그때까지 경과한 시효기간은 취득시효기간에 산입하지 않고, 점유의 성질이 타주점유로 전환된다.

시효중단의 사유로는 재판상 청구, 파산절차참가, 지급명령, 화해를 위한 소환, 임의출석, 최고, 압류·가압류·가처분, 승인이 있다(민법 제247조 제2항, 제168조, 제170조 내지 제177조).

취득시효에 대한 시효중단 사유인 '재판상 청구'는 소유권을 기초로 한 방해배제 및 손해배상 혹은 부당이득반환청구소송이 포함된다.[229] 점유자가 미등기 국유지를 점유하는 경우에 국가는 시효중단조치와 권리보전조치를 병행하여야 할 것이다.

재판상의 청구가 소의 형식으로 주장하는 것을 말하지만, 시효를 주장하는 자가 원고가 되어 소를 제기한 경우에 대하여 피고가 '응소'하여 그 소송에 적극적으로 권리를 주장하고 그것이 받아들여진 경우도 포함된 것으로 보아 시효중단의 효력을 인정할 수 있다.[230]

---

227) 대법원 1982.1.26. 81다826; 대법원 1992.9.22. 92다21968, 21975(반소); 대법원 1998.4.10. 97다56822.
228) 대법원 1992.9.8. 92다20941, 20958; 대법원 1988.12.6. 87다카2733.
229) 대법원 1995.10.13. 95다33047.
230) 취득시효를 주장하는 자가 원고가 되어 소를 제기한 데 대하여 권리자가 피고로서 응소하고 그 소송에서 적극적으로 권리를 주장하여 그것이 받아들여진 경우에는 민법 제247조 제2항에 의하여 취득시효기간에 준용되는 민법 제168조 제1호, 제170조 제1항에서 시효중단사유의 하나로 규정하고 있는 재판상 청구에 포함된다. 시효를 주장하는 자가 원고가 되어 소를 제기한 경우에 있어서, 피고가 응소행위를 하였다고 하여 바로 시효중단의 효과가 발생하는 것은 아니고, 변론주의 원칙상 시효중단의 효과를 원하는 피고로서는 당해 소송 또는 다른 소송에서의 응소행위로서 시효가 중단되었다고 주장하지 않으면 아니 되고, 피고가 변론에서 시효중단의 주장 또는 이러한 취지가 포함되었다고 볼 만한 주장을 하지 아니하는 한, 피고의 응소행위가 있었다는 사정만으로 당연히 시효중단의 효력이 발생한다고 할 수는 없는 것이나, 응소행위로 인한 시효중단의 주장은 취득시효가 완성된 후라도 사실심 변론종결 전에는 언제든지 할 수 있다(대법원 2003.6.13. 2003다17927, 17934).

승인은 시효이익을 받을 자가 그 시효의 이익의 완성으로 권리를 상실하게 될 자에 대하여 그 권리가 존재함을 인식하고 있다는 뜻을 표시함으로써 성립된다.[231] 판례는 취득시효 진행 중에 대부계약체결·대부료 및 변상금납부가 있다면 이는 점유자가 토지에 대하여 국가의 소유권을 승인하는 것이고, 그 토지에 대한 변상금 납부 내지 대부계약체결 이후의 점유자의 점유는 타주점유로 본다.[232]

6. 취득시효의 효과

시효기간이 완성이 되면 점유자는 그 취득시효기간 완성 당시의 등기명의자에 대하여 이전등기청구권을 가지게 된다. 그러나 이 등기청구권은 채권적 성질을 가진다. 따라서 등기청구권은 원칙적으로 소멸시효의 대상이 되지만, 법률행위에 의한 등기청구권과 같이 시효취득자가 취득목적물을 계속 점유하고 있는 한 소멸시효에 걸리지 않는다.[233]

취득시효기간 만료 전에 제3자에게 부동산이 이전등기된 경우에는 제3자에 대하여 그 소유권취득을 주장할 수 있다.[234] 그러나 취득시효로 인한 등기청구권은 채권적 청구권이므로 취득시효완성 후에 소유자가 제3자에게 소유권이전등기를 경료하게 되면, 점유자는 그 제3자에 대하여 시효취득을 주장할 수 없다.[235]

7. 시효이익 포기

시효이익의 포기는 시효완성의 이익을 얻는 당사자 또는 대리인이 시효이익을 버리는 것을 말한다. 시효기간 진행 중에 점유하는 국유재산에 대하여 대부계약을 신청하여 관리청과 사이에 대부계약을 체결하였다면 타주점유가 된다.[236] 그러나 점유자가 시효기간가 완성된 후에 대부계약을 체결하는 것이 시효이익의 포기인지 문제된다.

이에 대한 판례를 살펴보면, 시효기간 완성 후에 그 점유자가 국가와 대부계약을 체결하였다고 하여도 그것만으로는 타주점유이거나, 점유자가 취득시효 완성의 이익을 포기하

---

231) 대법원 1995.9.29. 95다30178.
232) 대법원 1998.4.10. 97다52936.
233) 대법원 1996.3.8. 95다34866; 대법원 1976.11.6. 76다148 전원합의체.
234) 대법원 1989.4.11. 88다카5843.
235) 대법원 1991.4.9. 89다카1305.
236) 대법원 1998.6.23. 98다11758.

는 적극적인 의사표시를 한 것으로 보기 어렵다.[237] 또한 대부계약을 체결하고 소정의 대부료를 지급하겠다고 하더라도, 점유자가 시효완성에 따른 등기청구권을 포기하겠다는 적극적인 의사가 없다면 타주점유로 전환되거나 시효이익을 포기한 것으로 보지 않는다.[238]

다만, 대부계약이 아무런 하자 없이 여러 차례에 걸쳐 체결되었다거나 단순히 대부계약의 체결에 그치지 않고 그 계약 전에 밀린 점용료를 변상금이란 명목으로 납부하는 데까지 나아갔다면 이는 시효이익을 포기한다는 적극적인 의사표시를 한 것으로 본다.[239] 또한 시효기간 만료 후에 무단점유사실을 확인하면서 어떠한 권리도 주장하지 않겠다는 각서를 작성·교부하였고, 이후 국유재산 대부계약을 체결하고, 변상금 및 대부료를 납부하였다면 이는 시효이익을 포기하는 적극적인 의사표시를 한 것으로 본다.[240]

8. 입증책임

국유재산을 시효취득하였다고 주장하는 자는 그 국유재산이 일반재산이라는 점 또는 공용폐지가 되었다는 점을 주장·입증하여야 한다.[241] 그러나 소유의 의사 입증은 점유자는 자주점유로 추정되므로 입증할 필요가 없고, 그 점유자의 점유가 소유의 의사가 없는 점유임을 주장하여 점유자의 취득시효의 성립을 부정하는 자에게 그 입증책임이 있다.[242]

---

237) 대법원 1996.11.12. 96다32959.
238) 대법원 1993.11.26. 93다30013.
239) 대법원 1994.11.22. 94다32511.
240) 대법원 1998.5.22. 96다24101.
241) 대법원 1995.11.14. 94다42877; 대법원 1995.6.16. 94다42655; 대법원 1994.3.22. 93다56220.
242) 대법원 1997.12.9. 97다18547.

제8장 대장과 보고

제1절 서론

국유재산의 현황을 제대로 파악해야 국유재산을 효율적으로 이용할 수 있다. 이를 위해서 국유재산법은 매년 국유재산에 대한 실태조사를 하도록 하고 있고, 국유재산에 대한 기초장부로서 국유재산대장을 작성하도록 하고 있다.

2009.1.1.부터 국가회계에 대해 발생주의·복식부기 회계제도[1]를 도입하는 국가회계법 (2007.10.17. 제정, 2009.1.1. 시행)이 시행되었다. 여기에 맞추어 개정 국유재산법(법률 제9401호, 2009.1.30. 전부개정)에서는 국유재산관리운용보고서와 국유재산관리운용총보고서를 작성하도록 하고 있고 이를 감사원과 국회에 제출하도록 하고 있다.

제2절 국유재산대장

Ⅰ. 의의

국유재산대장은 국유재산의 적정한 관리를 위하여 각 중앙관서의 장 등이 총괄청이 정하는 서식에 따라 소관 국유재산에 관한 증감변동을 등재하여 국유재산의 실태를 파악하기 위한 공부이다. 국유재산대장은 문서이어야 할 필요는 없고, 전산자료로 대신할 수 있다.

---

1) 발생주의(Accrual Basis of Accounting)는 경제적 자원의 획득이 실현되는 시점에서 수익을 인식하고 경제적 자원이 소비되면 이를 비용으로 인식하는 회계처리 방식을 말한다. 복식부기는 자산, 부채, 자본의 변동을 측정하기 위하여 하나의 거래가 발생하면 이를 회계장부의 차변과 대변으로 나누어 기록하는 방식으로 자산합계는 부채와 자본(순자본)의 합계라는 대차평균의 원리에 따라 회계기록의 완전성과 오류발생을 검증할 수 있는 기록방식을 말한다(국가회계전문교육Ⅰ(기획재정부), 2012년 7월, 한국공인회계사회, 11~12면).

Ⅱ. 국유재산대장의 성격

국유재산대장은 중앙관서의 장 등이 작성한 국유재산에 대한 법정장부로서 일종의 공부(公簿)에 해당한다. 국유재산대장은 국유재산의 취득에서 처분, 멸실에 이르기까지 이력이 계속적으로 기재된 것이다. 또한 국유재산대장은 국유재산의 수량과 가격을 표시하여 매년 결산을 가능하게 하고 금전회계에 있어서 원장(元帳)과 같은 존재이므로 회계장부로서의 성격을 겸하는 관리장부의 성격도 가지고 있다.[2]

Ⅲ. 국유대장, 총괄대장, 총괄부

중앙관서의 장 등은 국유재산에 따른 구분과 종류에 따라 그 소관에 속하는 국유재산의 대장·등기사항증명서와 도면을 갖추어 두어야 한다(동법 제66조 제1항). 법 제28조에 따라 관리에 관한 사무가 위임되거나 법 제42조 제1항 및 제2항에 따라 일반재산의 관리·처분에 관한 사무가 위임 또는 위탁된 경우에는 위임이나 위탁받은 자가 국유대장을 작성하여 갖추어 두고, 중앙관서의 장은 이에 관한 총괄대장을 작성하여 갖추어 두어야 한다(동법 시행령 제68조 제1항).

중앙관서별로 총괄청은 중앙관서의 장, 법 제42조 제1항에 따라 일반재산의 관리·처분에 관한 사무를 위임이나 위탁받은 자 및 총괄청의 보유재산별로 총괄부를 갖추어 두어야 한다(동법 제66조 제4항, 동법 시행령 제68조 제3항).

이러한 국유재산대장과 총괄부는 전산자료로 대신할 수 있는데(동조 제1항, 제4항), 실무상 국유재산대장을 문서로 작성하지 않고 국유재산 전산시스템을 이용하여 작성하고 있다.

---

2) 이원준, 국유재산관리론, 112면; 김정연·손규동, 국유재산법해설, 321면; 이원우, 주석국유재산법, 237면.

Ⅳ. 실태조사 및 대장정리

1. 실태조사

중앙관서의 장 등은 국유재산의 특성 및 이용상태 등을 고려하여 실태조사 대상재산을 선정하고, 해당 국유재산에 대하여 1년에 한 번 이상 실태조사를 하여야 한다. 실태조사의 내용은 재산 등기 및 지적현황, 주위 환경, 이용 현황, 그 밖에 재산이 보존·관리 등에 필요한 사항이 해당한다(동법 시행령 제68조 제4항).

중앙관서의 장 등 또는 총괄사무를 위임·위탁받은 자의 직원은 그 위임·위탁 사무의 수행이나 실태조사를 위하여 필요한 경우에는 다른 사람의 토지를 출입할 수 있다(동법 제67조 제1항). 이 경우 출입하려는 자는 소유자·점유자 또는 관리인(이하 이해관계인)에게 미리 알려야 한다. 다만 이해관계인을 알 수 없는 때에는 그러하지 아니하다(동조 제2항). 통지를 받은 이해관계인은 정당한 사유 없이 출입을 거부하거나 방해하지 못하고(동조 제3항), 출입하려는 자는 신분을 표시하는 증표를 지니고 이를 이해관계인에게 내보내야 한다(동조 제4항).

2. 대장정리

중앙관서의 장 등은 국유재산의 취득, 관리전환, 처분 및 그 밖의 사유로 증감·이동이 있을 때에는 지체 없이 그 내용을 대장에 적고, 부속도면을 정리하여야 한다(동법 제69조 제1항). 특별자치시장·특별자치도지사·시장·군수 또는 구청장은 국유인 토지 및 임야에 대한 지적정리를 하였을 때에는 그 사실을 지체 없이 해당 중앙관서의 장 등에 통지하여야 한다(동조 제2항). 이때 통지해야 할 사항은 재산의 표시, 지적정리의 내용·사유, 지적정리 전후의 지적도이다(동법 시행규칙 제47조).

총괄청, 중앙관서의 장 또는 관리사무를 위임받은 공무원이나 위탁받은 자가 국유재산의 관리·처분을 위하여 필요하면 등기소, 그 밖의 관계 행정기관의 장에게 무료로 필요한 서류의 열람과 등사 또는 그 등본, 초본 또는 등기사항증명서의 교부를 청구할 수 있다(동법 제66조 제5항).

3. 가격평가

국유재산의 가격평가 등 회계처리는 「국가회계법」, 「국가회계기준에 관한 규칙(기획재정부령)」에 의한다(국유재산법 제68조). 2009.1.1.부터 국가회계에 대해 발생주의·복식부기 회계제도를 도입에 따라 국가회계법(2007.10.17. 제정, 2009.1.1. 시행)에 의한 가격평가를 하도록 하고 있다. 국유재산법의 각 재산은 국가회계기준상 일반유형자산, 사회기반시설, 특자자산, 무형자산 등으로 분류하고 있다.[3] 2011년부터는 가격평가에 도로, 하천, 항만, 댐 등 사회기반시설을 포함한 공공용 재산이 포함되었고, 이로 인해 2011년부터는 국유재산 가액이 대폭 증가하였다.[4]

Ⅴ. 전산에 의한 관리

중앙관서별로 총괄청은 중앙관서의 장, 법 제42조 제1항에 따라 일반재산의 관리·처분에 관한 사무를 위임이나 위탁받은 자 및 총괄청의 보유재산별로 총괄부를 갖추어 두어야 한다(동법 제66조 제4항, 동법 시행령 제68조 제3항).

이러한 국유재산대장과 총괄부는 전산자료로 대신할 수 있는데(동조 제1항, 제4항), 실무상 국유재산대장을 문서로 작성하지 않고 국유재산 전산시스템을 이용하여 작성하고 있다.

2011.3.30. 국유재산법개정(법률 제10485호, 2011.3.30, 일부개정)에 따라 총괄청이 중앙관서의 행정재산을 통합관리하도록 되어 있으나, 총괄청과 중앙관서의 국유재산 전산시스템이 연계가 되지 않고 있다. 이로 인해 총괄청은 중앙관서의 국유재산대장 확인을 위해서는 개별 시스템을 각각 접속해야 하는 어려움이 있다.[5]

---

3) 국가회계전문교육Ⅰ(기획재정부), 2012년 7월, 한국공인회계사회, 151면.

4) 2010년 국유재산가액은 317조억이었으나, 2011년에는 863조억에 달한다(2012.2.13. 기획재정부 보도자료 "국유재산 가격평가결과 재산가액 503.2조억 증가").

5) 2012.9.17. 제7차 국유재산정책심의위원회에서는 이러한 문제를 해결하기 위해 국유재산 통합관리시스템을 구축할 예정으로 2012년부터 3년간 단계적으로 시스템을 구축하기로 의결했다(기획재정부 보도자료, 2012.9.17).

제3절 국유재산보고서 및 계산서

Ⅰ. 의의

개정 국유재산법(법률 제9401호, 2009.1.30. 전부개정) 이전에는 관리청은 매 회계연도 간 증감보고서와 5년마다 현재액보고서를 총괄청에 제출하도록 하고, 총괄청은 국유재산 증감총계산서와 국유재산현재액총계산서를 작성하도록 했었다. 그러나 개정 국유재산법(법률 제9401호, 2009.1.30. 전부개정)에서는 중앙관서의 장은 국유재산관리운영보고서를 작성하도록 하고, 총괄청은 국유재산관리운용총보고서를 작성하도록 하는 것으로 변경되었다.

총괄청은 국유재산관리운용총보고서를 감사원에 제출하여 검사를 받고, 국회에 제출해야 한다. 국유재산관리운용보고서와 총보고서는 단순한 통계자료가 아니고, 국유재산의 일 회계연도 간에 있어서 증감 및 당해 연도 말에 현재액을 명확히 하여 정부의 책임을 밝히기 위해 작성되는 것으로서 국유재산에 대한 일종의 결산서로서 성격을 가진다.[6]

다만, 국방부장관이 관리하는 제5조 제1항 제2호의 재산[7]과 그 밖에 중앙관서의 장이 총괄청과 협의하여 정하는 재산은 국유재산관리운영보고서와 멸실 등 보고서를 생략할 수 있다(동법 제71조).

국유재산보고서는 국유재산법 외에도 계산증명규칙에 의한 국유재산증감 및 현재액보고서가 있고, 이 보고서는 감사원에 제출한다.

Ⅱ. 국유재산관리운용보고서 및 총운용보고서

중앙관서의 장은 그 소관에 속하는 국유재산에 관하여 국유재산관리운용보고서를 작성하여 다음 연도 2월 말일까지 총괄청에 제출하여야 한다(동법 제69조 제1항). 국유재산

---

6) 국유재산 외 결산보고서는 다음과 같다. 물품에 대해서는 물품관리운용보고서(물품관리법), 국가채권에 대한 국가채권현재액보고서 및 총계산서(국가채권관리법)가 있다.

7) 선박, 부표(浮標), 부잔교(浮棧橋), 부선거(浮船渠) 및 항공기와 그들의 종물.

관리운용보고서에 다음의 사항을 포함해야 한다(동법 시행령 제70조).

○ 국유재산종합계획에 대한 집행 실적 및 평가 결과
○ 연도 말 국유재산의 증감 및 보유 현황
○ 「국유재산특례제한법」 제9조에 따른 운용실적
○ 그 밖에 국유재산의 관리·처분 업무와 관련하여 중앙관서의 장이 중요하다고 인정하는 사항

총괄청은 중앙관서의 장이 제출한 국유재산관리운용보고서를 통합하여 국유재산관리운용총보고서를 작성하여, 다음 연도 4월 10일까지 감사원에 제출하여 검사를 받아야 한다(동조 제2항, 제3항). 총괄청은 감사원의 검사를 받은 국유재산관리운용총보고서와 감사원의 검사보고서를 다음 연도 5월 31일까지 국회에 제출하여야 한다(동조 제4항).

Ⅲ. 멸실 등 보고서

중앙관서의 장 등은 그 소관에 속하는 국유재산이 멸실되거나 철거된 경우에는 지체 없이 그 사실을 총괄청과 감사원에 보고하여야 한다(동법 제70조, 동법 시행규칙 제48조).

① 재산의 표시
② 멸실 또는 철거의 사유
③ 재산의 추정액
④ 책임의 소재(멸실된 경우에만 해당한다)
⑤ 조치계획

Ⅳ. 계산증명규칙에 의한 보고

1. 국유재산 증감 및 현재액계산서

국유재산(기금의 재산을 포함)의 관리청은 국유재산증감 및 현재액계산서를 작성하여 감사원에 제출하여야 하고, 계산서의 증명기간은 1년이다(계산증명규칙 제71조). 계산서에는 다음의 붙임서류와 증거서류가 있다(동 규칙 제72조, 제73조).

<붙임서류와 증거서류>

구분	내용
붙임서류	1. 국유재산증감 사유별명세서(제19호의2 서식 부표1) 2. 재산관리관 및 분임재산관리관별 국유재산증감명세서(제19호의2 서식 부표2
증거서류	1. 국유재산이 없어졌거나 훼손된 것이 있을 때에는 그 사유를 명백히 한 조사서 2. 무상으로 국유재산을 취득 또는 상실한 것이 있을 때에는 그 결의서 및 가격산정의 기초를 명백히 한 서류 3. 교환을 한 것이 있을 때에는 그 결의서, 계약서, 가격평정조서, 기타의 관계서류. 다만, 가격평정조서에는 상호의 위치 및 인접지의 상황을 명백히 한 도면을 붙여야 한다. 4. 출자의 목적으로 한 것이 있을 때에는 그 결의서 및 출자액 산정의 기초를 명백히 한 서류 5. 제2호 내지 제4호에 규정한 것으로서 변경 또는 해제한 것이 있을 때에는 그 관계서류

2. 무상대부액계산서

국유재산(기금의 재산을 포함)의 관리청은 국유재산무상대부액계산서를 작성하여 감사원에 제출하여야 하고, 계산서의 증명기간은 1년으로 한다(동 규칙 제74조). 제출할 때 다음과 같은 붙임서류와 증거서류를 첨부해야 한다(동 규칙 제75조).

<붙임서류와 증거서류>

구분	내용
붙임서류	재산관리관 및 분임재산관리관별 국유재산무상대부액 명세서(제20호의2 서식 부표)
증거서류	1. 무상대부(국유재산법 제24조 제1항 및 제2항에 따라 사용 또는 수익을 허가한 경우를 포함한다)에 관한 결의서, 계약서, 허가서, 기타의 관계서류. 다만, 결의서에는 그 적용법조를 덧붙여 써 넣어야 한다. 2. 제1호에 쓴 것으로서 변경, 해제 또는 취소한 것이 있을 때에는 그 관계서류

부록

미연방재산 및 행정서비스법 Title 1, 2

FEDERAL PROPERTY AND ADMINISTRATIVE SERVICES ACT OF 1949

[As Amended Through P.L. 106 - -580, Dec. 29, 2000]

SECTION 1. SHORT TITLE; TABLE OF CONTENTS.

(a) SHORT TITLE. – This Act may be cited as the "Federal Property and Administrative Services Act of 1949".

(b) TABLE OF CONTENTS. – The table of contents for this Act is as follows:

TITLE II - PROPERTY MANAGEMENT

TITLE III - PROCUREMENT PROCEDURE

TITLE Ⅳ – FOREIGN EXCESS PROPERTY

SEC. 2.[40 U.S.C. 471] DECLARATION OF POLICY.

It is the intent of the Congress in enacting this legislation to rovide for the Government an economical and efficient system for (a) the procurement and supply of personal property and nonpersonal services, including related functions such as contracting, inspection,

storage, issue, specifications, property identification and classification, transportation and traffic management, establishment of pools or systems for transportation of Government personnel and property by motor vehicle within specific areas, management of public utility services, repairing and converting, establishment of inventory levels, establishment of forms and procedures, and representation before Federal and State regulatory bodies; (b) the utilization of available property; (c) the disposal of surplus property; and (d) records management.

SEC. 3. [40 U.S.C. 472] DEFINITIONS.

As used in titles I through VI of this Act −

(a) The term "executive agency" means any executive department or independent establishment in the executive branch of the Government, including any wholly owned Government corporation.

(b) The term "Federal agency" means any executive agency or any establishment in the legislative or judicial branch of the Government (except the Senate, the House of Representatives, and the Architect of the Capitol and any activities under his direction).

(c) The term "Administrator" means the Administrator of General Services provided for in title I hereof.

(d) The term "property" means any interest in property except.

(1) the public domain; lands reserved or dedicated for national forest or national park purposes; minerals in lands or portions of lands withdrawn or reserved from the public domain which the Secretary of the Interior determines are suitable for disposition under the public land mining and mineral leasing laws; and lands withdrawn or reserved from the public domain except lands or portions of lands so withdrawn or reserved which the Secretary of the Interior, with the concurrence of the Administrator, determines are not suitable for return to the public domain for disposition under the

general public – land laws because such lands are substantially changed in character by improvements or otherwise; (2) naval vessels of the following categories: Battleships, cruisers, aircraft carriers, destroyers, and submarines; and (3) records of the Federal Government.

(e) The term "excess property" means any property under the control of any Federal agency which is not required for its needs and the discharge of its responsibilities, as determined by the head thereof.

(f) The term "foreign excess property" means any excess property located outside the States of the Union, the District of Columbia, Puerto Rico, American Samoa, Guam, the Trust Territory of the Pacific Islands, and the Virgin Islands.

(g) The term "surplus property" means any excess property not required for the needs and the discharge of the responsibilities of all Federal agencies, as determined by the Administrator.

(h) The term "care and handling" includes completing, repairing, converting, rehabilitating, operating, preserving, protecting, insuring, packing, storing, handling, conserving, and transporting excess and surplus property, and, in the case of property which is dangerous to public health or safety, destroying or rendering innocuous such property.

(i) The term "person" includes any corporation, partnership, firm, association, trust, estate, or other entity.

(j) The term "nonpersonal services" means such contractual services, other than personal and professional services, as the Administrator shall designate.

(k) The term "contractor inventory" means (1) any property acquired by and in the possession of a contractor or subcontractor under a contract pursuant to the terms of which title is vested in the Government, and in excess of the amounts needed to complete full performance under the entire contract; and (2) any property which the Government is obligated or has the option to take over Sec. 101 FED. PROP. & ADMIN. SERVICES ACT OF 1949 6 under any type of contract as a result either or any changes in the specifications or plans thereunder or of the termination of such contract (or subcontract thereunder), prior to completion of the work, for the convenience or at the option of the Government.

(l) The term "motor vehicle" means any vehicle, self propelled or drawn by mechanical power, designed and operated principally for highway transportation of property or passengers, exclusive of any vehicle designed or used for military field training, combat, or tactical purposes, or used principally within the confines of a regularly established military post, camp, or depot, and any vehicle regularly used by an agency in the performance of investigative, law enforcement, or intelligence duties if the head of such agency determines that exclusive control of such vehicle is essential to the effective performance of such duties.

TITLE I — ORGANIZATION

SEC. 101. [40 U.S.C. 751] GENERAL SERVICES ADMINISTRATION.

(a) There is hereby established an agency in the executive branch of the Government which shall be known as the General Services Administration.

(b) There shall be at the head of the General Services Administration an Administrator of General Services who shall be appointed by the President by and with the advice and consent of the Senate, and perform his functions subject to the direction and control of the President.

(c) There shall be in the General Services Administration a Deputy Administrator of General Services who shall be appointed by the Administrator of General Services. The Deputy Administrator shall perform such functions as the Administrator shall designate and shall be Acting Administrator of General Services during the absence or disability of the Administrator and, unless the President shall designate another officer of the Government, in the event of a vacancy in the office of Administrator.

(d) Pending the first appointment of the Administrator under the provisions of this section, his functions shall be performed temporarily by such officer of the Government in office upon or immediately prior to the taking of effect of the provisions of this Act as the President shall designate, and such officer while so serving shall receive the salary fixed for the Administrator.

(e) Pending the effective date of other provisions of law fixing the rates of compensation of the Administrator, the Deputy Administrator and of the heads and assistant heads of the principal organizational units of the General Services Administration, and taking into consideration provisions of law governing the compensation of officers having comparable responsibilities and duties, the President shall fix for each of them a rate of compensation which he shall deem to be commensurate with the responsibilities and duties of the respective offices involved.

(f) The Administrator shall have authority to prescribe regulations to carry out this Act. 7 FED. PROP. & ADMIN. SERVICES ACT OF 1949 Sec. 103

SEC. 102. [40 U.S.C. 752] TRANSFER OF AFFAIRS OF BUREAU OF FEDERAL SUPPLY.

(a) The functions of (1) the Bureau of Federal Supply in the Department of the Treasury, (2) the Director of the Bureau of Federal Supply, (3) the personnel of such Bureau, and (4) the Secretary of the Treasury relating to the Bureau of Federal Supply, are hereby transferred to the Administrator. The records, property, personnel, obligations, and commitments of the Bureau of Federal Supply, together with such additional records, property, and personnel of the Department of the Treasury as the Director of the Office of Management and Budget shall determine to relate primarily to functions transferred by this section or vested in the Administrator by titles Ⅱ, Ⅲ, and Ⅳ, of this Act, are hereby transferred to the General Services Administration. The Bureau of Federal Supply and the office of Director of the Bureau of Federal Supply are hereby abolished.

(b) The functions of the Director of Contract Settlement and of the Office of Contract Settlement, transferred to the Secretary of the Treasury by Reorganization Plan Numbered 1 of 1947, are transferred to the Administrator and shall be performed by him or, subject to his direction and control, by such officers and agencies of the General Services Administration as he may designate. The Contract Settlement Act Advisory Board created by section 5 of the Contract Settlement Act of 1944 (58 Stat. 649) and the Appeal Board established under section 13(d) of that Act are transferred from the Department of the Treasury to the General Services Administration, but the functions of these Boards shall be performed by them, respectively, under conditions and limitations prescribed by law. There shall also be transferred to the General Services Administration such records, property, personnel, obligations, commitments, and unexpended balances (available or to be made available) of appropriations, allocations, and other funds of the Treasury Department as the Director of the Office of Management and Budget shall determine to relate primarily to the functions transferred by the provisions of this subsection.

(c) Any other provision of this section notwithstanding, there may be retained in the Department of the Treasury any function referred to in subsection (a) of this section which the Director of the Office of management and Budget shall, within ten days after the effective date of this Act, determine to be essential to the orderly administration of the affairs of the agencies of such Department, other than the Bureau of Federal Supply, together with such records, property, personnel, obligations, commitments, and unexpended balances of appropriations, allocations, and other funds, available or to be made available, of said Department, as said Director shall determine.

SEC. 103. [40 U.S.C. 753] TRANSFER OF AFFAIRS OF THE FEDERAL WORKS AGENCY.

(a) All functions of the Federal Works Agency and of all agencies thereof, together with all functions of the Federal Works administrator, of the Commissioner of Public Buildings, and of the Commissioner of Public Roads, are hereby transferred to the Administrator of General Services. There are hereby transferred to the General Services Administration the Public Roads Administration, which shall hereafter be known as the Bureau of Public Roads, and all records, property, personnel, obligations, and commitments of the Federal Works Agency, including those of all agencies of the Federal Works Agency.

(b) There are hereby abolished the Federal Works Agency, the Public Buildings Administration, the office of Federal Works Administrator, the office of Commissioner of Public Buildings, and the office of Assistant Federal Works Administrator.

RECORDS MANAGEMENT: TRANSFER OF THE NATIONAL ARCHIVES

SEC. 104. [Repealed.]
TRANSFER FOR LIQUIDATION OF THE AFFAIRS OF THE WAR ASSETS
ADMINISTRATION

SEC. 105. [Repealed.]

SEC. 106. [40 U.S.C. 754] REDISTRIBUTION OF FUNCTIONS.

The administrator is hereby authorized, in his discretion, in order to provide for the effective accomplishment of the functions transferred to or vested in him by this Act, and from time to time, to regroup, transfer, and distribute any such functions within the General Services Administration. The Administrator is hereby authorized to transfer the funds necessary to accomplish said functions and report such transfers of funds to the Director of the Office of Management & Budget.

SEC. 107. [40 U.S.C. 755] TRANSFER OF FUNDS.

(a) All unexpended balances of appropriations, allocations, or other funds available or to be made available, for the use of the Bureau of Federal Supply, the War Assets Administration, the Federal Works Agency, and the National Archives Establishment, and so much of the other unexpended balances of appropriations, allocations, or other funds of the Department of the Treasury, available or to be made available, as the Director of the Office of Management & Budget shall determine to relate primarily to functions transferred to or vested in the Administrator by the provisions of this Act, shall be transferred to the General Services Administration for use in connection with the functions to which such balances relate, respectively.

(b) When other functions are transferred to the General Services Administration from any Federal agency, under section 201(a) (2) or (3), or otherwise under this Act, there shall be transferred such records, property, personnel, appropriations, allocations, and other funds of such agency to the General Services Administration as the Director of the Office of Management & Budget shall determine to relate primarily to the functions so transferred.

STATUS OF TRANSFERRED EMPLOYEES

SEC. 108. [Repealed.]

SEC. 109. [40 U.S.C. 756] GENERAL SUPPLY FUND.

(a) There is hereby authorized to be set aside in the Treasury a special fund which shall be known as the General Supply Fund. Such fund shall be composed of the assets of the general supply fund (including any surplus therein) created by section 3 of the Act of February 27, 1929(45 Stat. 1342; 41 U.S.C. 7c), and transferred to the Administrator by section 102 of this Act, such sums as may be appropriated thereto, and the value, as determined by the Administrator, of inventories of personal property from time to time transferred to the Administrator by other executive agencies under authority of section 201(a)(2) to the extent that payment is not made or credit allowed therefore, and the fund shall assume all of the liabilities, obligations, and commitments of the general supply fund created by such Act of February 27, 1929. The General Supply Fund shall be available for use by or under the direction and control of the Administrator (1) for procuring personal property (including the purchase from or through the Public Printer, for warehouse issue, of standard forms, blankbook work, standard specifications, and other printed material in common use by Federal agencies not available through the Superintendent of Documents) and nonpersonal services for the use of Federal agencies in the proper discharge of their responsibilities, (B)(2) for paying the purchase price, transportation of personal property and services, and the cost of personal services employed directly in the repair, rehabilitation, and conversion of personal property, and (3) for paying other direct costs of, and indirect costs that are reasonably related to, contracting, procurement, inspection, storage, management, distribution, and accountability of property and nonpersonal services provided by the General Services Administration or by special order through such Administration.

(b) Payment by requisitioning agencies shall be at prices fixed by the Administrator. Such prices shall be fixed at levels so as to recover so far as practicable the applicable purchase price, the transportation cost, inventory losses, the cost of personal services employed directly in the repair, rehabilitation, and conversion of personal property, and the cost of amortization and repair of equipment utilized for lease or rent to executive agencies. Such prices shall also include an additional charge to recover properly allocable costs payable by the General Supply Fund under subsection (a)(3) with respect to the supplies or services concerned. Requestioning agencies shall pay by advance of funds in all cases where it is determined by the Administrator that there is insufficient capital otherwise available in the General Supply Fund. Advances of funds also may be made by agreement between the requisitioning agencies and the Administrator. Where an advance of funds is not made, the General Services Administration shall be reimbursed promptly out of funds of the requestioning agency in accordance with accounting procedures approved by the Comptroller General: Provided, That in any case where payment shall not have been made by the requestioning agency within forty－five days after the date of billing by the Administrator or the date on which an actual liability for personal property or services is incurred by the Administrator, whichever is the later, reimbursement may be obtained by the Administrator by the issuance of transfer and counterwarrants, or other lawful transfer documents, supported by itemized invoices.

(c) The General Supply Fund shall be credited with all reimbursements, advances of funds, and refunds or recoveries relating to personal property or services procured through the fund, including the net proceeds of disposal of surplus personal property procured through the funds and receipts from carriers and others for loss of, or damage to, personal property procured through the fund; and the same are hereby reappropriated for the purposes of the fund.

(d) [Repealed.]

(e)(1) As of June 30 of each year, there shall be covered into the United States Treasury as miscellaneous receipts any surplus in the General Supply Fund, all assets, liabilities, and prior losses considered, above the amounts transferred or appropriated to establish and maintain said fund.

(2) The Comptroller General shall make audits of the General Supply Fund in accordance with the provisions of the Accounting and Auditing Act of 1950 and make reports on the results thereof.

(f) Subject to the requirements of subsections (a) to (e), inclusive, of this section, the General Supply Fund also may be used for the procurement of personal property and nonpersonal services authorized to be acquired by mixed-ownership Government corporations, or by the municipal government of the District of Columbia, or by a requisitioning non-Federal agency when the function of a Federal agency authorized to procure for it is transferred to the General Services Administration.

(g) Whenever any producer or vendor shall tender any article or commodity for sale or lease to the General Services Administration or to any procurement authority acting under the direction and control of the Administrator pursuant to this Act, the Administrator is authorized in his discretion, with the consent of such producer or vendor, to cause to be conducted, in such manner as the Administrator shall specify, such tests as he shall prescribe either to determine whether such article or commodity conforms to prescribed specifications and standards, or to aid in development of contemplated specifications and standards. When the Administrator determines that the making of such tests will serve predominantly the interest of such producer or vendor, he shall charge such producer or vendor a fee which shall be fixed by the Administrator in such amount as will recover the cost of conducting such tests, including all components of such cost, determined in accordance with accepted accounting principles. When the Administrator determines that the making of such tests will not serve predominantly the interest of such producer or vendor, he shall charge such producer or vendor such fee as he shall determine to be reasonable for the furnishing of such testing service. All such fees collected by the Administrator may be deposited in the general supply fund to be used for any purpose authorized by subsection 109(a) of this Act.

SEC. 110. [40 U.S.C. 757] INFORMATION TECHN6OLOGY FUND.

(a)(1) There is established on the books of the Treasury an Information Technology Fund (hereinafter referred to as the "Fund"), which shall be available without fiscal year limitation. There are authorized to be appropriated to the Fund such sums as may be required. For purposes of subsection (b), the Fund shall consist of —

(A) the capital and assets of the Federal telecommunications fund established under this section (as in effect on December 31, 1986), which are in such fund on January 1, 1987; 11 FED. PROP. & ADMIN. SERVICES ACT OF 1949 Sec. 110

(B) the capital and assets which are in the automatic data processing fund established under section 111 of this Act (as in effect on December 31, 1986) which are in such fund on January 1, 1987; and

(C) the supplies and equipment transferred to the Administrator under sections 111 and 205(f) of this Act, subject to any liabilities assumed with respect to such supplies and equipment.

(2) The Administrator shall determine the cost and capital requirements of the Fund for each fiscal year and shall submit plans concerning such requirements and such other information as may be requested for the review and approval of the Director of the Office of Management and Budget. Any change to the cost and capital requirements of the Fund for a fiscal year shall be made in the same manner as provided by this section for the initial fiscal year determination. If approved by the Director, the Administrator shall establish rates to be charged agencies provided, or to be provided, information technology resources through the Fund consistent with such approvals. Such cost and capital requirements may include funds —

(A) needed for the purchase(if the Administrator has determined that purchase is the least costly alternative of information processing and transmission equipment, software, systems, and operating facilities necessary for the provision of such services;

(B) resulting from operations of the Fund, including the net proceeds of disposal of excess or surplus personal property and receipts from carriers and others for loss or damage to property; and

(C) which are appropriated, authorized to be transferred, or otherwise made available to the Fund.

These plans fulfill the requirements of 31 U.S.C. 1512 and 1513.

(b) The Fund shall –

(1) assume all of the liabilities, obligations, and commitments of the funds described in subparagraphs (A) and (B) of subsection (a)(1); and

(2) be available for expenses, including personal services and other costs, and for procurement (by lease, purchase, transfer, or otherwise) for efficiently providing information technology resources to Federal agencies and for the efficient management, coordination, operation, and utilization of such resources.

(c)(1) In the operation of the Fund, the Administrator is authorized to enter into multiyear contracts for the provision of information technology hardware, software, or services for periods not in excess of five years, if –

(A) funds are available and adequate for payment of the costs of such contract for the first fiscal year and any costs of cancellation or termination;

(B) such contract is awarded on a fully competitive basis; and

(C) the Administrator determines that –

(i) the need for the information technology hardware, software, or services being provided will continue over the period of the contract;

(ii) the use of the multiyear contract will yield substantial cost savings when compared with other methods of providing the necessary resources; and

(iii) such a method of contracting will not exclude small business participation.

(2) Any cancellation costs incurred with respect to a contract entered into under this subsection shall be paid from currently available funds in the Fund.

(3) This subsection shall not be construed to limit the authority of the Administrator to procure equipment and services under section 201 of this Act.

(d) Following the close of each fiscal year, the uncommitted balance of any funds remaining in the Fund, after making provision for anticipated operating needs as determined by the Office of Management and Budget, shall be transferred to the general fund of the Treasury as miscellaneous receipts.

(e) A report on the operation of the Fund shall be made annually by the Administrator to the Director of the Office of Management and Budget. Such report shall identify any proposed increases to the capital of the Fund and shall include a report on information processing equipment inventory, utilization, and acquisition.

(f) For purposes of this section, the term "information technology resources" includes any service or equipment which had been acquired or provided under this section or section 111 of this Act, including other information processing and transmission equipment, software, systems, operating facilities, supplies, and services related thereto, and maintenance and repair thereof.

[Sec. 111. Repealed. Section 5101 of P.L. 104 - - 106(110 Stat.680)

SEC. 112. [40 U.S.C. 760] FEDERAL INFORMATION CENTERS.

(a) The Administrator is authorized to establish within the General Services Administration a nationwide network of Federal information centers for the purpose of providing the public with information about the programs and procedures of the Federal Government and for other appropriate and related purposes.

(b) The Administrator is authorized to prescribe such rules and regulations as may be necessary to the functioning of the Federal information centers.

(c) There is hereby authorized to be appropriated $7,000,000 for the fiscal year ending September 30, 1980, and such sums as may be necessary for each succeeding fiscal year for carrying out the purposes of this section.

TITLE II – PROPERTY MANAGEMENT

SEC. 201. [40 U.S.C. 481] PROCUREMENTS, WAREHOUSING, AND RELATED ACTIVITIES.

(a) The Administrator shall, in respect of executive agencies, and to the extent that he determines that so doing is advantageous to the Government in terms of economy, efficiency, or service, and with due regard to the program activities of the agencies concerned −

(1) subject to regulations and regulations * prescribed by the Administrator for Federal

Procurement Policy pursuant to the Office of Federal Procurement Policy Act, prescribe policies and methods of procurement and supply of personal property and nonpersonal services, including related functions such as contracting, inspection, storage, issue, property identification and classification, transportation and traffic management, management of public utility services, and repairing and converting;and

(2) operate, and, after consultation with the executive agencies affected, consolidate, take over, or arrange for the operation by any executive agency of warehouses, supply centers, repair shops, fuel yards, and other similar facilities; and

(3) procure and supply personal property and nonpersonal services for the use of executive agencies in the proper discharge of their responsibilities, and perform functions related to procurement and supply such as those mentioned above in subparagraph (1) of this subsection: Provided, That contracts for public utility services may be made for periods not exceeding ten years; and

(4) with respect to transportation and other public utility services for the use of executive agencies, represent such agencies in negotiations with carriers and other public utilities and in proceedings involving carriers or other public utilities before Federal and State regulatory bodies;

Provided, That the Secretary of Defense may from time to time, and unless the President shall otherwise direct, exempt the Department of Defense from action taken or which may be taken by the Administrator under clauses (1) − (4) of this subsection whenever he determines such exemption to be in the best interests of national security.

(b)(1) The Administrator shall as far as practicable provide any of the services specified in subsection (a) of this section to any other Federal agency, mixed ownership corporation (as defined in section 9101 of title 31, United States Code), or the District of Columbia, upon its request.

(2)(A) Upon the request of a qualified nonprofit agency for the blind or other severely handicapped that is to provide a commodity or service to the Federal Government under the Javits − Wagner − O'Day Act(41 U.S.C. 46 et seq.), the Administrator may provide any of the services specified in subsection (a) to such agency to the extent practicable.

(B) A nonprofit agency receiving services under the authority of subparagraph(A) shall use the services directly in making or providing an approved commodity or approved service to the Federal Government.

(C) In this paragraph —

(i) The term "qualified nonprofit agency for the blind or other severely handicapped" means —

(I) a qualified nonprofit agency for the blind, as defined in section 5(3) of the Javits — Wagner — O'Day Act(41 U.S.C. 48b(3)); and

(II) a qualified nonprofit agency for other severely handicapped, as defined in section 5(4) of such Act(41 U.S.C. 48b(4)).

(ii) The term "approved commodity" and "approved service" means a commodity and a service, respectively, that has been determined by the Committee for Purchase from the Blind and Other Severely Handicapped under section 2 of the Javits — Wagner — O'Day Act(41 U.S.C. 47) to be suitable for procurement by the Federal Government.

(c) In acquiring personal property, any executive agency, under regulations to be prescribed by the Administrator, subject to regulations and regulation * prescribed by the Administrator for Federal Procurement Policy pursuant to the Office of Federal Procurement Policy Act, may exchange or sell similar items and may apply the exchange allowance or proceeds of sale in such cases in whole or in part payment for the property acquired: Provided, That any transaction carried out under the authority of this subsection shall be evidenced in writing. Sales of property pursuant to this subsection shall be governed by section 3709 of the Revised Statutes(41 U.S.C. 5), except that fixed price sales may be conducted in the same manner and subject to the same conditions as are applicable to the sale of property pursuant to section 203(e)(5) of this Act.

(d) In conformity with policies prescribed by the Administrator under subsection(a) of this section, any executive agency may utilize the services, work, materials, and equipment of any other executive agency, for the inspection of personal property incident to the procurement thereof, and notwithstanding section 3678 of the Revised Statutes

(31 U.S.C. 628) or any other provision of law such other executive agency may furnish such services, work, materials, and equipment for that purpose without reimbursement or transfer of funds.

(e) Whenever the head of any executive agency determines that the remaining storage or shelf life of any medical materials or medical supplies held by such agency for national emergency purposes is of too short duration to justify their continued retention for such purposes and that their transfer or disposal would be in the interest of the United States, such materials or supplies shall be considered for the purposes of section 202 of this Act to be excess property. In accordance with the regulations of the Administrator, such excess materials or supplies may thereupon be transferred to or exchanged with any other Federal agency for other medical materials or supplies. Any proceeds derived from such transfers may be credited to the current applicable appropriation or fund of the transferor agency and shall be available only for the purchase of medical materials or supplies to be held for national emergency purposes.

If such materials or supplies are not transferred to or exchanged with any other Federal agency, they shall be disposed of as surplus property. To the greatest extent practicable, the head of the executive agency holding such medical materials or supplies shall make the determination provided for in the first sentence of this subsection at such times as to insure that such medical materials or medical supplies can be transferred or otherwise disposed of in sufficient time to permit their use before their shelf life expires and they are rendered unfit for human use.

SEC. 202. [40 U.S.C. 483] PROPERTY UTILIZATION.

(a)(1) Subject to the provisions of paragraph (2) of this subsection, in order to minimize expenditures for property, the Administrator shall prescribe policies and methods to promote the maximum utilization of excess property by executive agencies, and he shall provide for the transfer of excess property among Federal agencies and to the organizations specified in section 756(f) of this title. The Administrator, with the approval of the Director of the Office of Management & Budget, shall prescribe the extent of reimbursement for such transfers of excess property: Provided, That reimbursement shall be required of the fair value, as determined by the Administrator, of any excess property transferred whenever net proceeds are requested pursuant to section 485(c) of this title or whenever either the transferor or the transferee agency (or the organizational unit affected) is subject to the Government Corporation Control Act or is an organization specified in section 756(f) of this title; and that excess property determined by the Administrator to be suitable for distribution through the supply centers of the General Services Administration shall be retransferred at prices fixed by the Administrator with due regard to prices established in accordance with section 756(b) of this title.

(2) The Administrator shall prescribe such procedures as may be necessary in order to transfer without compensation to the Secretary of the Interior excess real property located within the reservation of any group, band, or tribe of Indians which is recognized as eligible for services by the Bureau of Indian Affair. Such excess real property shall be held in trust by the Secretary for the benefit and use of the group, band, or tribe of Indians, within whose reservation such excess real property is located: Provided, That such transfers of real property within the State of Oklahoma shall be made to the Secretary of the Interior to be held in trust for Oklahoma Indian tribes recognized by the Secretary of the Interior when such real property (1) is located within boundaries of former reservations in Oklahoma as defined by the Secretary of Interior and when such real property was held in trust by the United States for an Indian tribe at the time of acquisition by the United States, or (2) is contiguous to real property presently held in trust by the United States for an Oklahoma Indian tribe and was at any time held in trust by the United States for an Indian tribe.

(b) Each executive agency shall (1) maintain adequate inventory controls and accountability systems for the property under its control, (2) continuously survey property under its control to determine which is excess property, and promptly report such property to the Administrator, (3) perform the care and handling of such excess property, and(4) transfer or dispose of such property as promptly as possible in accordance with authority delegated and regulations prescribed by the Administrator.

(c) Each executive agency shall, as far as practicable, (1) make reassignments of property among activities within the agency when such property is determined to be no longer required for the purposes of the appropriation from which it was purchased, (2) transfer excess property under its control to other Federal agencies and to organizations specified in section 109(f), and (3) obtain excess property from other Federal agencies.

(d) Notwithstanding any other provisions of law, Federal agencies are prohibited from obtaining excess personal property for purposes of furnishing such property to grantees of such agencies, except as follows:

(1) Under such regulations as the Administrator may prescribe, any Federal agency may obtain excess personal property for purposes of furnishing it to any institution or organization which is a public agency or is nonprofit and exempt from taxation under section 501 of the Internal Revenue Code of 1954, and which is conducting a federally sponsored project pursuant to a grant made for specific purpose with a specific termination made: Provided, That —

(A) such property is to be furnished for use in connection with the grant; and

(B) the sponsoring Federal agency pays an amount equal to 25 per centum of the original acquisition cost (except for costs of care and handling) of the excess property furnished, such funds to be covered into the Treasury as miscellaneous receipts. Title to excess property obtained under this paragraph shall vest in the grantees and shall be accounted for and disposed of in accordance with procedures governing the accountability of personal property acquired under grant agreements.

(2) Under such regulations and restrictions as the Administrator may prescribe, the provisions of this subsection shall not apply to the following:

(A) property furnished under section 608 of the Foreign Assistance Act of 1961, as amended, where and to the extent that the Administrator of General Services determines that the property to be furnished under such Act is not needed for donation pursuant to section 203(j) of this Act;

(B) scientific equipment furnished under section 11(e) of the National Science Foundation

Act of 1950, as amended(42 U.S.C. 1870(e));

(C) property furnished under section 203 of the Department of Agriculture Organic Act of 1944(16 U.S.C.580a), in connection with the Cooperative Forest Fire Control Program, where title is retained in the United States;

(D) property furnished in connection with grants to Indian tribes as defined in section 3(c) of the Indian Financing Act(25 U.S.C. 1452(c)); or

(E) property furnished by the Secretary of Agriculture to any State or county extension service engaged in cooperative agricultural extension work pursuant to the Act of May 8, 1914(7 U.S.C. 341 et seq.); any State experiment station engaged in cooperative agricultural research work pursuant to the Act of March 2, 1887(7 U.S.C. 361a et seq.); and any institution engaged in cooperative agricultural research or extension work pursuant to sections1433, 1434, 1444, or 1445 of the National Agricultural Research, Extension, and Teaching Policy Act of 1977(7 U.S.C. 3195, 3196, 3221, and 3222) or the Act of October 10, 1962(16 U.S.C. 582a et seq.), where title is retained in the United States. For the purpose of this provision, the term "State" means any one of the fifty States, the Commonwealth of Puerto Rico, Guam, and American Samoa, the Commonwealth of the Northern Marianas, the Trust Territory of the Pacific Islands, the Virgin Islands of the United States, and the District of Columbia. This paragraph shall not preclude any Federal agency obtaining property and furnishing it to a grantee of that agency under paragraph (1) of this subsection.

(e) Each executive agency shall submit during the calendar quarter following the close of each fiscal year a report to the Administrator showing, with respect to personal property −

(1) obtained as excess property or as personal property determined to be no longer required for the purposes of the appropriation from which it was purchased, and

(2) furnished in any manner whatsoever within the United States to any recipient other than a Federal agency, the acquisition cost, categories of equipment, recipient of all such property, and such other information as the Administrator may require.

The Administrator shall submit a report to the Senate (or to the Secretary of the Senate if the Senate is not in session) and to the House of Representatives (or to the Clerk of the House if the House is not in session) summarizing and analyzing the reports of the executive agencies.

(f) [Repealed.]

(g) Whenever the Administrator determines that the temporary assignment or reassignment of any space in excess real property to any Federal agency for office, storage, or related facilities would be more advantageous than the permanent transfer of such property, he may make such assignment or reassignment for such period of time as he shall determine and obtain, in the absence of appropriation available to him therefor, appropriate reimbursement from the using agency for the expense of maintaining such space.

(h) the Administrator may authorize the abandonment, destruction, or donation to public bodies of property which has no commercial value or of which the estimated cost of continued care and handling would exceed the estimated proceeds from its sale.

SEC. 203. [40 U.S.C. 484] DISPOSAL OF SURPLUS PROPERTY.

(a) Except as otherwise provided in this section, the Administrator shall have supervision and direction over the disposition of surplus property. Such property shall be disposed of to such extent, at such time, in such areas, by such agencies, at such terms and conditions, and in such manner, as may be prescribed in or pursuant to this Act.

(b) The care and handling of surplus property, pending its disposition, and the disposal of surplus property, may be performed by the General Services Administration or, when so determined by the Administrator, by the executive agency in possession thereof or by any other executive agency consenting thereto.

(c) Any executive agency designated or authorized by the Administrator to dispose of surplus property may do so by sale, exchange, lease, permit, or transfer, for cash, credit, or other property, with or without warranty, and upon such other terms and conditions as the Administrator deems proper, and it may execute such documents for the transfer of title or other interest in property and take such other action at it deems necessary or proper to dispose of such property under the provisions of this title.

(d) A deed, bill of sale, lease, or other instrument executed by or on behalf of any executive agency purporting to transfer title or any other interest in surplus property under this title shall be conclusive evidence of compliance with the provisions of this title insofar as concerns title or other interest of any bona fide grantee or transferee for value and without notice of lack of such compliance.

(e)(1) All disposals or contracts for disposal of surplus property (other than by abandonment, destruction, donation, or through contract brokers) made or authorized by the Administrator shall be made after publicly advertising for bids, under regulations prescribed by the Administrator, except as provided in paragraphs (3) and (5) of this subsection.

(2) Whenever public advertising for bids is required under paragraph (1) of this subsection —

(A) the advertisement for bids shall be made at such time previous to the disposal or contract, through such methods, and on such terms and conditions as shall permit that full and free competition which is consistent with the value and nature of the property involved;

(B) all bids shall be publicly disclosed at the time and place stated in the advertisement;

(C) award shall be made with reasonable promptness by notice to the responsible bidder whose bid, conforming to the invitation for bids, will be most advantageous to the Government, price and other factors considered: Provided, That all bids may be rejected when it is in the public interest to do so.

(3) Disposals and contracts for disposal may be negotiated, under regulations prescribed by the Administrator, without regard to paragraphs (1) and (2) of this subsection but subject to obtaining such competition as is feasible under the circumstances, if —

(A) necessary in the public interest during the period of a national emergency declared by the President or the Congress, with respect to a particular lot or lots of personal property or, for a period not exceeding three months, with respect to a specifically described category or categories of personal property as determined by the Administrator;

(B) the public health, safety, or national security will thereby be promoted by a particular disposal of personal property;

(C) public exigency will not admit of the delay incident to advertising certain personal property; 19 FED. PROP. & ADMIN. SERVICES ACT OF 1949 Sec. 203

(D) the personal property involved is of a nature and quantity which, if disposed of under paragraphs (1) and (2) of this subsection, would cause such an impact on an industry or industries as adversely to affect the national economy, and the estimated fair market value of such property and other satisfactory terms of disposal can be obtained by negotiation;

(E) the estimated fair market value of the property involved does not exceed $15,000;

(F) bid prices after advertising therefor are not reasonable (either as to all or some part of the property) or have not been independently arrived at in open competition;

(G) with respect to real property only, the character or condition of the property or unusual circumstances make it impractical to advertise publicly for competitive bids and the fair market value of the property and other satisfactory terms of disposal can be obtained by negotiation;

(H) the disposal will be to States, Territories, possessions, political subdivisions thereof, or tax – supported agencies therein, and the estimated fair market value of the property and other satisfactory terms of disposal are obtained by negotiation;or

(I) otherwise authorized by this Act or other law.

(4) Disposals and contracts for disposal of surplus real and related personal property through contract realty brokers employed by the Administrator shall be made in the manner followed in similar commercial transactions under such regulations as may be prescribed by the Administrator: Provided, That such regulations shall require that wide public notice of availability of the property for disposal be given by the brokers.

(5)(A) Negotiated sales of personal property at fixed prices may be made by the Administrator either directly or through the use of disposal contractors without regard to the limitations set forth in paragraphs (1) and (2) of this subsection: Provided, That such sales be publicized to the extent consistent with the value and nature of the property involved, that the prices established shall reflect the estimated fair market value thereof, and that such sales shall be limited to those categories of personal property as to which the Administrator determines that such methods of disposal will best serve the interests of the Government.

(B) Under regulations and restrictions to be prescribed by the Administrator, property to be sold pursuant to this paragraph may be offered to organizations specified in paragraph(3)(H) of this subsection that have expressed an interest in the property to permit such an organization a prior opportunity to purchase at the prices fixed for such property.

(6)(A) Except as otherwise provided by subparagraph (C) of this paragraph, an explanatory statement shall be prepared of the circumstances of each disposal by negotiation of −

(ⅰ) any personal property which has an estimated fair market value in excess of $15,000;

(ⅱ) any real property that has an estimated fair market value in excess of $100,000, except that any real property disposed of by lease or exchange shall only be subject to clauses

(ⅲ) through (ⅴ) of this subparagraph;

(ⅲ) any real property disposed of by lease for a term of 5 years or less, if the estimated fair annual rent is in excess of $100,000 for any of such years;

(ⅳ) any real property disposed of by lease for a term of more than 5 years, if the total estimated rent over the term of the lease is in excess of $100,000; or

(ⅴ) any real property or real and related personal property disposed of by exchange, regardless of value, or any property any part of the consideration for which is real property.

(B) Each such statement shall be transmitted to the appropriate committees of the Congress in advance of such disposal, and a copy thereof shall be preserved in the files of the executive agency making such disposal.

(C) No such statement need be transmitted to any such committee with respect to any disposal of personal property made under paragraph (5) at a fixed price, or to property disposals authorized by any other provision of law to be made without advertising.

(D) The annual report of the Administrator under section 212 shall contain or be accompanied by a listing and description of any negotiated disposals of surplus property having an estimated fair market value of more than $15,000, in the case of real property, or $5,000, in the case of any other property, other than disposals for which an explanatory statement has been transmitted under this paragraph.

(f) 1 Subject to regulations of the Administrator, any executive agency may authorize any contractor with such agency or subcontractor thereunder to retain or dispose of any contractor inventory.

(g) 1 The Administrator, in formulating policies with respect to the disposal of surplus agricultural commodities, surplus foods processed from agricultural commodities, and surplus cotton or woolen goods, shall consult with the Secretary of Agriculture. Such policies shall be so formulated as to prevent surplus agricultural commodities, or surplus food processed from agricultural commodities, from being dumped on the market in a disorderly manner and disrupting the market prices for agricultural commodities.

(h) 1 Whenever the Secretary of Agriculture determines such action to be required to assist him in carrying out his responsibilities with respect to price support or stabilization, the Administrator shall transfer without charge to the Department of Agriculture any surplus agricultural commodities, foods, or cotton or woolen goods to be disposed of. Receipts resulting from disposal by the Department of Agriculture under this subsection shall be deposited pursuant to any authority available to the Secretary of Agriculture, except that net proceeds of any sale of surplus property so transferred shall be credited pursuant to section 204(c), when applicable. Surplus farm commodities so transferred shall not be sold, other than for export, in quantities in excess of, or at prices less than, those applicable with respect to sales of such commodities by the Commodity Credit Corporation.

(i) 1 The Secretary of Commerce shall dispose of surplus vessels of one thousand five hundred gross tons or more which the Secretary determines to be merchant vessels or capable of conversion to merchant use, and such vessels shall be disposed of only in accordance with the provisions of the Merchant Marine Act, 1936, as amended, and other laws authorizing the sale of such vessels.

(j)(1) Under such regulations as he may prescribe, the Administrator is authorized in his discretion to transfer, without cost (except for costs of care and handling), any personal property under the control of any executive agency which has been determined to be surplus property to the State agency in each State designated under State law as the agency responsible for the fair and equitable distribution, through donation, of all property transferred in accordance with the provisions of paragraphs (2) and (3) of this subsection. In determining whether the property is to be transferred for donation under this subsection, no distinction shall be made between property capitalized in a working — capital fund established under section 2208 of title 10, United States Code, or any similar fund, and any other property.

(2) In the case of surplus personal property under the control of the Department of Defense, the Secretary of Defense shall determine whether such property is usable and necessary for educational activities which are of special interest to the armed services, such as maritime academies, or military, naval, Air Force, or Coast Guard preparatory schools. If the Secretary determines that such property is usable and necessary for said purposes, the Secretary shall allocate it for transfer by the Administrator to the appropriate State agency for distribution, through donation, to such educational activities. If the Secretary determines that such property is not usable and necessary for such purposes, it may be disposed of in accordance with paragraph (3) of this subsection.

(3) Except for surplus personal property transferred pursuant to paragraph (2) of this subsection, the Administrator shall, pursuant to criteria which are based on need and utilization and established after such consultation with State agencies as is feasible, allocate such property among the States in a fair and equitable basis(taking into account the condition of the property as well as the original acquisition cost thereof), and transfer to the State agency property selected by it for distribution through donation within the State —

(A) to any public agency for use in carrying out or promoting for the residents of a given political area one or more public purposes, such as conservation, economic development, education, parks and recreation, public health, and public safety; or

(B) to nonprofit educational or public health institutions or organizations, such as medical institutions, hospitals, clinics, health centers, providers of assistance to homeless individuals, providers of assistance to families or individuals whose annual incomes are below the poverty line(as that term is defined in section 673 of the Community Services Block Grant Act), schools, colleges, universities, schools for the mentally retarded, schools for the physically handicapped, child care centers, radio and television stations licensed by the Federal Communications Commission a educational radio or educational television stations, museums attended by the public, and libraries serving free all residents of a community, district, State, or region, which are exempt from taxation under section 501 of the Internal Revenue Code of 1954, for purposes of education or public health(including research for any such purpose).

The Administrator, in allocating and transferring property under this paragraph, shall give fair consideration, consistently with the established criteria, to expressions of need and interest on the part of public agencies and other eligible institutions within that State, and shall give special consideration to requests by eligible recipients, transmitted through the State agency, for specific items of property.

(4)(A) before property may be transferred to any State agency, such State shall develop, according to State law, a detailed plan of operation, developed in conformity with the provisions of this subsection, which shall include adequate assurance that the State agency has the necessary organizational and operational authority and capability, including staff, facilities, means and methods of financing, and procedures with respect to: accountability, internal and external audits, cooperative agreements, compliance and utilization reviews, equitable distribution and property disposal, determination of eligibility, and assistance through consultation with advisory bodies and public and private groups. The chief executive officer shall certify and submit the plan to the Administrator. In the event that a State legislature has not developed, according to State law, a State plan within two hundred and seventy calendar days after the date of enactment of this Act, the chief executive officer of the State shall approve, and submit to the Administrator, a temporary State plan. No such plan, and no major amendment thereof, shall be filed with the Administrator until sixty days after general notice of the proposed plan or amendment has been published and interested persons have been given at least thirty days during which to submit comments. In developing and implementing the State plan, the relative needs and resources of all public agencies and other eligible institutions within the State shall be taken into consideration. The Administrator may consult with interested

Federal agencies for purposes of obtaining their views concerning the administration and operation of this subsection.

(B) The State plan shall provide for the fair and equitable distribution of property within such State based on the relative needs and resources of interested public agencies and other eligible institutions within the State and their abilities to utilize the property.

(C)(i) The State plan of operation shall require the State agency to utilize a management control system and accounting system for donable property transferred under this section of the same types as are required by State law for State-owned property, except that the State agency, with the approval of the chief executive officer of the State, may elect, in lieu of such systems, to utilize such other management control and accounting systems as are effective to govern the utilization, inventory control, accountability, and disposal of property under this subsection.

(ii) The State plan of operation shall require the State agency to provide for the return of donable property for further distribution if such property, while still usable, has not been placed in use for the purpose for which it was donated within one year of donation or ceases to be used by the donee for such purposes within one year of being placed in use.

(iii) The State plan shall require the State agency, insofar as practicable, to select property requested by a public agency or other eligible institution within the

State and, if so requested by the recipient, to arrange shipment of that property, when acquired, directly to the recipient.

(D) Where the State agency is authorized to assess and collect service charges from participating recipients to cover direct and reasonable indirect costs of its activities, the method of establishing such charges shall be set out in the State plan of operation. Such charges shall be fair and equitable and shall be based on services performed by the State agency, including, but not limited to, screening, packing, crating, removal, and transportation.

(E) The State plan of operation shall provide that the State agency may impose reasonable terms, conditions, reservations, and restrictions on the use of property to be donated under paragraph

(3) of this subsection and shall impose such terms, conditions, reservations, and restrictions in the case of any passenger motor vehicle and any item of other property having a unit acquisition cost of $5,000 or more. If the Administrator finds that an item or items have characteristics that require special handling or use limitations, he may impose appropriate conditions on the donation of such property.

(F) The State plan of operation shall provide that surplus property which the State agency determines cannot be utilized by eligible recipients shall be disposed of –

(i) subject to the disapproval of the Administrator within thirty days after notice to him, through transfer by the State agency to another State agency or through abandonment or destruction where the property has no commercial value or the estimated cost of its continued care and handling would exceed the estimated proceeds from its sale; or

(ii) otherwise pursuant to the provisions of this Act under such terms and conditions and in such manner as may be prescribed by the Administrator. Notwithstanding sections 204 and 402(c) of this Act, the Administrator, from the proceeds of sale of any such property, may reimburse the State agency for such expenses relating to the care and handling of such property as he shall deem appropriate.

(5) As used in this subsection, (A) the term "public agency" means any State, political subdivision thereof(including any unit of local government or economic

development district), or any department, agency, instrumentality thereof(including instrumentalities created by compact or other agreement between States or political subdivision), or any Indian tribe, band, group, pueblo, or community located on a State reservation and (B) the term "State" means the several States, the District of Columbia, the Commonwealth of Puerto Rico, Virgin Islands, Guam, and American Samoa.

(k)(1) Under such regulations as he may prescribe, the Administrator is authorized, in his discretion, to assign to the Secretary of Health, Education and Welfare for disposal such surplus real property, including buildings, fixtures, and equipment situated thereon, as is recommended by the Secretary of Health, Education, and Welfare as being needed for school, classroom, or other educational use, or for use in the protection of public health, including research.

(A) Subject to the disapproval of the Administrator within thirty days after notice to him by the Secretary of Health, Education, and Welfare of a proposed transfer of property for school, classroom, or other educational use, the Secretary of Health, Education, and Welfare, through such officers or employees of the Department of Health, Education, and Welfare as he may designate, may sell or lease such real property including buildings, fixtures, and equipment situated thereon, for educational purposes to the States and their political subdivisions and instrumentalities, and tax − supported educational institutions, and to other nonprofit educational institutions which have been held exempt from taxation under section 101(6) of the Internal Revenue Code.

(B) Subject to the disapproval of the Administrator within thirty days after notice to him by the Secretary of Health, Education, and Welfare of a proposed transfer of property for public − health use, the Secretary of Health, Education, and Welfare, through such officers or employees of the Department of Health, Education, and Welfare as he may designate, may sell or lease such real property for public − heath purposes, including research, to the States and their political subdivisions and instrumentalities, and to tax − supported medical institutions, and to hospitals or other similar institutions not operated for profit which have been held exempt from taxation under section 101(6) of the Internal Revenue Code.

(C) In fixing the sale or lease value of property to be disposed of under subparagraph (A) and subparagraph (B) of this paragraph, the Secretary of Health, Education, and Welfare shall take into consideration any benefit which has accrued or may accrue to the United States from the use of such property by any such State, political subdivision, instrumentality, or institution.

(D) "States" as used in this subsection includes the District of Columbia, the Commonwealth of Puerto Rico, and the Territories and possessions of the United States

(2) Under such regulations as he may prescribe, the Administrator is authorized, in his discretion, to assign to the Secretary of the Interior for disposal, such surplus real property, including buildings, fixtures, and equipment situated thereon, as is recommended by the Secretary of the Interior as needed for use as a public park or recreation area.

(A) Subject to the disapproval of the Administrator within thirty days after notice to him by the Secretary of the Interior of a proposed transfer of property for public park or public recreational use, the Secretary of the Interior, through such officers or employees of the Department of the Interior as he may designate, may sell or lease such real property, including buildings, fixtures, and equipment situated thereon, for public park or public recreational purposes to any State, political subdivision, instrumentalities thereof, or municipality.

(B) In fixing the sale or lease value of property to be disposed of under subparagraph (A) of this paragraph, the Secretary of the Interior shall take into consideration any benefit which has accrued or may accrue in the United States from the use of such property by any such State, political subdivision, instrumentality, or municipality.

(C) The deed of conveyance of any surplus real property disposed of under the provisions of this subsection —

(i) shall provide that all such property shall be used and maintained for the purpose for which it was conveyed in perpetuity, and that in the event that such property ceases to be used or maintained for such purpose during such period, all or any portion of such property shall in its then existing condition, at the option of the United States, revert to the United States; and

(ii) may contain such additional terms, reservations, restrictions, and conditions as may be determined by the Secretary of the Interior to be necessary to safeguard the interests of the United States.

(D) "States" as used in this subsection includes the District of Columbia, the Commonwealth of Puerto Rico, and the territories and possessions of the United States.

(3) Without monetary consideration to the United States, the Administrator may convey to any State, political subdivision, instrumentalities thereof, or municipality, all of the right, title, and interest of the United States in and to any surplus real and related personal property which the Secretary of the Interior has determined is suitable and desirable for use as a historic monument, for the benefit of the public. No property shall be determined to be suitable or desirable for use as a historic monument except in conformity with the recommendation of the Advisory Board on National Parks, Historic Sites, Buildings and Monuments established by section 463 of Title 16, and only so much of any such property shall be so determined to be suitable or desirable for such use as is necessary for the preservation and proper observation of its historic features.

(A) The Administrator may authorize use of any property conveyed under this subsection or the Surplus Property Act of 1944, as amended, for revenue – producing activities if the Secretary of the Interior (i) determines that such activities are compatible with use of the property for history monument purposes, (ii) approves the grantee's plan for repair, rehabilitation, restoration, and maintenance of the property, and (iii) approves the grantee's plan for financing repair, rehabilitation, restoration, and maintenance of the property. The Secretary shall not approve a financial plan unless it provides that in comes in excess of costs of repair, rehabilitation, restoration, and maintenance shall be used by the grantee only for public historic preservation, park, or recreational purposes. The Administrator may not authorize any uses under this subsection until the Secretary has examined and approved the accounting and financial procedures used by the grantee. The Secretary may periodically audit the records of the grantee, directly related to the property conveyed.

(B) The deed of conveyance of any surplus real property disposed of under the provisions of this subsection −

(i) shall provide that all such property shall be used and maintained for historic monument purposes in perpetuity, and that in the event that the property ceases to be used or maintained for that purpose, all or any portion of the property shall, in its then existing condition, at the option of the United States, revert to the United States; and

(ii) may contain such additional terms, reservations, restrictions, and conditions as may be determined by the Administrator to be necessary to safeguard the interest of the United States.

(C) "States" as used in this subsection, includes the District of Columbia, the Commonwealth of Puerto Rico, and the territories and possessions of the United States.

(4) Subject to the disapproval of the Administrator within thirty days after notice to him of any action to be taken under this subsection, except with respect to personal property transferred pursuant to subsection (j) −

(A) The Secretary of Health, Education, and Welfare, through such officers or employees of the Department of Health, Education, and Welfare as he may designate, in the case of property transferred pursuant to the Surplus Property Act of 1944, as amended, and pursuant to this Act, to States, political subdivisions, and instrumentalities thereof, and taxsupported and other nonprofit educational institutions for school, classroom, or other educational use;

(B) the Secretary of Health, Education, and Welfare, through such officer or employees of the Department of Health, Education, and Welfare as he may designate, in the case of property transferred pursuant to the Surplus Property Act of 1944, as amended, and pursuant to this Act, to States, political subdivisions and instrumentalities thereof, supported medical institutions, and to hospitals and other similar institutions not operated for profit, for use in the protection of public health(including research);

(C) the Secretary of the Interior, in the case of property transferred pursuant to the Surplus Property Act of 1944, as amended, and pursuant to this Act, to States, political subdivisions, and instrumentalities thereof, and municipalities for use as a public park, public recreational area, or historic monument for the benefit of the public;

(D) the Secretary of Defense, in case of property transferred pursuant to the Surplus Property Act of 1944, as amended, to States, political subdivisions, and tax — supported instrumentalities thereof for use in the training and maintenance of civilian components of the armed forces. is authorized and directed —

(i) to determine and enforce compliance with the terms, conditions, reservations, and restrictions contained in any instrument by which such transfer was made;

(ii) to reform, correct, or amend any such instrument by the execution of a corrective, reformative or amendatory instrument where necessary to correct such instrument or to conform such transfer to the requirements of applicable law; and (iii) to (I) grant releases from any of the terms, conditions, reservations and restrictions contained in, and (II) convey, quitclaim, or release to the transferee or other eligible user any right or interest reserved to the United States by, any instrument by which such transfer was made, if he determines that the property so transferred no longer services the purpose for which it was transferred, or that such release, conveyance, or quitclaim deed will not prevent accomplishment of the purpose for which such property was so transferred: Provided, That any such release, conveyance, or quitclaim deed may be granted on, or made subject to, such terms and conditions as he shall deem necessary to protect or advance the interests of the United States; or

(E) the Secretary of Housing and Urban Development, through such officers or employees of the Department of Housing and Urban Development as the Secretary may designate, in the case of property transferred under paragraph(6).

(5)(A) Under such regulations as the Administrator may prescribe, the Administrator is authorized, in the discretion of the Administrator, to assign to the Chief Executive Officer of the Corporation for National and Community Service for disposal such surplus property as is recommended by the Chief Executive Officer as being needed for national service activities.

(B) Subject to the disapproval of the Administrator, within 30 days after notice to the Administrator by the Chief Executive Officer of the Corporation for National and

Community Service of a proposed transfer of property for such activities, the Chief Executive Officer, through such officers or employees of the Corporation as the Chief Executive Officer may designate, may sell, lease, or donate such property to any entity that receives financial assistance under the National and Community Service Act of 1990 for such activities.

(C) In fixing the sale or lease value of such property, the Chief Executive Officer of the Corporation for National and Community Service shall comply with the requirements of paragraph (1)(C).(6)(A) Under such regulations as the Administrator may prescribe, the Administrator may, in the discretion of the Administrator, assign to the Secretary of Housing and Urban Development for disposal such surplus real property, including buildings, fixtures, and equipment situated thereon, as is recommended by the Secretary as being needed for providing housing or housing assistance for low—income individuals or families.

(B) Subject to the disapproval of the Administrator within 30 days after notice to the Administrator by the Secretary of Housing and Urban Development of a proposed transfer of property for the purpose of providing such housing or housing assistance, the Secretary, through such officers or employees of the Department of Housing and Urban Development as the Secretary may designate, may sell or lease such property for that purpose to any State, any political subdivision or instrumentality of a State, or any nonprofit organization that exists for the primary purpose of providing housing or housing assistance for low—income individuals or families.

(C) The Administrator shall disapprove a proposed transfer of property under this paragraph unless the Administrator determines that the property will be used for low—income housing opportunities through the construction, rehabilitation, or refurbishment of self—help housing, under terms that require that—

(i) any individual or family receiving housing or housing assistance constructed, rehabilitated, or refurbished through use of the property shall contribute a significant amount of labor toward the construction, rehabilitation, or refurbishment; and

(ii) dwellings constructed, rehabilitated, or refurbished through use of the property shall be quality dwellings that comply with local building and safety codes and standards and shall be available at prices below prevailing market prices.

(D)(i) The Administrator shall ensure that nonprofit organizations that are sold or leased property under subparagraph (B) shall develop and use guidelines to take into consideration any disability of an individual for the purposes of fulfilling any self-help requirement under subparagraph (C)(i).

(ii) For purposes of this subparagraph, the term "disability" has the meaning given such term under section 3(2) of the Americans with Disabilities Act of 1990(42 U.S.C. 12102(2)).

(E)(i) In fixing the sale or lease value of property to be disposed of under this paragraph, the Secretary of Housing and Urban Development shall take into consideration and discount the value with respect to any benefit which has accrued or may accrue to the United States from the use of such property by any such State, political subdivision, instrumentality, or nonprofit organization.

(ii) The amount of the discount under clause (i) shall be 75 percent of the market value of the property, except that the Secretary may discount by a greater percentage if the Secretary, in consultation with the Administrator, determines that a higher percentage is justified.

(l) Under such regulation as he may prescribe, the Administrator is authorized in his discretion to donate to the American National Red Cross, for charitable purposes, such property, which was processed, produced, or donated by the American National Red Cross, as shall have been determined to be surplus property.

(m) The Administrator is authorized to take possession of abandoned and other unclaimed property on premises owned or leased by the Government to determine when title thereto vested in the United States, and to utilize, transfer or otherwise dispose of such property. Former owners of such property upon proper claim filed within three years from the date of vesting of title in the United States shall be paid the proceeds realized from the disposition of such property or, if the property is used or transferred, the fair value therefor as of the time title was vested in the United States as determined by the Administrator, less in either case the costs incident to the care and handling of such property as determined by the Administrator.

(n) For the purpose of carrying into effect the provisions of subsection (j), the Administrator or the head of any Federal agency designated by the Administrator, and, with respect to subsection (k)(1), the Secretary of Health, Education, and Welfare or the head of any Federal agency designated by the Secretary, are authorized to enter into cooperative agreements with State surplus property distribution agencies designated in conformity with subsection (j). Such cooperative agreements may provide for utilization by such Federal agency, with or without payment or reimbursement, of the property, facilities, personnel, and services of the State agency in carrying out any such program, and for making available to such State agency, with or without payment or reimbursement, property, facilities, personnel, or services of such Federal agency in connection with such utilization. Payment or reimbursement, if any, from the State agency shall be credited to the fund or appropriation against which charges would be made if no payment or reimbursement were received. In addition, under such cooperative agreements and subject to such other conditions as may be imposed by the Administrator, or with respect to subsection (k)(1) by the Secretary of Health, Education, and Welfare, any surplus property transferred to the State agency for distribution pursuant to subsection (j)(3) may be retained by the State agency for use in performing its functions. Unless otherwise directed by the Administrator, title to property so retained shall vest in the State agency.

(o)(1) Six months after the end of the first full fiscal year after the date of enactment of this paragraph, and biennially thereafter, the Administrator shall transmit a report to the Congress that covers the initial period from such effective date and each succeeding biennial period and contains —

(A) a full and independent evaluation of the operation of programs for the donation of Federal surplus personal property,

(B) statistical information on the amount of excess personal property transferred to Federal agencies and provided to grantees and non — Federal organizations and surplus personal property approved for donation to the State Agencies for Surplus Property and donated to eligible non — Federal organizations during each succeeding biennial period, and

(C) such recommendations as the Administrator determines to be necessary or desirable.

(2) A copy of each report made under paragraph (3) 1 shall also be simultaneously furnished to the Comptroller General of the United States. The Comptroller General shall review and evaluate the report and make any comments and recommendations to the Congress thereon, as he deems necessary or desirable.

(p)(1)(A) Under such regulation as he may prescribe, the Administrator is authorized in his discretion to transfer or convey to the several States, the District of Columbia, the Commonwealth of Puerto Rico, Guam, American Samoa, the Virgin Islands, the Trust Territory of the Pacific Islands, the Commonwealth of the Northern Mariana Islands, or any political subdivision or instrumentality thereof, surplus real and related personal property determined by the Attorney General to be required for correctional facility use by the authorized transferee or grantee under an appropriate program or project for the care or rehabilitation of criminal offenders as approved by the Attorney General. Transfers or conveyance under this authority shall be made by the Administrator without monetary consideration to the United States. If the Attorney General determines that any surplus property transferred or conveyed pursuant to an agreement entered into between March 1, 1982, and the enactment of this subsection was suitable for transfer or conveyance under this subsection, the Administrator shall reimburse the transferee for any monetary consideration paid to the United States for such transfer or conveyance.

(B) The Administrator may exercise the authority under subparagraph (A) with respect to such surplus real and related property needed by the transferee or grantee for —

(i) law enforcement purposes, as determined by the Attorney General; or

(ii) emergency management response purposes, including fire and rescue services, as determined by the Director of the Federal Emergency Management Agency.

(2) The deed of conveyance of any surplus real and related personal property disposed of under the provisions of this subsection —

(A) shall provide that all such property shall be used and maintained for the purpose for which it was conveyed in perpetuity, and that in the event the property ceases to be used or maintained for that purpose, all or any portion of the property shall, in its then existing condition, at the option of the United States, revert to the United States; and

(B) may contain such additional terms, reservations, restrictions, and conditions as may be determined by the Administrator to be necessary to safeguard the interests of the United States.

(3) With respect to surplus real and related personal property conveyed pursuant to this subsection, the Administrator is authorized and directed —

(A) to determine and enforce compliance with the terms, conditions, reservations, and restrictions contained in any instrument by which such transfer was made;

(B) to reform, correct, or amend any such instrument by the execution of a corrective reformative or amendatory instrument where necessary to correct such instrument or to conform such transfer to the requirements of applicable law; and

(C) to (i) grant releases from any of the terms, conditions, reservations, and restrictions contained in, and (ii) convey, quitclaim, or release to the transferee or other eligible user any right or interest reserved to the United States by any instrument by which such transfer was made, if he determines that the property so transferred no longer serves the purpose for which it was transferred, or that such release, conveyance, or quitclaim deed will not prevent accomplishment of the purpose for which such property was so transferred: Provided, That any such release, conveyance, or quitclaim deed may be granted on, or made subject to, such terms and conditions as he or she shall deem necessary to protect or advance the interests of the United States.

(q)(1) Under such regulations as the Administrator, after consultation with the Secretary of Defense, may prescribe, the Administrator, or the Secretary of Defense, in the case of property located at a military installation closed or realigned pursuant to a base closure law, may, in his or her discretion, assign to the Secretary of Transportation for disposal such surplus real property, including buildings, fixtures, and equipment situated thereon, as is recommended by the Secretary of Transportation as being needed for the development or operation of a port facility.

(2) Subject to the disapproval of the Administrator or the Secretary of Defense within 30 days after notice by the Secretary of Transportation of a proposed conveyance of property for any of the purposes described in paragraph (1), the Secretary of Transportation, through such officers or employees of the Department of Transportation as he or she may designate, may convey, at no consideration to the United States, such surplus real property, including buildings, fixtures, and equipment situated thereon, for use in the development or operation of a port facility to any State, the District of Columbia, the Commonwealth of Puerto Rico, Guam, American Samoa, the Virgin Islands, the Trust Territory of the Pacific Islands, the Commonwealth of the Northern Mariana Islands, or any political subdivision, municipality, or instrumentality thereof.

(3) No transfer of property may be made under this subsection until the Secretary of Transportation has —

(A) determined, after consultation with the Secretary of Labor, that the property to be conveyed is located in an area of serious economic disruption;

(B) received and, after consultation with the Secretary of Commerce, approved an economic development plan submitted by an eligible grantee and based on assured use of the property to be conveyed as part of a necessary economic development program; and

(C) transmitted to Congress an explanatory statement that contains information substantially similar to the information contained in statements prepared under subsection (e)(6).

(4) The instrument of conveyance of any surplus real property and related personal property disposed of under this subsection shall —

(A) provide that all such property shall be used and maintained in perpetuity for the purpose for which it was conveyed, and that if the property ceases to be used or maintained for that purpose, all or any portion of the property shall, in its then existing condition, at the option of the United States, revert to the United States; and

(B) contain such additional terms, reservations, restrictions, and conditions as the Secretary of Transportation shall by regulation require to assure use of the property for the purposes for which it was conveyed and to safeguard the interests of the United

States.

(5) With respect to surplus real property and related personal property conveyed pursuant to this subsection, the Secretary of Transportation shall –

(A) determine and enforce compliance with the terms, conditions, reservations, and restrictions contained in any instrument by which such conveyance was made;

(B) reform, correct, or amend any such instrument by the execution of a corrective, reformative, or amendatory instrument if necessary to correct such instrument or to conform such conveyance to the requirements of applicable law; and

(C)(i) grant releases from any of the terms, conditions, reservations, and restrictions contained in, and (ii) convey, quitclaim, or release to the grantee any right or interest reserved to the United States by, any instrument by which such conveyance was made, if the Secretary of Transportation determines that the property so conveyed no longer serves the purpose for which it was conveyed, or that such release, conveyance, or quitclaim deed will not prevent accomplishment of the purpose for which such property was so conveyed, except that any such release, conveyance, or quitclaim deed may be granted on, or made subject to, such terms and conditions as the Secretary of Transportation considers necessary to protect or advance the interests of the United States.

(6) In this section, the term "base closure law" means the following:

(A) Title Ⅱ of the Defense Authorization Amendments andBase Closure and Realignment Act(Public Law 100‐ ‐526; 10U.S.C. 2687 note).

(B) The Defense Base Closure and Realignment Act of 1990(part A of title XXⅨ of Public Law 101‐ ‐510; 10 U.S.C.2687 note).

(C) Section 2687 of title 10, United States Code.

(r) The head of a Federal agency having control of a canine that has been used by a Federal agency in the performance of law enforcement duties and that has been determined by the agency to be no longer needed for official purposes may donate the canine to an individual who has experience handling canines in the performance of those duties.

SEC. 204. [40 U.S.C. 485] PROCEEDS FROM TRANSFER OR DISPOSITION OF PROPERTY.

(a) All proceeds under this title from any transfer of excess property to a Federal agency for its use, or from any sale, lease, or other disposition of surplus property, shall be covered into the Treasury as miscellaneous receipts, except as provided in subsections (b), ©, (d), (e), and (h) of this section.

(b) Except as provided in subsection (h), all the proceeds of such dispositions of surplus real and related personal property made by the Administrator of General Services shall be set aside in a separate fund in the Treasury. Not more than an amount to be determined quarterly by the director of the Office of Management and budget may be obligated from such fund by the Administrator to pay the direct expenses incurred for the utilization of excess property and the disposal of surplus property under this Act for fees of appraisers, auctioneers, and realty brokers, for costs of environmental and historic preservation services, and for advertising and surveying. Such payments from this fund may be used either to pay such expenses directly or to reimburse the fund or appropriation initially bearing such expenses. Fees paid to appraisers, auctioneers, and brokers shall be in accordance with the scale of fees customarily paid for such services in similar commercial transactions, and in no event shall more than 12 per centum of the proceeds of all dispositions within each fiscal year of surplus real and related personal property be paid out of such proceeds under this authorization to meet direct expenses incurred in connection with such dispositions. Periodically, but not less often than once each year, any excess funds beyond current operating needs shall be transferred from the fund to miscellaneous receipts: Provided, That a report of receipts, disbursements, and transfers to miscellaneous receipts under this authorization shall be made annually in connection with the budget estimates to the Director of the Office of Management and Budget and to the Congress.

(c) Where the property transferred or disposed of was acquired by the use of funds either not appropriated from the general fund of the Treasury or appropriated therefrom but by law reimbursable from assessment, tax, or other revenue or receipts, then the net proceeds of the disposition or transfer shall be credited to the reimbursable fund or appropriation or paid to the Federal agency which determined such property to be excess: Provided, That the proceeds shall be credited to miscellaneous receipts in any case when the agency which determined the property to be excess shall deem it uneconomical or impractical to ascertain the amount of net proceeds. A used in this subsection, the term "net proceeds of the disposition or transfer" means the proceeds of the disposition or transfer minus all expenses incurred for care and handling and disposition or transfer.

(d) Any Federal agency disposing of surplus property under this title (1) may deposit, in a special account with the Treasurer of the United States, such amount of the proceeds of such dispositions as it deems necessary to permit appropriate refunds to purchasers when any disposition is rescinded or does not become final, or payments for breach of any warranty, and (2) may withdraw therefrom amounts so to be refunded or paid, without regard to the origin of the funds withdraw.

(e) Where any contract entered into by an executive agency or any subcontract under such contract authorizes the proceeds of any sale of property in the custody of the contractor or subcontractor to be credited to the price or cost of the work covered by such contract or subcontract, the proceeds of any such sale shall be credited in accordance with the contract or subcontract.

(f) Any executive agency entitled to receive cash under any contract covering the lease, sale or other disposition of surplus property may in its discretion accept in lieu of cash, any property determined by the President to be strategic or critical material at the prevailing market price thereof at the time the cash payment or payments became or become due.

(g) Where credit has been extended in connection with any disposition of surplus property under this title or by War Assets Administration (or its predecessor agencies) under the Surplus Property Act of 1944, or where such disposition has been by lease or permit, the Administrator shall administer and manage such credit,lease, or permit, and any security therefor, and may enforce, adjust, and settle any right of the Government with respect thereto in such manner and upon such terms as he deems in the best interest of the Government.

(h)(1) If the Secretary of a military department determines that real property, and improvements thereon, under the control of that department (other than property at a military installation designated for closure or realignment) is excess to the needs of that department, the Secretary of Defense shall provide that the property be made available for transfer without reimbursement to the other military departments within the Department of Defense. If the property is not transferred to another military department, the Secretary of the military department concerned shall request the Administrator to transfer or dispose of such property in accordance with the provisions of this Act, section 13(g) of the Surplus Property Act of 1944(50 U.S.C. App. 1622(g)), or other applicable law.

(2) The Administrator shall deposit any proceeds (less expenses of transferring or disposing of the property as provided in subsection (b)) in a special account in the Treasury of the United States. The amount deposited in such account with respect to the transfer or disposal of any such property shall be available, to the extent provided in appropriation Acts, as follows:

(A) 50 percent of such amount shall be available for facility maintenance and repair or environmental restoration at the military installation where the property is located.

(B) 50 percent of such amount shall be available for facility maintenance and repair and for environmental restoration by the military department that had jurisdiction over the property before it was disposed of or transferred.

(3) As part of the annual request for authorizations of appropriations to the Committee on Armed Services of the Senate and the Committee on Armed Services of the House of Representatives, the Secretary of Defense shall include an accounting of each transfer and disposal made in accordance with this subsection during the fiscal year preceding the fiscal year in which the request is made, including a detailed explanation of each such transfer and disposal and of the use of the proceeds received from it by the Department of Defense.

(4) This subsection does not apply to damaged or deteriorated military family housing facilities conveyed under section 2854a of title 10, United States Code.

(5) For purposes of this subsection, the term "military installation" shall have the meaning given that term in section 2687(e)(1) of title 10, United States Code.

SEC. 205. [40 U.S.C. 486] POLICIES, REGULATIONS, AND DELEGATIONS.

(a) The President may prescribe such policies and directives, not inconsistent with the provisions of this Act, as he shall deem necessary to effectuate the provisions of this Act, which policies and directives shall govern the Administrator and executive agencies in carrying out their respective functions hereunder.

(b) The Comptroller General after considering the needs and requirements of the executive agencies shall prescribe principles and standards of accounting for property, cooperate with the Administrator and with the executive agencies in the development of property accounting systems, and approve such systems when deemed to be adequate and in conformity with prescribed principles and standards. From time to time the General Accounting Office shall examine such property accounting systems as are established by the executive agencies to determine the extent of compliance with prescribed principles and standards and approved systems, and the Comptroller General shall report to the Congress any failure to comply with such principles and standards or to adequately account for property.

(c) The Administrator shall prescribe such regulations as he deems necessary to effectuate his functions under this Act, and the head of each executive agency shall cause to be issued such orders and directives as such head deems necessary to carry out such regulations.

(d) The Administrator is authorized to delegate and to authorize successive redelegation of any authority transferred to or vested in him by this Act (except for the authority to issue regulations on matters of policy having application to executive agencies, the authority contained in section 106, and except as otherwise provided in this Act) to any official in the General Services Administration or to the head of any other Federal agency.

(e) With respect to any function transferred to or vested in the General Services Administration or the Administrator by this Act, the Administrator may (1) direct the undertaking of its performance by the General Services Administration or by any constituent organization therein which he may designate or establish; or (2) designate and authorize any executive agency to perform such function for itself; or (3) designate and authorize any other executive agency to perform such function: or (4) provide for such performance by any combination of the foregoing methods. Any designation or assignment of functions or delegation of authority to another executive agency under this section shall be made only with the consent of the executive agency concerned or upon direction of the President.

(f) When any executive agency (including the General Services Administration and constituent organizations thereof) is authorized and directed by the Administrator to carry out any function under this Act, the Administrator may, with the approval of the Director of the Office of Management and Budget, provide for the transfer of appropriate personnel, records, property, and allocated funds of the General Services Administration, or of such other executive agency as has theretofore carried out such function, to the executive agency so authorized and directed.

(g) The Administrator may establish advisory committees to advise with him with respect to any function transferred to or vested in the Administrator by this Act. The Members thereof shall serve without compensation but shall be entitled to transportation and not to exceed $25 per diem in lieu of subsistence, as authorized by section 5 of the Act of August 2, 1946(5 U.S.C. 5703(b) − (d),5707), so serving.

(h) The Administrator shall advise and consult with interested Federal agencies with a view to obtaining their advice and assistance in carrying out the purposes of this Act.

(i) If authorized by the Administrator, officers and employees of the General Services Administration having investigatory functions are empowered, while engaged in the performance of their duties in conducting investigations, to administer oaths to any person.

SEC. 206. [40 U.S.C. 487] SURVEYS, STANDARDIZATION AND CATALOGING.

(a) As he may deem necessary for the effectuation of his functions under this subchapter, and after adequate advance notice to the executive agencies affected, and with due regard to the requirements of the Department of Defense as determined by the

Secretary of Defense, the Administrator is authorized (1) to make surveys of Government property and property management practices and obtain reports thereon from executive agencies; (2) to cooperate with executive agencies in the establishment of reasonable inventory levels for property stocked by them and from time to time report any excessive stocking to the Congress and to the Director of the Office of Management and Budget; (3) to establish and maintain such uniform Federal supply catalog system as may be appropriate to identify and classify personal property under the control of Federal agencies: Provided, That the Administrator and the Secretary of Defense shall coordinate the cataloging activities of the General Services Administration and the Department of Defense so as to avoid unnecessary duplication; and (4) subject to regulation and regulation * promulgated by the Administrator for Federal Procurement

Policy pursuant to the Office of Federal Procurement Policy Act, to prescribe standardized forms and procedures, except such as the Comptroller General is authorized by law to prescribe, and standard purchase specifications.

(b) Each Federal agency shall utilize such uniform Federal supply catalog system and standardized forms and procedures and standard purchase specifications, except as the Administrator, taking into consideration efficiency, economy, and other interests of the Government, shall otherwise provide.

(c) The General Accounting Office shall audit all types of property accounts and transactions at such times and in such manner as determined by the Comptroller General. Such audit shall be conducted as far as practicable at the place or places where the property or records of the executive agencies are kept and shall include but not necessarily be limited to an evaluation of the effectiveness of internal controls and audits, and a general audit of the discharge of accountability for Government — owned or controlled property based upon generally accepted principles of auditing.

SEC. 207. [40 U.S.C. 488] APPLICABILITY OF ANTITRUST LAWS.

(a) Except as provided by subsection (c), no executive agency shall dispose of any plant, plants, or other property to any private interest until such agency has received the advice of the Attorney General on the question whether such disposal would tend to create or maintain a situation inconsistent with the antitrust laws. Whenever any such disposal is contemplated by any executive agency, such a agency shall transmit promptly to the Attorney General notice of such proposed disposal and the probable terms or conditions thereof. If such notice is given by an executive agency other than the General Services Administration, a copy of such notice shall be transmitted simultaneously to the Administrator. Within a reasonable time, in no event to exceed sixty days, after receipt of such notification, the Attorney General shall advise the Administrator and any other interested executive agency whether, so far as he can determine, the proposed disposition would tend to create or maintain a situation inconsistent with the antitrust laws.

(b) Upon request made by the Attorney General, the Administrator or any other executive agency shall furnish or cause to be furnished to the Attorney General such information as the Administrator or such other executive agency may possess which the Attorney General determines to be appropriate or necessary to enable him to give the advice required by this section, or to determine whether any other disposition or proposed disposition of surplus property violates or would violate any of the antitrust laws.

(c) This section shall not apply to the disposal of —

(1) real property, if the estimated fair market value is less than $3,000,000; or

(2) personal property(other than a patent, process, technique, or invention), if the estimated fair market value is less than $3,000,000.

(d) Nothing contained in this Act shall impair, amend, or modify any of the antitrust laws or limit or prevent the application of any such law to any person who acquires in any manner any property under the provisions of this Act. As used in this section, the term "antitrust laws" includes the Act of July 2, 1890(ch. 647, 26 Stat. 209), as amended; the Act of October 15, 1914(ch. 323, 38 Stat. 730), as amended; the Federal Trade Commission Act(38 Stat. 717), as amended; and sections 73 and 74 of the Act of August 27, 1894(28 Stat. 570), as amended.

SEC. 208. [40 U.S.C. 758] EMPLOYMENT OF PERSONNEL.

(a) The Administrator is authorized, subject to the civil−service and classification laws, to appoint and fix the compensation of such personnel as may be necessary to carry out the provisions of titles Ⅰ, Ⅱ, Ⅲ, Ⅴ, and Ⅵ of this Act.

(b) To such extent as he finds necessary to carry out the provisions of titles Ⅰ, Ⅱ, Ⅲ, Ⅴ, and Ⅵ of this Act, the Administrator is hereby authorized to procure the temporary (not in excess of one year) or intermittent services of experts or consultants or organizations thereof, including stenographic reporting services, by contract or appointment, and in such cases such service shall be without regard to the civil−service and classification laws, and, except in the case of stenographic reporting services by organizations, without regard to section 3709, Revised Statutes, as amended(41 U.S.C. 5).

(c) Notwithstanding the provisions of section 1222 of the Revised Statutes (10 U.S.C. 576) or of any other provision of law, the Administrator in carrying out the functions imposed upon him by this Act is authorized to utilize in his agency the services of officials, officers, and other personnel in other executive agencies, including personnel of the armed services, with the consent of the head of the agency concerned.

SEC. 209. [40 U.S.C. 489] CIVIL REMEDIES AND PENALTIES.

(a) Where any property is transferred or disposed of in accordance with this Act and any regulations prescribed hereunder, no officer or employee of the Government shall (1) be liable with respect to such transfer or disposition except for his own fraud, or (2) be accountable for the collection of any purchase price for such property which is determined to be uncollectible by the Federal agency responsible therefor.

(b) Every person who shall use or engage in, or cause to be used or engaged in, or enter into an agreement, combination, or conspiracy to use or engage in or to cause to be used or engaged in, any fraudulent trick, scheme, or device, for the purpose of securing or obtaining, or aiding to secure or obtain, for any person any payment, property, or other benefits from the United States or any Federal agency in connection with the procurement, transfer, or disposition of property hereunder —

(1) shall pay to the United States the sum of $2,000 for each such act, and double the amount of any damage which the United States may have sustained by reason thereof, together with the cost of suit; or

(2) shall, if the United States shall so elect, pay to the United States, as liquidated damages, a sum equal to twice the consideration agreed to be given by the United States or any Federal agency to such person or by such person to the United States or any Federal agency, as the case may be; or

(3) shall, if the United States shall so elect, restore to the United States the money or property thus secured and obtained and the United States shall retain as liquidated damages any property, money, or other consideration given to the United States or any Federal agency for such money or property, as the case may be.

(c) The several district courts of the United States, the District Court of the United States for the District of Columbia, and the several district courts of the Territories and possessions of the United States, within whose jurisdictional limits the person, or persons, doing or committing such act, or any one of them, resides or shall be found, shall wheresoever such act may have been done or committed, have full power and jurisdiction to hear, try, and determine such suit, and such person or persons are not inhabitants of or found within the district in which suit is brought may be brought in by order to the court to be served personally or by publication or in such other reasonable manner as the court may direct.

(d) The civil remedies provided in this section shall be in addition to all other criminal penalties and civil remedies provided by law.

SEC. 210. [40 U.S.C. 490] OPERATION OF BUILDINGS AND RELATED ACTIVITIES.

(a) Whenever and to the extent that the Administrator has been or hereafter may be authorized by any provision of law other than this subsection to maintain, operate, and protect any building, property, or grounds situated in or outside the District of Columbia, including the construction, repair, preservation, demolition, furnishing, and equipment thereof, he is authorized in the discharge of the duties so conferred upon him −

(1) to purchase, repair, and clean uniforms for civilian employees of the General Services, Administration who are required by law or regulation to wear uniform clothing;

(2) to furnish arms and ammunition for the protection force maintained by the General Services Administration;

(3) to pay ground rent for buildings owned by the United States or occupied by Federal agencies, and to pay such rent in advance when required by law or when the Administrator shall determine such action to be in the public interest;

(4) to employ and pay personnel employed in connection with the functions of operation, maintenance, and protection of property at such per diem rates as may be approved by the Administrator, not exceeding rates currently paid by private industry for similar services in the place where such services are performed;

(5) without regard to the provisions of section 322 of the Act of June 30, 1932(47 Stat. 412), as amended, to pay rental, and to make repairs, alterations, and improvements under the terms of any lease entered into by, or transferred to, the General Services Administration for the housing of any Federal agency which on June 30, 1950, was specifically exempted by law from the requirements of said section;

(6) to obtain payments, through advance or otherwise, for services, space, quarters, maintenance, repair, or other facilities furnished, on a reimbursable basis, to any other Federal agency, or any mixed − ownership corporation(as defined in the Government Corporation Control Act), or the District of Columbia, and to credit such payments to the applicable appropriation of the General Services Administration;

(7) to make changes in, maintain, and repair the pneumatic tube system connecting buildings owned by the United States or occupied by Federal agencies in New York City installed under franchise of the city of New York, approved June 29, 1909, and June 11, 1928, and to make payments of any obligations arising thereun-

der in accordance with the provisions of the Acts approved August 5, 1909(36 Stat. 120), and May 15, 1928(45 Stat. 533);

(8) to repair, alter, and improve rented premises without regard to the 25 per centum limitation of section 322 of the Act of June 30, 1932(47 Stat. 412), as amended, upon a determination by the Administrator that by reason of circumstances set forth in such determination the execution of such work, without reference to such limitation, is advantageous to the Government in terms of economy, efficiency, or national security: Provided, That such determination shall show that the total cost (rentals, repairs, alterations, or improvements) to the Government for the expected life of the lease shall be less than the cost of alternative space which needs no such repairs, alterations, or improvements; (9) to pay sums in lieu of taxes on real property declared surplus by Government corporations, pursuant to the Surplus Property Act of 1944, where legal title to such property remains in any such Government corporation;

(10) to furnish utilities and other services where such utilities and other services are not provided from other sources to persons, firms, or corporations occupying or utilizing plants or portions of plants which constitute (A) a part of the National Industrial Reserve pursuant to the National Industrial Reserve Act of 1948, or (B) surplus real property, and to credit the amounts received therefrom to the applicable appropriation of the General Services Administration;

(11) at the direction of the Secretary of Defense, to use proceeds received from insurance against damage to properties of the National Industrial Reserve for repair or restoration of the damaged properties;

(12) to acquire, by purchase, condemnation, or otherwise, real estate and interests therein;

(13) to enter into leases of Federal building sites and additions to sites, including improvements thereon, until they are needed for construction purposes, at their fair rental value and upon such other terms and conditions as the Administrator deems in the public interest pursuant to the provisions of section 203(e) hereof. Such leases may be negotiated without public advertising for bids if the lessee is the former owner from whom the property was acquired by the United States or his tenant in possession, and the lease is negotiated incident to or in connection with the

acquisition of the property. Rentals received under leases executed pursuant to this paragraph may be deposited into the Buildings Management Fund established by subsection (f) of this section; (14) to enter into contracts for periods not exceeding five years for the inspection, maintenance, and repair of fixed equipment in such buildings which are federally owned; and

(15) to render direct assistance to and perform special services for the Inaugural Committee (as defined in the Act of August 6, 1956, 70 Stat. 1049) during an inaugural period in connection with Presidential inaugural operations and functions, including employment of personal services without regard to the civil service and classification laws; provide Government – owned and leased space for personnel and parking; pay overtime to guard and custodial forces; erect and remove stands and platforms; provide and operate first – aid stations; provide furniture and equipment; and provide other incidental services in the discretion of the Administrator

(16) to enter into leases of space on major pedestrian access levels and courtyards and rooftops of any public building with persons, firms, or organizations engaged in commercial, cultural, educational, or recreational activities(as defined in section 105 of the Public Buildings Cooperative Use Act of 1976). The Administrator shall establish a rental rate for such leased space equivalent to the prevailing commercial rate for comparable space devoted to a similar purpose in the vicinity of the public building. Such leases may be negotiated without competitive bids, but shall contain such terms and conditions and be negotiated pursuant to such procedures as the Administrator deems necessary to promote competition and to protect the public interest;

(17) to make available, on occasion, or to lease at such rates and on such other terms and conditions as the Administrator deems to be in the public interest, auditoriums, meeting rooms, courtyards, rooftops, and lobbies of public buildings to persons, firms, or organizations engaged in cultural, educational, or recreational activities (as defined in section 105 of the Public Buildings Cooperative Use Act of 1976) that will not disrupt the operation of the building;

(18) to deposit into the fund established by subsection (f) of this section all sums received

under lease or rentals executed pursuant to paragraphs (16) and (17) of this subsection, and each sum shall be credited to the appropriation made for such fund applicable to the operation of such building; and

(19) to furnish utilities, maintenance, repair, and other services to persons, firms, or organizations leasing space pursuant to paragraphs (16) and (17) of this subsection. Such services may be provided during and outside of regular working hours of Federal agencies.

(b) At the request of any Federal agency or any mixed−ownership corporation(as defined in the Government Corporation Control Act), or the District of Columbia, the Administrator is hereby authorized to operate, maintain, and protect any building owned by the United States (or, in the case of any wholly owned or mixed−ownership Government corporation, by such corporation) and occupied by the agency or instrumentality making such request.

(c) At the request of any Federal agency or any mixed−ownership corporation(as defined in the Government Corporation Control Act), or the District of Columbia, the Administrator is hereby authorized (1) to acquire land for buildings and projects authorized by the Congress; (2) to make or cause to be made, under contract or otherwise, surveys and test borings and to prepare plans and specifications for such buildings and projects prior to the approval by the Attorney General of the title to the sites thereof; and (3) to contract for, and to supervise, the construction and development and the equipping of such buildings or projects. Any sum available to any such Federal agency or instrumentality for any such building or project may be transferred by such agency to the General Services Administration in advance for such purposes as the Administrator shall determine to be necessary, including the payment of salaries and expenses of personnel engaged in the preparation of plants and specifications or in field supervision, and for general office expenses to be incurred in the rendition of any such service.

(d) Whenever the Director of the Office of Management and Budget shall determine such action to be in the interest of economy or efficiency, he shall transfer to the Administrator all functions then vested in any other Federal agency with respect to the operation, maintenance, and custody of any office building owned by the United States or any wholly owned Government corporation, or any office building or part thereof occupied by any Federal agency under any lease, except that no transfer shall be made under this subsection –

(1) of any post – office building unless the Director shall first determine that such building is not used predominantly for post – office purposes, and functions which are transferred hereunder to the Administrator with respect to any post – office building may be delegated by him only to another officer or employee of the General Services Administration or to the Postmaster General;

(2) of any building located in any foreign country;

(3) of any building located on the grounds of any fort, camp, post, arsenal, navy yard, naval training station, airfield, proving ground, military supply depot, or school, or of any similar facility of the Department of Defense, unless and to such extent as a permit for its use by another agency or agencies shall have been issued by the Secretary of Defense or his duly authorized representative;

(4) of any building which the Director of the Office of management and Budget finds to be a part of a group of buildings which are (A) located in the same vicinity, (B) utilized wholly or predominantly for the special purposes of the agency having custody thereof, and (C) not generally suitable for the use of other agencies; or

(5) of the Treasury Building, the Bureau of Engraving and Printing Building, the buildings occupied by the National Bureau of Standards, and the buildings under the jurisdiction of regents of the Smithsonian Institution.

(e) Notwithstanding any other provision of law, the Administrator is authorized, in accordance with policies and directives prescribed by the President under section 205(a) and after consultation with the heads of the executive agencies affected, to assign and reassign space of all executive agencies in Government – owned and leased buildings in and outside the District of Columbia upon a determination by the Administrator that such assignment or reassignment is advantageous to the Government in terms of economy, efficiency, or national security. Administrator shall, where practicable, give priority in the assignment of space on any major pedestrian access level not leased under the terms of subsection (a)(16) or (a)(17) of this section in such buildings to Federal activities requiring regular contact with members of the public. To the extent such space is unavailable, the Administrator shall provide space with maximum ease of access to building entrances.

(f)(1) There is hereby established in the Treasury of the United States on such date as may be determined by the Administrator, a fund (to be known as the Federal Buildings Fund) into which there shall be deposited the following revenues and collections:

(A) User charges made pursuant to subsection (j) of thissection payable in advance or otherwise.

(B) Proceeds with respect to building sites authorized to be leased pursuant to subsection (a) of this section.

(C) receipts from carriers and others for loss of, or damage to, property belonging to the fund.

(2) Moneys deposited into the fund shall be available for expenditure for real property management and related activities in such amounts as are specified in annual appropriations Acts without regard to fiscal year limitations.

(3) There are hereby merged with the fund established under this subsection, unexpended balances of (A) the Buildings Management Fund(including any surplus therein), established pursuant to this subsection prior to its amendment by the Public Buildings Amendments of 1972; (B) the Construction Services Fund, created by section 296 of this title; and (C) any funds appropriated to General Services Administration under the headings "Repair and Improvement of Public Buildings", "Construction, Public Buildings Projects", "Sites and Expenses, Public Buildings Projects", "Construction, Federal Office Building Numbered 7, Washington, District of Columbia", and "Additional Court Facilities", in any appropriation Act, for the years prior to the fiscal year in which the fund becomes operational. The fund shall assume all the liabilities, obligations, and commitments of the said (1) Buildings Management Fund, (2) Construction Services Fund, and (3) the appropriations specified in (C) hereof.

(4) There is authorized to be appropriated to the fund for the fiscal year in which the

fund becomes operational, and for the succeeding fiscal year, such advances to the fund as may be necessary to carry out its purposes. Such advances shall be repaid within 30 years, with interest at a rate not less than a rate determined by the Secretary of the Treasury taking into consideration the current average market yield on outstanding marketable obligations of the United States with remaining period to maturity comparable to the average maturities of such advances adjusted to the nearest one eight of 1 per centum.

(5) In any fiscal year there may be deposited to miscellaneous receipts in the Treasury of the United States such amount as may be specified in appropriation Acts.

(6) Nothing in this section shall preclude the Administrator from providing special services not included in the standard level user charge on a reimbursable basis and such reimbursements may be credited to the fund established under this subsection.

(7)(A) The Administrator is authorized to receive amounts from rebates or other cash incentives related to energy savings and shall deposit such amounts in the Federal Buildings Fund for use as provided in subparagraph (D).

(B) The Administrator may accept, from a utility, goods or services which enhance the energy efficiency of Federal facilities.

(C) In the administration of any real property for which the Administrator leases and pays utility costs, the Administrator may assign all or a portion of energy rebates to the lessor to underwrite the costs incurred in undertaking energy efficiency improvements in such real property if the payback period for such improvement is at least 2 years less than the remainder of the term of the lease.

(D) The Administrator may, in addition to amounts appropriated for such purposes and without regard to paragraph (2), obligate for energy management improvement programs —

(i) amounts received and deposited in the Federal Buildings Fund under subparagraph (A);

(ii) goods and services received under subparagraph (B); and

(iii) amounts the Administrator determines are not needed for other authorized projects and are otherwise available to implement energy efficiency programs.

(8)(A) The Administrator is authorized to receive amounts from the sale of recycled materials and shall deposit such amounts in the Federal Buildings Fund for use as provided in subparagraph (B).

(B) The Administrator may, in addition to amounts appropriated for such purposes and without regard to paragraph (2), obligate amounts received and deposited in the Federal Buildings Fund under subparagraph (A) for programs which —

(i) promote further source reduction and recycling programs; and

(ii) encourage employees to participate in recycling programs by providing funding for child care.

(g) Whenever an agency, or an organizational unit thereof, occupying a substantial and identifiable segment of space (building, floor, wing, and so forth) in a location controlled for purposes of assignment of space by the Administrator, is moved to such a substantial and identifiable segment of space in the same or another location so controlled by the Administrator, furniture and furnishings used by the moving agency or unit shall be moved only if the Administrator after consultation with the head of the agency concerned, and with due regard for the program activities of such agency, shall determine that suitable replacements cannot more economically and efficiently be made available in the new space. In the absence of such determination, suitable furniture and furnishings for the new space shall be provided, as the Administrator shall determine to be more economical and efficient, (1) from stocks under the control of the moving agency or (2) from stocks available to the Administrator, but the same or similar items shall not be provided from both sources. When furniture and furnishings are provided for the new space from stocks available to the Administrator, the items so provided shall remain in the control of the Administrator, and the furniture and furnishings previously used by the moving agency or unit and not moved to the new space shall pass to the control of the Administrator without reimbursement. When furniture and furnishings not so moved are carried as assets of a revolving or working capital fund at the time they pass to the control of the Administrator, the net book value thereof shall be written off and the capital of the fund diminished by the amount of such write — off. When furniture or furnishings which have been purchased from trust funds pass to the control of the Administrator pursuant to this subsection, reimbursement shall be made by the Administrator for the fair market value of such furniture and furnishings.

(h)(1) The Administrator is authorized to enter into lease agreements with any person, copartnership, corporation, or other public or private entity, which do not bind the Government for periods in excess of twenty years for each such lease agreement, on such terms as he deems to be in the interest of the United States and necessary for the accommodation of Federal agencies in buildings and improvements which are in existence or to be erected by the lessor for such purposes and to assign and reassign space therein to Federal agencies.

(2) If the unexpired portion of any lease of space to the Government is determined by the Administrator to be surplus property and the property is thereafter disposed of by sublease by the Administrator, the Administrator is authorized, notwithstanding section 204(a), to deposit rental received in the buildings management fund(40 U.S.C. 490(f)) and defray from the fund any costs necessary to provide services to the Governments" lessee and to pay the rent not otherwise provided for on the lease of the space to the Government.

(i)(1) Any executive agency is authorized to install, repair, and replace sidewalks around buildings, installations, properties, or grounds under the control of such agency and owned by the United States within the several States, the District of Columbia, the Commonwealth of Puerto Rico, and the possession of the United States, by reimbursement to a State or political subdivision thereof, the District of Columbia, the Commonwealth of Puerto Rico, and a possession of the United States, or otherwise.

(2) Installation, repair, and replacement under this subsection shall be performed in accordance with regulations to be prescribed by the Administrator of General Services with the approval of the Director of the Office of Management and Budget.

(3) Funds appropriated to the agency for installation, repair, and maintenance, generally, shall be available for expenditure to accomplish the purposes of this subsection.

(4) Nothing contained herein shall increase or enlarge the tort liability of the United States

for injuries to persons or damages to property beyond such liability presently existing by virtue of any other law.

(j) The Administrator is authorized and directed to charge anyone furnished services, space, quarters, maintenance, repair, or other facilities(hereinafter referred to as space and services), at rates to be determined by the Administrator from time to time and provided for in regulations issued by him. Such rates and charges shall approximate commercial charges for comparable space and services, except that with respect to those buildings for which the Administrator of General Services is responsible for alterations only (as the term "alter" is defined in section 612(5) of Title 40) the rates charged the occupant for such services shall be fixed by the Administrator so as to recover only the approximate applicable cost incurred by him in providing such alterations. The Administrator may exempt anyone from the charges required by this subsection if he determines that such charges would be infeasible or impractical. To the extent any such exemption is granted, appropriations to the General Services Administration are authorized to reimburse the fund for any loss of revenue.

(k) Any Executive agency, other than the General Services Administration, which provides to anyone space and services set forth in subsection (j) of this section, is authorized to charge the occupant for such space and services at rates approved by the Administrator. Moneys derived by such executive agency from such rates or fees shall be credited to the appropriation or fund initially charged for providing the service, except that amounts which are in excess of actual operating and maintenance costs of providing the service shall be credited to miscellaneous receipts unless otherwise authorized by law.

(l)(1) The Administrator may establish, acquire space for, and equip flexiplace work telecommuting centers (in this subsection referred to as "telecommuting centers") for use by employees of Federal agencies, State and local governments, and the private sector in accordance with this subsection.

(2) The Administrator may make any telecommuting center available for use by individuals who are not Federal employees to the extent the center is not being fully

utilized by Federal employees. The Administrator shall give Federal employees priority in using the telecommuting centers.

(3)(A) The Administrator shall charge user fees for the use of any telecommuting center. The amount of the user fee shall approximate commercial charges for comparable space and services except that in no instance shall such fee be less than that necessary to pay the cost of establishing and operating the center, including the reasonable cost of renovation and replacement of furniture, fixtures, and equipment.

(B) Amounts received by the Administrator after September 30, 1993, as user fees for use of any telecommuting center may be deposited into the Fund established under subsection (f) of this section and may be used by the Administrator to pay costs incurred in the establishment and operation of the center.

(4) The Administrator may provide guidance, assistance, and oversight to any person regarding establishment and operation of alternative workplace arrangements, such as telecommuting, hoteling, virtual offices, and other distributive work arrangements.

(5) In considering whether to acquire any space, quarters, buildings, or other facilities for use by employees of any executive agency, the head of that agency shall consider whether the need for the facilities can be met using alternative workplace arrangements referred to in paragraph (4).

SEC. 211. [40 U.S.C. 491] MOTOR VEHICLE IDENTIFICATION AND OPERATION.

(a) In order to carry out the policy, expressed in section 2 of this Act, to provide for an economical and efficient system for transportation of Government personnel and property, it is further intended by the Congress in enacting this section to (1) provide for the proper identification of Government motor vehicles; (2) establish effective means of limiting their use to official governmental purposes; (3) reduce the number of Government – owned vehicles to the minimum necessary for transaction of the public business; (4) provide wherever practicable for centrally operated interagency pools or systems for local transportation of Government personnel and property and (5) establish procedures to insure safe operation of motor vehicles on

Government business.

(b) Subject to regulations issued by the President pursuant to subsection (c), the Administrator shall in respect of executive agencies, and to the extent that he determines that so doing is advantageous to the Government in terms of economy, efficiency, or service, after consultation with and with due regard to the program activities of the agencies concerned, (1) consolidate, take over, acquire, or arrange for the operation by any executive agency of, motor vehicles and other related equipment and supplies for the purpose of establishing motor vehicle pools and systems to serve the needs of executive agencies; and (2) provide for the establishment, maintenance, and operation (including servicing and storage) of motor vehicle pools or systems for transportation of property or passengers, and for furnishing such motor vehicle and related services to executive agencies. Such motor vehicle services may be furnished, as determined by the Administrator, through the use, under rental or other arrangements, of motor vehicles of private fleet operators, taxicab companies, local, or interstate common carriers, or Government — owned motor vehicles, or combinations thereof. The Administrator shall, so far as practicable, provide any of the services specified in this subsection to any Federal agency, mixed ownership corporation(as defined in the Government Corporation Control Act), or the District of Columbia, upon its request.

(c) The President shall, within ninety days after the effective date of this section, issue regulations under this section to establish procedures for the taking effect of determinations made by the Administrator pursuant to subsection (b). Such regulations shall provide for adequate notice to executive agencies of any determinations affecting them or their functions; for independent review and decision as directed by the President of any determination not mutually agreed upon between the Administrator and the agency concerned, including exemption of any agency, in whole or in part, from any determination; and for enforcement of determinations becoming effective under such regulations. No determination made pursuant to subsection (b) shall be binding upon any agency except as provided in such regulations.

(d)(1) The General Supply Fund provided for in section 109 shall be available for use by or under the direction and control of the Administrator for paying all elements of cost (including the purchase or rental price of motor vehicles and other related equipment and supplies) incident to the establishment, maintenance, and operation (including services and storage) of motor vehicle pools or systems for the transportation of property or passengers, and to the furnishing of such motor vehicles and equipment and related services pursuant to subsection (b).

(2) Payments by requisitioning agencies so served shall be at prices fixed by the Administrator at levels which will recover, so far as practicable, all such elements of cost, and may, in the Administrator's discretion, include increments for the estimated replacement cost of such motor vehicles, equipment, and supplies. Such increments may, notwithstanding section 109(e) of this Act, be retained as part of the capital of the General Supply Fund, but shall be available only for replacement of such motor vehicles, equipment, and supplies. The purchase price, plus such increments for the estimated replacement cost, of such motor vehicles and equipment shall be recovered only through charges for the cost of amortization. Such costs shall be determined in accordance with the accrual accounting methods; and financial reports shall be prepared on the basis of such accounting.

(e) Any determination made by the Administrator pursuant to subsection (b) shall set forth in writing an analytical justification for the establishment, maintenance, and operation of each such motor vehicle pool and system. Such justification shall include a detailed comparison of estimated costs of present and proposed modes of operation, and a showing that savings can be realized by the establishment, maintenance, and operation of such pool or system.

(f) Whenever any such motor vehicle pool or system has been established pursuant to subsection (b), the Administrator shall maintain accurate records of the cost of its establishment, maintenance, and operation. If, during any reasonable period, not exceeding two successive fiscal years, no actual savings are realized on the basis of the accounting for costs provided in subsection (d) the Administrator shall discontinue such motor vehicle pool or system, and shall return to the agency or agencies involved motor vehicles and related equipment and supplies similar in kind and of a value reasonably comparable to the value of the motor vehicles and related equipment and supplies theretofore received by the Administrator from such agency or agencies.

(g) Whenever the Administrator takes over pursuant to subsection (b) any motor vehicle or other related equipment or supplies from any Government corporation, or from any other agency if such vehicle, equipment or supplies have been acquired by such agency through expenditures made from, and not therefore reimbursed to, any revolving or trust fund authorized by law, the Administrator shall reimburse such corporation or fund by an amount equal to the fair market value of the vehicle, equipment or supplies so taken over. If thereafter, pursuant to subsection (f), the Administrator returns to such corporation or agency any motor vehicle, equipment or supplies, the Administrator shall be reimbursed by the payment to him, by such corporation or from such fund, of an amount equal to the fair market value of the vehicle, equipment or supplies so returned.

(h) When reimbursement is not required under subsection (g), the value, as determined by the Administrator, of any motor vehicle or other related equipment or supplies taken over under authority of subsection (b) may be added to the capital of the General Supply Fund, and in the event that property similar in kind is subsequently returned pursuant to subsection (f), the value thereof may be deducted from the General Supply Fund.

(i) The Administrator, in the operation of motor vehicle pools or systems, may make provision for the furnishing, sale, and use of scrip, tokens, tickets, and similar devices for the making of payment by using agencies for services rendered by the Administrator in the transportation of property or passengers.

(j) The United States Civil Service Commission shall issue regulations to govern executive agencies in authorizing civilian personnel to operate Government-owned motor vehicles for official purposes within the States of the Union, the District of Columbia, Puerto Rico, and the possessions of the United States. Such regulations shall prescribe standards of physical fitness for authorized operators and may require operators and prospective operators to obtain such State and local licenses or permits as would be required for the operation by them of similar vehicles for other than official purposes. The head of each executive agency shall issue such orders and directives as may be necessary to comply with such regulations and shall make appropriate provision therein for periodically testing the physical fitness of operators and prospective operators and for the suspension and revocation of authorizations to operate.

(k) Under regulations prescribed by the Administrator, every motor vehicle acquired and used for official purposes within the United States, its Territories, or possessions, by any Federal agency or the District of Columbia shall be conspicuously identified by showing thereon either (1) the full name of the department, establishment, corporation, or agency by which it is used and the service in which it is used, or (2) a title descriptive of the service in which it is used if such title readily identifies the department, establishment, corporation, or agency concerned, and the legend "For official use only": Provided, That the regulations issued pursuant to this section may provide for exemptions from the requirement of this section when conspicuous identification would interfere with the purpose for which a vehicle is acquired and used.

(1) Whenever, during the regular course of his duties, there shall come to the knowledge of the Administrator any violation of the provisions of section 638a of title 31 or of section 641 of title 18 of the United States Code involving the conversion by a Government official or employee of a Government – owned or leased motor vehicle to his own use or the use of others, the Administrator shall report such violation to the head of the agency in which the official or employee concerned is employed, for further investigation and either appropriate disciplinary action under 638a of Title 31, or where appropriate referral to the Attorney General for prosecution under section 641 of Title 18.

(m) [Repealed.]

SEC. 212. [40 U.S.C. 492] REPORTS TO CONGRESS.

The Administrator shall submit a report to the Congress, in January of each year and at such other times as he may deem it desirable, regarding the administration of his functions under this Act, together with such recommendations for amendments to this Act as he may deem appropriate as the result of the administration of such functions, at which time he shall also cite the laws becoming

obsolete by reason of passage or operation of the provisions of this Act.

프랑스 공공법인재산총법전

TITRE II : UTILISATION DU DOMAINE PUBLIC

Chapitre Ier: Utilisation conforme à l'affectation.

Article L2121 − 1

Les biens du domaine public sont utilisés conformément à leur affectation à l'utilité publique.

Aucun droit d'aucune nature ne peut être consenti s'il fait obstacle au respect de cette affectation.

Chapitre II : Utilisation compatible avec l'affectation

Section 1: Règles générales d'occupation.

Article L2122 − 1

Nul ne peut, sans disposer d'un titre l'y habilitant, occuper une dépendance du domaine public d'une personne publique mentionnée à l'article L. 1 ou l'utiliser dans des limites dépassant le droit d'usage qui appartient à tous.

Article L2122 − 2

L'occupation ou l'utilisation du domaine public ne peut être que temporaire.

Article L2122 − 3

L'autorisation mentionnée à l'article L. 2122 − 1 présente un caractère précaire et révocable.

Article L2122 − 4

Des servitudes établies par conventions passées entre les propriétaires, conformément à l'article 639 du code civil, peuvent grever des biens des personnes publiques mentionnées à l'article L. 1, qui relèvent du domaine public, dans la mesure où leur existence est compatible avec l'affectation de ceux de ces biens sur lesquels ces servitudes s'exercent.

Section 2: Règles particulières à certaines occupations

Sous − section 1: Dispositions applicables à l'Etat et à ses établissements publics.

Article L2122 − 5

Les dispositions de la présente sous − section ne sont pas applicables au domaine public naturel.

Paragraphe 1: Dispositions communes.

Article L2122 − 6

Le titulaire d'une autorisation d'occupation temporaire du domaine public de l'Etat a, sauf prescription contraire de son titre, un droit réel sur les ouvrages, constructions et installations de caractère immobilier qu'il réalise pour l'exercice d'une activité autorisée par ce titre.

Ce droit réel confère à son titulaire, pour la durée de l'autorisation et dans les conditions et les limites précisées dans le présent paragraphe, les prérogatives et obligations du propriétaire.

Le titre fixe la durée de l'autorisation, en fonction de la nature de l'activité et de celle des ouvrages autorisés, et compte tenu de l'importance de ces derniers, sans pouvoir excéder soixante − dix ans.

Article L2122 − 7

Le droit réel conféré par le titre, les ouvrages, constructions et installations de caractère immobilier ne peuvent être cédés, ou transmis dans le cadre de mutations entre vifs ou de fusion, absorption ou scission de sociétés, pour la durée de validité du titre restant à courir, y compris dans le cas de réalisation de la sûreté portant sur lesdits droits et biens et dans les cas mentionnés aux premier et deuxième alinéas de l'article L. 2122 − 8, qu'à une personne agréée par l'autorité compétente, en vue d'une utilisation compatible avec l'affectation du domaine public occupé.

Lors du décès d'une personne physique titulaire d'un titre d'occupation constitutif de droit réel, celui − ci peut être transmis, dans les conditions mentionnées à l'alinéa précédent, au conjoint survivant ou aux héritiers sous réserve que le bénéficiaire, désigné par accord entre eux, soit présenté à l'agrément de l'autorité compétente dans un délai de six mois à compter du décès.

Article L2122 − 8

Le droit réel conféré par le titre, les ouvrages, constructions et installations ne peuvent être hypothéqués que pour garantir les emprunts contractés par le titulaire de l'autorisation en vue de financer la réalisation, la modification ou l'extension des ouvrages, constructions et installations de caractère immobilier situés sur la dépendance domaniale occupée.

Les créanciers chirographaires autres que ceux dont la créance est née de l'exécution des travaux mentionnés à l'alinéa précédent ne peuvent pratiquer des mesures conservatoires ou des mesures d'exécution forcée sur les droits et biens mentionnés au présent article.

Les hypothèques sur lesdits droits et biens s'éteignent au plus tard à l'expiration des titres d'occupation délivrés en application des articles L. 2122 − 6 et L. 2122 − 10, quels qu'en soient les circonstances et le motif.

Article L2122 − 9

A l'issue du titre d'occupation, les ouvrages, constructions et installations de caractère immobilier existant sur la dépendance domaniale occupée doivent être démolis soit par le titulaire de l'autorisation, soit à ses frais, à moins que leur maintien en l'état n'ait été prévu expressément par le titre d'occupation ou que l'autorité compétente ne renonce en tout ou partie à leur démolition.

Les ouvrages, constructions et installations de caractère immobilier dont le maintien à l'issue du titre d'occupation a été accepté deviennent de plein droit et gratuitement la propriété de l'Etat, francs et quittes de tous privilèges et hypothèques.

Toutefois, en cas de retrait de l'autorisation avant le terme prévu, pour un motif autre que l'inexécution de ses clauses et conditions, le titulaire est indemnisé du préjudice direct, matériel et certain né de l'éviction anticipée. Les règles de détermination de l'indemnité peuvent être précisées dans le titre d'occupation. Les droits des créanciers régulièrement inscrits à la date du retrait anticipé sont reportés sur cette indemnité.

Deux mois au moins avant la notification d'un retrait pour inexécution des clauses et conditions de l'autorisation, les créanciers régulièrement inscrits sont informés des intentions de l'autorité compétente à toutes fins utiles, et notamment pour être mis en mesure de proposer la substitution d'un tiers au permissionnaire défaillant ou de s'y substituer eux − mêmes.

Article L2122 − 10

Lorsque les ouvrages, constructions ou installations sont nécessaires à la continuité du service public, les dispositions de l'article L. 2122 − 6 ne leur sont applicables que sur décision de l'Etat.

Article L2122 − 11

Les dispositions du présent paragraphe sont également applicables aux conventions de toute nature ayant pour effet d'autoriser l'occupation du domaine public.

Lorsque ce droit d'occupation du domaine public résulte d'une concession de service public ou d'outillage public, le cahier des charges précise les conditions particulières auxquelles il doit être satisfait pour tenir compte des nécessités du service public.

Article L2122 − 12

Un décret en Conseil d'Etat fixe les conditions d'application des articles L. 2122 − 6 à L. 2122 − 11.

Article L2122 — 13

Dans le cadre des titres d'occupation prévus par les articles L. 2122 — 6 et L. 2122 — 11, la réalisation des ouvrages, constructions et installations peut donner lieu à la conclusion de contrats de crédit — bail. Lorsque ces contrats concernent le financement d'ouvrages, de constructions et d'installations qui sont nécessaires à la continuité d'un service public, ils comportent des clauses permettant de préserver les exigences de ce service public.

La conclusion de tels contrats de crédit — bail au bénéfice d'organismes dans lesquels l'Etat ou l'établissement public gestionnaire du domaine apporte un concours financier ou détient, directement ou indirectement, une participation financière permettant d'exercer un pouvoir prépondérant de décision ou de gestion est soumise à un agrément de l'Etat. Cet agrément peut êtrerefusé si l'opération se traduit par un accroissement des charges ou une diminution des ressources de l'Etat. Un décret en Conseil d'Etat fixe les modalités de cet agrément.

Article L2122 — 14

Les dispositions des articles L. 2122 — 6 à L. 2122 — 13 sont applicables aux établissements publics de l'Etat, tant pour le domaine public de l'Etat qui leur est confié que pour leur domaine propre.

Pour l'application du deuxième alinéa de l'article L. 2122 — 9, les ouvrages, constructions et installations concernés situés sur le domaine propre d'un établissement public deviennent la propriété dudit établissement public.

Des décrets en Conseil d'Etat apportent les adaptations nécessaires aux dispositions relatives à la gestion du domaine public par les établissements publics de l'Etat, et notamment les conditions dans lesquelles les décisions prises par les autorités compétentes de ces établissements sont, dans les cas prévus à l'article L. 2122 — 10, soumises à approbation de leur ministre de tutelle et du ministre chargé du domaine.

Paragraphe 2: Règles particulières à certaines opérations de construction.

Article L2122 − 15

L'Etat et le titulaire d'une autorisation d'occupation temporaire constitutive de droit réel du domaine public peuvent conclure un bail portant sur des bâtiments à construire par le titulaire pour les besoins de la justice, de la police ou de la gendarmerie nationales, de la formation des personnels qui concourent aux missions de défense et de sécurité civiles, des armées ou des services du ministère de la défense et comportant, au profit de l'Etat, une option lui permettant d'acquérir, avant le terme fixé par l'autorisation d'occupation, les installations ainsi édifiées. Dans ce cas, le bail comporte des clauses permettant de préserver les exigences du service public. Un décret en Conseil d'Etat fixe les modalités d'application du présent article. Il précise les conditions de passation du bail ainsi que les conditions suivant lesquelles l'amortissement financier peut être pris en compte dans la détermination du montant du loyer.

Paragraphe 3: Règles particulières au domaine public de l'Etat compris dans les limites administratives des ports relevant de la compétence des collectivités territoriales.

Article L2122 − 17

Les dispositions du paragraphe 1 sont applicables sur le domaine public de l'Etat compris dans les

limites administratives des ports qui relèvent de la compétence des départements, mis à disposition de ces départements ou ayant fait l'objet, à leur profit, d'un transfert de gestion.

Les autorisations, décisions et agréments mentionnés aux articles L. 2122 − 6 à L. 2122 − 10 sont pris ou accordés, après consultation du représentant de l'Etat, par le président du conseil général. Ils peuvent également être pris ou accordés par le concessionnaire, lorsque les termes de la concession le prévoient expressément.

Un décret en Conseil d'Etat fixe les modalités d'application du présent article.

Article L2122 − 18

Les dispositions du paragraphe 1 sont applicables sur le domaine public de l'Etat compris dans les limites administratives des ports qui relèvent de la compétence des communes, mis à disposition de ces communes ou ayant fait l'objet à leur profit d'un transfert de gestion.

Les autorisations, décisions et agréments mentionnés aux articles L. 2122 − 6 à L. 2122 − 10 sont pris ou accordés, après consultation du représentant de l'Etat, par le maire. Ils peuvent également être pris ou accordés par le concessionnaire, lorsque les termes de la concession le prévoient.

Un décret en Conseil d'Etat fixe les modalités d'application du présent article.

Paragraphe 4: Règles particulières aux titres en cours.

Article L2122 − 19

Les dispositions du paragraphe 1 ne sont applicables, en ce qui concerne les autorisations et conventions en cours à la date du 9 mai 1995, qu'aux ouvrages, constructions et installations que le permissionnaire ou concessionnaire réaliserait après renouvellement ou modification de son titre.

Toutefois, lorsque le permissionnaire ou le concessionnaire réalise des travaux ou constructions réhabilitant, étendant ou modifiant de façon substantielle les ouvrages, constructions et installations existants, il peut lui être délivré un nouveau titre conférant un droit réel sur ces ouvrages, constructions et installations, lorsqu'ils ont été autorisés par le titre d'occupation.

Les dispositions du présent article sont applicables, le cas échéant:

1° Sur le domaine public de l'Etat défini au premier alinéa de l'article L. 2122 − 17, aux autorisations ou conventions en cours à la date du 3 juin 2000;

2° Sur le domaine public de l'Etat défini au premier alinéa de l'article L. 2122 − 18, aux autorisations ou conventions en cours à la date du 8 novembre 2003.

Sous − section 2: Dispositions applicables aux collectivités territoriales, à leurs groupements et à leurs établissements publics.

Article L2122 − 20

Les collectivités territoriales, leurs groupements et leurs établissements publics peuvent:

1° Soit conclure sur leur domaine public un bail emphytéotique administratif dans les conditions déterminées par les articles L. 1311 − 2 à L. 1311 − 4 − 1 du code général des collectivités territoriales;

2° Soit délivrer des autorisations d'occupation constitutives de droit réel dans les conditions déterminées par les articles L. 1311 − 5 à L. 1311 − 8 du code général des collectivités territoriales.

Sous − section 3: Dispositions applicables aux établissements publics de santé.

Article L2122 − 21

Un établissement public de santé ou une structure de coopération sanitaire dotée de la personnalité morale publique peut conclure sur son domaine public un bail emphytéotique administratif dans les conditions fixées aux articles L. 6148 − 2 à L. 6148 − 5 − 3 du code de la santé publique.

일본 국유재산법

国有財産法
昭和二十三年六月三十日法律第七十三号)
最終改正：平成二四年六月二七日法律第四二号

　　　第一章　　総則

（この法律の趣旨）

　第一條　國有財産の取得、維持、保存及び運用(以下「管理」という。)並びに處分については、他の法律に特別の定めのある場合を除くほか、この法律の定めるところによる。

（国有財産の範囲）

　第二條　この法律において國有財産とは、國の負担において國有となつた財産又は法令の規定により、若しくは寄附により國有となつた財産であつて次に掲げるものをいう。

一 不動産

二 船舶、浮標、浮棧橋及び浮ドック並びに航空機

三 前二号に掲げる不動産及び動産の從物

四 地上權、地役權、鉱業權その他これらに準ずる權利

五 特許權、著作權、商標權、實用新案權その他これらに準ずる權利

六 株式、新株予約權、社債(特別の法律により法人の發行する債券に表示されるべき權利を含み、短期社債等を除く。)、地方債、信託の受益權及びこれらに準ずるもの並びに出資による權利(國が資金又は積立金の運用及びこれに準ずる目的のために臨時に所有するものを除く。)

2 前項第六号の「短期社債等」とは、次に掲げるものをいう。

一 社債、株式等の振替に關する法律 (平成十三年法律第七十五号) 第六十六條第一号 に規定する短期社債

二 投資信託及び投資法人に關する法律 (昭和二十六年法律第百九十八号)第百三十九條の十二第一項 に規定する短期投資法人債

三 信用金庫法 (昭和二十六年法律第二百三十八号)第五十四條の四第一項 に規定する短期債

四 保險業法 (平成七年法律第百五号)第六十一條の十第一項 に規定する短期社債

五 資産の流動化に關する法律 (平成十年法律第百五号)第二條第八項 に規定する特定短期社債

六 農林中央金庫法 (平成十三年法律第九十三号)第六十二條の二第一項 に規定する短期農林債

(国有財産の分類及び種類)

第三條 國有財産は、行政財産と普通財産とに分類する。

2 行政財産とは、次に掲げる種類の財産をいう。

一 公用財産 國において國の事務、事業又はその職員(國家公務員宿舎法 (昭和二十四年法律第百十七号)第二條第二号 の職員をいう。)の住居の用に供し、又は供するものと決定したもの

二 公共用財産 國において直接公共の用に供し、又は供するものと決定したもの

三 皇室用財産 國において皇室の用に供し、又は供するものと決定したもの

四　企業用財産　國において國の企業又はその企業に從事する職員の住居の用に供し、又は供するものと決定したもの

3　普通財産とは、行政財産以外の一切の國有財産をいう。

4　第二項第四号の國の企業については、政令で定める。

(総括、所管換及び所属替の意義)

第四條　この法律において「國有財産の總括」とは、國有財産の適正な方法による管理及び處分を行うため、國有財産に關する制度を整え、その管理及び處分の事務を統一し、その増減、現在額及び現狀を明らかにし、並びにその管理及び處分について必要な調整をすることをいう。

2　この法律において「國有財産の所管換」とは、衆議院議長、参議院議長、內閣總理大臣、各省大臣、最高裁判所長官及び會計檢査院長(以下「各省各廳の長」という。)の間において、國有財産の所管を移すことをいう。

3　この法律において「國有財産の所属替」とは、同一所管内に二以上の部局等がある場合に、一の部局等の所属に属する國有財産を他の部局等の所属に移すことをいう。

第二章　管理及び処分の機関

(行政財産の管理の機関)

第五條　各省各廳の長は、その所管に属する行政財産を管理しなければならない。

第五條の二　二以上の各省各廳の長において使用する行政財産のうち統一的に管理する必要があるもので財務大臣が指定する財産は、これを使用する各省各廳の長のうち財務大臣が指定する者の所管に属するものとする。

(普通財産の管理及び処分の機関)

第六條　普通財産は、財務大臣が管理し、又は處分しなければならない。

(国有財産の総括の機関)

第七條　財務大臣は、國有財産の總括をしなければならない。

(国有財産の引継ぎ)

第八條　行政財産の用途を廢止した場合又は普通財産を取得した場合においては、各省各廳の長は、財務大臣に引き継がなければならない。ただし、政令で定める特別會計に屬するもの及び引き継ぐことを適當としないものとして政令で定めるものについては、この限りでない。

2　前項ただし書の普通財産については、第六條の規定にかかわらず、当該財産を所管する各省各廳の長が管理し、又は處分するものとする。

(事務の分掌及び地方公共団体の行う事務)

第九條　　各省各廳の長は、その所管に屬する國有財産に關する事務の一部を、部局等の長に分掌させることができる。

2　財務大臣は、國有財産の總括に關する事務の一部を部局等の長に分掌させることができる。

3　國有財産に關する事務の一部は、政令で定めるところにより、都道府縣又は市町村が行うこととすることができる。

4　前項の規定により都道府縣又は市町村が行うこととされる事務は、地方自治法(昭和二十二年法律第六十七号)第二條第九項第一号　に規定する第一号　法定受託事務とする。

(国有財産地方審議会)

第九條の二　　財務局ごとに、國有財産地方審議會(以下「地方審議會」という。)を置く。

第九條の三　　地方審議會は、財務局長の諮問に応じて國有財産の管理及び處分について調査審議し、並びにこれに關し財務局長に意見を述べることができる。

2　地方審議會は、前項に規定するもののほか、第二十八條の二第二項、第二十八條の四及び第三十一條の四第三項の規定により諮問される事項を調査審議する。

第九條の四　前條に定めるもののほか、地方審議會の組織及び委員その他の職員その他地方審議會に關し必要な事項については、政令で定める。

第三章　管理及び処分

第一節　通則

（管理及び処分の原則）

第九條の五　各省各廳の長は、その所管に屬する國有財産について、良好な状態での維持及び保存、用途又は目的に応じた効率的な運用その他の適正な方法による管理及び處分を行わなければならない。

（管理及び処分の総括）

第十條　財務大臣は、前條に規定する國有財産の適正な方法による管理及び處分を行うため必要があると認めるときは、各省各廳の長に對し、その所管に屬する國有財産について、その状況に關する資料若しくは報告を求め、實地監査をし、又は用途の変更、用途の廢止、所管換その他必要な措置を求めることができる。

2　財務大臣は、前項の規定により措置を求めたときは、各省各廳の長に對し、そのとつた措置について報告を求めることができる。

3　財務大臣は、前項の報告を求めた場合において、必要があると認めるときは、閣議の決定を経て、各省各廳の長に對し、その所管する國有財産について、用途の変更、用途の廢止、所管換その他必要な指示をすることができる。

4　財務大臣は、一定の用途に供する目的で國有財産の譲渡又は貸付けを受けた者に對し、その用途に供されているかどうかを確かめるため、自ら、又は各省各廳の長に委任して、当該財産について、その状況に關する資料若しくは報告を求め、又は当該職員に實地監査をさせることができる。

第十一條　財務大臣は、各省各廳の長の所管に屬する國有財産につき、その現況に關する記録を備え、常時その状況を明らかにしておかなければならない。

第十二條　各省各廳の長が、國有財産の所管換を受けようとするときは、当該財産を所管する各省各廳の長及び財務大臣に協議しなければならない。ただし、次條の規定により國會の議決を経なければならない場合又は政令で定める場合に該当するときは、財務大臣への協議は、要しないものとする。

第十三條　公園又は廣場として公共の用に供し、又は供するものと決定した公共用財産について、その用途を廢止し、若しくは変更し、又は公共用財産以外の行政財産としようとするときは、國會の議決を経なければならない。ただし、当該財産の価額が一億五千万円以上である場合を除くほか、毎年四月一日から翌年三月三十一日までの期間内に、その用途を廢止し、若しくは変更し、又は公共用財産以外の行政財産とする財産の価額の合計額が十五億円に達するに至るまでの場合については、この限りでない。

2　皇室用財産とする目的で寄附若しくは交換により財産を取得し、又は皇室用財産以外の國有財産を皇室用財産としようとするときは、國會の議決を経なければならない。ただし、当該財産の価額が一億五千万円以上である場合を除くほか、毎年四月一日から翌年三月三十一日までの期間内に、その寄附若しくは交換により取得し、又は皇室用財産とする財産の価額の合計額が十五億円に達するに至るまでの場合については、この限りでない。

第十四條　次に掲げる場合においては、当該國有財産を所管する各省各廳の長は、財務大臣に協議しなければならない。ただし、前條の規定により國會の議決を経なければならない場合又は政令で定める場合に該当するときは、この限りでない。

一　行政財産とする目的で土地又は建物を取得しようとするとき。

二　普通財産を行政財産としようとするとき。

三　行政財産の種類を変更しようとするとき。

四　行政財産である土地又は建物について、所屬替をし、又は用途を変更しようとするとき。

五　行政財産である建物を移築し、又は改築しようとするとき。

六　行政財産を他の各省各廳の長に使用させようとするとき。

七　國以外の者に行政財産を使用させ、又は収益させようとするとき。

八　特別會計に属する普通財産である土地又は建物を貸し付け、若しくは貸付け以外
　　の方法により使用させ若しくは收益させ、又は当該土地又は建物の賣拂いをし
　　ようとするとき。
九　普通財産である土地(その土地の定着物を含む。)を信託しようとするとき。

(異なる会計間の所管換等)

第十五條　國有財産を、所屬を異にする會計の間において、所管換若しくは所屬替を
し、又は所屬を異にする會計に使用させるときは、当該會計間において有償として整理
するものとする。ただし、國において直接公共の用に供する目的をもつてする場合であ
つて、当該財産の価額が政令で定める金額に達しないときは、この限りでない。

(職員の行為の制限)

第十六條　國有財産に關する事務に從事する職員は、その取扱いに係る國有財産を
譲り受け、又は自己の所有物と交換することができない。
2　前項の規定に違反する行爲は、無効とする。

第十七條　削除

第二節　行政財産

(処分等の制限)

第十八條　行政財産は、貸し付け、交換し、賣り拂い、譲与し、信託し、若しくは
出資の目的とし、又は私權を設定することができない。
2　前項の規定にかかわらず、行政財産は、次に掲げる場合には、その用途又は目的
　　を妨げない限度において、貸し付け、又は私權を設定することができる。
一　國以外の者が行政財産である土地の上に政令で定める堅固な建物その他の土地に
　　定着する工作物であつて当該行政財産である土地の供用の目的を効果的に達成
　　することに資すると認められるものを所有し、又は所有しようとする場合(國と一
　　棟の建物を区分して所有する場合を除く。)において、その者(当該行政財産を
　　所管する各省各廳の長が当該行政財産の適正な方法による管理を行う上で適

当と認める者に限る。)に当該土地を貸し付けるとき。

二　國が地方公共団体又は政令で定める法人と行政財産である土地の上に一棟の建物を區分して所有するためその者に当該土地を貸し付ける場合

三　國が行政財産である土地及びその隣接地の上に國以外の者と一棟の建物を區分して所有するためその者(当該建物のうち行政財産である部分を所管することとなる各省各廳の長が当該行政財産の適正な方法による管理を行う上で適当と認める者に限る。)に当該土地を貸し付ける場合

四　國の廳舎等の使用調整等に關する特別措置法(昭和三十二年法律第百十五号)第二條第二項　に規定する廳舎等についてその床面積又は敷地に余裕がある場合として政令で定める場合において、國以外の者(当該廳舎等を所管する各省各廳の長が当該廳舎等の適正な方法による管理を行う上で適当と認める者に限る。)に当該余裕がある部分を貸し付けるとき(前三号に掲げる場合に該当する場合を除く。)。

五　行政財産である土地を地方公共団体又は政令で定める法人の経営する鐵道、道路その他政令で定める施設の用に供する場合において、その者のために当該土地に地上權を設定するとき。

六　行政財産である土地を地方公共団体又は政令で定める法人の使用する電線路その他政令で定める施設の用に供する場合において、その者のために当該土地に地役權を設定するとき。

3　前項第二号に掲げる場合において、当該行政財産である土地の貸付けを受けた者が当該土地の上に所有する一棟の建物の一部(以下この條において「特定施設」という。)を國以外の者に譲渡しようとするときは、当該特定施設を譲り受けようとする者(当該行政財産を所管する各省各廳の長が当該行政財産の適正な方法による管理を行う上で適当と認める者に限る。)に当該土地を貸し付けることができる。

4　前項の規定は、同項(この項において準用する場合を含む。)の規定により行政財産である土地の貸付けを受けた者が当該特定施設を譲渡しようとする場合について準用する。

5　前各項の規定に違反する行爲は、無效とする。

6　行政財産は、その用途又は目的を妨げない限度において、その使用又は收益を許可することができる。

7　地方公共団体、特別の法律により設立された法人のうち政令で定めるもの又は地

方道路公社が行政財産を道路、水道又は下水道の用に供する必要がある場合において、第二項第一号の貸付け、同項第五号の地上権若しくは同項第六号の地役権の設定又は前項の許可をするときは、これらの者に当該行政財産を無償で使用させ、又は収益させることができる。

8　第六項の規定による許可を受けてする行政財産の使用又は収益については、借地借家法 (平成三年法律第九十号)の規定は、適用しない。

(準用規定)

第十九條　第二十一條から第二十五條まで(前條第二項第五号又は第六号の規定により地上権又は地役権を設定する場合にあつては第二十一條及び第二十三條を除き、前條第六項の規定により使用又は収益を許可する場合にあつては第二十一條第一項第二号を除く。)の規定は、前條第二項第一号から第四号までの貸付け、同項第五号の地上権若しくは同項第六号の地役権の設定、同條第三項(同條第四項において準用する場合を含む。)の貸付け又は同條第六項の許可により行政財産の使用又は収益をさせる場合について準用する。

第三節　普通財産

(処分等)

第二十條　普通財産は、第二十一條から第三十一條までの規定により貸し付け、管理を委託し、交換し、賣り拂い、讓与し、信託し、又は私権を設定することができる。

2　普通財産は、法律で特別の定めをした場合に限り、出資の目的とすることができる。

(貸付期間)

第二十一條　普通財産の貸付けは、次の各号に掲げる場合に応じ、当該各号に定める期間とする。

一　植樹を目的として土地及び土地の定着物(建物を除く。以下この條及び第二十七條において同じ。)を貸し付ける場合　六十年以內

二　建物の所有を目的として土地及び土地の定着物を貸し付ける場合において、借地借家法第二十二條 の規定に基づく借地権の存續期間を設定するとき　五十年以上

三 前二号の場合を除くほか、土地及び土地の定着物を貸し付ける場合　三十年以内

四 建物その他の物件を貸し付ける場合　十年以内

2 前項の期間は、同項第二号に掲げる場合を除き、更新することができる。この場合においては、更新の日から同項各号に規定する期間とする。

（無償貸付）

第二十二條 普通財産は、次に掲げる場合においては、地方公共団体、水害予防組合及び土地改良區(以下「公共団体」という。)に、無償で貸し付けることができる。

一 公共団体において、緑地、公園、ため池、用排水路、火葬場、墓地、ごみ處理施設、し尿處理施設、と畜場又は信号機、道路標識その他公共用若しくは公用に供する政令で定める小規模な施設の用に供するとき。

二 公共団体において、保護を要する生活困窮者の收容の用に供するとき。

三 公共団体において、災害が發生した場合における応急措置の用に供するとき。

四 地方公共団体において、大規模地震對策特別措置法 (昭和五十三年法律第七十三号)第二條第十四号 の地震防災応急對策の實施の用に供するとき。

五 地方公共団体において、原子力災害對策特別措置法 (平成十一年法律第百五十六号)第二條第五号 の緊急事態応急對策の實施の用に供するとき。

六 地方公共団体において、武力攻撃事態等における國民の保護のための措置に關する法律 (平成十六年法律第百十二号)第二條第三項 の國民の保護のための措置又は同法第百七十二條第一項 の緊急對處保護措置の實施の用に供するとき。

2 前項の無償貸付は、公共団体における当該施設の経営が營利を目的とし、又は利益をあげる場合には、行うことができない。

3 各省各廳の長は、第一項の規定により、普通財産を無償で貸し付けた場合において、公共団体の当該財産の管理が良好でないと認めるとき又は前項の規定に該当することとなつたときは、直ちにその契約を解除しなければならない。

（貸付料）

第二十三條 普通財産の貸付料は、毎年定期に納付させなければならない。ただし、數年分を前納させることを妨げない。

2 前項の場合において、当該財産を所管する各省各廳の長は、借受人から、預金

又は貯金の拂出しとその拂い出した金錢による貸付料の納付をその預金口座又は貯金口座のある金融機關に委託して行うことを希望する旨の申出があつた場合には、その納付が確實と認められ、かつ、その申出を承認することが貸付料の徴收上有利と認められるときに限り、その申出を承認することができる。

（貸付契約の解除）

第二十四條　普通財産を貸し付けた場合において、その貸付期間中に國又は公共団体において公共用、公用又は國の企業若しくは公益事業の用に供するため必要を生じたときは、当該財産を所管する各省各廳の長は、その契約を解除することができる。

2　前項の規定により契約を解除した場合においては、借受人は、これによつて生じた損失につき当該財産を所管する各省各廳の長に對し、その補償を求めることができる。

第二十五條　前條第二項の規定により補償の請求があつたときは、当該財産を所管する各省各廳の長は、會計檢査院の審査に付することができる。

2　各省各廳の長は、前項の審査の結果に關し、會計檢査院の通知を受けたときは、その通知のあつた判定に基づき、適当な措置をとらなければならない。

（準用規定）

第二十六條　第二十一條から前條まで(鐵道、道路、電線路その他政令で定める施設の用に供される土地に地上權又は地役權を設定する場合にあつては、第二十一條及び第二十三條を除く。)の規定は、貸付け以外の方法により普通財産の使用又は收益をさせる場合(次條の規定に基づいて使用又は收益をさせる場合を除く。)について準用する。

（管理の委託）

第二十六條の二　普通財産は、各省各廳の長が当該財産の有効な利用を図るため特に必要があると認める場合には、政令で定めるところにより、その適当と認める者に管理を委託することができる。

2　前項の規定による管理の委託を受けた者(以下「管理受託者」という。)は、管理の

目的を妨げない限度において、各省各廳の長の承認を受けて、当該普通財産を使用し、又は収益することができる。

3 管理受託者は、その管理の委託を受けた普通財産の管理の費用を負担しなければならない。

4 管理の委託を受けた普通財産から生ずる収益は、管理受託者の収入とする。ただし、その収益が前項の管理の費用を著しく超える場合として政令で定める場合には、管理受託者は、その超える金額の範囲内で各省各廳の長の定める金額を國に納付しなければならない。

(交換)

第二十七條 普通財産は、土地又は土地の定着物若しくは堅固な建物に限り、國又は公共団体において公共用、公用又は國の企業若しくは公益事業の用に供するため必要があるときは、それぞれ土地又は土地の定着物若しくは堅固な建物と交換することができる。ただし、価額の差額が、その高価なものの価額の四分の一を超えるときは、この限りでない。

2 前項の交換をする場合において、その価額が等しくないときは、その差額を金錢で補足しなければならない。

3 第一項の規定により堅固な建物を交換しようとするときは、各省各廳の長は、事前に、會計檢査院に通知しなければならない。

(譲与)

第二十八條 普通財産は、次に掲げる場合においては、譲与することができる。

一 公共団体において維持及び保存の費用を負担した公共用財産の用途を廢止した場合において、当該用途の廢止によつて生じた普通財産をその負担した費用の額が当該用途の廢止時における当該財産の価額に對して占める割合に對応する価額の範囲内において当該公共団体に譲与するとき。

二 公共団体又は私人において公共用財産の用途に代わるべき他の施設をしたためその用途を廢止した場合において、当該用途の廢止によつて生じた普通財産をその負担した費用の額が当該用途の廢止時における当該財産の価額に對して占める割合に對応する価額の範囲内において当該公共団体又は当該私人若し

くはその相續人その他の包括承継者に譲与するとき。

三　公共用財産のうち寄附に係るものの用途を廢止した場合において、当該用途の廢止によって生じた普通財産をその寄附者又はその相續人その他の包括承継者に譲与するとき。ただし、寄附の際特約をした場合を除くほか、寄附を受けた後二十年を経過したものについては、この限りでない。

四　公共団体において火葬場、墓地、ごみ處理施設、し尿處理施設又はと畜場として公共の用に供する普通財産を当該公共団体に譲与するとき。ただし、公共団体における当該施設の経営が営利を目的とし、又は利益をあげる場合においては、この限りでない。

(信託)

第二十八條の二　普通財産は、土地(その土地の定着物を含む。以下この條、第二十八條の四及び第二十八條の五において同じ。)に限り、政令で定めるところにより、信託することができる。ただし、次に掲げる場合は、この限りでない。

一　第二十二條(第二十六條において準用する場合を含む。)、第二十七條又は前條の規定に該当しない無償貸付、交換又は譲与をすることを信託の目的とするとき。

二　國以外の者を信託の受益者とするとき。

三　土地の信託をすることにより國の通常享受すると見込まれる利益が、当該土地の貸付け又は賣拂いをすることにより國の通常享受すると見込まれる利益を下回ることが確實と見込まれるとき。

2　各省各廳の長は、前項の規定により土地を信託しようとする場合には、次に掲げる事項について、政令で定めるところにより、あらかじめ財政制度等審議會又は地方審議會に諮問し、その議を経なければならない。

一　信託の目的

二　信託の受託者の選定方法

三　信託の收支見積り

四　信託の受託者が当該信託に必要な資金の借入れをする場合の当該借入金の限度額

五　その他政令で定める事項

3　各省各廳の長は、第一項の規定により土地を信託しようとする場合には、事前に、會計檢査院に通知しなければならない。

(信託期間)

第二十八條の三　信託期間は、二十年を超えることができない。

2　前項の信託期間は、更新することができる。この場合においては、更新の日から二十年を超えることができない。

(信託に係る協議等)

第二十八條の四　各省各廳の長は、第二十八條の二第一項の規定により土地を信託した場合において当該信託の信託期間を更新しようとするときその他政令で定めるときは、財務大臣に協議するとともに、政令で定める事項について、同條第二項の規定により諮問した財政制度等審議會又は地方審議會に諮問し、その議を経なければならない。

(信託に係る実地監査等)

第二十八條の五　各省各廳の長は、第二十八條の二第一項の規定により土地を信託した場合には、当該土地に係る信託事務の處理を適正に行うため、政令で定めるところにより、その信託の受託者に對し、信託事務の處理狀況に關する資料若しくは報告を求め、又は必要があると認めるときは、当該職員に實地監査をさせ、信託事務の處理について必要な指示をすることができる。

(用途指定の売払い等)

第二十九條　普通財産の賣拂い又は讓與をする場合は、当該財産を所管する各省各廳の長は、その買受人又は讓與を受けた者に對して用途並びにその用途に供しなければならない期日及び期間を指定しなければならない。ただし、政令で定める場合に該当するときは、この限りでない。

第三十條　前條の規定によつて用途並びにその用途に供しなければならない期日及び期間を指定して普通財産の賣拂い又は讓與をした場合において、指定された期日を経過してもなおその用途に供せず、又はその用途に供した後指定された期間內にその用途を廢止したときは、当該財産を所管した各省各廳の長は、その契約を解除することができる。

2　前項の規定により契約を解除した場合において、損害の賠償を求めるときは、各省

各廳の長は、その額について財務大臣に協議しなければならない。

(売払代金等の納付)

第三十一條　普通財産の賣拂代金又は交換差金は、当該財産の引渡前に納付させなければならない。ただし、当該財産の譲渡を受けた者が公共団体又は教育若しくは社會事業を営む団体である場合において、各省各廳の長は、その代金又は差金を一時に支拂うことが困難であると認めるときは、確實な担保を徴し、利息を付し、五年以内の延納の特約をすることができる。

2　前項ただし書の規定により延納の特約をしようとする場合において、普通財産の譲渡を受けた者が地方公共団体であるときは、担保を徴しないことができる。

3　第一項ただし書の規定により延納の特約をしようとするときは、各省各廳の長は、延納期限、担保及び利率について、財務大臣に協議しなければならない。

4　第一項ただし書の規定により延納の特約をした場合において、当該財産の譲渡を受けた者のする管理が適当でないと認めるときは、各省各廳の長は、直ちにその特約を解除しなければならない。

第三章の二　立入り及び境界確定

(他人の土地への立入り)

第三十一條の二　各省各廳の長は、その所管に属する國有財産の調査又は測量を行うためやむを得ない必要があるときは、その所屬の職員を他人の占有する土地に立ち入らせることができる。

2　各省各廳の長は、前項の規定によりその職員を他人の占有する土地に立ち入らせようとするときは、あらかじめその占有者にその旨を通知しなければならない。この場合において、通知を受けるべき者の所在が知れないときは、当該通知は、公告をもつてこれに代えることができる。

3　第一項の規定により宅地又は垣、さく等で囲まれた土地に立ち入ろうとする者は、立入りの際あらかじめその旨を当該土地の占有者に告げなければならない。

4　第一項の規定により他人の占有する土地に立ち入ろうとする者は、その身分を示す証明

書を携帯し、關係人の請求があつたときは、提示しなければならない。

5 各省各廳の長は、第一項の規定による立入りにより損失を受けた者に對し、通常生ずべき損失を補償しなければならない。

（境界確定の協議）

第三十一條の三 各省各廳の長は、その所管に屬する國有財産の境界が明らかでないためその管理に支障がある場合には、隣接地の所有者に對し、立會場所、期日その他必要な事項を通知して、境界を確定するための協議を求めることができる。

2 前項の規定により協議を求められた隣接地の所有者は、やむを得ない場合を除き、同項の通知に從い、その場所に立ち會つて境界の確定につき協議しなければならない。

3 第一項の協議が調つた場合には、各省各廳の長及び隣接地の所有者は、書面により、確定された境界を明らかにしなければならない。

4 第一項の協議が調わない場合には、境界を確定するためにいかなる行政上の處分も行われてはならない。

（境界の決定）

第三十一條の四 各省各廳の長は、前條第一項の規定により協議を求めた隣接地の所有者が立ち會わないため協議することができないときは、當該隣接地の所在する市町村の職員の立會いを求めて、境界を定めるための調査を行うものとする。ただし、當該隣接地の所有者が正當な理由により立ち會うことができない場合において、その旨をあらかじめ當該各省各廳の長に通知したときは、この限りでない。

2 各省各廳の長は、前項の調査に基づいてその調査に係る境界を定めることができる。

3 各省各廳の長は、前項の規定により境界を定めようとするときは、當該境界の存する地域を管轄する財務局に置かれた地方審議會に諮問し、その意見に基づいて、定めなければならない。

4 地方審議會は、前項の諮問に係る事案を調査審議する際、當該事案に係る隣接地の所有者及び當該隣接地の知れたその他の權利者に對して意見を述べる機會を与えなければならない。

5 各省各廳の長は、第二項の規定により境界を定めた場合には、當該境界及び當該境界を定めた経過を當該隣接地の所有者及び當該隣接地の知れたその他の權利者に通知すると

ともに公告しなければならない。この場合において、当該通知及び公告には、次條第一項の期間内に同項の規定による通告がないときは、境界の確定に關し、当該隣接地の所有者の同意があつたものとみなされる旨を付記しなければならない。

第三十一條の五　隣接地の所有者その他の權利者は、前條の規定により各省各廳の長が定めた境界に異議がある場合には、同條第五項の公告のあつた日から起算して六十日以内に、理由を付して、当該各省各廳の長に對し、その定めた境界に同意しない旨を通告することができる。

2　前項の期間内に前條第五項の通知を受けた隣接地の所有者から前項の規定による通告がなかつた場合には、当該期間満了の時に、境界の確定に關し、その者の同意があつたものとみなす。ただし、同項の期間内に当該隣接地のその他の權利者から同項の規定による通告があつたときは、この限りでない。

3　前項の規定により同意があつたものとみなされる場合には、各省各廳の長は、速やかに、境界が確定した旨を当該隣接地の所有者及び当該隣接地の知れたその他の權利者に通知するとともに公告しなければならない。

4　第三十一條の三第四項の規定は、第一項の期間内に同項の通告があつた場合について準用する。

第四章　台帳、報告書及び計算書

（台帳）

第三十二條　衆議院、參議院、内閣(内閣府を除く。)、内閣府、各省、最高裁判所及び會計檢査院(以下「各省各廳」という。)は、第三條の規定による國有財産の分類及び種類に従い、その台帳を備えなければならない。ただし、部局等の長において、國有財産に關する事務の一部を分掌するときは、その部局等ごとに備え、各省各廳には、その總括簿を備えるものとする。

2　各省各廳の長又は部局等の長は、その所管に屬し、又は所屬に屬する國有財産につき、取得、所管換、處分その他の理由に基づく變動があつた場合においては、直ちに台帳に記載し、又は記録しなければならない。

（増減及び現在額報告書、総計算書）

第三十三條　各省各廳の長は、その所管に属する國有財産につき、毎會計年度間における増減及び毎會計年度末現在における現在額の報告書を作成し、翌年度七月三十一日までに、財務大臣に送付しなければならない。

2　財務大臣は、前項の規定により送付を受けた國有財産増減及び現在額報告書に基づき、國有財産増減及び現在額総計算書を作成しなければならない。

3　内閣は、前項の國有財産増減及び現在額総計算書を第一項の國有財産増減及び現在額報告書とともに、翌年度十月三十一日までに、會計檢査院に送付し、その檢査を受けなければならない。

第三十四條　内閣は、會計檢査院の檢査を経た國有財産増減及び現在額総計算書を、翌年度開會の國會の常會に報告することを常例とする。

2　前項の國有財産増減及び現在額総計算書には、會計檢査院の檢査報告のほか、國有財産の増減及び現在額に關する説明書を添付する。

（見込現在額報告書、総計算書）

第三十五條　各省各廳の長は、毎會計年度ごとに当該年度末及び翌年度末における國有財産見込現在額報告書を作成し、当該年度九月三十日までに、財務大臣に送付しなければならない。

2　財務大臣は、前項の規定により送付を受けた國有財産見込現在額報告書に基づき、当該年度末及び翌年度末における國有財産見込現在額総計算書を作成しなければならない。

（無償貸付状況報告書、総計算書）

第三十六條　各省各廳の長は、毎會計年度末において第二十二條第一項の規定(第十九條及び第二十六條において準用する場合を含む。)により無償貸付をした國有財産につき、毎會計年度末における國有財産無償貸付状況報告書を作成し、翌年度七月三十一日までに、財務大臣に送付しなければならない。

2　財務大臣は、前項の規定により送付を受けた國有財産無償貸付状況報告書に基づき、國有財産無償貸付状況総計算書を作成しなければならない。

3 　內閣は、前項の國有財産無償貸付狀況總計算書を、第一項の各省各廳の國有財産無償貸付狀況報告書とともに、翌年度十月三十一日までに、會計檢査院に送付し、その檢査を受けなければならない。

第三十七條　內閣は、會計檢査院の檢査を経た國有財産無償貸付狀況總計算書を、翌年度開會の國會の常會に報告することを常例とする。
2 　前項の國有財産無償貸付狀況總計算書には、會計檢査院の檢査報告のほか、國有財産の無償貸付狀況に關する說明書を添付する。

（適用除外）
第三十八條　本章の規定は、公共の用に供する財産で政令で定めるものについては、適用しない。

第五章　雜則

（行政手續等における情報通信の技術の利用に関する法律　の適用除外）
第三十九條　この法律又はこの法律に基づく命令の規定による手續その他の行爲については、行政手續等における情報通信の技術の利用に關する法律(平成十四年法律第百五十一号)第三條　、第四條及び第六條の規定は、適用な。

（電磁的記録による作成）
第四十條　この法律(第三十一條の三第三項を除く。)又はこの法律に基づく命令の規定により作成することとされている報告書等(報告書その他文字、図形等人の知覺によつて認識することができる情報が記載された紙その他の有体物をいう。次條において同じ。)については、当該報告書等に記載すべき事項を記録した電磁的記録(電子的方式、磁氣的方式その他人の知覺によつては認識することができない方式で作られる記録であつて、電子計算機による情報処理の用に供されるものとして財務大臣が定めるものをいう。次條第一項において同じ。)の作成をもつて、当該報告書等の作成に代えることが

できる。この場合において、当該電磁的記録は、当該報告書等とみなす。

（電磁的方法による提出）

第四十一條　この法律又はこの法律に基づく命令の規定による報告書等の提出については、当該報告書等が電磁的記録をもつて作成されている場合には、電磁的方法(電子情報處理組織を使用する方法その他の情報通信の技術を利用する方法であつて財務大臣が定めるものをいう。次項において同じ。)をもつて行うことができる。

2　前項の規定により報告書等の提出が電磁的方法によつて行われたときは、当該報告書等の提出を受けるべき者の使用に係る電子計算機に備えられたファイルへの記録がされた時に当該提出を受けるべき者に到達したものとみなす。

附　則(平成二四年六月二七日法律第四二号) 抄

（施行期日）

第一條　この法律は、平成二十五年四月一日から施行する。

참고문헌

단행본

김남진·김연태, 「행정법Ⅱ」, 법문사, 2006년.

김남진, 「행정법Ⅰ」, 1998년.

김동희, 「행정법Ⅱ」, 박영사, 2001년.

_____ , 「행정법Ⅰ」, 박영사, 2001년.

김관수·김창근, 「국유재산관리의 이론과 실무」, 서울신문사출판국, 1974년.

김정연·손규동, 「국유재산법해설」, 남문각, 1967년.

김준호, 「민법강의」, 법문사, 1997년.

김형배, 「민법학강의」, 신조사, 2000년.

김철용, 「행정법Ⅱ」, 박영사, 2006년.

김향기, 「행정법개론」, 삼영사, 2005년.

박준서, 「주석민법」, 한국사법행정학회, 2001년 3월.

류지태, 「행정법신론」, 신영사, 2006년 .

류지태·박한동, 「부동산관계법규이론」, 회경사, 2005년.

박윤흔, 「행정법강의(하)」, 박영사, 2004년.

이귀택·민규식, "국유재산관리제도의 개선방안에 관한 연구", 한국전자통신학회논문지
　　　제6권 제5호, 2011.10.2.

이선영, 「신토지수용과 보상법론」, 리북스, 2005년.

이영준, 「부동산학원론」, 박영사, 2002년 .

이원준, 「국유재산관리이론」, 기공사, 1992년.

이원우, 「주석 국유재산법」, 법제처, 2006년.

임병웅, 「이지 특허법」, ㈜한빛지적소유권센터, 2011년.

석종현, 「일반행정법(하)」, 삼영사, 2005년 .

정　원, 「공공조달계약법」, 법률문화원, 2007년.

정찬형, 「상법강의上」, 박영사, 2001년.

최성우, 「국유재산관리」, 한국부동산연구소, 1974년.

황혜신, 「효율적인 국유재산관리를 위한 연구(KIPA 연구보고서 2011 - 33)」, 한국행정연
　　　구원, 2011년.

「국가회계전문교육Ⅰ, Ⅱ」, 한국공인회계사회, 기획재정부, 2012년 7월.

「정부 국·공유재산 유권해석」, 건설정보사, 2005년.

「국방관계법령해석질의응답집」 제25집~제29집, 국방부.

「법령해석질의응답집」, 법제처, 2005년.

「법령해석질의응답집 제4집」, 공군본부, 2006년.
「국・공유재산관리제도」, 국가전문행정연수원 기획지원부, 2001년.
「국유재산관리 선진화 방안 연구」, KDI 국제정책대학원, 한국자사관리공사, 2009년 4월.
「국유재산관리실무」, 서울특별시, 1994년.
「국유재산업무편람」, 대한민국정부, 1987년.
「국유재산관리업무편람」, 법원행정처, 1996년.
「국유재산・물품관리 실무총서」, 한국정책연구원, 2006년.
「국유재산법률 관계실무」, 법률정보센터, 안재길, 2012년.
「국유재산관리실무지침서」, 육군본부, 2009년.
「행정소송실무편람 서울고등법원」, 한국사법행정학회, 2003년.
「행정재판실무편람」, 서울행정법원, 2001〜2003년.
「재무감사매뉴얼」, 감사원, 2005년 4월.
「국・공유재산 관리실태」, 감사원, 2005년 7월.
「국공유재산관리체계의 효율화 방안 연구」, 국토연구원 용역보고서, 재정경제원・감사원,
        2004년 12월.
「국유재산관리체계 개선에 관한 연구」, 한국법제연구원 용역보고서, 기획재정부, 2009년
        2월.
「특허법」, 사법연수원, 2003년.
「2003년 법률지원사례집」, 육군본부 법무감실, 2003년.
「국유지관련 국가소송실무 및 사례집」, 재정경제원, 1997년 8월.
「군용지소송사례집」, 육군본부, 1996년.
「해설토지보상법: 공익사업을위한토지등의취득및보상에관한법」, 한국감정원, 2003년.
「국유재산관리실무해설」, 산업기술연구원, 2003년.
「국방관계법령」, 육군종합행정학교, 2006년 3월.
「법률용어사전」, 청림출판, 2000년.
「재정관련용어해설집」, 국회예산결산특별위원회, 1998년 11월.
「국유재산관리체계 개선에 관한 연구」, 한국법 제연구원, 2009년 2월.
「행정절차제도 실무」, 행정안전부, 2012년.

논문 등

강운산, "개별사업관련 기반시설의 무상귀속 및 무상양도의 문제점과 개선방안", 한국건
        설산업연구원, 2007년.
강정우, "기부채납의 법리와 제문제", www.lawnb.com
강태성, "자기대리・쌍방대리", 「경북대법학」창간호, 1997년 4월.
강인옥, "회계관계직원의 변상책임에 관한 연구", 「감사논집」제3호, 감사원, 1998년.

강홍주, "도시공공시설의 무상귀속의 기부채납제도의 개선방안에 관한 연구", 2006년 8월 서울시립대학교 도시과학대학원 석사학위논문.

구본성, "국가 부동산 소송문제점과 대책", 법무연수원, 2004년.

구욱서, "토지의 해면성(해몰, 포락)으로 인한 소유권상실 판단기준", 「대법원판례해설」92년 상반기 제17호, 대법원 법원행정처, 1992월 12월.

곽종훈, "국유재산의 대부", 「사법논집」제26집, 대법원법원행정처, 1996년.

김광순, "국유재산법상 사용수익관계와 국계법상 임대차계약의 異同", 「법령연구논집」제4집, 해군본부 법무감실, 2005년.

김동희, "행정행위의 부관에 관한 고찰", 「法學」제36권 1호, 서울대학교, 1995년.

김병기, "공익사업을 위한 토지 등의 취득 및 보상에 관한 법률상 환매권의 법적 성질과 환매기간규정의 위헌 여부", 「행정법연구 제26호」, 행정법이론실무학회, 2010년, 112면.

김조원, "국유재산 사용·수익허가 및 대부", 「감사」19('89.9.), 감사원.

김세진, "해외법제뉴스: 미국의 연방토지 정책 및 관리법", 법제, 2009.2.

김시현, "환매권에 있어서 공익사업의 변경", 「판례연구」제8집, 서울지방변호사회, 1995년.

김영균·권태형, "국공유지 관리 및 효율화 활용방안", 국토연구원 연구보고서(95－21), 1995.12.31.

김하은, "환매권침해에 의한 불법행위", 「대법원판례해설」제19호(93년 하반기), 법원도서관, 1993년 12월.

김해룡, "토지법상 환매권의 법리", 「계명법학」제2집('98.02.), 계명법학간행위원회, 1998년.

김원규, "환매권", 「한국행정법학의 어제·오늘·내일: 문연 김원주 교수 정년기념 논문집 1권」, 문연 김연주 교수 정년기념논문집 간행위원회, 2000년 2월.

김창종, "행정대집행법상 대집행", 「재판자료」제68집, 법원도서관.

김태우, "공물의 사용관계에 관한 쟁송", 「재판자료」제68집(행정소송에 관한 제문제 하권), 1995년 8월.

남창우, "지방정부 공유재산관리의 효율화 방안", 「도시행정학보」14권 1호, 도시행정학회.

류지태, "현행국유재산관리의 법적 문제", 「토지연구」12권 제1호, 2001년 4월.

_____, "기부채납행위에 대한 현행 판례검토", 「토지공법」제11집, 2001년.

류철호, "법령상 협의규정에 관한 검토", 「법제」, 법제처, 2005년 5월.

류해웅, "국유부동산의 확충과 이용활성화에 관한 고찰", 토지연구 12권 제1호.

민형기, "공물의 시효취득", 「대법원판례해설」90년하반기 14호, 대법원 법원행정처, 1991년.

박상희·김명연, "행정집행법의 제정방향 - 행정상 강제집행제동의 현황과 개선방안-", 한국법제연구원, 1995년 11월.

박수근, "한국의 국유재산제도", 「토지공법연구」제12집, 2001년.

박수혁, "한국의 토지재산제도", 「토지공법연구」제12집, 2001년.

박영만, "군사상 필요에 의한 사인의 토지재산권에 대한 공용침해와 그 구제", 경북대학교 박사학위논문, 1999년 12월.

박윤흔, "행정대집행", 「법정」7권 11호(81호), 한국사법행정학회, 1977년 1월.

박헌주·지대식·최혁재·문경희, "공공부문 보유부동산 활용도 제고방안 연구", 국토연구원, 1999.12.31.

박정훈, "기부채납의 부담과 의사표시의 착오", 「행정법연구 제3호」, 1998년.

배병일, "토지의 포락", 「사법행정」33권 6호, 한국사법행정학회, 1992년 2월 .

배병호, "공법상 환매제도의 연구", 서울대학교 박사학위논문, 2000년 2월.

석종현, "공익사업의 전환과 환매권", 「고시연구」22권 7호, 1995년 7월.

성연동·이기환, "국유재산 관리실태와 문제점 개선방안에 관한 연구", 「한국지적학회지」제21권 제2호, 2005년 12월.

심종래, "공공사업지구 내 국공유지의 무상귀속에 관한 연구", 경원대학교 석사학위논문, 2004년 8월.

안신재, "기부채납에 대한 민사법적 고찰", 법학논총 제26집, 숭실대학교, 2011년.

윤일영, "행정대집행과 이에 대한 구제", 「사법논집」3집, 1997년 12월.

윤영선, "대집행실행이 완료된 이후 계고처분의 위법을 이유로 대집행비용납부명령의 취소를 구할 수 있는지 여부", 「대법원판례해설」20호(93년 하반기), 대법원 법원행정처, 1994년.

이태일·지대식, "선매제도 활성화 방안 연구", 국토연구원 연구보고서(91 - 34) 1991.12.31.

이광윤, "행정행위 흠의 치유와 취소의 한계", 고시계, 1995년 5월.

_____, "행정사물이론에 비추어 본 국유재산제의 문제점", 「아태공법연구」, 아세아태평양공법학회, 1993년.

이광윤, "도로가 행정재산이 되기 위한 요건 및 일반재산에 대한 취득시효", 행정판례연구 Ⅵ, 서울대학교 출판부, 2001년.

이성호, "취득시효의 요소로서의 자주점유의 법리", 「비교사법」제5권 제1호(통권 8호), 한국비교사법학회, 1998년.

이완교, "부동산 취득시효제도에 관한 연구 - 국유재산을 중심으로", 안동대학교 석사학위논문, 1999년 12월.

이은영, "부동산의 선의취득이 인정되는 경우: 민법의 쟁점문제", 「고시연구」24권 11호(284호), 1997년 10월.

이영무, "건축허가에 부수해서 부과된 기부채납 부관의 허용성과 그 효력", 「민사법연구(제9집)」, 대한민사법학회, 2001년 12월.

이현수, "국유재산법상 행정재산의 성립요건", 행정법연구(통권 23호, 2009년 4월), 한국행정법연구소.

이준우, "국·공유지 신탁법제 개선방안 연구", 한국법제연구원 연구보고, 2006년.

이재인, "국공유재산의 효율적 관리방안에 관한 연구", 「감사원연구논문집」, 감사원, 2005년.

임호정, "환매할 토지가 생겼음을 통지하지 아니한 경우의 불법행위책임구성", 「토지연구」

제13권 제2호, 한국토지공사, 2000년.

위운석, "특약사항의 등기", 「실무연구」('97.12.) 99 - 119, 광주지방법원, 1997년.

장창민, "환매법의 연구", 성균관대학교 박사학위논문, 2000년.

장현옥, "부동산신탁 관한 연구", 연세대학교 박사학위논문, 1997년.

전하은, "악의의 무단점유와 자주점유: 악의의 자주점유에 관한 의견", 「판례실무연구」 I ('97.09.), 박영사, 1997년.

정현관, "국유재산의 취득시효에 관한 연구", 창원대학교 석사학위논문, 2003년 8월.

조만형, "환매제도에 관한 연구 - 공익사업을위한토지등의취득및보상에관한법률을 중심으로 - ", 「법학연구」, 한국법학회, 2008년.

조태제, "국유부동산의 효율적 활용", 토지연구 12권 제1호.

조정찬, "공유재산에 대한 지방의회통제제도와 잡종재산의 법적 성격에 관한 고찰", 「법제」제531호, 2002년 3월.

조용오, "공공용지의취득및손실보상에관한특례법상의 환매가격의 결정", 「대법원판례해설」제21호, 법원도서관, 1994월 5월.

지대식, "공적토지비축 확대 및 효율적 운용방안", 국토연구원 연구보고서1999.12.31.

천진호, "금지착오에 있어서 정당한 이유에 대한 일반적 판단척도와 유형화", 「현대형사법론: 죽현 박양빈교수 화갑기념논문집」('96.11.), 고시연구사, 1996년.

최대권, "국유재산법 제5조 제2항의 위헌여부", 「헌법재판소자료: 헌법재판제도의 발전」제5집, 1992년 12월.

최재해, "국유재산관리실태", 「감사」(제88호 2005. 가을), 감사원.

최낙송, "국유부동산 이용활성화 방안에 관한 연구: 국유잡종재산의 확충 및 관리방안을 중심으로", 건국대 석사학위논문, 2004년.

최봉구, "토지의 공용수용에 따른 환매제도에 관한 연구", 부산대학교 환경대학원 석사학위논문, 2001년 6월.

한수웅, "평등권의 구조와 심사기준", 「헌법논총」9집('98.12.): 창립 10주년 기념 특집호.

황재훈, "민간개발의 기부채납의 특성연구", 건설기술논집, 2010년 6월.

"부동산신탁제도 발전방향에 관한 연구", 대한주택공사 주택연구소, 1997년 4월.

"공공사업지구 내 국공유지의 취득에 관한 연구", 토지연구원 조사연구실, 1995년 12월.

"영국 등 유럽의 국유재산 관리 현황", 조달청, 2009년.

"일본국 국유재산관리정책", 동경 구매관, 조달청, 2007.4.10.

"미국의 국유재산 관리정책 및 현황", 조달청, 2008.8.20.

국회 제294회 - 기획재정위원회 회의록.

국유재산법 전부개정안(정부제출) 검토보고, 기획재정위원회 수석전문위원 현성수, 2008년 12월.

국유재산법 일부개정법률안 국유재산특례제한법안 국가재정법 일부개정법률안 검토보고, 기획재정위원회 수석전문위원 국경복, 2010년 11월.

국유재산법 일부개정법률안(정부제출) 검토보고, 기획재정위원회 수석전문위원 국경복, 2012
년 9월.

세계입법동향: 일본의 행정개혁추진법 입법동향, 2007.1.22.

CRS Report for Congress: Federal Land Ownership: Overview and Data, Ross W. Gorte.
2012.8.2.

Federal Property and Administrative Services Act of 1949.

찾아보기

김백진 ─────────────────────────────────────

　전남대학교 법과대학 졸업
　동 대학교 법과대학원 졸업(석사, 민사법)
　사법연수원 수료(2005년, 군법무관 16기)
　육군본부 검찰관
　제57사단 법무참모
　제8군단 군판사
　국방부 법무관리관실 국회담당
　육군본부 법제과
　현) 국방부 고등군사법원 군판사
　　　한국형사소송법학회 이사

　「항공사고의 민사적 책임」
　「군용지사용수익허가의 법리」
　「기부채납의 법리」
　「정전협정의 고찰」
　「리비아전쟁과 국민보호책임」
　외 다수

　ufoflytome@gmail.com

제2판
국유재산법

초 판 인 쇄| 2013년 2월 28일
초 판 발 행| 2013년 2월 28일

지 은 이| 김백진
펴 낸 이| 채종준
펴 낸 곳| 한국학술정보㈜
주   소| 경기도 파주시 문발동 파주출판문화정보산업단지 513-5
전   화| 031) 908-3181(대표)
팩   스| 031) 908-3189
홈 페 이 지| http://ebook.kstudy.com
E - m a i l| 출판사업부 publish@kstudy.com
등   록| 제일산-115호(2000. 6. 19)

ISBN   978-89-268-4126-6 93360 (Paper Book)
          978-89-268-4127-3 95360 (e-Book)